·中国物流与采购联合会系列报告·

中国物流
重点课题报告

2015

中国物流与采购联合会
China Federation of Logistics & Purchasing

中国物流学会
China Society of Logistics

China Logistics Key Projects Report (2015)

中国财富出版社
CHINA FORTUNE PRESS

图书在版编目（CIP）数据

中国物流重点课题报告.2015／中国物流与采购联合会，中国物流学会编.—北京：中国财富出版社，2015.11

ISBN 978-7-5047-5881-1

Ⅰ.①中…　Ⅱ.①中…②中…　Ⅲ.①物流—研究报告—中国—2015　Ⅳ.①F259.22

中国版本图书馆 CIP 数据核字（2015）第 226331 号

策划编辑 葛晓雯		**责任编辑** 葛晓雯	
责任印制 何崇杭		**责任校对** 饶莉莉	**责任发行** 斯　琴

出版发行 中国财富出版社	
社　　址 北京市丰台区南四环西路 188 号 5 区 20 楼	**邮政编码** 100070
电　　话 010-52227568（发行部）	010-52227588 转 307（总编室）
010-68589540（读者服务部）	010-52227588 转 305（质检部）
网　　址 http://www.cfpress.com.cn	
经　　销 新华书店	
印　　刷 中国农业出版社印刷厂	
书　　号 ISBN 978-7-5047-5881-1/F·2474	
开　　本 787mm×1092mm　1/16	**版　　次** 2015 年 11 月第 1 版
印　　张 35.5	**印　　次** 2015 年 11 月第 1 次印刷
字　　数 863 千字	**定　　价** 160.00 元

《中国物流重点课题报告》（2015）

编 委 会

《中国物流重点课题报告》（2015）

编 辑 人 员

主　　编：贺登才
成　　员：黄　萍　吕　杨　周志成

承办部门：中国物流与采购联合会学会工作部
电　　话：010 - 58566588 - 137/133
传　　真：010 - 58566588 - 138
邮　　箱：CSL56@ vip. 163. com
网　　址：中国物流学会（http://csl. chinawuliu. com. cn）

前　言

2010 年 11 月，中国物流学会第五次会员代表大会在南京召开，如今五年届满。由中国物流与采购联合会、中国物流学会按年度编辑出版的《中国物流重点课题报告（2015）》（以下简称《报告》）已是本届之内的第五本。

五年来，我国物流业创新发展，服务能力和水平稳步提高，在国民经济中的地位明显提升，中国物流与采购联合会、中国物流学会的课题研究工作同样取得了新进展。五年来，各课题承担单位共完成学会下达研究课题 925 个（其中 447 个获奖）；加上政府部门委托研究课题，联合会、学会组织和参与的课题总数在 1000 个上下；参与研究工作的理论、教学和实际工作者在万人左右。课题数量之多，参与人员之广，可以说迈上了一个新的台阶。中国物流学会五年来的研究工作，在我国物流学术理论研究领域应该占有一席之地。《报告》建立在这些研究成果的基础之上，精选结集而成，每年出版一本。

从入选《报告》的课题来看，紧密结合我国物流业发展的实际，具有较强的实用性和创新性。其中，有对物流基础理论和发展规律的探究，如 2010 年版的《我国生产资料流通行业现状与发展对策研究》，2011 年版的《我国现代物流服务体系的建立与完善研究》，2012 年版的《工业物流发展现状、问题、规律及对策研究》等；有对物流相关政策的研究与建议，如 2011 年版的《生产资料流通行业财税政策研究》，2012 年版的《物联网技术在物流业的发展与政策研究》，2013 年版的《现代流通体系政策研究》、《促进物流企业兼并重组的政策研究》等；有对物流企业管理与战略方面的探索，如 2011 年版的《动态环境下物流企业服务管理研究》，2012 年版的《关于大型国有物流企业发展战略研究》，2014 年版的《物流企业信息化创新绩效实证研究》等；还有对物流细分领域及专业的考察与分析：物流运行环节涉及物流园区、运输、配送、加工、包装、信息化等；专业物流涉及农产品冷链、汽车物流、钢铁物流、医药物流等；物流辐射范围涉及国际物流、区域物流、城市物流、农村物流等；物流基础工作，涉及绿色低碳物流、应急物流、物流产业安全等。这些研究成果，为国家出台物流业相关规划和政策，确立和提升产业地位，推动行业健康发展和企业模式创新提供了理论准备和智力支撑。五年来，共有 73 篇课题报告入选 2010—2014 年版《报告》（其中 58 篇学会课题和 15 篇政府部门委托研究课题），这些都是从众多研究成果中选取的一小部分精华，供业界交流借鉴。

为深化物流理论研究，提升研究能力和水平，中国物流学会自 2014 年起，对研究课题申报工作作出重大改革。在继续鼓励会员单位自主选择研究课题，纳入学会研究计划的同时，选择影响行业发展的全局性问题，设立重大研究课题，并予以经费支持；选择企业发展中遇到的紧迫问题，设立重点研究课题，择优确定研究单位；鼓励企业根据实际需要设立课题并提供经费支持，学会协调确定研究单位并立项。两年来，学会共设立重大研究课题 8 个，重点研究课题 17 个。各课题承担单位积极努力，多数按计划完成了研究任务。经专家评审认为，重大课题和重点课题研究水平均有明显提升。

其中，由北京大学光华管理学院承担的 2014 年重大研究课题《国内外物流成本比较研究》（DHL（中国）支持）入选本《报告》。另有 5 个 2014 年重点课题报告入选，分别是宁波工程学院、宁波智慧企业研究所、武汉理工大学承担的《物联网环境下供应链管理的创新模式与方法研究》；中央财经大学承担的《促进物流业发展的金融服务创新研究》；冀中能源国际物流集团有限公司承担的《高竞争环境下物流企业商业模式创新研究》；中国地质大学（武汉）经济管理学院承担的《企业物流成本核算方法研究：以在 A 公司的应用为例》；北京交通大学经济管理学院承担的《城镇化对物流业的影响和对策研究》。2015 年重大课题及重点课题研究成果，经专家评审后，将择优编入 2016 年版《报告》。

在充分肯定五年来研究成果的同时，我们也清醒地看到，学会的研究工作还有许多不足。物流研究的顶层设计不够，预见性、引导性需要加强；基础性研究比较薄弱，物流研究的框架体系和学科体系建设任务艰巨；低水平重复研究的问题依然存在，原创性的、具有国际影响力的重大学术研究成果仍不多见；研究工作与不断涌现的新思路、新业态、新模式，尚有不小差距。从《报告》的选编工作来看，仍有高质量的课题报告尚未选录，入选报告还有精选精编的提升空间。如何进一步提升学会的研究能力和水平，提高《报告》选编质量，是学会工作的基本功夫和"主营业务"，应该在今后工作中下更大力气。

按照惯例，本期《报告》所选篇章来自两个方面。一是中国物流与采购联合会、中国物流学会及其分支机构承担的国家部委研究课题；二是从获得"2014 年度中国物流学会课题优秀成果奖"的课题报告中择优选录。收入本期《报告》的 10 篇课题报告，分为综合课题、物流管理、物流经济和物流技术与工程四大篇。在编辑过程中，分别征求了课题主持人的意见，有一些篇章由原作者做了删减，还有一些研究质量较高的课题报告，因保密的原因，经征求作者意见，未予收录。

《报告》自 2007 年以来连续九年如期出版，加上本期共收录 121 篇，总字数约为 1000 万。如此浩大的工程，能够坚持数年不辍，这是中国物流学会广大会员、特约研究员以及产学研基地积极参与的结果，是政府有关部门、各地行业协会和企业、院校和研究机构、物流领域产学研各界大力支持的结果。当然，也是联合会、学会各位领导重视的结果。在此，我们向所有关心、重视、参与、支持《报告》编辑出版，热心物流理论研究工作的各方面人士表示深深的谢意。同时，也希望大家对《报告》选编以及物流研究工作提出意见和建议，以新的业绩迎接中国物流学会第六次会员代表大会的召开。

二〇一五年九月八日

目　录

综 合 课 题 篇

物 流 管 理 篇

物 流 经 济 篇

物流技术与工程篇

附　录

综合课题篇

工业领域物流与供应链管理研究[*]

内容提要： 加强工业物流与供应链管理是降低工业企业物流成本的重要手段，是加快工业转型升级的基础支撑，也是物流业发展水平的重要体现。此项研究，是财政部、工业和信息化部、国资委 2013 年委托中国物流与采购联合会研究的重点课题，其研究成果部分体现在国务院发布的《物流业发展中长期规划（2014—2020)》中。该《规划》把"制造业物流与供应链管理工程"列入 12 项重点工程之一，其中许多内容采纳了本文观点。本文共五部分，各部分内容如下。

第一部分，在对工业的概念及其构成、我国工业的主要发展阶段、工业在国民经济中的地位与作用研究的基础上，重点对钢铁、汽车、食品等典型行业做了典型分析，并提炼出工业领域各细分行业在物流与供应链管理方面存在的共性问题，为后续研究提供了现实基础。

第二部分，在对物流、供应链、供应链管理的定义，内涵、外延及基本原理阐述的基础上，分析了三者之间的关系，并对工业物流概念及其主要环节做了分析，为后续研究提供了理论基础。

第三部分，对我国工业领域物流与供应链管理发展的环境作出分析。分别从国际、国内及行业发展三个维度，分析了趋势和特点，得出了以下结论：当前，我国工业领域物流与供应链管理发展，处于重要的历史战略机遇期，同时也面临诸多严峻挑战。

第四部分，对加强工业物流与供应链管理的必要性做了分析。指出，加强工业物流与供应链管理，是降低工业企业物流成本的重要手段；是提升工业企业竞争力的迫切要求；是加快工业转型升级的基础支撑；是中国工业走向世界，赢得市场的必要保障。

第五部分，提出了我国工业领域供应链管理的对策：一是提高工业领域供应链管理的认识；二是鼓励企业集中采购；三是加强供应链库存管理；四是加强供应链关系管理；五是建设供应链诚信体系；六是推进供应链协调运作管理；七是提升供应链质量管理水平；八是强化供应链风险防控；九是搭建供应链一体化综合服务平台。

一、我国工业领域物流与供应链管理发展现状与问题分析

近年来，在政府部门和有关行业协会的引导下，一大批工业企业积极探索物流管理创新，优化供应链管理，创造和积累了很多成功的做法和经验。同时，我国工业发展中不平衡、不协调、不可持续问题依然突出，工业发展方式仍较为粗放，工业转型

---

* 本课题为财政部、工业和信息化部、国资委 2013 年度委托行业协会研究课题。

升级十分紧迫。本文在分析我国工业发展状况的基础上，重点对钢铁、汽车、食品等典型工业行业物流与供应链管理发展特点及存在的问题进行分析，进一步提炼出工业领域各行业物流与供应链管理的共性问题，为研究制订相应的对策和出台政策措施提供参考依据。

（一）我国工业发展概况

1. 工业的概念及其基本构成

（1）工业的概念

工业（Industry）是指从事自然资源的开采，对采掘品和农产品进行加工和再加工的物质生产部门。具体包括：①对自然资源的开采，如采矿、晒盐等（但不包括禽兽捕猎和水产捕捞）；②对农副产品的加工、再加工，如粮油加工、食品加工、缫丝、纺织、制革等；③对采掘品的加工、再加工，如炼铁、炼钢、化工生产、石油加工、机器制造、木材加工等，以及电力、自来水、煤气的生产和供应等；对工业品的修理、翻新，如机器设备的修理、交通运输工具（如汽车）的修理等。

（2）工业的基本构成

关于工业的基本构成，在我国《国民经济行业分类》（GB/T 4754—2002）中将工业做了三个层次的划分，如表1所示。

表1　　　《国民经济行业分类》（GB/T 4754—2002）对工业的分类

行业	大类	中类	小类
采掘业	6	15	33
制造业	30	169	482
电力、燃气及水的生产和供应业	3	7	10

表1说明我国工业行业共分为39个大类，其中，制造业占到30类，可见我国工业以制造业为主体，工业行业细分如图1所示。

2. 我国工业的主要发展阶段

我国工业是社会分工发展的产物，新中国成立以来主要经历了优先发展重工业、轻重工业调整、全面市场化转型、新型工业化四个发展阶段。

（1）优先发展重工业阶段（1949—1978年）

新中国成立以后，中国并没有沿袭其他国家从轻纺工业起步的工业化道路，而是采取了从重化工业起步的超常规发展道路。

新中国的工业化历程开始于1953年国民经济发展第一个五年计划的实施，在高度集中的计划管理体制下，我国成立了大批国有企业，进行大规模的重工业投资和建设。中国用了近30年的时间，初步建立起了独立的、相对完整的工业体系，工业化由起步阶段逐步进入到初级阶段。

在这一时期，尽管工业增长速度较高，但国民经济在这一阶段发展不平衡，经济效益差，因为片面强调重工业的发展，导致轻重工业之间、工业与第三产业之间资源配置不合理。

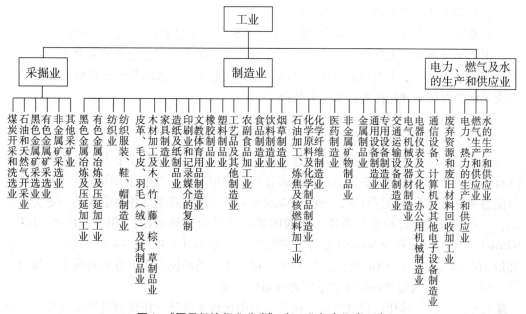

图1 《国民经济行业分类》中工业包含门类示意

（2）轻重工业调整阶段（1979—1992年）

20世纪70年代末，为了解决严重的经济结构不合理问题，我国开始对工业化发展战略进行重大调整，纠正过分强调发展重工业的做法，转而采取消费导向型工业化发展战略，注重市场需求导向，优先发展轻工业。这一时期，以纺织工业为代表的轻工业获得了快速发展。

这一阶段，轻重工业逐步协调增长，二者之间的互动机制逐步形成，重工业对轻工业生产所需的原料和机械设备的生产和供应能力明显增强，轻工业则通过开拓产品市场，相应增加了对重工业产品的需求。经济结构失衡的状况在不断调整中趋于均衡，资源配置方式由单纯的计划手段转向计划手段与市场调节相结合，国民经济由封闭走向开放，工业化总体历程也由初级阶段向中级阶段推进。但这一阶段也出现了新的结构性矛盾，主要是由于加工业的超高速发展，在20世纪80年代末和90年代初，能源、交通、原材料等领域普遍出现紧缺，基础工业和基础设施成为制约国民经济发展的"瓶颈"因素。

（3）全面市场化转型阶段（1993—2002年）

从1992年起，我国实行了经济体制改革，开始由计划体制向市场体制全面转型，我国经济领域再次出现了重工业走强的势头，工业增长重新转向以重工业为主导。这一阶段，我国以电子信息产业为代表的技术密集型产业快速发展，重化工业加速发展。20世纪90年代中后期，传统消费品工业的改造升级促使设备投资大量增加，以解决能源、交通、原材料等领域的制约瓶颈为目的形成了对装备工业的巨大需求，高加工度的重工业快速发展，重工业占工业总产值比例稳步提高。而2000年之后，重化工业进一步快速发展，这一时期消费结构明显升级并由此推动产业结构向高度化演进。

（4）新型工业化阶段（2003 年以后）

2002 年，中共十六大在总结我国工业发展和工业化经验的基础上，根据我国国情正式提出了我国应该走新型工业化道路。我国开始了探索以信息化带动工业化，以工业化促进信息化，力争走出一条科技含量高、经济效益好、资源消耗低、环境污染少、人力资源优势得到充分发挥的新型工业化路子。

3. 工业在我国国民经济中的地位与作用

（1）工业是我国国民经济中最重要的物质生产部门

工业是国民经济各部门进行技术改造的物质基础，从行业构成来看，工业所涉行业既有为国民经济各部门提供先进的技术装备的高端重工业，也包含为国民经济各部门提供能源和原材料的基础性行业，同时又能满足人民生活需要提供各种消费品，更为关键的，工业是加强国防的重要条件。根据国家统计局的公布数据，2014 年我国 GDP 是636463 亿元；2013 年为 588019 亿元，三大产业比为 10.1∶45.3∶44.6，其中，工业增加值 210690 亿元，占 GDP 的比重为 37%，可见工业是国民经济重要的物质生产部门。

（2）工业是增加我国国际竞争力的战略性产业

在全球经济一体化的背景下，各国竞争力的比较主要反映在其创造增加值和国民财富持续增长的能力上，我国以经济资源的全球配置为基础参与世界产业分工与合作，无论是从进出口贸易规模来看，还是从科技水平来看，工业囊括行业门类众多，科技含量和创新潜力巨大，是提升我国国际竞争力的战略性产业。

（3）工业是提升我国科学技术水平的主力军

国民经济的发展要求整体提升我国的科技创新和自主研发能力，而工业经济的发展离不开科技创新水平和自主研发能力的提升，例如船舶制造业、电子信息业、石化产业等，因此工业在推动提升国民经济实力的同时，必然在我国的科技创新和成果转化中扮演着冲锋陷阵的主力军角色。

（4）工业是推进我国城镇化进程的主动力

"十二五"时期是全面建设小康社会的关键阶段，也是工业化的跃升期、城镇化的加速期。工业化是城镇化的经济支撑，城镇化是工业化的空间依托。我国在建设新型工业化道路的同时，利用对城镇化发展的承载优势，以工业化带动城镇化，为我国城镇人口就业、促进地方经济发展提供了主要渠道，推进了我国的城镇化进程。我国第二产业的就业人员数量从 2005 年的 18084 万人增长到 2013 年的 23170 万人，第二产业就业人口在全国所有就业人口中的占比也从 2005 年的 23.2% 上升到 2013 年的 30.1%，作为第二产业中的主要行业，工业在解决城镇人口就业方面所起到的作用不可忽视。

（5）工业是我国经济发展方式转变的主战场

我国工业主要以能源工业、钢铁工业、机械工业等基础工业部门为主，这些行业长期以来依靠物质资源消耗，资源环境成本较高，据工业和信息化部统计，目前我国消耗了全球 46% 的钢铁、16% 的能源、52% 的水泥，但仅创造了全球 8% 左右的 GDP。此外，高耗能行业能源消费量约占工业能源消费总量的近 80%，高耗能行业的快速增长带动我国工业能源消耗总量的不断增加，因此，工业必然是未来我国经济转方式、调结构的主战场。

4. 典型工业行业概况

根据产业链关系，可将工业分为原材料工业（钢铁、有色金属、石化、化工、建材）、装备工业（机械制造、汽车、船舶）、消费品工业（轻工、纺织、食品、医药、家电）、通信业、电子信息业、软件业，其产业链关系如图 2 所示。

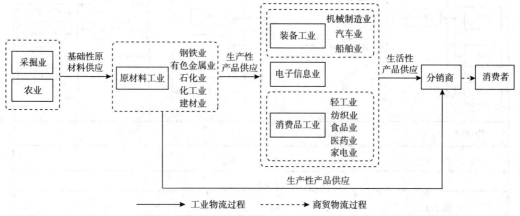

图 2 工业典型行业产业链关系

工业行业种类繁多，但同一类型的工业行业，如原材料工业包括的钢铁、有色、石化、化工、建材，它们具有较为相似的物流与供应链管理特征。其中，原材料工业、装备工业、消费品工业对物流与供应链管理需求十分明显，因此，下文从原材料工业、装备工业、消费品工业中分别选取代表行业进行物流与供应链管理分析研究。

（二）以钢铁为代表的原材料工业物流与供应链管理发展状况分析

钢铁行业是原材料工业中的代表行业。通过对钢铁行业物流与供应链发展状况的分析，可以大体了解到整个原材料工业在该领域的发展情况。

1. 钢铁行业供应链结构分析

从图 3 中我们可以看出，在钢铁行业供应链的上游，原材料种类较少，生产产品的种类也不丰富。但在供应链的下游，产品的种类变得丰富，客户所涉及的领域众多。这体现了原材料工业这类对自然资源依赖性较强领域供应链结构的共同特征——从相对集中的源头向下游发散的供应链结构。这类供应链的上游相对简单，供应商相对固定，设备的提供也是由具有相当资质的企业负责，物流服务的提供更是必须具有专业资质的企业或国家机关担任，比如危险品物流公司、海关、海事机关等。而供应链的下游即客户、分销渠道就非常复杂。

2. 钢铁行业物流与供应链管理现状分析

（1）钢铁行业总体发展现状

钢铁企业是我国重要的工业制造业，是国民经济的支柱，但是近年来却遇到了发展瓶颈。

钢价"跌跌不休"、现期货价格贴水"屡创新高"。2014 年，我国钢铁产业链品种全线超跌，现货钢材市场价格创 20 年新低、期钢更是屡次刷新上市以来最低点、进口矿暴跌至 70 美元关口，也创下 5 年来低点。粗钢产量屡创新高、钢厂去库存压力显著。

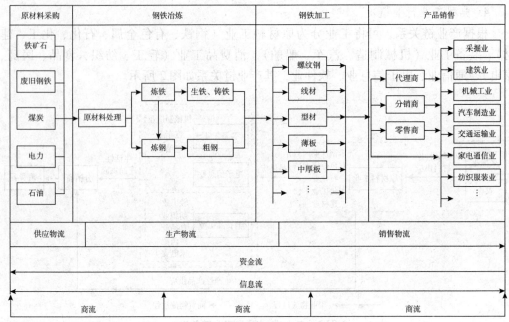

图3 钢铁行业供应链结构模型

数据显示，2014 年前 10 个月全国粗钢消费量约 6.2 亿吨，同比降低 1.4%。到 11 月末，全国重点钢企库存为 1431 万吨，较今年年初增长 217 万吨，全年绝大部分时间重点钢企内部库存总量均在 1380 万~1800 万吨的高位运行，反映钢厂去库存压力明显上升。钢企现"畸形"赢利，行业资金压力依然较大。2014 年前 10 个月，88 家重点钢企赢利 226.56 亿元，累计赢利同比增长 61.3%；预计全年钢铁业利润总额将达到 280 亿元以上，创近 3 年来的新高。但平均销售利润率依旧低下，仅为 0.75%，表明钢铁主业仍然困难，仍有 21 家钢企亏损，亏损面为 23.86%。2014 年，全国雾霾等污染问题更加严重，已经引起国家层面的关注，钢铁行业作为典型的"三高"行业，已经被确定为国家五大宏观调控的重点行业之一。

（2）钢铁龙头企业——宝钢集团的发展状况

宝钢集团有限公司是 2012 年我国金属工业企业中的第一名。2012 年，宝钢完成钢产量 4383 万吨，利润总额 104 亿元，居世界钢铁行业第 2 位。2013 年，宝钢连续第 10 年进入美国《财富》杂志评选的世界 500 强榜单，位列第 222 位，并连续当选为"全球最受赞赏的公司"。2014 年宝钢股份位居钢铁行业净利润第一位。标普、穆迪、惠誉三大评级机构给予宝钢全球钢铁企业中最高的信用评级。除了注重发展钢铁主业，宝钢还着力围绕主业，发展相关多元产业，重点围绕钢铁供应链、技术链、资源利用链，加大内外部资源整合力度，提高综合竞争力及行业地位，形成了资源开发及物流、钢材延伸加工、工程技术服务、煤化工、金融投资、生产服务六大相关产业板块，并与钢铁主业协同发展。

物流与供应链发展方面，宝钢集团已经建立起了相对完善的供应链管理体系：

供应采购系统。宝钢为保证生产，需要的原材料有铁矿石、废钢、煤炭、油料、电力、备品备件等。这就产生了许多不同的供应商。本着采购供应链整体高效运作，实现共同发展的目标，宝钢股份于 2004 年起着手建设采购供应链系统，建立了从用户到管理部门、采购部门、供应商、仓储配送、结算这一完整的业务处理流程，实现公司内物料代码（涵盖资材、备件、零固、原燃料）的规范统一；系统整合了国内外的采购业务，实现与供应商的网上协同；具备了支持多组织、多账套的采购供应业务等功能。该系统自正式投运以来，有效助推了资材备件采购部与宝钢分公司、供应商、宝钢物料供应中心的协同运作。但在资源占有和采购规模方面，宝钢仍存在劣势。

生产流程系统。钢铁的生产流程比较复杂，过程比较长，要经过原材料的采购—原材料的处理—炼铁—炼钢—连铸—轧制—销售。既有推动式生产，又有拉动式生产。由于生产的特点决定了在连铸这个环节上是该供应链上的推拉边界，因为炼铁和炼钢是连续性的流程，特别是炼铁的环节，不能出现等待原料的情况，所以在连铸之前的环节基本上属于推动式生产进行的环节；在轧制以后的生产形式可以认为是拉动式生产。宝钢以及中国其他钢铁企业从总体上在生产流程管理上是一种粗放式管理，对产品生命周期的核心管控流程了解不深、不透，不能有效掌控和提升本企业核心管控流程的效率。

销售物流系统。钢材的销售物流系统，国际上大致分为两类模式：一是日韩模式，以综合商社为主，钢厂为辅；二是欧美模式，以钢厂为主，流通、物流企业为辅。宝钢是一种中间模式，正是由于宝钢特有的销售物流系统模式，宝钢钢铁价格被称为世界钢铁市场价格的风向标。但宝钢集团在销售物流系统方面仍然存在一些问题。比如：资源配置时间长，在资源配置与订单应答间目前无共通的决策支持平台；对于客户来说，体系可见度低；销售物流系统反应速度慢等。

回收再生系统。宝钢将在生产过程中产生的切头回收至废钢堆场，或对外销售或回炉冶炼。2006 年，针对高合金废钢，宝钢分公司确定了 40 多个高合金废钢回收点。由各生产厂就地回收，实行涂色标记以将高合金废钢区分出来，宝钢还通过手提式光谱仪等设备，将回收的各类高合金废钢细分成 23 类，分门别类地堆放在固定区域。炼钢厂根据不同种类制订了详细的使用方案，对不能回炉使用的高合金废钢，则参照市场价格建立一个可动态调整的回收价格体系按质出售。

信息系统。宝钢经过近几年在企业信息化方面的建设，已建成较完善的企业内部信息系统。其自行设计开发的整体产销计算机管理系统（B－ERP）完整覆盖销售、生产、质检、发货、设备维护和财务等业务。在生产、管理中做到了生产实绩、库存和合同的实时跟踪及动态分析，并建设了庞大的企业数据库。

3. 钢铁行业物流与供应链管理特点分析

（1）钢铁行业物流特点分析

①钢铁行业物流链既繁又长，控制难度较大

钢铁行业物流链涉及原材料、在制品、产成品等的运输，成品的销售物流等，物流企业现在还可以进行钢材的简单加工、开平等处理，从原材料到最终产成品的消费地物流链长，环节多，控制难度较大。

②钢铁行业的物流成本高，物流资源分散

目前，我国物流成本占整个产业链支出的 20% 左右，而发达国家为 8% ~ 10%，物流成本一直偏高。产业链上的许多企业没有先进的管理信息系统，物流资源分散，没有形成贯穿整体的社会化钢铁物流体系。

（2）钢铁行业供应链管理特点分析

①钢铁行业供应链中生产环节的产能总量过剩

我国粗钢产能超出实际需求1亿吨以上。创新能力不强，先进生产技术、高端产品研发和应用还主要依靠引进和模仿，一些高档关键品种钢材仍需大量进口，消费结构处于中低档水平。

②钢铁行业供应物流管理难度大

我国铁矿石总储量为220亿吨，但贫矿多、富矿少，平均品位仅为33%，远小于炼铁所需的含铁63%品位。每年钢铁产业的钢铁消耗一半以上铁矿石需要进口。铁矿石近几年主要依靠从巴西、澳大利亚等地进口，价格高。小煤矿关停导致焦煤产量锐减，焦煤开采成本上升导致焦煤价格不断上涨；国际焦煤价格的上涨也刺激国内焦煤价格高涨。

③钢铁行业供应链中的流通体制和流通秩序不佳

钢铁销售呈现多级批发，存在大量中间商，且资金渠道来源不同。在大中型企业钢材销售总量中，中间贸易商占的销售比重与直销旗鼓相当，中间贸易商和钢铁生产企业存在争夺市场价格话语权的问题。目前，钢铁产品经销商超过15万家，由于产品市场的供需不平衡，投机经营倾向较重，钢材价格波动幅度大。

④钢铁行业供应链中资金流和信息流的整体流量大，传递路径长

资金流呈现巨额投资、流动资金频繁的特点。信息流呈现信息主体多样，信息内容多样，信息传递要求快速、精确的特点。

4. 钢铁行业物流与供应链管理存在问题分析

（1）钢铁行业物流发展问题分析

①物流发展行业滞后于行业发展

钢铁物流的产业集中度远远低于钢铁生产领域甚至消费领域。我国钢铁流通以中小企业为主体，全国各类钢材贸易企业超过20万家，但绝大多数企业的钢材销售量都在10万吨以下。由于企业规模小、分布过于分散，已经无法与上下游之间协同发展，既难以与日趋向集团化发展的钢铁生产企业相匹配，也难达到下游用户所要求的服务水准。国内钢厂产量超过1000万吨的有9家，宝钢和河北钢铁集团均超过3000万吨。与钢铁生产企业相比，钢铁流通企业在资源掌控、定价话语权上仍处于弱势地位。

钢铁产业和钢铁物流产业兼并重组不同步，加大钢铁生产和物流领域的规模差异。目前，钢铁物流企业内部管理粗放，缺乏必要的服务规范和内部管理规程；技术水平较低，物流作业效率不高，只能简单地提供运输和仓储服务，难以为大型企业提供综合性物流服务。钢铁物流企业作为钢铁生产企业与钢铁终端用户之间的桥梁和纽带，加快推进我国钢铁物流企业间的兼并重组刻不容缓。

②钢材加工配送发展落后

虽然我国目前也有300余家钢材加工配送中心，与美国的数量相当，但除了一些

大钢厂和贸易商的加工配送中心有一定的规模和档次外，80%的加工中心规模比较小，自动化水平低，无法发挥专业分工的优势，并且还存在重复建设严重、结构布局不合理的情况。我国钢材在流通中深加工的比例仅为15%左右，世界发达国家钢材的综合深加工率可达50%以上，板材更是高达70%，缺乏深加工使我国钢材的附加值没有得到体现，上下游没有形成紧密的共同发展关系，钢材的综合成材率和劳动生产率较低。

③钢铁物流技术装备落后

物料出、入库机械化程度低，人工搬运车及普通起重设备占到70%以上，很多仍采用手工装卸。另外这些企业运输、仓储手段单一，车辆可承载的货物种类有限，同时信息系统落后，导致在目的地无法全面地得到返程配货的信息，货运车空载率较高，无法形成强大的物流网络，单位运输成本偏高，难以形成规模经济。

④钢铁物流信息化程度有待提高

绝大部分钢铁物流中心内部物流管理信息系统不高，很多仍为手工式记账，条码技术、GPS及EDI等物流信息技术也没有大规模使用。另外现代物流体系要求物流信息应在相关企业之间广泛传递，通过信息网络平台对接，客户发给钢铁企业销售部的信息也同时会发往物流企业，但绝大部分钢铁物流企业对外仍用纸媒介来传递信息，与现代钢铁物流要求差距还很大。

（2）钢铁行业供应链管理问题分析

钢铁行业供应链管理力图把整个企业生产资源（原材料、设备）、市场资源（采购、销售）、财政资源（资金来源与支出）和工程资源（产品结构和工艺路线的设计）编成全面计划，并进行管理，但却局限于企业内部数据集成，而未将其相关实体纳入视野。钢铁行业供应链管理的问题主要表现在：

①供应链一体化程度不高

整个系统只注重企业内部运作，而忽视了其他相关实体。钢铁企业供应链前端的采购系统包括原料、材料、设备等子系统，每个子系统要与若干个供应商和代理商打交道。后端销售系统的销售公司、储运公司、用户等子系统同样要与客户和代理商打交道。但目前的内部供应链管理未将这些对象纳入供应链系统。

②对库存费用的重视不够，采用过于简单的库存策略

库存以原材料、半成品、成品等形式存在于供应链的各阶段、各位置（运输库存）。钢铁企业每年仅耗费在原燃料方面的库存费就高达数亿元，更不用说其他材料、机电备件以及半成品和成品的库存。库存主要用来应对不确定性，因此库存策略应当根据不确定性而有所不同，简单的库存策略往往不能满足要求。

③忽略了不确定性影响，数据信息不准确

从国外采购的矿石，受运输方式的影响，有时不能按期到达港口。钢材交货时间得不到保证，且未能及时将信息通报给客户，造成客户不满意和企业形象受损。由于对不确定性认识不足，许多机构长期习惯于这种不确定性，并默认不确定性的存在，而在清除、减小不确定性方面所做的工作不多。这种不确定性在整个供应链中有不断被放大的趋势，即"牛鞭效应"，造成系统数据严重失真。

④缺乏衡量供应链整体性能的考核指标

供应链上各单元基本上是按照局部目标在运行。各单元只考虑自身目标的优化，而未考虑整体目标的优化。局部优化目标加起来并不一定导致供应链整体性能最优。如某钢铁企业焦化厂和烧结厂分别生产焦碳和烧结矿，焦碳和烧结矿质量的好坏直接影响炼铁厂铁水的产量、质量和成本。在降低成本活动期间，焦化厂和烧结厂为了完成本厂降低成本的目标，生产的焦碳和烧结矿质量均达不到企业标准，炼铁厂使用后，导致铁水的产量和质量下降，成本上升。尽管焦化厂和烧结厂完成了各自降成本的目标，但炼铁厂的成本却上升得比前两厂降低的和还多。

⑤创新能力不足

一个典型的矛盾是，尽管中国的钢铁企业占据全球最大的钢铁企业10强半数以上份额，但包括宝钢在内的中国大型钢铁企业还没有一家称得上是"跨国公司"，中国钢铁业国际化羸弱的一个根本原因就是缺乏驾驭国际市场运营的经验和能力，核心就是管理创新能力不足。此外，中国的钢铁业贡献了全球45%左右的产量，却鲜有影响世界钢铁业发展方向的突破性技术创新，这是中国钢铁业大而不强的典型症状。唯有技术创新，才是中国钢铁业发展摆脱资源和环境束缚的新支点。

（三）以汽车为代表的装备工业物流与供应链管理发展状况分析

1. 汽车行业供应链结构分析

汽车制造业对国民经济带动作用强，对于推进我国的工业现代化具有重要的战略意义。汽车行业主要包括生产发动机、底盘和车体等主要部件并组装成车的汽车制造企业和专门从事各种零、部件的制造的汽车配件制造企业。在进行具体供应链分析时，由于汽车零部件生产企业和汽车制造企业为两类企业，因而将其拆开分析。汽车工业的供应链结构如图4所示。

由图4可知，汽车工业供应链可以分为零部件采购、汽车生产、汽车销售等部分。主要从国内零部件生产商和零部件制造商进行汽车零部件采购，零部件种类繁多，零部件供应商管理复杂。汽车的生产环节较为复杂，生产工艺种类多，且多采用模块化生产。在汽车的销售环节则涉及整车销售和售后服务备件销售两类，多销往4S店等地，近年来由于电子商务的普及和生产技术的提高，汽车生产企业也开始提供定制化生产服务。

2. 汽车行业物流与供应链管理现状分析

（1）以汽车为代表的装备工业物流现状分析

中国的汽车物流成本约为15%，远高于欧洲的8%和日本的5%。汽车物流包括五个部分，即零部件入厂物流、生产物流、整车销售物流、汽车售后服务备件物流以及回收物流等。

汽车零部件入厂物流是指汽车零部件从国内零部件生产企业或者国外零部件生产企业供应到汽车生产企业的过程。汽车生产物流是指从零部件仓库入口到生产线，经过汽车制造、组装等工艺过程直至成品车库入口前的物流活动，是在汽车制造业内部进行的物流活动。汽车整车物流指汽车成品整车从生产线下线后经过仓储和运输等环节到经销商、4S店等再到最终客户的整个过程。汽车售后服务备件物流是指汽车售后备件的在

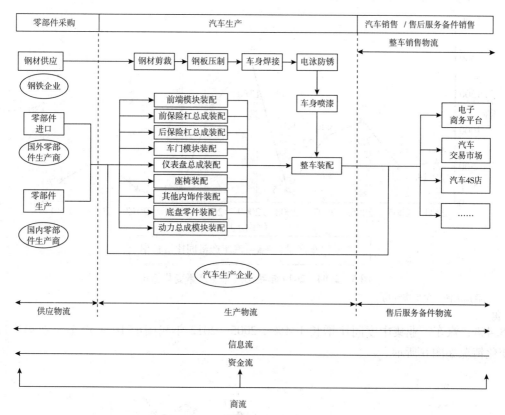

图4 汽车工业供应链结构

库管理、按单配送至4S店等的物流服务。汽车制造企业的回收物流可以分为生产过程的回收物流、销售过程的回收物流以及售后过程回收物流三种。即分别为汽车生产过程中钢材等边角废料和废弃包装物等的回收，汽车及售后服务零部件销售过程中使用的台架、捆带等的回收，以及汽车故障维修、缺陷产品召回以及废旧汽车的回收利用等。

（2）以汽车为代表的装备工业供应链管理现状分析

汽车行业的供应链管理水平一直处于各行业供应链管理水平的领先位置。其供应链管理方式也逐步趋向于供应链横向一体化。现在，已没有汽车生产企业能够独立完成从零部件生产，到整车装配，直至最终把汽车销售到客户手中的全过程。加快新产品开发速度，降低生产成本等目标已经难以只由单个企业通过内部发展实现，这些问题已经演变成为供应链的问题。

2014年，全国累计生产汽车2373万辆，同比增长7%。销售汽车2349万辆，同比增长7%，产销量保持世界第一。我国汽车生产量变化情况如图5所示。

2014年全年，6家企业（集团）销售汽车1859.33万辆，占汽车销售总量的79.2%。其中，上汽销量突破500万辆，达到558.37万辆，东风、一汽、长安、北汽和广汽分别达到380.25万辆、308.61万辆、254.78万辆、240.09万辆和117.23万辆。

我国汽车销量前10名的企业集团共销售汽车1943.06万辆，占汽车销售总量的

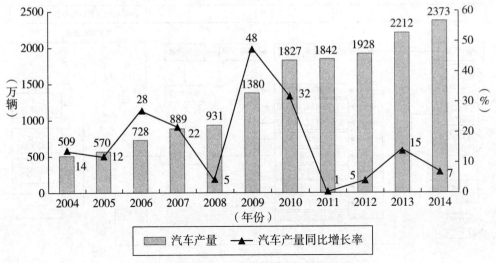

图 5　2004—2014 年我国汽车生产量变化情况

数据来源：国家统计局。

88.4%，汽车产业集中度同比增长 1.4%。2005—2012 年我国前 10 家汽车企业集中度变化情况如图 6 所示。

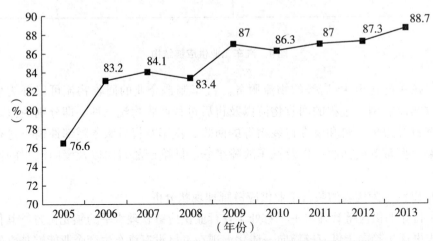

图 6　2005—2013 年我国前 10 家汽车销售企业集中度变化情况

数据来源：工业和信息化部网站及中国经济年鉴。

由图 6 可知，汽车产业集中度逐步上升，由 2005 年的 76.6% 上升到 2013 年的 88.7%。

3. 汽车行业物流与供应链管理特点分析

（1）以汽车为代表的装备工业物流特点分析

①零部件种类繁多，供应商数量多

汽车零部件种类多样，不同的零部件规格大小不一，需要个性化的包装器具。同时，整车厂对零部件的需求总体上是多频次小批量，因而需要多频次小批量的供应物流服务以保障其供应和生产的有效衔接。

②汽车生产物流外包水平较低

由于汽车厂内生产属于汽车制造的核心环节，且多涉及汽车制造企业的核心竞争力，大部分汽车制造企业未将生产物流业务外包。只有东风日产、东风裕隆等少数的汽车制造企业与汽车物流企业开展了汽车行业的生产物流的活动。

③汽车属于高价值产品且车型众多，对物流费用的承受力不一

汽车单价较高，属于高价值产品，并且不同的车型对物流费用的承受能力也不一样，如低端车型价值较低，对物流费用的承受能力较低。

（2）以汽车为代表的装备工业供应链管理特点分析

①核心竞争力依赖设计、生产技术创新能力

汽车行业是典型的技术依赖型行业，生产工艺复杂，生产技术的创新会给汽车供应链带来整体的变革。如福特的流水线生产引申的纵向一体化供应链管理和由丰田精益生产引申的横向一体化供应链管理。

②供应链的思想在大型汽车企业中已有一定程度的应用

JIT 思想在汽车生产企业中已有较广泛的传播，VMI 等库存管理方式在东风日产等企业中已有应用。一部分汽车生产企业采用循环取货模式等方法优化供应链，提高供应链效率，降低库存成本。同时，一些大型汽车生产企业也已经采用了 ERP 等信息手段协调优化整条供应链。

③汽车供应链管理的全球化战略

汽车生产所需的零部件来自国内和国际多个地区，零部件采购领域将涉及国际贸易等多个板块。同时，汽车整车生产也在逐步迈出国门，汽车的销售网络也将加快建设以提升国际竞争力。

4. 汽车行业物流与供应链管理存在问题分析

（1）以汽车为代表的装备工业物流管理问题分析

①部分零部件难以形成满载运输，造成运力浪费

各零部件供应商的送货数量不确定，致使部分车辆装载率较低，空驶率较高，造成运力资源的浪费。并且零部件运输车辆返程装载率低下，同样浪费了运力资源。

②供应物流成本高，资源浪费严重

为了满足汽车整车生产商的需要，供应商多在整车厂附近设点。众多的供应商会出现仓库等设施重复建设、车辆设备等资源利用不充分的现象。

③生产衔接水平有待提高

供应商众多致使零部件收货繁杂，零部件难以按生产线的要求按量按时的供给到特定位置。对于一些打包件的供应则更难以满足要求。

④整车运输空载率较高

我国商品车运输空返率为39%，车辆运输成本是欧美国家的3倍。整车运输经常出现重去空回的情况，导致了严重的运输资源浪费。

⑤备件库存成本高

售后服务备件供应商、汽车制造企业以及售后服务备件经销商大多依赖冗余库存来

满足售后服务备件及时供应的需要，各个运营主体多从自身角度进行库存成本优化，从而形成牛鞭效益，放大了备件需求，提高了备件库存成本。

（2）以汽车为代表的装备工业供应链管理问题分析

①供应商管理复杂，风险控制能力较低

由于汽车有诸多供应商，大部分供应商采取自行送货方式，送货时间不固定，交货标准也不统一，增加了汽车制造企业的收货难度。并且供应商众多，导致供货时间协调难度较大，会出现发货延误、零部件供应衔接不畅等问题，给汽车制造企业的生产带来很大风险。

②供应链的各环节存在标准化问题

一是信息方面未形成标准化，许多企业自行建立信息系统，不同信息系统之间未能有效对接，信息水平虽已较高，但仍然不能有效传递企业之间的信息，实现信息的实时沟通。

二是在设备方面未有一个成型标准。如在零部件物流问题上，其由于零部件种类的多样性和主机厂的严格要求，促使其物流设备，如网箱、托盘、运输纸箱的规格不一致，标准化问题急需解决。

（四）以食品为代表的消费品工业物流与供应链管理发展状况分析

1. 食品业供应链结构分析

一般供应链管理包含：采购供应管理、库存管理、生产管理、物流管理、信息管理和分销管理等，食品供应链结构以乳制品为例，如图7所示。食品供应链结构为两端复杂中间相对简单的结构。上游为原材料，以乳制品为例，牛奶进行加工时除了生鲜牛乳外还需要各种添加剂，在下游，由于食品为人民生活所必需，销售网点相当广泛，销售节点的形式多种多样。除了末端主体多的特点外，原材料经过加工后产生多种制品，所以末端的产成品类型也很多，例如小麦经加工后，既可以做成面包，麸皮可做饲料，还可以做成方便面和挂面。

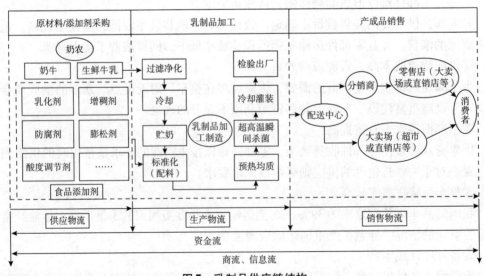

图7 乳制品供应链结构

2. 食品业物流与供应链管理现状分析

（1）食品业物流发展现状分析

食品业领域物流发展已取得一些成绩，但与完善的物流体系还有一定的差距。物流市场需求总体增加，根据中国统计年鉴上发布的全国家庭平均每人全年现金消费支出统计，粮食、肉禽及其制品、水产品和奶及奶制品等支出消费逐年增加，肉禽及其制品、水产品和奶及奶制品等往往需要进行冷藏运输保证食品的新鲜度，具体全国家庭平均每人全年现金消费支出如图8所示。

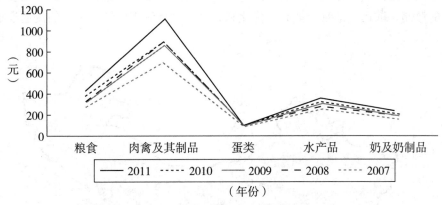

图8　全国家庭平均每人全年现金消费支出

数据来源：中国 2008—2012 年统计年鉴。

从物流设施看，我国粮食储运加工设施及监管得到了进一步改善，在粮食加工方面，江苏宿迁粮食中心，日处理小麦 3000 吨的五得利集团面粉项目机器设备基本安装完毕，日处理稻谷 300 吨的江苏宝源米业、年加工油料 15 万吨的宝丽来油脂等已建成投产；河南省财政投资补助 0.35 亿元和贷款贴息资金 1.6 亿元，用于主食产业化和粮油深加工贷款贴息。从物流设备来看，我国冷藏保温汽车的拥有量虽然已经从 1980 年约 3500 辆增加到了现在的约 60000 辆，但与发达国家相比，目前还存在很大的差距。从物流技术来看，食品制品除了一般的物流技术外，由于其保障食用性的原因，一部分需要在冷链的环境下进行运输，如肉制品、乳制品、果汁饮料等。我国制冷技术较世界水平相对落后，速冻技术以及臭氧除农药残留等技术也相对落后。此外，冷链信息技术在第三方冷链物流中的应用水平较低，信息系统建设落后，RFID、GIS 等技术的应用还不成熟。从物流网络搭建和物流节点建设的角度来看，粮食物流中心建设及在流通中的作用得到日益重视，现代粮食物流中心建设成绩斐然，并开始呈现智能化、数字化等特征。粮食中心逐渐成为粮食供应链整合主体，集粮食运输、储存、加工、分销等多种功能于一体。粮食物流中心同时搭建产销区粮食流通的快速通道，打破产销区边界。国家对粮食物流中心的建设与管理程度进一步加大，2012 年出台《国家级粮食现代物流示范单位管理暂行办法》，并依据此办法启动了国家级粮食现代物流示范单位遴选及相应的管理工作。从物流成本来看，我国粮食从主产区到销售区的物流费用，占整个粮食销售价格的 30% ～ 35%，而美国粮食物流成本大约只相当于我国粮食物流成本的 40%。

（2）食品业供应链发展现状分析

食品业领域的供应链应以食品加工企业为核心，包含原材料生产、贮存、食品生产加工、销售、运输、配送、处理等多个环节，主体涉及原材料生产者、产品生产制造商、运输和仓储商、转包商、零售商和产品服务环节相关的组织，如设备、包装材料生产者、清洗行业、添加剂和配料生产者。食品供应链中产销衔接有待加强，《粮食行业"十二五"规划》中提出加强产销衔接，加强通道建设，重点推进铁路散粮火车在东北区域及全国其他区域的运营，以及铁路与公路、水路的多式联运，实现跨省粮食主要物流通道的散储、散运、散装、散卸，优化和完善粮食物流供应链，主要的流通通道如图9 所示。

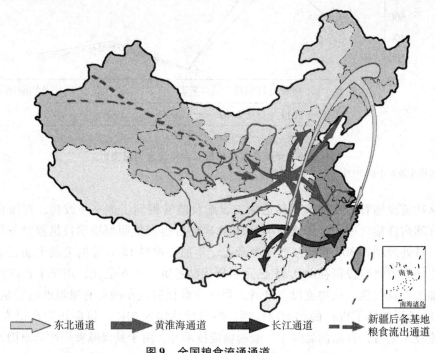

东北通道　　黄淮海通道　　长江通道　　新疆后备基地粮食流出通道

图9　全国粮食流通通道

食品业由于其要控制产品的安全质量，一般为大集团运营，对整个产业链进行控制，供应链管理方式为纵向一体化的方式。如中粮集团，提出打造全产业链，把物流能力、加工能力、研发创新能力、品牌渠道和销售能力联结到一起，为全社会提供有附加值的服务。根据市场、客户和消费者需求，组织农民引入优良品种，提升种植、养殖效率，推动农业产业化；通过合理布局的物流和加工设施，打造低成本、高效率的供应链系统；以消费者洞察为引领，形成品牌、渠道和研发体系，源源不断地提供高附加值的新产品。再如，双汇连锁商业是以经营双汇冷鲜肉和肉制品为主，采用"冷链生产、冷链运输、冷链销售、连锁经营"的肉类营销模式，集工业、商业、物流业于一体的"横向一体化、纵向一条龙"的新型肉类经营业态。

此外，在食品供应链管理上体现出全面质量管理的趋势。食品安全与人民身体健康息息相关，实行全面质量管理有助于控制食品安全，特别是对于有保质条件的食品，质量管理显得尤为重要。蒙牛集团成立之初，就致力于建立绿色、透明的乳制品产业链。零污染的牧场管理与奶源收集；严格的质检标准；规范化的运输管理。蒙牛形成的全面质量管理环节示意图，如图10所示。

牧场 —— 奶源收集 —— 生产加工 —— 质检出厂 —— 经销商管理 —— 餐桌

图10 蒙牛从"牧场到餐桌"全面质量管理环节

3. 食品业物流与供应链管理特点分析

（1）食品业物流特点分析

①食品物流具有时效性

随着社会经济的发展，人民生活水平的提高，人们对食品的保质期、品质、口感和营养价值要求越来越高。食品及加工制品本身在一定条件下具有保质期，要求当批发商向制造商购买时，运输商能够把加工好的食品在短期内快速分拨到所有的地方。

②食品物流运作要求高

为了保证食品的营养成分和食品安全性，食品物流要求高度清洁卫生，同时对物流设备和工作人员有较高要求；由于食品具有特定的保鲜期和保质期，食品物流对产品交货时间即前置时间也有严格标准；食品物流对外界环境有特殊需求，比如适宜的温度和湿度；生鲜食品和冷冻食品在食品消费中占有很大比重，所以食品物流必须有相应的冷链。

③食品物流对设施设备有特殊要求

相对于其他专业物流系统，食品物流要求高度的安全卫生，营养尽可能地不要流失。食品如水产品、肉及肉制品、乳制品等在一定的温度条件下才可以保障其营养成分的不流失，需全程实行冷链运输。对于冷链运输，要求对应的物流设施具有一定的保温功能、监控功能，符合食品储存运输的安全卫生条件。

④物流作业中重视食品相关法规和物流标准的执行

由于食品在运输过程中可能会受到物流、化学以及生物方面的危害，变质的现象时有发生，所以物流服务商要严格执行相关法规和标准的要求。《食品安全法》第二十七条对食品生产经营的卫生条件作了规定，其中第六款明确要求，储存、运输和装卸食品的容器、工具和设备应当安全、无害，保持清洁，防止食品污染，并符合保证食品安全所需的温度等特殊要求，不得将食品与有毒有害物质一同运输。从事食品运输经营活动，应当遵守本法上述规定，保证食品在运输等流通环节不受污染。如果违反本法规定，要依法承担相应的法律责任。根据2012年中物联统计的《物流标准目录手册》中冷链物流标准总共有111项，包含基础、管理、技术和作业标准，有一些为强制标准，必须执行。

（2）食品业供应链管理特点分析

①供应链管理注重全面质量管理

食品由于其安全性和营养性双重特点，对供应链管理提出的要求为全面质量管理，从原材料种植过程开始到食品端上人们的餐桌结束。如蒙牛集团充分运用国际质量标准，将中国制造冠以世界品质。蒙牛生产管理控制由四大权威体系构成：HACCP（危害分析与关键点控制）、ISO 9001（质量管理体系）、ISO 14000（环境管理体系）、OHSAS 18001（职业健康安全管理），完整涵盖了蒙牛生产的每一个环节。从设计生产前的风险防范到对原料、人员、设施的要求，从生产作业标准、危机识别及质量控制，到包装运输控制，无一不在四大标准的规范之列。正是在严格的标准体系和质量管控下，最终上市的每一包蒙牛奶都要经过9道工序、36个监控点、105项指标检测的洗礼。

②供应链管理模式趋向于纵向一体化

出于食品安全原因，大多的制造商更愿意沿产业链向上游把控，对原材料的质量进行管理，保障加工后的食品满足卫生安全要求。同时，食品在运输、储藏和销售的过程中也容易出现变质、破损等问题，所以制造商向下游拓展，对食品运输、储藏过程进行控制、自建销售渠道，保障食品质量。如双汇集团，为了对供应链进行掌控，组建成立了双汇物流公司，现已成为国内最大的专业化公路冷链物流公司之一。双汇公司供应链纵向一体化管理示意图如图11所示。

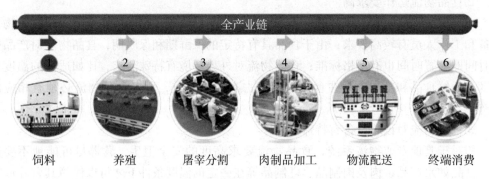

图11 双汇公司供应链纵向一体化的管理

③供应链中物流和销售网络的融合度较高

目前，我国食品零售渠道主要有超市、农贸市场、副食品商店等。另外，我国的食品销售网络一般由西北、华北（东北）、华中、华东、华南和西南六个大区组成，销售网络遍及省、市、区甚至还有县，强大的销售网络方便物流进行配送，继而形成物流配送网络。

4. 食品业物流与供应链管理存在问题分析

（1）食品业物流发展问题分析

①缺乏专业物流素质人才

相对于普通物流，食品物流中有部分为冷链物流，冷链物流需要专业的知识和操作规范，对物流人才的综合素质要求更高。但是冷链物流在我国起步相对较晚，目前我国关注冷链物流的人也不是很多，所以研究冷链物流的专业人才稀缺。进行物流活动的同时除了需要有冷链物流的基础外，对于相关食品的特性和温度条件等也应有所了解，需要的是复合型人才。

②物流成本较高

现今阶段，食品行业物流成本结构的不合理主要表现在：运输费用高、淡季仓储面积大、营运费率低。物流成本主要由运输成本、仓储成本和配送中心管理成本构成。食品企业的市场集中在大中城市，它通过在主要销售区设厂来满足当地的市场需求，当地生产能力不足或所在区域内没有生产厂的市场主要由生产总部通过铁路长途调拨给客户或将货物发至该地所在大区的配送中心，再由配送中心通过汽运将货物送至客户手中。因此由于长途调拨而产生的运输费用在产品价值中所占比例很大。

③发展受限于我国的第三方物流发展

我国第三方物流企业现有服务内容多数停留在货物代理、仓储、库存管理、搬运和干线运输等方面，能够提供综合型、全过程、集成化的现代物流服务的寥寥无几。从冷链物流的发展趋势、市场需求的导向及企业长期发展来看，专业的第三方冷链物流企业为以后的竞争主体，现在少数第三方冷链物流企业拥有全国性的物流网络，具有提出冷链物流解决方案的能力。

④物流过程中操作不规范导致食品变质

在冷链物流过程中，操作不规范出现"断链"的现象。物流设施与运输设备之间换装作业在常温环境下，并不是在冷藏/冷冻要求的温度中；还有在运输过程中，为了节约成本并不运行制冷设备，货物只有在开始和结束的时候才处于冷藏环境下。

（2）食品业供应链发展问题分析

①供应链基础设施建设不足

由于当前我国交通基础设施不完善，综合交通运输体系还未完全建设完成，给食品质量安全带来了隐患。多数食品加工企业缺乏必要的仓储和物流设施，原料供应保障程度低，资源浪费严重，抗风险能力弱。

②供应链上下游联系紧密程度有待加强

食品工业与上、下游产业链衔接不够紧密，食品整体供应链的有效衔接不足，原料保障、食品加工、产品营销存在一定程度的脱节。绝大多数食品加工企业缺乏配套的原料生产基地，原料生产与加工需求不适应，价格和质量不稳定。我国小麦产量居世界首位，但优质专用品种数量不足，每年仍需进口部分优质专用小麦；我国柑橘产量的95%适宜鲜食，适合加工橙汁的柑橘品种和产量少，95%的橙汁依靠进口。

③食品供应链建设存在地域差异

我国食品市场对外开放的大门敞开，为食品工业争取了更多的走出国门的机会，但是食品供应链建设东西差距较大，我国西部地区特别是大部分农村地区以及偏僻的贫困山区，内地交通运输基础设施陈旧落后，不少地区的交通运输布局不合理，建设速度一时没有跟上，导致阻塞仍然频繁发生、我国东西部地区收入高低差别太大等现象。

（五）工业领域物流与供应链管理存在的共性问题分析

1. 物流层面问题

（1）企业对物流重视程度不高

由于我国经济发展长期存在重制造、轻服务，重生产、轻流通的问题，对工业物流重视不够的问题存在于大多数的工业企业中，企业中高端物流与供应链管理人才相对匮乏，没有形成统一的物流职能部门，采购、生产、销售等环节中的物流资源分散在不同部门和环节，导致企业各环节物流成本无法得到一体化的控制，导致总体物流成本居高不下。

（2）工业企业物流外包比例偏低

据统计，我国工业企业中，原材料物流的 36% 和 46% 分别由企业自身和供应商承担，由第三方物流企业承担的仅 18%；产成品物流中，由企业自营或企业与第三方物流企业共同完成的比例分别为 24.1% 和 59.8%，完全由第三方物流企业承担的仅占 16.1%。这个数据与国外发达国家相比便可明显看出差距。美国、日本以及欧洲平均外包比例都已超过 70%，其中德国的外包比例甚至达到 90%。可见物流外包是工业物流发展的一个必然的趋势。

（3）工业与物流布局不相协调

第一，工业园区与物流节点的联合规划和配套建设不足，很多工业基地、园区和企业在选址布局没有充分考虑到周边物流设施的配套能力，造成物流成为企业发展永远的短板；第二，综合物流体系和多式联运尚不完善，难以支撑工业品日益增长的运输物流需求，导致物流空驶率高；第三，地区产业梯度转移逐步推进，中西部地区由于物流基础设施发展较为落后，对承接东部地区产业转移形成一定的制约，区域物流一体化合作难以较好开展。

（4）工业企业物流管理较为粗放

目前，工业企业物流管理仍然较为粗放，先进的物流技术方法未得到充分运用：

第一，原材料及产成品库存量不科学。工业企业在其生产运作过程中常常选择以囤积原材料的方式，利用仓储成本抵消因原材料市场价格波动而造成的生产成本上涨，或者存储一定产成品以避免销售波动。但是库存水平过大则无法适应市场需求变化、过小则会降低抵御风险的能力，因此，在实际操作中，多数工业行业企业原材料库存水平过大，造成资金占压比重大，资金周转时间过长。

第二，工业企业仓储管理粗放。工业企业仓库的有效利用率不高，仓库布局与分区不够合理；管理方法不科学，出入库作业有交叉，自动化、机械化、信息化水平低；货位安排与管理不合理，不便于货物查找的方便性；仓储作业流程不规范，采购与仓储部门协调不足；仓储信息不透明，仓储评价指标不科学、局限性较大，不能适用于其他方面。

第三，现场管理不够优化。大多行业生产管理人员缺乏物流理念，生产布局、流水线布置不合理导致物流效率低，物流运作与先进的生产工艺不配套、科学管理方式运用不广泛，例如 BOM（物料清单）、平衡计分卡、看板、MRP（物料需求计划）、MRPII（制造资源计划）、ERP（企业资源计划）等先进方法未得以广泛应用。同时，工位管理与物流作业不协调，物料堆存的不科学往往导致空间利用率偏低。物流服务功能单一，与精益生产、敏捷制造不相适应，每一个流程再造必须需要相应的物流进行支持，应加大对其的关注度。

（5）工业物流企业服务能力不强

近年来虽然我国物流企业大批快速发展，但配套服务能力不强，"短小散弱"的物流企业较多，物流改进落后于生产工艺的改进，从而影响工业企业生产效率，使企业先进生产力无法得到充分发挥，并暴露出许多安全隐患，给社会经济发展带来不利影响。如在从物流操作过程中，部分产品运输过程中存在遗撒泄漏造成环境污染，货物破损与丢失、短少，商业机密信息泄露，运输过程中超载超限，司机疲劳驾驶，操作、作业不规范，货物保价保险不齐全，存在交通安全事故等隐患。

（6）物流技术装备水平和信息化程度不高

一些现代化的物流手段：条码技术、全球卫星定位系统（GPS）、射频识别装置（RF）、电子数据交换系统（EDI）等，使用不是很广泛，工业企业和物流企业不能充分共享信息资源，没有结成相互依赖的伙伴关系，影响物流企业与用户的沟通和协作，阻碍物流服务效率的提高。工业企业在进行原材料或产成品的仓储、运输等物流活动中，常常需要专业化的物流技术装备，但在实际中往往十分缺乏。

2. 供应链层面问题

（1）企业对供应链管理的重要性认识不足

大多数工业企业仅仅关注自身的经营绩效，在业务合作中过度压价现象严重，受部分行业利润率低的影响，部分工业企业将降低成本的压力进一步转嫁给物流环节，由于供应链上企业没有认识到通过供应链管理对自身业务、实现共赢的重要性，导致企业不能积极主动地融入到供应链管理中，使得供应链管理无法开展。

（2）一体化运作不足

物流发展不能靠单一的物流服务，要通过优化供应链、重构业务流程、调整组织结构、搭建信息平台，实现工业物流的一体化运作，但是目前我国工业物流还未完全形成一体化运作。例如，对于工业物流来讲，原材料采购是最为重要的一个环节，但是在原材料采购的过程中存在着很多问题，致使原材料采购的能力下降。首先，很多行业采购的原材料需要大量进口，其中包括钢铁行业的铁矿石进口、汽车核心零部件的进口、电子产品的芯片等材料的进口等，虽然国家鼓励进口，但是进口原材料过多就会对生产、销售、物流等诸多环节等造成很大的影响，大型船舶海外运输受海外控制较为严重，国际物流的控制能力较弱，受到岸价格和离岸价格规定的影响，进口原材料的采购存在很多不确定因素，致使采购准时性等不能保证，国外物流与国内物流衔接不畅，物流运作一体化难以实现。其次，原材料采购集中度不足，缺乏统一的采购平台，并且像汽车等行业的零部件供货较为分散，致使物流运输的路线或长或短，供给能力较弱。

（3）网络化经营不足

第三方物流企业服务范围小，服务网点少，交通运输不畅，企业之间、企业与客户之间缺乏合作，物流企业和客户没有结成相互依赖的伙伴关系，物流服务仅限于一些固定的客户群体，服务范围局限于几个分散的网点，辐射面较小；大多数物流企业只能提供单项或分段的物流服务，物流功能主要停留在储存、运输和城市配送上，不能形成畅通的物流渠道；而物流的基础设施如路网、港口、机场、物流中心等物流节点的建设投入不足，在很大程度上影响到第三方物流企业服务渠道的拓宽和服务网络的建设。

（4）全面质量管理不足

在供应链环境下，产品的生产、销售、售后服务需要有供应链成员企业共同完成，产品质量客观上由供应链全体成员共同保证和实现。大多数工业企业仅局限于自身产品质量管理，忽略了从供应链全局的角度进行质量管理，导致采购、生产、销售、售后等过程中潜在风险大，使得产品最终用户体验也较差。

（5）企业间互信基础薄弱

供应链上企业合作的基石为互信，只有互相信任才可以取得企业间长远发展。企业受到多种失信行为的困扰，主要包括拖欠款、违约、侵权、虚假信息、假冒伪劣产品、质量欺诈等，正是由于这些原因导致供应链上的企业在合作时存在障碍，影响整体利益的提高。

（6）供应链关联企业战略协同不足

供应链上的企业相关业务的标准不统一，如冷链企业在不同区域对于同一食品的运输温度规定有细微差异，可能导致业务的协调性不足；战略缺乏协同，各企业现在仍倾向于从自身发展考虑，从链条角度考虑的企业较少；信息缺乏协同，企业之间信息资源无法共享，信息平台无法对接等都是造成企业间信息协同效果不足的原因。除了上述还需协同的方面，供应链上的企业战略协同还涉及其他领域，如企业文化，供应链关联企业战略协同不足很大程度上影响整体价值发挥。

3. 政策措施层面问题

（1）行业部门统筹规划较弱

一个工业行业的物流运作与其他行业的物流运作息息相关，例如钢铁行业与汽车行业，钢铁行业作为原材料工业，其产成品是汽车行业的重要原材料，这就要求工业物流与供应链的发展需要上下两个行业通过物流运作来进行贸易交流，但是目前各行业之间并没有建立统一的物流平台，未建立产业之间的物流体系，导致物流运作时出现上下衔接不畅等问题。另外，企业内部的部门之间也存在统筹不协调导致物流运作能力差的问题，例如设计部门与采购部门缺乏有效的沟通，导致物流运作不能有效进行，降低了物流效率，增加了物流成本。

（2）企业诚信体系尚未建立

供应链管理的有效开展必须依赖于供应链成员之间相互信任、相互支持、共同进退，但有的企业只图一时之利、一己之利，企业间欺骗、违约的现象十分普遍，企业间诚信公平度下降，这是由于当前社会中不诚信的风气影响，政府尚未建立起对企业诚信的监测考核体系，无形中纵容了企业的不诚信行为。

（3）标准化管理有待加强

目前我国对于物流设施设备的标准化、信息标准化、作业流程标准化大多是建议性标准，没有强制约束，标准制定涉及部门多、执行难度大，相应的法律法规有待建立。

（4）物流与供应链管理人才缺乏

物流作为工程学、管理学和社会学交叉学科，不仅需要专业人才，更加需要复合型人才，目前高端物流管理人才缺乏一直是工业行业的重要问题，未来几年这种矛盾会更加突出，如果不解决，将严重影响行业发展。

（5）政策环境有待进一步完善

目前我国对工业企业在仓储、运输等基础设施的配套性和兼容性较差，而国家或地方政府在物流领域的科技进步、设施改造和技术改造支持力度较小，使其无法迅速得以发展，这一问题在西部地区尤为明显。

二、工业领域物流与供应链管理关系研究

本部分对物流、供应链、供应链管理进行阐述，研究提出工业物流的概念及其各环节组成，并重点分析工业、物流、供应链三者相互的关系，为后续研究提供理论基础。

（一）基本概念

1. 物流

（1）物流的定义

我国发布实施的《物流术语》（GB/T 18354—2006）对物流的定义是："物品从供应地向接受地的实体流动过程。根据实际需要，将运输、储存、装卸、搬运、包装、流通加工、配送、信息处理等基本功能实施有机结合。"

（2）物流管理的定义

我国发布实施的《物流术语》（GB/T 18354—2006）对物流管理的定义是："为达到既定的目标，对物流的全过程进行计划、组织、协调与控制。"

2. 供应链

（1）供应链概念发展历程

自从供应链的概念在20世纪80年代末被提出开始，随着世界社会经济环境不断变化和新的信息技术的不断推动，供应链的内涵也随着环境的变化而处于不断发展之中。图12展示了供应链概念的演变过程。

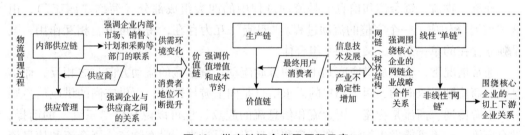

图12　供应链概念发展历程示意

从图12可以看到，供应链概念的发展主要经历了三个阶段：物流管理阶段、价值链阶段和网链阶段。其中，物流管理过程阶段的供应链是指将采购的原材料和收到的零部件通过生产转换和销售等活动传递到用户的一个过程；价值增值链阶段的供应链是指产品生产和流通过程中所涉及的原材料供应商、生产商、批发商、零售商以及最终消费者组成的供需网络；网链阶段的供应链是指围绕核心企业，通过对信息流、物流、资金流的控制，将产品生产和流通中涉及的原材料供应商、生产商、分销商、零售商以及最终消费者连成一体的功能网链结构模式。可以看到，随着社会环境的逐渐变化，供应链内涵的范围不断拓展，新的内容不断增加。

（2）供应链的定义

我国发布实施的《供应链管理　第1部分：综述与基本原理》（GBZ 26337.1—

2010）对供应链的定义是："生产及流通过程中，围绕核心企业，将所涉及的原材料供应商、制造商、分销商、零售商直到最终用户等成员通过上游和下游成员链接所形成的网链结构。"

（3）供应链的基本结构

供应链的基本结构见图13。

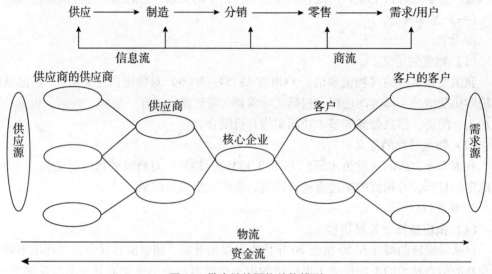

图13　供应链的网络结构模型

商流、物流、资金流和信息流是流动过程中的四大组成部分（简称"四流"），由这"四流"构成了一个完整的流动过程。"四流"互为存在，密不可分，相互作用，既是独立存在的单一系列，又是一个组合体。

通常情况下，物流从供应商到用户的方向流动，资金流的流动方向与之相反，而信息流、商流则是双向的，因为用户的需求信息是向上游反馈的，而供应商的供应信息则是向下游传递。商流是物流、资金流和信息流的起点，也可以说是后"三流"的前提，没有商流一般不可能发生物流、资金流和信息流。反过来，没有物流、资金流和信息流的匹配和支撑，商流也不可能达到目的。"四流"之间往往互为因果关系。

（4）供应链的特征

从供应链的结构模型可以看出，供应链是一个网链结构，通常由核心企业及其供应商、供应商的供应商和客户、客户的客户组成。一个企业是一个节点，节点企业和节点企业之间是一种需求与供应关系。供应链主要具有以下特征：

①网链结构

因为供应链节点企业组成的跨度（层次）不同，供应链往往由多个、多类型甚至多国企业构成，所以供应链结构模式比一般单个企业的结构模式更为复杂。

②协同共赢

供应链各节点企业以信息共享为基础，以优化供应链绩效为目标，进行协同决策，始终从全局观点出发，采取一种"共赢"的原则，相互信任、团结和同步，提高整个供应链的柔性和实现整个供应链价值的最优化。

③动态适应

供应链管理因企业战略和适应市场需求变化的需要，其中节点企业需要动态更新，这就使得供应链具有明显的动态性。

④需求驱动

供应链的形成、存在、重构，都是基于一定的市场需求而发生，并且在供应链的运作过程中，客户的需求拉动是供应链中信息流、产品/服务流、资金流的驱动源。

⑤交叉重合

节点企业可以是这个供应链的成员，同时又是另一个供应链的成员，众多的供应链形成交叉结构，增加了协调管理的难度。

3. 供应链管理

（1）供应链管理的定义

我国发布实施的《供应链管理 第1部分：综述与基本原理》（GBZ 26337.1—2010）对供应链管理的定义是："利用信息技术全面规划供应链中的商流、物流、资金流及信息流等，并进行计划、组织、协调与控制的各种活动和过程。"

（2）供应链管理的原理

①资源横向集成原理

资源横向集成原理揭示的是新经济形势下的一种新思维。在经济全球化迅速发展的今天，企业仅靠原有的管理模式和自己有限的资源，已经不能满足快速变化的市场对企业所提出的要求。企业必须放弃传统的纵向管理模式，横向集成外部相关企业的资源，形成"强强联合，优势互补"的战略联盟，结成利益共同体去参与市场竞争，以提高服务质量的同时降低成本、快速响应客户需求的同时给予客户更多选择。

②系统原理

供应链是一个系统，是由相互作用、相互依赖的若干组成部分结合而成的具有特定功能的有机整体。供应链管理是围绕核心企业，通过对商流、物流、资金流、信息流的控制，把供应商、制造商、分销商、零售商直到最终用户连成一个整体的管理系统，供应链管理也需要采用系统原理，从系统角度实现供应链全局优化的过程。

③多赢互惠原理

供应链是相关企业为了适应新的竞争环境而组成的一个利益共同体，其战略合作是建立在共同利益的基础之上，各成员企业之间通过一种协商机制，来谋求一种多赢互惠的目标。供应链管理将企业之间的竞争转变为供应链之间的竞争，强调核心企业通过与供应链中的上下游企业之间建立战略伙伴关系，以强强联合的方式，使每个企业都发挥出各自的优势，在价值增值链上达到多赢互惠的效果。

④合作共享原理

合作共享原理具有两层含义，一是合作，二是共享。

企业要想在竞争中获胜，就必须将有限的资源集中在核心业务上，而将本企业中的非核心业务交由全球范围内在该业务方面有竞争优势的相关企业合作完成，充分发挥各自独特的竞争优势，从而提高供应链系统整体的竞争能力。

实施供应链合作关系意味着管理思想与方法的共享、资源的共享、市场机会的共享、信息的共享、先进技术的共享以及风险的共担。其中，信息共享是实现供应链管理的基础，准确可靠的信息可以帮助企业做出正确的决策。

⑤需求驱动原理

供应链的形成、存在、重构，都是基于一定的市场需求，在供应链的运作过程中，客户的需求是供应链中商流、物流、资金流、信息流运作的驱动源。

⑥快速响应原理

供应链中的企业必须能对不断变化的市场做出快速反应，必须要有很强的产品开发创新能力和快速组织产品生产的能力，源源不断地开发出满足客户多样化需求的、定制的"个性化产品"去占领市场，以赢得竞争。

⑦同步运作原理

供应链是由不同企业组成的功能网络，其成员企业之间的合作关系存在着多种类型，供应链系统运行业绩的好坏取决于供应链中企业之间的合作伙伴关系是否和谐，只有和谐而协调的系统才能发挥最佳的效能。供应链管理的关键就在于供应链上各节点企业之间的密切合作以及相互之间在各方面良好的协调。

⑧动态重构原理

供应链是动态的、可重构的。供应链是在一定的时期内，针对一定的市场机会，为了适应某一市场需求而形成的，具有一定的生命周期。当市场和客户需求发生较大的变化时，围绕着核心企业的供应链必须能够快速响应，能够进行动态快速重构。

（3）供应链管理的内容

供应链管理包括五大基本内容：

①计划

这是供应链管理的策略性部分，需要有一个策略来管理所有的资源，以满足客户对产品的需求。好的计划是建立一系列的方式监控供应链，使它能够有效、低成本地为客户递送高质量和高价值的产品或服务。

②采购

选择能为产品和服务提供货品和服务的供应商，和供应商建立一套定价、配送和付款流程并创造方法监控和改善管理，并把对供应商提供的货品和服务的管理流程结合起来，包括提货、核实货单、转送货物到生产部门并批准对供应商的付款等。

③生产

安排制造、测试、包装和准备送货所需的活动，是供应链中测定内容最多的部分，包括质量水平、产品产量和工人的生产效率等的测定。

④配送

也称为物流，是维护客户订单、建立仓库网络、提货并送货到客户手中、建立货品计价系统、接收付款。

⑤退货

这是供应链中的问题处理部分。建立网络接受客户退回的次品和多余的产品，并在客户应用产品出问题时提供支持。

（4）供应链管理的运营机制

供应链成长过程体现在企业在市场竞争中的成熟与发展之中，通过供应链管理的合作机制、决策机制、激励机制和自律机制等来实现满足客户需求等功能目标，从而实现供应链管理的最终目标：社会目标（满足社会需求）、经济目标（创造最佳利益）和环境目标（保持生态与环境平衡）的合一。

①合作机制

供应链合作机制体现了战略伙伴关系和企业内外资源的集成与优化作用。基于这种企业环境的产品制造过程，从产品的研究开发到投放市场，周期大大地缩短，而且客户导向化程度更高，模块化、简单化产品、标准化组件，使企业在多变的市场中柔性和敏捷性显著增强。

②决策机制

由于供应链中的企业决策信息来源不再仅限于一个企业内部，而是处于开放的信息网络环境下，不断进行信息交换和共享，达到供应链企业同步化、集成化计划与控制的目的，处于供应链中的任何企业决策模式应该是基于互联网的开放性信息环境下的群体决策模式。

③激励机制

供应链管理和任何其他的管理思想一样，都是要使企业在竞争中在"TQCSF"上有上佳表现（T 为时间，指反应快，如提前期缩短，交货迅速等；Q 为质量，产品、工作及服务质量高；C 为成本，企业要以更少的成本获取更大的收益；S 为服务，企业要不断提高客户服务水平，提高客户满意度；F 为柔性，企业要有较好的应变能力）。缺乏均衡一致的供应链管理业绩评估指标和评估方法，是目前供应链管理研究的弱点和导致供应链管理实践效率不高的一个主要原因。为了掌握供应链管理的技术，必须建立、健全业绩评价和激励机制。

④自律机制

自律机制要求在供应链企业向行业的领头企业或最具竞争力的竞争对手看齐，不断对产品、服务和供应链业绩进行评价，并不断改进，以使企业能保持自己的竞争力和持续发展。自律机制主要包括企业内部的自律、对比竞争对手的自律、对比同行企业的自律和比较领头企业的自律。

（二）工业物流概念及其主要环节分析

1. 工业物流概念分析

目前，工业日渐呈现出服务化的趋势，工业和物流业的关系变得越来越紧密，但迄今为止，关于工业物流的概念还很少，以下是有关工业物流的几个定义：

定义 1 工业运输是指工业企业为保持生产经营活动的正常进行而自行组织的物资运输。按活动范围可以分为厂内运输和厂外运输，前者指在工业企业范围内，车间与车间之间，车间与工厂仓库之间，厂内仓库之间以及车间内部工段之间，仓库内部的各种原材料、半成品、成品和其他物资的运输活动。后者指企业外单位之间的运输活动，包括从发货站、厂外仓库、火车站、码头等处将原材料运往工厂或将工业企业销售的成品、半成品运往物资部门和消费者企业，通常与全国统一的运输网有密切的联系。

定义 2　工业企业物流可理解为是以工业企业的经营为核心的物流活动，是具体的、微观的物流活动，属于微观物流领域。工业企业物流研究的是从原材料进厂，经过储存、加工、制造、装配到成品出厂并运送到消费者手中的整个过程中物料的储存、流转和移动，是工厂一切生产活动的基础。工业企业物流又可分为不同的具体物流活动，如工业企业生产物流、工业企业供应物流、工业企业销售物流、工业企业回收物流、工业企业废弃物物流等。

定义 3　钢铁物流是以"钢铁"为载体，以"物流"为运作，以"信息"为核心，集钢材贸易、电子商务、三方物流为一体，资金流、信息流、物流相互促进、相互融合，涵盖建筑行业、冶金行业、信息产业、现代物流四大行业的交叉行业。钢铁物流运行模式分为三大模块：原材料采购运输—钢铁生产物流—产成品销售物流。

定义 4　医药物流不是简单的药品进、销、存或药品配送。所谓的医药物流就是指：依托一定的物流设备、技术和物流管理信息系统，有效整合营销渠道上下游资源，通过优化药品供销配运环节中的验收、存储、分拣、配送等作业过程，提高订单处理能力，降低货物分拣差错，缩短库存及配送时间，减少物流成本，提高服务水平和资金使用效益，实现自动化、信息化和效益化。

定义 5　供应链物流强调物流是供应链不可分割的组成部分，是供应链中不可缺少的关键流程，对物流的管理需要立足于具体的供应链，从全局的角度统筹安排物流计划并实施管理。从现代管理理念的视角，供应链物流是供应链系统中的重要流程，它被包容在供应链计划的整体决策中，涉及物流外包还是自营的决策、物流协同管理以及物流的网络设计等。

定义 6　农业物流是指以农业生产为核心而发生的一系列物品从供应地向接收地的实体流动和与之有关的技术、组织、管理活动，也就是使运输、储藏、加工、装卸、包装、流通和信息处理等基本功能实现有机结合。农业物流是以满足顾客需求为目标，对农业生产资料与产出物及其相关服务和信息，从起源地到消费地有效率、有效益的流动和储存进行计划、执行和控制的全过程。它包含两个物流体对象——农业生产资料和农产品。它是由农业生产资料和农产品的采购、生产、流通、加工、包装、运输、储存、装卸、配送、分销、信息沟通等一系列运作环节组成，并在整个过程中实现了农业生产资料和农产品保值、增值和组织目标。

定义 7　工业物流产生于美国，它的理念是：以集中采购为主，零部件加工为核心，为工业企业产品出口搭建平台，引导仓储、运输、配送企业发挥协同作用，提高社会资源的综合利用效率，降低企业间的互动成本，面向全球工业企业提供延伸和成套服务的系统工程。

上述定义从不同角度对工业物流的内涵进行了分析，从中可以看出工业物流作为工业与物流业两大产业融合的内涵和本质。对工业物流相关概念的定义主要关注在制造业上，对这些不同的定义，如果我们对它们的核心思想进行抽取，可以勾勒出这样一个概念框架：工业物流的基础是工业和物流业为载体的整个产业链，主体是工业企业，核心是集中采购和零部件加工，条件是现代物流技术、供应链管理理念和信息化水平，目的是提高社会资源的综合利用效率以及工业企业的核心竞争力，落脚点是一项为工业企业提供延伸和成套服务的系统工程。

工业物流是以工业企业内部价值链和整个产业价值链网络系统为基础，以采购与工业生产为核心，通过物流连接和驱动产业价值链网络经营过程中的每一部分，组织以现代物流技术和信息化水平为主导的集成化供应链，引导生产、仓储、运输、配送企业发挥协同作用，促使资金流、信息流、物流相互促进、相互融合，提高社会资源的综合利用效率，面向全球工业企业提供延伸和成套服务的系统工程。它是指供应链中的每个节点企业，从工业原材料进厂，经过储存、加工、制造、装配到成品出厂并运送到消费者手中的整个过程中物料的储存、流转和移动，它是整个工业生产活动的基础。

基于上述分析，本报告提出工业物流的定义如下：

工业物流是工业企业供应链运作过程中的相关物品从供应地到接收地的实体流动过程，根据工业企业的实际需要，将运输、储存、装卸、搬运、包装、流通加工、配送、信息处理等基本功能实施有机结合。

2. 工业物流主要环节

从供应链的环节来看，工业物流主要包括供应物流、生产物流、销售物流、回收物流和废弃物物流五个环节，其相互关系如图 14 所示。

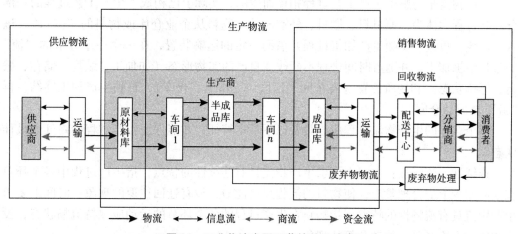

图 14　工业物流主要环节的关系示意

（1）供应物流

工业企业供应物流是指采购生产过程中所需要的原材料、配件等，以及因保证生产而形成的库存而进行保管维护的物流活动。供应物流是工业企业内部协调职能与外部交换职能的统一，内部协调职能指工业企业内部输入、作业、输出之间相互制约的关系；外部交换职能是指与供应商之间的相互影响的复杂的交换关系。

供应物流流程可以用 5 个环节加以简化描述，其相互关系如图 15 所示。当前对工业企业供应物流流程具有趋势性影响的因素主要表现在两个方面：第一，经济全球化的影响——随着全球经济一体化的发展趋势日益明显和跨国公司全球战略的逐步推行，全球采购已成为其重要的组成部分；第二，电子商务的发展成为众多工业企业延伸自己采购业务的手段。

图 15　供应物流流程

供应物流作为工业供应链的"龙头"环节，不仅要实现原材料的及时供应、保证工业企业的准时生产，又要降低物资的采购成本，其作用十分重要。衡量其运作的质量好坏通常采取"5R"准则，即：适当的时间（Right Time）、适当的数量（Right Quantity）、适当的质量（Right Quality）、适当的价格（Right Price）、适当的供应商（Right Supplier）。

（2）生产物流

工业企业生产物流是指伴随企业内部生产过程的物流活动，即按照工厂布局、产品生产过程和工艺流程的要求，实现原材料、配件、半成品等物料在工厂内部供应库与车间、车间与车间、工序与工序、车间与成品库之间流转的物流活动。

生产物流是与整个生产工艺过程相伴而生的，实际上已构成了生产工艺过程的一部分。其过程大体为：原材料、燃料、外购成件等物料从企业仓库或物料的"入口"，进入生产线，再进一步随生产加工过程并借助一定的运输装置，在一个一个环节的"流"的过程中被加工，并随着时间进程不断改变自己的实物形态（如加工、装配、储存、搬运、等待状态）和场所位置（各车间、工段、工作地、仓库），直到生产加工终结，再"流"至成品仓库。

一个合理的生产物流过程应该具备以下基本特征，才能保证生产过程始终处于最佳状态。

连续性、流畅性：空间上要求生产物流具有连续性的特点，指生产过程中各个环节在空间布置上应合理紧凑，使物料的流程尽可能短，没有迂回往返的现象；时间上要求生产物流具有流畅性的特点，指物料在生产过程的各个环节的运动应保持流畅状态，没有或很少有不必要的停顿和等待现象。

平行性：在制品应在数道相同的设备（机床）上加工流动，并且一批在制品在上道工序还未加工完成时，已完成的部分在制品已经转到下道工序加工，这样可以大大缩短产品的生产周期。

比例性、协调性：生产过程中的各个工艺阶段之间、各工序之间在生产能力上要保持一定的比例以适应产品制造的要求，防止某环节能力过大而造成浪费、或某环节能力过小而造成生产瓶颈。

准时性：在需要的时候按照需要的数量生产所需要的零部件。

柔性：指加工制造的灵活性、可变性和可调节性，即在短时间内以最少的资源从一种产品的生产转换为另一种的生产，从而适应市场的多样化、个性化要求。

（3）销售物流

工业企业在产品制造完成后需要及时组织销售物流，使产品能够及时、协调、完好地送达客户指定的地点，因此，工业企业销售物流是指工业企业售出产品和流通企业出售商品的物流过程。这一过程通常有五个环节的活动构成：产成品包装、产成品储存、订单处理、发送运输、装卸搬运。

销售物流的质量高低可以从多种因素进行衡量。首先是订货时间。指客户确定对某种产品有需求到需求被满足之间的时间间隔，通常由订单传送时间、订单处理时间、订货准备时间、订货装运时间构成，任何一项时间的无故延长均可能导致产品销量的大幅下降；其次是可靠性。指安全地将货物送达客户指定的地方，对于某些高附加值的工业产品来说，可靠性往往比时间更加重要；最后是沟通。与客户沟通是监控客户服务可靠性的关键手段，设计客户服务水平必须包括与客户的沟通，及时的沟通有力合理安排下一步的生产计划并改进产品。

（4）回收物流

随着市场竞争日益激烈以及消费者权益保护法规的日益完善，企业返品的数量和频率越来越高，工业企业回收物流已成为企业管理的重点课题。商家和厂家竞相推出各种优惠的退货条件，在我国目前浓厚的"买方市场"商业氛围下，"商家先行赔付""无理由退货""异地退货"等各种方便的退货措施不断出现，这些优惠措施在消费者购物的同时，也造成了大量的返品产生。因此，回收物流对于工业企业的经营显得越来越重要。

工业企业回收物流是指工业产品销售后的不合格物品返修、退货以及周转使用的包装容器从需方到供方回收与合理再利用的实体流动过程。工业企业外部包装容器、废旧产品等的回收物流已经逐渐成为工业企业增创回收利润、合理利用物资及提高顾客满意度的一个来源。

（5）废弃物物流

废弃物是指在生产、流通和消费过程中产生的基本上或完全失去使用价值、无法再重新利用的最终排放物。工业企业废弃物物流是指将经济活动中失去原有使用价值的物品，根据实际需要进行收集、分类、加工、包装、搬运、装卸、储存等，并分送到专门处理场所时所形成的物品实体流动。抑制废弃物对环境造成的危害是废弃物物流管理的主要目的。

（三）工业、物流、供应链的三者关系分析

科学技术创新是工业发展的第一驱动力。自第一次工业革命开始，人类社会科学技术不断飞跃，创造出了包括汽车在内的无数创新产品，大大改变了人类的生产生活方式，提升了人类社会的工业生产能力。同时，随着工业生产技术的不断进步，企业的生产方式、经营思想、管理模式也在发生着相应的变化调整。

用户需求变化是工业发展的主要驱动力。如今，"顾客就是上帝"再也不仅仅是一句宣传口号。随着时代的发展，大众知识水平的提高，消费者的价值观发生了显著变化，需求结构普遍向高层次发展。客户的需求正越来越深刻地决定着产品创新与企业发展的方向。

在这样的时代背景下，工业、物流、供应链三者之间相互影响共同发展，相互之间都有着直接的联系。三者具体关系如图16所示。

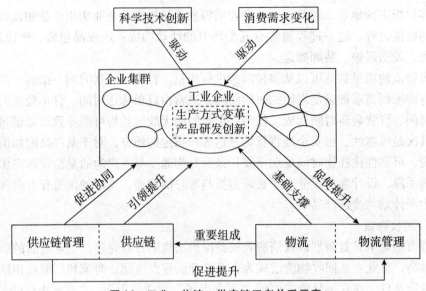

图16 工业、物流、供应链三者关系示意

1. 物流是工业发展的基础支撑，生产方式变革促使提升物流管理

物流是工业企业发展的基础支撑。工业企业在运营中都要涉及对原材料、零部件、半成品以及最终产品的运输、仓储、包装、加工等物流环节。配套物流体系的作用是为生产和销售的及时、高效运行提供保障。物流管理的成败直接影响到企业产销活动的质量。

随着生产方式变革，企业更加追求个性化、柔性、精益性的商品生产和最小化库存，这就对物流活动的及时性、准确性以及稳定性提出了更高的要求。

为了满足这种要求，传统物流正不断提升，向着综合物流体系转变。综合物流是在传统物流的基础上引入高科技手段，即运用计算机进行信息联网并对物流信息进行科学管理从而使流通速度加快、库存减少、成本降低，以此延伸和放大传统物流的功能。综合物流体系不仅包括商品从生产者或经营者到用户的货物配送管理，还包括从供应商到制造商的原材料、半成品、成品的采购、运输、仓储、库存等管理，也包括生产和经营过程中企业内部的物料运输和库存管理，甚至还包括废物的回收和处理等。

与此同时，为了适应工业进步的要求、遵照供应链管理的引导，在配套物流伴随工业不断发展的过程中，还产生了工业物流的概念。工业物流是工业企业供应链运作过程中的相关物品从供应地到接收地的实体流动过程，根据工业企业的实际需要，将运输、储存、装卸、搬运、包装、流通加工、配送、信息处理等基本功能实施有机结合。

工业物流是以工业企业内部价值链和整个产业价值链网络系统为基础，以采购与工业生产为核心，通过物流连接和驱动产业价值链网络经营过程中的每一部分，组织以现代物流技术和信息化水平为主导的集成化供应链，引导生产、仓储、运输、配送企业发挥协同作用，促使资金流、信息流、物流相互促进、相互融合，提高社会资源的综合利用效率，面向全球工业企业提供延伸和成套服务的系统工程。它是指供应链中的每个节点企业，从工业原材料进厂，经过储存、加工、制造、装配到成品出厂并运送到消费者手中的整个过程中物料的储存、流转和移动。它是整个工业生产活动的基础。

2. 物流是供应链的重要组成，供应链管理促进提升物流管理

物流是供应链的重要组成部分，是供应链上企业之间协同合作的重要内容。工业领域实行供应链管理离不开物流的紧密支持。

近年来，工业企业供应链的一体化发展又进一步促进提升了物流的发展，对物流的准时性、稳定性以及客户服务质量提出了更高的要求。供应链一体化是通过信息技术的应用，对供应链中的商流、物流、信息流、资金流实行一体化运作，加强供应链成员之间的协同配合。供应链一体化能够使整条供应链更具竞争优势，使其中的企业获得更大利益。在一体化的供应链中，任何一个环节产生问题都会对整体产生巨大的影响。这就要求物流的运作不仅要准确无误，还要迅速及时。因此，供应链一体化条件下的配套物流在提高准时性的同时还需要保证稳定性。此外，物流是联系供应链中各个成员的关键。所以，为了维护供应链一体化的顺畅运作，物流的客户服务质量需要进一步提高。

3. 供应链是企业集群发展的引领提升，供应链管理促进企业协同运作

相对单个企业，供应链更强调多个企业整体流程的优化设计、管理、协调、调整和组合，注重整体运作最优化和整体利益最大化，对企业集群的发展方式起到引领提升的作用。

在供应链管理的带动下，集群中的各企业逐渐树立"共赢"思想，并通过协调运作实现共赢；建立起公平公正的利益共享与风险分担机制；不断融洽企业关系，在信任、承诺和弹性协议的基础上进行广泛深入的合作；逐步搭建基于 IT 技术的信息与知识共享平台，实现及时沟通；完成面向客户的协同运作业务流程的再造工作，使供应链中各企业减少冲突和内耗，更好地进行分工与合作。

三、我国工业领域物流与供应链管理发展环境分析

当前，我国工业物流与供应链管理发展处于重要的历史战略机遇期，同时也面临着诸多严峻挑战。从全球范围看，技术与管理创新和全球需求结构变化促使我国物流与供应链管理快速扩张以取得国际竞争地位。从国内发展看，工业转型升级将推动我国物流与供应链管理进一步深入发展以提升我国工业整体实力。分析国内外以及行业环境将有助于确立我国工业物流与供应链管理发展的思路方向。

（一）国际环境分析

目前，世界经济处于深度调整时期，需求难以快速恢复增长。各国通过科技创新和生产方式变革等手段，力求在国际竞争中占据重要地位。

1. 世界经济进入深度调整期

当下，国际金融危机深层次影响仍未消除，世界经济虽有复苏迹象，但也面临动力不足、速度不均等问题，世界经济仍然处于深度调整期。

欧美国家为解决国内就业紧张、海外供应链过长和经济复苏等问题，纷纷在税收、外贸以及投资等方面制定有利于制造业发展的政策。美国借助在劳动生产率、物流、美元贬值以及土地资源等方面的优势，带动其在计算机和电子产品、家电和电气设备、机械设备、家具、金属制品、塑料和橡胶及运输工具等产业投资的回归。在亚太各经济体

共同努力下，亚太地区资金、信息、人员流动已经达到很高水平，产业分工日渐清晰，亚太大市场初具轮廓。亚太各经济体抗风险能力大大增强，汇率机制更加灵活，外汇储备水平显著提高，各种多边和双边金融安排为应对复杂局面提供了机制保障。

2. 世界科技创新和新兴产业发展孕育新突破

2013年9月，第三次工业革命高峰论坛在京举行，会议中指出自以蒸汽机为代表的第一次工业革命、以电力为代表的第二次工业革命之后，世界正逐步迈进以新能源、新材料、生物科技及信息技术为代表的第三次工业革命时期。新一轮科技革命和产业变革正在孕育兴起。一些重要科学问题和关键核心技术已经呈现出革命性突破的先兆，带动了关键技术交叉融合、群体跃进，变革突破的能量正在不断积累。

发展战略新兴产业已成为世界主要国家抢占新一轮经济和科技发展制高点的重大战略。战略性新兴产业是知识技术密集、物质资源消耗少、成长潜力大、综合效益好的产业，其以重大技术突破和重大发展需求为基础，对经济社会全局和长远发展具有重大引领带动作用。美国从制定并实施重点科技规划和产业发展计划；加大对新兴产业的科技创新投入和税收优惠；加强基础前沿研究，重视高技术成果产业化；以及合理划分政府与市场的定位，营造新兴产业的创新环境几个方面发展战略新兴产业。2010年，国务院发布《国务院关于加快培育和发展战略性新兴产业的决定》（国发〔2010〕32号），将节能环保产业，新一代信息技术产业，生物产业、高端装备制造产业、新能源产业、新材料产业、新能源汽车产业作为我国现阶段重点培育和发展的战略新兴产业。

3. 全球化生产方式变革不断加快

随着信息技术和先进制造技术的深度融合，柔性制造、网络制造、智能制造等先进生产方式日益成为世界先进制造企业的重要发展方向。国外跨国企业通过充分利用全球化的生产和组织模式，以核心技术和专业服务为依托，占据着全球价值链的高端环节，掌控着覆盖全球的供应链网络。如苹果等高端制造企业，其掌握着设计板块的核心技术，产品组装生产线则设立在劳动力成本相对较低的中国，而零部件制造商则来自日本、韩国、中国台湾等地。我国企业虽然已逐渐从参与产品的分工转变为参与产业价值链的分工，但大多还处于价值链的低端。

随着我国经济发展，劳动力、土地、原材料和资源环境等成本不断攀升。东南亚、南亚等国依靠更为廉价的劳动力、土地等优势，承接了诸多原由中国承接的劳动密集型产业。中国部分劳动密集型产业的外资开始向越南、印尼、柬埔寨等国家转移，如三星、佳能等企业已在越南开设工厂。同时，为加快实施"走出去"战略，国家也鼓励国内技术成熟、国际市场需求大的行业，向境外转移部分生产能力。

（二）国内环境分析

我国正处于经济发展方式转型期，通过分析国内环境，了解国内需求结构、信息化、市场化的发展情况以及能源、环境对经济发展方式的制约，进一步了解发展我国工业领域物流与供应链管理的战略意义。

1. 创新驱动战略引领经济发展方式转型

科技创新是提高社会生产力和综合国力的战略支撑，我国经济长远发展的关键，在于改革创新。自党的十八大做出了实施创新驱动发展战略的重大部署后，创新发展战略被摆在了国家发展全局的核心位置。

2006 年，国务院颁布的《国家中长期科学和技术发展规划纲要（2006—2020)》中明确提出我国要用 15 年时间进入创新型国家行列这一目标。2010 年，国务院发布的《国务院关于加快培育和发展战略性新兴产业的决定》（国发〔2010〕32 号）中提到战略性新兴产业以创新为主要驱动力，加快培育和发展战略性新兴产业是推进产业结构升级、加快经济发展方式转变的重大举措。2012 年，中央、国务院印发了《关于深化科技体制改革　加快国家创新体系建设的意见》，以充分发挥科技对经济社会发展的支撑引领作用。2013 年 9 月 30 日，中共中央政治局以实施创新驱动发展战略为题举行第九次集体学习，并且习近平就实施创新驱动发展战略发表重要讲话，提出了五个方面的任务：一是着力推动科技创新与经济社会发展紧密结合；二是着力增强自主创新能力；三是着力完善人才发展机制；四是着力营造良好政策环境；五是着力扩大科技开放合作。

2. 城镇化逐步实现，居民消费结构不断升级

我国国内市场需求潜力巨大，"十二五"开始，国家政策导向于建立扩大消费需求的长效机制，扩大内需已经成为拉动我国经济增长的重要举措。城镇化进程和居民消费结构升级为工业转型升级提供了广阔空间。1978 年，我国城镇化率为 17.92%。2012 年年底，我国的城镇化率达到 52.57%。有专家预计，到 2030 年中国的城镇化率将达到 65%～70%。城镇化是扩大内需的最大潜力点，我国城镇化率的不断提高将激发巨大的工业品消费潜力。

我国居民消费正处于以衣食为主的生存型消费转向以住行为主的发展享受型消费过程中。根据麦肯锡 2012 年度中国消费者调查报告显示，消费升级，即购买更昂贵的产品和服务，依旧是推动中国消费者开支增长的一个强劲趋势。尽管我国人均消费快速增长，却只略多于 GDP 的 1/3，而美国个人消费在 GDP 中的占比已高达 2/3 以上。因而，个人消费水平还有很多的提升空间，能进一步挖掘以扩大内需，保证中国经济持续增长。

3. 市场化、信息化与国际化持续深入发展

自我国加入 WTO 以来，对外经济技术交流合作日益扩大，开放型经济体系不断完善，企业的发展以市场需求为导向，竞争的优胜劣汰为手段，以实现效率最大化，资源合理充分配置。随着信息技术的广泛应用，全球信息化深入发展并渗透到工业、商业等其他行业的运作中。2013 年上半年，信息消费的规模达到 1.38 万亿元，增长 19.8%。信息化的普及促使企业能够更好地以市场需求为导向，实现资源利用率及效率最优。党的十八大报告中提出，要全面提高开放型经济水平，加快走出去步伐，实行更加积极主动的开放战略。"走出去"战略的进一步实施提高了我国在全球范围内的资源配置能力，增强了我国企业的竞争实力。2011 年，我国已经成为仅次于美国的全球第二大对外并购主体，不少中国企业在国际市场上的地位日益凸显。

4. 能源资源和生态环境约束日益加剧

我国能源资源刚性需求持续上升，生态环境约束进一步加剧，倒逼工业转型发展。我国工业发展方式较为粗放，长期的粗放式发展致使我国工业能源消耗强度大。能源消耗和二氧化硫排放量分别占全社会能源消耗、二氧化硫排放总量的 70% 以上，钢铁、

炼油、乙烯、合成氨、电石等单位产品能耗较国际先进水平高出 10% ~ 20%。对于钢铁加工等"两高一资"行业（高污染、高能耗和资源性行业）产能过剩过甚问题突出，过度浪费资源及能源。同时，工业企业不规范的生产还将导致环境污染，包括水污染、空气污染等。近年来，新闻媒体中提及的雾霾问题就是一种空气污染最直接的后果，整顿工业企业带来的环境污染问题迫在眉睫。

（三）行业环境分析

我国工业发展正迅速推进转型升级，通过分析工业行业环境，进一步了解发展工业物流与供应链管理的现实意义，为制定有效的物流与供应链管理政策提供现实依据。

1. 工业增长速度放缓

近年来，我国工业增加值持续增长，增长速度有所放缓。2013 年，我国工业增加值为 21.1 万亿元，比上年增长 7.6%，增速比上年回落 0.3 个百分点，我国工业增加值与工业增长率变化情况如图 17 所示。

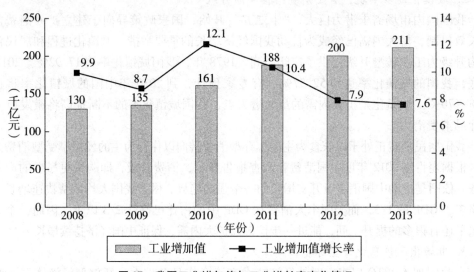

图 17　我国工业增加值与工业增长率变化情况

由图 17 可知，2008 年以后，由于国际金融危机的扩散蔓延，我国经济受到严重冲击，经济增速集聚下滑，工业增加值增速随之下降，2009 年的工业增加值增长率降为 8.7%，增速比上年回落 1.2 个百分点。在国家实施的应对国际金融危机相关政策的作用下，2010 年，我国工业增加值增长率强力反弹，比上年增长 3.4 个百分点。2011—2012 年，我国经济由回升转入增长与通货膨胀并行阶段，外部环境复杂多变，投资、消费和出口均有放缓，经济增长小幅回落，通货膨胀压力上升，工业增加值增长率呈现回落趋势。

2005—2013 年，我国社会物流总额持续增长。2013 年，全年工业品物流总额 197.8 万亿元，同比增长 9.5%，增幅较上年同期回落 2.4 个百分点，我国社会物流总额及增长率变化情况如图 18 所示。

由图 18 可知，2005—2007 年，我国社会物流总额增长率呈平稳趋势，在国际金融危机的影响下，2009 年急速下降至 7.5%，2010 年社会物流总额增长率有所回升，但在

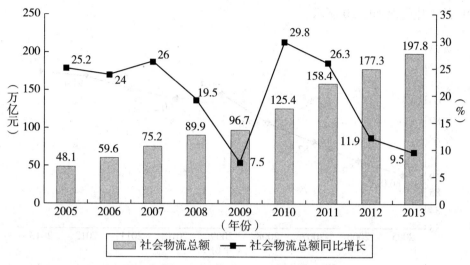

图18 我国社会物流总额及增长率变化情况

这近3年又呈现回落趋势，2013年降至9.5%。

2005—2013年，我国全年工业品物流总额呈持续增长趋势。2013年，全年工业品物流总额181.5万亿元，同比增长9.7%，增幅较上年同期回落3.1个百分点，我国工业品物流总额及增长率变化情况如图19所示。

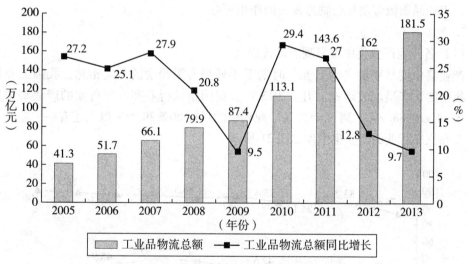

图19 我国工业品物流总额及增长率变化情况

由图19可知，我国工业品物流总额在2009年增长急速下滑后，2010年有所提升，但在近3年又出现回落，在2013年达到9.7%。工业品物流总额增长率变化情况和社会物流总额增长率变化情况基本一致，并且除了2010年以外，我国工业品物流总额2005年到2013年的增长速度都略高于社会物流总额的增长速度。

2005—2013年，我国工业品物流总额在社会物流总额中的占比呈持续增长趋势。2013年，占比达到91.7%，同比增加0.3个百分点，我国工业品物流总额在社会物流总额中的占比情况如图 20 所示。

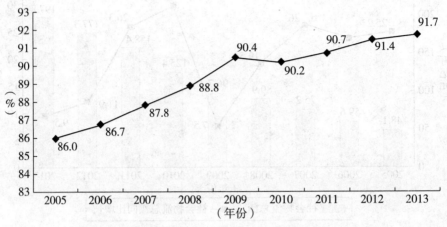

图 20　我国工业品物流总额在社会总额中的占比情况

由图 20 可知，我国工业品物流总额在社会总额中的占比总体逐年增长，工业品物流在社会物流发展中占据主导地位。2010 年，工业品物流总额占社会物流总额的比重达到 90.2%，和 2009 年的 90.4% 的比例基本持平，表明在金融危机的影响下，工业品物流仍然是拉动社会物流总额增长的主要力量。而近年，工业品物流总额的占比进一步提升，工业品物流带动社会物流发展的作用更强。

2. 产业结构不断优化

（1）各工业产业集中度呈现波动式提高

产业集中度是衡量"十二五"时期工业转型升级程度的重要指标，我国工业行业产业集中度大多呈现波动式上升。2013 年，我国钢铁行业和汽车行业的产业集中度分别为 39.4% 和 88.7%，离"十二五"规划中的目标 60% 和 90% 以上还有一定差距。钢铁行业和汽车行业的产业集中度如图 21 所示。

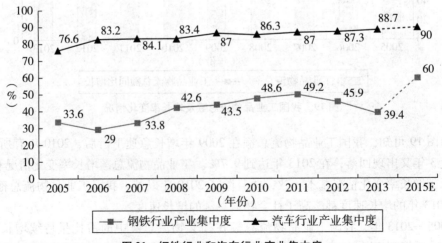

图 21　钢铁行业和汽车行业产业集中度

由图 21 可知，2005—2013 年，我国汽车行业产业集中度总体呈平稳缓慢增长趋势，各年份之间有小幅波动，波动幅度基本维持在一个百分比之内；我国钢铁行业产业集中度总体同样呈缓慢增长趋势，虽然国家力推钢铁行业兼并重组，但效果却并不明显，2013 年钢铁行业产业集中度为 39.4%，波动幅度较大。

（2）产业转移步伐加快

近几年中西部地区、东北地区经济增速快于全国平均水平和东部地区，产业转移步伐加快，2008—2013 年，我国工业增加值同比增长率变化情况如图 22 所示。

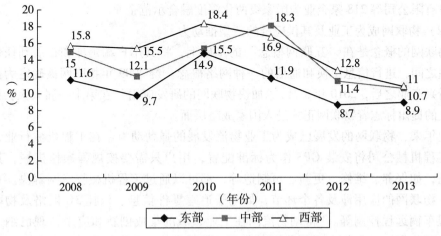

图 22　工业增加值同比增长率变化情况

由图 22 可知，2013 年，我国东、中、西部地区工业增加值同比分别增长 8.9%、10.7% 和 11%。中西部地区基础设施建设、公共服务以及人才培养、生态环境保护等都取得很大进展，区域发展的协调性进一步增强。

（3）产业集聚水平不断提高

各类产业集聚区是工业发展的重要载体。工业和信息化部自 2009 年起在全国组织开展了国家新型工业化产业示范基地创建工作，至今已有四批共 231 家工业园区（集聚区）成为国家级示范基地。其中，东部地区工业园区实现工业产值已占本地区工业总产值的 50% 以上，中西部地区涌现出一批特色产业园区，128 家国家新型工业化产业示范基地创建工作有序推进。

3. 技术创新能力不断增强

创新是现阶段我国工业转型升级的根本途径，我国转型升级的发展动力由依赖物质资源消耗逐渐向创新驱动转变。近年来，我国技术创新能力不断提高。2012 年，高档数控机床、大型飞机、载人航天与探月工程等科技重大专项加快推进。新能源汽车产业技术创新、稀土及稀有金属、蛋白类生物药和疫苗、通用名化学药等重大产业创新发展工程启动实施。物联网技术创新与应用示范稳步推进。百项技术创新工程确定的 94 项产业关键领域共性技术研发进展顺利，301 个国家重大科技成果转化项目稳步推进，并且工信部认定了第二批 76 家国家技术创新示范企业。

4. 工业化与信息化融合程度加深

（1）信息技术的广泛应用

信息技术在工业领域的广泛应用有效促进了工业企业的发展，提高了工业供应链上下游各主体的信息沟通能力。在机械制造领域中，建立财务系统的企业达到89%，建立 ERP 系统的企业达到60%。财务数据库和人事管理数据库已基本普及，产品/技术、库存管理、客户管理数据库应用分别为65%、60%、48%。机械、汽车等行业的排产计划、车间物料管理、车间设备管理等业务系统的普及率达到85%，企业实现数据共享的比例接近90%。2012年，为推动信息化和工业化深度融合，工信部确定了宝山钢铁股份有限公司等218家企业为国家级两化深度融合示范企业。

（2）物联网成为工业及其供应链的新型推动力

物联网的概念是在"互联网概念"的基础上，将其用户端延伸和扩展到任何物品与物品之间，进行信息交换和通信的一种网络概念。继2009年物联网被确定为国家战略型新兴产业之后，2010年3月，"加快物联网的研发应用"在第十一届人大会第三次会议上的提出标志着物联网正式进入国家战略层面。

近年来，物联网的发展已成为工业物流发展的强劲动力。在工程机械行业，各大品牌工程机械公司将安装 GPS 作为标准配置，用户只需要按规程操作机械，其他所有问题，如保养、维修、更新、再制造等，都可以通过工程机械物联网解决。在汽车行业，物联网的应用涉及各个环节，如电子追踪零件信息、依托3G网络及物联网技术实现车辆远程控制等。"推动物流网在工业领域的集成创新和应用"现已纳入工信部促进两化深度融合的专项行动规划中。工信部发布10个物联网发展专项行动计划中提到要以流程工业和装备工业为重点，在煤炭、石化、冶金、汽车、大型装备工业中各选择4~5个重点企业，开展面向过程、供应链管理和节能减排的物联网应用示范，推动传统产业的生产制造与经营管理向智能化、精细化、网络化转变，提升生产和经营效率。

5. 制造业与物流业联动逐步深入

为充分发挥物流业对制造业转型升级的支撑作用，增强制造业核心竞争力，提升物流业服务能力，由国家发展和改革委员会牵头、15个部门和单位组成的全国现代物流工作部际联席会议把推动制造业与物流业联动发展（即两业联动）作为重点工作之一。自2007年第一届全国制造业与物流业联动发展大会召开后，两业联动越来越受到业界和政府的重视。全国制造业与物流业联动发展年会连续召开了七届。

2009年，国务院印发的《物流业调整和振兴规划》将两业联动作为九项重点工作之一。2011年，为推动更多企业实施两业联动，全国现代物流工作部际联席会议开展了全国制造业与物流业联动发展示范工作，从装备制造、钢铁、电子、汽车、化工、家电、食品、建材等行业中选取了131家企业作为两业联动示范企业。并将其中28个联动项目作为精编对象，总结其联动模式，为其他企业两业联动实践起到引导和示范作用。一些工业企业与物流企业的关系从单纯的业务外包关系已经转变成为战略联盟关系，两者的合作也不仅限于供应端和销售端，还深入到工业企业的生产环节。2012年，发改委联合工信部、国资委进一步推动两业联动。

6. 供应链管理已被提到战略高度

近年来，供应链的思想被越来越多业内人士提及，政府部门及国家领导也将发展供应链提到战略层面。2012 年 8 月，汪洋在广东省流通工作会议上强调要集中力量推动供应链一体化。着力发展一批供应链核心企业，搭建一批供应链一体化综合服务平台，努力成为国内乃至全球相关领域供应链的整合者。

2012 年 9 月，胡锦涛在参加亚太经济合作组织第二十次领导人非正式会议时提出了"持续推进《亚太经合组织供应链连接行动计划》，突破供应链瓶颈限制，消除货物、服务流通障碍，争取 2015 年前在时间和成本等方面实现本地区供应链便利化程度提高 10% 的目标。"关于建立可靠的供应链，胡锦涛提出，要加大对基础设施建设投入，加强区域互联互通和网络化建设；要提高通关便利化水平，降低商品流通时间和成本；要加强经验交流和能力建设，提高本地区供应链的抗风险能力和灾后恢复能力；要营造良好政策环境，鼓励工商界积极参与供应链建设。

四、加强工业物流与供应链管理的必要性分析

在全球竞争日益激烈的国际环境下，我国工业物流与供应链管理的发展将助力我国工业企业在全球经济中占领重要地位。同时，工业物流与供应链管理的发展还将促进我国工业转型升级，保障我国工业又好又快发展。

（一）降低工业企业物流成本的重要手段

通过合理设置组织机构、优化运作流程、应用合适的物流技术装备、实现系统对接、延伸增值服务、综合利用网络资源等途径，制造业实现与物流业的联动发展，有效降低了物流成本，各行业两业联动前后物流成本节约情况如图 23 所示。

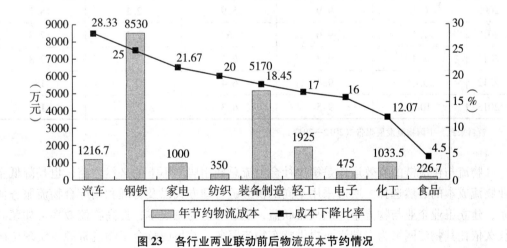

图 23　各行业两业联动前后物流成本节约情况

社会经济发展对物流需求的依赖度依然高。2012 年，单位 GDP 对社会物流需求的系数为 1：3.4，即每 1 个单位的 GDP 需要 3.4 个单位的物流量来支撑，这个数值与 2011 年持平。2008—2013 年社会物流总额及社会物流需求系数变化情况如表 2 所示。

表2   2008—2013 年社会物流总额及社会物流需求系数统计

年份	社会物流总额（万亿元）	同比增长（%）	需求系数（%）
2008	90	19.6	2.9
2009	96.7	7.4	2.9
2010	125.4	29.8	3.2
2011	158.4	12.3	3.4
2012	177.3	9.8	3.4
2013	197.8	9.5	3.5

资料来源：中国物流发展报告（2012—2013）。

我国是一个工业大国，工业长期以来一直"重生产、轻流通"，自营物流比例较高，物流成本过高问题突出。2012 年，我国社会物流总费用为 9.4 万亿元，同比增长 11.4%，增幅比上年回落 7.1 个百分点。社会物流总费用与 GDP 的比率为 18%，同比提高 0.2 个百分点，约为美国的两倍，社会物流总费用依然较高。其中，工业物流总额占到全社会物流总额的 91.4%。2008—2013 年社会物流总费用统计如表 3 所示。

表3   2008—2013 年社会物流总费用统计

年份	社会物流总费用（万亿元）	运输费用与 GDP 比率（%）	报关费用与 GDP 比率（%）	管理费用与 GDP 比率（%）	总费用与 GDP 比率（%）
2008	5.7	10	5.9	2.1	18.1
2009	6.1	9.9	5.9	2.1	18.1
2010	7.1	9.6	6	2.1	17.8
2011	8.4	9.3	6.1	2.1	17.8
2012	9.4	9.4	6.4	2.3	18
2013	10.2	9.5	6.3	2.3	18

资料来源：中国物流发展报告（2012—2013）。

物流与供应链的有效运作是解决社会物流总费用居高不下的必然之路，也是降低企业物流成本的必然选择。通过采用不同的供应链管理方式以及合理利用综合物流服务体系，建立工业企业与物流企业的战略联盟，能够降低物流成本，提高物流效率。如芜湖长久依托其物流网络为奇瑞汽车提供整车物流服务，并集成整合了物流资源，实现全国及区域循环运输。其实施循环运输后空驶率从 30% 下降到了 20% 左右，降低了物流成本。

（二）提升工业企业竞争力的迫切要求

1. 提高物流服务能力有助于保障工业企业专注于核心竞争力

物流服务水平直接影响企业成本和核心竞争力水平。为专注于提高自身核心竞争力,工业企业通过将非核心业务外包,借助专业化物流服务商降低物流成本。如风神物流为东风日产提供延伸至生产线边的生产物流,负责对东风日产上游供应商交货产品进行验收接卸、搬运、按序配送,并按东风日产主机厂的要求,保证零部件按时按序送达,降低了东风日产供应商管理的繁杂程度,提高了风险控制能力,同时使东风日产能更专注于其核心业务以提升其核心竞争力。

2. 融合供应链思想有利于实现供应链共赢

现代企业的竞争已经逐步从企业和企业之间的竞争转变为供应链与供应链之间的竞争。企业单纯从自身的角度经营管理已经无法在使其供应链的竞争中处于优势地位,通过建立战略联盟,实现供应链的各节点企业的双赢才能最终打造出优质供应链,占领更多市场份额。

传统的供应链纵向一体化管理模式容易造成核心企业负担过重,难以提高企业核心竞争力。通过工业与物流业联动发展,工业企业与物流企业建立战略联盟,供应链的各环节企业协同运作,将促进工业由中国制造到中国创造、由生产型制造向服务型制造、从低价值链向高价值链转变。

(三) 加快工业转型升级的基础支撑

1. 提高物流服务水平是加快工业转型升级的基础

淘汰落后产能需要以物流服务作为依托,工业集聚发展需要物流规划配套运作,产业转移需要综合物流服务体系作为支撑。加快工业转型升级必然需要提高物流服务水平,落后的物流水平将阻碍工业转型升级,降低转型速度。因此,物流服务水平要配合并且适当领先于工业的物流需求,进而能保障工业实现又好又快的转型升级。

2. 供应链一体化运营是实现工业转型升级的必经之路

创新最初出现在单一的企业中,但由于行业的相似性或是地域的相邻性,将逐渐从单一创新转变为集群创新。而集群创新进一步发展,沿产业链纵向延伸将发展成为产业链系统创新。单个环节的创新不足难以提升整个产业链的竞争力,因而需要通过供应链管理有效衔接各个环节,利用信息技术等手段将创新的优势发挥到整个供应链的运作中。因此,创新成果要落到实处,真正实现创新成果产业化需要供应链一体化运营作支撑。

(四) 中国工业走向世界,赢得市场的必要保障

1. 打造工业发展支撑网络需构建全球化综合物流服务体系

自国际金融危机后,世界经济复苏缓慢,发达国家纷纷实施以先进制造业为核心的"再工业化",谋求振兴制造业,扩大出口,这必将挤压我国的出口市场。同时,新兴经济体和发展中国家也在加速发展具有自身比较优势的产业和技术。我国工业企业要在这样的全球竞争环境下实现全球扩张,极具挑战性。要实现工业产业链的全球布局,必然需要构建全球化综合物流服务体系,才能保证进口原材料的有效供应和出口产成品的广泛销售,赢得国际市场。

2. 提高工业发展国际竞争力应掌控全球化供应链网络

工业企业全球化发展将实现其供产销网络全球化布局,可能使得上游供应商、工业企业、分销网点都分布在世界不同地域。这将不仅仅是物流全球化的问题,还将带来资

金流、信息流、商流的全球化问题。因而需要构建全球化的供应链网络，利用供应链思想以打造中国工业的国际竞争力。

五、我国工业领域供应链管理对策研究

在总体发展思路的指导下，本章进一步阐明供应链管理在工业领域中的战略地位，针对工业领域供应链发展中存在的主要共性问题，提出相关对策建议。

（一）提高工业领域供应链管理的认识

1. 供应链管理是增强中国工业国际话语权的关键环节

中国是世界工业生产大国和出口大国，但在全球竞争中却没有与之相应的"话语权"。中国工业企业在从国内走向国际，打造世界一流企业的过程中，面对的是全球化的原料采购，全球化的生产力布局，全球化的产品营销的考验，因此要求企业必须构建全球化的供应链，实施资源全球化配置，加强关键物流节点布局和物流资源掌控，同时实施供应链管理，与全球的合作利益方构建战略联盟关系，追求国际化合作共赢，在供应链上争取核心位置，增强话语权。

2. 供应链一体化运营是推动创新驱动发展的重要支撑

实施创新驱动战略，核心是提高自主创新能力，发挥科技在转变经济发展方式和调整经济结构中的支撑和引领作用。在当前的经济社会和市场环境下，科技创新，不再是单个企业技术创新问题，也不是由单一企业能完成的，而是由单个企业创新转变为以核心企业为引领的企业集群创新，通过供应链一体化运营实现企业协同运作、资源优化配置、核心技术创新产业化发展，从而将企业集群创新上升到产业链协调创新。

3. 供应链运行效率和效益提升是国家竞争力提升的客观需要

随着全球经济一体化的深化，构建高效、协调、安全、稳定的全球供应链对于国家在中长期取得经济持续增长的能力十分重要，首先，应当突破供应链瓶颈限制，消除货物、服务流通障碍，提高供应链联通性和便利化程度，其次，供应链运行时间和成本的好坏直接反映供应链竞争力的高低，决定着国家全球竞争力。因此，提高供应链运行效率和效益，是国家抓发展新机遇、增强发展新动力、构建发展新优势、提升区域核心竞争力的客观需要。

（二）鼓励企业推行集中采购

集中采购是相对于分散采购而言的，其将多个企业或部门的采购需求集中后共同向供应商提交采购订单，以发挥规模效应，获得更大的购货折扣。同时，集中采购要把采购任务归口到一个专门的部门负责，降低分散采购的风险和成本。

1. 适宜集中采购的货物特点

（1）批量大

集中采购的货物大部分属于大宗货物，每次采购的批量都较大，多以产品的主要原材料或零部件为主。例如钢铁行业生产所需的铁矿石；有色金属行业生产所需的铝土矿；食品行业生产所需的基础原料，如乳制品行业的生鲜牛羊乳；纺织行业生产所需的棉花、化学纤维。这些货物都需要大批量采购，更容易通过集中采购形成规模效应。

（2）战略型

企业采购产品的量越大，价值越高，越有利于和供应商建立长期合作的战略伙伴关系。因而对于一些瓶颈产品或企业生产的战略产品，可以通过集中各分公司的生产需求，统一采购，形成具有一定规模的采购订单，既能利用数量折扣，又可以获得更好的服务，在原料商供应时取得优先供应权，如汽车生产和售后服务用的专用零部件。

（3）通用性强

若实行集中采购的各成员企业需要采购的原材料或零部件的通用性越高，那么采取集中采购更为有利。如各钢铁生产企业所需的燃料煤、汽车制造所需的通用零件、食品生产所需的纸质或塑料包装材料等。通用性强的零部件不仅能实现大型企业集团内的集中采购，同时能够整合不同企业，尤其是中小型工业企业的需求进行集中采购。

2. 大型工业企业推行集中采购的对策分析

集中采购对于大型工业企业，尤其是集团性大型企业极具优势。

（1）加强供应商关系管理，建立联盟关系

不同类型的工业企业进行集中采购的货物特点不同，在选择供应商时的关注点不同。如对于钢铁等原材料行业，其原材料质量差异程度不高，因而企业更关注于采购价格、供应商的供应能力及其采购位置。而对于汽车等装备制造业，其零部件的质量好坏是其选择供应商的首要标准，对供应的准时性、可靠性要求更高，而对成本和价格的设定较为宽松。企业集中采购的产品对企业的生产成本、生产的连续性等方面往往都有很大影响，通过供应商绩效评估和供应商质量管理等方式，企业可以加强对供应商的关系管理。对于一些采购量大，对企业发展具有战略意义的供应商，可以通过建立企业联盟，形成多赢的战略合作关系。

（2）整合物流资源

集中采购需要有强大的综合物流服务网络作为支撑。特别是对于大型企业的集中采购，其采购需求规模巨大，单个物流企业可能难以完全满足其需要，可以利用自身现有资源，整合社会物流资源，共同为集中采购各参与单位服务。同时，对于供应地和生产地距离较远的企业，有效整合物流资源有利于实现重去重回，有效降低整体物流成本。

（3）搭建信息平台，整合采购需求

大型企业可以自行建立信息平台，并可通过与供应商的信息系统对接或邀请供应商加入平台两种方式和供应商建立快捷有效的供需联系。总部和各分公司以及各事业部都使用同一个平台，需要采购的各单位可将采购信息录入平台，由总公司掌握全公司采购需求，统一与供应商谈判，签订总合同。在执行采购合同时，各单位可根据自己的生产进度以及录入平台的采购量等采购计划信息，适时联系供应商进行供货。既实现了集中采购的规模效应，又解决了集中采购参与企业需求分散的问题，保障了各企业生产的灵活性。

3. 中小型工业企业推行集中采购的对策分析

中小型工业企业采取抱团方式集中采购，能有效降低其采购成本。

（1）推进采购外包

中小型工业企业由于生产规模的局限性，难以形成大量采购需求，在采购成本上处于劣势。同时，小而全的运营方式会促使这类中小型工业企业难以专注于核心业务，供应物流方面也难以达到专业水准。推进采购外包，将其采购外包给第三方物流企业，有利于其提高核心竞争力，同时降低物流成本。

（2）依靠物流企业整合采购需求

同行业的中小型工业企业采购需求具有相似性。作为供应商和生产企业间的纽带，物流企业能够有效获得各中小企业的采购信息。从而能制订出相应的集中采购方案，通过为中小型工业企业提供代理采购服务来整合采购需求。同时，针对上游供应商规模较小的情况，物流企业可以通过循环取货的方式集中收货，再分别运送至不同的企业，实现双向集中化。

（3）利用信息服务平台，参与集中采购

对于中小型企业而言，自身难以搭建也不需要搭建信息平台。其可以利用物流企业的信息服务平台或者其他的第三方在线交易社区进行集中采购。企业可以将采购需求提交到物流企业信息平台上，交由物流企业代理采购。物流企业整合采购信息后统一向供应商订货，进行集中采购，然后再运送至不同企业处。

（三）加强供应链库存管理

各企业都会保持适当的库存，预防缺货，以保证生产的连续性、平稳性，从而消除或避免销售波动的影响。但过多的库存将抬升物流成本，占用企业大量流动资金，不利于企业有效运作。因此，企业需要通过可靠的需求预测、采用合适的供应链管理方式或库存管理方式来管理库存。

1. 强化需求预测的应用

需求预测就是在汇总以往销售的历史数据的基础上，科学地采用约束外推法、因果关系分析法、德尔菲法等，定量或定性地估计产品在未来一段时间内的需求，以及供应物资价格成本波动的情况，从而建立顾客服务标准、发布补货订单、确定额外的生产计划或者选择不同的运作策略。

对于难以进行需求预测的产品，如季节性变化明显的产品，其进行需求预测时需要总结需求随季节变化而波动的规律，通过对往年销售订单和仓库出货规律、影响产品销售量的主要因素，以及不同客户对订单及库存的影响几个方面综合分析以进行需求预测。

此外，除了遵循需求预测的一般过程外，利用网络技术建立企业与供应商的双方的协同机制，完成对需求与实时销售等信息的共享，能更有效地进行需求预测。

2. 采用有针对性的供应链管理方式

（1）采用直销策略，降低销售多级库存

采用直销战略时，生产企业可以直接和客户联系，由客户直接向生产企业发出订单并在订单中详细列出所需物料，然后由生产企业根据订单需求实现按单生产。工业企业通过采用直销战略减少了多级分销带来的牛鞭效应，在直接有效降低库存的同时能够极大程度地满足客户的个性化需求。直销战略主要适用于计算机等电子设备制造业、汽车制造业等个性化需求较为明显的工业行业。

（2）采用循环取货方式，降低生产、供应库存

循环取货（Milk-run）是指工业企业委托物流企业根据预先设计的取货路线，按

次序到各个供应商处取货再根据生产企业的生产计划，按生产节拍运送到指定地点的取货模式。这种取货模式能够实现多批次、小批量的供货需求，一方面降低供应商的备货库存，另一方面消除生产企业非必要的库存，降低整体库存量。循环取货的方式宜于汽车、电子等有多批次小批量原材料/零部件供应需求的企业使用。

（3）采用延迟生产战略，降低销售库存

延迟生产战略是指企业在生产厂内完成非定制的生产流程，不进行产品的最终生产，而是根据销售端的不同需求，在配送中心等分销端进行最终生产。使用延迟生产战略的企业无须在每个区域市场建立过多的仓库，能够有效消减库存。而且企业可以根据市场需要进行产品的有效调运，避免产品的滞留。此类战略适合客户需求呈区域化，且流通加工易于实现的工业，如计算机生产行业等。

（4）采用 ERP、SCM 等信息手段，降低整体库存

通过采用物料需求计划（MRP）系统、制造资源计划（MRPⅡ）系统、企业资源计划（ERP）系统、供应链管理（SCM）系统等信息手段，能够对供应链的生产、采购、销售等各个环节进行控制。如对于 EPR 系统来说，工业企业可以向信息平台传递物料需求计划，物流企业根据供应商合作信息分解需求及分别下单，进行信息集成后传递给生产企业确认，并根据原材料生产供应时间，自动进行安全库存计算，能够保障信息的准确性，消除无效库存。各个行业可以根据需要采用不同的信息手段。

3. 采用合适的库存管理方式

（1）应用 VMI 方式降低库存

供应商管理库存（VMI）是指生产企业不拥有原材料，也不设立原材料仓库，而是把需求信息传递给供应商，由供应商在规定时间将企业所需原材料送到指定地点的库存管理方式。其一方面能够实现工业企业的零库存，降低企业的生产成本，另一方面能够督促供应商更为有效的管理库存。

在实际操作中，为了保障供应商专注于生产，同时避免其在需求预测、库存管理等方面缺乏规范、专业的手段，物流企业可以利用其专业优势有效实现 VMI。工业企业可以联合物流企业根据生产计划和原材料需求预测帮助供应商制订库存计划，包括供应时间、数量、安全库存量及预订最佳库存量等。物流企业通过利用信息系统等手段对工业企业及供应商的原材料供应量以及时间进行确认，再按既定要求执行物流计划。

（2）采用直接转运策略降低库存

直接转运策略即在不同供应商的货物到达仓库后，对货物加以分拣配装，然后直接送至货车装载区，省去入库、存储等物流环节，立刻把货物转运至下游的消费点，降低库存。直接转运适合采用电商等销售手段，对收货时效性要求高的企业，如服装制造业、食品制造业等。

（四）加强供应链关系管理

当今供应链不再是单一的供应商到客户，原材料供应、配送和销售都比以往复杂，整个供应链上的企业形成了融竞争、合作、协作以及实时沟通为一体的复杂关系网络。供应链关系管理以共同利益为目标，采取互相合作的行为，取得既利他又利己的结果，双方的经济效益都提高。

1. 核心企业供应链关系管理分析

（1）供应链核心企业的定义

供应链是围绕核心企业建立的，核心企业在整个供应链中具有重要地位，起主要推动作用。核心企业是供应链的链主，为供应链的物流集散中心、信息中心、资金周转中心、协调中心，其对供应链的影响主要体现在资源掌控能力强、组合运作协调能力优、物流战略具有前瞻性、信息化支撑能力稳定、节点合作能力紧密。

（2）供应链核心企业的类别及其作用分析

从现有供应链发展来看，核心企业共有以下几种类型：以原材料供应商为核心企业；以销售商为核心企业；以生产商为核心企业；以第三方物流服务商为核心企业。以原材料供应商为核心的供应链，其上游供应商对资源的掌控力为核心竞争力，例如：以钢铁及其制品形成的供应链核心企业为对原材料进行掌控的企业——宝钢集团。宝钢集团原先以国内矿石资源为基础，如今在全球范围内掌控矿产资源，有原材料才能生产钢铁及其制品。以销售商为核心的供应链如农产品，其销售商拥有密集的网点分布以及畅通的物流体系作为支撑，才能保障农产品在新鲜的状态下送到超市、菜市场、饭店，最后到达人们的餐桌。以生产商为核心的供应链，如家电行业，此种供应链核心企业往往具有先进的生产技术和研发技术才能在市场上取得核心竞争力，实现快速反应。以第三方物流服务商为核心的供应链如中国国际海运集装箱公司以生产集装箱为主，以必需的物流设备切入供应链，从而实现对全链条的掌控。

核心企业一般具有信息交换中心、物流集散中心和协调、激励中心的功能。信息交换功能，核心企业为上下游企业交换信息的中心，可为整个供应链提供信息交换的平台。物流集散中心，核心企业为原材料、半成品和产品等物料的中心，核心企业往往涉及物料的集中与分散。协调、激励中心，核心企业为供应链的链主，供应链的建立围绕着核心企业，其对于上下游企业起协调的作用，力求企业之间达成共识目标，实现整链条的共赢。

（3）供应链核心企业的识别

根据核心企业的含义、作用以及不同类型的表现形式可以对其进行识别。一般供应链核心企业具有以下几点特征：拥有产品/服务具有核心市场资源，如资源型企业控制着供应链上游原材料，如煤炭、金属、铁矿石等，供应链上的其他企业均需按照其生产计划来制定自身的生产活动；掌控核心技术，如苹果公司，其掌握着电脑和手机的生产核心技术并不断创新，通过技术影响整个供应链，使得其他要素充当配合的角色；控制网络节点资源，无论是销售还是运输都需要网点建设，如华润创业除了自身生产产品外，兼营消费品终端建设，自建销售网络，通过网络影响其他产品的布局；具有协作能力，可协调供应链企业之间的关系，促进链条内部的信息共享，减少牛鞭效应。

（4）供应链核心企业发展对策分析

当前我国一些行业和领域内出现了一批具有供应链核心企业特征的集团，但是大多数缺乏国际竞争力，并不能成为具有国际竞争力的供应链核心企业，例如神州数码公司为中国最大的整合 IT 服务提供商，但缺乏国际影响力，因此打造一批具有国际竞争力的供应链核心企业为当务之急。应着力发展一批具有国际竞争力的供应链核心企业，带动产业链条发展。大力鼓励核心企业创新，提高企业自主创新研发能力，采用原始创新、集成创新和引进消化吸收再创新等多种形式切实提高企业的创新能力，提高核心竞争力，掌握关键技术引领发展。以具有国际领先技术的产品和全球化的业务为依托，带领企业走出国门，构建全球性的网络，实现供应、生产、销售和物流的全球化，力争供应网络、生产网络、销售网络、物流网络和信息网络的"五网合一"，打造成为具有国际竞争核心企业。强化核心企业在供应链中的作用，以核心企业为供应链的引领，充分发挥其信息中心、物流中心和协调、激励中心的作用，加强对供应链的整合，提升整体供应链的竞争力。

2. 中小型企业供应链关系管理分析

中小型企业近年来为供应链发展的重要力量，促进中小企业又好又快发展，是提升供应链整体竞争力的重要基础。以工业为例，2010 年全国规模以上中小企业有 44.9 万家，比 2005 年增长 50.1%，年均增长 8.5%，占规模以上企业数量的 99.3%；全国规模以上中小企业工业增加值增长 17.5%，占规模以上工业增加值的 69.1%，其他具体指标见表 4。

表 4　　　　　　　　　　　　中小企业 5 年发展变化情况

指标	2010 年	2005 年	2010 年全国规模以上企业占比
规模以上中小企业（万家）	44.9	29.9	0.993
实现税金（万亿元）	1.5	0.79	0.543
完成利润（万亿元）	2.6	1.08	0.67

资料来源：工业和信息化部 2011 年发布的《"十二五"中小企业成长规划》。

中小企业走"专精特新"的发展道路，成为核心企业主导的供应链中的骨干力量。专业化发展，提高专业生产工艺、流程、产品和服务，为供应链各环节提供配套服务；走精益化发展，推进精益化管理，生产质优产品，提供精致服务；走特色化发展，结合不同工业供应链的发展需要，形成不同特色的产品及服务；推进新颖化发展，融合信息技术、互联网和高新技术，提高自己的创新能力，以掌控核心科学技术取胜，提高本企业的核心竞争力。

3. 构建供应链战略联盟分析

战略联盟为供应链中两家或多家企业之间形成风险共担、收益共享的长期合作关系。供应链上的企业间形成战略联盟可降低供应链的总成本，改善供应链服务质量以及当市场需求发生变化时提升整条供应链的反应速度。应大力推动供应链主体之间的关系由基本的伙伴关系向战略联盟发展。为促进供应链中企业战略联盟的形成，供应链上的企业之间应互相保持高度信任。战略联盟的形成基础为工业供应链中的企业目标一致，企业之间对于共赢的认识深刻，要以整链条价值最大化为总目标，通过企业之间协作来实现。

建立信息共享机制，加紧供应链上各企业的紧密联系，减少由于信息不对等引起的不确定性，如汽车生产中整车厂可与零部件供应商分享自己未来的产品生产计划，并确定如何将零部件与整车厂组装工艺更好地衔接起来，以便当客户需求改变时能整条供应链快速的做出反应。

推进持续改进，建立指标对战略联盟带来的困难和收益进行评价或量化，对整个供应链形成的战略关系进行不断的调整。在联盟关系形成早期可通过签订文件的形式来指导双方关系，例如工业产品生产商与供应商之间的长期采购协议，生产商与销售商之间签订的销售代理权合同，生产商与物流服务商之间的运输合同等。在联盟关系建立的早期通过协议或合同的建立增加控制性，随着关系的深入发展，企业双方建立起互利互信的机制，这些文件就没有存在的必要。

（五）建设供应链诚信体系

2012 年，由于部分钢贸企业重复质押的行为，引发银行集体收贷，使钢贸行业遭遇大危机。由钢贸企业的不诚信问题，引发整个行业乃至社会对于企业诚信问题的思考。诚信为供应链上的企业之间合作的基础，建设完善的供应链诚信体系对于供应链整体的运作是十分重要的。

1. 建设供应链诚信体系的意义

（1）供应链中的诚信问题

①供应链中诚信问题的产生

虽然供应链中的企业以满足最终用户的需求为共同目标，协同组织生产，但是这些企业均为独立的法人实体，都在努力实现利益的最大化。根据波特的竞争战略理论，企业在与其他公司进行商务往来时，为了在谈判中获得优势，通常会保留某些信息。这就使得供应链中各企业间占有的信息不对称，进而可能引发诚信问题，给整条供应链带来风险。

②供应链中诚信问题的具体表现

信息欺诈行为。信息不对称的普遍存在以及供应链系统本身以信任为基础运行的机制，是信息欺诈的诱因。信息欺诈行为多发生在节点企业上。由于各节点企业间的关系密切，使得处于某一节点上的企业（如核心企业）拥有相应信息的占有权与控制权，而其上下游企业所获得的信息在很大程度上取决于该节点企业的信息共享程度，合作越紧密，信息共享程度会越高，节点企业追求信息优势的成本会越低，供应链发生诚信问题的风险也越大。从主观上说，各节点企业为了使自己在竞争中处于有利地位，又会有独占信息优势的动机。这种动机就导致了本来应该公开的信息非公开化。

合作企业的违约行为。合作中，有些企业主观上轻视对合同的履行，不按时完成合作项目，不重视质量，甚至违背合同约定。这很可能会导致合作关系破裂，甚至给合作企业带来不可挽回的损失。

技术与知识产权方面的侵权行为。作为潜在竞争对手的供应链成员可能打着信息共享的幌子，窃取供应链成员的核心技术，侵犯该企业的核心利益。

利益窃取和侵占行为。有些缺乏诚信的企业可能会不惜损害供应链整体利益来追求个体利益的最大化。

（2）供应链诚信体系的重要性

诚信问题给供应链中的企业的运转以及供应链的管理带来巨大负面影响。

从资金流的角度看，由于企业间的相互拖欠，银行放贷意愿的下降，供应链中资金的流通会变得滞涩。情况糟糕的企业可能会由于资金链的断裂而面临破产。情况稍好的企业也会由于大量资金被应收账款占用，必须借入更多的资金维持运转，从而增加了企业的资金成本，减少了利润。

从信息流的角度看，诚信问题阻碍了供应链中信息的流通共享，使企业间信息掌握情况严重失衡，对供应链管理造成巨大负面影响，严重降低整个供应链的运行效率，甚至造成供应链联盟的瓦解。

从商流的角度看，诚信问题导致企业与企业之间、企业与客户之间、企业与银行之间互不信任、互相怀疑的心态充斥，正常的信用观念遭到破坏，甚至迫使市场、企业、银行不得不排斥信用，拒绝信用，影响供应链甚至是整个行业的健康发展。

上述的各种危害充分说明诚信问题是供应链管理发展的巨大敌人，突出体现了建设供应链诚信体系的重要性。诚信体系是一种以诚信制度为核心，以促进诚信、维护正常经济秩序为目的的机制。在供应链中建设诚信体系对保障供应链的持续健康发展具有重要作用。

2. 建设供应链诚信体系的对策分析

（1）加强供应链中企业自身诚信制度建设

建设和完善企业诚信制度，强调对员工的诚信教育和规范管理，深化员工对企业诚信的认识，提高员工对供应链管理的理解水平，使广大员工树立起良好的供应链诚信意识。

（2）强化对供应链中企业的诚信管理

①理性选择合作伙伴成员

为了有效杜绝诚信问题，在考虑合作伙伴时，要把信用考察放在首要位置。企业信用具体体现在两个方面，一是企业信誉，二是企业领导的诚信意识。选择出的合作伙伴必须要重视企业信誉，诚信守法。这样，合作开始后双方才能做到相互信任共同发展。

②强化针对诚信问题的协议条款

作为供应链上企业间的合作，光靠道德约束是远远不够的，还必须形成具体协议，以条文的形式受到法律法规的保护。协议必须注意以下几方面：

a. 严格界定合作目标及诚信原则；

b. 详细记录合作企业之间的关联交易，并进行责任划定；

c. 协议中应明确规定合同变更的申请条件和突发事件的处理方法。

加强协议条款的制定旨在促使供应链成员以诚实、灵活的方式规范自身的合作态度和行为。降低供应链结构成本，提高供应链管理水平。

（3）完善供应链诚信监督机制

加强供应链诚信监督，一是完善供应链内部监督机制，加强供应链成员企业间的相互监督；二是完善供应链外部监督机制，委托第三方对供应链中企业进行监督；三是政府相关部门根据供应链管理的发展趋势，完善相应的监管政策。

（六）推进供应链协调运作管理

供应链协调运作通过外在或内在的力量，协调供应链各成员之间的物流、信息流和资金流等要素，使供应链从无序转变为有序状态，最终实现供应链整体效益之和大于各成员企业效益之和。

1. 供应链运作参考模型（SCOR 模型）的内涵分析

（1）SCOR 模型分析

工业领域内的供应链实现协调运作可通过 SCOR 模型实现，利用 SCOR 模型企业可构建服务于企业特点的供应链管理流程，以指导供应链的实施，同时还可对供应链做出评价。工业企业通过 SCOR 模型对供应链管理系统的主体框架和流程进行定义，将业务流程再造、基准和最佳实践分析集成在一起，如图 24 所示。

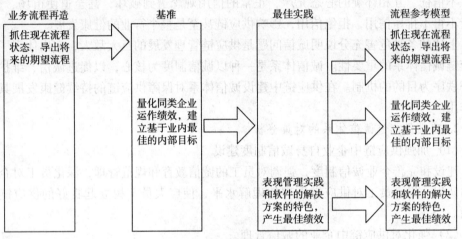

图 24　SCOR 集成分析框架

SCOR 模型包含几个部分，标准业务流程定义、标准业务流程间关系的框架结构、测评这些业务流程性能的指标基准。产生供应链"最佳实施"的管理措施、选择供应链软件产品信息（软件特性和功能界定的标准）。

SCOR 对于工业企业的适用性在于模型拥有客户互动功能、实物交易功能（设备、原材料、产成品、半成品、软件）、市场互动功能（满足客户需求）、售后服务功能等，紧贴工业供应链需求。SCOR 将工业流程的定义的详细程度可分为四个层次，每一个层次都可以分析企业供应链的运作，第四层次下还可以有第五、第六层次描述各企业所特有的业务层次，这些业务层次中的流程定义不包括在 SCOR 模型中，具体的层次关系如图 25 所示。

第一层根据 SCOR 界定的五个基本流程：计划、采购、生产、发运和回收，定义供应链运作参考模型和内容，给出衡量供应链性能的指标，此层为建立企业供应链的起点。第二层企业可按照配置层的流程种类，根据自己的需要构建供应链的功能，选择标准化流程。工业企业体现产品按需生产就可以通过标准化的流程单元实现，同时，每一个工业品都可以构建自己的供应链。第三层定义企业在目标市场获取竞争优势的能力，为企业提供改善供应链绩效所需要的规划和确定目标所需要的信息。到达第四层时，企业已实施适用的特定供应链，定义了企业获得竞争优势和适应环境变化的实施方案。

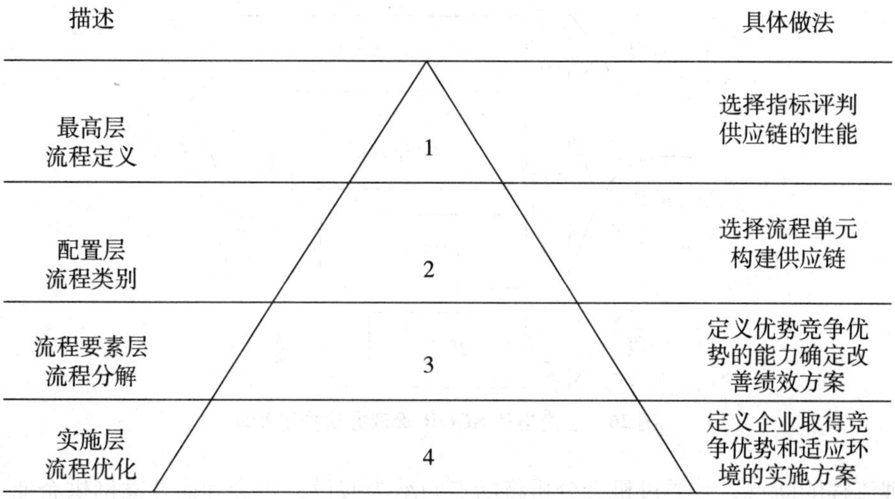

描述		具体做法
最高层 流程定义	1	选择指标评判 供应链的性能
配置层 流程类别	2	选择流程单元 构建供应链
流程要素层 流程分解	3	定义优势竞争优 势的能力确定改 善绩效方案
实施层 流程优化	4	定义企业取得竞 争优势和适应环 境的实施方案

图 25　SCOR 的层次

SCOR 模型建立的目的就是企业可获得较为明显的竞争优势，准确无误的沟通与描述，有效地对供应链进行测评和控制，反复调试达到企业需要的效果。

（2）上海电气集团运用 SCOR 模型优化管理分析

①上海电气集团实施 SCOR 模型背景

"十二五"期间，上海电气将处于转型发展期，调结构、转方式、促发展战略部署的关键时期，发展需要不断探索、管理需要不断创新，才能实现预期目标持续两位数增长，提高投资回报率，增强企业市场竞争和抗风险能力等重点任务。上海电气意识到，企业的竞争，不仅是企业生产技术水平，研发能力的竞争，同时也是企业管理能力的竞争。技术水平提高的同时也需要改革不合理的业务结构及管理机制，而传统的管理模式需要不断更新。

②SCOR 管理模型的应用

上海电气实施 SCOR 模型的项目目标是与管理咨询公司合作，在下属企业运用 SCOR 模型重新配置及优化其供应链管理运作水平，建立标准化结构化的绩效评价系统与流程架构，提高资产管理水平。同时协助企业实现如下目标：引入供应链标准化模型：供应链运作参考模型 SCOR 模型，梳理现行供应链分层流程，识别供应链管理断点。引入供应链管理标准绩效体系，支持持续的效率提升，设计供应链提升具体方案，加快流程化管理进程。提高供应链灵活性与响应性，完善"端到端"供应链的流程整合，提高资产管理的成熟度。

SCOR 模型项目共分为概念导入、流程梳理和重点商业案例的实施三个阶段，如图26 所示。

第一阶段是引入供应链标准模型的认识阶段，旨在普及 SCOR 模型的标准流程及绩效体系，组织项目团队，并针对项目团队结合企业实际情况和行业相关案例进行量体裁衣式的 SCOR 模型培训。第二阶段是流程梳理阶段，运用 SCOR 模型系统性的现状分析和标杆分析方法对供应链管理运作流程加以整理绘制，在整理的过程中识别出现行供应

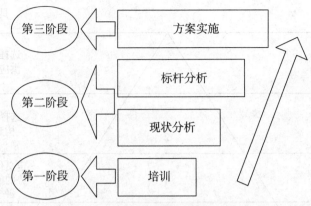

图 26　上海电气 SCOR 管理方法推进阶段

链管理流程的断点，并通过机会分析将断点归纳为假设，机会和商业案例供企业进行选择实施。项目第三阶段，其主要工作是具体商业案例的实施。企业根据第二阶段流程梳理反映出的流程中的断点提出的改进措施以及筛选出的商业案例排出优先顺序，分配项目经理，根据 SCOR 模型的最佳实践要求，针对每个商业案例编写详细的，具有可操作意义的项目指导书。咨询公司协助实施项目，并在项目结束前对项目实施的财务成果的预期进行目标设定和项目结束后的结果评估。

③运用 SCOR 模型的效益分析

引入 SCOR 模型从第四层梳理出流程 2000 多个，合并流程三成，发现重要的、需要重建的流程断点 301 个，识别和最终确定的改进目标 30 多个。运用 SCOR 模型对断点进行分析与改进，优化整体流程，减少资源占用，提高资金周转率；整体流程的优化，缩短了原材料在电厂的时间，缩短了现金周转的时间；对库存进行分类管理与优化，在产品入库、出库方面及时跟进、追踪和解决，具体的绩效指标如表 5 所示

表5　　　　　　　　　上气集团应用 SCOR 模型后绩效量化

绩效指标	初步调研分析	初步预估未来目标
资产周转率（%）	0.37	0.5
现金周转时间（天）	514	414
库存供应天数（天）	338	288

资料来源：《中国供应链管理蓝皮书（2013）》。

通过上气集团应用 SCOR 模型的案例可以看出 SCOR 模型在工业企业的适用性强，协调了计划、采购、生产、发运和回收等基本环节运作，可让企业通过财务指标等量化指标对供应链运作效果进行评价和改进。

2. 供应链协调运作的重要性分析

工业领域中的供应链主体为供应商、生产商、分销商、零售商和客户构成。供应链上每个主体的行为都将会影响其他企业的运作，以及受其他企业影响。供应链上成员的目标不尽相同，信息在成员间传递会出现扭曲，这种扭曲使得供应链产品的多样性夸

大。供应链协调问题有几种表现形式，如双重边际效应和牛鞭效应。双重边际效应是供应链上下游企业为谋求收益最大化，在独立决策的过程中确定的产品价格高于其生产边际成本，其产生原因为企业个体利益最大化的目标与整体利益最大化的目标不一致。牛鞭效应则是供应链失调的另一种主要表现形式，即在供应链内，由零售商到批发商、供应商、订购商的需求波动幅度递增。牛鞭效应扭曲供应链的需求信息，不同阶段对需求状况有着截然不同的估计，其结果导致供应链的失调。

3. 供应链协调运作的策略分析

供应链的协调运作能够提升供应链整体的竞争力，实现的基础就是增加企业间互信。强化整体利益高于局部利益的思想，明确供应链协调运作管理的核心为供应链上各企业的共赢。以战略协同为统领、以信任协同为基石、以信息协同为载体、以标准协同为保障、以业务协同为主导、以分配协同为保障、以文化协同为衔接，全方位推行供应链协调运作。将供应链中一些冲突的目标，如批量和库存权衡问题、库存与运输成本权衡问题、提前期和运输成本权衡问题以及产品多样化和库存权衡问题等可通过科学的数学方法进行建模解决。加强供应链各环节的沟通，如供应商、生产商、销售商之间的沟通，促成整个供应链网络的协调发展。融合信息技术和互联网应用，搭建信息平台，消除"孤岛现象"，提高整个供应链的相关性。

（七）提升供应链质量管理水平

供应链质量管理是指对供应链上各环节（包括合作伙伴）的质量管理，高质量的产品服务是由优质及时的原材料、严格精确的设计、精密稳定的制造过程、全面周到的销售服务和快捷便利的物流服务来共同组成的。供应链上的核心企业承担大部分供应链质量管理工作，不仅保障自身的服务质量，更要对供应链上其他企业的产品及服务质量进行质量管理，从而对整个供应链的质量进行严格地把控。

1. 供应链质量因素分析

国际标准化组织制定的 ISO 8402—1994《质量术语》标准中对质量的定义为：反映实体满足明确或隐含需要能力的特征和特征的总和。ISO 9000 质量管理体系中对质量的定义为：一组固有特性满足要求的程度。质量在供应链管理中的具体体现不仅是针对产品和各种服务的质量，也可以是供应链某一环节的工作质量，还可以指供应链中企业的信誉、供应链体系的有效性。供应链质量管理是对供应链中各环节以及围绕着的资金流、信息流、物流和商流进行质量管理和掌控。

供应链管理专业协会（CSCMP）为物流与供应链领域内权威的专业协会之一，提出了《供应链管理流程标准》，将供应链管理流程分为计划、采购、制造、交付、回收和执行六个结构，其流程框架结构如图 27 所示。

供应链管理中有六大类基本的流程，不同的流程涉及不同的主体，如采购环节为原材料供应商与制造商两个主体之间的活动，交付活动有的是承运商和客户之间的关系，还有的是制造商与承运商之间的关系。在进行质量管理时应综合不同的环节和主体进行重点考察，并做出相应的质量保证。

以产品设计、订单处理、采购、制造、配送、运输等典型流程为例，描述其质量要求如表 6 所示。

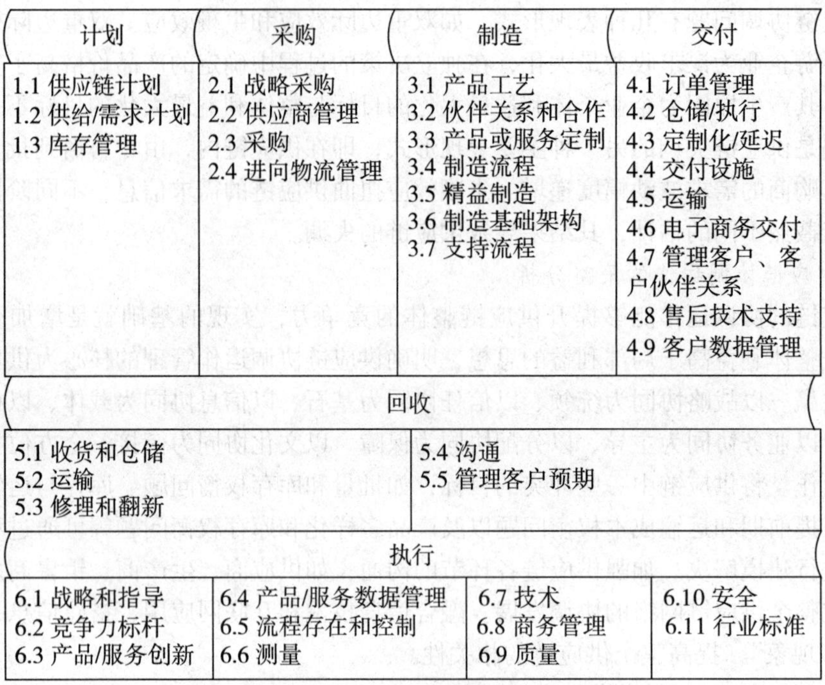

计划	采购	制造	交付
1.1 供应链计划 1.2 供给/需求计划 1.3 库存管理	2.1 战略采购 2.2 供应商管理 2.3 采购 2.4 进向物流管理	3.1 产品工艺 3.2 伙伴关系和合作 3.3 产品或服务定制 3.4 制造流程 3.5 精益制造 3.6 制造基础架构 3.7 支持流程	4.1 订单管理 4.2 仓储/执行 4.3 定制化/延迟 4.4 交付设施 4.5 运输 4.6 电子商务交付 4.7 管理客户、客户伙伴关系 4.8 售后技术支持 4.9 客户数据管理

回收	
5.1 收货和仓储 5.2 运输 5.3 修理和翻新	5.4 沟通 5.5 管理客户预期

执行			
6.1 战略和指导 6.2 竞争力标杆 6.3 产品/服务创新	6.4 产品/服务数据管理 6.5 流程存在和控制 6.6 测量	6.7 技术 6.8 商务管理 6.9 质量	6.10 安全 6.11 行业标准

图 27　CSCMP 的供应链管理流程标准结构

表 6　典型环节的质量要求

环节	质量考察方面
产品设计	策划、接口、输入、输出、评审、验证、确认和更改控制等
订单处理	处理速度、反馈质量、录入准确性等
采购	采购频次、采购数量、采购物料质量、采购价格等
制造	过程控制、检验和试验、不合格品控制、环保安全要求等
配送	配送网点、配送车辆、配送频次、单据处理、人员言行举止等
运输	运输速度、运输质量、运输时间、运输价格、运输条件等
包装	包装材料/性能、包装工艺/流程、包装质量、包装成本等
分销	分销渠道建设、分销网络构建、分销成员选择、分销价格、与运输商合作关系等

以制造环节为例，制造环节中对生产过程进行控制，包括流程设计的合理性、环保性、安全性、经济性等方面提出相应的要求，对产品检验是否符合产品标准。进行产品试验时，试验条件、试验方案和试验后改进为主要的质量卡控范围。

2. 供应链全面质量管理内涵及实施途径分析

（1）供应链全面质量管理内涵分析

全面质量管理（Total Quality Management，TQM）的核心为顾客满意，它鼓励降低成本、持续改进、提高质量的产品和服务、让顾客满意、向员工授权并开展绩效考核，持续改进和员工授权是取得顾客满意的关键手段。全面质量管理阶段中最明显的特征就是通过质量管理体系去保障产品的质量。质量管理体系就是由管理思想、管理方法和管理控制工具构成的完善系统。

全面质量管理是供应链管理中重要的一环，未来竞争将会转向供应链之间的竞争，供应链作为一个利益整体，质量是其获得竞争优势的关键。全面质量管理是供应链各成员生存的基础，全面质量管理通过面向供应链范围内的面向价值的业务流程进行优化，提出冗余的业务过程，在削减成本的同时提高产品质量及服务水平。全面质量管理有利于建立高效率、灵活、低成本的供应链，加强对过程的控制，及时调整，不断的改进产品和服务，使得产品和服务最大限度满足客户的需要。由于不断的改进，当市场发生变化时，有利于供应链各成员及时进行调整。

（2）供应链全面质量管理实施途径分析

供应链实施全面质量控制的宗旨就是综合利用调配既有的人、财、物、信息等资源，以最经济的方式快速满足客户需求，体现整个链条的精益协同。从整体供应链层面看，实施全面质量管理，需对整个供应链所有流程进行梳理，把易受外在或内部因素影响的环节设置关键控制点（Critical Control Point，CCP），通过对关键控制点的把握带动整个链条的掌控。全面质量管理工作的重点应从事后处置向事前预防转变，防检结合，重在提高。从企业层面看，质量问题往往受关注程度较低，企业领导可将中心转移到质量管理上，形成"以质量为中心、领导重视、组织落实、体系完整"的公司制度。公司内部各管理层面，都应针对企业质量管理的重点，具体落实自己的工作，如上层管理侧重与质量决策，制订出企业的质量方针、质量目标、质量政策和质量计划，统一协调企业各部门各环节、各类人员的质量管理活动，保证实现企业质量管理的最终目标；中层管理要贯彻落实领导层的重要决策，确定本部门的目标和对策，更好地执行各自的质量管理职能，并对基层业务进行管理；基层员工则要求每个职工都要按照标准、规范进行生产和服务，互相协作。

3. 提升供应链质量管理对策分析

提升供应链质量管理应加强企业各员工质量意识，树立"质量第一"的观念，开展相关质量学习深化活动，将质量意识在企业文化中充分体现。核心企业应加强对整个供应链质量的掌控，对新加入供应链的企业要进行质量考核，明确各成员企业的质量责任。供应链上的其他企业要增强自己的质量管理，可引入国际标准进行对比，对关键环节的质量应严格要求。质量管理实施上应该加强量化分析，除了矩阵数据分析法、控制图、因果图等统计方法外，还可应用六西格玛、质量功能展开（QFD）、故障模式和影响分析（FMEA）等新方法。与此同时，在供应链质量管理的过程中要求统一质量标准，以标准为抓手，追求供应链产品/服务整体质量水平的提高。利用信息技术和网络技术进行供应链信息共享与集成，强化信息的可靠性与真实性，利用信息对供应链范围的质量分析预测与诊断。

（八）强化供应链风险防控

供应链在运营过程中由于自然环境、市场变动、信息沟通、成员目标不尽相同等原因会带来潜在风险。供应链上企业应加强管理可能会给运营带来风险的因素，对其进行识别、控制，提前预防，降低运营中的风险。

1. 供应链风险产生及对供应链风险进行防控的意义

（1）供应链风险的产生

供应链风险产生方式主要包括：自然环境原因导致供应链风险的产生、信息沟通不畅导致供应链风险的产生、供应链成员认识水平不一致导致供应链风险的产生、节点企业自身生产的不确定性导致供应链风险的产生。

（2）供应链风险防控的意义

对供应链风险进行防控，实质上就是对供应链中的各种不确定性因素进行管理和控制，包括供应链风险的识别、估计、处理对策选择、评价以及监控等。当今世界，经济、技术迅速发展，供应链所面临的是一个复杂多变的环境。在这种情况下，成功的供应链若想在市场中生存，就必须能够对其所面临的各种不确定性和风险做出有效的反应，增加供应链的柔性，否则面临的只能是失败而退出市场竞争，而供应链风险防控就正是处理这种情况的有效措施。

对供应链风险进行防控，可以在风险发生之前就对可能所面临的风险进行识别和估计，找出潜在风险，并分析其发生概率的大小和损失程度的高低，这样就可以在风险发生前将各种不确定性在一定程度上划定边界，加强对风险的预防，从而减少供应链中各种决策的盲目性；同时，供应链风险防控还可以在事后进行应急处理，一旦供应链中的某个环节出现问题，就立刻根据事先所确定的风险预处置来进行解决，使之将风险损失降到最低。

2. 加强供应链风险防控的主要途径

（1）加强供应链风险识别能力

供应链风险识别是指供应链风险管理者通过大量的供应链信息、资料、数据、现象等对供应链系统中尚未发生的、潜在的以及客观存在的各种风险进行系统地、连续地预测、识别、推断和归纳，并且分析供应链风险事故产生的原因，同时进行风险性质和风险归属确定的过程。

对于供应链风险识别的四点注意：

①进行供应链风险识别的基础是占有大量的相关资料，只有在充分调研的基础上才能对供应链风险进行科学合理的识别。

②供应链风险识别不仅要识别所面临的显性风险，更重要的、也最困难的是要对供应链内潜在的风险进行识别和分析。

③供应链系统相比单个企业来说具有更大的变动性，各成员企业由于自身利益的驱动很容易做出损害供应链整体利益的举动，因此，供应链风险识别必须系统地、连续地进行，形成一项具有持续性的制度化工作。

④供应链风险识别不仅要找到风险，而且还应该进一步确定风险的性质。

（2）提高供应链风险估计技术

风险估计一般基于客观历史数据或人类主观经验，以概率统计方法为数学基础进行定量预测和计算，从而得出各个风险指标的数值，以反映所研究的供应链风险情况。供应链估计主要包括：供应链企业风险可能性估计、供应链企业风险损失程度计算、供应链风险重要度确定以及供应链各企业风险评价。企业应该根据自身所处供应链内部和外部的实际情况，选择适合的风险估计方法，对供应链风险进行较为准确的评估。

（3）增强供应链风险处理能力

①供应链风险控制——缓解风险

企业单位在风险不能避免或在从事某项经济活动势必面临某些风险时，首先想到的是如何控制风险发生，或如何减少风险发生后所造成的损失，即为风险预防和抑制风险。供应链风险控制，是在对供应链风险进行识别和评估的基础上，有针对性地采取积极防范控制措施的行为。控制风险主要有两层含义：一是控制风险因素，在风险发生之前降低风险发生的概率；二是控制风险发生的频率和降低风险损害程度，在风险发生之后降低风险发生造成的损失，从而将风险发生所造成的损失降低到最低程度。

进行风险控制的一个行之有效的方法是进行风险组合，即将风险不同且互不相关的产品和投资项目进行优化组合，通过产品或项目的盈亏补偿，达到减少整体风险损失的目的。实施风险组合须注意：第一，高风险项目与低风险项目适当搭配，以便在高风险项目遭受损失时，能从低风险项目受益中弥补。第二，所选项目数适当。第三，要根据企业的核心能力给定一个风险承受的临界点，以此作为风险组合的标准。风险控制方法还有防止风险因素的出现、较少已存在的风险因素、将风险因素同相关的人财物在空间上隔离、采用制度化处理流程等。

②供应链风险转移——躲避风险

供应链风险转移是将供应链中可能发生风险的一部分转移出去的风险防范方式。其目的不是降低风险发生的概率和减轻不利后果，而是借助一定的方法将风险部分转移到有能力承担或控制风险的个人或组织。进行风险转移的主要方法有：

a. 保险

保险是降低风险转移最主要的方法，它把风险转移给承保人，一旦发生意外损失，承保人就按保险合同约定补偿投保人的一种风险管理方法。保险的基本职能是防灾防损和分摊损失、经济补偿，其派生职能是筹资和资产管理。

b. 分割风险单位

分割风险单位是将面临损失的风险单位分割，即"化整为零"，而不是将它们全部集中在可能毁于一次损失的同一地点。这种方式减少了一次事故的最大预期损失，例如，大型货运公司分几处建立自己的车库、巨额价值的货物要分批运送等。

c. 复制风险单位

复制风险单位是增加风险单位的数量，不是采用"化整为零"的措施，而是完全重复生产备用资产或设备，只有在使用的资产或设备损失后才会把它们投入使用。例如，存储设备的重要部件、长途运输中配备后备司机等。

d. 业务外包

供应链企业将自己非核心业务进行外包，也能够将相应的风险转移给他人。例如，制造企业将物流活动外包给第三方物流服务公司，可以将物流过程中的种种风险转嫁给第三方物流公司。当然，这也可能会产生新的风险，因此，进行风险决策时一定要综合考虑，进行多方面衡量。

此外，企业还可与供应链中其他相关企业进行有效联盟合作而转移风险。

③供应链风险回避——远离风险

风险回避是指放弃某项活动以达到回避因从事该活动而可能产生风险损失的行为，是一种不作为的态度。供应链风险回避是彻底规避供应链风险的一种做法，即断绝风险的来源，尤其当可能带来的收益不足以弥补风险损失的时候。供应链风险回避的方法是放弃或终止某项供应链合作，或改变供应链合作环境从而避开一些外部事件对企业造成的影响。

④供应链风险自担——包容风险

当供应链企业既不能避免风险，又不能完全控制风险、转移风险和回避风险时，只能自己承担风险所造成的损失。

自担有主动自担和被动自担之分。前者指在识别风险的基础上，根据自身经济承受力和经济可行性决定的自留，它是供应链企业单位有意识、主动地承担风险成本的行为。后者则是未能识别出风险而被迫承担风险成本，它是因无法准确预测风险、缺乏足够信息情况下的被迫行为。采取自留的风险处理方法，应注意考虑经济上的合算性和可行性。一般来讲，风险发生频率低和损失低，宜采取自留方法。也就是说，成本低的风险宜于自留。在可能转移风险的情况下，则应比较转移费用与自留成本，转移费用高者宜于自留，反之，则宜转移。但是，应注意的是，个别企业和个人，由于受风险单位数量和相关信息不足的限制，难以准确测定风险，一旦自留风险发生，所导致的损失比预期大得多，在自我承受力有限的情况下，必然引起财务上的不稳定，从而有悖自留的初衷。

（4）提高供应链风险监控能力

目前，关于供应链风险监控还没有一套公认的单独技术可供使用。由于供应链风险具有复杂性、变动性、突发性、超前性等特点，风险监控应该围绕供应链风险的基本问题，制定科学的风险监控标准，采用系统的管理方法，建立有效的风险预警机制，做好应急计划，实施高效的供应链风险监控。

①采用系统的风险监控方法

风险监控应是一个连续的过程，它的任务是根据整个供应链（风险）管理过程的衡量标准，全面跟踪并评价风险处理活动的执行情况。

建立一套管理指标体系，使之能以明确易懂的形式提供准确、及时而关系密切的供应链风险信息，是进行风险监控的关键所在。这种系统的供应链管理方法有诸多好处：一是它为供应链管理提供了标准的方法，标准化管理为供应链管理人员交流提供了一个共同的基础。二是伴随标准化而来的是交流沟通的改进，保障了信息共享。三是由于供应链风险的变动性和复杂性，这种系统的供应链管理方法为供应链应对不断变化的情况做出敏捷的反应提供了必要的指导和支持。四是这套方法为供应链风险管理提供了较好的预期，使得每一个供应链管理人员能对风险后果做出合理的预期。五是这套方法提高了生产率。标准化、敏捷的反应、完善的交流、合理的预期，这些都降低了供应链的复杂性、混乱性、冲突性，同时也减少了外部或自身风险发生的机会。

②建立有效的风险预警系统

供应链的多变性和复杂性决定了供应链风险的不可避免性；风险发生后的损失难以

弥补性和工作的被动性决定了风险管理的重要性。传统的风险管理是一种"回溯性"管理，属于亡羊补牢，对于一些重大问题，往往于事无补。风险监控的意义就在于实现供应链风险的有效管理，消除或控制供应链风险的发生或避免造成不利后果。因此，建立有效的风险预警系统，对于风险的有效监控具有重要作用和意义。

③制订完备的风险应急计划

风险监控的价值体现在保持供应链管理于预定的轨道上进行，不致发生大的偏差，造成难以弥补的重大损失，但风险的特殊性也使监控活动面临着严峻的挑战，环境的多变性，风险的复杂性，这些都对风险监控的有效性提出了更高的要求。为了保持有效果有效率地进行，必须对供应链实施过程中各种风险进行系统管理，并对供应链风险可能的各种意外情况进行有效管理，因此，制订应对各种风险的应急计划是供应链风险监控的一个重要工作，也是实施供应链风险监控的一个重要途径。应急计划是为控制供应链实施过程中可能出现或发生的特定情况做好准备，从而保证供应链的平衡、有序运行。

（九）搭建供应链一体化综合服务平台

综合服务平台旨在为供应链各主体提供多种服务的渠道，将面对不同主体的多种功能集于一体，综合服务平台既可以依托于纵向一体化发展的大集团，亦可以依托于行业协会。平台具有功能集聚和资源整合的作用。

1. 供应链一体化综合服务平台的内涵分析

2012 年汪洋在主持广东省流通会议时，提到着力发展一批供应链核心企业，搭建一批供应链一体化综合服务平台，努力成为国内乃至全球相关领域供应链的整合者。供应链一体化综合服务平台是一个新兴词汇，需要对其内涵进行分析才能进行搭建。

近几年，物流平台的应用广泛，物流平台的功能是为托运商和承运商提供一个沟通的桥梁，平台上发布运力、路线、物流供应商等信息，还可以提供货物跟踪和运输路线查询的功能，平台的主要功能集中于运输环节上，如阿里巴巴物流平台如图 28 所示。

图28 阿里巴巴物流平台网站截图

　　还有一种物流平台依托的是物流节点，例如浙江传化公路港所实现的功能就是一种平台的功能。供应链一体化综合服务平台具体内涵的分析可先从供应链一体化入手，供应链一体化有两种表现形式为纵向一体化和横向一体化，纵向一体化为大型企业为减少与对手竞争而产生的成本，增加自己对企业生产过程的可控性，开始对上下游企业进行兼并、控股等。横向一体化为企业只关注自己的核心业务，将其他业务需求利用外部资源满足。供应链一体化的特点为采购、生产、运输、仓储、分销、配送等活动的功能一体化，在地理上分散的供应商、基础设施和市场之间的空间一体化；在战略层、战术层、运作层三个层次的一体化。综合服务平台是指平台上的功能模块不是单一的，从服务的主体来说，不仅包括了物流商，还可以包括供应商和销售商，甚至包括终端消费者。从功能模块来看，平台可提供原材料集中采购、产品交易、物流服务、金融服务、行业专业知识、统计信息等模块，如中国船舶所搭建的信息平台如图29所示。

图29　中国船舶工业集团网上信息平台

　　供应链一体化综合服务平台的含义是为供应链上各关联企业提供线上线下综合服务、上游下游系统服务的平台。

　　2. 供应链一体化综合服务平台的类型、功能及搭建条件分析

　　（1）供应链一体化综合服务平台类型分析

　　从搭建供应链一体化综合服务平台主体可以分为核心企业型和协会整合型。核心企业型供应链一体化综合服务平台为核心企业搭建的，如中航国际物流联合、中航金网和上海博科打造中航供应链综合服务平台，提出"三网合一"，依托中航工业供应链关联企业及中航国际物流实体资源，通过信息平台的虚拟化运营和实体公司的管理网点，实现基地网（地网）、信息网（天网）、营运网（管网）三网合一的理念。协会整合型供

应链一体化综合服务平台，是基于行业协会良好的企业基础，与政府和企业进行双向沟通的良好机制搭建起来的，如广东省物流与供应链协会，协会本身由从事物流与供应链管理的企业、货运场站、物流园区、生产资料交易市场、信息技术服务和物流技术装备企业、金融、科研、教学机构组成，为协会成员提供产供销交易咨询和物流服务，组织人员培训、赴外考察、进行行业市场分析和统计等。

从辐射的区域可分为行业型供应链一体化综合服务平台和地区型供应链一体化综合服务平台。行业型如在煤炭行业内部建立一个集煤炭采购、销售、仓储、配送、金融交易、检验、认证等活动于一体的平台。地区型主要辐射某一区域内。

（2）供应链一体化综合服务平台功能分析

供应链一体化综合服务拥有集中采购、科技研发、物流服务、平台交易、数据交换、资格认证、融资支付、行业分析、政策法规宣传、标准普及、人才中心、专家咨询等功能模块。

集中采购：为所有采购商提供集中采购平台，可将几家通用的材料整合一下集中采购。

科技研发：产品的关键技术的研发、生产工艺和流程的综合整合。

物流服务：包括运输、配送、仓储、包装、装卸搬运、流通加工以及相关的物流信息等环节。

交易模块：为供应商和采购商、物流需求方和供应商等提供关于原材料、配件/零部件、产成品等需求和供给信息。

资格认证：帮助供应链上的企业在相关机构注册，协助提供相应材料/证明，协助企业取得某一领域的经营资格或者专业认证。

融资支付：平台与银行合作可为供应链上的企业交易提供支付、融资、贷款等功能。

行业分析：提供行业咨询、进行行业统计分析，发布行业年度发展报告，实时对行业新闻，对行业发展动向密切关注。

政策法规宣传：及时更新国家政策和相关法规信息，国家政策为行业发展的引领，是市场发展环境变动的愿意之一。法规信息为企业必须遵守的准则，是企业经营管理的底线。

标准普及：标准在企业生产经营中起到规范作用，企业可通过此模块对现行的相关标准进行查询，强制性标准必须执行，一旦不满足标准要求会受到相应的处罚。

人才中心：供应链上的企业可将公司对于人才的需求在平台上发布，公开招聘，亦可以通过平台发布一些专题讲座信息、出国考察信息等。

专家咨询：可对专家进行提问，专家可对企业在经营管理中遇到的问题进行答复，亦可为企业经营发展方向提出合理的建议。

（3）供应链一体化综合服务平台搭建条件分析

搭建供应链一体化综合服务平台至少需要以下几个条件：拥有强大的信息数据基础，有交易信息、市场信息、行业信息、标准信息、政策法规等。若为网络信息平台则需要信息技术基础，如 EDI 技术、条码技术/通信技术和网络技术等技术的综合应用与集成。拥有广泛供应链上下游企业及相关机构的主体基础，平台综合集成了各类企业、科研机构、银行、认证机构等主体，各主体的发展促进平台功能的发挥，同时平台的影响力越大越能吸引更多的相关主体。拥有明确的搭建主体、其他主体协调配合，搭建主体将职责确定化、各主体间协调配合，积极主动提供相关信息才能将供应链一体化综合服务平台搭建起来。

3. 搭建供应链一体化综合服务平台对策分析

整合现有供应链中物流服务平台和采购信息平台、交易支付平台等专业服务平台对其进行改造升级为供应链一体化综合服务平台。提高企业信息技术的应用水平，方便企业间信息集成、分析和交换。加强企业日常信息收集，紧密团结供应链上下游各企业以及相关单位，增加主体间协调沟通。鼓励具有资源整合的企业对为供应链一体化综合服务平台的搭建者，促进银行、咨询机构和科研机构与平台合作，将平台功能升级。

课题组成员名单

课题负责人： 贺登才　中国物流与采购联合会副会长
　　　　　　　　　　中国物流学会副会长

课题组成员： 张晓东　北京交通大学交通运输学院副院长、副教授
　　　　　　　　　　中国物流学会常务理事

　　　　　　秦四平　北京交通大学交通运输学院副教授

　　　　　　郎茂祥　北京交通大学交通运输学院副教授

　　　　　　黄　萍　中国物流与采购联合会学会工作部主任

　　　　　　周志成　中国物流与采购联合会研究室副主任

　　　　　　王　佼　中铁特货汽车物流有限责任公司业务员

　　　　　　朱曦冉　北京交通大学交通运输学院硕士研究生

　　　　　　卫晓菁　北京交通大学交通运输学院硕士研究生

　　　　　　李　昂　北京交通大学交通运输学院硕士研究生

　　　　　　刘　京　北京交通大学交通运输学院硕士研究生

　　　　　　张　霞　北京交通大学交通运输学院硕士研究生

　　　　　　林如锦　北京交通大学交通运输学院硕士研究生

参 考 文 献

［1］美国供应链管理专业协会．CSCMP 发布第 23 次美国物流年度报告［EB/OL］．http：//www. cscmpchina. org/show. asp？id = 1256，2012 – 06 – 13.

［2］丁俊发．中国供应链管理蓝皮书（2012）［M］．北京：中国物资出版社，2012：62.

［3］中美集装箱运输发展的比较制度分析［EB/OL］．http：//www. chinawuliu. com. cn/xsyj/200402/19/129632. shtml，2004 – 02 – 19.

［4］徐贤浩，马士华．物流与供应链管理导论［M］．北京：清华大学出版社，2011.

［5］刘凯．现代物流技术基础［M］．北京：清华大学出版社，北京交通大学出版社，2004.

［6］于文云．企业物流的营销战略［J］．经营与管理，2004（12）．

［7］中国交通运输协会．国外物流发展状况及趋势［J］．商品储运与养护，2005（3）．

［8］庄严．美国物流业研究［D］．吉林：吉林大学，2004．

［9］朱旺兴．日本产业结构和工业布局变化新趋向［J］．中学地理教学参考，1991（6）：27．

［10］物流世界网．日本物流业的发展及现状［N/OL］．中国道路运输网，http：//www. chinarta. com/html/2004 - 11/2004112694823. htm，2013 - 09 - 25．

［11］章竟．日本物流业的发展特点及新趋势［J］．日本学刊，2007（3）：81 - 83．

［12］张晓东，韩伯领，等．供应链管理原理与应用［M］．北京：中国铁道出版社，2008：16 - 17．

［13］德国企业的供应链管理［EB/OL］．http：//www. mofcom. gov. cn/aarticle/i/jyjl/m/201206/20120608166202. html. 2013 - 07 - 21．

［14］马骁．基于供应链管理的大型跨国工业公司战略模式分析——以德国西门子公司为例［D］．贵阳：贵州大学，2007：29 - 37．

［15］Insights into Supply Chain and Operations Strategy［EB/OL］．http：//www. opsrules. com/supply - chain - optimization - blog/bid/312022/History - of - Supply - Chain - Innovation - Infographic．

［16］中华人民共和国国家统计局．中国统计年鉴［K］．北京：中国统计出版社，2010．

［17］中国社会科学院工业经济研究所．2008 中国工业发展报告——中国工业改革开放 30 年［M］．北京：经济管理出版社，2008．

［18］中共中央文献研究室．三中全会以来重要文献选编［M］．北京：人民出版社，1982．

［19］徐匡迪：钢铁企业现财务困难，钢铁业现状雪上加霜［EB/OL］．http：//news. gtxh. com/news/20131011/gangjiegougangwangjia_ 974227017. html，2013 - 10 - 11．

［20］宝钢集团·公司介绍［EB/OL］．http：//www. baosteel. com/group/contents/1712/30095. html，2013 - 09 - 21．

［21］颜文朗．宝钢供应链的分析与改进［J］．科技经济市场，2010（11）：77 - 79．

［22］罗非．基于交易成本的我国钢铁产业链分析［J］．科技和产业，2009（7）：27 - 30．

［23］陶瑞，佘元冠．中小型钢铁物流企业发展战略选择［J］．物流技术与应用，2008（11）．

［24］邹辉霞．供应链物流管理［M］．北京：清华大学出版社，2009．

［25］周翔，王耀球．工业物流的发展研究［J］．中国储运，2006（5）．

［26］董玥，刘建功．供应链管理技术在钢铁企业的应用研究［J］．科技进步与对策，2012，29（17）：102 - 104．

［27］中国物流企业成本占比创新高［EB/OL］．http：//www. infobank. cn/IrisBin/Text. dll? db = HK&no = 4161932&cs = 4547440&str = % C6% FB% B3% B5% CE% EF% C1% F7，2013 - 09 - 04．

［28］2012 年汽车工业经济运行情况［EB/OL］．http：//www. miit. gov. cn/n11293472/n11293832/n11294132/n12858417/n12858612/15138794. html，2013 - 08 - 29．

［29］刘阳，高学用．浅谈我国汽车物流业的发展［J］．科教导刊：电子版，2013（9）：108．

［30］胡非凡，吴志华，崔丽爽．2012 年中国粮食物流回顾与 2013 年展望［J］．粮食科技与经济，2013（2）：5 - 8．

［31］品牌与产品［EB/OL］．http：//www. mengniu. com. cn/product，2013 - 09 - 10．

［32］北京交通大学项目组．工业物流发展现状、问题及对策研究［R］．北京：北京交通大学．

［33］赖小珍．探究冷链物流"断链"原因及解决对策［J］．中国市场，2013（30）：17 - 18．

［34］张签名．2009 年食品行业物流发展回顾与 2010 年展望［R］．中国物流发展报告 2009—2010，2020．

［35］赵杨，柴莹辉．食品行业的物流供应链［EB/OL］．http：//news. chinabyte. com/223/1930223. shtml. 2013 – 10 – 05.

［36］两业联动：从拥有走向控制——访中国物流与采购联合会副会长兼秘书长崔忠付［N］．中国信息报，2010 – 04 – 21（B3）.

［37］胡政．观念落后制约企业物流外包［N］．现代物流报，2009.

［38］GB/T 18354—2006，物流术语［S］．中国：中国国家质量监督检疫检验总局，中国国家标准化管理委员会，2006.

［39］GBZ 26337. 1—2010，供应链管理 第1部分：综述与基本原理［S］．中国：中国国家质量监督检疫检验总局，中国国家标准化管理委员会，2011.

［40］郭维城．经济大辞典［M］．上海：上海辞书出版社，1989.

［41］耿娟．工业企业物流网络规划［D］．西安：西安建筑科技大学，2007.

［42］陶瑞，佘元冠．中小型钢铁物流企业发展战略选择［J］．物流技术与应用，2008（11）.

［43］紫甘蓝．打造现代医药物流面临的挑战及应对措施［DB/OL］．http：//cio. it168. com/a2010/0908/1100/000001100922_ all. shtml，2013 – 10 – 9.

［44］邹辉霞．供应链物流管理［M］．北京：清华大学出版社，2009.

［45］叶素文．物流经济地理［M］．浙江：浙江大学出版社，2010.

［46］崔介何．物流学［M］．2版．北京：北京大学出版社，2010.

［47］刘广民．浅析我国航运企业发展综合物流的策略［J］．商品与质量·学术观察，2013（7）：143.

［48］童孟达．现代综合物流在国民经济中的地位和作用［J］．集装箱化，2001（5）：30 – 32.

［49］王玉梅．供应链一体化：1 + 1 > 2 的决胜之道［J］．石油石化物资采购，2011（7）：14 – 15.

［50］不同物品供应链协同管理［EB/OL］．http：//www. chinawuliu. com. cn/xsyj/201206/11/183631. shtml，2012 – 06 – 11.

［51］魏际刚．产业发展面临重大国际挑战［N］．中国经济时报，2013 – 04 – 18（07）.

［52］深化改革开放，共创美好亚太——习近平出席亚太经合组织工商领导人峰会闭幕式并发表重要讲话［EB/OL］．http：//politics. people. com. cn/n/2013/1008/c1024 – 23116974. html，2013 – 09 – 05.

［53］美国发展战略性新兴产业的主要做法［EB/OL］．http：//www. sgdaily. com/Html/shsj/2011 – 5/4/085231653. html，2013 – 09 – 10.

［54］2013 中国经济十大预测之城镇化篇［EB/OL］．http：//news. xinhuanet. com/fortune/2013 – 01/04/c_ 124179983. htm，2013 – 01 – 04.

［55］怎样认识我国城镇化的真实水平［EB/OL］．http：//www. gmw. cn/sixiang/2013 – 10/12/content_ 9153311. htm，2013 – 10 – 12.

［56］中国环境和城镇化领域机会挑战并存［EB/OL］．http：//www. infobank. cn/IrisBin/Text. dll?db = HK&no = 4418323&cs = 11035541&str = % B3% C7% D5% F2% BB% AF% C2% CA，2013 – 09 – 19.

［57］2013 年上半年工业经济运行报告［EB/OL］．http：//www. miit. gov. cn/n11293472/n11293832/n11294132/n12858387/15554874. html，2013 – 08 – 02.

［58］国务院关于印发工业转型升级规划（2011—2015 年）的通知［国发〔2011〕47 号〕［Z］．北京：国务院办公厅．2011.

［59］国家发展改革委主任张平介绍中国经济和社会发展情况［EB/OL］．http：//energy. people. com. cn/GB/n/2012/1113/c71890 – 19565512. html，2012 – 11 – 13.

［60］2013 年度国家新型工业化产业示范基地创建工作会议召开［EB/OL］．http：//www. miit. gov. cn/n11293472/n11294447/n11294588/n11295539/15429489. html，2013 – 05 – 28.

［61］自主创新能力进一步提升［EB/OL］. http：//www. miit. gov. cn/n11293472/n11293877/n15090235/n15090304/n15090443/15093020. html，2012 - 12 - 29.

［62］中国装备工业依赖信息化实现自动化生产［EB/OL］. http：//www. infobank. cn/IrisBin/Text. dll？db = HK&no = 4032839&cs = 16319053&str = ERP + % C6% D5% BC% B0% C2% CA，2012 - 07 - 23.

［63］国家级信息化和工业化深度融合示范企业（2012 年）名单公布［EB/OL］. http：//www. miit. gov. cn/n11293472/n11293832/n15216906/n15216987/15217909. html，2013 - 02 - 01.

［64］中国物流成本的主要构成及利益分配［EB/OL］. http：//www. 21cbh. com/HTML/2012 - 10 - 16/zMMDM5XzU0MDIzMg. html，2012 - 10 - 16.

［65］全国现代物流工作部际联席会议办公室. 全国制造业与物流业联动发展示范案例精编［M］. 北京：中国物资出版社，2011.

［66］王鹏. 供应链环境下核心企业选择与评价第三方物流服务商的研究［D］. 西安：长安大学，2008.

［67］高波，解伏菊，张艳，等. 供应链管理中的道德风险与防范［J］. 中国商贸，2010（18）：58 - 59.

［68］丁俊发. 中国供应链管理蓝皮书（2013）［M］. 北京：中国财富出版社. 2013.

［69］丁俊发. 中国供应链管理蓝皮书（2011）［M］. 北京：中国物资出版社，2011.

［70］李宇新. H 药集团供应链管理环境下的质量管理研究［D］. 天津：天津大学，2008.

［71］中航供应链综合平台成立［EB/OL］. http：//www. avic. com. cn/cn/xwzx/cydt/376314. shtml，2013 - 10 - 10.

［72］广东省物流与供应链协会章程［EB/OL］. http：//www. 56xh. org/abouts/522. jhtml，2013 - 10 - 10.

［73］2014 年中国钢铁行业回顾：八大关键词演绎钢铁市场［EB/OL］. http：//www. askci. com/chanye/2014/12/18/175643srr0_ all. shtml，2014 - 12 - 18.

国内外物流成本比较研究[*]

内容提要：物流成本与 GDP 的比率，是衡量一个国家物流业发展水平的重要指标，备受业内关注。对中外物流成本进行比较研究，找出其中的差距，提出相应对策，对于我国物流业转型升级，建设物流强国具有重要意义。因此，中国物流与采购联合会、中国物流学会将本课题列为 2014 年度重大研究课题。北京大学光华管理学院、流通经济与管理研究中心、联泰供应链系统研究发展中心组成的联合课题组承担了该项研究工作，中国物流信息中心和德国邮政 DHL 集团公共政策部给予大力支持。

该课题在对中国及世界其他主要经济体物流发展现状、物流成本核算结构、管理模式等进行比较研究，对物流成本影响因素从定性、定量及发展环境等方面系统分析的基础上，提出了关于降低我国物流成本的政策建议：选择适合我国国情和企业现状的物流运作方式；构建高效率的物流系统和社会化的运营网络；基于网络与信息技术建设物流公共服务平台；进一步挖掘和整合现有物流资源；鼓励物流企业创新发展；从政策层面降低税费，减轻物流企业运营压力。

一、引言

（一）研究背景

物流成本与 GDP 的比率已经成为衡量一个国家物流业发展水平的重要指标。但由于各国物流成本核算方法不同，很难单纯地从各国发布的物流成本与 GDP 的比率来衡量和比较各国物流业发展水平的差异。因为影响物流成本的因素不仅包括物流管理水平，还包括产业结构，核算数据及方法等方面的原因。因此，从多角度探究我国物流成本与世界其他主要国家的差距就显得格外重要。

（二）研究内容

本文通过对国内外物流成本管理现状进行分析，并与欧美日物流成本管理、核算和控制进行比较研究，最后对我国物流成本管理、核算和控制进行思考并提出对策建议。具体内容安排如下：

第一部分主要对本文的研究背景、研究内容、所应用的研究方法及研究技术框架进行了介绍，方便读者更好更快地了解本文的主要内容。

第二部分主要对我国物流发展现状进行了概述，内容主要包括我国物流成本结构、核算方式、管理模式、主要特征及发展趋势等方面。

第三部分主要对世界其他主要经济体的物流发展现状进行概述，分别针对美国、欧洲和日本，从物流成本结构、核算方式、管理模式、主要特征及发展趋势等方面进行了

---

* 本课题（2014CSLKT1－003）为 2014 年度中国物流学会重大课题。

归纳和总结。

第四部分分别从物流成本结构、核算方式、管理模式、主要特征及发展趋势等方面对世界主要经济体的物流发展现状进行了比较分析。

第五部分运用多元回归分析方法对影响物流成本的主要因素进行了定量分析。

第六部分运用情景分析法对我国的物流成本进行了定量分析。

第七部分建立物流发展环境指标评价体系，并对国内外物流业发展环境进行了比较分析。

第八部分总结归纳了前文国内外物流成本比较的研究结果，并对其进行了思考。

第九部分对合理降低我国物流成本提出了政策建议。

通过对国内外物流成本对比研究，我们发现，影响物流成本的主要因素包括自然地理环境、产业结构、经济环境、社会治理环境、管理水平、科技水平等。自然地理环境是客观存在的，我们无法更改，只能尽可能优化产业布局，在保护自然环境的前提下，合理利用资源。产业结构是影响物流成本的重要因素，由于产业结构与国家发展阶段密切相关，所以我们应当合理看待我国在这方面的弊端，正视由于产业结构原因造成物流成本与发达国家的差距，合理制定发展规划。同样，我国的经济环境也与发达国家存在一定差距。可以看出，无论是产业结构还是经济环境，都是我们在短期内无法进一步优化完善的因素，应当合理看待，从其他方面进一步探寻和其他国家的差距，进而积极完善。我们发现，我国物流业的社会治理环境较差，存在恶性竞争、乱收费、流程异常烦琐等问题，政府应当积极调整政策，促进社会治理现代化发展。在管理水平上，我们应当学习美国的系统化流程，积极发展多式联运；学习日本的精细化管理；学习欧洲的流程化管理。与此同时，积极提高我国的科技水平，利用信息技术发展物流业，并利用互联网的后发优势，建立物流平台，整合资源，进一步促使我国物流成本降低，促进我国物流业健康发展。

（三）研究方法与理论

本研究主要应用了文献调研、调查问卷、广泛征求专家意见、统计分析、计量经济模型、比较分析、多元回归分析、情景分析法等研究方法。

1．"黑大陆"学说

1962 年，世界著名管理学家彼得·德鲁克在《财富》（Fortune）杂志上发表《经济的黑大陆》一文，将物流行业比作"一块未开垦的处女地"，强调应高度重视流通以及流通过程中的物流管理。他指出："流通是经济领域里的黑暗大陆。"在这里，虽然彼得·德鲁克泛指的是流通，但是由于流通领域中的物流活动的模糊性特别突出，是流通领域中人们认识不清的领域，所以"黑大陆"学说主要是针对物流而言的。

"黑大陆"学说主要是指尚未认识、尚未了解的领域。它是对 20 世纪经济学界存在的愚昧认识的一种批驳和反对，指出在市场经济繁荣和发达的情况下，科学技术也好，经济发展也好，都没有止境。"黑大陆"学说也是对物流业本身的正确评价，这个领域未知的东西还有很多，理论与实践都不成熟。

在财务会计中，由于物流成本在具体的核算过程中分别计入了生产成本（主营业务成本）、管理成本、销售成本和营业外支出中，这样在利润表（损益表）中无法直接反映物流成本在总成本以及销售额（即主营业务收入）中所占的比重，因此会导致企业、行业忽略了物流成本的重要性。

从某种意义上看，"黑大陆"学说是一种未来学的研究结论，是战略分析的结论，带有较强的哲学抽象性。这一学说对于物流成本领域的研究起到了启迪和动员作用。

2. 冰山学说

物流成本的冰山学说是日本早稻田大学西泽修教授最早提出的，他专门研究物流成本时发现，财务会计制度和现有的会计核算方法都不能掌握物流成本的实际情况。企业在计算每一个会计期间的损益时，销售成本和管理成本中所列的"运输成本"和"保管成本"的金额一般只包括企业支付给第三方物流企业（运输企业）的运输成本和第三方仓储企业的仓储保管成本，而这些外付成本只是一个企业物流成本的冰山一角，企业使用自己的固定资产（比如车辆、仓库等）以保证流通环节各项活动的开展发生的相关折旧和损耗成本并未被纳入会计成本的核算中。企业购买原材料所支付的成本、物流基础设施的折旧费、企业利用自己的车辆运输、利用自己的仓库报关货物、由自己的工人进行包装、装卸搬运，以及与物流活动有关的利息支出等，都计入了主营业务成本、制造成本、管理成本、销售成本和财务成本中。此外，企业的生产与产品流通环节中也会相应地产生机会成本。我们目前所能看到的企业物流成本只是物流成本的一部分。根据美国、日本等国家的实践经验，企业实际的物流成本往往要超过企业对外物流成本的 5 倍以上。

3. "第三利润源"学说

"第三利润源"的说法是日本早稻田大学教授西泽修在 1970 年提出的。从历史发展来看，人类历史上曾经有过两个大量提供利润的领域。在生产力相对落后、社会产品供不应求的历史阶段，由于市场商品匮乏，制造企业无论生产多少产品都能销售出去，于是企业就大力进行设备的改造更新、扩大生产能力、增加产品数量、降低生产成本，以此来创造企业的剩余价值，即第一利润源。当产品充斥市场，转为供大于求，销售产生困难时，也就是第一利润源达到一定极限时，企业很难持续发展，便采取扩大销售数量的办法寻求新的利润源泉。

人力领域最初是廉价劳动力，其后则是依靠技术进步来提高劳动生产率，减少人力消耗或采用半机械化、机械化、自动化来减少劳动耗用，从而降低成本，增加利润，通常称之为"第二利润源"。

然而，当前面两个利润源的价值创造空间逐步收窄，利润开拓越来越困难的情况下，物流领域的潜力逐渐地凸显出来，物流行业也进一步收到了社会的广泛关注，于是出现了西泽修教授的"第三利润源"的说法。物流活动与其他经济活动一样，不仅是一个经济体总成本的构成因素，也可以是单独的盈利因素，流通环节的各项活动均可以成为价值的源泉。从物流服务角度看，通过有效的物流服务，可以给接受或雇佣物流服务的企业（主要是农业和制造业的企业）提供更多的支持，创造更好的盈利机会，成为生产制造型企业的"第三利润源"。从宏观经济来看，通过高效率的物流体系所提供的各项物流服务，可以优化社会经济系统和整个国民经济的运行效率和质量，降低社会物流成本，提高国民经济效益与国民幸福感。

从经济理论上看，第一个利润源的主要挖掘对象是生产力中的劳动对象；第二利润源的主要挖掘对象是生产力中的劳动者；第三个利润源的主要挖掘对象则是生产力中劳动工具的潜力，同时关注劳动对象与劳动者的潜力，因而更具全面性。

4. 效益背反理论

物流成本与物流业的服务水平的效益背反指的是物流服务的高水平在带来企业业务量和收入增加的同时，也带来了企业物流成本的增加，即高水平的物流服务必然伴随着高水平的物流成本，而且物流服务水平与物流成本之间并非线性关系，增加相同的物流成本并非可以得到相同大小的物流服务水平的增长。所以，不能简单地比较物流成本，也不能片面地强调降低物流成本。只有在物流带来的效益一定的前提下，可以比较物流成本，也应该提倡降低物流成本。

在现实中，由于受多种因素的影响，尤其是在资源有限的情况下，决策远非理论描述那么简单，可能存在很多复杂因素交织在一起的情形。这时，物流企业需要根据自身的经营战略，在成本与服务水平上作出权衡取舍。

（四）研究技术框架

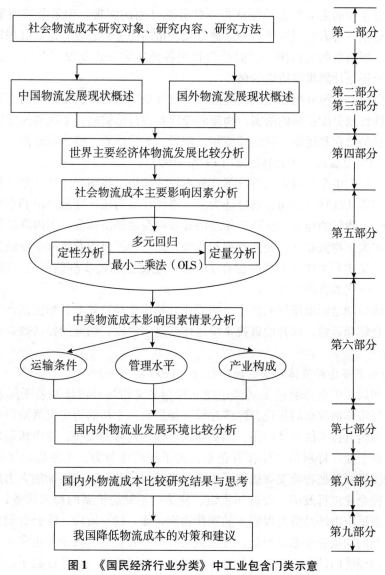

图1 《国民经济行业分类》中工业包含门类示意

二、中国物流发展现状概述

（一）中国物流发展概述

中国现代物流经过数十年的发展，已经迎来了物流的春天。近年来，国家经济持续稳定的中高速增长、加入世贸组织、电子商务的兴起等，为中国物流的发展推起了一浪又一浪的高潮。伴随着政策环境与经济环境的改善，企业管理与创新日益深化，我国物流的发展形势越来越好。按照我国经济发展历程，新中国成立以来我国物流业的发展大致可以分为三个阶段。

1. 计划经济体制下的物流业（1949—1977）

这一阶段是我国实行计划经济体制的时期，国家的整个经济运行处于计划经济之下，国家对各种商品特别是生产资料和主要消费品，实行指令性计划生产、分配和供应，商品流通企业的主要职责是保证指令性分配计划的实现。为了节省流通领域的成本，政府虽然也在努力采用发展各种运输方式、布局物资储运点、建立合理库存、编制并不断修订主要物资的流向图、提倡综合利用各种运输方式及发展联运等多种政策措施，但总体上还是计划难以适应变化。

在这一阶段，资源分配和组织供应是按行政区划进行的，物流活动的主要目标是保证国家指令性计划分配指标的落实，物流的经济效益目标被放到了次要位置，物流活动仅限于对商品的储存和运输。物流环节相互割裂，系统性差，整体效益低。

2. 有计划的商品经济下的物流业（1978—1993）

党的十一届三中全会以来随着改革开放步伐的加快，我国开始从计划经济向市场经济逐步过渡，即从计划经济向计划经济为主、市场经济为辅，计划经济和市场经济相结合的体制转变。我国的经济运作从产品经济逐步向商品经济转变，国内商品流通和国际贸易也不断扩大，物流业开始受到重视和发展。此时，不仅国营物流企业的建设有所加强，同时一些集体和个体物流企业也有了发展。物流业已逐步打破部门、地区的界限，向社会化、专业化的方向发展。

由于经济活动已向市场导向转变，物流业开始注重经济效益，物流活动已不仅仅局限于被动的仓储和运输，而开始重视系统运作。这一阶段，物流的经济效益和社会效益有所提高。

3. 社会主义市场经济体制下的现代物流（1994年至今）

党的十四届三中全会通过了《关于建立社会主义市场经济体制若干问题的决定》，我国加快了经济体制改革的步伐，经济建设开始进入一个新的历史发展阶段。科学技术的迅速发展和信息技术的普及应用，消费需求个性化趋势的加强，竞争机制的建立，使得我国的工商企业，特别是中外合资企业，为了提高竞争力，不断提出了新的物流需求；我国经济界开始把物流发展提到了重要议事日程。此时国家逐渐加大力度对一些老的仓储、运输企业进行改革、改造和重组，使他们不断提供新的物流服务；与此同时，还出现了一批适应市场经济发展需要的现代物流企业。这一阶段，除公有制的物流企业外，非公有制的物流企业迅速增加，外商独资和中外合资的物流企业也有了不断发展。

随着我国经济向社会主义市场经济体制过渡，物流的活动逐渐摆脱了部门附属机构的地位，开始按照市场规律的要求开展物流活动。物流活动更加体现出物流的本质内容：服务。物流更多地和信息技术结合使用，物流的范围和领域也不断扩大。

20 世纪 80 年代以前，计算机只是科研机构进行研究的工具，没有在企业管理中得到应用，我国企业内部采用的是基于手工账簿的信息管理，以及在此基础上的企业内部物流管理组织；随着 20 世纪 80 年代后期个人电脑的逐步普及和 90 年代 EDI 技术出现并得到应用之后，特别是第三方物流企业出现以后，则可以概括为以电子数据交换技术或 EDI 为基础的专业化的物流组织，即专业化物流部门或早期的第三方物流企业。现代信息技术对制造业企业物流组织的影响，导致新的物流组织的出现，而且促使物流组织的层次也在不断提高。

21 世纪，以信息技术为代表的现代科学技术的快速发展对现代制造业提出了更新、更高的要求，也更加突出了现代物流业作为制造业升级推动力量在社会技术进步和产业升级中的重要作用。与此同时，现代物流技术与产品在企业物流作业中开始得到应用。当前我国物流业正在向一体化物流管理提升，基本处在实物配送管理向一体化物流管理过渡的后期。

（二）中国物流成本结构与核算

2004 年国家发展和改革委员会、国家统计局、中国物流与采购联合会制定的《社会物流统计制度及核算表式（试行）》，设计了物流相关行业企业基本情况、物流相关行业企业经营情况、企业物流状况、社会物流总成本、物流相关行业固定资产投资完成情况、社会物流基础设施情况等报表，用于规范社会物流的统计指标及其报表。这套制度由中国物流与采购联合会执行。

社会物流总成本是指在一定时期内，国民经济各方面用于社会物流活动的各项成本支出。从物流主体来看，社会物流总成本除了包括企业生产经营中所发生的物流成本外，还包括居民和政府等非企业单位所产生的物流成本，比如，居民生活中的快递物流成本，政府等社会投资人所收取的过路过桥费等。从物流环节来看，社会物流总成本不仅包括动态环节也即运输环节的成本，如各种运输方式的运费、装卸搬运费、过路过桥费等；还包括静态环节也即保管环节的成本，如储存保管费、资金占用费、财产保险费、货物损耗与贬值费、包装与加工费、信息使用费等；此外，还包括管理环节因组织和管理各项物流活动所发生的成本。

社会物流总成本采用核算的方法取得。国际通行的核算方法是：社会物流总成本 = 运输环节的成本 + 保管环节的成本 + 管理环节的成本。各环节的成本估算值由各环节的物流业务规模乘以相应的物流成本率得出。而各环节的物流业务规模和相应的物流成本率则通过相关统计调查获得。

（三）中国物流成本管理模式

物流成本管理的复杂性来自物流业务的复杂性，物流业务的复杂性主要是受到市场营销范围广和营销途径多样的影响。因为现在企业面对的客户群和市场的主要特征包括分散性、面积广、客户需求多样化等；物流业务本身的目标是协助及时、准确地满足特定客户和特定市场的需求；由物流业务的目标及所面向客户及市场的特点，物流业务复杂有其必然性。物流业务的复杂性除了物流管理程序上的复杂性外，主要包括运输方式的复杂性、运输路径的复杂性、物流区域设置的复杂性。在物流管理领域，复杂性往往意味着选择的多样性。物流运输方式的复杂性主要指的是，为了到达同一个运输目的点，会存在多种运输方式，以及多种运输方式在不同节点之间的组合关系。比如上海到大连可以用火车运输、汽车运输（有高速与非高速的区别）、海路运输、空运运输等几种方式；并且也可以是上述几种运输方式的不同组合。运输路径的复杂性主要包括两个方面：一方面，运输起点的不同，如在其他选择条件（如不同仓库产品种类、数量、产品生产时间是一致的）相似的前提下，存在多个中转仓和不同总仓的前提下就会遇到究竟是从哪个仓库出货的问题。比如：在南宁没有中转仓、广州拥有总仓的前提下，从深圳到广西南宁可以选择从深圳的工厂直接运往南宁，也可从广州的总仓运往南宁，也可以是其他方案。本身看起来是很简单的决策，但从企业成本节省的角度看，决策空间是很大的。如某大型企业集团山东省的市场除了由山东省本地的生产企业供应外，集团规定主要从江苏省的中转仓出货供应，但实际上如果改成由河南省的中转仓出货供应，每年可以节省以百万计的成本，此决策具有四两拨千斤的作用。另一方面，从运输起点到终点不同路径的选择，一般此问题经过企业多年沉淀下来的经验可以部分解决。同时，在一定产成品量的前提下，物流路径的选择也影响到企业的仓储成本，因为不同地点的不同仓库仓储单价是不同的，从不同地点作为起运点直接影响到仓储成本的不同。当然，从前面论述可以得出：运输路径的复杂性受到区域规划的极大影响，这里区域规划简单地讲包括生产加工企业所处地点的规划以及中转仓所处位置的规划两部分，这也是企业战略布局以及影响后续各项成本的重要决策，对企业影响非常大，工厂和仓位选择本身也是一个有多种约束的数学规划问题。同时，上述三种造成物流成本复杂性的因素彼此并不相互独立，彼此间互相联系，这进一步增加了物流成本管理的难度，物流成本管理复杂性可见一斑。

（四）中国物流成本管理主要特征

中国经济仍处在增长速度换挡期，传统制造业产能相对过剩矛盾有所加剧，企业生产经营成本上升和创新能力不足问题并存。采购与供应链管理作为连接社会生产、流通和消费的核心环节和关键职能，是市场资源配置的重要方式，在国民经济转型发展中发挥着至关重要的作用。

中国目前钢铁、石化、航空、电子等领域骨干企业基于大数据管理的业务集成、管控衔接等应用水平已位居世界前列，信息化应用为重点企业的整体管控提供了强有力的支撑。

目前，我国基于量大面广的中小企业特点建设开发的各类供应链及物流公共信息平台已有上千家，这些平台还积极拓展服务领域，提供了金融、保险、征信等全面解决方案和增值服务。

中国的供应链管理实践及案例充分说明：坚持市场需求为导向，通过政府营造环境，发挥政府在供应链基础设施建设、技术创新应用、标准制定、规划投入和政策支持等方面的推动作用，依靠市场配置资源，形成以企业为主体，通过市场配置资源，企业可持续发展的符合中国特色的创新型供应链管理的理念及实践已逐步形成。

（五）中国物流成本管理发展趋势

近年来，伴随着中国制造产业的升级，物流需求快速释放。我国现代物流迅速发展。物流业务发展正在由生产、销售环节向采购环节迅速扩展，部分企业开始向回收（循环）物流发展。

由于物流成本发生于包括采购、生产、销售各环节在内的生产经营全过程，只有对所有环节的物流成本进行有效的控制，才能使企业在物流规模一定的情况下达到物流总成本最低、物流效率最优。

在一体化物流管理模式下，物流的本质是以满足消费者的需求为目标，把采购、制造、运输、销售等市场情况统一起来考虑的一种战略措施，通过信息存储、运输、存货、仓储、装卸搬运和包装等现代物流手段按尽可能低的成本，将产品在各级流通节点之间传送。从我们调查情况看，目前，已经有一些制造行业的物流发展的目标开始由加快销售、降低销售成本，向整体优化、提高企业效率、降低整体物流成本转变，这充分说明制造业企业物流管理理念在提升，这对于推进我国制造业现代物流向前发展，改造升级传统制造业具有重要意义。

同时，我国物流发展的行业特征越来越明显，精细化、专业化的趋势开始显现。物流业由粗放的物流管理向精细化、专业化管理转变的趋势明显加快，物流发展的行业特征越来越明显。事实上，还有很多企业正在根据本行业的特征和市场需求来改造和构建自身的物流管理体系，这进一步推动了制造业物流加快由粗放式管理向精细化、专业化物流管理转变。

我国的制造业企业普遍拥有一定的物流基础设施，且内资企业平均规模远大于外资企业。这是由于长期以来，我国传统制造业受"大而全""小而全"的观念影响，在物流管理和运作上习惯于自成体系、自我服务，集中表现为集约化程度较低，内部物流基础设施规模较大。

国家发展改革委全国第二次物流统计调查（2006 年）资料显示，制造企业普遍拥有一定的物流基础设施。制造业重点调查企业平均使用仓储面积为 12 万平方米，其中：平均自有仓储面积为 7.2 万平方米，占平均使用仓储面积的 60.1%，平均租用仓储面积 4.8 万平方米，占 39.9%；重点调查企业货运车辆平均拥有量为 58 辆，装卸设备 35 台。内资企业各类仓储面积分别是外资企业的 4.9 倍、3.4 倍和 12.3 倍；重点调查内资企业货运车辆平均拥有量、装卸设备，分别是同期外资企业的 3.7 倍和 1.5 倍。我国制造业企业内部物流基础设施不仅规模较大，而且在物流基础设施拥有量方面，内资企业和外资企业之间区别表现也非常明显。

制造企业普遍拥有一定物流基础设施说明，我国发展制造业物流要走中国特色的道路，不能盲目学习国外发达国家整体外包物流业务的经营战略。中国发展制造业物流，必须结合现有制造业发展现实，充分利用现有物流基础设施，实现物流资源的最优配置。

目前，我国的制造业企业的物流呈现出外包业务增加、专业化程度提高、制造业企业与物流企业联合趋势明显的特点。

制造业企业物流外包表现出来的特点是：物流业务外包增加、专业化程度提高，但物流业务整体外包较少，运输外包比重较大。目前，制造企业和物流企业实现战略合作、资源共享已经形成一种有利趋势。

同时，制造业企业的物流信息化认识明显提高，在制造业企业物流中发挥了越来越关键的作用。物流信息化就是利用信息技术整合物流业务流程与物流资源，实现信息标准化和数据库管理、信息传递和信息收集电子化、业务流程电子化，进而实现规模化经营、网络化运作管理的过程。

物流信息化整合了制造业资源，促进了制造企业供应链各环节之间协调运行，减少了"牛鞭效应"，提高了物流系统的快速反应能力，改善了物流系统的时空效应，节约了物流成本。物流信息化是提升我国制造业物流现代化水平，实现跨越式发展的核心途径。推动物流信息化，对于促进我国物流的发展，提高国民经济运行的质量和效率，具有重要意义。

随着我国物流业的发展与供应链效率的提升，我国的物流成本会逐步降低，管理成本和仓储成本会随着技术的引进、消化和吸收逐步降低，但运输成本依然会作为社会物流成本的重要组成部分，对应费用下降的空间较为有限。

三、世界其他主要经济体物流发展现状概述

现代物流的本质，从很大程度上说是一种管理思想、管理理念、管理技术，其拥有"第三利润源"的美誉，是对生产制造和流通企业而言的，所以我们应该充分重视生产制造和流通企业现代物流管理的发展与普及。世界上一些发达国家，如美国、日本和英国等，其生产资料市场经过充分发育，现在已形成了适合本国国情的现代化流通体系。研究其他国家物流的发展状况，可以借鉴其成功之经验，汲取失败之教训。

（一）物流发展概述

1. 美国物流发展概述

目前，物流的权威定义来源于美国物流管理协会。该协会认为：物流是供应链流程的一部分，是为了满足客户需求而对商品、服务及相关信息从原产地到消费地的追求高效率、高效益的正向和反向流动及储存进行的计划、实施与控制过程。20 世纪 70 年代末，美国物流活动的经营环境发生了巨大的变化，特别是 80 年代前后掀起的放松管制浪潮，为物流产业的迅速发展提供了广阔的空间。首先是 1977 年到 1978 年《航空规制缓和法》的制定拉开了规制缓和的序幕，加速了航空产业的竞争，从而对货主和运输产生了巨大影响。紧接着 1980 年通过了汽车运输法案和铁路法案，根据这两项法案，运输公司可以灵活决定运费和服务。到 1984 年随着海运法案的通过，运输市场已全面实现了自由化，这一系列规制缓和不仅带来了运输业的激烈竞争，而且由于运费的自由决定、运输路线、运送计划等自由度的增加，使物流业者能够真正满足顾客需求，并实现与其他公司在物流服务上的差别化。对于货主来讲，可以从发货地到目的地之间自由选择、组合交通工具，实现联合运输。

在物流管理理论上，这一时期随着 MRP（物料需求计划）、看板制以及 "Just in time"（准时制）等先进管理方法的创新和在物流管理中的运用，使人们逐渐认识到需要从流通生产的全过程来把握物流管理，而计算机等现代科技的发展，为物流全面管理提供了物质基础和技术手段。1984 年哥拉罕姆·西尔曼（Graham Scharmann）在《哈佛商业评论》上发表了题为"物流的重大影响"一文，物流所具有的战略意义得到企

业高层管理人员的充分重视。最具有历史意义的是 1985 年美国物流管理协会（原国家实物配送管理委员会）正式将名称从"National Council of Physical Distribution Management"改为"National Council of Logistics Management，"从而标志着现代物流观念的确立，以及对物流战略管理的统一化。

20 世纪 80 年代中期以后，随着人们对物流管理认识的提高，经济环境、产业结构变化和科学技术的迅猛发展，物流理论和实践开始向纵深发展。在理论上，人们越来越清楚地认识到物流与经营、生产紧密相连，它已成为支撑企业竞争力的三大支柱之一。1985 年，威廉姆·哈里斯（Harris William D.）和斯托克·吉姆斯（James R. Stock）在密歇根州立大学发表了题为"市场营销与物流的再结合——历史与未来的展望"的演讲，他们指出："从历史上看，物流近代化的标志之一是商流与物流的分离，但是随着 1965 年以西蒙（Simon Leonard S.）为代表的顾客服务研究的兴起，在近 20 年的顾客服务研究中，人们逐渐从理论和实践上认识到现代物流活动对于创造需求具有相当重要的作用。因此，在这一认识条件下，如果再像原来那样制定的营销组合仅仅是产品、价格、促销、渠道等战略，仍然将物流排除在外，显然不适应时代的发展。因此，非常有必要强调营销与物流的再结合。"这一理论对现代物流的本质给予了高度总结，也推动了物流顾客服务战略以及供应链管理战略的研究。

从物流实践来看，20 世纪 80 年代后期，电子计算机技术和物流软件发展的日益加快，更加推动了现代物流实践的发展，这其中的代表是 EDI 的运用与专家系统的利用。EDI 是计算机之间不需要任何书面信息媒介或人工的介入，是一种结构化、标准化的信息传递方法。这种信息传递不仅是提高了传递效率和信息的正确性，而且带来了交易方式的变革，为物流纵深化发展带来了契机。此外，专家系统的推广也为物流管理提高了整体效率，现代物流为了保障效率和效果，一方面通过 POS 系统、条码、EDI 等收集和传递信息，另一方面利用专家系统使物流战略决策实现优化，从而共同提升商品附加价值。

值得特别指出的是，作为物流的一项重要内容和推动运输物流发展的政府政策，美国运输部长罗德纳·斯拉特（Rodney E. Slater）提出了《美国运输部 1997—2002 财政年度战略规划》，成为美国物流现代化发展的指南之一。他在提出此规划时指出，这个规划反映了当时克林顿政府的长期主张，即运输不再只是水泥、沥青和钢铁。最大的挑战是建立一个以国际为所及范围、以多种运输方式的联合运输为形式、以智能为特性，并将自然包含在内的运输系统。

美国作为物流理念的发源地，其物流研究、设计和技术开发一直处于世界前沿，有十分成熟的物流管理经验和发达的现代物流。特别是商贸流通和生产制造企业十分重视现代物流能力的开发。从 20 世纪 50 年代物流发展初期的"实物配送"（Physical Distribution）阶段，到 20 世纪 80 年代的"物流"（Logistics）阶段，再到当今的供应链管理阶段（Supply Chain Management），一直将物流战略作为企业商务战略的核心组成部分予以高度重视，因此物流理念在企业广为普及。对物流设施的建设，主要指仓库和分销中心（亦称配送中心，即 Distribution Center）以及零售店等，也是企业根据自身物流战略而规划选址并进行建设。相对来说，政府在推动物流发展方面的作用比较小，这与美国"自由经济"和城市布局特点等国情是相符合的。

2. 欧洲物流发展概述

本文在研究欧洲物流发展问题时，先以英国和德国作为欧洲的代表性国家进行分析，后续的内容中也基于相关资料和数据分析了欧洲其他国家的物流发展现状。

20 世纪 60 年代末期，英国组建了物流管理中心（CPDM）。开始以工业企业高级顾问委员会形式出现，协助企业制订物流人才的培训计划，组织各类物流专业性的会议。到了 70 年代后期，形势发展迫切需要建立一种专职的管理机构，于是物流协会便应运而生，日常事务仍由管理中心负责办理，并正式加入全英国管理协会。英国物流协会会员多半是从事出口业务、物资流通、运输的管理人员。该协会积极筹办巡回讲座，以提高物流管理的专业化程度，并为运输、装卸等部门管理者和其余对物资流通有兴趣的人员提供一个相互交流的中心场所。该协会创办发行的《物流管理研究》和《运输管理》，积极报道物流业的信息，交流物流学术研究成果，为英国物流管理的建设与发展作出了积极贡献。

在物流业务建设方面，英国一直在致力于发展综合性的物流体制，全面规划物资的流通业务，强调为用户提供综合性的服务。物流企业不仅向用户提供和联系铁路、公路、水运、空运等交通运输工具，而且向用户出租仓库并提供其他的配套服务。综合物流中心向社会提供以下几类服务：建立送物中心、办理海关手续、提供保税和非保税仓库、货物担保、医疗服务、消防设备、道路和建筑物的维护、铁路专用线、邮政电传系统、代办税收、就业登记以及具有吃、住、购物等多种功能的服务中心等。

英国多功能综合物流中心的建立，对整个欧洲影响很大。当时英国面临的主要问题是确立和建立为伦敦和中西部地区服务的物流网点布局。但不管困难多大，综合物流业务的展开，为英国物流业的繁荣产生了积极的推动作用。

英国 1973 年加入欧洲共同体，"共同运输政策"对英国物流的现代化建设影响很大，例如英国货运卡车最大载重吨位规定为 32.5 吨，而共同体规定为 44 吨。尽管英国已接受 40 吨作为上限，但却规定了特别的行车路线。这是由于货运卡车对社会环境及自然环境影响很大，对各种古建筑有震动作用，排放大量废气污染大气等。共同体的运输政策还限定连续驾驶时数，规定司机一天最多只能驾驶 8 小时，连续驾驶 4 小时必须休息半小时。

英国在物流行业大力推广计算机技术，从计算机应用于运输规划和库存控制时算起，在英国已有多年历程了。如计算机辅助仓库设计、仓库业务的计算机处理等，为物流业务的现代化揭开了新的一页。

为了适应和满足本国经济发展和经济全球化的客观需求，德国物流业不断更新观念，锐意进取，依托高度发达的交通、通信网络设施和先进的信息技术逐步扩展，经过 20 多年的不懈努力，已由传统的运输、仓储管理逐步发展成为当今涵盖物流信息处理及软件开发、物流流程设计和物流咨询服务等众多领域的现代物流产业。从总体上看，德国物流业达到了世界先进水平，并代表了全球物流业的发展方向，在欧洲乃至世界范围内处于领先地位。物流产业化是以社会化物流成本最低化为目的，以形成产品供应链竞争能力为原则，以市场为导向，以物流企业为基础，以物流港站、枢纽、基地、物流中心、配送中心及物流中介组织为纽带，通过将物流相关各个环节，如仓储、装卸搬运、包装、运输、流通加工、信息、配送、通关等，联结成为一个完整的产业体系，运用现代物流思想，实现物流过程的合理化、最优化、效益化的物流经济运行过程。目前，德国物流业已经彻底摆脱了以往货物运输的单一运作模式，总体上具备了集约化、规模化、标准化、网络化、信息化、机械化、专业化、多功能化等产业化特征，基本实现了物流产业化。

近年来，德国物流业各业务领域均获得了长足的发展，呈现出货物运输这一主流业务领域和其他众多业务领域遥相呼应、相互促进、协调高速发展的良好态势。德国现代物流业虽然仅有 10 多年的历史，但已发展成为一个在经济总量中占有一定比例、对经济发展具有重要影响的支柱产业。

联邦政府认为，德国物流市场是充满活力、超比例增长和具有发展潜力的市场。德国物流业的管理模式是实行政府宏观管理与市场调节相结合，按"社会市场经济"模式运行的。社会市场经济是以私有制为基础，以有效合理的竞争机制为前提，把自由竞争与国家干预结合起来的一种经济制度。政府对物流业的宏观管理主要体现在，主要交通基础设施，如公路、铁路、航道等由政府出资修建，经营权归政府所有，同时在修建过程中对环保也提出了具体要求，管理权由私有公司承担，同时负责管理期间的养护与维修的相关费用。

目前，德国物流业基本上实现了城市内整体配送物流，还普遍采用了条码技术、模拟技术、信息技术与通信传输技术。除此之外，德国将物流业定位为高技术产业，高度重视物流技术创新和物流基础研究，鼓励在生产过程中运用 JIT（Just In Time）、JIS（Just In Sequence）、SMI（Suppler Managed Inventory）、精细物流、闭环物流等先进技术和方法，在大型建筑等项目中创新和应用新的物流方法，支持物流流程设计和物流管理咨询服务等专业管理服务发展。

综上所述，德国物流业已经具备了现代化物流业的基本特征。德国现代物流业的快速发展在促进制造业改造业务流程、提高效率、降低成本、增强国际竞争力方面发挥了积极的推动作用，巩固了德国作为制造业和贸易强国的地位。与此同时，随着欧盟的不断扩大和一体化步伐的加快，德国现代物流业的快速发展凸显了德国欧洲区位中心的地位和连通东西欧经贸交往的角色，促进了区域内商品顺畅流动，进一步增强了德国在欧盟地区的影响力和主导地位。

3. 日本物流发展概述

日本的物流业非常发达。汉字"物流"一词起源于日本。作为现代物流发展后起之秀的日本，自从 1963 年从美国引进"物流"概念后，即开始受到企业和政府的高度重视。1970 年分别成立了日本物流管理协会（Japan Logistics Management Association，JLMA）和日本物流管理委员会（Japanese Council of Logistics Management，JCLM），1992年 6 月 10 日两个组织合并设立日本物流系统协会（Japan Institute of Logistics Systems，JILS），以突出"物流系统"观念，强调从社会角度构筑人性化物流环境，体现可持续发展的理念，延伸内容至与物流相关的交通系统等领域，突出物流作为社会功能（Social Function）系统对循环型社会发展的贡献。这在很大程度上超越了企业的行为空间，因此政府在整个物流发展方面的推动作用十分显著，规划引导力度较大。

日本物流企业最重要的设施就是仓库，商品生产和销售企业一般没有自己的货物仓库，就连全日铁这样特大型钢铁企业的货物都放在物流公司。不少物流公司的仓库很先进，如山九物流公司在横滨有一个七层楼的仓库，货物装卸全部实现机械化，并且设有恒温仓库。楼内有大型卡车道，载重 30 吨、40 英尺的集装箱卡车可以从一楼开到七楼，每层楼有一条四车道、长 100 米的汽车道，卡车可在汽车道上装货或卸货。日本道路货物运输企业 99% 的是中小企业，全国营运货车有近 10 万台（主要是大型卡车），他们大多数依附于一个或几个物流公司，为物流公司运货，货运企业一般不自行组织货源，货运车型主要有集装箱运输车辆和厢式运输车辆。1997 年 4 月，日本政府出台了第一份物流策略方面的政策文件，即《综合物流施政大纲》，提出在 2001 年前各相关政府部门协调一致，共同完成三大目标：一是向亚洲、太平洋地区提供最便利和高度魅力的物流服务；二是以不妨碍产业布局和竞争力为前提，降低成本，提供物流服务；三是解决好与物流相关的能源、环境以及交通安全问题。通过几年努力，在三大目标取得一定进展的基础上，2001 年 7 月 6 日日本国会又通过了《新综合物流施政大纲》，提出如何加强国际竞争力，适应世界经济一体化新形势；如何加强环保，构筑循环型社会；如何开发现代信息技术，促进物流事业发展；如何发展物流业，满足国民的需求以及与国民生活相和谐四个问题，确定了此后 5 年的奋斗目标，即创建符合日本经济社会要求的新物流体系，从提供不亚于国际水平的物流服务目标出发，全方位推进各项施政措施。在物流方面，包括物流成本在内，将构筑具有国际竞争力的物流市场，同时，为了解决日益严重的环境污染等社会问题，满足国民日益增长的物流需求，政府要在提高物流效率，提供方便、快捷的物流服务方面狠下功夫，努力创建一个能减轻环境负担的新的物流体系和可循环型的新社会。

（二）物流成本结构与核算

1. 美国物流成本结构与核算

宏观上，美国物流成本包括三个部分，且各自有其测算的办法。第一部分库存成本是指花费在保存货物的成本，除了包括仓储、残损、人力成本及保险和税收成本外，还包括库存占压资金的利息。其中，利息是按当年美国商业利率乘以全国商业库存总金额得到的。把库存占压的资金利息加入物流成本，这是现代物流与传统物流成本计算的最大区别，只有这样，降低物流成本和加快资金周转速度才从根本上统一起来。

第二部分运输成本包括公路运输等其他运输方式与货主成本。公路运输包括城市内运送成本与区域间卡车运输成本。其他运输方式包括：铁路运输成本、国际国内空运成本、货物代理成本、油气管道运输成本。货主方面的成本包括运输部门运作及装卸成本。近十年来，美国的运输成本占国内生产总值的比重大体为 6%，一直保持着这一比例，说明运输成本与经济的增长是同步的。

第三部分物流管理成本，是按照美国的历史情况由专家确定一个固定比例，乘以库存成本和运输成本的总和得出估计值。美国的物流管理成本在物流总成本中比例大体在 4% 左右。

下面对以上几种物流成本进行具体分析。

（1）仓储成本

仓储、存储损失、人力费用、税收及利息。

利息 = 当年美国商业利率 × 全国库存金额

降低全国库存金额加快资金周转率，可降低仓储费。

仓储成本占美国当年 GDP 比率有所下降，为美国物流成本降低的主要原因。

（2）运输成本

第一部分：公路运输、铁路运输、航空运输、水路运输、管道运输成本。

第二部分：货运代理成本（包含运输部门运作装卸费）。

（3）物流管理成本

物流管理成本 = 物流管理费率历史系数 × （运输成本 + 仓储成本）

表1   **美国社会物流成本分析**

费用 ＼ 国家	美国
运输成本	运输成本 = 公路运输 + 铁路运输 + 水路运输 + 油料管道运输 + 航空运输 + 货运代理费用
仓储成本	利息 + 税、折旧、贬值、保险 + 仓储成本
	企业存货持有成本占存货价值的百分比 保险（Insurance）0.25% 仓储（Storage facilities）0.25% 税费（Taxes）0.5% 运输（Transportation）0.5% 搬运（Handling costs）2.5% 贬值（Depreciation）5% 利息（Interest）6% 过时（Obsolescence）10% 总计（Total）25%
管理成本	订单处理及 IT 成本 + 市场预测、计划制订及相关财务人员发生的管理成本
	4% × （存货持有成本 + 运输成本） = 物流行政管理成本

2. 欧洲物流成本结构与核算

物流产业在欧洲已经步入成熟的发展阶段，但社会物流成本的测算尚没有固定的范式，相关的研究主要是根据调查和预测。

欧洲的社会物流成本是包括运输、仓储、包装以及基础设施投资等成本在内的全社会物流总成本。其中，运输成本包括公路运输、铁路运输、轮船运输、航空运输、货主成本等不同运输方式所形成的成本累加；仓储成本包括人工成本（工资）、占用资金成本和利息、货物损毁、保险成本等。

从现有的资料看，欧洲社会物流成本的核算并没有把管理成本单列，而是将其分散在仓储、包装和搬运等各个方面，但测算方法基本与美国相同。所以，在此不再详细论述。

3. 日本物流成本与结构核算

日本对宏观物流成本的核算主要借鉴了赫斯凯特最早提出的方法，即由每年公布的就业统计和库存统计等各种数据来推算出总体物流成本，此外也参考了德兰尼的推估法，站在货主的立场来推算部分国内物流成本。具体核算时，是将宏观物流成本分为运送费、保管费及物流管理费三者来统计。

一是运送费，分为营业运送费和企业内部运送费，前者又包括卡车货运费、铁路货运费、内海航运货运费、国内航空货运费及货运站收入等项开支，各项累计之和为运送费总额。

二是保管费，将经济企划厅编制的《国民经济计算年报》中的国民资产、负债余额中原材料库存余额、产品库存余额及流通库存余额的合计数乘上日本资材管理学会调查所得的库存成本比例而得。这项保管费不是狭义的保管费，它不仅包括仓储业者的保管费或企业自有仓库的保管费，还包括仓库、物流中心的库内作业成本和库存所发生的利息、损耗成本等。用公式表示为：保管费 =（原材料库存余额 + 产品库存余额 + 流通库存余额）乘以库存成本比例。其中，库存成本比例 = 利率除外的库存成本比例 + 利率。

三是物流管理费，由于无法用总体估计的方法求得，所以依据《国民经济计划年报》中的《国内各项经济活动生产要素所得分类统计》，将制造业和批发、零售业的产出总额，乘上日本物流协会（Japan Institute of Logistics Systems，JILS）根据行业分类调查出来的各行业物流管理成本比例 0.5% 计算得出，即管理费 =（制造业产出额 + 批发零售业产出额）乘以 0.5%。

（三）物流成本管理模式

1. 美国物流成本管理模式

美国没有一个集中统一管理物流的专职政府部门，政府机构按其职能对物流的基本环节进行分块管理。如运输部下属有国家公路交通安全管理局、联邦航空局、联邦公路管理局、联邦铁路管理局、海运管理局、海岸警备队等政府机构，各管理局依运输方式的不同而各司其职。司法方面，联邦法院从合同法的角度管理与物流服务相关的合同。一些民间物流行业组织，主要是由对物流管理感兴趣的个人组成的非营利性学术组织。

作为完全市场经济类型的国家，美国政府只负责掌控企业设立及其行为的合法性。至于企业是否从事物流业务以及制定何种物流发展战略、经营模式、竞争手段等，则完全由企业自主决定。物流企业只要依法登记即可自主经营，自负盈亏，政府不会多加干预。美国的物流管理体制，倾向于通过法律和市场对物流企业实施调控，借此推动物流行业发展。

为了协调各种不同运输方式之间的衔接，从根本上实现物畅其流，美国已在考虑对现行的物流管理体制进行某些改革，酝酿筹建"大运输部"（One DOT），作为集中统一管理物流中交通运输环节的机构。

美国运输部一直强调把建立智能化的国家多式联运运输系统作为其面临的主要任务。1991年美国在《多式联运法》中就明确指出："发展国家多式联运运输系统是美国的政策。这个运输系统应能够提供可增强美国经济竞争力的基础，并且又能够高效利用能源运输旅客和货物。这个系统是由各种具体交通运输方式统一、交叉之后组成，也包括未来的交通运输方式。"

2. 欧洲物流成本管理模式

为提高欧洲各国之间频繁的物流活动效率，欧盟组织之间采取了一系列协调政策与措施，大力促进物流体系的标准化、共享化和通用化。另外，为了优化整个欧盟地区的物流资源，使之实现资源共享，欧洲还建立了欧洲空运集团，由7个成员国（比利时、法国、德国、意大利、荷兰、西班牙和英国）组成，并在荷兰的Eindhoven空军基地建立了空运联合协调中心，该中心在2002年正式开始运作。协调中心的职责是规划并协调空中运输支持、紧急事件处理、空中加油机、重要人物运输和医疗抢救等任务。

以德国为例，德国货运管理的部门是联邦货运交通局（BAG）。联邦货运交通法中规定，联邦货运交通局的任务就是监督和控制。为了更好地实行监督功能，联邦货运交通局对所有参加运输的人员不仅在办公室内而且在室外（公路、高速公路、停车场）进行监督，其中也包括发货人、中介人和运输公司。联邦货运交通局规定，如违反规定，要受到主管局的惩罚或联邦货运交通局的制裁。

德国的货运中心是为了提高货物运输的经济性和合理性，以发展综合交通运输体系为主要目的。德国的货运中心建设遵循联邦政府统筹规划、州政府扶持建设、企业自主经营的发展模式。

欧洲的运输与物流业组织——欧洲货代组织（FFE）在董事会年会上决定，为了整个行业的利益和长远大计，将积极在欧洲乃至国际上扩大行业影响力。

欧洲货代组织（FFE）的成员包括了当今世界上9家最大的货代企业和物流企业。这9家企业合起来共拥有15.5万雇员，每年货物运输量2亿吨，每年营业额高达300亿欧元。

为了达到扩大行业影响力的目的，该组织决心紧跟国际潮流，全面采用IT管理，进一步扩大在本行业和相关行业的影响力。为此，年会制定今后的工作重点是：与TAPA（技术财产保护协会）成员洽商高科技产品在运输、装卸、管理过程中的安全要求，并达成一致意见；向欧盟委员会提交有关行业建议，要求欧盟在交通运输政策"白皮书"中反映出欧洲交通运输行业尤其是物流业的利益；运用先进的经营管理手段（包括IT技术）维护客户的利益，巩固与客户的合作关系。

3. 日本物流成本管理模式

由于政府和企业的共同努力，形成了有效的物流成本管理体系，日本物流成本整体呈下降的趋势。首先，从宏观上强化的物流系统和物流成本管理上，日本政府不断制定了一系列具有重要影响力的政策法规，为物流成本管理提供了保障。其次，日本强调按照多种标准进行划分，从不同的角度或侧面反映相应的问题和物流组织程度，通过综合的成本测算，来全面核算物流成本。另外，日本的企业物流成本核算以作业成本法为基础，借助物流成本和成本的两层分解，确立成本对象以及相应的绩效，全面地反映物流作业成本，优化物流活动。此外，日本把追求零库存作为企业物流管理的最高目标，通过积极控制库存量，降低了日本的物流成本。最后，通过加快发展第三方物流，使得日本企业物流成本还有下降空间。

（四）物流成本管理主要特征

1. 美国物流成本管理主要特征

目前，美国已经形成以信息技术为核心，以运输技术、配送技术、装卸搬运技术、自动化仓储技术、库存控制技术、包装技术等专业技术为支撑的现代化物流装备技术格局。具体的表现为信息化、自动化、智能化和集成化，其中，高新技术在物流成本管理中的应用与发展表现尤为突出。

基于互联网络的电子商务的迅速发展，促使了电子物流的兴起。企业通过互联网加强了企业内部、企业与供应商、企业与消费者、企业与政府部门的联系沟通、相互协调、相互合作。消费者可以直接在网上获取有关产品或服务信息，实现网上购物。这种网上的"直通方式"使企业能迅速、准确、全面地了解需求信息，实现基于客户订货的生产模式和物流服务。此外，电子物流可以在线跟踪发出的货物，联机实现投递路线的规划、物流调度以及货品检查等。可以说电子物流已成为21世纪物流发展的大趋势。一方面，电子物流的兴起，刺激了传统邮政快递业的需求和发展；另一方面，新兴的快递业发展迅猛，触角伸向全球各地。

2. 欧洲物流成本管理主要特征

在欧洲的多数经济发达国家和地区，专业物流服务已形成规模。专业物流企业是伴随制造商经营取向的变革应运而生的。由于制造厂商为迎合消费者日益精化、个性化的产品需求，而采取多样、少量的生产方式，因而高频度、小批量的配送需求也随之产生。共同配送是经长期的发展和探索优化出的一种追求合理化配送的配送形式，它对提高物流效率、降低物流成本具有重要意义。

同时，欧洲的物流企业向集约化、协同化方向发展，主要表现在两个方面，一是大力建设物流园区；二是物流企业兼并与合作。物流园区是多种物流设施和不同类型的物流企业在空间上集中布局的场所，是具有一定规模和综合服务功能的物流集节点。物流园区的建设有利于实现物流企业的专业化和规模化，发挥它们的整体优势和互补优势。世界上各行业企业间的国际联合与并购，必然带动国际物流业加速向全球化方向发展，而物流业全球化的发展走势，又必然推动和促进各国物流企业的联合和并购活动。新组成的物流联合企业、跨国公司将充分发挥互联网的优势，及时准确地掌握全球物流动态信息，调动自己在世界各地的物流网点，构筑起本公司全球一体化的物流网络，节省时间和成本，将空载率压缩到最低限度，为货主提供优质服务。除了并购之外，另一种集约化方式是物流企业之间的合作并建立战略联盟。

3. 日本物流成本管理主要特征

日本自1956年从美国全面引进现代物流管理理念后，大力进行本国物流现代化建设，将物流运输业改革为国民经济中最为重要的核心课题予以研究和发展。

首先，全面完善各项物流基础设施的建设。日本政府在全国范围内开展了包括高速公路网、新干线铁路运输网、沿海港湾设施、航空枢纽港、流通聚集地在内的各种基础设施建设，投资物流运输体系的建设，既拉动了本国生产的内需，又为日本扩大物流市场提供了充实的物流硬件保证。

其次，不断提高生产物流管理水平。汽车制造工业的发展为日本生产物流管理手段的发展提供了用武之地。零库存管理，准时制生产管理等新的物流管理方式不断涌现，物流中心、中央物流中心等各种物流管理系统不断增加，物流联网系统、物流配车系统等物流软件不断应用。日本可以堪称是世界上物流管理手段与工业化生产结合最为成功的国家之一。

最后，确立海运立国战略。作为传统的海运国家，日本政府把海上航运作为本国经济发展的生命线。近年来，日本政府又调整了部分物流发展战略，积极倡导高附加值物流，并将物流信息技术作为重点发展方向，力争在物流国际化、系统化、标准化、协作化方面取得进展。

随着高新技术的突飞猛进和计算机信息网络的日益普及，传统物流在不断向现代化意义上的物流转变，其主要内涵包括了运输的合理化、仓储的自动化、包装的标准化、装卸的机械化、加工配送的一体化、信息管理的网络化等。日本政府和有关业界早已形成共识，即现代物流的发展水平已成为一个国家综合国力的重要标志。

日本物流业是随着现代科技和市场的发展、市场机制的完善，以及制造商和客户的要求不断变化而发展起来的。随着交通运输基础设施和交通工具的不断发展，物流的效率、成本和形态都发生了较大的变化。

物流虽然促进了经济的发展，但是物流的发展同时也会给城市环境带来负面的影响。为此，日本对物流提出了新的要求，即绿色物流。绿色物流主要包含两个方面，一是对物流系统污染进行控制，即在物流系统和物流活动的规划与决策中尽量采用对环境污染小的方案，如采用排污量小的货车车型，近距离配送，夜间运货（以减少交通阻塞、节省燃料和降低排放）等。发达国家政府倡导绿色物流的对策是在污染发生源、交通量、交通流三个方面制定了相关政策。绿色物流的另一方面就是建立工业和生活废料处理的物流系统。

（五）物流成本管理发展趋势

1. 美国物流成本管理发展趋势

物流产业在科技进步和管理技术创新的驱动下，经历了从量变到质变的过程，全球物流已经进入供应链年代。美国物流产业发展的主题，给出了物流趋势的路径，而精细物流、闭环物流、六西格玛供应链、精细供应链、RFID 等新概念、新技术，则对物流产业的发展产生了直接的影响，成为不可忽略的问题。

进入 21 世纪，物流产业一个最有影响的变革，是电子商务模式给物流带来的变化，电子商务发展等于对整个物流进行了一个重新定义的过程，对物流所有的环节和所有的方面都产生了革命性的影响。物流业必须在互联网爆炸性发展、竞争激烈的新经济环境下，发展速度、完美、客户满意的新概念。

　　由于任何企业都不能穷尽物流的地理范围，而且物流企业与客户之间也必须相互依存，因此，强调在变革中建立战略伙伴关系成为物流业发展的主题。第一是物流服务商与供应链服务需求商之间在不稳定的经济中建立稳步的关系；第二个是指在物流供应商之间建立战略合作伙伴关系。与供应链合作伙伴在不稳定的经济中建立稳步的关系，获取足够的知识和技巧，以便在这个以技术为导向且快速发展的领域发展上述关系，而这对他们来说无疑是十分重要的，不仅是为了企业的成功，还为了企业能够长期生存发展。

　　变化的世界对供应链管理、第三方物流、运输、仓储、国际物流、商业物流都带来了挑战，物流产业必须自身变革，才能应对挑战。这也是物流的魅力所在。

　　从物流发展历程分析，物流思想经历了一个持续变革的过程。权威物流学者鲍尔索克斯教授对物流思想的演变过程做了总结：

　　（1）20世纪50年代以前：强调运输效率；

　　（2）50年代：强调物流成本、客户服务；

　　（3）60年代：强调综合外包；

　　（4）70年代：强调运作整合、质量；

　　（5）80年代：强调财务表现和运作优化；

　　（6）90年代：强调客户关系和企业延伸；

　　（7）21世纪：强调供应链整合管理。

　　美国物流协会的两次更名，则体现了两次质的飞跃。1963年成立时，协会的名字是"实物配送协会"。1985年更名为物流管理协会，是由于运输和配送增加了越来越多的内容，这个职业从狭义的运输和仓储，发展到更广的物流领域。21世纪的情形与当时的情形非常相似，物流与20世纪80年代初CLM更名时所处的同样的重大变革的环境。在过去的10年甚至过去的5年间，物流行业的专业人员所包括的范围越来越大，在企业中扮演的角色越来越关键了。物流的专业人员在组织内部和组织外部与越来越多的人们打交道。物流专业人员的角色已经发生演变，不仅包括物流的内容，而且包括采购、生产运作、市场/营销的功能。表明物流这个产业比原来的运输和仓储又扩大加深了，更注重管理技术对传统产业的改造和升级。2005年更名为供应链管理专业协会，表明了从物流到供应链的合乎逻辑的演进。

　　RFID作为一种成熟的技术，在物流和供应链领域的应用需要一个持续发展的过程。从技术发展阶段分析，初始阶段的任务是建设基础设施，进行RFID的技术准备；然后是订立标准。目前，美国和欧洲对RFID的技术标准已经达成了一致；第三阶段是技术创新阶段，要使技术的成本不断的降低，以适应大规模商业应用的需求；第四阶段是规模化应用；第五阶段是成本和绩效的均衡，使技术发挥最大的产出。对于RFID在供应链中的应用是一个复杂的过程，因此，把它比喻成"与大象共舞"，形象地说明了技术的能力与掌握技术的挑战性。

　　RFID在物流领域中的应用由美国国防部和沃尔玛发起，因此，在RFID物流应用方面，美国军方的实践再次吸引了物流业界的关注。美国军方后勤保障的目标，是建立知识驱动的供应链保障体系，RFID的应用，是后勤保障的需要，而不是终极目标。作为一种先进的技术手段，国防部通过 RFID 在物流领域中的应用，使美军的平均补给时间从 33 天降低到 11 天。

美国国防部在 RFID 应用方面，也充分利用了民间资源。它采用了商品电子编码标准，按物品、小包装、托盘、集装箱分级使用标签，在托盘、集装箱、重点设备上使用主动（有源）标签。但标签的数据格式采用国防部的定制。从 2005 年 1 月起，美国主要战区将全部引入 RFID 系统，并在 2006 年、2007 年全部后勤保障体系实施 RFID 技术。

沃尔玛是美国国防部的供应商，它的意义在于使美军在任何战场上，能够"过上像在家里一样的生活"。沃尔玛实施 RFID，也是分步进行的。2003—2004 年，主要是标准和技术的准备阶段，2004 年在托盘和纸箱层测试应用，主要是在与国防部的合约中使用 RFID。目前在得州的配送中心的 8 个供应商、7 个商店全部的纸箱和托盘上应用，2005 年 1 月，开始在前 100 名供应商推广使用。RFID 的使用，并没有排斥使用现有技术的供货商。

2. 欧洲物流成本管理发展趋势

欧洲在物流业发展方面走在了世界的前沿。特别是最近几年来，欧洲在物流产业上具有明显的特色。科技进步，尤其是 IT 技术的发展及相关产业的合并联盟，促进了欧洲物流业的快速发展。

目前，欧洲一些跨国公司纷纷在国外，特别是在劳动力比较低廉的亚洲地区建立生产基地，故欧洲物流企业的需求信息直接从顾客消费地获取，采用在运输链上实现组装的方式，使库存量实现极小化。信息交换采用 EDI 系统，产品跟踪应用了射频标识技术 RFTags，信息处理广泛采用了互联网和物流服务方提供的软件。目前，基于互联网和电子商务的电子物流正在欧洲兴起，以满足客户越来越苛刻的物流需求。欧洲的物流业发展与美国相比，呈现出不同的特点。特别是最近几年来，欧洲在物流产业上具有明显的特色。从结构上看，欧洲物流市场主要分为三个部分：第三方物流、空运和海运货代、卡车货运网络包括拼车与整车运输。

3. 日本物流成本管理发展趋势

日本物流业之所以发展迅速，与日本政府对物流业的宏观政策引导有着直接的关系。日本政府认为物流业的高速发展对提高国家经济活力有着重要的战略意义，为此政府在 1997 年即出台了发展物流业的政策措施。

在日本政府出台的物流产业发展政策中，将建设和完善物流基础设施作为重点内容加以提出。由于目前日本已基本形成良性的物流市场和运作机制，物流基础设施也已具规模，因此政府认为需要通过宏观政策调控，将投资重点着眼于一些重点基础设施的建设和完善方面。

在宏观规划重点建设基础设施的同时，为了进一步提高物流运作效率，日本政府着手进行了一系列政策方面的改革，其目的是进一步放宽对物流业的规制，使其完全按照市场运作的规律更加富有活力地发展。除此之外，日本政府还着手物流系统的技术升级。为了确保综合物流政策得以实施、落实，日本政府有关部门通力合作建立了一套政策推进体制，以确保中央部门、地方政府、物流企业、货主等各方面能够合作实施有关政策。这一体制包括中央政府各有关部门之间的合作，地方政府之间的合作，区域物流的未来结构并根据实施状况每年进行跟踪调查。

四、世界主要经济体物流发展比较分析

（一）物流成本结构与核算比较分析

我们对中国及美国不同社会物流成本核算体系下的运输成本、保管成本及管理成本影响指标分别进行了比较，如表2～表4所示。从中我们可以看出，中美社会物流核算方法所覆盖的核算范围保持一致，但中国核算与美国核算基于的会计核算体系不同，就统计口径下的细目而言，设置存在交叉。

表2　　　　　　　　　　　　　**中美交通运输成本指标比较**

国家	中国	美国
指标	公路运输	公路运输
	铁路运输	铁路运输
	水路运输（内河及海运）	水路运输（内河及海运）
	油管运输	油管运输
	航空运输	航空运输
	装卸搬运费及其他运输辅助成本	货运代理成本

说明：美国货运代理成本包括运输部门运作及装卸成本，所以与中国装卸搬运成本及其他运输辅助成本有重叠的地方。

表3　　　　　　　　　　　　　**中美保管仓储成本比较**

国家	中国	美国
指标	仓储成本	仓储成本
	存货利息	存货利息
	保险	保险
	无直接指标	税
	配送	搬运
	货物损耗	贬值
		过时
	信息相关服务费	注1
	流通加工、包装	无直接指标
	其他保管成本	无直接指标

注1：中国信息相关服务费与美国管理成本中订单处理及IT成本有重叠。

国家	中国	美国
表4	**中美物流管理成本比较**	
指标	物流管理人员报酬	市场预测、计划制订及相关财务人员发生的管理成本
	其他管理成本	
	注1	订单处理及IT成本

注1：中国物流管理人员报酬与美国相关财务人员发生管理成本有重叠。

（二）物流成本管理模式比较分析

在全面实现物流作业机械化、电气化和自动化的基础上，自20世纪80年代以来，发达国家进入以现代信息技术为主导的物流技术创新阶段，物流业成为信息化应用最为普及的行业之一。现代信息技术的应用起步于企业内部管理和物流操作各环节，由此推动了订单处理、仓储、配送、财务等环节的信息化，极大提升了各种物流活动的运作效率。信息技术的广泛应用和全程信息化水平的提高，带动了基于信息技术的物流管理工具、作业方式、设施装备等方面的一系列创新和研发，为物流企业提供了如全球定位系统（GPS）等大量自动化、智能化的新型物流设施和装备，加速了企业信息管理系统、ERP等新型管理模式和管理工具的研发和应用，信息化逐步成为发达国家物流领域技术创新的主要途径。进入21世纪以来，互联网等技术的兴起和广泛及深度应用，极大地促进了物流各环节之间、企业之间的信息互通、流程对接和操作融合，逐步打破了物流领域传统的组织边界和技术束缚，实现了更大范围内的供应链体系整合，促进了流程再造、功能重组、商业模式创新等方面的集成创新，不仅带动了物流电商等新型服务组织及运营平台的发展，也为资源整合方式创新提供了支撑和新途径。

在分工专业化持续深化和现代信息技术深度应用的推动下，物流产业的发展动力出现巨大转变。从传统上更多依赖物流设施装备及劳动力的大量资源投入，转向更多依靠物流管理知识、市场信息以及高素质的人力资源等创新要素，极大地推动了物流产业向知识技术密集型产业的转变。

（三）物流成本管理主要特征比较分析

伴随全球经济发展水平的提高，世界各个国家的物流设施、企业布局、服务能力日益丰富和多样化，迫切需要更加有效地进行物流资源要素的整合和优化配置，以更具效率的方式提供服务和创造价值，从而形成了一系列新型服务方式、商业模式及资源配置方式，这些也形成了物流成本管理的主要特征。

多式联运是在水、铁、公、空等多种运输方式发展日益成熟和运力资源不断丰富的基础上，以运输单元标准化和优化利用多种运输服务能力为核心，形成的一体化的新型运输方式。国际上，多式联运发端于20世纪80年代国际集装箱的海铁联运和江海联运，并逐步拓展至铁水联运、公铁联运、空路联运、空铁联运等方面。目前，美、德、法等国港口集装箱的海铁联运比例分别为40%、30%和35%，江海联运比例也超过20%。多式联运的发展不仅实现了多种运输方式之间的分工合作和优势互补，而且促进了不同运输方式在运输组织、基础设施、物流装备、标准化及操作规范等方面的对接和一体化集成创新，极大地促进发达国家综合交通运输体系的形成和运输效率的提升。

第三方物流是自 20 世纪 80 年代以来全球最重要的物流创新，是物流企业将运输、仓储等多种物流服务活动及资源进行整合的创新。与传统物流方式不同，从事第三方物流服务的企业，基本上是没有运输和仓储设施的轻资产企业，也不直接从事传统的运输和仓储服务，而是通过采购或外包运输和仓储服务，利用和整合社会物流设施资源，为工商企业提供一体化、综合性的物流管理服务。其核心优势是对工商企业物流活动的管理能力和对社会物流资源的整合能力。全球物流 50 强企业中的美国罗宾逊公司，是典型的第三方物流企业，其 2012 年营业收入超过 114 亿美元，签署合作协议的运输供应商达 53000 个，可以调动的汽车超过 100 万辆、集装箱超过 50 万个，平均每年运输服务采购额超过 40 亿美元。

进入 21 世纪以来，在信息化、全球化的有力推动下，全球产业链重组进一步加快，连接上下游企业的物流活动也逐渐形成一体化的供应链，物流服务逐渐从服务单一企业转向服务供应链。物流企业需要系统梳理和整合供应链的各种物流需求，通过流程再造和整合供应链中的各种物流资源，形成面向供应链全过程的系统化、一体化的新型物流服务管理方式和服务体系。如发达国家近年来快速发展的冷链体系，已基本实现对肉类、水产品及奶制品的从生产到餐桌的全覆盖，蔬果的冷链经由率也已达 70% 以上，极大地减少了鲜活农产品的流通损耗，提升了了产品品质。再如，香港的利丰集团，是从事供应链管理和服务的代表企业，依托其良好的全球客户服务能力和在中国及亚洲的强大资源整合能力，为众多国际品牌和大型零售企业提供从原材料采购、定制加工、国际贸易到零售门店的供应链管理服务。

随着新型物流服务组织、新兴物流行业的大量涌现和快速发展，近年来发达国家物流产业结构出现重大变化，形成了以运输、仓储为基础，以第三方物流、供应链管理等新兴物流服务业为主导，以物流设施及要素服务为支撑的现代物流产业结构。在美国，运输服务业在全部物流产业就业中的比重已下降到 1/3，而新兴物流服务业、设施运营行业的就业比重则不断上升，成为物流产业发展的新支柱。

（四）物流成本管理发展趋势比较分析

当前，世界经济仍处在国际金融危机后的深度调整期，我国经济发展也步入新常态。就物流业面临的形势来看，正处于产业地位的提升期、现代物流服务体系的形成期和物流强国的建设期。

自 20 世纪 80 年代以来，发达国家物流行业出现了大范围、多样化、深层次的创新实践，涌现出一系列新服务、新技术、新组织、新方式，推动了各发达国家乃至全球物流体系现代化及网络布局加快调整，逐步形成了知识技术资本高度密集、高效运行的现代物流体系。更重要的是，物流创新，特别是多式联运、第三方物流及供应链管理等新型物流方式的发展，可以更大程度上实现全社会物流资源要素的优化配置，有效地推动物流成本水平的持续下降和全社会物流效率的稳步提高。物流创新的实现与发达国家持续推进市场经济体制完善和制度创新密不可分，这就需要顺应物流产业发展要求，加快创新体制机制，为物流产业实现创新发展释放活力。发达国家物流创新实践和成效，对当前我国推动物流产业创新发展有重要的借鉴作用和政策启示。

五、物流成本影响因素分析

当今，国际物流正向精细化方向发展，从前不计成本、拼人力物力的模式已难以为继，我国物流必须结合实际由传统物流向信息化、现代化物流发展。从目前形势看，降低社会物流成本，提高供应链效率的潜力和空间很大。

我国经济社会运行中的物流成本偏高已成为共识。可以说，降低物流成本不仅势在必行，而且需要对症下药。降低流通成本、提高流通效率是当前我国经济运行中一个亟待解决的重点课题。

（一）定性分析

1. 经济结构

产业结构和生产力布局是物流成本高的基础性因素。我国仍处于重化工阶段，而且资源主要分布在西部、北部，制造业集中在沿海，市场又在全国乃至全世界。这种特点客观上决定了物流强度大，距离长。我国和发达国家相比，单位 GDP 的货运量和货物周转量要高得多，这是基础性因素。中国与发达国家的经济结构迥异。中国经济主要以基础建设和制造业为主，发达国家则以服务和金融业为主，对物流的需求量不同。从单位 GDP 的货运量看，每万美元 GDP 美国只需要 7.7 吨货运量，而中国需要 48.7 吨，因此发达国家相对的单位 GDP 货运量较低，会对物流成本与 GDP 的比率有下降作用。如果不了解中美经济结构差异，就会简单得出中国物流成本高于美国的结论。由于处于工业化中后期，我国一、二产业比重较大，大宗商品对物流需求总量极大。

对于因产业结构引起的物流成本与 GDP 的比率较高的问题，需要从两个方面分析。一方面，它是中国经济发展的当前阶段的客观事实，符合世界经济发展的规律，西方发达国家在工业化进程中都曾经历过这一历史阶段。中国既不可能人为地迅速改变三大产业的结构，也不可能太快地跃升到制造业价值链的高端。另一方面，在同样的产业结构和完成同样的物流周转量的前提之下，应该从物流体制、市场化水平、技术水平与管理水平等方面尽量节省成本。

除了产业结构，我国产业布局也不尽合理，能源资源生产地与消费地逆向分布，致使煤炭、钢铁等大宗商品长距离、大规模运输，导致货物周转量偏高，成本居高不下。

2. 管理效率

根据公益社团法人日本 Logistics System 协会发布的《2013 年日本物流成本调查报告》中对日本 182 家公司进行的调查显示，在 2013 年，日本企业采用的前三位的降低物流成本方式依次为：提升装载率，削减库存以及重新规划物流据点。事实上，这是近几年来日本企业为了降低物流成本而持续使用的方式。

在物流行业里面，装载率是评估营运效率的一项指标。从物流成本上看，运输成本占了约六成，小批量、多频次的运输会导致效率低下。提升了装载率，就可以减少使用的车辆等运输工具的数目，进而降低运输成本，这便是他们致力于提升装载率的源动力所在。

之所以物流装载率低，很大程度上源自重量和体积的矛盾。例如，当货物已经堆满，但重量却达不到能承载的重量，而物流公司一般是按重量收取运费的，会造成车辆吨位资源的浪费，需要更多的车辆来运输，造成运输成本上升。

因此，如何合理的搭配货物进行运输对于降低物流成本非常重要。在进行货物搭配运载之前，对各个送货地址的路线、配送时间、重量、体积、包装、物流网络、装载方法等因素的相关数据进行详细分析，有利于优化组合运载，提升装载率。这看似简单但实际操作比较复杂。由于日本国内将客户需求放在第一位，并受 JIT 生产方式的要求，提升装载率的难度不容忽视。可见，日本物流业已经进入一个精耕细作的时期。

除了在装载率上突破，日本的企业注意削减库存。在库产品数量的减少，有助于降低存管成本，改善资金流，同时可以让出入库作业更加方便。但是库存并不能随心所欲的减，会牵一发而动全身，需要考虑多方面的问题。例如，物流中心放置的货物品种和数量是不是和热销货品一致。

此外，由于日本企业国际化程度高，很多企业已经把生产据点放在海外，并在国外进行产品销售。在这种背景下，一旦库存不足，需要补货，将要面临更多的运输成本和时间成本。目前，从供应链整体的视角来精确预测库存的需要量，合理化设定库存，被视为库存管理的核心，清理死库存、整理品类、库存据点集约化、缩短生产准备时间、提升销售预测精度等较常用的削减库存方法得到应用。

3. 竞争结构

从物流业内部来看，目前物流企业同质化竞争严重，急需提高行业集中度，实现规模效益。比如像顺丰、圆通这种大规模的物流公司全国就有 10 家，盲目投资和无序竞争严重。未来物流业集中化规模化程度会大大提高，国内可能会只留下 3~4 家大规模、全产业链的物流公司。截至 2014 年年底，我国 A 级物流企业超过 3000 家，其中，5A级企业近 200 家。《2014 年度中国物流企业 50 强排名》中，第 50 名物流业务收入为22.4 亿元，入围门槛比上年提高 2.1 亿元。快递、电商、零担、医药、物流地产等细分物流市场品牌集中、企业集聚、市场集约的趋势进一步显现。在公路零担市场，卡行天下、安能物流等加盟型网络依托资本和技术优势，集聚了一批小微物流企业。卡行天下加盟网点增加至 1300 家，安能物流网点增加至 2000 家，货运市场集约化步伐加快。

日本是一个国土面积较小的国家。国内资源和市场有限，商品进出口量大，各级政府对商品物流发展都很重视，在大中城市、港口、主要公路枢纽都对物流设施用地进行了规划，形成了大大小小比较集中的物流团地，集中了多个物流企业，如日本横滨港货物中心就集中了 42 家物流配送企业。这样便于对物流团体的发展进行统一规划、合理布局，有利于物流配送业的发展。

（二）定量分析

1. 探究影响美国物流成本的主要影响因素

美国物流成本与 GDP 的比率，在 1981 年高达 16.2%，随后快速下降，在 1990 年达到 11.4%，进入 20 世纪后 10 年，这一比例继续保持明显下降趋势，在 2002 年甚至到达 8.6%，随后，这一比例有所上升，但都维持在 10% 以下。受经济危机影响，2008年开始，这一比例再度下降，基本维持在 8% 左右。不难发现，美国物流成本与 GDP的比率在 1981—2000 年发生了巨大的变化。必须指出的是，1981—2000 年这二十年的物流总成本的绝对值还是一直上升的，但是，由于上升的幅度低于国民经济的增长幅度，所以占 GDP 的比例在缩小。从具体物流成本构成项目来看，除了 1981 年，库存持有成本占比高于运输成本占比外，运输成本始终保持最大占比，1990 年后均保持在 5.9% 左右；库存持有成本在 1981—1985 年间从 8.27% 下降至 5.38%，呈现了较强的下降趋势，随后在 20 世纪末期仍然保持下降趋势，直至 2001 年开始，基本维持在 3% 左右；管理成本与 GDP 的比率在 1981—1990 年间从 0.61% 下降至 0.43%，随后基本保持在 0.4% 左右。可以看出美国物流成本从公布数据的 1981 年开始，经历了巨大的变化。

为进一步探究影响美国物流成本的主要因素，由于 1981—1995 年可得到的数据不具备连续性，所以本部分选用 1995—2011 年美国的相关数据，利用多元回归方法进行相关分析。

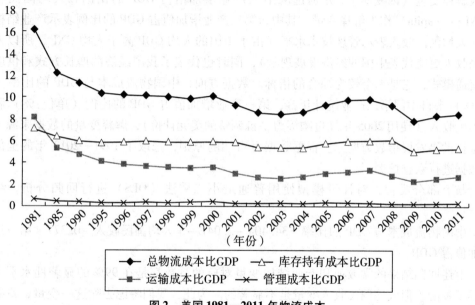

图 2　美国 1981—2011 年物流成本

选择美国物流成本与 GDP 的比率为因变量，人均 GDP、服务业增加值占 GDP、库存费率作为自变量，对影响美国的物流成本因素做多元回归分析。此分析主要考虑了国家发展水平、产业结构、管理水平等因素对物流成本的影响。其中，选取人均 GDP 代表国家经济发展环境，服务业增加值占 GDP 代表产业结构，而库存费率则从某种程度反映了物流管理水平和管理效率。

对计量模型使用普通最小二乘法（OLS）进行回归分析，结果如下：

美国物流成本与 GDP 的比率 = 0.00003872 × 人均 GDP – 0.203 × 服务业增加值比 GDP + 26.448 × 库存费率 + 17.343

上述回归结果的常数项和各变量对应的系数都是在 99% 的显著性水平上是显著异于零的，所有的回归系数在统计和经济两个方面都是显著的（p 值均小于 0.05），调整后的拟合优度为 0.962。不难发现，产业结构与物流成本与 GDP 的比率这一比例成负相关，即服务业增加值比 GDP 值越大，物流成本与 GDP 的比率值越小；经济发展环境与物流成本与 GDP 的比率成正相关，即物流成本与 GDP 的比率受经济环境影响，经济环境处于低迷状态，相应的物流成本与 GDP 的比率比例也会降低，这一结论与美国 2007 年开始受经济危机影响，物流成本与 GDP 的比率有所下降状况相符。库存费率与物流成本与 GDP 的比率成正相关，即库存管理水平越高效，库存费率越低，物流成本与 GDP 的比率越低。物流成本与 GDP 的比率是受三个指标的综合影响，不可单一分析。从标准系数的绝对值可以看出三个指标对因变量的相对影响程度，不难发现，库存费率占比最高，即管理效率提升、管理水平提高是影响 1995—2011 年美国物流成本与 GDP 的比率变化的最主要因素。

2. 探究影响中国物流成本的主要影响因素

为了探讨中国物流成本的主要影响因素，本部分选用中国物流成本与 GDP 的比率为被解释变量（因变量），分别选取第三产业增加值占 GDP 的比例和人均国民收入（GNI per capita）作为解释变量。其中，第三产业增加值占 GDP 的比例表示产业结构因素，人均国民收入表示管理技术水平（由于中国的人均 GDP 高于人均 GNI，所以人均国民收入更能代表中国的经济发展现状），同时也代表了我国经济的增长方式和供应链中流通模式，它是一个较为综合的指标。数据方面，中国物流成本与 GDP 的比率（单位:%）来自中国第三产业统计年鉴，第三产业增加值占 GDP 的比例（单位:%）和人均国民收入（使用 2005 年经过购买力平价调整的美元计价），解释变量的数据来源于世界银行世界发展指数数据库。根据数据可得性的原则，选取了 1991—2013 年的全部统计数据进行数据挖掘。

与上部分类似，对计量模型使用普通最小二乘法（OLS）进行回归分析，结果如下：

中国物流成本与 GDP 的比率 = 34.404 − 2.04E − 5 人均国民收入 − 0.377 × 第三产业增加值占 GDP。

上述回归结果的常数项和产业结构变量对应的系数都是在 99% 的显著性水平上显著异于零的，但人均国民收入变量是不显著的。为此，我们考虑去除这一变量，重新估计回归方程，得到的结果如下所示，所有的回归系数在统计和经济两个方面都是显著的（p 值均小于 0.05），调整后的拟合优度为 0.82。

中国物流成本与 GDP 的比率 = 34.823 − 0.39 × 第三产业增加值占 GDP。

根据上述基于中国宏观经济统计数据的分析，可以发现，产业结构是影响和制约我国物流成本的重要因素，在其他条件不变的情况下，如果第三产业增加值占 GDP 的比例提高一个单位（即增加一个百分点），中国社会物流总成本占 GDP 的比例可以降低 0.39 个单位（即降低 0.39 个百分点）。

六、关于物流成本的情景分析

通过前几部分对中国、美国、欧洲、日本社会物流核算方法的分析与比较，通过国家发展与改革委员会、中国物流与采购联合会制定的《社会物流统计核算与报表制度》的具体核算方法我们可以得出，影响社会物流成本的主要因素可以归类为：交通设施水平、管理库存水平、三大产业对 GDP 贡献的百分比这三种主要因素，因此中国物流成本与 GDP 比率为 18% 中，这些影响因素所对应的具体百分比是多少，下面我们通过中美比较及情景模拟的方法来探讨。

选择美国与中国进行情景模拟对标比较的原因是：在物流环境较好、物流成本与GDP 的比率较低的国家中，美国的国土面积与中国接近；中美社会物流核算方法的主要构成因素接近；美国管理水平、仓储水平世界领先，方便看到中国与物流先进国家间影响因素的差距；美国的物流数据相对完整、透明、充分，方便中国和美国之间的指标比较。

因此，我们接下来通过交通设施、管理库存水平、产业结构三个因素的中美模式比较，进行情景模拟看影响物流成本与 GDP 比率的具体变化。我们在下面的模拟比较中，往往假定其他因素不变，单独分析某个因素变化产生的影响。

（一）中美交通设施影响因素模拟

在国土面积方面中美接近，中美的交通设施水平具有可比性，因此我们先通过运输建设里程、货运周转量及平均运距来比较中美之间的差距。

情景模拟一：交通设施水平按照美国模式，其他因素按照中国模式

这一部分，通过中美公路里程、铁路里程、水运航空里程及油管运输里程结合以上各种运输方式的货运周转量反映运输设施对社会物流成本的影响因素。为此，我们要先对中美两国交通设施水平进行比较分析。

1. 中美公路运输设施及货运周转量比较

从图 3 可以看出，中美两国公路货运周转量一直呈上升趋势，美国公路货运周转量缓慢上升，2008 年由于美国金融危机货运周转量有所下降，2009 年之后继续上升。中国货运周转量从 2007 年开始大幅度上升，在 2009 年中国货运周转量超过美国货运周转量。

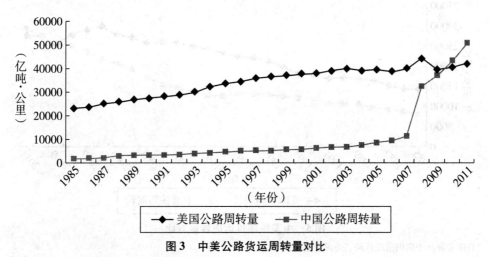

图 3　中美公路货运周转量对比

数据来源：中国国家统计局、美国交通局网站。

图 4 显示中美公路建设里程的多年情况，从图 3 看出美国公路里程远高于中国公路里程，2011 年达到 6548368 公里，但中国从 2004 年开始公路里程持续增加，2011 年达

到4237500公里，只是美国同期的64.7%。

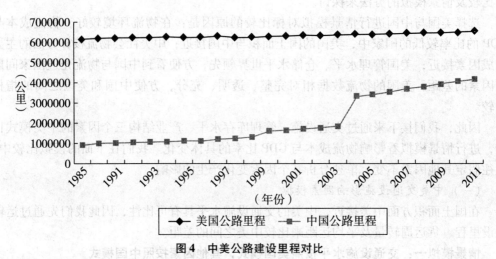

图4 中美公路建设里程对比

数据来源：中国国家统计局、美国交通局网站。

2. 中美铁路运输设施及货运周转量比较

结合图5与图6可以看出，美国铁路建设里程高于中国铁路建设里程，2011年美国铁路建设里程为198701.4公里，中国铁路建里程为93249.6公里，美国约是中国铁路里程的2倍，但中国的货运周转量近年高于美国的总货运周转量。中国的铁路货运周转量高于美国，说明中国铁路运输资源显得更为稀缺，由此可能出现待运货物积压等问题，也说明中国铁路基础设施建设应该得到重视。

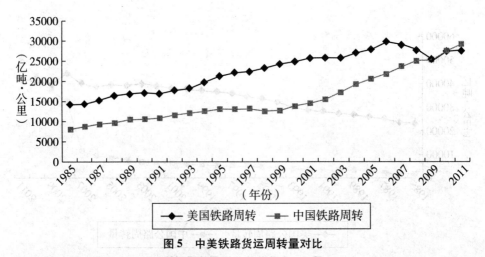

图5 中美铁路货运周转量对比

数据来源：中国国家统计局、美国交通局网站。

3. 中美水运建设里程及货运周转量比较

结合图7、图8，可以看出中国的水运从设施、货运量周转量来说，均超过美国。

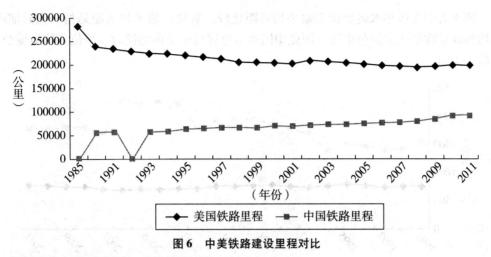

图6　中美铁路建设里程对比

数据来源：中国国家统计局、美国交通局网站。

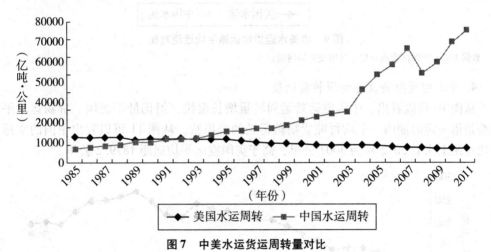

图7　中美水运货运周转量对比

数据来源：中国国家统计局、美国交通局网站。

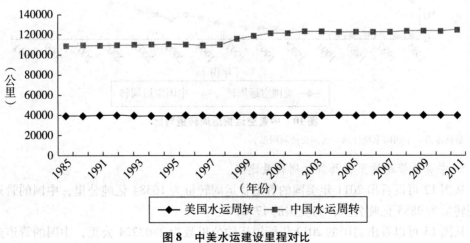

图8　中美水运建设里程对比

数据来源：中国国家统计局、美国交通局网站。

图 9 为中美历年水运货物运输平均运距比较，货物运输平均运距是指一定时期内，平均每吨货物被运送的公里数。因此中国水运里程高于美国的同时，单位货物运输公里数高于美国。

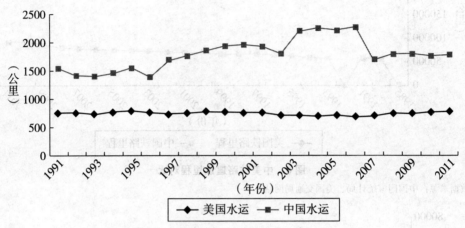

图 9　中美水运货物运输平均运距对比

数据来源：中国国家统计局、美国交通局网站。

4. 中美空运距离及空运周转量比较

从图 10 可以看出，中国空运货运周转量增长很快，但仍低于美国。货物运输平均运距是指一定时期内，平均每吨货物被运送的公里数，从图 11 可以看出中国的空运从平均运距上来看 2012 年为 3007 公里，高于美国空运平均运距 1879. 2 公里。

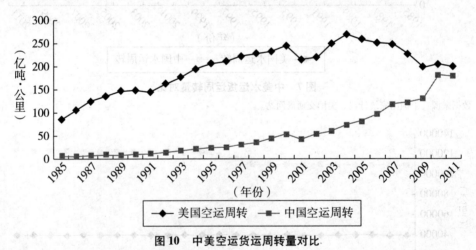

图 10　中美空运货运周转量对比

数据来源：中国国家统计局、美国交通局网站。

5. 中美油管运输里程及货运周转量比较

从图 12 可以看出 2011 年美国的管道货运周转量为 16384 亿吨公里，中国的管道货运周转量为 2885 亿吨公里，为美国的 17. 61%。

从图 13 可以看出美国的 2012 年管道运输公里数为 2803224 公里，中国的管道运输公里数为 90100 公里，为美国的 3. 2%，美国油气管道建设里程大大高于中国。

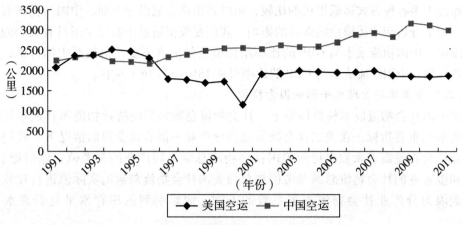

图 11 中美空运平均运距对比

数据来源：中国国家统计局、美国交通局网站。

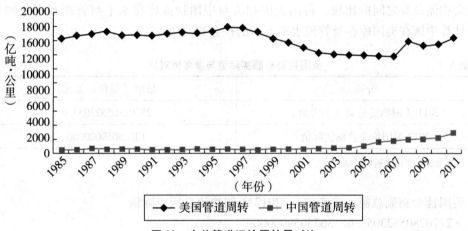

图 12 中美管道运输周转量对比

数据来源：中国国家统计局、美国交通局网站。

图 13 中美油气运输里程对比

数据来源：中国国家统计局、美国交通局网站。

通过中美各种方式运输里程的比较，可以看出在交通设施方面，中国与美国有较大差距。为了分析交通运输设施滞后的影响，我们在模拟情景中假定中国具有美国的交通运输设施，中国物流成本与 GDP 的比率增加值其他因素不变，仍按照中国标准，经模拟计算得出：中国物流成本与 GDP 的比率可从 18% 降为 16% 左右。

（二）中美库存管理水平影响因素模拟

在中国社会物流成本核算体系下，社会物流总额是影响统计物流库存成本及物流管理成本的重要指标。在美国社会物流总额分产业不能直接获得的情况下，我们通过分产业社会物流需求系数来得到美国社会物流总额不同产业的参考值，然后把农业、工业和服务业的社会物流总额参考值加总与美国社会物流总额的实际值进行比较，得到中美因为分产业社会物流需求系数的不同，而影响到的库存水平与管理水平的差距。

情景模拟二：不改变产业结构，库存水平及管理水平依照美国标准

通过美国物流总额在中国库存水平及管理水平下的估算与美国交通局网站给出的美国社会物流总额之间的比较，得出美国物流与中国物流库存水平与管理水平之间的差距，估算中国在美国库存及管理水平下新的社会物流成本。

表5	美国物流总额实际值与参考值对比
分项	数值（单位：美元）
2011 美国物流总额（参考值）	27702805523053.6
2012 美国物流总额实际值	13625059000000

数据来源：美国交通局网站。

美国社会物流总额（参考值）/2012 美国物流总额实际值

=27702805523053.6/13625059000000

=2.0332

依据公式计算，在中国库存水平及管理水平下，美国社会物流总额为同年的二倍，按比例压缩中国社会物流总额的系数，中国社会物流成本在美国的库存水平及管理水平之下从 18% 可降为 13.5% ~ 14%。

（三）中美产业结构影响因素模拟

因为农业、工业、服务业每单位 GDP 带来的货运周转量和社会物流需求系数明显不同，工业每单位 GDP 带来的货运周转量和社会物流需求系数明显高于农业和服务业，因此我们通过不同方案的产业构成，讨论产业结构对物流成本与 GDP 比率的影响。

情景模拟三：中国产业结构依照美国各产业占 GDP 百分比，交通设施水平、库存水平、管理水平依照中国标准

我们主要比较产业结构对社会物流成本的影响，在前面的数据分析中，我们已知工业的单位 GDP 社会物流需求系数最大，农业和服务业的单位 GDP 社会物流需求系数较小。

依据图 14 可看出，美国工业增加值所占 GDP 比重与美国社会物流成本所占 GDP 比重变化趋势保持一致，计算两组数据的相关性。美国物流占 GDP 百分比与美国工业占 GDP 百分比的多年数据相关系数为 0.9452176，此数值表示高度正相关，因此可得出工业增加值所占 GDP 比重是影响一国物流成本的重要因素。我国的工业增加值占 GDP 比重今年来一直在 45% ~ 48%，这个比重也成为我国近年来物流成本与 GDP 的比率一直处于较高水平的原因。

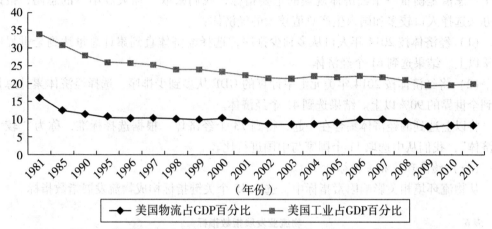

图 14　美国物流成本所占 GDP 与美国工业所占 GDP 百分比变化趋势

数据来源：23rd Annual State of Logistics Report（2013）。

依据社会物流成本在各产业 GDP 的不同百分比，通过社会物流需求系数及货运周转量进行估算。当中国 GDP 产业构成发生变化，达到美国现在产业构成比例，其他因素不变时，物流成本与 GDP 的比率约为 11.5%。说明中国 18% 与美国 8% 的差距，其中 6.5 个百分点与产业结构有关。

下面我们对中国达到美国产业结构进行分阶段讨论，来模拟中国在该阶段社会物流成本与 GDP 的比值。

模拟运算方案一：农业 7.8%；工业 39.35%；服务业 52.85%。

假设情况 1：产业构成按照中国现在产业构成百分比与方案二的中值，交通设施水平、库存水平、管理水平依照中国标准。

通过中国社会物流成本的核算方法，在假设情况 1 的条件下，中国物流成本与 GDP 的比率约为 16.25%。

模拟运算方案二：农业 5.5%；工业 33%；服务业 61.5%。

假设情况 2：产业构成按照中国现在产业构成百分比与美国现在产业构成百分比的中值，交通设施水平、库存水平、管理水平依照中国标准。

通过中国社会物流成本的核算方法，在假设情况 2 的条件下，中国物流成本与 GDP 的比率约为 14.325%。

模拟运算方案三：农业 3.36%；工业 26.8%；服务业 69.84%。

假设情况 3：产业构成按照方案二与美国现在产业构成百分比的中值，交通设施水平、库存水平、管理水平依照中国标准。

通过中国社会物流成本的核算方法，在假设情况 3 的条件下，中国物流成本与 GDP 的比率约为 12.575%。

七、国内外物流业发展环境比较分析

本部分多国比较共选择 214 个国家，分指标排序。除此之外，考虑到人口总量与国内生产总值是衡量一个经济体规模的重要指标，我们采取"抓大放小"的思路，按以下办法选择人口较多和国内生产总值较大的经济体：

（1）经济体按 2014 年人口从多到少排序，选择经济体直到累计总量达到全世界的 90% 以上。结果选到 61 个经济体。

（2）将经济体按 2014 年美元汇率计算的 GDP 从多到少排序，选择经济体累计总量达到全世界的 90% 以上。结果选到 41 个经济体。

将以上选到的经济体集合在一起，得到 73 个经济体。根据选择标准，称为"较大经济体"，我们从中选取 11 个国家与中国进行比较。

（一）物流环境相关指标

从物流环境相关影响因素指标中，选取 45 个关键指标构成物流发展指数指标。

表6　　　　　　　　　　　　　　　　物流业发展指数指标

经济环境 （5项）	人均 GDP（当年 $）
	总消费比 GDP
	人均 GDP 增速
	人均 GNI（图表集法，$）
	GNI 增速
对外贸易 （5项）	货物服务出口比 GDP
	国际贸易比 GDP
	高科技出口占货物出口
	运输服务占服务出口
	ICT 服务出口（$）
能源环境 （6项）	1000 美元 GDP（2005）耗能（kg）
	能源进口比能源消耗
	公路部门能耗占总能耗
	颗粒物排放损害比 GNI
	煤电所占比例
	交通运输 CO_2 排放量（占总量的百分比）

基础设施 （7项）	公路里程
	铁路里程
	港口基础设施的质量
	道路密度
	铺设路面所占比例
	公路每公里车辆
	每千人机动车辆
物流规模 （4项）	铁路货物运量
	公路货物运量
	航空运输货运（万吨·公里）
	港口运输集装箱（20英尺当量）
物流成本 （12项）	柴油价格
	汽油价格
	农业增加值占GDP
	制造业占GDP
	工业增加值占GDP
	服务业增加值占GDP
	税收比GDP
	总税负比商业利润
	每集装箱出口成本
	每集装箱进口成本
	见税务官要送礼的企业占比
	给官员非正当支付企业占比
管理、科技水平 （6项）	研发成本占GDP
	科技期刊论文
	从事研发的研究人员（每百万人口）
	每百人上网数
	每百人手机
	海关程序效率

（二）物流环境相关指标得分

对于每一项指标，基于世界银行的世界发展指标（WDI）数据，我们可以得到每个国家在某经济体集合中的排序，然后，按照排序的优劣线性变换成［0，100］区间上的一个分数。

下面对 12 国在 214 个国家中所得的分数进行比较分析。85 分以上表示优秀；20 分以下相对较差；中间数字表现一般。

1. 物流业发展经济环境指标

从表 7 物流业经济环境指标可以看出，中国的 GNI 增速排在世界前列，人均 GDP 增速排在世界前列。我国经济总体势头发展快，因为人口问题，部分人均指标人均 GDP、人均 GNI 的得分居中。总消费比 GDP 增速排在世界后列，我国居民的总消费占 GDP 相比其他国家得分较低。

表7　　　　　　　　　　物流业经济环境 12 个国家指标分数（2014 年）

指标＼国家	中国	美国	日本	德国	法国	英国	意大利	加拿大	俄罗斯	巴西	印度	南非
人均 GDP	50.8	93.2	89.0	89.5	88.5	88.0	85.9	93.7	70.2	67.0	22.5	59.2
总消费比 GDP	5.3	57.3	48.0	31.0	43.3	59.1	48.5	36.3	18.7	53.2	20.5	50.3
人均 GDP 增速	98.4	38.8	48.9	54.8	27.7	28.7	9.0	37.2	62.8	57.4	89.4	39.4
人均 GNI	52.4	94.6	90.8	91.4	89.7	88.6	87.6	92.4	69.7	68.6	23.8	58.9
GNI 增速	95.5	27.3	25.8	25.0	17.4	—	6.8	31.1	37.1	42.4	80.3	34.1

2. 物流业对外贸易指标

从我国物流业对外贸易的指标来看，我国高科技出口占货物比重居世界前列；ICT 服务（Information and Communication Technology，即信息和通信技术）居于世界前列，美国为世界第一；货物服务出口比 GDP，巴西、美国和日本领先；国际贸易比 GDP 指标数值，巴西、美国和日本领先；运输服务占服务进口数值中俄罗斯、英国、巴西和美国领先。

表8　　　　　　　　　物流业对外贸易环境 12 个国家指标分数（2014 年）

指标＼国家	中国	美国	日本	德国	法国	英国	意大利	加拿大	俄罗斯	巴西	印度	南非
货物服务出口比 GDP	70.2	94.4	92.1	38.8	71.9	65.2	72.5	64.6	66.9	95.5	80.9	64.0
国际贸易比 GDP	84.8	99.4	97.8	50.6	80.9	75.8	83.7	76.4	87.1	100.0	85.4	78.1

续　表

指标＼国家	中国	美国	日本	德国	法国	英国	意大利	加拿大	俄罗斯	巴西	印度	南非
高科技出口占货物出口（%）	100.0	98.7	97.4	99.4	96.2	95.5	91.0	90.4	81.4	82.7	85.3	73.1
ICT 服务出口（$）	96.1	100.0	92.3	98.7	97.4	99.4	92.9	93.5	89.0	89.7	98.1	67.7
运输服务占服务进口（%）	57.6	85.9	65.3	77.1	73.5	90.6	77.6	82.4	93.5	89.4	36.5	40.0

3. 物流业能源环境指标

从物流业的能源环境来看，中国公路部门能耗占总能耗比率及交通运输 CO_2 排放量（占总量的百分比）居于世界前列，煤电所占比例说明我国煤电在能源中占较大比例。意大利 1000 美元 GDP（2005）耗能（kg）较少，加拿大颗粒物排放损害比 GNI 的数值居于世界前列。我国明显落后的物流指标项目为煤电所占比例、颗粒物排放损害比 GNI 和 1000 美元 GDP（2005）耗能（kg），我国在能源利用方面还有较大的改进空间。

表9　　　　物流业能源环境 12 个国家指标分数（2014 年）

指标＼国家	中国	美国	日本	德国	法国	英国	意大利	加拿大	俄罗斯	巴西	印度	南非
1000 美元 GDP（2005）耗能（kg）	12.2	32.8	58.0	71.8	59.5	80.2	87.8	21.4	11.5	67.2	45.0	8.4
能源进口比能源消耗	60.7	53.3	7.4	22.2	34.1	42.2	11.9	77.8	79.3	62.2	45.9	69.6
公路部门能耗占总能耗	86.7	21.5	60.0	52.6	51.1	37.8	31.1	34.8	84.4	18.5	83.7	76.3
颗粒物排放损害比 GNI	8.2	80.1	80.7	67.3	72.5	77.2	50.9	93.6	17.0	25.7	9.9	63.2
煤电所占比例（%）	5.2	17.0	25.2	14.1	43.7	23.0	31.9	37.0	32.6	48.1	8.1	2.2
交通运输 CO_2 排放量（占总量的百分比，%）	96.3	40.7	72.6	71.9	32.6	57.8	50.4	39.3	81.5	19.3	95.6	87.4

4. 物流业基础设施指标

从公路里程和铁路里程来看，中国和发达国家一样居于世界前列。港口基础设施质量不如美国、德国、法国、英国和意大利。道路密度（每 100 平方公里路长）（公里）这项指标中德国和法国较高，俄罗斯分数较低。铺设路面所占比例指标中法国和英国分数最高，中国居 214 个国家中间位置，巴西较低。每千人机动车辆中美国、日本和意大利数值最高，其他国家居 214 个国家中前列，南非和中国最低。

表 10　　　　　　　　物流业基础设施环境 12 个国家指标分数（2014 年）

指标＼国家	中国	美国	日本	德国	法国	英国	意大利	加拿大	俄罗斯	巴西	印度	南非
公路里程（公里）	98.1	100.0	85.8	92.5	96.2	89.6	—	—	95.3	97.2	99.1	—
铁路里程（公里）	97.6	100.0	85.7	94.0	92.9	82.1	83.3	95.2	98.8	91.7	96.4	86.9
港口基础设施的质量	62.4	89.3	79.9	94.6	85.2	91.3	50.3	90.6	40.3	10.7	47.7	69.8
道路密度（每 100 平方公里路长）（公里）	50.9	61.3	67.9	86.8	89.6	84.0	—		8.5	30.2	81.1	
铺设路面所占比例	44.4	—	—	—	100.0	100.0	—		—	6.2	39.5	—
公路每公里车辆	80.7	54.2	6.0	20.5	56.6	19.3						
每千人机动车辆	15.2	97.1	87.6	81.0	81.9	70.5	91.4	—	—		—	36.2

5. 物流业物流规模指标

从表 11 物流业规模的角度来看，中国均居于世界前列，中国铁路及公路货运周转量世界第一；港口运输集装箱（20 英尺当量）世界第一；航空运输货运量（万吨·公里）在 12 个国家中排第二。世界上其他国家中物流规模在 214 个国家中均居前列。

表 11　　　　　　　　物流规模环境 12 个国家指标分数（2014 年）

指标＼国家	中国	美国	日本	德国	法国	英国	意大利	加拿大	俄罗斯	巴西	印度	南非
铁路货物运量	100.0	98.8	77.5	88.8	82.5	76.3	68.8	95.0	97.5	93.8	96.3	90.0
公路货物运量（百万吨·公里）	100.0	—	92.1	96.8	95.2	79.4	81.0	77.8	88.9	—	98.4	—
航空运输货运量（万吨·公里）	99.4	100.0	96.2	96.8	93.6	94.9	80.3	89.2	91.7	86.0	87.9	83.4
港口运输集装箱（20 英尺当量）	100.0	99.2	95.1	93.4	80.3	88.5	89.3	78.7	74.6	86.9	90.2	77.0

6. 物流业物流成本指标

从我国物流业物流成本环境来看，柴油价格和汽油价格居 214 个国家中间位置。从产业构成来讲，因为工业的社会物流需求系数较高，我国工业所占 GDP、制造业所占 GDP 比重高，因此在世界上分值排名靠后；农业和服务业社会物流需求系数低，但在我国因为农业、服务业所占 GDP 比重在世界排名中等或较低，因此排名分值不高。每集装箱进出口价格较为便宜，居世界前列；税收比 GDP 居世界前列，同时美国、日本和印度也居于 214 个国家中的前列；税负比商业利润处于世界后列。在见税务官要送礼的企业占比的指标中，我国分数低于俄罗斯；给官员非正当支付企业占比的指标中，我国分数高于俄罗斯。

表 12　　　　物流业物流成本环境 12 个国家指标分数（2014 年）

指标 ＼ 国家	中国	美国	日本	德国	法国	英国	意大利	加拿大	俄罗斯	巴西	印度	南非
柴油价格（美元/升）	50.0	72.1	27.9	9.3	11.0	1.2	2.9	51.2	79.1	61.6	82.0	37.2
汽油价格（美元/升）	55.6	85.4	13.5	9.4	8.8	4.7	2.3	52.6	83.0	38.6	61.4	51.5
农业增加值占 GDP	57.0	10.5	9.3	8.7	15.7	4.7	18.0	13.4	33.1	39.5	72.1	23.3
制造业占 GDP	1.9	46.6	12.4	5.6	57.8	60.9	28.6	59.0	29.8	32.9	34.2	47.2
工业增加值占 GDP	10.5	72.1	51.7	32.6	76.2	73.8	61.6	44.2	22.1	50.6	52.3	39.5
服务业增加值占 GDP	20.7	89.7	80.5	71.8	90.2	90.8	83.3	77.0	50.6	69.0	42.0	71.3
税收比 GDP	86.3	89.3	90.8	83.2	22.9	8.4	19.1	82.4	63.4	58.8	88.5	6.9
总税负比商业利润	12.8	31.0	25.1	28.9	10.7	59.9	10.2	90.9	26.2	9.6	13.4	74.9
每集装箱出口成本	89.8	54.5	72.2	67.9	39.6	63.1	46.0	23.5	11.2	16.0	49.7	25.1
每集装箱进口成本	93.0	55.1	67.4	74.3	46.5	67.9	61.0	32.6	14.4	21.4	56.1	27.3
见税务官要送礼的企业占比	35.6	—	—	—	—	—	—	—	49.4	—	—	—
给官员非正当支付企业占比	59.8	—	—	—	—	—	—	—	27.6	—	—	—

7. 物流业科技管理水平指标

从物流业的科技管理水平来看，我国总量指标均居各国前列，涉及人均比率指标欧洲国家居前列。如科技论文数指标居世界第一，其他国家均居世界前列；研发成本占GDP中，美国、日本、德国、法国领先，我国紧随其后分数在214个国家中排名靠前；从事研发的研究人员（每百万人口）、每百人上网数、海关程序效率等指标在世界排中上游位置；每百人手机数排世界靠后位置，意大利和俄罗斯世界领先。

表13 　　　　　　　物流业科技管理水平12个国家指标分数（2014年）

指标 \ 国家	中国	美国	日本	德国	法国	英国	意大利	加拿大	俄罗斯	巴西	印度	南非
研发成本占GDP	82.1	91.6	95.8	93.7	87.4	80.0	71.6	81.1	68.4	69.5	62.1	58.9
科技期刊论文	100.0	—	99.5	98.4	97.9	98.9	97.3	—	94.1	93.6	95.7	83.4
从事研发的研究人员（每百万人口）	51.7	81.6	89.7	82.8	80.5	83.9	63.2	87.4	73.6	43.7	25.3	34.5
每百人上网数	53.5	86.6	92.1	91.6	89.6	95.5	69.3	93.1	68.8	60.9	23.3	50.0
每百人手机	28.9	44.3	55.7	64.2	44.8	77.1	92.5	30.8	91.0	73.1	26.4	77.6
海关程序效率	63.8	72.5	78.5	81.2	77.2	85.9	53.7	80.5	10.7	6.0	45.0	61.1

（三）确定权重及综合排名

1. 主要指标确定权重

选取总量指标权重为0.5，比率指标权重为1。在得到每项指标的分数之后，我们按照给出的权重进行综合，计算每个经济体的综合评分。

由于数据缺失的原因，即使我们用近5年单项指标已有数据的算术平均值，也有些经济体在一些指标上没有数据。我们在综合的时候不能将这些缺失数据设为0。为此，我们在加权平均得到综合分的时候利用以下公式：

$$某经济体综合分 = \frac{\sum_{非缺失数据指标集合} 该项指标权重 \times 该经济体该项指标分数}{\sum_{非缺失数据指标集合} 该项指标权重}$$

前文提到，按照2014年的人均GDP数据，中国在73个较大经济体中排名第39，在41个相近经济体中排名第21。如果按最近5年人均GDP的平均值，中国在73个较大经济体中排名第43，在41个相近经济体中排名第25。如果物流环境完全与人均GDP高低相关，中国与73个较大经济体比较的加权平均分数应该是：47.18分，在与41个相近经济体比较的加权平均分数应该是：47.5分。

2. 多国物流环境及 GDP 比较

依照上面物流环境关键指标计算的分数，可以看出美国的人均 GDP 指数高于美国的物流业发展指数；中国的物流业发展指数高于人均 GDP 指数。美国的物流业发展指数和人均 GDP 指数均高于中国，但近年来差距在缩小。

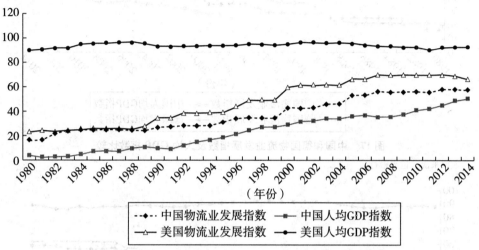

图 15　中国和美国物流业发展指数及人均 GDP 指数比较

数据来源：世界银行。

日本的物流业发展指数一直缓慢上升，人均 GDP 指数有下降上升的波动趋势，日本的物流业发展指数和人均 GDP 指数高于中国。

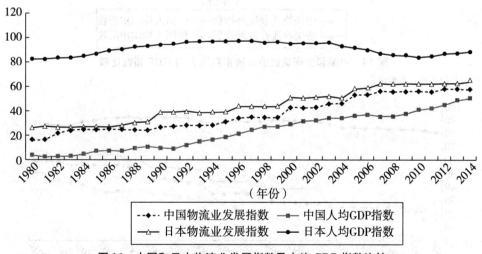

图 16　中国和日本物流业发展指数及人均 GDP 指数比较

数据来源：世界银行。

德国和法国的人均 GDP 指数和物流业发展指数波动类似，同时物流业发展指数和人均 GDP 指数高于中国。

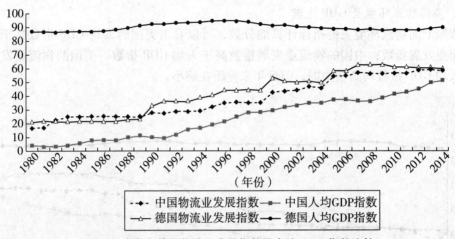

图 17　中国和德国物流业发展指数及人均 GDP 指数比较

数据来源：世界银行。

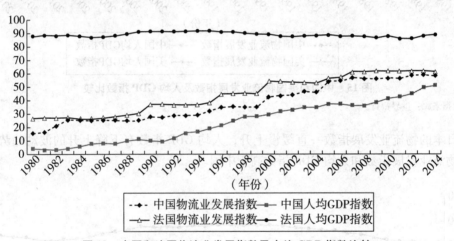

图 18　中国和法国物流业发展指数及人均 GDP 指数比较

数据来源：世界银行。

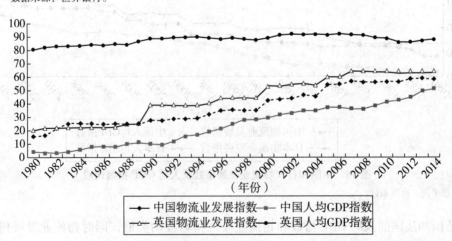

图 19　中国和英国物流业发展指数及人均 GDP 指数比较

数据来源：世界银行。

英国的人均 GDP 指数高于中国，近年来差距在缩小；物流业发展指数 1990 年之前与中国类似，1990 年后物流业发展指数高于中国。

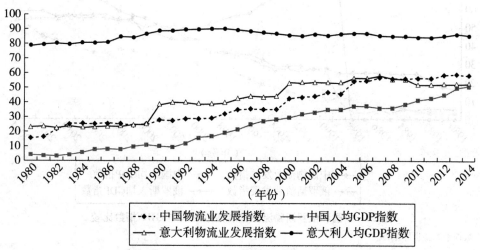

图 20　中国和意大利物流业发展指数及人均 GDP 指数比较

数据来源：世界银行。

意大利的人均 GDP 指数高于中国，近年来差距在缩小；物流业发展指数 1990 年之前与中国类似，1990 年后物流业发展指数高于中国，2007 年意大利物流业发展指数下降，中国物流业发展指数上升，两国物流业环境指数相等。

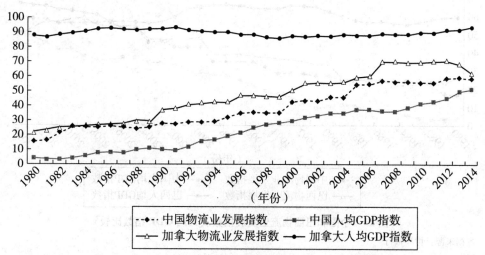

图 21　中国和加拿大物流业发展指数及人均 GDP 指数比较

数据来源：世界银行。

加拿大 2012 年、2013 年和 2014 年的物流业发展指数下降和人均 GDP 指数上升，高于中国物流业发展指数和，两国差距在缩小。

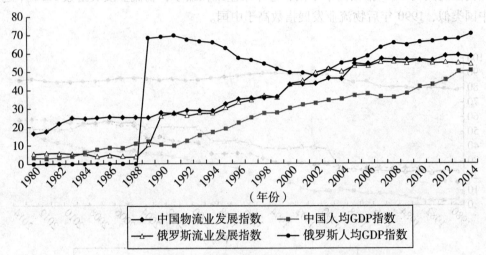

图22　中国和俄罗斯物流业发展指数及人均 GDP 指数比较

数据来源：世界银行。

　　俄罗斯人均 GDP 指数从 1990 年下滑，至 2002 年开始上升，但始终高于中国人均 GDP 指数；物流业发展指数略高于中国，从 2005 年开始中国与俄罗斯物流业发展指数基本相同，2012 年中国物流业发展指数超过俄罗斯。

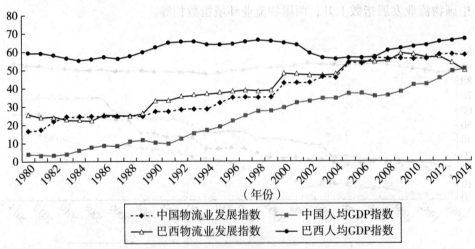

图23　中国和巴西物流业发展指数及人均 GDP 指数比较

数据来源：世界银行。

　　巴西人均 GDP 指数 2000 年下降，2006 年开始上升高于中国人均 GDP 指数；物流业发展指数 2008 年开始下降，中国 2012 年物流业发展指数超过巴西。

　　中国人均 GDP 指数高于印度人均 GDP 指数，印度物流业发展指数与中国物流业发展指数相近，两国物流业发展指数高于人均 GDP 指数。

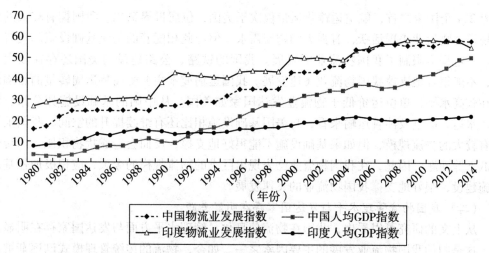

图 24　中国和印度物流业发展指数及人均 GDP 指数比较

数据来源：世界银行。

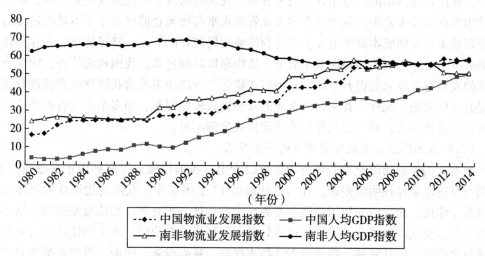

图 25　中国和南非物流业发展指数及人均 GDP 指数比较

数据来源：世界银行。

南非人均 GDP 指数近年有所下降，中国人均 GDP 指数持续上升，两者差距逐渐缩小；南非物流业发展指数 2008 年开始略微下降，中国物流业发展指数持续上升，2012 年开始中国略高于南非物流业发展指数。

八、国内外物流成本比较研究结果与思考

本文从多个角度对国内外物流业发展进行了比较分析，通过本文的比较分析，我们可以更加清楚地看到我国物流业的发展现状和存在的问题。本部分主要对全文的研究结果进行归纳总结。

（一）我国物流规模较好，基础设施建设有待加强

从上文的研究可以看出，我国的铁路货运量、公路货运量和港口运输集装箱都位居

世界 214 个国家之首，航空运输货运量仅次于美国，位居世界第二。我国拥有较大的物流规模。物流业表现活跃，有强大的物流需求。但与此相配套的物流基础设施却支持不足，一定程度限制了我国物流业的发展。我国的铁路、公路建设与美国还存在较大差距，不能很好地支撑我国物流业飞速发展。我国运输成本主要受高货运周转量的影响保持在较高水平，单位运价低于物流业发达国家如美国。从中国的基础设施如公路、铁路、水运、航空及油管运输来看，与美国基础设施相比还有继续提升的空间。我国虽然拥有较大的物流规模，但如果基础设施不能很好地支撑，反而会造成货物积压、周转效率低下等问题。因此，在我国物流业已表现出巨大的物流规模的今天，应积极加强基础设施建设，很好地支撑我国物流业的飞速发展。

（二）我国物流管理水平与发达国家存在明显差距

从上文的研究可以看出，我国在物流信息化、管理水平方面与发达国家存在明显差距，这是制约我国物流业发展的主要因素之一。如今，物流的传统管理模式已逐渐被高科技、信息化管理模式取代。我国的科技发展水平从某种程度影响了我国的物流现代化水平。我国物流活动的信息化管理尚未普及。我国的物流系统化表现较差，多式联运与发达国家存在较大差距。我国因为物流业管理水平与物流仓储保管水平不足而造成的物流管理成本与仓储成本高于世界上其他物流业发展较好的国家。路径优化、库存周转等方面表现不足，造成我国物流效率低下，货物滞留时间过长。我国物流管理、物流仓储园区的发展存在较大的提升空间。发展多式联运、冷链物流改善我国物流业管理仓储水平是必要的措施。此外，我国物流企业的管理模式较为混乱，很多企业没有找到适合自己的物流管理模式，对于现代化物流管理模式理解不足。

（三）我国物流业发展环境有待进一步改善

从本文构建的物流业发展环境指数可以看出，我国物流业发展环境正在逐渐改善，但仍与发达国家存在明显差距。在与之比较的 12 个国家中，我国的物流业发展环境指数仅高于印度，充分说明我国物流业发展环境有待进一步完善。加快与发达国家缩小差距的步伐，给我国物流业的发展创造良好的发展环境迫在眉睫。本文构建的物流业发展环境包含经济、对外贸易、物流成本、物流规模、基础设施、能源、管理水平等多方面内容，较为全面地反映了物流业发展所需要的环境支持。从上文的研究发现，我国在经济、物流成本、基础设施、能源利用、管理水平等方面还有待加强。物流业的发展是一个综合过程，不仅仅与物流内部活动有关，还离不开相关产业的支持。因此，从多方面改善我国物流业发展环境势在必行。

（四）我国物流成本核算方法有待进一步改进

在本文中，对我国和欧美日三国的物流成本核算方法进行了比较分析。我国在物流成本核算方法上还存在一些弊端，有待进一步改进。以美国为例，两国物流成本核算方法宏观上一致，但在统计口径的细目上两国表现出了分歧。美国物流成本的计算相对为全口径核算方式，美国物流成本计算全面涵盖了批发、零售、服务、农业、建筑业等行业。中国以存货持有成本来看，已经包含了配送费用等，在运输成本中与交通费用存在交叉，其他费用细目上也有重复，过多的重复计算会导致物流成本偏高，不能完全真实反映物流成本。物流成本的测算与统计口径密切相关。统计口径的改变，会直接导致物流成本与 GDP 比率的变化，因此为更好地反映我国物流成本发展状况，进一步改进我国物流成本核算方式迫在眉睫。

（五）应理性看待我国物流成本与 GDP 的比率（18%）与发达国家的差距

近年来，我国的物流成本与 GDP 的比率居高不下，与发达国家存在较大差距。但如果单从这一指标来看我国物流成本与发达国家的差距是不够全面的。首先，物流成本与 GDP 的比率与测算方法有关，我国的测算方法存在少许重复，会造成这一比率偏高；其次，物流成本与 GDP 的比率与统计口径有关。但我们也需要承认，我国的物流成本与 GDP 的比率相比于发达国家，确实偏高。中国产业构成的变化不是短期实现的，并且不以产业构成对标美国产业构成为目的，产业构成是多种因素决定的，因此在中国的物流成本核算方法下，适合的物流成本与 GDP 比率可以反映物流业的健康良性发展，该比率并非越低越好。我们应该找准影响物流成本的主要因素，从可操控的因素入手，逐步缩短与发达国家的差距。正如前文所述，影响物流成本的因素主要包括自然地理环境、经济环境、产业结构、基础设施、管理科技水平、社会治理、市场化程度，自然地理环境作为客观因素，我们无法改变，只能尽可能优化产业布局；经济环境、产业结构是由国家经济发展阶段决定的，我国目前作为发展中国家，经济环境、产业结构与发达国家存在一定差距是必然的，短期内无法赶超发达国家，只能尽可能加快经济发展步伐，缩短与发达国家的差距；而在基础设施、管理科技水平、社会治理和市场化程度等方面，我们是可以有所作为的。我们应当瞄准目标，找准差距，加大改善力度，从而降低我国物流成本，促进我国物流业发展。

九、关于降低我国物流成本的政策建议

物流成本控制是提升一国竞争力的重要因素之一，同时又是一项系统工程，它需要决策者具有系统性和全局性眼光。不仅要遵循物流总成本最低的原则，而且要充分考虑物流成本与物流服务之间的关系。对中国而言，降低我国的物流成本需要多方的合作。

（一）选择适合我国国情和企业现状的物流运作方式

从物流运作方式来看，主要有一下几种：一是企业将物流业务全部委托给第三方物流公司，该种方式下，企业可以致力于核心竞争力的提升，简化物流管理程序，但是企业对物流运作的控制力较弱，在一些特定的情况下反馈机制不够顺畅，难以及时满足来自客户的个性化需求。二是企业内部设立物流运作部门或物流子公司，专门承担企业的物流管理和运作职能，该种方式下，企业物流运作部门可以引入专业化的物流管理技术，合理且有效地安排与组织企业的物流活动，特别是在信息共享方面，这种方式的优势较为突出；第三种物流运作方式是企业内部设立专门的物流管理部门，由于具体的物流运作分散在采购、生产、营销等多个部门，在该种方式下，企业会有专职人员从事物流管理工作，有利于全面了解和分析企业的物流活动，提出成本控制意见。

（二）构建高效率的物流系统和社会化的运营网络

系统化是现代物流的重要特征之一。可以说，现代物流包含了产品从"生"到"死"的整个物理性的流通过程。从原材料采购开始，经过生产过程再进入销售领域，这一过程要经过运输、仓储、包装、装卸搬运、流通加工等活动，通过统筹协调、合理规划，控制整个商品的流动，确保所有物流活动的有序运作和无缝衔接，对于降低物流成本具有重要意义。当然，物流系统构建后，并不是一成不变的，企业要根据客户需求、环境和条件变化等，及时评价并改善系统，不断提高系统效率。

（三）基于网络与信息技术建设物流公共服务平台

电子数据交换技术和国际互联网的应用，使物流质量、效率的提高以及物流成本的降低更多地取决于信息管理技术。发展信息技术的目标是实现物流的信息化、自动化和智能化。物流的信息化是指商品代码和数据的建立、运输网络合理化、销售网络合理化、电子商务和物流条形码技术应用等。物流的信息化可实现信息共享，使信息的传递更加方便、快捷、准确，提高整个物流系统的效率，进而最大限度地减少物流成本；物流自动化的核心是机电一体化，自动化除了可以实现无人化操作，还可以扩大物流作业能力、提高作业效率、减少作业差错等；物流的智能化主要应用于物流决策领域，包括库存水平的确定、运输及搬运路径的选择、自动导向车的运行轨迹和作业控制、自动分拣机的运行、物流管理的决策支持等问题都需要借助智能化专家系统才能解决。

物流与供应链公共服务平台是为了物流业的发展，针对公共需求，通过组织整合、集成优化各类资源，提供可共享共用的基础设施、设备和信息资源共享的各类渠道，为用户群体的公共需求提供统一的辅助解决方案，达到减少重复投入、提高资源效率、加强信息共享的目的。通过公共服务平台的建设，充分整合现有贸易、运输、仓储、加工以及金融合作伙伴，提高合作各方运营能力。

总之，充分利用现代信息技术，对于提高物流管理水平和降低物流成本具有重要意义。

（四）进一步挖掘和整合现有物流资源

以整合第三方服务资源为基础，以企业转型为升级契机，鼓励企业把物流、采购、研发等业务剥离，使在物流、采购、研发等业务方面有较强发展基础的企业，通过服务社会的过程培育第三方服务外包，使这些业务从成本中心，向利润中心转型，从而抓住市场机遇的同时实现企业的完美转型与升级。

在规划和基础设施建设方面，希望能结合土地管理、税收机关和财政部门的力量，协调配合和给予适当的政策性倾斜和适当的财税补贴。在土地使用方面，建议给予在用地方面稳定、持续用地优惠政策，如减半征收土地出让金，免征城镇土地使用税等，以减轻现代物流服务体系建设成本。

（五）鼓励物流企业创新发展

物流管理创新的领域和方法很多，物流企业应从实现战略目标、降低物流成本的要求出发，选择合适的管理创新方式。企业要积极推行作业成本法，拓展物流成本的范围，全面掌握物流成本开支情况，为物流成本管理和控制提供可靠依据。同时，行业协会及相关职能部门应该积极推行物流标准化，按国际惯例和国家通行标准制定物流计算标准、物流设施标准等，规范物流成本的构成和计算，对物流的每个环节都实行统一的技术标准和管理规范。此外，企业应当主动使用"看板"系统，推行以"零浪费"为目标的 JIT 管理方式，减少库存数量，降低库存成本。更重要的是，企业和政府都应该正确树立供应链思维，从供应链的视角实施物流成本管理，将供应链中的各个节点看作一个整体，将流通活动的各个环节结合起来，各个企业之间通过竞争与合作的管理降低社会物流成本，提高物流服务水平。

（六）从政策层面降低税费，减轻物流企业运营压力

一方面转变政府职能，加快行政审批制度改革，取消不必要的行政审批项目，精简审批手续，简化审批程序，提高行政效率。同时，改进政府服务方式，完善服务内容，实行"一站式"服务或"楼宇式"服务，对投资项目的申办、建设、运行实行一部门受理、内部衔接、首问负责、全程服务的服务模式。设立服务热线，定期向投资者和企业发布各种政策和信息，受理企业的建议、咨询、投诉和求助等事项，使企业遇到的困难和问题能得到及时解决。通过政策驱动行业整合与合作，引导企业改善技术装备，提高管理水平，实现降低物流企业的运作成本。政策驱动要素可以是降低水电成本、厂房租金、基础设施建设的"贴费"或对报关、进出库、仓储等成本优惠调整等。

课题组成员名单

课题主持人：陈丽华　　北京大学光华管理学院管理科学与信息系统系主任、教授

课题组成员：王其文　　北京大学光华管理学院教授

何　辉　　中国物流信息中心副主任

陈耀东　　德国邮政 DHL 集团公共政策部东北亚区副总裁

闫淑君　　中国物流信息中心物流统计处处长

洪　昊　　德国邮政 DHL 集团公共政策部中国区经理

王　曼　　北京大学光华管理学院博士研究生

廖　博　　北京大学光华管理学院博士研究生

汪云芳　　北京物资学院博士研究生

参 考 文 献

［1］世界银行网站世界发展指数（WDI）［EB/OL］. http：//data. worldbank. org/products/wdi .

［2］中华人民共和国国家统计局［EB/OL］. http：//www. stats. gov. cn/.

［3］Bureau of Transportation Statistics U. S. ［EB/OL］. http：//www. rita. dot. gov/bts/sites/rita. dot. gov. bts/files/publications/national_ transportation_ statistics/index. html.

［4］国家发展与改革委员会，中国物流与采购联合会. 社会物流统计核算与报表制度［R］. 2014.

［5］中国物流与采购联合会，中国物流技术协会，中国物品编码中心等. GB/T 18354 - 2006 物流术语［M］. 北京：中国标准出版社，2007：5.

［6］ROSALYN WILSON. 23rd Annual State of Logistics Report［R］. National Press Club, Washington DC, 2013.

物 流 管 理 篇

物联网环境下供应链管理的创新模式与方法研究[*]

内容提要： 21世纪是信息化主导的时代。现代科学技术的飞速猛进，大数据、云平台、感知技术等使物联网技术、车联网技术等迅速服务于经济社会，追求整体效益最优的供应链管理模式已经引起人们的高度重视。如何在物联网环境下不断创新供应链管理模式与方法，通过物联网技术与供应链管理的契合研究，构建出基于物联网技术的协同供应链、敏捷供应链和创意供应链，将直接关系到物流配送在经济社会转型升级过程中作用的发挥，从而直接影响到现代社会的转型升级的成效。

本课题在分析物联网技术的兴起、物联网的概念、物联网应用状况等问题的基础上，进一步分析了供应链管理的运作流程和物联网技术与供应链管理的契合分析，接着，重点研究了协同供应链模式、敏捷供应链模式和创意供应链模式，深度分析了三种模式的基本特征、要素构成、运作模式和系统结构，分别构建了协同配送方式、协同配送系统、敏捷配送的组织架构和驱动机制等模型，尤其是对创意配送供应链的研究，成功地将创意经济的相关理念融入到末端配送领域中来，创造性地设计了创意配送主要环节的相互关系及运营模式。为确保上述供应链模式的有效运行，最后又探索了物联网技术支撑的供应链管理的创新方法，主要研究了供应链采购中的鲁棒控制及优化方法、供应链库存及运输过程中的联合决策方法、供应链风险预警和防范方法等。

本课题站在物流配送领域发展的前沿，对末端配送供应链的构建和运营提出了一系列战略性的思考。

一、物联网的本质内涵和应用现状

（一）物联网技术的兴起

在比尔·盖茨1995年《未来之路》一书中最早出现了物联网的观念，其英文名为Internet of Things（IOT）。1999年美国出现了狭义的物联网概念，认为物联网就是传感器网，提出"传感网是21世纪人类面临的新发展机遇"后，开始受到世界各国的广泛关注。2005年在信息社会世界峰会上国际电信联盟发布了《ITU互联网报告2005：物联网》中正式给出了广义的物联网定义，创建了一个全新的动态网络，为信息技术和通信技术增添了新的维度，在任何时间、任何地点、任何人之间的信息交换外，再加入任何物体[1]。指出物联网的本质就是借助传感、传输技术、信息系统平台和网络应用体系，实现实物信息的自动、适时、全天候、大范围的标记、采集、传输和分析，构建社

---

[*] 本课题（2014CSLKT2-003）荣获2014年度中国物流学会课题优秀成果奖一等奖。

会生产生活中信息互动性强、决策智能化高的综合性网络系统[2]。这一概念大大突破了传感器网的范围，利用 RFID 技术、EPC 技术、传感器技术、模式识别技术等完成对实物的自动识别与信息共享，构建起覆盖传感器、云计算、泛在网络的智能系统，真正实现对实物的"透明管理"。2008 年 11 月，IBM 董事长兼 CEO 彭明盛在纽约召开的外国关系理事会上，正式提出"智慧地球"（Smart Planet）。他们认为：智慧化是世界基础结构的发展趋势，主要包括无处不在（Instrumented）的能度量、可感应的信息源，让一切互联互通（Interconnected）的网络，和使一切更加智能化（Intelligent）的物联网平台[3]。

"智慧地球"概念的提出全面推进了物联网的建设，2009 年美、欧、日等发达国家积极制定物联网发展战略，这一年被视作物联网"元年"。2009 年 1 月 28 日，美国总统奥巴马召集美国工商业领袖举行了一次圆桌会议。会上 IBM 首席执行官彭明盛（Sam Palmisano）阐释了"智慧地球"（Smart Planet）理念，建议奥巴马政府大力支持新一代智慧化基础设施建设。美国政府积极回应并将它列为振兴经济的重要创新战略。为推进欧洲智慧城市的发展，欧盟分三步实施促进智慧城市发展的战略，即欧盟通过实施"i2010"战略、欧洲 2020 战略和"智慧城市和社区欧洲创新伙伴行动"，循序推进并资助成员国智慧城市的发展。2000 年由隶属于日本首相官邸的 IT 战略本部提出了"e‑Japan 战略"，希望能提升日本整体 ICT 的基础建设。2004 年，日本推出了下一代国家信息化战略，称作 u‑Japan，它的理念是以人为本，实现所有人与人、物与物、人与物之间的连接，即所谓 4U = For You（Ubiquitous，Universal，User‑oriented，Unique）。日本政府 IT 战略本部于 2009 年 7 月 6 日制定了《i‑Japan 战略 2015》，希望构建一个数字信息技术无所不在的便利社会。

我国提出"感知中国"计划来应对激烈的国际竞争，物联网被列入"十二五"规划国家战略新兴产业，计划在 2020 年前投资 3.86 万亿元用于物联网技术研发，并出台了一系列配套的优惠政策[4]。在这一背景下物联网迅速发展，浙江、江苏、湖北、湖南、山东、辽宁、四川、河南、安徽等省则先后提出建设"智慧城市群"的概念，智慧城市建设成为国内新一轮城市发展与转型的创新引擎，目前全国建设智慧城市的城市达 400 多个，物联网广泛应用于物流、道路、交通、电力、环保、医疗等众多行业。现在物联网的实践日趋成熟，全世界 2000 多个城市借助物联网技术实现全面的互联化、物联化、智能化城市运行管理，构建宜居的智慧城市。物联网的应用延伸到商务贸易、医疗教育、交通物流、公共管理、水电资源、环境保护、社区生活、灾害防控等各个方面，充分的利用信息、合理的配置资源，提高了生产生活效率，有力推动经济社会的转型发展。

（二）物联网的概念

1. 物联网定义

物联网（Internet of Things，IOT）利用射频识别装置、红外感应器、全球定位系统、激光扫描器等设备获取物品标识中的信息，把所有物品接入网络，实现识别与管理的智能化。物联网以 EPC 编码为基础，为物品提供唯一的标识，制作成 RFID 电子标签后贴在需要管理的物品上，在需要的位置安装 RFID 接收转发装置，可以实现对物品的定位、跟踪、追溯和管理，特别是在产品的生产、配送、仓储、销售等一系列环节能发挥有效的管控作用，极大地降低了运作成本，提高了供应链管理效率。

2. 物联网技术

物联网的核心技术主要由 EPC（Electronic Product Code）编码、RFID 电子标签、RFID 读写器、SAVANT 软件、对象名解析服务（Object Naming Service，ONS）和实体标记语言（Physical Markup Language，PML）6 方面组成，如图 1 所示。

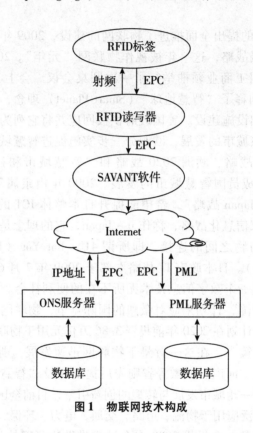

图 1　物联网技术构成

（1）EPC 编码

EPC 编码即标准产品电子代码，是为了识别产品而分配的规范化、统一化编码，符合全球通用的 EAN. UCC 信息编码规则。每个产品的 EPC 编码都是唯一的，能够通过这个编码获取产品在相关数据库中的动态信息。产品的 EPC 编码由四部分构成：一是 EPC 码版本号（Header），标识编码方案是 64 位还是 96 位；二是持有者码（EPC Manager），标识产品的所有者或者制造商；三是产品类别码（Object Class），标识制造商的各类产品；四是产品序列码（Serial Number），标识某类产品中的各个单品。以 96 位方案的 EPC 编码为例，可以为全世界 2.68 亿公司编码，每个公司又可以为 1600 万种产品编码，通过这种统一的标准，可以为世界上任何产品赋予独一无二的编码。

（2）RFID 电子标签

RFID 电子标签即射频标签，它是产品 EPC 编码的存储载体，包括微型芯片、内置天线和其他连接部件。在数据交换时，内置天线传输无线信号，RFID 阅读器读取 RFID 电子标签中的信息。按照能量来源的不同，RFID 电子标签可分为主动式和被动式，主动式电子标签有内置电源，识别距离远大于被动式电子标签。

（3）RFID 读写器

RFID 射频读写器的功能是通过射频技术读取电子标签信息，或者将信息写入电子标签。RFID 射频读写器发射出无线信号激活标签，读取进入识别范围的标签信息，并通过计算机网络系统在应用软件和电子标签间传递数据。RFID 读写器能够同时读取几个电子标签，读写器的电源和频率决定了读取的范围。

（4）SAVANT 软件

每件产品都使用 RFID 电子标签后，在生产、配送、储存、销售过程中，RFID 射频读写器会收到大量的电子产品编码。为了有效地传输和管理数据，Auto – ID center 开发了 SAVANT 软件系统，它能够完成海量数据的读取和处理，并会在数据流到达企业应用系统前对数据进行过滤、计算、集成和压缩，减少网络数据流量，在 RFID 读写器和企业应用系统中起到良好的衔接作用。

（5）ONS 对象名解析服务

对象名解析服务 ONS 与互联网的域名解析服务 DNS 相似，它是物联网的自动网络服务系统，提供对象名称解析服务。ONS 解析 RFID 电子标签内的编码后，通过 ONS 运算器格式化转换字符把电子编码转换成 EPC 域名，ONS 再次查询域名，反馈和域名相对应的一个或者多个 PML 地址。

（6）PML 实体标识语言

实体标识语言（PML）是在可扩展标识语言（XML）进出上发展而来的，是描述实体标准、过程标准和环境标准的通用方法。PML 为企业应用软件开发、数据存储、数据分析搭建了广泛的层次结构。

3. 物联网架构

物联网的架构分为三层（如图 2 所示）：实物识别的感知层、信息传输共享的网络层、感知数据处理与分析的应用层。

（1）感知层

感知层用来识别、采集和捕获实物的内部属性（自身本质特征）和外部属性（所处环境特征），是物联网实现的基础。感知层包括传感和控制技术、RFID 技术、短距离无线通信技术、GIS 技术等，涉及 RFID 材料、芯片研发、通信协议开发、智能节点供电等相关行业。

（2）网络层

网络层是物联网的基础设施，起到连接感知层与应用层的作用。网络层通过相关服务器的高效解析与各种网络的融合传输，将感知的数据传输至业务应用系统。现有的移动通信网络和互联网是网络层的运作基础，物联网借助各种接入设备连接移动通信网络和互联网。感知数据管理与处理技术能够支持以数据为核心的物联网体系建设，提供感

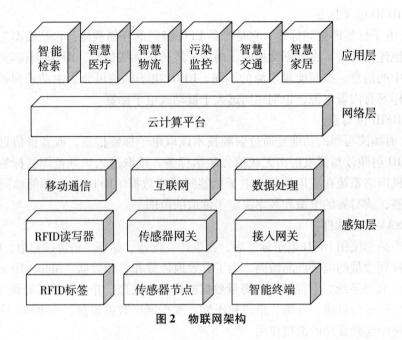

图2　物联网架构

知数据的储存、查询、分析、挖掘等辅助决策技术。云计算平台为海量数据的储存与分析提供保障，是网络层的重要构件，是应用层运作的关键。

（3）应用层

应用层是物联网建设的目的，也是物联网技术实现商业化的关键，用户所获得的丰富的个性化服务均离不开这些智能化处理的感知数据。物联网的应用包括：查询型，如智能检索、智慧医疗等；监控型，如智慧物流、污染监控等；扫描型，如高速公路收费、手机钱包等；控制型，如路灯控制、智慧家居等。

（三）物联网应用状况

2013年，我国物联网产值达4896亿元，物联网发展增速每年均在30%以上（如图3所示），物联网应用快速稳定发展。

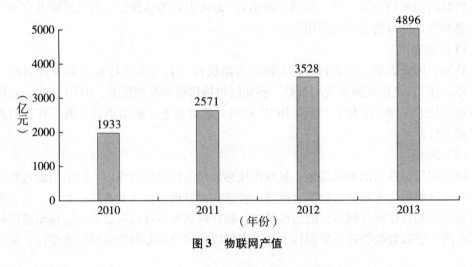

图3　物联网产值

从物联网的区域发展来看，已经形成了环渤海、长三角、珠三角、中西部地区四大区域集聚发展格局（如图4所示），物联网产业的优势资源在这些区域集中。长三角企业分布密集、研发机构实力雄厚、产业基础扎实，发展条件优越，物联网发展位居四大区域之首。

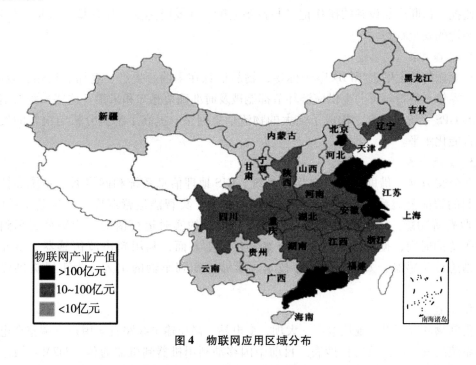

图4 物联网应用区域分布

我国物联网的应用主要集中在智能工业、智能物流、智能交通、智能电网、智能医疗、智能农业、智能环保和智能家居方面，如图5所示。

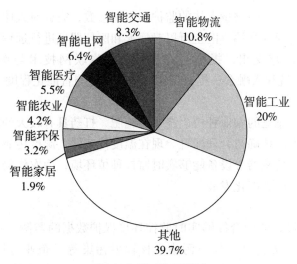

图5 物联网应用领域

数据来源：赛迪顾问物联网产业数据库2012。

1. 智能工业

物联网技术极大地提升了生产参数采集、生产过程检测、材料消耗检测、生产设备监控能力，有助于智能控制、智能决策、智能诊断、智能维护水平的提升，促进了生产工艺的优化与生产过程的智能化。把各种传感技术融入到制造技术和生产环境中，能够远程监控、诊断产品设备的操作记录与设备故障，并及时感知工作环境中人员、机器、周围环境的安全状态。

2. 智能物流

在配送物品上贴上 RFID 电子标签，物品信息在采购、生产、仓储、运输、装卸、配送、零售、消费等每一个供应链环节都能被及时准确地感知和采集。这些采集的信息与 GIS/GPS 系统相结合，构成了强大的物流信息网络，提高了物流分析与决策的便利化与智能化水平。

3. 智能交通

在公交方面，借助 GPS 全球定位系统、GIS 地理信息系统和网络通信系统等技术构建起的智能公交系统，能够实现电子站牌发布、集智能运营调度、快速公交系统、IC 卡收费等功能。市民查询系统可以了解公交车的实时运行情况，明确公交车到站需要等待的时间，搜索最佳的乘车方案。在停车方面，利用超声波传感器、摄像感应、地感性传感器、太阳能供电等技术，能够感知到车辆的出入，为市民提供停车信息。

4. 智能电网

借助物联网可以实现从电厂、大坝、变电站、高压输电线路直至用户终端整个电力传输系统的安全监控及远程抄表。目前中国移动利用机器到机器通信（M2M）技术为南方电网建设智能电网系统，在大客户负荷管理、配变监控等领域广泛使用的电能计量自动化系统，把南方电网的故障处理效率提高了一倍。

5. 智能医疗

应用物联网可以便捷的测量人体的监护和生理参数，完成对人体状况的监控，实时把数据传输到医院的通信终端，医生可以对病人和医疗器械进行远程监控、对病人展开网络会诊，节省了医疗支出，提高了医治效率。物联网技术与医院管理信息系统（HIS）、药品物流系统深入融合，提升了医疗的信息化与智能化程度。

6. 智能农业

传统凭经验、靠感觉的农业种植、浇水、施肥、打药具有较大的随意性，不能保证农业种植的需要要素的精确与合理配置。现在温度传感器、湿度传感器、pH 值传感器、光传感器、二氧化碳传感器等设备能够实时监控种植环境，为农作物准确提供最佳的营养元素，促进了农业的智能化发展。

7. 智能环保

物联网与环保设备的融合能够实时监控环境保护数据的监测，如水污染、空气污染、化学品污染、固废污染、噪声污染、核辐射污染等。企业可以精确掌握排污情况，及时跟进处理。政府可以及时掌握第一手数据，为政务决策与行政处罚提供依据，加强环境保护。公众可以通过门户网站了解当前的环境情况，满足公众的知情权与监督权。

8. 智能家居

物联网在智能家居方面有很好的用户基础，利用感应技术，建筑物内的照明灯可以完成亮度的自动调节，建筑物的情况通过物联网和 GPS 的实时连接，可以在电子地图上准确显示出建筑物的地理位置、人流情况和安全状况等信息。借助物联网，还可以将家庭内部的家电产品连接起来，完成服务与设备的互动。

（四）小结

物联网技术是本课题研究的基础，本部分在综述物联网产生背景和物联网概念的前提上，进一步分析了物联网由感知层、网络层和应用层构成的圈层结构，系统梳理了物联网技术和产业发展的现状，尤其对物联网技术在相关产业的应用作出了简明回顾。

二、供应链管理的运作流程

（一）供应链的构建

供应链管理是围绕核心企业，对采购、制造、仓储、运输、配送、销售等一系列环节进行整体管理，推动供应商、生产商、分销商、最终客户的一体化进程，有利于信息流、物流、资金流、商流的有效计划、组织、监督和控制，从而实现整个供应链的资源共享、信息共享与利益共享[5]。按照供应链运作参考模型（Supply Chain Operation Reference Model，SCOR），供应链的构建可以分为绩效衡量层、配置层和流程元素层三个层次，如图 6 所示。

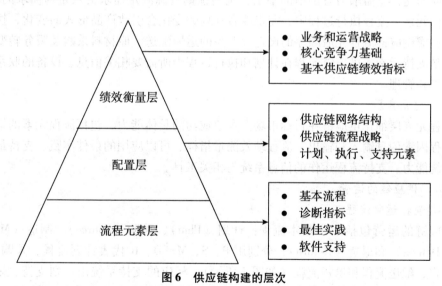

图 6　供应链构建的层次

1. 绩效衡量层

绩效衡量层体现供应链构建的主要目标与性能特征，指导所有的供应链流程运作。供应链的绩效衡量指标需要与供应链上节点企业的目标相结合，衡量工作具有可重复性，能够测评各层次的供应链活动，有助于促进供应链的有效管理。主要的供应链构建绩效衡量指标如表 1 所示。

表 1   供应链构建绩效衡量指标

绩效层面	表示意义	衡量指标
供应链速度	供应链满足客户需求的速度	订单完成提前期
供应链柔性	供应链应对市场变化的能力	供应链响应时间
		生产的柔性
供应链成本	供应链运作消耗成本的情况	产品销售
		供应链管理总成本
		产品保证成本/退货处理成本
供应链效率	满足供应链运作资源利用的有效性	现金周转时间
		供应库存总天数
		净资产周转次数

2. 配置层

配置层由 26 种核心流程构成，企业可以选择配置层中的标准流程单元构建自己的供应链，也可以为每一种产品、每一个型号构建供应链。每一个供应链流程的构建需要三种元素的支持：一是计划元素，计划元素能协同供应链流程上的部门与企业，覆盖整个规划周期达到总需求与总供给的平衡，调整预期资源满足需求的数量与需求的时间；二是执行元素，流程执行过程中，需求或者计划的变化会引致产品形式的变化，执行元素能够完成供应链流程先后顺序的设定、产品的运输配送、原材料采购及服务转变等运作；三是支持元素，供应链流程在计划和执行过程中所需要相关信息、设备的联系、准备、维护和管理。

3. 流程元素层

流程元素层细化供应链在目标市场上竞争成功的具体能力，包括流程元素的综合定义、流程因素信息输入和输出、流程绩效测量指标、可以应用的最佳实践、支持最佳实践的系统能力、支持流程运作的信息系统与相关工具。

（二）供应链的运营

1. 供应链运营流程

供应链的运营包括 5 个基本流程：计划（Plan）、采购（Source）、制造（Make）、配送（Deliver）和退货（Return），分别用 P、S、M、D、R 代表计划流程、采购流程、制造流程、配送流程和退货流程（如图 7 所示）。相应的支持系统由计划支持、采购支持、制造支持、配送支持和退货支持构成，支持系统用 E 加上流程代号表示，如 EP 代表计划支持系统、ES 代表采购支持系统。

（1）计划

一是供求计划，制订企业的整体生产能力计划、总体需求计划、产品渠道计划、产品生产计划、物料需求计划、产品分销计划；二是制造计划，主要有采购决策计划、供应链结构设计、长期生产能力规划、产品生命周期分析、产品线管理、产品衰退期过渡等。

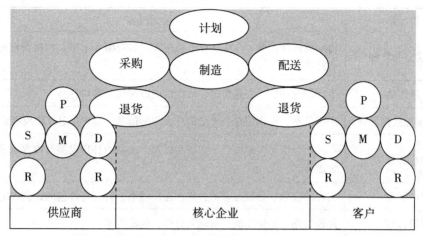

图7　供应链运营流程

（2）采购

一是供应商的确定与原材料的接收，完成供应商评估、原材料规格管理、采购合约管理、采购品质管理、进货运货条件管理，确定原材料的获取、接收、检验、拒收、入库等流程；二是明确原材料的运送及安装管理，确立原材料的运输管理、付款条件及安装进度；三是制定采购业务的规则及原材料存货管理方法。

（3）制造

一是生产运作，规划工程进度、产品制造测试、现场管理、生产情况分析、产品质量管理、短期生产计划制订、物料管理、包装出货、在制品运输等流程；二是生产支持业务，制定在制品库存管理和制造业务规格管理方法。

（4）配送

一是订单管理，包括订单获取、产品报价、客户资料管理、订单分配、产品价格管理、客户信用管理、收款与发票管理、应收账款管理等流程；二是产品库存管理，包括产品的分拣、制作客户需要的包装与标签、装箱、包装、存储、整理产品确认单、运送产品等流程；三是产品运输与安装管理，安排运输调度、运输方式、安装进度、测试与试运行；四是配送支持业务，包括配送渠道决策、配送存货管理、配送品质管控与产品进出口业务。

（5）退货

一是原料退回，包括与合作伙伴的协商、文件资料的准备和退回原料的运送等业务；二是产品退回，接受客户退回的产品，包括与客户的沟通、文件资料的准备和产品实体的返回运输。

2. 供应链运营支持元素

支持元素构成了供应链运营流程的支持系统，每个流程包括9个支持元素，主要有规章建立与管理、业绩评估、信息系统与数据管理、库存管理、资产管理、运输管理、供应链网络管理、遵循法规管理和特殊元素，如表2所示。

表2   供应链运营支持元素

主要元素	包括内容
规章建立与管理	供应商选择标准、合作伙伴服务标准、客户服务水平、物料管理标准、配送标准
业绩评估	生产情况评估、配送情况评估、供应商评估、客户评估
信息系统与数据管理	采购信息、生产信息、配送信息、产品信息、客户信息、供应商信息
库存管理	产品组合情况，原材料、在制品以及产成品的补货模型及库存水平，仓储管理方式
资产管理	资产的获取、分配与维护，资产运作效率，自营与外包的比例确定
运输管理	运输线路、运输车辆、承运人管理、运输费率
供应链网络结构管理	供应网络、生产网络、配送网络、退货网络的管理
遵守法规管理	运输管制、进出口相关法律规定
特殊元素	企业战略规划、长期供应链能力的修正，订单及合同管理

（三）供应链的维持

供应链是在市场竞争中逐步形成的，供应链的不断成长与发展需要合作机制（Cooperation Mechanism）、决策机制（Decision Mechanism）、激励机制（Encourage Mechanism）和自律机制（Benchmarking）来维持，以实现供应链运作既定的目标。

1. 合作机制

战略伙伴合作关系建设和企业内外部资源集成优化利用是合作机制的核心内容，良好的合作机制可以使产品从研发设计、生产制造到投放市场的时间大幅减少。模块化、标准化、简易化的产品合作生产体系更加突出以客户为中心的经营理念，提高了企业的运作柔性与市场敏捷性。灵活合作的动态联盟与虚拟制造促进了外包策略的广泛应用，企业集成与整合的范围大大增加了，实现从中低层次内部流程再造到高层次的企业间战略协作。合作机制使供应链企业能够从更大的范围获取时间竞争优势和价值链竞争优势，是供应链维持的基本保障。

2. 决策机制

供应链的决策不是在单一企业内部完成的，而需要借助开放的信息网络系统完成企业间的信息交换与共享，做到供应链企业的整体化、集成化与同步化。随着新的信息技术的普遍适用，决策支持技术与系统能力的不断增强，企业决策的智能化程度越来越高，企业的决策环境也发生了巨大的变化。在这种情况下，供应链上的成员企业需要适应物联网时代开放信息环境下的群体决策模式。供应链决策机制能保障节点企业充分发挥各自的信息、资源、决策智慧，是供应链维持的智力保障。

3. 激励机制

良好的激励机制能有效协调供应商、制造商、经销商之间利益关系、持续提升供应链的运作效率。从短期来看，激励机制常常会增加某些节点企业的负担，例如实施VMI，生产企业库存成本减少，但供货企业的库存成本增加，这时核心企业就要给予损失企业必要的补偿，供应链激励机制经过一段时间的运作便越来越稳定，发挥出激励机制的长期作用。常用的供应链管理机制有订单激励、价格激励、投资激励、商誉激励、信息激励等方式，健全的激励和评价机制能成为节点企业乐于接受并努力践行的管理模式，是供应链维持的动力保障。

4. 自律机制

自律机制是供应链文化和节点企业素质的综合体现，自律往往是通过对比发现自身的不足，能够督促企业自主、自动、自发的向行业标杆看齐，对自身产品和服务进行全面评价并持续改进，使供应链上企业始终能保持独特的竞争优势。自律机制主要有企业内部的自律、同竞争对手对比的自律、同领头企业对比的自律、同供应链节点企业对比的自律。供应链上实施自律机制，能使供应链上企业更加相互了解、更加了解竞争对手的情况、进一步提升客户满意度，同时有效地降低供应链运作成本。供应链自律机制缩小了供应链企业间的差距，夯实了供应链成员的合作基础，是供应链维持的内在保障。

（四）供应链的更新

1. 需求拉动

传统供应链的核心动力来自于生产环节，先生产产品，然后再销往市场。传统供应链往往面临销售不畅和存货不足的双重风险。现在的市场需求变化越来越快，供应链必须适应市场的变化，及时做出更新与调整。客户从产品设计阶段就已经参与进来，采购、生产、运输、配送、销售、服务等供应链的每一个环节都需要从顾客的需求出发来设计，使产品能够更加符合客户的需求。市场需求要求供应链具有较好的适应性，能够满足客户在不同供应等级、不同价格水平上的需求。

2. 竞争推动

企业和企业之间的竞争逐步转变为供应链之间的竞争，企业为了在激烈的市场竞争中生存发展，不断地更新供应链，优化供应链的流程。当供应链在竞争过程中出现问题或者是发现可能出现的问题，必须及时协同供应链成员控制或减除出现问题的环节，立即采取完善与控制措施，迅速提升供应链的管理和服务质量。除了实务流程，还需要不断优化和更新工作流程、信息流程、资金流程，破除制约供应链发展的瓶颈，确保供应链产品的质量、运行的可靠性和客户的交付效率。

3. 协同要求

以往供应链上企业间互不相干，对抗争利关系明显，结果是两败俱伤。越来越多的企业认识到供应链上的所有环节都是一体的，供应链上的节点企业通过维护供应链的利益最大化来提升自身的赢利能力与持续发展能力。各个企业的资源和能力都是有限的，单独的企业要在行业内获得竞争优势十分困难，供应链上的企业必须准确定位，集中力量在自己擅长的领域，成为供应链上不可替代的一环。所有链上企业围绕客户需求的产品，不断的调整、优化、更新，使客户和供应链上成员均可获益。

4. 技术驱动

信息技术在不断发展，从之前的电话、传真到现在物联网、云计算、移动互联网等新一代信息技术，使得物流信息化程度飞速提高，物流自动化操作和智能化决策能力越来越强，节约了大量的人力、物流、时间等资源，优化和更新了供应链流程，供应链的结构也发生着巨大的变化。在强大信息技术的支持下，供应链之间的合作、替换、更新成本变得更加容易，成本变得更低。供应链能够随产业模式转型、赢利模式转型、运营模式转型以及管理与信息的转型而快速更新。

（五）小结

21世纪是供应链管理的世纪。供应链管理理念下，企业从采购、到生产、再到销售，整个流程中的物流活动因为供应链意识而走向系统化、共享化，在追逐整体绩效的最优。本部分对供应链的构建分为了绩效衡量层、配置层和流程元素层三个层次展开讨论，展示了供应链管理相关流程中的元素、机制和内在机理。

三、物联网技术与供应链管理的契合分析

（一）物联网技术与供应链管理的融合

物联网与供应链的融合，进一步增强了供应链的感知化、同步化、可视化、智能化、敏捷化、创意化建设（如图8所示）。

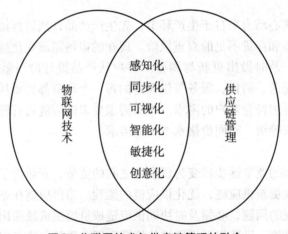

图8 物联网技术与供应链管理的融合

1. 供应链感知化

借助物联网的智能感知、自动传输等技术，供应链各环节的物流活动被实时监控，物品在每个节点的状态变迁都能及时反馈到物联网平台，供应链中各成员企业能够适时准确地完成物品状态感知、状态传输、状态变迁响应。物联网能够大范围、多渠道感知信息，包括上下游节点企业信息、市场行情信息、客户需求信息等，极大地满足了供应链对获取信息多元性、实时性、丰富性的要求。海量信息被各种终端和大规模传感网络发送到云端进行存储、计算和处理，为供应链协同管理提供决策支持[6]。供应链管理的模式由"物—人—物"转变为"物—物"，这种直接沟通模式减少了对工作人员的依

赖，供应链的流程更加优化，效率更加提高。

2. 供应链同步化

物联网环境中，物流信息在整个供应链中上下贯通、无缝集成，物流运作的即时性、有效性和准确性得以保证。供应链同步化是供应链协同管理的基础，只有信息在整个供应链中同步应用，供应链上的节点企业才能围绕客户的需求，及时调整、同步运作。供应链中物品流动的信息向所有参与者同步发送，使得供应链成员能够更加准确地预测需求，库存水平大幅度降低，同时信息失真问题明显减少，供应链牛鞭效应有效减弱。大量供应链上第一时间信息的利用，越来越多的"预测"数据被实际的"感知"数据替代，节点企业间的信息传递与共享程度更高，促进了供应链企业一体化协同运作。供应链运作相关数据可以及时与客户进行交换，与客户的沟通互动更加有效，市场同步化显著增强。

3. 供应链可视化

供应链企业为供应链网络中的每一个物品贴上电子标签，在生产线、仓库、货架及配送中心安装 RFID 读写器，能够自动记录供应链上物品流动的信息，传递给节点企业需要信息的部门和个人。同时标签里也可以写入该物品供应链活动中发生的有用信息，需要的人员通过相应的信息系统追溯产品的信息，如产地、来源、成分、生产流程等。供应链上的成员能够实时获取各业务环节上运作信息和物品流转的物流信息，提高了供应链的管理效率和透明程度，使供应链运作管理过程透明度越来越高。供应链的运作信息和产品信息在同外部共享时，满足了客户的知情权，增强了客户的信赖感，也形成了一种信息约束促使企业保证产品质量，帮助企业实施品牌化发展战略。

4. 供应链智能化

物联网对原材料、零部件、半成品和成品的自动识别与跟踪功能增强了生产自动化程度，通过与生产线运作的紧密配合，可以实时反映生产情况，根据生产安排给出补货信息，均衡流水线生产，促进生产过程智能化。物联网为供应链各环节增添了自计算、自组织、自反馈功能，供应链节点企业间的信息交换与协同决策使供应链协同管理具有了较强的群体智能。供应链管理的智能化强化了对资金流、信息流和物流的控制，帮助供应链优化物资采购模式、降低库存成本、完善产品运输、缩短信息传导路径、再造企业业务流程。物联网的普遍使用使供应链信息处理能力更加强大，信息精确程度显著提高，环境适应能力进一步增强，有助于供应链运作贴近市场需求、缩短备货时间、降低管理成本、提升生产效率。

5. 供应链敏捷化

传统的供应链要实施敏捷运作来满足顾客的个性化需求，需要冒较大的风险，因为反应速度的加快是以大幅度成本的增加为代价的。随着市场竞争的激烈，供应链整体的竞争力与客户个性化需求的满足之间的关系越来越密切。物联网技术能够更好地协调供应链成员之间的合作关系，优化供应链流程，降低供应链的复杂性，及时地评估供应链成员绩效，提升了供应链的一体化集成运作能力。物联网环境下，供应链成员企业可以在保证采购、生产、销售等流程稳定的同时，及时监控商品的销售与反馈情况，跟踪客户的需求变化，提高供应链的可视化。高透明度的供应链保证了资源的合理配置，能够在较小的成本下，更加快速、及时地满足客户的个性化需求，达到高度的运作敏捷化。

6. 供应链创意化

随着供应链的灵活性和敏捷性的增强，供应链通过实现更强的差异化与个性化，赢得供应链之间的竞争。供应链的创意化避免了"千人一面"的供应链管理模式，应用物联网技术不断提升供应链的创意空间、更新供应链的创意手段。创意供应链是供应链发展的高级形态，要求企业能够深入地把握市场需求及其发展动向，洞悉物流产业发展技术、格局与竞争情况，掌握物流行业技术的需求与应用前景。除此之外，创意供应链还要加大对物流人才创意素养的培育，为供应链的创意发展提供人才保障。节点企业深入了解经营活动地的社会文化，把当地的文化基因融入企业的运作之中，形成个性化的服务空间、网络化交互的平台和标准化运营的模式为核心的创意供应链。

（二）物联网技术与供应链管理的碰撞

供应链管理中在应用物联网技术时，会遇到一系列的难题，物联网技术与供应链管理产生巨大的碰撞，包括协同管理碰撞、编码标准碰撞、信息安全碰撞、应用成本碰撞、系统集成碰撞（如图9所示），为物联网技术的应用带来了巨大的障碍。

图9　物联网技术与供应链管理的碰撞

1. 协同管理碰撞

在物联网技术应用于供应链的过程中，首先遇到的问题就是单个企业追求自身利润最大化管理模式同供应链追求整体效益最佳管理模式之间的矛盾。由于物联网的应用一开始立足于单一企业或者其中的某个部门，企业间的信息交互性不强，各企业之间还未形成有效的沟通与协调，导致在业务关联与联合运作过程中产生很大的利益排他性。供应链节点企业之间还存在着较强的竞争性，某一方的获利是以另外一方的损失为代价的，还未形成稳定的合作关系。特别是在供应链建立的初期，各种机制的建立、各种流程的优化、各种制度的创新需要大量资源的支持，如果供应链上的核心企业缺乏很强的整合能力和协同能力、没有足够的建设资源，那么有效运作的供应链就难以形成。在物联网与供应链的融合中，这种个体和整体之间的协同管理碰撞影响到了物联网技术的顺利应用。

2. 编码标准碰撞

当前物联网技术在供应链管理中应用的编码表示方面，存在一系列问题：一是编码体系、编码标识资源分配机制、编码协调机制还不健全，标准化的测试体系和有效的评价体系还很缺乏；二是现存各类物品编码不规范、不统一，通用性、兼容性、可对接性较差；三是各种编码方式共存，供应链企业编码之间相互孤立、缺乏联系，完整有序的编码框架难以形成；四是编码资源的整合与管理能力薄弱，编码加密、编码解密、编码解析技术比较落后；五是国际上 ISO、EPC global、UID、AIM global、IP－X 多种标准体系建立，但我国的编码标准还未形成。这些问题客观上造成供应链节点企业难以统一的字符、类型来建立标准的商业数据库，企业之间很难进行数据的共享与交换，难以构建统一的信息系统平台。供应链的这种信息孤岛问题导致稳定、规范的业绩标准难以建立、难以监控、难以实施，以至于在供应链管理过程中出现了各种各样的问题和漏洞。

3. 信息安全碰撞

一是信息独占问题，在供应链可视性程度较低的时候，许多企业将原本应该与供应链上各节点企业共享的信息独自占有，作为企业宝贵的信息资源严格保密，人为地阻止了信息的顺畅流动，中断了信息的高度集成与实时共享。二是系统安全问题，RFID 电子标签信息能够被 RFID 读写器识读，读取数据的安全性与隐私问题成为制约物联网应用的瓶颈。供应链管理中应用物联网技术是一把"双刃剑"，它在利用开放的网络进行信息交换与共享，提高供应链运作效率的同时，也严重威胁到供应链的隐私保护与信息安全。从企业信息安全来看，物联网也会受到黑客或者病毒的侵袭，会造成供应链资料失窃、企业运行异常、停工停产等混乱现象，特别是涉及企业机密或者国家机密时，损失无法估量。从消费者信息安全来看，依靠无线网络传输的个人信息很容易被盗取和干扰，特别是人们随身携带的移动通信设备安装了众多的应用软件，用户的性别、年龄、爱好、行为、位置、账号、密码等信息随时可能外泄。

4. 应用成本碰撞

物联网应用提高供应链管理效率与供应链协同管理的物联网技术改造成本高之间会产生碰撞。从短期来看，我国掌握的核心物联网技术还较少，国内厂商生产与销售的电子标签和感应终端的价格还较高，广泛的应用物联网技术，实施初期会给企业增加巨大的成本压力。由于物联网技术的实施成本太大，很多企业受到自身经济能力的限制，无法负担高额的互联网技术实施与应用费用。再加上很多中小企业的内部管理标准化程度不高，物联网技术更难以得到有效的应用。例如，浦东机场利用物联网技术建设飞行区周界防入侵系统，设置了 2 万多个传感器节点，能够在第一时间发现入侵者并给出合适的警告方式，但这套安防系统费用达 9000 万元。从长期来看，物联网技术需要大规模的信息集成平台才能发挥作用，也就是说物联网技术具有规模效应，应用的企业越多、应用的范围越广，物联网技术带来的效益就越大。沃尔玛用了 3 年时间完成了 100 多家大型供货商的 RFID 应用，刚开始为了满足沃尔玛对 RFID 实施的要求，普通消费品供货商要付出 130 万~230 万美元，一般小型供货商根本承担不起，但到电子标签年生产量达到 100 亿个时，标签成本下降到 10 美分以下。

5. 系统集成碰撞

物联网技术应用除了硬件的使用外，各企业间物联网软件系统与信息平台的集成也产生了碰撞。为了满足日益个性化的客户需求，供应链上的企业必须结成高效灵活的动态联盟来提供多样化的产品。由于缺乏物联网整体的协调控制信息平台，供应链成员企业间的作业计划和信息共享就难以实现。一是当前物联网技术应用的普及程度还较低，很多企业还处于刚刚完成了内部物流信息化建设，物联网技术的推进和外部供应链信息化的拓展还没有开始。二是供应链上下游企业间的信息共享和信息交互水平低下，供应链一体化协同管理系统建设还很落后，难以为节点企业提供完善的信息服务与全面的决策支持功能。三是物联网的集成必然是与整个社会的互联互通，形成社会化的只能追溯管理，让人们可以方便地通过互联网或者移动终端查询信息。供应链集成系统需要逐渐与其他系统平台集成，渗透到生活的各个方面，融合的系统如智慧交通、智慧维修、智慧安防、智能检测等。

（三）物联网技术对供应链管理的支撑

物联网技术能够在供应链管理中的采购、生产、仓储、运输、配送、零售、消费等环节产生良好的支撑作用（如图 10 所示），大幅提升这些环节的运作效率。

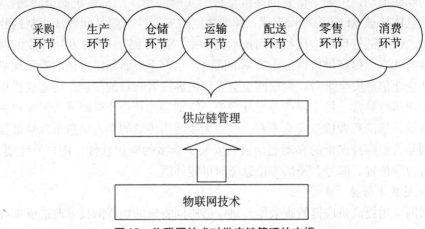

图 10　物联网技术对供应链管理的支撑

1. 采购环节

采购环节是供应链管理的起始，是保证产品质量与价格的第一关卡。物联网系统借助 RFID 电子标签能够掌握原材料的物流动态信息与质量情况，制造企业可以通过物联网系统完成原材料的招标与评选，实时监控货源的组织情况和原料的运输情况，完成原材料的准确、高效验收入库，提升采购效率，保证采购质量。利用物联网系统平台，可以对原材料市场进行深度挖掘与智能分析。

2. 生产环节

一是物品监控，给供应链生产线上的各种原材料、零部件、半成品、产成品粘贴 RFID 电子标签，完成对生产线上物品的自动识别与跟踪，并能够从仓库中快速找出需要的原料和零件，极大地降低了人工识别的成本和出错率，也可以对产品品质进行监控，保障生产产品质量。二是生产计划，生产过程用 RFID 读写器读取电子标签信息，将相关信息与企业 ERP 系统相结合，可以方便的制订生产计划，提高生产线运作的柔性程度。[7]利用物联网技术帮助生产管理人员根据订单情况及时调整生产，并根据新的生产计划确定库存水平，向供应链上下游企业发出供求信息，使库存保持在最合理的范围。

3. 仓储环节

一是货物出入库与盘点，当贴了 RFID 标签的货物进出仓库时，出入口处的 RFID

阅读器会自动读取标签信息，将获取信息传输到企业信息系统，完成货物的盘点。借助物联网技术提高了仓库的利用率，实现了出入库的自动化和盘点的智能化。二是补货与预警，以数据采集处理、货架传感器、吧台传感器构建起来的智能货架技术，能够保证发货、退货的准确性，补货的及时性。当库存量降低到一定程度时，自动发出预警信息。三是货物安全，物联网技术在仓储环节的应用极大地降低了物品的错送、失窃、损毁等现象造成的损耗。物联网技术对仓储环节的支持优化了库存结构、减少了重复劳动、提升了服务质量。

4. 运输环节

在货运车辆和货物上粘贴电子标签，在运输车辆上安装 GPS 设备，在运输线路的检查点安装 RFID 识别与转发设备，可以让供货商、制造商、经销商、客户都能查询到运输货物所在的位置、所处的状态和预计到达的时间，为有效的监控车辆、合理的调度车辆提供了保障，实现了运输过程的可视化。极大地节约了货物流转费用，降低了货物与车辆监控成本，提高了货物周转速度和运输效率。

5. 配送环节

物联网技术在供应链配送环节应用后，物品拣选和分发的准确性与效率极大的提高，人员数量和配送成本大幅度降低。借助 RFID 技术，规划配送路径能力提高，按照配送计划的先后顺序配载货物，后配送的先装车。配送中准确识别出货物应该送达的配送点，减少人工识别的流程，提升配送作业效率。在完善的供应链智能配送系统中，物流配送企业能共享共同配送的储运信息，通过合理的配送规划与配送资源配置，实现批量储运和共同配送。

6. 零售环节

贴有电子标签的商品摆放在嵌入 RFID 阅读器的货架上，当商品被顾客取走时，货架能够自动识别并向零售系统反馈商品移动信息。一方面可以有效监控商品的流动情况，减少商品的损坏和失窃；另一方面，当系统检测到商品存货数量降低到警戒水平时，还能提醒及时补货，降低库存成本。智能计量与结算系统也提升了零售环节的效率，基于 RFID 的智能秤能够自动识别商品的种类，自动完成商品的计量、计价和小票打印。在商场出口放置一系列的结算设备，无须收银人员参与，就可以完成整车商品的一次性扫描，并从顾客的银行卡上自动扣除相应金额。

7. 消费环节

基于物联网技术的产品智能追溯系统能够帮助消费者对商品进行溯源查询，让消费者更深入地了解自己所购买到的商品的具体信息，从而使消费者更安心消费，认同企业产品。现在人们对食品和药品的安全问题越来越重视，在消费环节应用物联网技术，在保证人体健康和提升企业竞争力方面起到了巨大作用。消费者往往因为信息不对称要花费很多的时间去搜寻谈判、讨价还价、徘徊等待，物联网在消费环节的应用减少了消费者在这方面的顾虑，节约了消费者的时间和精力，使消费者能够迅速选择自己最满意的商品。

（四）小结

物联网技术与供应链管理两者都是新世纪最有活力的技术和方法，二者之间有联系、有冲撞，本部分从感知化、同步化、可视化、智能化、敏捷化、创意化的视角研究了二者的交融态势，从协同管理、编码标准、信息安全、应用成本、系统集成等方面分析了二者的碰撞。最后通过对采购、生产、仓储、运输、配送、零售、消费等环节物联网技术和供应链管理方法的契合分析，探析佐证了物联网技术与供应链管理的相互支撑作用。

四、基于物联网技术的协同供应链模式

（一）基于物联网技术末端协同配送模式特征

1. 末端协同配送模式的产生

供应链的绩效来自各节点的配合，因而，如何基于物联网技术使末端配送供应链实现协同至关重要。供应链协同可划分为初级和高级两个阶段，初级阶段被称为供应链协调，高级阶段即为供应链协同。

协调，从字面意义上来看，有动词和名词之分。从动词的角度，强调工作执行的过程，指一个组织或者个人，基于一定的计划或目标，对其各项工作及各位人员的活动进行调节，使之同步，互为依托，以有利于工作计划的高质量完成或组织目标的顺利实现。从名词的角度，强调事物的状态，是指一个组织或者个人，在完成任务或实现目标的过程中，所呈现的一种协作一致、配合得当的状态。

协同既是协调的结果，又是协调的高级形态。从字面意义上来说，我们可以认为协同就是协调、同步。人们在此基础上，衍生出"协同论"和"协同效应"的概念。

协同论诞生于 20 世纪 70 年代，是由赫尔曼·哈肯（Haken H.，1977）[8]首先提出的。他认为，自然界可以被看做是一个统一体，这个统一体就是一个大系统，这个大系统又是有许多小系统组成的。它们之间既相互支撑又相互制约，形成平衡。一旦平衡被打破，就会形成新的系统。在旧系统向新系统转变的过程中，往往具有规律性，研究这个规律的科学就是协同论。

协同论研究发现，在一个系统中，通过系统元素的协同，可以产生"1 + 1 > 2"的效果，从而产生巨大的协同效应。

在物联网技术下，由于物联网技术与供应链管理具有高度契合性，所以，末端物流配送供应链通过上下游节点之间的整合和协调，逐步趋向协同状态，达到末端配送的即时、高效的状态，形成了末端配送供应链运作的一种高级形态。

2. 末端物流协同配送模式的标志

基于物联网技术的末端物流供应链协同配送模式以市场共拓、信息互通、技术互补、利益共享为其主要标志。

（1）市场共拓

协同配送企业联盟内的每个企业独立开发的市场构成协同配送企业联盟的市场。因为，协同配送使得该联盟中企业之间由自由竞争形式改变为竞合状态，由于以节点之间的协同为指导思想，因而，在市场拓展时必然呈现出一种合理，共同应对联盟外其他供应链或单个企业的竞争挑战。在市场拓展过程中，由于是协同拓展，这就有利于解决单个企业无法满足的市场需求，从而做大市场蛋糕。

（2）信息互通

通过信息互通不仅可以有效降低"牛鞭效应"、委托代理问题、欺骗问题的不良冲击，还可以提高企业对市场需求的反应速度，促进联盟企业间的相互交流，从而增加信任度形成长期合作关系。事实上，只有做到协同配送企业联盟各企业之间的信息互通，才能使各种资源得到充分开发和利用，使得协同配送的价值得到真正的体现，增加企业的经济收益，达成协作双赢的配送新模式。比如网络购物现在非常普及，消费者都已经喜欢上了网络购物这种便捷的方式。然而网络购物多以小批量物品为主，而且客户对配送时间非常敏感，企业为了提高客户满意度从而赢得更多客户，需要进行高频、少量且多种类的及时配送服务。毋庸置疑，服务和成本二者之间是具有效益背反效应的。要想解决这个问题最好的办法就是通过信息互通协调系统由多个物流企业组成联盟来进行协同配送，使得配送次数减少，提高物流效率，实现了规模经济效益。

（3）技术互补

协同配送不是机械式的组合联盟内各家企业的配送技术，而是将各企业的技术特长进行有机整合。在供应链节点范围内，处在不同位置的节点其技术要求是有区别的，一旦供应链配送联盟确立，联盟内企业的各种技术就会相互取长补短，形成协同配送企业联盟共同的、比较全面的配送技术体系优势。技术互补既降低了联盟内每个企业的技术开发费用，又增强了技术竞争力，还能扩大企业的市场竞争范围。

（4）利益共享

协同配送模式可以产生规模经济，使得协同配送联盟内部企业既提升了服务质量又降低了配送成本。协同配送联盟协调好内部各企业，力求资源共享，扬长避短，技术共享，信息互通，增加协同配送联盟的整体收益，使得各协作企业同时受益。协同配送还使得社会资源得到更加充分的利用和高度共享，从而可以减少社会资源的浪费，提高联盟企业的配送运作效率，让企业以更低成本和更快速度发挥已有的资源优势，并建立起新的竞争优势，为企业创造更多的效益。

（5）风险共担

配送系统的建设价格昂贵，属于资金密集型投资。它不仅需要在城市中建立大量配送节点，还需要相应的软硬件设施以及大量的配送人员，这对于单个企业来说，耗费大量人力、财力、物力却有着很大的投资无法收回的风险。而协同配送则实现了配送的协同化、社会化，且协同配送联盟内部企业配送成本共摊，有利于企业节约配送成本实现配送的高效率以及减少企业对配送系统的投入和资金的占用，有效规避了投资成本风险。协同配送模式还可以帮助协同配送联盟内部企业对市场需求进行及时反应，从而共同分担市场变化带来的风险。

3. 末端物流协同配送模式的基本特点

（1）末端物流协同配送模式的系统性

系统，是同类事物按一定秩序和内部联系组合成的整体。物流配送涉及千家万户、方方面面，大到关系企业声誉，小到关系个人生活。现代社会，青年人在追逐时尚、时效，整个社会的节拍在加快。如何改善配送市场由改革开放前的大一统、时效慢，到改革开放后的百家竞争、市场乱的局面，必须依靠协同配送。协同配送依赖系统管理，这又分两个层面，一个层面是物流这个大系统的协作规范，在配送环节应有相应的条款约束；另一个层面是信息管理系统，针对末端协作配送应能够即时信息转换，确保用户的权益不受损害。因而，末端协同配送的操作必须在系统框架内进行。

（2）末端物流协同配送模式的集聚性

在末端物流环节，不论是国际上著名的品牌联邦快递、UPS、DHL，还是国内的顺丰、EMS、"四通一达"，等等，在最后的"一公里"，特别是最后的"一百米"，需要协作，需要集聚，通过适当的集中改善无序的局面。因为，不论是聚居的城市，还是分散的农村，均遇到在最后阶段需要系统管理的问题。城市的社区、单位，人员集中、业务量大，个性化嗜好为许多快递公司提供了市场机遇，但在末端送达的最后阶段，却出现"绩效棚架"、"效能浪费"等一系列问题；农村的居民居住分散、生活工作规则性不强，信息性不敏感，等等。对这些问题，最好的解决办法就是在"最后一公里"或者"最后一百米"设置一个物流节点——"快递工作站"，通过必要的集聚系统地管理配送问题，这将是提升物流绩效的一个可行办法，也是确保物流协同配送的良策。

（3）末端物流协同配送模式的更新性

由于末端配送市场涉及的配送企业数量众多，尤其是随着配送市场的开放度和竞争性越来越大，因而，协同配送模式的生命周期越来越短，不断需要更新。一方面是组织成员的更新，市场行情瞬息万变，许多企业因多元化经营造成资金链的断裂，影响正常配送业务的推进，在这种情况下，不时有企业要退出协同联盟；另一方面是随着配送技术的不断创新，社会经济的转型升级，配送联盟也需要更新理念，转变经营运作方式，协同配送模式也需要更新。

（二）基于物联网技术的末端协同配送的方法

1. 协同的主体

所谓主体，在字面意义上来说，就是事物的主要部分；从法律意义上来看，是指相关权利的拥有者和义务承担者。在物联网等新技术支撑下，协同配送的主体不断呈现新组合。它既可以沿袭传统的以货主为主体或以第三方物流专业公司为主体进行协同配送，也可以由货代中介公司或者物流信息中心为主体组织协同配送，还可以由公共信息平台为主导，调配快递区域经理联合配送。

以货主为主体的协同配送又可分为发货货主主体型和进货货主主体型；以第三方物流公司为主体的协同配送也可分为公司主体型和合作机构主体型；以货代中介或物流信息中心为主体的协同配送可称为信息基础主体型；以公共信息平台引导的合作协调可称为末端联合主体型。协同配送主体的类型及核心单位如表3所示。

表3　　　　　　　　　　协同配送主体的类型及核心单位

货主主体型	以发货货主或进货货主为核心
专业物流公司主体型	以专业物流公司或合作机构为核心
信息基础主体型	以货代中介或信息中心为核心
末端联合主体型	以公共信息平台和区域配送经理为核心

2. 协同的内容

末端配送问题，其实是物流的集中规模效应与收货人需求分散的冲突。[9]协同配送理论的出现，打破了企业自己关起门来想办法解决末端配送问题的思路，建立如图 11 所示的末端协同配送体系，在该体系中首先选择在配送批量大及配送集中的地方建立协同配送中心。企业将区域内的货物集中送至协同配送中心，协同配送中心将货物进行集中、分拣和临时储存，并向末端客户提供配送或自提服务。在货物的配送流程中，从企业到协同配送中心的配送由企业自建的物流系统完成，协同配送中心仅向顾客提供末端的服务。

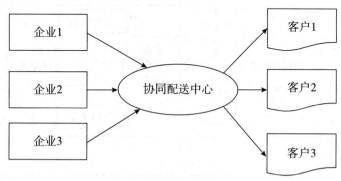

图 11   末端协同配送体系

3. 协同的方式

关于协同配送的方式，过去人们对第三方物流实现的协同配送和配送一体化模式[10]的探索较为普遍。在物联网技术的支撑和供应链管理思想的熏陶下，其协同的方式也在发生重大改变。一是在需求信息环节的协同，相关主体根据用户的需求信息，组合最佳的配送方案去协同实施；二是在仓储库存环节的协同，在商品库存方面相互协作，根据各自的市场订单，从近取货或者加工，以快速响应市场需求；三是在运输环节的协同，实行共同运输或多式联运；四是在末端入户前的协同，组建共同的接收点，采用智能或人工管理。其各环节协同配送的主要流程及影响因素如图 12 所示。

（三）末端协同配送的物联网技术支撑

1. 物联网技术的泛在感知技术

感知技术是物联网的基础，它就如同是物联网的皮肤和五官：用于识别物体，采集信息，解决人类世界和物理世界的数据获取问题。包括多种发展成熟度差异性很大的技术，如 GPS、RFID 电子标签、识别码、传感器等。对于末端协同配送来说目前关注和应用较多的是 RFID 电子标签和 GPS 技术。

（1）RFID 电子标签技术

分拣是配送中的一个核心模块，分拣在传统配送模式中，因其流程长、参与人员多故很容易受到多种外部因素的影响，使得分拣效率低下，问题多多。利用 RFID 电子标签进行出库品种和数量的指示，从而代替传统的纸张拣货单，提高分拣效率及准确率，使用户的出库时间大大减少。在日本和韩国，电子标签已成为大部分物流配送中心的标

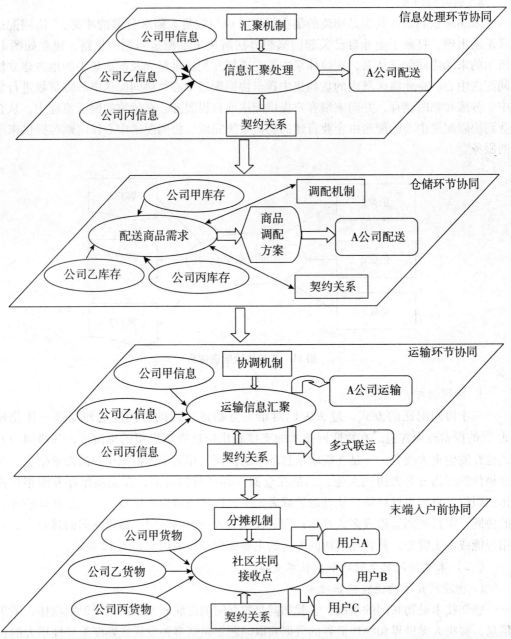

图12　配送各环节协同方式示意

准配置。电子标签在实际使用中，主要有两种方式——DPS（Digital Picking System）和DAS（Digital Assorting System）。一般来说，DPS适合多品种、短交货期、高准确率、大业务量的情况；而DAS较适合品种集中、多客户的情况。无论DPS还是DAS，都具有极高的效率[11]。

（2）GPS技术

GPS作为移动感知技术，是物联网延伸到移动物体采集移动物体信息的重要技术，更是物流智能化、可视化重要技术。

通过与 GIS 系统和无线通信技术结合，可实现对配送车辆的导航和跟踪，这样既可以提高车辆运作效率，又降低车辆管理费用，还能抵抗风险。例如：通过对车辆进行实时的动态跟踪监控，能提供准确的车辆位置及运行状态，这样配送中心将根据送货车辆的装载量、客户分布及送货线路交通状况等因素设定计算条件，对配送线路进行优化处理，最终形成最佳送货路线。

2. 物联网系统的信息汇聚技术

从物联网的现有技术来看，任何一个单独的技术或者应用系统，其信息的价值，当处于封闭的孤岛状态时，将会被严重降低。因此，物联网信息聚合技术是通过突破不同技术或系统间的信息交换壁垒，即在传输数据的同时借助云计算等新的运算处理系统来对海量的数据和信息进行分析处理，传输与处理融合并行。数据在由采集终端到用户终端的传输过程中，完成了复杂的信息处理流程，实现了各种关联信息的聚合，从而使信息价值获得重构。而具体的信息处理方法则根据不同的网络应用需求进行设计和实现。

末端物流配送环节的物联网系统的信息汇聚有利于配送中心了解整个供应链的仓储库存信息，在途货物信息和最接近最终用户的商品所在节点的信息。通过汇聚，为决策者提供了可靠的决策数据，为即时化配送提供了货源。关于信息汇聚，一方面人们是以时间策略为关注焦点的信息汇聚，在以信息数据为中心的模式下，时间汇聚的节点直接有效配送的效率。另一方面是以空间策略为关注焦点的信息汇聚，配送中心的选址问题，信息汇聚的地点问题均影响末端配送的绩效。

3. 物联网体系的精益计算技术

物联网体系的精益计算技术主要包括云计算技术、数据挖掘与智能检索技术、多媒体交互处理技术以及仿真模拟技术等。

（1）云计算技术

云计算既是一种基于互联网的计算模式，也是互联网经营者的一种商业实现方式。一些大的互联网企业，通过建立超大型服务器，为成千上万的计算机终端提供存储、计算的数据中心——"云"。云端的数据库为中小企业或个人用户带来了极大便利。

（2）数据挖掘与智能检索技术

比尔·恩门（Bill Inmon，1992）[12]首先定义了数据仓库（Data Warehouse，DW）这个术语。数据仓库是一个在企业管理及其决策过程中使用的一个相对稳定的、集成的、动态更新的数据的集合。[13]数据挖掘就是利用相关挖掘工具对数据库信息根据需要梳理出的数据之间的潜在联系，从而促进信息的传播和利用。智能检索是一种人工智能和数据库有机结合的产物，它能理解自然语言，具有推理能力。

（3）多媒体交互处理技术

在计算机运算中，有时需要对文字、声音、图形、图像等多种媒体交互处理，以使多种媒体之间建立起内在的逻辑连接。多媒体技术往往具有集成性特征，能够将多种媒体集成在一起，这样借助适当软件，就能产生人们需要的结果。

（4）仿真模拟技术

物联网的应用需要仿真模拟技术的支撑。仿真模拟涉及人工智能技术、计算机网络技术、多媒体技术等IT，借助该技术，能够将物联网采集的外部信息及时逼真地在计算机环境下播放。该技术主要包括环境建模技术、立体声合成与显示技术、交互处理技术、触觉反馈技术等。

（四）基于物联网技术的末端协同配送的系统架构

协同配送是一项系统工程，从配送节点间战略层的协同决策，到战术层的协同管理，再到操作层的协同作业构成了一个整体。尤其是在物联网技术环境下，使协同配送的系统架构更趋稳固。

1. 末端配送节点间战略层协同决策

各成员企业高层领导达成共识并共同参与统一决策机构的建立。形成相应的协同机制，如信息共享、收益分配、风险分担等，统一企业内部思想，这个是架构协同配送体的关键一步。高层领导还要积极参与协同配送的组织、实施和监督，这是协同配送成功的根本保证。否则将会给日后的协同配送带来混乱与障碍，配送过程中各成员企业将难以协调一致。与传统的决策管理相比，末端配送节点间协同决策有以下优势：末端配送供应链各节点企业和部门不再是孤立的，而是彼此之间相互联系，把整个配送供应链上的所有企业看成一个有机的整体，共同为整个配送供应链价值最大化而努力。

现代物流配送业的协同决策一是体现在物理层面的实体物流的决策，二是体现在网络层面的虚拟物流的决策。通过协调决策，首先要找出供应链系统的约束瓶颈，是信息瓶颈、技术瓶颈还是人为瓶颈，是库存瓶颈、运输瓶颈还是线路瓶颈，是节点瓶颈还是环境瓶颈等；其次要形成解决瓶颈的有效对策，形成市场共拓、规范共拟、环境共治以及信息共享、平台共建、技术共用的良好机制。其战略层协同伙伴关系如图13所示。

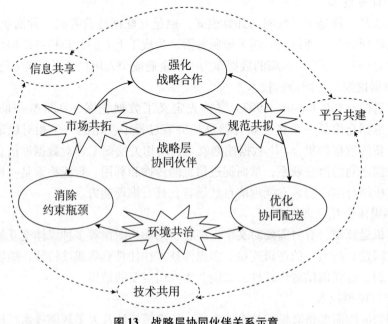

图13　战略层协同伙伴关系示意

2. 末端配送节点间战术层协同管理

战术层的协同管理的目标是使企业在协同理念指引下，相互信任，彼此合作，解决配送活动中总成本最低化与客户服务最优化；总库存最小化与总周期时间最短化之间的矛盾。

在战术层阶段，主要是制订配送流程的计划内容。例如包括指明配送公司由谁负责管理，协同配送的货物范围，涉及的场地、发货的类别及意外管理；并细化到由谁来负责配送线路的决策、配送的方式以及其他的配送策略等。为了能够准确掌握预期的装载量，合作各方应尽早掌握配送计划。通过提供一个对预期的配送量的预测，以帮助承运人预测未来设备需求。

战术层的协同重点应放在配送方案的编制、配送流程的管控、配送成本的核算以及配送文化的塑造等方面。其协同管理的主要环节如图14所示。

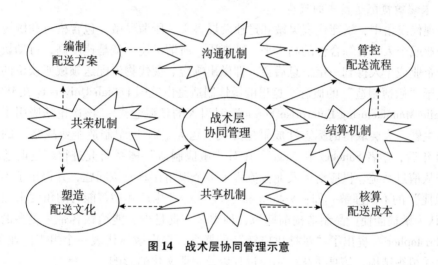

图14 战术层协同管理示意

3. 末端配送节点间操作层协同作业

末端配送各节点企业通过公司协议或联合组织等方式结成一种网络式联合体，在这一协同网络中，供应商、制造商、分销商和客户基于信息和网络技术进行信息的共享，各企业在信任、承诺和弹性协议的基础上进行合作。其协同作业应以信息的自由交流、相互信任、协同决策、无缝连接的生产流程和共同的战略目标为基础。[14] 协同作业的关键环节在于货物的联合运输、终端库存商品的就近调拨和最终用户的共同配送。

操作层协同作业的目标是通过使用合适的工具、设备或信息系统等来达到预定的协同目标。例如：配送中心收到电子装货申请，如果运输能力有限，不能按照计划提供可利用的运输工具，就联系最近的协同配送中心。配送车辆接受装货申请，落实配送时间，并做好配送准备。在完成订单的配送任务过程中，所产生的相关文件单据，例如发货通知、在途状况等要以协议中所规定的格式文件传递。最后就是运费会计流程，以确保承运人得到配送条款所规定的报酬，或者依据协议条款解决各种争端。

（五）小结

由于物联网技术与供应链管理的高度契合性，因而在物联网技术环境下供应链末端协同配送方式就拥有无形的驱动力。理论和实证分析显示，其协同配送模式以市场共拓、信息互通、技术互补、利益共享为主要标志，并且具有系统性、集聚性和更新性特点。协同的主体，既可以发货货主或进货货主为核心，还可以专业物流公司或合作机构为核心，也可以货代中介或信息中心为核心，在末端配送环节还可以公共信息平台和区域配送经理为核心。协同的环节在信息处理阶段、仓储阶段、运输阶段和末端入户前具有体现。末端协同配送需要物联网的泛在感知技术、信息汇聚技术和精益计算技术的支撑，其协同架构在决策层面体现在战略合作协同，在节点间管理层面体现在战术协同，在末端作业层面体现在共同配送形式。

五、基于物联网技术的敏捷供应链模式

（一）基于物联网技术末端敏捷配送模式特征

1. 末端敏捷配送模式的产生

在现代汉语中，敏捷代表灵敏和迅速两层含义。所谓灵敏，包含机灵和敏锐，代表一个企业或个人具有综合性的高水平、高素质；所谓迅速，就是速度高，行动快，也就是一个企业或个人得到一定信息后会立即做出响应。现代物流配送领域所谈论的敏捷配送萌生于"敏捷制造"的概念。这里的敏捷制造是由美国 Lehigh University 在 1991 年举办"Agile Manufacturing Enterprise Forum"时引入的新概念[15]。该次论坛吸引了 150 多位行业主管，大会取得的标志性成果是形成了题为"21 世纪制造企业战略"的研究报告。10 年后，学者 Sanchez 和 Nagi[16] 在对"敏捷制造"体系研究进行综述时总结出人们已经从信息系统、供应链以及业务流程等多个视角在研究该问题，并得出了不同视角对"敏捷"的不同理解。如：Vokura 和 Gene[17] 企业生产和销售能力的角度来理解"敏捷"，认为敏捷能使产品制造提前期短、种类多、批量少、能给顾客带来更多的使用价值；Christopher[18] 提出了"敏捷供应链"的概念，提出敏捷代表一个组织的业务能力，该能力受组织结构、信息系统、物流过程以及企业文化的影响。

随着物联网技术的演进，为敏捷制造进一步提供了技术支撑，敏捷供应链绩效提升也有了技术保障。在此背景下，末端物流的敏捷配送模式也应运而生。

末端敏捷配送模式是一种基于现代物流技术，面对用户需求，能够快速、准确、优质地完成从供应商到用户的物流过程。

2. 末端物流敏捷配送模式的标志

基于物联网技术的末端物流供应链敏捷配送模式以供应链节点间的快速响应、延迟生产、规模定制和战略伙伴为其主要标志。

（1）快速响应

作为敏捷配送模式其首要标志必须能够对客户需求给予快速响应。一方面，供应链本身应具备快速响应的能力，即上下游各节点间的运作机制是敏捷的，对市场需求信息的传递失真度小，生产、供货、流通加工以及配送各环节配合默契；另一方面，供应链末端配送环节具有较强的应变能力，处理订单迅速，车辆调配科学，作业流程高效。

（2）延迟生产

敏捷供应链在生产节点、销售节点、配送节点是有契约的。所谓延迟生产是供应链

节点间的一种合理分工，将生产的最后流程延迟到物流配送环节完成，以最大限度地满足客户的个性化需求。延迟生产是在追求一种平衡，一种在保证质量和缩短时间之间的平衡，一种在提高供应链效益和提升服务品位之间的平衡。延迟生产与快速响应二者是相辅相成的，没有精心设计的延迟生产就不可能与快速响应相匹配。

（3）规模定制

敏捷供应链的持续运作需要生产企业节点的具有规律性地生产支撑，这需要足够量的市场客户需求做基础。只有客户市场达到一定数量，才有可能在共性中涵盖个性化的方案，才能达到共性与个性的统一。由此看来，敏捷供应链节点的规模定制说明该供应链具有一定的规模性。反之，当负责产品制造的节点规模极其有限时，就不可能完成或实现规模定制，该节点支撑的供应链也不可能是敏捷的。事实上，规模定制的思想肇始于20世纪70年代初期，美国著名未来学家阿尔文·托夫勒（Alvin Toffler）在《Future Shock》[19]一书提出了一种以类似于标准化和大规模生产的成本和时间，提供客户特定需求的产品和服务的未来生产加工模式。后来，斯坦·戴维斯（Start Davis，1987）[20]首次将这种生产方式称为"Mass Customization，MC"。1993年，Pine、Victor和Boyton[21]又将MC拓展为：通过生产和加工的高度敏捷、柔性和集成，提供给消费者的一种个性化产品和服务的能力。由此看来，规模定制的确是末端物流敏捷配送模式的一个重要标志。

（4）战略伙伴

战略伙伴是指两个组织之间所签订的契约关系具有长远性，其业务的合作具有核心性，对市场前景的预测具有一致性，在整体利益的布局上具有互补性。敏捷供应链各节点之间欲打造敏捷配送模式，还必须有共同的理念、行为方式等组成的相似企业文化的支撑。供应链节点间的战略合作发起于20世纪70年代的日本企业，制造企业与供应商之间为了提升自身的竞争力，萌生了建立战略伙伴的构想。该合作模式逐步得到全球企业界的认同，并成为敏捷供应链的一个重要标志。

3. 末端物流敏捷配送模式的基本特点

（1）末端物流敏捷配送模式的集成性

集成，就是将一些原本相对独立的企业、产品、线路、技术、信息等要素，通过一定的方法汇集在一起，从而构成一个整体的过程。末端物流敏捷配送模式，其系统必然要拥有相对丰富的资源（包括原材料、半成品、成品、劳动力、资金、技术等），前沿的技术，畅通的信息，便捷的工具。从系统的角度，敏捷配送模式离不开云平台的支撑，对物联网信息库的即时更新，也需要云计算工具，因而，集成性是敏捷配送的一个最基本特点。

（2）末端物流敏捷配送流程的规则性

供应链关系在一定程度上可看做是一种契约关系，这种关系的维持必须遵守一定的行为准则。尤其在配送流程操作上，更需要规则的主导。所谓规则，就是获得节点企业认可并得到大家共同遵守的章程。在物联网技术下，许多市场的需求、订单的处理都需要计算机下达指令，如果规则混乱，该供应链自然无法运行，更称不上敏捷。所以，配送流程的规则性是末端敏捷物流的又一基本特点。

（3）末端物流敏捷配送网络的最优性

供应链强大的竞争力来自其网络的优化，末端物流敏捷配送的实现也是由于网络优化的支撑。末端物流配送，不同于主干运输，其客户形态具有多样性、随机性和突发性。尽管配送客体呈现复杂性，但作为配送主体根据其经营数据库的大数定律，在节点、线路组成的网络上还是有一定规律可循，因而，在一定区域范围内其最优的配送网络的选择是敏捷配送的制胜法宝。所以，配送网络的最优性构成了末端物流敏捷配送的显著特点。

（二）基于物联网技术的末端敏捷配送的要素

1. 末端配送线路的优化

（1）简单线路的优化

简单线路优化问题是指一辆送货车可以将一系列节点的需求满足，从而归纳为最短路径问题。这个问题实际上就是旅行商问题，该问题早在 1959 年美国学者丹茨格（Dantzig）和拉姆泽（Ramser）[22] 就提了出来，后来人们形象地称其为"旅行商问题（Traveling Salesman Problem，TSP）"。末端配送线路的优化可以归结为是一辆送货车欲到 n 个售货节点送货，每两个节点 i 和 j 之间的距离为 d_{ij}，$x_{ij} = 0$ 表示送货车没有选择节点 i 到节点 j 的路径，$x_{ij} = 1$ 表示送货车经过了 i 到 j 的线路，则这辆送货车一次完成 n 个售货节点的送货，从起点出发再回到起点的路程最短可用下列数学式表述：

$$\min \sum_{i=1}^{n} d_{ij} x_{ij} \tag{1}$$

s. t.

$$\sum_{j=1}^{n} x_{ij} = 1 \quad (i = 1, 2, \cdots, n) \tag{2}$$

$$\sum_{i=1}^{n} x_{ij} = 1 \quad (j = 1, 2, \cdots, n) \tag{3}$$

$$\sum_{i,j \in S}^{n} x_{ij} \leq |S| - 1, 2 \leq |S| \leq n - 2, S \subset \{1, 2, \cdots, n\} \tag{4}$$

为使式（1）距离之和最小，必须受到式（2）、（3）、（4）的相关约束，式（2）要求送货车从节点 i 出来一次，式（3）要求送货车路过节点 j 只有一次，式（4）要求送货车在节点子集中不形成回路。

（2）复杂线路的优化

若一辆送货车不能满足一系列节点的需求，需要多辆送货车同时配送，这就涉及车辆和路线两个变量的优化配合问题。在实际操作中，往往还要考虑道路维护、上下班高峰期、用户的特殊需求，尤其是费用等因素，这就导致线路优化的更加复杂化。

复杂线路的优化一般采用节约里程法进行优化。其原理为：设配送中心在地点 P_0，现在根据客户订单需要向 n 个售货点 $P_i (i = 1, 2, \cdots, n)$ 送货，在汽车载重能力一定的前提下，每辆汽车的配送线路上经过的售货点个数越多，里程节约量越大，配送线路就越优化。

关于节约里程法的运用，当售货点不多时，通过制作最短距离矩阵、计算节约里程量、将节约量排序、编排配送线路等步骤是快捷的。

一旦配送中心业务量巨大，下属售货点较多，其线路优化就比较复杂。针对该问题的研究，学术界给予了很大关注，总结出的算法各有侧重。狄克斯特拉（Dijkstra）[23]算法常常被人们用于节约里程的计算。其原理如下：假定（u，v）是配送网络 W 中连接顶点 U 与定点 V 的边，U 为 W 的源定点，C_{uv} 是该边的长度。如果把顶点集合 V 划分为两个集合 S 和 T，S 包含到源定点 U 的距离已经确定的所有定点，T 包含到 U 的距离尚未确定的定点。同时，把顶点 U 到 T 中顶点 X 的距离 D_{ux} 定义为从 U 出发，经过 S 中的顶点，但不经过 T 中其他顶点，而直接到达 T 中的顶点 X 的最短长度，则有：起初，$S_1 =$ ｛u｝，$T_1 = V - $｛$u$｝。对 T 中的所有顶点 X，如果 U 到 X 存在连线（边），置 $D_{ux} = C_{ux}$；否则，置 $D_{ux} = \infty$。然后，对 T 中所有顶点 X，寻找 D_{ux} 最小的顶点 t。

即：$D_{ut} = \min$ ｛D_{ux}，$D_{ut} + C_{tx}$｝

继续上面的步骤，一直到 T 为空。

由此，如果令 p（x）是从顶点 U 到顶点 X 的最短路径中 X 的前一顶点，那么，Dijkstra 算法的基本程序如下：

①置 $S_1 = $｛$u$｝，$T_1 = V - $｛$u$｝。

②对任意 X 属于 T，若（u，x）属于 W，则 $D_{ux} = C_{ux}$，p（x）= U；否则，置 $D_{ux} = \infty$，p（x）$= -1$。

③寻找 t 属于 T，使得 $D_{ut} = \min$ ｛D_{ux}｝，x 属于 T，则 D_{ut} 就是 t 到 u 的距离。$S = S_1$ ∪ ｛t｝，$T = T_1 - $｛$t$｝。

④若 $T = \Phi$，算法结束；否则，转步骤⑤。

⑤对与 t 相邻接的所有顶点 x，如果 $D_{ux} \leqslant D_{ut} + C_{tx}$ 直接转步骤③；否则，令 $D_{ux} = D_{ut} + C_{tx}$，$p(x)$ $= t$，转步骤③。

关于复杂线路优化的算法研究，其代表性成果还有：意大利学者 Marco Dorigo（1992）[24] 在他的博士论文中提出的蚁群算法（Ant Colony Optimization，ACO），又称蚂蚁算法，是一种用来在图中寻找优化路径的概率型算法，其灵感来源于蚂蚁在寻找食物过程中发现路径的行为。美国学者 Eberhart 博士和 Kennedy 博士（1995）[25,26] 提出了一种新的全局优化算法，即粒子群优化算法（Particle Swarm Optimization，PSO），它是通过模拟鸟群觅食行为而发展起来的一种基于群体协作的随机搜索算法。通常认为它是群集智能（Swarm Intelligence，SI）的一种，它可以被纳入多主体优化系统（Multiagent Optimization System，MAOS）。

2. 末端配送节点间资源的整合

（1）信息资源的整合

敏捷供应链各节点的 EDI 必须相互共享，如果上下游节点之间出现信息孤岛现象，其配送模式就不可能敏捷。信息资源的整合首先需要在软硬件建设过程中使用标准的统一或兼容，这是信息流畅的基本前提。其次，在信息开发过程中要注重节点之间的协调，采集、梳理、应用诸环节要配合默契。最后，信息的管理要有统一的规范和章程，信息流、资金流与物流的步调一致攸关末端物流敏捷配送的绩效。

（2）技术资源的整合

在物联网技术下供应链各节点必须不断地进行技术革新，现代化的技术手段是支撑敏捷配送的基本条件。由于末端配送节点加盟企业较多，而成长经历不同的加盟企业在技术条件上的确是参差不齐，而供应链追求的又是整体绩效最优，因而，为了实现配送供应链的敏捷性，加大各节点企业的技术资源整合尤为重要。

（3）商品资源的整合

一个敏捷供应链必然具有规模性，链上各节点根据自身的空间资源和仓储能力，其商品的库存各有所异。作为供应链的核心企业必须有调配节点企业商品资源的能力，这是实现敏捷配送的基础。在信息资源高度整合的条件下，供应链的核心企业只有随时掌握各节点企业的库存，才能在一旦需要的情况下，做出快速调拨，满足客户的需求。当然，调拨后的及时补货至关重要，这是核心企业保持供应链凝聚力的保障。

3. 末端配送质量的控制

（1）商品质量的控制

末端物流的敏捷配送必须以商品的高质量为基础，由于电子商务的发展，网上订单确实改变了原来实体市场的布局，但是，如果实物配送与网上样品出现落差，势必影响客户的使用，该供应链的绩效也就大打折扣。所以，如何严格控制商品质量是敏捷供应链各节点全力监控的一件大事，只有质量上的保证，才能赢得客户信任，从而不断拓展商品市场。

（2）服务质量的控制

物流产业属于第三产业的范畴，服务质量的高低是衡量现代物流业综合实力的一把重要标尺。尤其是末端配送，最接近最终消费者，其服务质量如何，社会基层立即会给出最贴切评价。服务质量高，有时能够弥补配送过程中的一些不足，反之，就会扩大供应链与最终用户的矛盾。在物联网技术支撑下，控制服务质量的主要途径之一是扩大透明度，利用技术手段扩大与用户的心灵沟通，从而赢得用户的认可。

（3）供应链质量的控制

供应链质量是其本身能否持续维持和不断提升的核心。其质量高低直接决定着供应链配送的敏捷程度。供应链质量可以从以下几个方面来反映：一是供应链各节点提供产品的质量，如果一个节点的产品出了问题，有时就可能影响整条供应链。二是供应链协作集成的质量，各个节点企业能否秉持整体经营的理念，在管理上树立整条供应链的全局意识，摒弃各自为战的小团体观念。三是供应链更新的质量，体现在供应链能否随时间的延伸不断更新企业产品、经营设施、组织架构、管理理念、服务方式等，这直接决定着供应链的竞争力。

（三）基于物联网技术的末端敏捷配送的策略

1. 配送的快速响应

快速响应作为末端物流配送敏捷模式的首要标志，在物联网技术下，强力推进快速响应是敏捷供应链提升自身竞争力的最重要策略。

快速响应（Quick Response，QR）萌生于美国的纺织服装业，是该行业兴起的一种供应链管理方法，其目的是减少供应链各节点企业之间从原材料到销售点的时间和整个供应链上的原材料和产成品库存，最大限度地提高供应链管理的运作效率。现在快速响应已应用到工商业的各个领域。事实上，供应链快速响应时间越短，越能把握更多商机，从而给其带来更大的利润。关于快速响应的研究，许多学者从不同的角度进行了归纳：快速响应是一种按照顾客的需求，以准确的数量、种类和在规定的时间范围内，为其提供产品和服务的运作方式[27]。快速响应从根本上是指对产品的市场需求反应快速化，也就是产品快速的通过生产和配送环节，实现从原材料和零部件供应商，到制造商和零售商，最后到达最终用户的快速化[28]。快速响应是一种反馈与合作协调过程。[29]快速响应是关于零售业的战略，它在加速存货流动的同时，通过各种方式改善库存管理及效率[30]。快速响应并不仅仅是技术层面，而是一种全新的业务方式，它是由技术支持的业务管理策略。即在供应链中，为了实现共同的目标，至少在两个及其以上环节之间进行紧密合作[31]。

快速响应作为敏捷配送的主要策略，既要重视时间，又要重视质量，还要注重效益，它是三者的有机统一。效率高、质量好、成本低不能用对立的观点去看待，要寻找三者的平衡点，这才是快速响应的立足点。

2. 加工的柔性生产

柔性生产（Flexible Production）的概念，是1965年由英国的Molins公司最先提出的[32]，它是为适应市场需求多变和市场竞争激烈而产生的市场导向型的按需生产的先进生产方式。当时该公司根据由生产对象和生产条件的变化所决定的柔性程度，将生产设备划分为了硬性的技术设备、可改装的技术设备、可重新调整的设备和名副其实的柔性生产设备四种类型。

研究发现，柔性生产的概念起初是相对于美国在泰勒科学管理理论影响下的刚性生产而言的。后来，美国、西欧、日本等国家先后在汽车制造、电气设备、机械设备、航空航天工业对柔性生产模式下进行了实践探索[33]，尤其是日本企业柔性生产的推广率明显高于美欧企业。

在末端配送环节，加工的柔性生产的要核在于：一是代表着供应链节点间的默契配合，制造企业与物流配送企业为了更好地满足用户的个性化需求，决定将最后的组装流程放在流通加工中心，这本身就显示出供应链的协同和优化。二是为了对客户需求做出快速响应，增加末端配送的敏捷性，提升供应链的竞争力。因为配送环节最接近于最终客户，与客户的沟通最直接、最前沿，将柔性生产放在供应链的后半部有利于提升服务质量，稳固客户市场。三是有利于统合虚拟设计和实体运作，促进供应链末端配送的活力。在物联网技术支持下，网上订单、网上设计、网上交流更加便捷，在配送中心的流通加工环节增加柔性生产程序有利于将虚拟经营与实体加工有机结合在一起，提高产品和服务创新的频率，从而提升末端配送的敏捷度。

3. 服务的精益管理

精益管理源于精益生产，精益生产（Lean Production，LP）的概念是由美国麻省理工学院James P. Womack（1990）[34]等专家组成的"国际汽车项目"工作小组，基于对日本丰田模式的考察后提出的。强调它是采用多种现代管理技术，基于社会需求，以人为本，优化资源配置，谋求企业最大经济效益的生产方式。1996年，James P. Womack等专家又在《精益思想》[35]一书中对精益生产方式的基本原则进一步展开了诠释，使精益理念逐步在生产制造企业应用和推广。

精益管理（Lean Management，LM）就是应用现代管理技术和方法，对市场需求做出快速响应，通过管理创新改善业务流程、强化服务质量、提升顾客满意度、降低运营成本，以实现供应链整体效益最大化。

构建敏捷性供应链，实施精益管理是其发展之本。在物联网技术逐步推广的环境下，B2C、O2O模式在青年消费者中已经流行，网上虚拟服务既迅速又周到，如果在实体配送阶段技术上不能迅速跟进，服务方式仍然陈旧，势必造成网上和网下的巨大反差，从而影响供应链节点企业的经营效益。

在服务环节推行精益管理策略，一是管理理念的精益化，满足客户需求是管理追求的目标，引导市场需求是管理创新的最高境界，这也是供应链配送服务的宗旨。二是技术应用的精细化，科学技术是第一生产力，物流作为现代服务业，必须以技术更新为其提升服务质量的根基，没有一流的技术支撑，就不可能构建一流的供应链。三是评价环节的精益化，绩效评价是个指挥棒，如何引导供应链管理在敏捷化上不断跃上新台阶，必须将精益化评价深置于评价文化之中，以确保敏捷配送的可持续发展。

（四）基于物联网技术的末端敏捷配送体系的结构

1. 末端敏捷配送的信息平台

基于物联网技术的末端敏捷配送，必须有相应信息平台的支撑。末端敏捷配送的信息平台需要有三个层面的建设，一是供应链核心企业自身的信息平台建设，二是整条供应链系统的信息平台建设，三是供应链与社会交互的信息平台建设。

（1）敏捷供应链核心企业信息平台

该平台有三大基础模块，四大外围接口。基础模块包括：用户供需信息、配送管理信息、供应链节点运营信息。用户供需信息由用户订单处理、生产供应状况、产品销售状态组成，配送管理信息由车辆调配信息、路况及在途查询信息、产品库存信息等构成，供应链节点运营信息由节点生产与服务状态、原材料及产成品库存状态、公共资源共享信息等构成。四大外围接口包括：城市公共信息平台接口、行业共享信息平台接口、金融服务系统接口、政府相关职能管理部门（如税务、海关、国检等）信息库接口等，政府推行的电子政务、智慧城市等公共平台对供应链核心企业来说也是重要的信息资源。其平台架构如图15所示。

（2）敏捷供应链系统的信息平台

该平台主要由决策协调系统、产品与服务运营协同系统、财务结算系统构成。决策协调系统主要包括市场的拓展、价格的生成和调整、供应链节点成员的变化等。产品与服务的协同系统主要包括订单的响应与处理、柔性生产的尺度和幅度、质量的监督与管理等。财务结算系统主要包括各环节成本的核算、资金账务的结算、债权债务的核算等。其架构如图16所示。

（3）敏捷供应链与社会交互的信息平台

供应链配送业务的敏捷运作，必须将自身的信息库与社区、交管、市政以及专业服务平台对接。社区服务、智慧社区等与供应链信息库有相互促进作用，铁路、公路、航空、港口、市政以及交通管理部门的信息库与供应链信息库具有直接关联性，信息安全基础系统、云计算系统等专业服务平台是供应链敏捷运作的基础，当一条供应链节点有限，规模较小时，其信息库建设往往更依赖于专业服务平台的托管。因而，建设供应链与社会交互的信息平台尤为重要。其基本架构如图17所示。

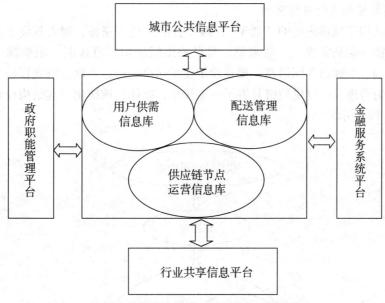

图 15　敏捷供应链核心企业信息平台架构

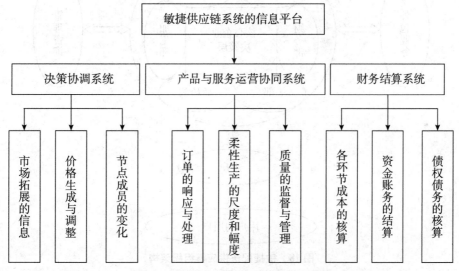

图 16　敏捷供应链系统的信息平台架构

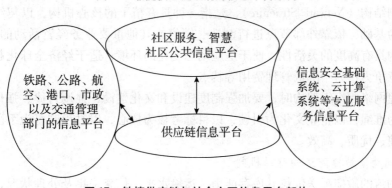

图 17　敏捷供应链与社会交互信息平台架构

2. 末端敏捷配送的组织架构

供应链结构是该供应链的"骨架"，而"骨架"是否完备，很大程度上决定了该供应链的目标能否顺利实现。一般来说，常见的组织架构有直线制、职能制、直线职能制、事业部制、矩阵制和网络制，要建设敏捷配送供应链，当供应链规模较小时，以直线制设计较为合理。一旦供应链具有了一定规模，要使其敏捷化，其结构设计以网络制为宜（如图18所示）。

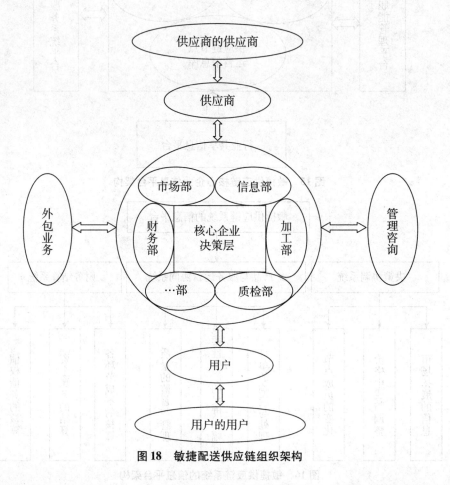

图18　敏捷配送供应链组织架构

网络制结构（Network Structure），是指一种具有精干的核心机构，以契约关系的建立和维持为基础，依靠外部节点进行制造、销售或其他重要业务经营活动的组织形式。网络制结构具有高度的灵活性，便于适应动态变化的环境；适于经济全球化趋势，易于形成全球竞争力；易于降低管理费用等特点。

在组建网络制组织架构时，要加强制度建设和文化建设，强调自律、强化监管，以制度管理为准绳，以企业文化为引领，以目标考核为核心，以过程监督为手段，确保供应链的敏捷、优质、高效。

3. 末端物流敏捷配送的驱动机制

末端物流的敏捷配送依赖其库存能力、运输水平、信息采集及处理状况、硬件设施的支撑，同时受供应商、供应商的供应商、用户、用户的用户的影响。其驱动能力还取决于自身的快速响应、柔性生产、精益管理等水平的高低。整条供应链的战略合作程度、信息处理的速度、资源整合的状况，以及线路优化的水平也影响着敏捷配送的驱动力。末端物流敏捷配送的驱动要素如图 19 所示。

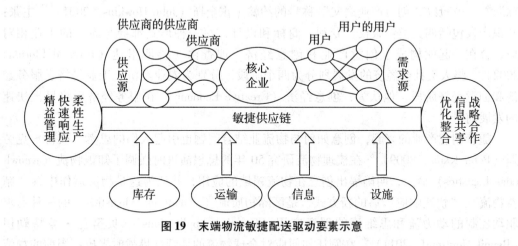

图 19　末端物流敏捷配送驱动要素示意

优秀的驱动机制就是要充分发挥各驱动要素的合力，不断摈弃供应链运作的阻力或障碍，使驱动力更大，形成良性运作的敏捷供应链。

（五）小结

随着物联网技术的演进，为敏捷制造进一步提供了技术支撑，末端物流的敏捷配送模式也应运而生。该模式是一种基于现代物流技术，面对用户需求，能够快速、准确、优质地完成从供应商到用户的物流过程，其主要标志是在供应链节点之间形成快速响应、延迟生产、规模定制和战略伙伴的机制。其基本特征表现为末端物流敏捷配送模式的集成性、配送流程的规则性和配送网络的最优性。敏捷配送模式的构成要素主要包括配送线路的优化、节点间资源的整合和配送质量的控制，其应对策略是快速响应、延迟生产和精益管理。基于物联网技术的末端敏捷配送体系结构的核心在于由三大基础模块、四大外围接口组成的敏捷配送信息平台，网络制的组织架构以及基于一系列先进理念的驱动机制。

六、基于物联网技术的创意供应链模式

（一）基于物联网技术末端创意配送模式特征

1. 末端创意配送模式的萌生

从现代汉语的字面意义来看，创，具有创新、创作、创造等之解释；意，代表意识、观念、思维等含义；两者结合在一起，创意就意味着在意识、观念、思维等领域的创新、创作、创造等，它是一种突破，是一种基于知识、技术、文化等元素的建设模式、管理模式、发展模式、设计风格、运作流程等方面的突破。创意是一种独创性的展示。

创意产业（Creative Industries）概念的诞生源自 20 世纪 90 年代初的澳大利亚，

1994 年澳大利亚公布了第一份文化政策报告，首次提出了以"创意国家"（Creative Nation）为目标；该报告引起了英国政府的关注，为此成立了英国创意产业特别工作小组（Creative Industries Task Force，CITF，1997），CITF 于 1998 年开始相继发布了多个"创意产业发展报告"。所以，应该说"由英国政府正式提出这一专业名词，并推广至全球"[36]。被冠以"创意产业之父"称号的约翰·霍金斯（John Howkins，2001）[37]主张：知识产权包括四大类：版权、专利、商标和设计，每一种形式都会与庞大的工业相对应，合在一起就构成了创意产业和创意经济。理查德·佛罗里达（Richard Florida，2002）[38]将人类社会经济的发展划分为四个阶段，分别为农业经济、工业经济、服务经济和创意经济阶段，他认为，创意经济（Creative Economy）在服务经济后将呈现快速的发展前景。

随着创意产业的兴起，创意如何与物流业结合问题也引起人们的思考。彼得·克劳斯（Peter Klaus，2009）[39]在梳理物流研究 50 年的思想演进时强调了知识物流（Knowledge Logistics）概念，明确提出创意在物流领域的应用，并认为这是物流运作中继"精益物流"、"快速响应"后的新方式，是区隔物质流（"material" logistics）的一种需求驱动控制的动力流和思维流的创意应用（Creative Applications）。贝努瓦·蒙特勒伊（Benoit Montreuil，2011）[40]在阐述如何应对全球物流的持续性挑战时提出：当前的物流模式必须用一种创意思维的可变系统的非传统模式来替代。随着创意思想在物流领域的拓展，尤其是物联网等新兴技术在物流活动中的广泛应用，末端创意供应链和创意配送模式正逐渐进入人们的视野。

关于创意物流模式的概念，本文认为它是以先进的技术为基础，以先进的文化为引领，以满足逐步拓展的用户个性化需求为目标，通过对整个物流流程的创造性设计、优化和实施，达到经济效益和社会效益的综合提升的一种体系。

2. 末端创意配送模式的主要标志

基于物联网等新技术的末端物流创意配送模式以配送活动中突出呈现的信息网络、个性空间、技术标准等为其主要标志。

（1）信息网络

以物联网为代表的新技术是信息网络技术的重要组成部分，它使信息网络由虚拟走向现实，通过识别、跟踪、监控、管理等职能，使物流运输、仓储、配送、流通加工等活动呈现出全程透明化、智慧化的全息景观。由于创意业态是现代服务业态的高层次，所以，基于物联网等新技术的末端创意配送必然以信息网络技术的充分挖掘为核心，只有这样，才能将创意配送模式塑造成引领物流发展新方式。

（2）个性空间

打造创意配送模式的目的是为了更好地满足用户的需求，提升物流效率，所以，个性空间的拓展是创意配送过程中的重要任务。随着知识经济的发展，经济社会生活中的个性化要求越来越凸显。电子政务、电子商务、远程控制、智慧城市等现代工作、生活方式的推行，为物流配送提出了加速转型发展的诉求。创意配送模式不仅要优质地满足用户的个性化需求，还要对其进行启迪、开发，形成物流配送领域的一个新体系。

（3）技术标准

创意产业是一个充满专利的产业，所以，创意物流配送必定以技术标准为依托。物流设施、物流工具、物流产品、物流流程等在创意物流模式下，推崇技术革新，推行机器换人。整体的个性化产品是由局部的标准化配件通过在物流配送过程中的柔性制造实现的，正像一个圆柱形的烟囱是由方形的砖块砌成的一样。没有技术标准，就没有效率，也就谈不上创意。

3. 末端创意配送模式的基本特征

（1）末端物流创意配送流程的技术驱动性

由于创意配送是具有高科技含量的配送，寓含知识化、数字化、可视化和柔性化，所以，配送流程的技术驱动是末端创意配送模式的最基本特征。在创意配送流程中，根据不同的物流环境、物流对象，在设计环节会产生不同的配送方案，其中涉及物流技术、设计技术、管理技术等，这些基本的技术手段助力了创意配送的实施。尤其是物联网技术的推广，极大地改善了供应商和用户之间沟通的渠道，提升了物流配送流程的透明度。

（2）末端物流创意配送活动的文化附加性

由于创业产业产生的渊源之一是文化产业，所以，创意配送活动将始终充满文化色彩。文化是一种生活形态，配送是一种生产行销模式，二者的契合点就是创意。创意配送属于知识物流形态，要求其从业人员必须具有较高的知识素养，这有利于在配送活动中弘扬先进的文化，彰显文化的感染力。孙智英在分析创意经济的形态和业态时强调文化艺术对经济的支持与推动，为经济概念注入了文化特质，指出："人类所突显的文化特质、文化背景、文化资源构成了创意经济的基本元素"[41]。以文化为基础的末端配送将增加用户的文化享受，同时，一旦该文化为用户所欣赏，将有利于该市场的稳定和固化。

（3）末端物流创意配送模式的节点关联性

创意配送模式的形成和运营具有系统性特点，其所在的供应链各节点之间必然是高度关联。创意文化、创意流程、创意方案必须得到供应链节点的认可，这样才能形成互融、互动、互促的效果。事实上，创意配送模式是对各节点衔接的优化，从原材料、生产制造，到末端配送，只有具备高关联性，才能放弃某一节点、某一环节的"小"失，换来整条供应链的"大"得。

（二）末端创意配送的要素构成

1. 社会文化

创意配送作为物流配送的高级阶段，必然是以人为本，是一种"商品"与"用户"、"物质"和"精神"的有机结合。如果将过去的"独立物流"对应"科学管理"，将现在的"供应链物流"对应"现代管理"，那么，未来的"创意物流"就将对应"文化管理"。从这个意义上来看，社会文化是构成创意配送模式的主要因素。

（1）社会文化层次影响创意配送的消费人群

农耕时代是"日出而作，日落而息"，社会文化倡导"稳"；工业化时代是"大机器、流水线"，社会文化聚焦"快"；后工业化时代是"信息化、高效率"，社会文化追求"质"。优质的产品、优质的服务、优质的生活才是现代社会追逐的目标。所以，从社会文化演进的整体阶段来看，目前的社会文化层次已诉求创意配送的服务方式。正像高铁的发展，售票方式的网络化，有时却更增加了农民工群体的乘车难度一样（因为高铁的运营和售票方式的改变，是知识经济时代的产物，面对有知识的人群，农民工的文化层次适应不了这种模式），创意配送面对的人群依然要根据社会层次来细分，现实条件下不可能整体社会都能适应创意配送的服务。只有社会文化层次达到了知识经济运营环境的要求，创意配送的市场人群才会形成和发展。

（2）社会文化氛围影响创意配送的发展规模

文化具有强大的穿透力和聚合力，正像宗教的力量一样，尽管是无形的，却能左右人群的行动。自 20 世纪 90 年代初普拉哈拉德和哈默（C. Prahalad, G. Hamel, 1990）[42]首次提出"企业的核心竞争力"（the core competence of the corporation）以来，非核心业务的外包就逐步被企业所接受。从企业到人群，"业务外包"的社会文化氛围已经形成。电话采购、网络采购、微信采购等形式，均说明采购供应、物流配送的市场方式在迅速改变，这就为创意配送的市场开发提供了良好机遇。从社会现象的出现到社会文化氛围的形成需要一个过程，无论是经济的全球化和市场竞争趋势的加剧，还是人们对美好休闲生活的向往，一旦从"温饱"变成了"小康"，其消费文化就会逐步改变。当社会文化氛围与知识经济完全合拍之时，创意配送的空间就会迅速拓展，市场发展规模也就随之迅速扩大。

（3）社会文化观念影响创意配送的发展速度

文化观念是在一定的社会条件下，人们对自然、社会和自身看法的融合。一方面，文化观念受社会历史条件的影响，因为，每个民族都有自身的个性，有外向的、有内敛的，有的发展史是一部拓荒、创业甚至扩张的历程，有的则是一部收缩、守业甚至被侵略的过程；另一方面，也受居民个体世界观的制约，人们观察世界的视角总是从不同的侧面，对同一问题的解剖也是从不同的层面。所以，社会文化观念只有整体上升到一定的层次，"随众效应"才能发挥作用。在这个意义上分析，创意配送的市场拓展和被企业及个人用户大范围认可尚需要社会消费文化观念的进一步转变。

2. 人员素养

世间一切事物中，起决定作用的是人，不是物。作为饱含文化色彩的创意配送，不论是市场运行中的经营者还是消费者，其人的素养，尤其是"人员素养"决定了创意配送的发展和提升。

（1）配送企业经营者的素养是创意配送项目推进的关键

创意配送模式具有前瞻性，项目的推进需要经营者敏锐的眼光和超群的能力，因为，创意配送具有许多不确定性，面对不同客户的个性化需求，需要时时的决策去应对。从另一角度分析，创意配送反映在配送活动的全过程，它依赖工作团队全体员工的创意素养水平，而这些人员素养的塑造又需要专门的培育，这也需要经营者的决策和支持。企业经营者的决策时刻权衡着创意配送的成本、绩效和社会影响，只有决策层认可创意配送的发展空间后，才会将其付诸实施。所以，在市场经济条件下，企业经营者素养是配送企业转型升级的关键。

（2）配送企业研发者的素养是创意配送成功实施的根本

创意配送没有固定的模式可循，它根据市场用户的需求，创造性地设计特定的配送方案，以提供给用户个性化的服务。市场瞬息万变，但变化中有其固定性，偶然中有其必然性。这个固定和必然，需要配送企业研发者的综合素养支撑。首先，研发者应具有较高的专业知识和技术素养，创意设计往往呈现专利形态，如果没有足够的物流知识、技术水平和设计能力，很难想象能够产生创意的方案。其次，研发者应有高度的社会知识和人文底蕴，内心知道基层用户需要什么、向往什么，这样才能在设计时"投其所好"，被市场所接受。最后，研发者应用足够的经历和经验，掌握物流配送领域国际前沿的发展动态，引领创意配送的发展。

（3）配送用户的素养是创意配送市场拓展和稳固的基础

第一，基层用户的素养代表着需求嗜好，是市场走向风向标，所以，用户素养的开发和培育具有重要意义。用户素养的提升一方面是社会进步的结果，全国普及九年制义务教育，中等职业技术教育免费学习，高等教育从"精英化"走向"大众化"，国家交流活动频繁，在校交流生数量迅速增加，国家文化相互激荡和交融，等等，均为用户素养提升奠定了基础。第二，大机器、工业化、流水线、信息化以及城镇化的发展均在熏陶基层用户对时间、效率的重视，对个性化时尚的追求，所以，基层用户消费素养总体上在快速提升。第三，物流配送应通过创意广告的宣传，创意配送专题培训班的开设，甚至推行创意配送的专项流程展示等，加速塑造基层用户去接纳创意配送模式。总之，用户是上帝，只有足够量的用户支持，创意配送才能有市场空间，才能有发展规模，才能创造一流的绩效。

3. 物流技术

在一定意义上，创意配送可以看做是消费文化、设计理念、信息技术、物流设施等要素的有机融合。在这个融合体中，物流技术自身占据着重要分量。一流的物流技术，可以影响消费文化，改变设计理念，融通信息技术，完善基础设施。因而，物流技术是创意配送模式的关键因素。

（1）物流技术水平是创意配送设计的基础

创意往往来自于灵感，但该灵感也不会凭空而来，而是通过环境的刺激做出的反应。创意配送是物流发展的高级阶段，该阶段的先进性仍要以物流设施、物流技术、物流方式的先进性来体现。正像科学的理论必须有先进的实践环境相对应一样，创意配送方案的设计必须有一流的物流技术相支撑。如果没有好的物流技术，即使有好的设计理念，也没法付诸实施。技术落后，效率必然落后，满意度就会降低，方案就难以执行。目前，随着物流产业的演进，物流技术不论是硬技术还是软技术都已相当成熟，运输技术、仓储技术、包装技术、流通加工技术、搬运装卸技术、配送技术、信息处理技术、计划决策技术、督查评价技术、调配优化技术等，均已处于稳定发展阶段。诸多技术的稳定性，为创意配送设计奠定了坚实基础。

（2）物流技术应用是创意配送运营的前提

创意配送的成功设计固然重要，但创意配送的运营更加复杂。个性化消费、个性化环境、个性化评价是个性化用户的突出特征。设计是基础，运营是关键。运营过程要体现生产的精益性、反应的即时性、包装的优质性、服务的周到性，如果缺乏先进的物流技术，就根本无法实现创意配送设计的效果。从 B2B 到 B2C，再到 O2O，电子商务对实体配送不断提出新挑战，发达的物联网技术、车联网技术，以及蒸蒸日上的智慧城市运作环境，极大地促进了物流技术的发展，也为创意配送的顺畅运营提供了前提条件。

（3）物流技术创新是创意配送增效的保障

创意配送在初始阶段，往往考虑的是形象，但一旦进入大规模运营，就必须考虑整体效益，尤其是经济效益。"科学技术是第一生产力"，技术创新的驱动作用，始终是创意配送提高效益的基本保障。物流技术的创新分三个层面：一是决策层面，重心放在物流管理技术的创新，由于创意配送是一个综合工程，决策层面能否在创意方案制订和运营过程中驾驭全局，准确把握管理的技巧、决策的效率，对创意模式的形成至关重要。二是研发层面，创意模式的设计研发者必须宏观把握物流技术的总体创新趋势，具有熟练应用现代物流技术的能力，站在物流技术创新的制高点上，巧妙地将物流技术与创意方法结合在一起，形成一个个创意配送方案。三是作业层面，作业员工必须熟练自己岗位的物流技术，时刻紧跟创新的步伐，深度领会创意配送方案的运作方法和操作技巧，顺利实施完成配送任务。

（三）末端创意配送的技术

1. USP 配送技术

USP（Unique Selling Proposition）理论，即独特的销售主张，是美国著名广告大师罗瑟·瑞夫斯（Rosser Reeves，1961）[43] 首先提出的，他对商品有着明显的创意色彩。其理论核心有三个方面：一是郑重的承诺；二是个性的主张；三是实效的销售。

将 USP 理论应用到创意配送上，其技术要点必然要围绕该理论的核心展开，发挥该理论的经济效益。

（1）对市场用户的庄严承诺

创意配送，作为现代物流配送的升级版，在配送过程中必然要有附加值，要么是用户有文化的增值享受，要么是用户总成本形成节约。总之，物流配送公司在创意配送条件下具有与传统配送不一样的绩效。

（2）满足用户的个性化需求

创意配送方案的设计和运作是针对某一用户定身量制的，其流程设计往往具有专利的水平，重心在于张扬用户的个性化需求。由于创意配送流程是融合知识、信息、技术、文化的综合体，因而，创意配送的商品质量、时间节点、服务方式均须符合用户的要求。

（3）注重务实的市场绩效

创意配送的方案，是在个性化定制的基础上实施的，是对原有物流配送方式的完善和提升，因而，其目标市场是清晰的。USP 配送技术要求创意配送的流程和结果是务实的，是紧紧把握市场发展方向的，所以，运行的结果必然会形成一流的市场绩效。

2. 信息共享驱动技术

准确而全面的信息是创意配送设计和运作的基本条件。由于末端配送供应链各节点间在从不同的视角采集、整理信息，因而，在各节点间建立信息共享驱动机制尤为必要。

20 世纪 60 年代初，美国麻省理工学院系统动力学教授杰伊·福瑞斯特（Jay W. Forrester，1961）[44]发现需求信息从供应链下游传递到上游过程中会出现波动和放大现象，后来，被美国斯坦福大学李教授等（Hau L. Lee，1997）[45]定义为牛鞭效应（Bullwhip Effect）。接着，众多学者分析了牛鞭效应产生的原因和应对措施，其中，信息共享机制是解决牛鞭效应的最有效办法。

创意配送的信息共享驱动技术主要体现在三个层面：第一层面是市场供求信息的共享；第二层面是创意配送方案设计技术层面的新技术、新方法的共享；第三层面是社会文化信息的共享。

（1）市场供求信息的共享

市场供求信息是创意配送设计和运作的基础，供求信息是否准确、及时，直接决定着创意配送设计方案是否可行，这充分说明了信息的重要地位。在供应链管理时代，解决这个问题的最好办法莫过于启动信息共享机制，供应链节点间位居不同的区域，抱有不同的视角，拥有相应的资源，其信息的来源、处理、应用方式也各有不同，所以，供应链上下游节点之间的信息共享机制将极大地扩大创意配送设计和运作的信息拥有量。

（2）设计技术、方法信息的共享

技术、方法是创意配送设计和运作成功推进的关键因素。网络经济时代，新技术、新方法如雨后春笋、竞相产生。如果存在相应的技术联盟，联盟内成员间启动信息共享机制，各自的技术创新就能带来相互启迪、取长补短的效果。创意配送的设计和运营尽管有很强的专业性，但在创意层面的创造性思维却是相互融通的，创意思维与物流技术的有机结合将产生巨大的迸发力，给用户带来新的意境、新的服务、新的享受。

（3）社会文化信息的共享

社会文化直接制约着创意配送市场拓展的速度和规模，其活动与变革信息对创意配送企业至关重要。经济社会的转型，新经济、新常态的成型，在催生新的创业文化、工作文化、消费文化和生活文化。新型城镇化、都市化的建设，强化了人们工作的节拍，作为回应，生活的休闲化也越来越盛行，这必然诉求消费的个性化，从而诉求物流配送的创意化。社会文化信息的共享可通过城市、社区公共信息平台的建立来实现。事实上，完善社区服务也是基层政府应该履行的责任，尤其是随着智慧社区工程的推进，社会文化信息的共享将更加便捷。

3. 文化包装配送技术

创意十分重视形象，形象的塑造应注重视觉识别环节，而视觉识别的重要因素在于文化包装，因而，创意配送的文化包装技术将影响创意配送的用户满意度。

企业视觉设计的实践起源于我国的图腾文化，现代企业视觉识别的应用发展于欧美工业发达国家。20 世纪后叶的亚洲学者在企业视觉识别领域也做出了巨大贡献。我国台湾学者林盘耸（1986）[46]提出：视觉形象是企业、信息、技术与设计的交叠，是企业信息传达及艺术统一的关键，是 CI 的"视觉面"。日本学者加藤邦宏（1988）[47]认为：CI 就是以企业整体的活动作为设计对象，使企业本身、个性的表现合乎时代的潮流。

产品的包装往往直接体现了现代文化生活的简洁表现，对产品的文化包装更是融工业生产、科学技术、文化艺术、民俗风貌等多重元素为一体。蔡新元、张健（1992）[48]

在论述面向 21 世纪的文化包装时曾强调：文化包装是对个体人文主义的反映、是对本民族特色文化的反映、是对人类生存的关注。

文化包装配送在创意配送模式中具有重要地位。但在创意配送设计及运作过程中对文化包装配送技术的运用应注意以下几点：

（1）要注意创意配送品牌的打造

品牌是一种能够给拥有者带来溢价、产生增值的无形资产。如：顺丰速递、DHL、联邦快递等在标识符号上具有飞翔的感觉，这种清新的印象，使人们感觉使用这些公司的配送将是一种享受。鉴于此，创意配送更要从一开始就重视文化包装的魅力，让配送用户感觉到收到的不仅仅是商品，更重要的是接受了文化。

（2）要提升物流产业的文化

配送是物流产业的重要组成部分，现代物流产业起始于配送，也必将因创意配送的兴起而发展于配送。享有"经营之神"称号的王永庆就是在从业于大米入户配送时发迹的，创意配送将使现代物流服务业深入用户家庭，使物流的"最后一公里"在文化弘扬中畅通。

（3）要重视文化、信息、技术的融通

创意配送最终是要以效益论成败的，所以，要打造文化、信息、技术的统一体。文化是引领，信息是依据，技术是根本，只有将三者融会贯通才能使文化包装配送技术走向成功。

（四）末端创意配送的模式设计

1. 个性化服务的空间

从 20 世纪早期弗雷德里克·温斯洛·泰勒（Frederick W. Taylor 1911）[49]提出科学管理理论，到 20 世纪后期高德纳咨询公司（Gartner Group, 1999）[50]正式提出"客户关系管理"的概念，管理重心的演变已经历了"以产品为竞争中心"，到"以企业为竞争中心"，再到"以客户为竞争中心"三个发展阶段，显示了由以"商品"为主到以"企业为主"再到"以用户为主"的以人为本强化服务的过程。

末端创意配送正是在这样的背景下萌生，它既然要以人为服务中心，就是要扩大用户的个性化空间。其核心要素包括配送过程要使客户在恰当的时间、灵活的地点、适宜的数量、可靠的质量、增值的文化等方面感到满足。这些核心要素的满足必须基于法治社会、知识经济、完全信息、文化管理的外部背景。其创意配送的个性化需求要素与外部环境分布及互动关系如图 20 所示。

2. 网络化交互的平台

创意配送能否顺利实现，关键在三层网络能否融为一体、配合默契。具体说来，这三层网络分别是：互联共享的信息网络、战略协同的供应链网络、优化畅通的空间网络。

20 世纪 90 年代初，美国学者马克·维瑟（Mark Weiser, 1991）[51]首次提出普适计算的概念。2003 年，Nokia 发表的题为《M2M 技术——让你的机器开口讲话》的白皮书中提到[52]：M2M 旨在实现人、设备、系统间连接。2006 年 8 月，Google 首席执行官埃里克·施密特（Eric Schmidt）[53]首次提出"云计算"概念，云计算将计算、数据、应用于一体通过互联网为用户提供服务。接着，"大数据"（Big data）[54]概念也进入了人们的视野，它是指对无法通过人工处理的规模巨大的数据量，在合理时间内达到截

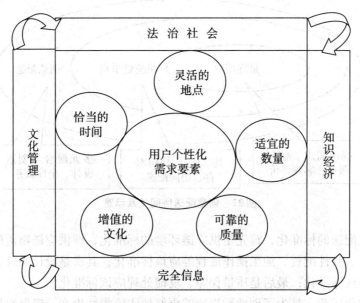

图20　创意配送用户个性化需求要素与外部环境分布

取、管理、处理并整理成为人类所能解读的信息。

普适计算、云计算、大数据，M2M、IOT，日新月异的新网络形态使信息网络达到了任何时间、任何地点、任何物体的互联互通，如图21所示。

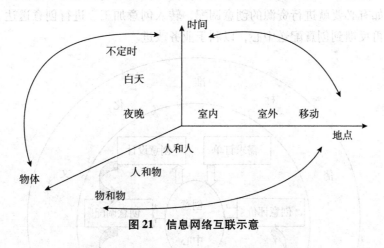

图21　信息网络互联示意

创意配送的实施，需要最终用户、供应链节点以及创意配送作业环节形成的新网络节点间的密切配合，形成战略协同的格局，其协同关系如图22所示。创意配送的执行，还必须有畅通优化的空间网络，即城市的陆、水、空线路的支撑。

总之，有形的、无形的网络组成的交互平台是创意配送成功开展设计和运营的必要条件。

3. 标准化运营的模式

创意配送模式从萌生到试运行、再到规模化，尽管需要一个过程，但标准化、规范化应该是创意配送从开发、设计到运营整个流程必须秉持的一项基本原则。

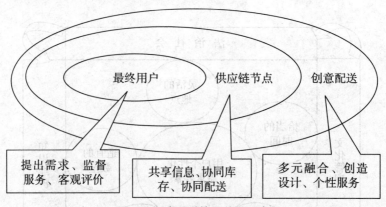

图22　创意配送协同关系示意

所谓创意配送的标准化，首先是供应链环境的标准化，即供应链物流配送的基本设施、运输工具、软件配置、加工操作流程等应该标准化；其次是设计条件、设计规范以及设计标识应该标准化；最后是质量保障、反馈处理应该标准化。

强调标准化运营，是为了创意配送能够更好地实施柔性生产，确保对用户需求的快速响应。创意配送是在外部环境转型升级后一种配送服务的升级模式，升级过程中只有遵守操作规范和基本标准才有可能创新提升。

在物联网技术支撑下，创意配送运营的模式如图23所示。其基本运营环境是由信息、标准化、文化、物联网技术等要素支持，内部流程是创意配送中心接受订单后展开创意设计、如有必要就进行资源的创意调配、转入创意加工、进行创意送达、开展创意评价，结果再反馈到创意配送中心，以利于业务改进。

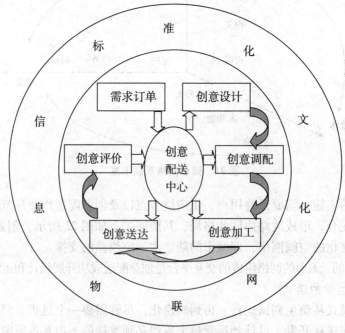

图23　创意配送运营模式示意

（五）小结

创意配送是物流配送的一种新理念、新模式，它是以先进的技术为基础，以先进的文化为引领，以满足逐步拓展的用户个性化需求为目标，通过对整个物流流程的创造性设计、优化和实施，达到经济效益和社会效益的综合提升的一种体系。本部分通过采用技术与管理并重的方法，研究了末端物流创意配送模式的信息网络、个性空间、技术标准等主要标志，深度剖析了创意配送的主要构成要素和末端物流创意配送流程的技术驱动性、创意配送活动的文化附加性、创意配送模式的节点关联性等基本特征，精心设计了创意配送模式的个性化服务空间、网络交互平台和标准化运营模式。

七、基于物联网技术的供应链管理方法

（一）供应链采购中的鲁棒控制及优化方法

1. 供应链采购中的鲁棒控制

采购是供应链上的重要环节，生产商一般把销售收入的 30% ~ 80% 用在原料和零部件的采购上，采购的速度、效率及执行能力直接关系到供应链的运作效率与经营效益，是供应链潜力挖掘与管理创新的重要基点。不确定性是鲁棒管理的主要内容，这种不确定性可能是环境的不确定，也可能是供应商运作的不确定，导致产品质量、数量、价格、供货期等方面的不确定，这种不确定会直接传导至整个供应链，降低了客户满意度和供应链运作效率。供应链采购中的鲁棒控制主要是为了避免供应商由于自身运作问题或者外部不可抗力产生而导致的供应中断，保证按照既定的时间、地点、方式向生产商提供规定的数量与质量的原材料或者服务，满足终端消费者的需求。物联网环境下供应链采购的鲁棒控制主要有运输网络控制、信息共享控制和节点位置控制（如图 24 所示）。

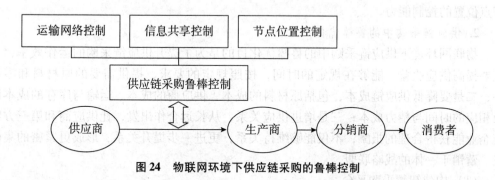

图 24　物联网环境下供应链采购的鲁棒控制

（1）运输网络控制

供应链采购涉及公路运输、铁路运输、航空运输、水路运输、管道运输等运输方式中的一种或多种，相互衔接形成供应链完整的采购运输网络。不同行业、不同产品、不同地区的供应链根据各自的情况与特点，选择适合自身的供应链采购运输网络结构完成原料的流通。运输网络的可靠性、运输方式的有效性、运输本身的灵活性直接影响到采购运输的效率。借助于物联网技术，能够提前共享采购与生产信息，高效完成采购运输网络规划，实现运输工具的数据及时感知与在线调度管理，制订意外突发事件的应急处理方案。这时供应链采购的运输网络变得十分强壮，生产商和供应商可以提前互通信息

避免内部运作产生的失误，运输网络应对意外事件的能力也极大增强，保证了运输网络的有效性与整个供应链采购的鲁棒性。

（2）信息共享控制

供应链采购涉及众多的供应商，每个供应商又包括多个采购节点与流程阶段，要保证采购的鲁棒性，必然离不开信息的有效传递与共享，适时连接供应链成员，奠定协同运作、密切配合的供应链管理基础。物联网技术在供应链中的普遍应用，增强了信息采集与共享能力，流畅的信息在供应链网络中传递，各个供应链成员可以及时准确地了解上下游的运作情况与具体需求，做好完美的配合与因应。物联网的应用使供应链成为一个有机的整体，透明的管理使供应链成员组成了利益共享、风险共担的联盟，供应链成员逐步摒弃只考虑个体利益的思考模式，转而维护供应链整体利益的最大化。建立在物联网基础上高效的信息共享机制能够快速响应市场需求的变化、有力应对外部环境的风险，保持供应链采购的可靠运作。

（3）节点位置控制

节点位置影响供应链采购的鲁棒性有两个方面：一是节点位置的网络分布，一般来说，节点位置分布越分散、节点间距离越远，供应链采购的灵活性和应变能力就越低，当某一供应节点的供应能力下降时，会影响到整个供应链采购网络的运作效率；二是节点位置的交通运输，供应节点所处位置的交通运输情况越好，维持供应链采购运作的能力就越强。物联网环境中能够有效实现对节点位置的管理控制，更好地完成运输调度与管理协调。面对来自全球各地的供应商，制订最优的供应链采购计划与运输方案；面对个别节点位置差别巨大的交通运输情况时，完成高效的协调调度任务。物联网下的供应链采购，比传统供应链采购的范围更广、交易成本更低、管理能力更强，极大地提升了节点位置的控制能力。

2. 供应链采购中的鲁棒优化

物联网环境下供应链采购中的鲁棒优化目的是为了提升供应链采购的运作效率，一是要提高供应收益，能够在规定的时间，按照规定的要求，提供需要的原材料和零部件；二是要降低供应链成本，包括原材料的成本、供应商的成本、运输与库存的成本以及相应的时间与精力成本；三是增进供应关系，从长远合作出发，让供应商和第三方物流企业能获得合理的报酬，不仅能够维持关系，更进一步提升关系，形成更紧密的集研发、营销于一体的战略联盟。

（1）构建智慧采购平台

利用物联网技术打造智慧采购平台，营造一个全透明、全天候、跨地域的供应链采购环境，提升采购管理信息化程度与采购管理水平，实现采购的科学化、定量化，保证采购监控与采购质量，避免人为因素的干扰，防范采购的道德风险。智慧采购平台进一步优化了采购流程、精简了采购手续、缩短了采购周期、扩大了采购范围，实现了真正以客户为中心的转变，从"围绕库存采购"到"围绕订单采购"，推动采购信息化的全面升级。

（2）提升供应商管理水平

采购环节在物联网技术的支持下，要实现供应链成员长期互利、信息共享的密切合作，还需要不断提升对供应商的管理水平。配套一系列的供应商管理活动，如采购合同管理、原料品质管理、采购运输管理、交付条件管理、供应商质量评估等。完善的管理制度集合强力的物联网技术，能够产生出全面的数量、质量、价格、成本、交货效率、服务水平等数据，并能提供供应商的供应绩效、供应能力、供应信誉、技术水平、管理效率等指标，更好地精简与优化供应商，保证供应链采购质量。

（3）强化采购评估与激励

供应链上的生产企业在物联网环境中，应当按照新的战略目标与采购任务设置采购部门与采购岗位，明确工作人员分工与职责，编制详细的岗位说明书，健全采购绩效评估体系，根据绩效评估情况给予有效的采购激励。采购绩效评估与激励关键是采购效果与采购效率两个方面，采购效果体现在采购原料质量管理、采购原料成本控制、采购原料物流水平等方面；采购效率主要体现在采购部门人员构成、采购流程与政策、采购管理水平、采购信息化程度等方面。

（4）完善采购物流系统

采购物流系统包括从供应商到生产商物料的包装、装卸、运输、仓储、搬运、信息管理等众多物流活动，它是供应链采购鲁棒优化的重要内容。采购物流系统的包装运输环节、存放检验环节、物料入库环节需要按照新的物联网环境下完成全面优化。通过对原料的全面感知，完善运输计划、优化物流路线、改进采购模式，完成对原材料存放仓库、运载工具、运输路线的科学管理，实现采购的柔性化与敏捷化。

（5）实施协同采购

应用物联网技术，要实现供应链采购内外两个方面的协同。内部方面，通过集成的系统与畅通的流程打破部门间的壁垒，把研发设计、生产制造、财务管理、销售服务等部门同采购部门有效对接起来，有效制订采购计划。外部方面，与供应商完成系统对接，及时交流战略、需求、生产、库存等信息，降低采购中质量、数量、价格、交货期、财务、售后服务等方面的风险，增强采购活动的鲁棒性。

（二）供应链库存与运输的联合决策

1. 问题的提出

虽然定义不同，供应链系统通常被认为是由3个以上或者更多的企业努力来管理和整合物流及相关的信息流以获得接近客户：①供应链系统试图协调供应链内部跨职能活动的整体业务流程和跨企业。因此，企业必须关注考虑双方的"内部"和"外部"客户。②为了减少总成本和客户价值最大化，集成供应链是必不可少的。一般情况下，供应链集成必须在整个供应链流程中一定的利益驱使下，在一定的时间里获得相应的整合。具体地说，这里指出了供应链系统和驱动机制的时间、运输能力和信息系统涉及的及时交货的可靠性、支持性、柔性等因素。系统地来看，库存和运输都是供应链系统的组成部分，供应链管理的终极目标是使整个供应链效益最大化和最优化，因此，有必要对库存和运输在供应链框架下进行整体研究。库存与运输联合决策所需解决的问题主要集中于：补货需求量和频次、运输工具和运输距离、运输线路与最优运载量等。

中国物流信息中心近期公布了2014年1—7月份物流情况，数据显示，我国社会物流总费用5.5万亿元，从各项费用的占比来看，运输费用占物流总费用的49.6%；保管费用占物流总费用的 37.2%；管理费用占物流总费用的 13.2%。[55] 从库存和运输成本占物流总成本的比例可以看出，降低运输成本和库存成本是物流与供应链管理要面对的主要问题，只有运输成本和库存成本降低了，才能真正意义上降低我国的物流成本，提高供应链效率。

供应链库存与运输的联合决策的核心问题是将供应链单个节点利益最大化转化为整个供应链全局系统利益最大化和提高服务水平的战略，而库存成本和运输成本之间又存在着"效益背反"现象，将运输和库存问题在供应链中进行整合最优决策的研究，这不仅具有重要的理论价值，也具有极大的实际意义。

2. 基于供应链技术的企业库存控制和运输管理模型

（1）库存管理和运输管理涉及的因素

首先我们从库存管理的目标来看，库存管理给出了诸如服务目标、预算、缺货率和成本等考虑因素，以及需求满足率以制定和实施库存政策服务任意客户需求的过程。大量资金被冻结在供应链中在途库存，如何降低库存水平？库存计划可能是供应链管理（包括最佳资金管理和利润最大化）最成功的应用，甚至中小企业都可以节省数百万元资金。尽管现在很多企业已经实施了 ERP 系统来进行库存盘点和自动订单处理，但很少有企业分析其库存政策是否适合他们的需要，以至于很少修改他们的库存政策来应对市场的变化。

①节省时间。整合供应链系统，协调运作和共享信息可以减少运输时间和供应链的总成本。例如，更快的运输时间减少在途库存，可以让客户降低安全库存；此外，如果供应链每个节点都节省了交付时间，这就进一步降低了总成本。同样的，如果有一个供应链中的一个节点延迟，采取时间压缩策略，最大限度地减少库存的速度和在库在途停留时间，这一运输过程可能被要求加速使运输时间保持不变。实际上，所有时间压缩的操作反映出运用运输能力实现经营效率的本质特点。因此，运输路径规划和业务流程重组可能让运输和信息作为减少仓储和库存成本的手段。特别是运输时间压缩策略，库存流动的速度和最小在库停留时间可以减少在途库存和安全库存。因此，供应链的总成本可能最小化。

②供应链的可靠性。通过流程再造和设施设备信息共享整合供应链，可以促进物流可靠性，它可以被认为减少平均每次运输时间。更重要的是，交货时间呈现为物流质量的可靠性和一致性而不仅仅是快。供应链伙伴对实现一体化有赖于 JIT 可靠地交付自己生产的产品，不一致的供应能力可以增加生产成本或者造成缺货损失。另一个角度来看，运输的可靠性是避免货物丢失和坏损，这也是对供应链绩效重要的一个方面，众所周知，供应链伙伴更换丢失或损坏的直接成本很高，间接成本甚至会更高。而这些间接成本之间的销售损失会包括降低客户忠诚度，市场份额的损失，生产增加的时间、成本和流程。因此，交通运输的可靠性是供应链整合的关键。

③流程的标准化运作。标准化的运输和物流流程是供应链一个重要的整合。标准化运作使得供应链流程能够更可预测，供应链整体活动不易发生异常的基础。供应链节点的流程，合作伙伴和人员可以降低操作的风险，更有效地运用时间、劳动力、设备，或其他的供应链资源。

④JIT 配送管理系统。如何在供应链技术下进行流程优化整合？运输要与其他供应链物流同步需要在流程上改进操作，而 JIT 配送管理系统是检验供应链综合效能的关键。从已有的经验来看，JIT 是一种以市场需求为核心的"拉动式"管理体系，强调了"及时"这一理念，追求减少物流批量，加快物流频次，最终实现零库存。运用于供应链能够使企业在"正确的时间、正确的地方得到准确数量的产品"，对于整个物流活动起到优化作用，提高客户满意度，增加企业对于客户的吸引力，提升供应链价值。相反，非 JIT 下的运输可以制造拥塞、混乱，以及生产排序问题等，如低效率的生产和销售，超时或额外的劳动，违规操作等带来企业的损失。因此，通过供应链技术的运用，供应链体系一体化的规划、协调和信息共享，可以得到 JIT 配送管理系统的支持是非常重要的。

⑤供应链柔性。供应链柔性（Flexibility of Supply Chains）无论是对于供应链需求方还是供应方而言，是指他们能够快速而集约化地处理在生产经营活动中各种环境及其由环境引起的未来不确定性变化的能力，它一般由缓冲、适应和创新三种能力构成。[56]供应链合作伙伴定期通过会议和客户分享信息、确定他们的需求，这样可以建立在供应链整合情况下的运输总成本降低的灵活性。例如，汽车的运输公司和汽车制造商共同研制了侧装载拖车在特定的运输节点提供在交付序列条款和灵活性。此外，附近的转拨 JIT 流通仓库及时配送和延迟的分拣和组装完成客户最后的需求并确保灵活性装运。紧急情况下客户有一些特殊性、非标准的产品生产、配送要求，供应链各节点合作伙伴要求的改变计划或加急装运。一般情况下，有学者认为为了追求更多的柔性反而会增加不确定性，但缺乏供应链柔性更会提高库存持有成本、订货成本、销售损失的成本和生产成本等一系列问题。

⑥内外部供应链整合。企业内部跨职能部门整合和供应链合作伙伴外部结构一体化是实现供应链价值最大化的必要条件，通常，一个公司的不同部门存在着"本位主义"而不注重供应链的集成增值效用。然而，物流和信息流跨越了职能部门以及组织的边界，因此，一个企业的成功取决于内部职能部门的精诚合作服务最终消费者的过程。这要求运输、采购、制造和销售等职能部门跨部门协调和整合来实现企业实现顾客价值和满意的目标。

信息共享涉及数据交换，不仅会用到 EDI、GIS、JIT、Barcode、RFID 和 GPS 等技术，也涉及供应链合作伙伴之间战略信息的共享，这里一个关键理念是端到端的渠道透明度操作。事实上，由于供应链节点之间的主要链接，大大削减"牛鞭效应"的影响，改变信息的传输路径，从而在战略层面上形成信息共享的供应链一体化，推动了供应链合作伙伴之间紧密型战略联盟关系的发展。例如，如果托运人有正确的信息，他们定制承运人的服务来提高顾客价值可能会增加。此外，信息可以削弱内部职能部门和外部客户、运营商、合作伙伴之间的界限，产生的整合供应链体系可以成为满足客户需要的整体能力和产品。

（2）供应链技术应用于库存管理和运输管理

①自动立体化货仓技术。自动化仓储系统（Automated storage and retrieval system, AS 或 RS）指不是由人工处理，而是由高层立体货架、堆垛机、各种类型的叉车、出入

库系统、无人搬运车、控制系统及周边设备组成的自动化系统。其功能一般包括收货、存货、取货和发货等库存环节，还可以利用自动化仓储系统可持续地检查过期或找库存的产品，防止不良库存，提高管理水平。自动化仓储系统能充分利用存储空间，通过计算机可实现设备的联机控制，以先入先出的原则，迅速准确地处理物品，合理地进行库存管理及数据处理[57]。

库存往往被企业认为是一个高成本、低价值的环节，如果能够正确地分拣并将货物有序地堆码于托盘之上，就会在备货环节较为便捷，企业增速产品送货频率和实行的最小存货单元（SKU）又会将库存管理变得复杂化。自动化方案解决了仓库内各运营环节效率和零售商卸货和补货上架环节效率，大幅节约了劳动力，提高了速度和效率，使得供应链下游和配送中心在最小存货单元过程中进一步受益。由于对托盘采用了更高、更密集的堆垛方式，空间成本也降了下来；而面对最小存货单位多样化、产品品种多元化的问题，自动化分拣采用了计算机控制的自动分拣系统，从而可在较少的空间或对分拣效率带来消极影响的前提下增添更多的最小存货单位。

②云计算。很多大型企业已开始尝试地将云计算解决方案应用到供应链管理中，企业采用云计算以支持企业内部的运营活动，努力确保供应链各节点及企业的工作流程与云计算解决方案能很好地匹配。企业也将云计算应用于垂直行业中来管理外部网络上的供应商。企业也运用云计算通过基础架构服务（IaaS）协议快速构建 IT 基础架构和通过平台服务（PaaS）补充 IT 资源。当然，云计算还有很多的工具和用途有待开发研究解决，这将大大提升企业供应链技术。

③新型移动智能设备。科技的进步，各种移动智能设备不断被运用到供应链中的库存和运输环节，也成为企业重要的技术开发领域，包括智能手机、平板电脑、可穿戴式计算机、摄像机、无线电、GPS、数字地图以及目视显示镜，等等，这将带来供应链中库存和运输环节前所未有的革命。尽管库存和运输所面对的环境和操作要求各不相同，但库存和运输都需要具备耐用性和灵活性、能够经受各种不同物理条件考验的移动设备。例如，一家食品饮料企业设立一个自有车队往来于各零售商之间运送产品，每个运输车辆每天都会在路上行驶 8~9 个小时，当天工作结束时工作人员将其移动设备中的所有数据批量上传，如果企业想要能够使用移动智能设备完成实时任务也能够完成，包括在货物运送至每个商家时就可进行结账操作。

3. 运输与库存联合决策模型分析

哈瑞斯（Harris, 1913）[58]研究认为运输与库存系统整合非常重要，在随后的近 100 年里学者们的研究集中于相对独立的供应链中运输与库存两环节分别决策，到 20 世纪 80 年代中期后，运输与库存整合优化问题开始为众多学者所关注。1984 年，费德格如恩和兹泊肯（Federgruen & Zipkin）[59]在研究运输与库存优化模型的同时讨论了两者之间利益悖反的问题。其后，众多的对于运输与库存联合整合优化及其决策问题运用了数学优化模型（如线性规划、非线性规划模型、整数规划），大多运用遗传算法、人工神经网络、模拟退火算法及拉格朗日算法等近似算法或启发式算法等算法来求解。于是，对一些具体模型寻求较为理想的满意解算法成为运筹学、物流科学、交通运输工程及计算机科学等学科研究的前沿与热点[60]。

如上所述，我们认识到一般情况下经济订货批量模型（EOQ）可以使零售商选择最佳配送中心（DCS）保持最低库存量，这比较容易得到最佳的解决方案，这个公式提供了一个最坏情况下最优化的解决方案。实际情况下，订单的频次和订单数量在每个DC的平均需求决定的配送，反过来，客户需求对物流配送是一个赋值函数。除此之外，每个零售商在一个在交货区间为了防止可能性的缺货而保持安全库存。在这样的情况下，我们考虑的问题是：给定一组的每个独立零售商所面临的需求不确定，决定多少个配送中心布点分配给分布的零售商，配送中心如何进行路径规划，安全库存应保持多少库存量为合理水平？我们根据上述问题建模如下，定义以下符号：

符号	释义
μ_i	零售商（年）平均需求，满足条件 $i \in I$；
σ_i^2	零售商 i 的需求方差（天），满足条件 $i \in I$；
f_j	区域配送中心 j 固定成本（年），满足条件 $j \in I$；
$v_j(x)$	主要供应商运输 x 单位到一个区域配送中心的成本，零售商位于 j，满足条件 $j \in I$；
d_{ij}	从零售商 j 到零售商 i 的运输成本，满足条件 $i \in I, j \in I$；
α	零售商需求订单满意所占的百分比；
β	运输成本的权重因子；
θ	库存相关成本的权重因子；
z_α	标准正态偏离值 $P(z \leq z_\alpha) = \alpha$；
h	每年库存产品单位成本；
$w_j(x)$	在配送中心 j，如果每日的预计需求为 x 的工作库存年度总成本，满足条件 $j \in I$；
F_j	配送中心 j 订货的固定成本，满足条件 $j \in I$；
L	交货时间的长短

决策变量：

（1）$X_j = 1$，如果零售商 j 被选为配送中心所在地，则为 0，否则须满足 $j \in I$；

（2）$Y_{ij} = 1$，如果零售商 i 被零售商 j 作为配送中心提供服务，则为 0，否则满足 $i \in I$ 和 $j \in I$。

该模型可以表示如下：

$$Minimize \sum \left\{ f_j X_j + \beta \sum_{i \in I} \mu_i d_{ij} Y_{ij} + w_j \left(\sum_{i \in I} \mu_i Y_{ij} \right) + \theta h z_\alpha \sqrt{\sum_{i \in I} \sigma_i^2 Y_{ij}} \right\} \quad (1)$$

约束条件有：

$$\sum_{j \in I} Y_{ij} = 1，每项 i \in I； \quad (2)$$

$$Y_{ij} - X_j \leqslant 0 \ , \ 每项 \ i,j \in I \ ; \tag{3}$$

$$Y_{ij} \in \{0,1\} \ , \ 每项 \ i,j \in I \ ; \tag{4}$$

$$X_j \in \{0,1\} \ , \ 则每项 \ j \in I \ 。 \tag{5}$$

公式（1）的最小加权目标函数为以下四个成本的总和：

①定位设施的固定成本；

②运输成本从配送中心到非配送中心零售商；

③预期库存成本；

④安全库存成本。

约束条件（2）规定，每个零售商能够分配到一个配送中心。约束条件（3）规定零售商只能分配给候选地点所选择的配送中心。约束条件（4）和（5）是标准的完整性约束条件。

目标函数需要进一步解释的成本问题：第一项是选择配送中心建立的单周期（年）摊销成本。第二项代表提出从配送中心到零售商的运输成本。我们假设这个成本是直线运输成本加总。我们进一步假设，在运输计划的基础上，按照零售商与给每个零售商发生的运输频次确定外源性问题。第三项表示库存成本的清单，这包括固定成本、订货以及运输成本、供应商到配送中心以及库存的存储成本。简而言之，我们暂时设定参数（j）为配送中心，D 为通过配送中心每年的总（预期）需求，n 为从供应商每年的出货数量。年总固定成本、装运与库存成本的配送中心得到下式：

$$F_n + \beta v(\frac{D}{n})n + \theta \frac{hD}{2n} \tag{6}$$

公式（6）第一步代表每年 n 个地方订货总的固定成本。第二步计算每年运输工具乘以运输次数得到的运输费用 $v(D/n)$。注意 D/n 为预计每批运输尺寸。第三步是计算平均存货成本。

这里 $D/2n$ 项在库平均每项每年将产生成本 h。由这个表达式每年运输数量 n 衍生得到：

$$\begin{aligned} &F + \beta v(\frac{D}{n}) - \beta n v'(\frac{D}{n})(\frac{D}{n^2}) - \theta \frac{hD}{2n^2} \\ &= F + \beta v(\frac{D}{n}) - \beta v'(\frac{D}{n})(\frac{D}{n}) - \theta \frac{hD}{2n^2} \\ &= 0 \end{aligned} \tag{7}$$

如果 $v(x)$ 是线性的（设 $v(x) = \lambda + ax$），$v(x')$ 是一个常数（设为 a），上面表达式则为：

$$\begin{aligned} &F + \beta\lambda + \beta a \frac{D}{n} - \beta a \frac{D}{n} - \theta \frac{hD}{2n^2} \\ &= F + \beta\lambda - \theta \frac{hD}{2n^2} \\ &= 0 \end{aligned} \tag{8}$$

n 得到解决，$n = \sqrt{[(\theta hD)/2(F + \beta\lambda)]}$，代换到总成本公式（6），得到：

$$F\sqrt{\frac{\theta hD}{2(F+\beta\lambda)}}+\beta\lambda\sqrt{\frac{\theta hD}{2(F+\beta\lambda)}}+\beta aD+\theta\frac{hD}{2}\sqrt{\frac{2(F+\beta\lambda)}{\theta hD}}$$

$$=\sqrt{\frac{\theta hD(F+\beta\lambda)}{2}}+\beta aD+\sqrt{\frac{\theta hD(F+\beta\lambda)}{2}} \tag{9}$$

$$=\sqrt{2\theta hD(F+\beta\lambda)}$$

D 为每年通过配送中心或 $\sum_{i\in I}\mu_i Y_{ij}$ 的总需求量，因此，在这种情况下，目标函数成为：

$$Minimize\sum_{j\in I}\left\{f_j X_j+\beta(\sum_{i\in I}\mu_i d_{ij}Y_{ij})+\sqrt{2\theta h(F_j+\beta\lambda_j)}\sqrt{\sum_{i\in I}\mu_i Y_{ij}}+\beta a_j(\sum_{i\in I}\mu_i Y_{ij})+\theta hz_\alpha\sqrt{\sum_{i\in I}\sigma_i^2 Y_{ij}}\right\}$$

$$=\sum_{j\in I}\left\{f_j X_j+[\sum_{i\in I}(\beta\mu_i d_{ij}Y_{ij}+\beta a_j\mu_i)Y_{ij}]+\sqrt{2\theta h(F_j+\beta\lambda_j)}\sqrt{\sum_{i\in I}\mu_i Y_{ij}}+\theta hz_\alpha\sqrt{\sum_{i\in I}\sigma_i^2 Y_{ij}}\right\}$$

$$\tag{10}$$

这里 λ_j 和 a_j 明显说明配送中心 j 的固定成本和每个单位的运输成本。

总之，该模型对于确定的配送中心配送距离、库存和库存量，零售商安全库存成本，以及从配送中心到单一供应商的运输成本等问题提供一定的思路。该模型初步解决了供应链库存与运输联合最优决策的问题，当然还有需要在今后的研究中进一步探讨有关这方面的问题，如非线性状态下的动态的运输和库存策略，应急物流情况下非常态配送中心成本控制问题，以及运输工具对库存的影响，等等。

（三）供应链风险预警和防范

1. 供应链风险的产生

伴随供应链管理的探索，关于供应链风险的研究也引起了人们的关注。米切尔（Mitchell V. W.，1995）[61]在研究组织风险问题时曾提出：供应链成员中节点企业员工的素质、国别以及市场特性都会因影响供应问题而带来风险。

（1）供应链风险来自成员的意外

在供应链运作过程中，由于其个别节点成员在某一方面出了问题，就有可能影响到整条供应链的运作。尤其是现在供应链运作的国际化程度越来越高，企业的资金链、材料链、运输链等均有可能遇到意外，这就形成了供应链风险。

（2）供应链风险来自社会环境的变化

生产的国际化，多元文化的跨境整合，世界热点地区动荡的安全局势，自然灾害频发对正常秩序的冲击等，一系列的外部环境直接影响供应链的运作，尤其是部分国家（地区）的政治因素造成的政府更迭，更是破坏供应链结构，凡此种种，均为供应链运行带来风险。

（3）供应链风险来自最终用户的影响

社会的转型，文化的发展，使最终用户市场、用户消费嗜好等渐渐发生改变。市场结构的变化，直接冲击供应链结构的维持，需要结构更新。已有协议、联盟等条件的变化必然对原有供应链节点的关系产生影响，造成某些元素的积压或短缺，形成新的风险。

总之，供应链在采购环节、供给环节、管理环节、作业环节均有可能产生这样和那样的风险，特别是在末端配送环节，更应对供应链风险加强预防和管控。

2. 供应链风险的预警

（1）供应链风险预警的概念

预警是指在风险发生之前，根据以往的总结的规律或观测得到的可能性前兆，得出的预测判断，以避免风险的突然发生，从而最大限度地减低损失的行为。供应链的风险预警是以供应链管理过程中的各种信息的综合为基础，利用物联网精益计算技术、经济学与管理学的相关理论以及数学模型，实现对供应链风险的有效预报和做出警示。供应链预警是其风险防范的基础，有效的预警将增强风险防范的主动性、准确性和前瞻性。

（2）供应链风险预警的方法

供应链风险预警的方法很对，常用的主要包括计算机模拟法、主成分分析法、系统分析法等。计算机模拟法就是通过建立系统模拟模型，输入不同的运行条件和控制方法，得出不同的数据，以供决策者参考。主成分分析法就是在供应链运营的诸多信息数据中，选取影响运作的几个主要因素的数据信息，展开深度分析，以预测整体的发展趋势。系统分析法就是利用系统学原理，通过系统分解，然后再进行综合比对，从而有效预测供应链风险的方法。

（3）供应链风险的预警系统

欲做好供应链风险的预测，必须构筑好预警系统。该系统的构筑首先应该明晰预警的目标，因为影响供应链运营的因素很多，在不同的时期其风险因素的主次地位也不一样，因而，根据时空条件，确立相应的预警目标是构筑预警系统的基础条件。其次要确立预警系统的相关职能，这一般要在监测、诊断、控制三方面下功夫。监测就是对相关数据的时时监督和记录，对明显异常的数据予以特殊关注；诊断就是深入分析监测的数据，研究数据的运行轨迹和发展趋势，找出异常现象；控制就是针对诊断出的问题，及早防范，制定有效措施，对症下药。

3. 供应链风险的防范

（1）供应链风险的识别

供应链风险的识别是防范的前提，其识别内容主要包括三个方面：一是供应链风险存在于哪个环节。在供应链构建、运作、维持、更新过程中，涉及诸多的外部环境和内部因素，每一个节点均有自己的特长和劣势，根据木桶理论，如果一个节点出了问题，整个链条都受影响。所以，供应链风险的防范必须及时识别风险所在的位置。二是供应链风险产生的主要原因是什么？是节点自身的原因，还是节点之间的原因，是信息沟通的原因，还是资金利益的原因，等等，务必识别清楚。三是供应链风险的性质和特征是什么？是供应链战略伙伴关系出了问题，还是外部环境变化的影响，是局部性问题还是整体性问题，这些均需识别到位。

（2）供应链风险的评估

供应链风险的评估重点在两个方面，一是风险发生的概率到底有多大？在激烈的市场竞争条件下，社会环境在改变，危险时刻均有可能发生，因而，必须利用科学的数据和模型，认真评估小事件发生的概率，做到有备无患。二是风险发生的后果会造成多大损失？凡事均要抱最好的希望，作最坏的打算。供应商出了问题，可以再筛选替换者，影响只是暂时的；如果是用户市场出了问题，市场的开拓就需要一个过程，这就有可能影响一个时期。所以，在风险评估这个环节，一定要选取科学的方法，应引起决策者在人力、物力、财力上的投入。以平时的小投入来规避意外的大损失。

（3）供应链风险的处理

供应链风险处理有狭义和广义之分：狭义的供应链风险处理是指风险已经发生，人们对其发生后相关问题的解决；广义的供应链风险处理包括风险的预警、评估、防范、善后等环节的全过程。处理的措施则涉及供应链的重组、更新以及风险的转移、承担问题。如果风险已经发生，处理环节将考验现场指挥的智慧和能力。如果是全过程的处理则反映出决策者的未雨绸缪能力。总之，供应链风险的处理直接关系到整条供应链的经济利益甚至包括社会效益。

（四）小结

为保障上述供应链模式的有效运行，本部分探索了物联网技术支撑的供应链管理的创新方法，主要研究了供应链采购中的鲁棒控制及优化方法、供应链库存及运输过程中的联合决策方法、供应链风险预警和防范方法等。

八、总结与展望

（一）本成果总结

1. 主要研究内容

本成果研究的主要内容分为八个部分：第一部分为物联网的本质内涵和应用现状，主要分析物联网技术的兴起、物联网的概念、物联网应用状况等问题。第二部分为供应链管理的运作流程，主要探索供应链的构建、运营、维持和更新等内容。第三部分为物联网技术与供应链管理的契合分析，主要研究物联网技术与供应链管理系统的融合、碰撞和支撑。第四部分为协同供应链模式，主要研究智能化环境促进供应链上下游节点间协同发展的机理和技术支撑。通过研究物联网技术的泛在感知功能、物联网系统的信息汇聚功能以及物联网体系的精益计算功能，揭示末端配送约束瓶颈的消除、末端配送供应链流程的再造和末端配送战略协同关系的建立等基于物联网技术末端协同配送的机理，形成末端配送节点间战略层协同决策、战术层协同管理和操作层协同运营的末端协同配送的系统架构。第五部分敏捷供应链模式，主要研究物联网背景下供应链节点及线路的敏捷运作流程、节点企业资源的集成、线路的优化等内容。通过研究基于物联网技术的配送快速响应、加工柔性生产以及服务精益管理等末端敏捷配送的特征，剖析末端配送线路的优化、末端配送节点间资源的整合以及末端配送质量的控制等基于物联网技术的末端敏捷配送的要素，进一步明晰基于物联网技术的末端敏捷配送的信息平台、组织架构和驱动机制。第六部分创意供应链，主要研究物联网技术提升的创意空间和创意手段，供应链系统的创意发展等内容。通过研究车联网产业、创意技术以及基于车联网技术的创意配送的市场分析，探索以社会文化、人员素养和物流技术为主要支撑的末端创意配送的要素，形成以个性化服务的空间、网络化交互的平台和标准化运营的模式为主要内涵的末端创意配送的模型。第七部分为物联网技术支撑的供应链管理的创新方法，主要研究供应链采购中的鲁棒控制及优化方法、供应链库存及运输过程中的联合决策方法、供应链风险预警和防范方法等。第八部分为总结和展望。

本成果研究过程中采用的技术路径如图 25 所示。

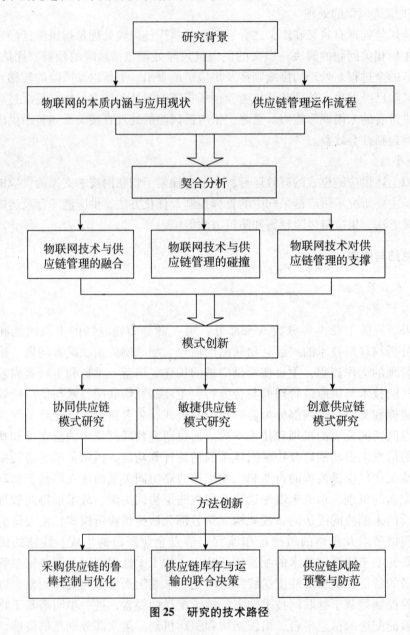

图 25　研究的技术路径

2. 主要创新点

（1）构建出了基于物联网技术与供应链技术密切契合的协同供应链、敏捷供应链和创意供应链三种模式，尤其是创意供应链模式。

（2）通过挖掘、提炼，推出了组合采购环节的鲁棒控制及优化方法、供应链库存及运输过程中的联合决策方法、供应链风险预警和防范方法技术方法等于一体的支撑新型供应链管理模式运作的管理方法。

（二）研究展望

由于受研究期限的制约，明显缺少研究成果在社会上进一步推普应用的应有时间。随着智慧城市建设在国内多数区域的大规模展开，物联网技术和供应链管理的综合应用会大面积推广，协同供应链、敏捷供应链和创意供应链的市场空间会越来越庞大，该成果的应用价值也会越来越显现。

在课题成果研究过程中发现该领域尚有巨大的研究空间，尤其是创意供应链是知识经济时代的产物，是现代物流服务业的升级版，未来社会对创意配送的诉求会快速增加，因而，需要进一步加大研究力度。

课题组成员名单

课题主持人： 朱占峰　　宁波工程学院经济与管理学院院长、教授

课题组成员： 张晓东　　宁波工程学院经管学院院长助理、讲师

　　　　　　　朱　耿　　武汉理工大学管理学院博士研究生、讲师

　　　　　　　郭　跃　　宁波工程学院经管学院系主任、教授

　　　　　　　郭春荣　　宁波智慧企业研究所主任、副教授

　　　　　　　王　波　　宁波工程学院经管学院副教授

　　　　　　　呼格吉勒　宁波工程学院经管学院副主任、副教授

　　　　　　　朱一青　　武汉理工大学管理学院博士研究生、讲师

　　　　　　　俞　峰　　宁波工程学院经管学院硕士研究生

　　　　　　　王云云　　武汉理工大学管理学院博士研究生

参 考 文 献

［1］国际电信联盟. ITU 互联网报告 2005：物联网［R］. 突尼斯：信息社会世界峰会，2005.

［2］任珺. 基于物联网的供应链发展研究［J］. 对外经贸，2012（10）：62 - 63.

［3］LUIGI ATZOR，I ANTONIO IERA，G IACOMOM O RABITO. The Internet of Things：a survey［J］. Computer Networks，2010（7）：1 - 19.

［4］工业和信息化部. 物联网"十二五"发展规划［EB/OL］. 2011.

［5］吴志华. 供应链管理——战略、策略与实施［M］. 重庆：重庆大学出版社，2009.

［6］龙江. 面向物联网的供应链协同管理优化［J］. 国际商务研究，2011（5）：49 - 55.

［7］杜洪礼. 物联网技术在企业供应链管理中的应用研究［J］. 物流科技，2011（3）：6 - 8.

［8］HAKEN H. Synergetics，an introduction. Nonequilibrium phase - transitions and self - organization in Physics［J］. Chemistry and Biology. Springer，1977.

［9］刘念. 物业及电商参与末端配送的探讨［J］. 现代物业，2012（11）：78 - 79.

［10］刘联辉，王坚强，中小制造企业协同物流模式及其实现途径［J］. 物流技术，2004（11）：118 - 120.

［11］RFID 中国网. 电子标签在现代物流中应用的两种方式［DB/OZ］. http://www. rfidchina. org/application/readinfos - 5992 - 331. html.

［12］ INMON B. Building the Data Warehouse ［M］. Wiley，1992.

［13］ 吴功宜. 智慧的物联网——感知中国和世界的技术 ［M］. 北京：机械工业出版社，2010 (6)：46.

［14］ 朱占峰. 城市物流配送体系研究：基于宁波全域都市化背景 ［M］. 武汉：武汉大学出版社，2014 (5)：85-86.

［15］ SHERIDAN J H. Agile manufacturing：stepping beyond lean production ［J］. Industry Week，1993，242 (8)：30-44.

［16］ SANCHEZ L M，NAGI R. A review of agile manufacturing systems ［J］. International Journal of Production Research，2001，39 (16)：3561-3600.

［17］ VOKURA R J，GENE F. The journey toward agility ［J］. Industrial Management & Data Systems，1998，98 (4)：165-171.

［18］ CHRISTOPHER M. The agile supply chain - competing in volatile markets ［J］. Industrial Marketing Management，2000 (29)：37-44.

［19］ TOFFLER A. Future Shock ［M］. New York：Bantam Book，1970.

［20］ DAVIS M. Future Perfect ［M］. New Jersey：Addison - Wesley Publishing Company Inc，1987.

［21］ PINE J，VICTOR B，BOYTON A. Making mass customization work ［J］. Harvard Business Review，1993，71 (5)：108-111.

［22］ DANTZIG G B，RAMSER J H. The Truck Dispatching Problem ［J］. Management Science，1959，6 (1)：80-91.

［23］ DIJKSTRA E W. A note on two problems in connexion with graphs ［J］. Numer. Math.，1959，1 (1)：269-271.

［24］ DORIGO M. Optimization，Learning and Natural Algorithms ［D］. Dipartimento di Elettronica，Politecnico di Milano，Italy，1992.

［25］ KENNEDY，J，EBERHART，R. "Particle Swarm Optimization" ［C］. Proceedings of IEEE International Conference on Neural Networks，1995 (4)：1942-1948.

［26］ EBERHART，R，KENNEDY，J. A New Optimizer Using Particle Swarm Theory ［C］. Proceedings of International Symposium on Micro Machine and Human Science，Japan，1995：39-43.

［27］ GUNSTON，R，HARDING P. Quick Response：US and UK Experiences ［J］. Textile Outlook International，1986 (10)：43-51.

［28］ PERRY M，SOHAL S，RUMPF P. Quick Response supply chain alliances in the Australian textiles，clothing，and footwear industry ［J］. International Journal of Production Economics，1999，62 (1-2)：119-132.

［29］ LOWSON B，KING R，HUNTER，A. Quick Response - Managing the Supply Chain to Meet Consumer Demand ［M］. John Wiley & Sons，New York，NY，USA，1999.

［30］ 道格拉斯·兰伯特，等. 物流管理 ［M］. 张文杰，等，译. 北京：电子工业出版社，2003.

［31］ 朱占峰. 城乡一体化物流配送体系研究——以中原经济区为例 ［M］. 武汉：武汉大学出版社，2013 (10)：197.

［32］ 姚松贵. 浅淡柔性生产理论 ［J］. 管理现代化，1989 (2)：42-43.

［33］ 林秀清. 柔性生产系统在日本、欧洲和美国的应用：述评 ［J］. 管理科学文摘，1994 (10)：44.

［34］ WOMACK，J P，JONES，D T，et al. The Machine That Changed the World ［M］. Maxwell Macmillan International，New York，Oxford，1990：54－60.

［35］WOMACK J P，JONES D T. Lean Thinking［M］. Touchstone Books，1996：11－27.

［36］厉无畏，王慧敏. 创意产业促进经济增长方式转变——机理·模式·路径［J］. 中国工业经济，2006（11）：5－13.

［37］HOWKINS，J. The Creative Economy：How People Make Money from Ideas［M］. Allen Lane：The Penguin Press，2001.

［38］FLORDIA. R. The rise of the creative class［M］. New York：Basic Books，2002.

［39］KLAUS P. Logistics research：a 50 years'march of ideas［J］. Logist. Res，2009（1）：53－65.

［40］MONTREUIL B. Toward a Physical Internet：meeting the global logistics sustainability grand challenge［J］. Logist. Res，2011（3）：71－87.

［41］孙智英. 创意经济的形态和业态研究［J］. 东南学术，2008（6）：107－111.

［42］PRAHALAD C K，HAMEL G. The core competency of the corporation［J］. Harvard Business Review，1990（5－6）：79－90.

［43］REEVES R. Reality in Advertising［M］. New York：Alfred A. Knopf，1961.

［44］FORRESTER J W. Industrial Dynamics［M］. MIT Press，1961.

［45］LEE H L，PADMANABHAM V，WHANG S. Information distortion in a supply chain：the bullwhip effect［J］. Management Science. 1997，43（4）：546－558.

［46］林盘耸. 企业识别系统［M］. 台湾：台湾艺风堂出版社，1986：8.

［47］加藤邦宏. 企业形象革命［M］. 台湾：台湾艺风堂出版社，1988：22.

［48］蔡新元、张健. 面向21世纪的文化包装［J］. 包装世界，1992（2）：42－43.

［49］FREDERICK W. Taylor，The Principles of Scientific Management［M］. New York：Harper Bros.，1911.

［50］https：//www. gartner. com.

［51］WEISER M. The computer for the 21st Century［J］. Scientific American，1991，265（3）：94－104.

［52］PISANI D. Machine－to－Machine：Let your Machines Talk［N］. Nokia White Paper，2004－04－09.

［53］SCHMIDT E. Cloud Conputing［J］. SES San Jose，2006.

［54］TOM W. Hadoop：The Definitive Guide［J］. O'Reilly Media，2009.

［55］证券时报网. 1－7月份物流平稳运行 结构继续优化［EB/OL］. http：//www. hx168. com. cn/hxzq/public/info_ detail. jsp？infoId＝23501049&classID＝801294.

［56］孟军，张若芸. 供应链柔性综合评价体系研究［J］. 中国管理信息化，2007（9）：56－58..

［57］中国物流与采购网. 仓储自动化相关概念［EB/OZ］. 2010－12－29. http：// www. chinawuliu. com. cn/xsyj/201012/29/150217. shtml.

［58］HARRIS F W. How Many Parts to Make at Once［J］. Factory，the Magazine of Management，1913（10）：135－136.

［59］FEDERGRUEM A，ZIPKIN P. A Combined Vehicle Routing and Inventory Allocation Problem［J］. Operation Research，1984，（32）：1019－1037.

［60］王亮. 供应链运输与库存整合优化技术应用分析［J］. 中国流通经济，2008（9）：27－29.

［61］MITCHELL V W. Organizational risk perception and reduction：a literature review［J］. British Journal of Management，1995（6）：115－133.

促进物流业发展的金融服务创新研究[*]

内容提要： 随着市场的逐步开放，经营环境的不断变化，特别是供应链管理理念所引发的企业竞争形势的改变，我国物流业在成长的同时也面临着巨大的挑战：依靠传统物流运作方式所获取的利润已经越来越少，利润率也变得越来越低。如何提升价值增值空间，以最大化增长机会，已成为物流业在我国经济发展的重要战略时期以及"新常态"经济环境下亟待解决的关键问题之一。

物流金融的出现，无疑为物流业在这一方面提供了一个新的发展方向。作为一种集物流与金融共同创新的集成式新型服务，物流金融的实施不仅有效地解决了企业，特别是中小企业经营与发展中的融资问题，银行金融业拓展了金融服务业务，提高了竞争力，同时，物流企业也从这一新型服务中收获增值的机会，获取了一个新的利润增长空间。物流金融被认为是对传统的"第三方物流"服务理念的又一次革命。

在我国，物流金融的发展正处于起步阶段，只是少数具有一定规模和客户资信良好的物流企业在这方面进行探索和实践。物流金融现象无论是在企业界还是学术界都尚未得到充分认识。基于这一背景，本课题基于战略创新的视角，从我国中小企业融资及物流金融服务的现状入手，对物流金融服务创新的驱动因素、作用机理、价值生成以及促进物流业发展的物流金融服务创新产品及运营模式进行了全面深入的理论研究与实证分析。同时，对如何实施创新的物流金融服务产品及模式从配套的政策措施上提出了相关的建议。

一、研究的依据、理论基础和技术路线

在我国经济发展的重要战略时期以及"新常态"经济环境下，为了行业的可持续发展，我国企业从战略的层面上实施创新已变得越来越重要。物流金融创新，作为物流业实施战略创新的一个重要内容，顺应了这一发展的需要。本课题结合物流业和中小企业发展实践，依据国家政策及相关理论，对物流业的金融创新服务从战略创新的视角进行了探究。

（一）行业发展政策

作为国家经济发展重要支撑的物流业在近年来发展迅速。这一发展与国家的高度支持和重视紧密相关。着眼于培育新的经济增长点以及振兴物流业发展的需要，国务院各部委针对物流业发展的不同领域，分别出台和制定了相关的政策规定和法律。中小企业是我国经济的重要组成部分。中小企业的发展对经济的发展和社会的稳定都至关重要。针对中小企业在经营中出现的困境，特别是融资难的问题，中央有关部门和地方出台了

---

* 本课题（2014CSLKT2 - 006）荣获2014年度中国物流学会课题优秀成果奖二等奖。

一系列政策，有力地推动了中小企业平稳的发展。

1. 促进物流业发展的相关政策文件

（1）2009 年《物流业调整和振兴规划》

（2）2010 年国务院关于加快培育和发展战略性新兴产业的决定

（3）2011 年《国民经济与社会发展"十二五"规划纲要》，指出要"培育和发展战略性新兴产业，加快形成流通业等先导性产业"

（4）2011 年国务院办公厅《关于促进物流业健康发展政策措施的意见》

（5）2012 年国家邮政局商务部《关于促进快递服务与网络零售协同发展的指导意见》

（6）2012 年商务部《关于促进仓储业转型升级的指导意见》

（7）2013 年工业和信息化部《关于推进物流信息化工作的指导意见》

（8）2013 年商务部《关于加快国际货运代理物流业健康发展的指导意见》

（9）2013 年交通运输部《快递市场管理办法》

（10）2013 年交通运输部《交通运输物流公共信息平台建设纲要》

（11）2013 年国家邮政总局发布的《国家邮政局关于提升快递末端投递服务水平的指导意见》

（12）2013 年国务院副总理汪洋 25 日在物流工作座谈会上也曾提出要"培育第三方物流企业，鼓励一体化运作和网络化经营"的要求，以及"提高物流信息化水平，扶持建设一批物流信息平台"

（13）此外，国务院正在研究降低物流成本的政策文件，有两个方向是明确的：一是通过营改增等改革措施进一步减免企业税负；二是通过放宽市场准入，增强企业的竞争力

2. 促进中小企业发展的相关政策文件

（1）2009 年银监会《关于进一步加大对科技型中小企业信贷支持的指导意见》

（2）2010 年工业和信息化部《关于加强中小企业信用担保体系建设工作的意见》

（3）2011 年工业和信息化部发布《"十二五"中小企业成长规划》

（4）2011 年财政部《关于免征小型微型企业部分行政事业性收费》

（5）2011 年中国银监会《关于支持商业银行进一步改进中小企业金融服务的通知》

（6）2011 年财政部和国家税务总局《关于继续实施小型微利企业所得税优惠政策的通知》

（7）2012 年国家发改委、公安部等 12 部门联合发布的《关于鼓励和引导民间投资进入物流领域的实施意见》

（8）2012 年国务院《关于进一步支持小型微型企业健康发展的意见》

（9）2012 年财政部、工业和信息化部关于印发《关于中小企业发展专项资金管理办法》以及《中小企业信用担保资金管理办法》

（10）2012 年财政部、商务部关于印发《中小企业国际市场开拓资金管理办法的通知》

（11）2013 年财政部及国家税务总局《关于暂免征收部分小微型企业增值税和营业

税的通知》

（12）2013 年财政部《关于加强小额担保贷款财政贴息资金管理的通知》

（13）2013 年中国银监会《关于深化小微型企业金融服务的意见》

（14）2013 年国家发改委《关于加强小微企业融资服务，支持小微企业发展的指导意见》

（二）理论基础

本课题主要应用战略理论与创新理论，通过战略创新的视角来说明物流业开展金融服务创新活动的必要性。

1. 战略理论

（1）战略的概念

迈克尔·希特在他的竞争三部曲中以行业和企业为例，对战略问题做了全面而又系统的阐述。就企业而言，战略是指用来开发核心竞争力、获取竞争优势的一系列综合的、协调的约定和行动。当企业选择了一种战略，即在不同的竞争性方案中作出了选择，以期获得竞争力。

（2）战略的特征

①总体性。企业战略就是企业发展的总纲和蓝图，指导和制约着企业总体经营的一切具体活动。

②长远性。企业战略考虑的是企业未来相当长一段时期内的总体发展问题，包括长期发展方向、目标、方针、路线、规划、实施等重大问题，一般着眼于未来 3～5 年乃至更长远的目标。

③指导性。所谓指导性是指企业战略规定了企业在一个相当长的时期内基本的发展目标，指出了实现这一目标的基本途径，指导和激励着企业的全体员工为企业的成长与发展而努力工作。

④现实性。企业战略是建立在现有的主观因素和客观条件基础上的，一切从现有起点出发，每一个战略都针对一个现实的主体，具有很强的现实性。

2. 创新理论

约瑟夫·熊彼特在其著作《经济发展理论》中提出了创新理论。熊彼特把创新定义为建立了一种新的生产函数，是把一种新的生产要素和生产条件的"新结合"引入生产体系。

创新是掌握竞争优势的秘诀。创新对企业竞争优势的贡献主要出于三个途径：一是通过新的设计与品质改善，创造产品的差异化；二是利用更新更好的工艺、技术制造产品；三是提供更快、更优质、更价廉的产品及服务。新产品能够帮助企业占领与保持市场份额，提高企业在市场中的盈利能力，使得进行创新活动的企业获得竞争优势。

创新是一种机制的改变。组织通过创新而增加运营效率、效果以及降低成本，从而提高组织的整体绩效。创新使组织的价值曲线有别于竞争对手，从而在同构型过高的市场中脱颖而出。创新是组织提升竞争力的关键成功因素，也是组织赖以生存或成长的核心程序。企业组织能够善用知识、技术来进行创新，更快推出比竞争者更优质的新产品、新服务，可以获得更佳的利润，并相应建立起市场的竞争优势。而且，随着竞争愈趋激烈的动态环境出现，创新成为组织构建持续竞争优势的重要手段之一。因此，构建战略创新的研究框架，剖析战略创新机制，并就如何实现战略提出有效的实施路径，具有很强的理论和应用价值。

3. 战略创新视角

（1）战略创新

战略创新是指企业发现行业战略定位空间中的空缺，填补这一空缺，并使之发展成为一个具有竞争力的市场。战略创新的核心问题是重新确定企业的经营目标，实现企业可持续成长。

（2）战略创新的定位

战略创新定位反映出企业的价值创造方向。企业战略定位的方式不同，就会使企业的经营模式有别于产业内的其他企业。战略创新偏重于企业未来在产业中的定位，确定企业未来的经营目标和竞争策略。

（3）战略创新的主体

企业或者组织的战略创新可以视为一个复杂适应系统。在复杂适应系统中的成员称为适应性主体，它包括企业、供应商、竞争者、政府、中介组织等。战略创新过程是企业员工共同参与的过程，是战略创新体系各成员协作的过程，是战略资源整合的过程，是战略信息产生、评估、选择、实施的过程。在这一系列过程中，企业、供应商、竞争者、政府、中介组织、高校和科研机构等主体构成了战略创新体系的网络节点。企业是战略创新过程中的主体，有能力整合企业内外部资源，才可以顺利实施战略创新。供应商、竞争者、政府、高校和科研机构等是战略创新过程中的分主体。它们之间要相互沟通、资源共享、通力协作，企业才可以成功实施战略创新。

（4）战略创新视角的必要性

战略创新是一个动态的、能动性的战略管理过程，是以解决企业竞争优势的问题为前提的，因此，构建或再造企业竞争优势是战略创新的基础动力之一。战略创新活动是以一定的资源与能力为企业内在基础，而市场定位的变化是其外在表现。战略创新的根本是构造一个新的产业（商业）模式，作为其价值的创造的来源。

（三）技术路线

本文立足于以上所说明的国家关于促进物流业以及中小企业发展的政策法规原则，以及战略理论和创新理论，针对目前物流企业以及物流金融发展中出现的问题，从战略创新的视角，对物流业开展金融创新服务的潜力及发展趋势进行了深层次的定位，并由此构建了推进物流金融服务发展的一系列创新产品及运作模式。具体研究技术路线如图1所示。

（四）小结

本部分具体描述了本课题研究所依据的行业发展政策以及相关理论。行业发展政策方面主要包括由中央各部委及地方政府所发布的一系列有关促进中小企业及物流业发展的相关政策文件。理论方面主要包括对战略理论、创新理论以及战略创新视角的介绍。在此基础上，本部分提出了本课题的技术路线框架。这主要包括：中小企业融资及物流

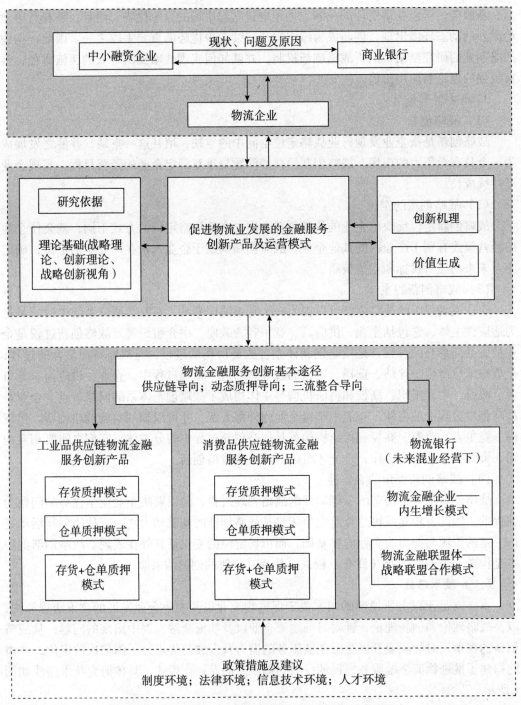

图1 促进物流业发展的金融服务创新研究技术路线

金融现状、问题及成因的分析；物流金融服务创新的机理及价值生成的理论阐述；促进物流业发展的物流金融服务创新产品及运营模式的构建；以及物流金融服务创新的环境及政策措施的提出。

二、我国中小企业融资及物流金融发展状况

中小企业是国民经济发展的生力军，其作用至关重要。随着社会经济发展的加速，社会经济发展和相关政策出台，中小企业成长发展的外部环境日渐优化。中小企业的成长是影响我国经济发展的重要组成部分，融资环境的好坏直接影响到中小企业的发展。物流金融服务在我国的出现与发展是应中小企业融资的需要而产生的。物流金融服务的出现，不但有效解决了中小企业贷款难的问题，同时为物流业在拓展原有传统服务模式，提升新的价值增值服务的空间提供了一个新发展方向。

（一）我国中小企业的融资现状

长期以来，困扰中小企业的"融资难"问题都无法得到解决。中小企业正面临着快速发展的良好契机，然而资金不足却始终成为制约其继续发展的瓶颈，尽管该问题得到了日益广泛的关注，然而主客观上的各种原因却使得中小企业难以得到银行青睐这一问题始终不易解决。传统的借贷中，银行信贷更关注借款企业的资产规模、全部资产负债情况和企业整体资信水平，中小企业自身生产经营规模较小，缺乏可抵押的动产或不动产，而占用大量资金的存货也难以盘活；银行的金融创新也较为落后，没有形成良好的风险控制体系；社会信用体系不健全……种种困难都造成了中小企业的融资难题。

1. 我国中小企业融资模式

（1）内源融资模式。内源融资具有融资费用低廉、效益高的优势。我国中小企业的所有者与运营者基本为一体，创业初期，企业绝大多数都是依靠企业主的自有资金及亲属的资金。

（2）银行主导的融资模式。中小企业向商业银行，申请信用贷款、担保贷款等。我国商业银行顺应我国经济结构的调整和市场竞争的需要，开辟了针对中小企业的信贷服务体系。

（3）租赁融资模式。目前融资租赁的方式已成为仅次于银行的第二大融资模式，是一种将租赁物的使用权和所有权相分离的信贷方式。将融资和融物相结合的方式，完成了中小企业对固定资产的投资，实现了企业生产规模的扩大。

（4）财政融资模式。中小企业利用国家政策扶持融资。国家高度重视中小企业的金融服务工作。通过直接向企业拨入资金和税收优惠政策等方式扶持中小企业融资。

（5）上市融资模式。生产效益较好、具有发展潜质的中小企业通过股票上市的形式满足自身资金需求。这不仅解决了中小企业的融资问题，而且进一步活跃了我国金融市场。

（6）民间融资模式。民间金融亦称地下金融，是对官方正式金融供给不足的一种补充。如当铺、互助基金会等。在我国一些发达地区，民间融资已成为中小企业融资的重要渠道。

2. 我国中小企业融资特点

我国绝大多数的中小企业进入市场比较容易，因为其类似于"小本生意"，致使其行动灵活，但是技术落后，资信水平差，自有资金少，负债率高，管理粗放，担保匮乏。这些自身因素决定了中小企业不同于大企业的融资特点。

（1）自身劣势导致直接融资途径匮乏

目前，我国中小企业难以直接融资。据中国银行 2008 年 8 月的调查数据表明，我国中小企业直接融资仅占到资金供应的 7% 左右。主要有企业债券融资和股权融资两种方式。而我国的证券市场还不成熟，中小企业进入证券市场直接融资的门槛很高，仅有少数发展前景好，生产效益好的中小企业可以争取到上市融资的机会。因此，我国中小企业直接融资状况并不乐观。

（2）资金需求频率高，资金需求数额低

我国的中小企业有某些相对优势，易进入市场，灵活经营，生产多样化小批量。这样的特点，决定了我国中小企业单次资金需求量小、资金需求次数频繁。于是对应融资行为也呈现出借贷频繁、借期短、单次融资量小的特点。而银行在对中小企业进行贷款时需要进行调查、审查、审批等程序，这一活动需要大量的人力、物力、财力投入。从银行经营成本考虑，银行更倾向于给单次融资量大的大型企业提供融资。故而造成了中小企业小批量、分散化的资金需求难以从国有商业银行得到满足。

（3）融资成本、融资风险两高

银行为中小企业提供贷款时承担的风险比较大，需要从贷款利率中得到补偿。故而中小企业的贷款利率高于大企业。而且，银行的信贷有规模效益即信贷数额大成本相对低，这样银行对中小企业放贷时，由于其资金需求规模比较小，使得银行成本比较高。所以，中小企业转而向民间资本、典当行借贷，有时甚至通过高利贷融资。中小企业的高融资风险表现在：其一，中小企业难以筹到长期资金，用短期资金满足资金需求的后果是企业要频繁偿债和借债。有可能会产生资金周转不灵，从而使得中小企业面临较高的融资风险。其二，融资成本高使得中小企业债务负担沉重，面临到期不能支付债务利息的风险。其三，发生资金周转不畅时，大企业较容易从金融机构获得贷款或者取得供应商延期付款的信任，而中小企业对此应急能力不良，越是资金周转不畅越是难融资。

（4）小企业规模导致抵押担保难度大

我国中小企业直接融资难度巨大，只能转而依靠中介融资。国有银行的大量坏账致使其惜贷。于是中小企业要获得融资则需要足够的担保物，但抵押担保物不足，使得其此类贷款受限。一些中小企业在改制中逃债的现象也影响了其借贷信用。而且，在我国抵押办理的环节多、收费多，这明显会影响时效性。即便如此，抵押担保贷款仍然是中小企业贷款的主要方式。因为这样可以极大降低金融机构贷款的收回风险，使得这一方式自产生开始便备受推崇。据数据统计，上海农村商业银行对小企业房地产的抵押贷款数额逐年上升，由此可见我国中小企业抵押担保贷款在不断推进。

（5）过于依赖金融机构融资，自有资金匮乏

我国中小企业从直接融资渠道获得资金比较困难，自有资金又难以满足需求，通过民间融资渠道融资成本高、难度大，这种种原因，致使其获得资金主要仍然要依靠金融机构。但是因为我国中小企业地区发展不平衡，因而不同地区中小企业对银行的依赖程度也不尽相同。中西部地区中小企业发展相对落后，而且当地经济不发达，社会闲散资金少。有些甚至采用"非法集资"应急。而我国东部地区，中小企业数量多，民间资金充足，企业自有资金高，也可以从民间得到融资，对银行的依赖度小。少数经营良好

的中小企业甚至不需要银行贷款。

（6）受到信用歧视而难以获得债券融资

发达国家的中小企业与大企业合作居多，中小企业负责原料加工，零部件生产等。这样由于两者的合作关系，大企业就可以为中小企业提供商业信用。在我国很多中小企业并不是为大型企业服务而是与大型企业争夺市场。我国的债券发行受到政府的严格控制，中小企业通过这一重要外源融资渠道获得融资的困难极大。我国相关部门每年根据宏观经济的最新发展形势，在充分分析财政货币政策和产业发展要求的基础上，确定当年企业债券的发行规模，还要审查上市交易资格等。分配到各地的企业债券发行资格优先给了大企业，中小企业难以获得。

（二）我国中小企业融资困境及其成因

中小企业融资问题日益受到国家和社会各界的重视。我国《中小企业促进法》明确从五个方面加以改善中小企业经营环境。2006 年"十一五规划"提出实践"中小企业成长工程"。两次金融危机冲击后，我国中小企业政策更加重视中小企业发展，为其创造有利的发展条件。2007 年，银监会的相关指导意见，促进商业银行重视中小企业融资服务。2009 年年初，银监会要求各银行总部必须设立一级中小企业信贷服务管理部门，但其融资难问题依然存在。中小企业融资难的格局并没有发生根本改变。尽管中小企业的信贷量近年来增长不少，但据统计，深圳市资金紧张的中小企业比重依然超过了 80%。全国工商联 2009 年调查结果显示，绝大多数的金融资源配置由国企和大型企业获得，高达 95% 以上的小型企业获得的正规金融资源稀少。中小企业贷款满意度整体较低，申请贷款次数多，满足率小，贷款需求满足率仅为 50% 左右。中小企业普遍认为 2011 年金融机构放贷速度变缓，企业资金需求难以满足。

1. 我国中小企业融资困境的形成

（1）企业融资结构中，银行贷款仍占据主要地位

随着金融机构的多元化和金融市场的发展，我国股票市场和债券市场的发展进一步完善，为中小企业的融资提供了更多便利，但是就目前情况，中小企业主要还是依靠银行获得外源融资，而通过银行融资又受限颇多。

（2）市场化进程的推进加大了中小企业的融资难度

目前我国市场化经济不断发展，银行业也与时俱进，日渐开放，新形势促使银行企业化经营管理，要求其自负盈亏。银行从自身安全性和利益性出发，会选择信用良好，风险较小的大型企业。随着外资银行的进入，我国金融市场竞争加剧，先天条件差、财务体制不健全、信息不够透明的中小企业更难从银行获得融资。

（3）我国国有金融资产比例过高，导致金融效率低下

目前我国银行尤其是国有银行主导金融市场的局势还没有完全打破，这必然导致金融活动效率低。各金融机构主要面向大型国有企业，中小企业的金融服务缺乏。2002 年短期贷款中面向中小企业的贷款不到 15%。大型企业几乎垄断了企业债券发行。股票市场的 90% 服务对象是大企业。

（4）成本上升的大环境下，中小企业的竞争优势减弱

我国绝大多数的中小企业是粗放式发展模式：资源消耗大、低成本、多数量。这使

得绝大多数的中小企业只有成本竞争优势，发展极其不稳定，很多中小企业生命周期极短。近年来，我国通货膨胀趋势引起物价上涨，而且劳动力成本也在上升，全球环保意识的增强使得中小企业又增加了环保支出，人民币对美元大幅升值，这种种因素，致使中小企业的低成本低价格优势急剧变小，企业效益变差，融资越发困难。

（5）我国金融呈现"二元结构"，市场分割严重影响了资金配置效率

我国金融市场明显分割为正规金融体系和非正规金融体系两块。正规金融机构按照国家政策规定，低利率为国有企业和大型企业提供信贷。出于信息不对称的原因，国有银行体系考虑到对中小企业融资的风险，因而提高了对中小企业发放贷款的相关要求。

（6）中小金融机构重组力度加大

中小金融机构主要针对中小企业提供金融服务，因而，中小金融机构发展态势越好，对中小企业越有利。近年来，我国大型银行为了进一步扩大市场，争相对中小金融机构进行收购兼并和参股投资。大银行多以大客户为主要服务对象。其入股中小金融机构，从某种程度上来说，将会改变中小金融机构之前主要服务于中小企业的经营理念，从而加剧了中小企业融资的困境。

2. 我国中小企业融资困境原因分析

（1）从企业自身角度分析我国中小企业的融资困境成因

①我国中小企业规模小，经营风险大，抗市场波动能力弱。我国中小企业寿命比较短，倒闭率比较高。高倒闭率使得金融机构承担的高风险和其得到的有限收益失调。此外，中小企业规模小，抗市场波动能力小，导致其贷款到期偿还违约率高。我国商业银行不良贷款统计数据显示，中小企业不良贷款率远远高于大型企业。

②我国中小企业资本投入不足。由于乡镇财力的有限性和地方财力的分散性致使我国中小企业在创业初期资本金投入不足。历史和体制的原因导致我国中小企业资本金比重低、资产负债率高，这样会使企业资金流动链脆弱，对企业生产活动产生影响。而不良的经营效益又使其无法成为金融机构的优质客户，融资信用差，融资难，资金匮乏。

③我国中小企业财务制度不健全，企业运作不规范。现今，很少中小企业给予处于核心地位的财务管理以足够的重视，财管制度不健全、财务管理理念落后，未能很好发挥企业财务管理的作用，降低了企业的融资信用。目前中小企业财务管理问题主要有：企业原始财务数据不规范，使得其会计核算信息缺乏可信度。企业还存在收支信息不透明，会计出纳不分等管理混乱现象。企业对现金管理不良，资金或闲置或不足；存货管理薄弱，资金呆滞；应收账款周转缓慢，资金回收困难。

④我国中小企业抵押担保困难。我国银行为了降低贷款风险，新增贷款中抵押担保贷款的比重增加。但是中小企业自身资信不足，担保风险较高，难获得担保。办理抵押也面临很多困难。抵押难主要表现在：可抵押物少，我国银行很少接受土地和房地产以外形式的抵押品；对抵押物的评估不规范，资产评估有效期短、随意性大，企业有可能在一个贷款期内重复评估缴费；担保评估部门不集中、手续繁杂、费用较高，多部门管理、多部门收费使得贷款成本高昂，中小企业难以承受。担保难主要表现在：难找到合适的人，银行要求信用等级 A 级以上的企业才可以为别的企业提供担保，但是面对中小

企业资信不足产生的担保风险，有能力的企业会望而却步；地方性的中小企业贷款担保公司能力有限。

⑤我国中小企业自我积累意识低导致内源融资缺乏。目前，很多中小企业缺乏长期规划，很少用自留资金补充资金不足。而且负债经营使其利息支出大、企业财务状况恶化。如果中小企业不从内在改善，将生产经营所得用于还债，再继续举债生产，就会不断恶性循环。企业发展成长中，规模增大，对资金需求也会不断增加，不能无休止要求银行满足企业发展的资金需求，所以自身积累很关键，而我国中小企业目前却严重缺乏自身积累资金的意识。

⑥我国中小企业诚信度较差。中小企业信用观念不强，诚信度不高，出现逃债等失信于借款人的现象。部分中小企业对借得的资金使用不按先前约定，投资高风险项目，丧失偿债能力。这虽然只是部分中小企业的问题，却影响了整个中小企业群体的信用度，银行出于规避风险的考虑，而放弃对中小企业的信贷，导致其难以获得融资机会。

（2）从银行角度分析我国中小企业的融资困境成因

①我国银行对企业贷款存在所有制歧视现象。传统体制的惯性作用使得我国很多政策制定以所有制性质为依据。资金资源在所有制性质上的分配极其不平衡。统计数据显示，国有工业企业的利润率低于其他所有制企业，但是国有集体企业贷款占了整体贷款资源的绝大部分。国有商业银行提供贷款时优先国有大企业，而在为中小企业提供贷款时条件比较严格。由于国企承担着一些社会职能，国家不会对其破产倒闭置之不理，这样银行对国企的放贷风险就大大减小，国家每年花费大量资金核销国有企业呆账在银行产生的不良资产。而且在金融市场准入和融资政策等方面，民营中小企业也受到不平等待遇。这种所有制歧视使得中小企业获得银行融资困难。

②我国银行面临经济全球化和国际竞争的全新挑战，加快了整合步伐。中国金融业的对外开放使其直接面对国外资本雄厚的国际大银行激烈竞争，面临着优质客户、优质资源流失的严峻挑战。这一形势迫使银行积极整合、资本重组。城市商业银行、城市信用社等中小金融机构，如果仍不改善治理结构、扩大资产规模、减小经营风险，将不能适应激烈的市场竞争而被迫退出市场。近年来市场竞争促使我国金融业务创新水平提高，业务交叉，混业经营进一步推进。银行业整合使得大型金融机构规模更大，中小型金融机构减少，这一变化必然导致对中小企业的贷款减少。此外，竞争迫使银行商业化、市场化运作，其为了生存，信贷标准更加严格。

③我国银行与中小企业信息不对称。我国大企业尤其是上市公司，财务信息公开程度高。而大多数中小企业的财务信息基本是内部化的，因而在向银行申请贷款时中小企业很难出具有信服力的信用信息。我国银行业缺乏国家性的中小企业信用管理系统。此外，我国的信用评估系统也不发达，中小企业互助担保机构极少，使得中小企业融资缺乏担保支持而越发困难。正因为信息不对称，使得中小企业道德风险加大，而中小企业又无法出具有力的信用证明，致使银行向中小企业贷款的意向大大减弱。

④我国银行向中小企业放贷成本高昂。我国中小企业的经营特点决定了其资金需求频率高、额度小、集中于短期流动资金。一般中小企业户均贷款数额只有大企业的0.5%，但是资金需求频率却达到大企业的5倍。银行对企业放贷需要审查费用、管理

费用、监督费用等，中小企业的这一贷款成本是大企业的 5~8 倍。同时，我国的贷款利率受到严格管制，央行规定对中小企业的贷款利率最多可上浮 30%，但这一幅度仍不能弥补为中小企业融资的成本。民营中小企业的呆坏账不能核销，使得银行对中小企业惜贷现象进一步加剧。

⑤我国银行缺乏针对中小企业特点的服务。中小企业的规模决定其资金需求量相对较小，时间紧迫。但是银行的贷款业务沿用对大企业的程序，一笔贷款一般需要企业程序，如果加上担保、抵押、评估等，从申请贷款到发放历时更长。这不能及时满足中小企业的资金需求，延误企业投资时机，使得中小企业对银行贷款失去信心。

⑥我国银行激励机制不足致使其信贷萎缩。我国银行为了规避信贷风险强化了信贷管理制度，责任明确化，加大了对信贷人员的风险约束，而成功贷款的激励机制却没有相应的改善，导致信贷人员出现"多贷不如少贷，贷不如不贷"的消极心理。这就进一步出现对中小企业的惜贷现象。

（3）从政府角度分析我国中小企业融资困境成因

①政府对中小企业认识不足，重视度不够。新中国成立初期，我国曾对中小企业有过一些限制举措。之后，对中小企业作用的认识逐步改善。尤其是在东南亚金融危机后，中小企业稳定经济的重要作用明显凸显，1999 年宪法修改，将私有经济纳入社会主义市场经济行列。但是直至现在对中小企业的偏见还没有彻底消失。我国政策仍然惯性地利于国有大型企业。历史事实证明，在就业问题严峻时，中小企业才备受重视。但中小企业的重要作用并不仅仅是解决就业问题，我国政府对中小企业活跃市场、完善市场竞争等重要作用的认识还有待加强，对中小企业扶持政策的连续性有待提高。

②信用担保体系的建立不健全。我国目前缺乏完善的信用担保体系。担保机构是银行和企业之间的纽带，它既可以分担银行对中小企业贷款的风险，又可以解决中小企业抵押资产少的难题，极大促进银企之间的双赢合作。目前，我国担保公司对其服务定位还不够明确，偏向于服务业绩好、发展潜力大的企业，中小企业经营风险大，难以从银行得到融资，同样也难以得到担保公司的服务。此外，我国担保机构的经营风险目前还没有很好的化解方式，致使其发展比较缓慢。

我国政府在提供信贷担保服务体系方面有着明显的不足。为解决中小企业融资难题，各国纷纷寻找出路，信用保证制度便是众多解决方案中比较常用的一种。如在日本超过 50% 的中小企业都得到国家信用担保方面的帮助。但是在我国，2002 年，中小企业信用担保机构只有 200 多家。且目前我国的担保机构还处于摸索前进阶段，缺乏必要的法律规范。信用担保体系的不健全，对中小企业融资影响较大。

③政府缺乏设立针对中小企业的信贷支持辅助体系。我国针对中小企业贷款服务的金融机构还比较少。近年来我国政府更充分认识到中小企业的重要性，相继出台了很多优惠政策来扶持其发展，各大银行业纷纷响应国家政策号召，争相成立了针对中小企业服务部门，但是对缓解中小企业融资困难的作用尚不明显。目前给中小企业提供贷款的金融机构发展缓慢，服务能力有限。我国少数为中小企业提供专门服务的银行，分布面不够广，不能很好满足各地中小企业的融资需求。企业资信评估体系也不健全。

④政府为中小企业提供的直接融资渠道不足。我国企业债券市场不够发达，只有具

备发行条件的部分中小企业才能获得较好的债务融资。而在股权融资方面，针对中小企业的板块上市条件还比较高，市场规模还比较小，还不能很好地满足中小企业的市场需求。

⑤政府对中小企业融资的相关立法不完善。部分地方政府忽视全局利益，只为一己之私而纵容一些缺乏自律的中小企业逃避银行债务，致使金融机构为避免呆坏账风险而惜贷。我国目前针对中小企业的立法还比较散乱，不够规范，企业某些法律地位不平等。

(4) 中小企业融资困境根源分析

①我国经济金融体制已由单一国有经济向混合经济转变，但是金融体制的改革相对滞后，多年来以国有大银行为主的金融体制仍没有根本改变。中小企业发展缺乏与之相配合的金融体制支持，中小金融机构数量少、运行机制不规范、资源有限。大银行通过建立分支机构来与量大、面广的中小企业建立交易关系时，因其管理成本的高昂而大大减小其可行性。

②市场机制不成熟，内生制度缺乏。良好的市场经济拥有良好的内生机制，中小企业融资问题就会有相应的减缓渠道，如私人资本市场、民间借贷、银行和企业之间的关系型融资等。但是由于市场机制不成熟而使得这些内生性制度安排或效率过低、或成本过高、或风险过大而不可能存在。我国针对中小企业融资难问题采取了一系列的政策措施，但是这些基本都是外生性的，缺乏市场内部的协调配合和市场主体的内在激励，新政策措施执行效果大打折扣。

③融资环境整体恶化，金融危机使得金融风险暴露，为防御金融风险，国家对银行监管力度加大。国有银行为了抵御外来竞争强化内控机制，紧缩信贷，缺乏信贷营销技术。民间金融活动很多被政府制止。市场发展要求中小企业结构升级、加大投资，而使得中小企业负债沉重，随之而来的便是企业信用度降低。这些都使中小企业的融资环境不断恶化，加剧其融资困境。

(三) 我国物流金融发展现状

1. 物流金融服务的出现及其作用与影响

物流金融服务在我国的出现与发展是应中小企业融资的需要而产生的。中小企业在我国经济发展中具有举足轻重的作用。但普遍存在的融资难的问题已经成为中小企业发展的瓶颈问题。融资难是制约中小企业发展的重要难题，虽然央行不断出台扶持中小企业发展的政策，但金融机构在具体操作中往往是"想贷不敢贷"。根本原因在于中小企业信用级别低，可抵押固定资产普遍较少，也难以得到大企业提供的担保，在经营活动中商业票据使用较少，要获得银行提供的融资服务在目前状况下仍然很困难。在这种情况下，要求中小企业提供这一有效担保和抵押已成为银行为此提供贷款的必要条件。物流金融作为一种可以解决中小企业融资抵押难的融物流与金融服务为一体的新型业务应运而生。

就一般意义而言，物流金融是指中小企业依据银行的要求，将担保/抵押物交到银行指定的质物监管机构监管，由此获得所需的融资款项的经营形式。这些质物监管机构大多具备物流基本功能服务。从目前来看，已经有越来越多的商业银行基于物流金融业务为中小企业提供融资服务。表1为一些银行开展物流金融类业务的情况。

表1   部分银行开展物流金融一览表

银行	业务名称	产品
中国银行	中小企业融资	沃尔玛供应链、黄金宝
中国工商银行	中小企业融资	供应链融资、钢贸通、车辆通、油贸通
中国建设银行	中小企业融资	购船抵押贷款、成长之路
浦东发展银行	中小客户服务	提供成长型企业金融服务方案
华夏银行	中小客户服务	易贷宝（包括仓单质押贷款、保兑仓等）
招商银行	点金成长计划	经营之道（包括国内采购、汽车销售、项目城建等金融特色产品）
交通银行	蕴通供应链	与物流公司、保险公司共同搭建质押监管平台提供综合性金融服务方案
深发展银行	贸易融资	进口全程货权质押授信、动产质押融资、未来提取权融资、未来货权质押开证
广东发展银行	贷款业务	包括动产质押贷款、品牌质押贷款、法人账户透支、卖方信贷、买方信贷
北京银行	供应链融资	包括商票保贴、国内保理、买断型保理、买方信贷、票易票、保兑仓、质押贷款
上海银行	中小企业成长金规划	商易通（包括动产质押融资、应收账款融资、票据融资等），小巨人（支持具有良好成长性的小企业）

资料来源：2013 年中国现代物流发展报告，国家发展和改革委员会经济运行调节局和南开大学现代物流研究中心主编，北京大学出版社。

物流金融利用正常贸易流转状态的产品进行融资，以流动物品的储存为基础，利用第三方物流企业提供的物流监管和其他相关服务，满足了中小企业在传统融资模式下不可能获取的融资需要。物流金融拓宽了担保/抵押物的范围，不仅能以固定资产作为抵押物，还允许中小企业可以用流动资产，如原材料、半成品以及产成品等，进行动产质押，使缺乏固定资产抵押的中小企业有了抵押贷款的可能，从而部分解决了中小企业因抵押问题产生的融资困境。

物流金融服务的出现，不但有效地解决了中小企业贷款难的问题，同时为物流业在拓展原有传统服务模式，提升新的价值增值服务的空间提供了一个新发展方向。

一些大的物流企业由于信誉好，资金雄厚，率先成为物流金融服务中的质物监管机构，介入物流金融服务中。例如，自 20 世纪末，中国储运总公司利用其遍布全国分仓储网络，为客户提供融资服务，并与银行联合开发第一笔物流金融业务。此后，中储不断创新，业务量逐年扩大，先后与中信、广发、招商等 20 多家银行建立合作关系，为将近 500 家企业提供质押融资监管服务，质押融资规模累计达 150 亿元，物流金融服务业已成为中储一个重要的新的经济增长点。2005 年，国内三大物流巨头——中国对外贸易运输总公司、中国物资储运总公司和中国远洋物流有限公司与深发展先后签署了"总对总"战略合作协议，建立了物流金融服务平台，为广大中小企业提供创新性物流金融服务。三家合作物流公司从中新增物流和货押监管累计达 500 亿元。2006 年，中国远洋物流有限公司与中国建设银行正式签订国际贸易货押授信业务战略合作协议，双方决定联手推动国际物流金融和商品融资业务的发展。

物流企业参与物流金融服务，可以拓展服务领域，有助于积极争取客户，赢得市场份额，还可以通过这一增值服务收取手续费，提供所加工的信息产品等形式增加企业的经济收益，并为其他的相关服务奠定基础。物流管理从物的处理提升到物的附加值方案管理，可以为客户提供金融服务的物流供应商在客户心中的地位会大幅度提高，物流金融业务是物流企业获取新的竞争优势的有效途径。

2. 我国物流金融发展目前存在的问题

尽管物流金融服务近年来取得很大的成绩，但也暴露出了发展中的一些问题。主要表现在：

（1）物流金融服务经营者有限，且提供的服务功能较为简单

虽然物流金融在便利中小企业融资以及拓展物流企业增值服务上极有成效，但是由于物流金融是一种群态经营模式，运作起来难度大，要求高，且伴有风险。从目前来看，物流金融服务经营者仍局限于部分群体。以负责物流监管的物流企业为例，如前面介绍，大多局限于资信度好，物流设施齐全的大型物流企业。另外，由于经营能力有限，也为了规避风险，所提供的物流金融服务功能也较为简单。

（2）信息不对称导致的物流金融服务风险

尽管由于物流企业的介入加强了对中小融资企业资信的监控度，但是在实际业务中，仍无法避免融资企业提供不完整或虚假信息。此外，物流企业为了自身业务发展的需要，也有可能帮助融资企业向银行隐瞒信息，以求获得融资。2012 年以来，发生在上海、江苏等地的多起钢材仓储企业虚开仓单、重复质押的案件，就是在开展物流金融服务的过程中，一些融资企业为了获得更多的融资，个别第三物流企业为了牟取更大的利益，双方串通合谋，向不同的银行质押货物申请贷款，构成重复质押行为。

（3）成长中的物流业本身带来的问题

我国物流业仍处于在发展中成长的阶段，无论在服务理念的建立还是在服务能力的供应上都相对薄弱。据相关资料表明，我国有相当一部分物流企业没有听说过物流金融，绝大多数物流企业也没有开展过物流金融服务。此外，由于缺乏相关的金融行业知识，一些物流企业也止步于物流金融服务。再者，在我国目前现有的物流金融服务模式中，作为银行以及中小融资企业相互信任的第三方，物流企业在其中扮演辅助角色，由此所获得的利润既不如提供贷款的金融机构，也不如需要融资的中小企业。这种状况，固然与我国现有的行业从业的法律法规有关，但是从物流能力方面也能反映出我国物流企业的跨业经营能力有待提升。

（4）促进物流金融发展的法律法规环境不配套

物流金融服务在我国的出现，是应中小企业融资的需要而促成的，体现了中国特有的实践。由于这一实践活动比较前沿，同时也仍在发展探索中，目前尚未建立起一套完

整的物流金融法律法规政策体系以及行业从业标准，以至于阻碍了物流金融的健康发展。

（四）小结

本部分具体分析了我国中小企业融资现状、困境及成因，以及物流金融服务对此产生的作用与影响。中小企业融资难问题存在已久，但其原因却颇为复杂，这既有中小企业自身的，也有来自银行的，甚至来自政府方面的。物流金融这种新出现的融物流与金融服务为一体的经营模式却可以有效地解决中小企业目前融资这一困境。但由于我国的物流金融出现在一个行业发展有待完善，政策法规环境不健全的特定的转型经济环境下，其在发展中暴露出一些问题。从目前来看，如何解决这些问题已成为如何提升物流金融服务的一个关键所在。

三、物流金融服务创新的机理及价值生成

本着战略创新这一出发点，我们认为物流金融服务这一新型商业模式，不仅能够解决中小企业融资难的问题，同时还能够有效解决物流企业目前竞争与成长过程中存在的问题。本部分将通过博弈论来阐述物流金融服务创新的机理以及价值生成。

（一）物流金融服务创新的驱动因素

物流金融是金融和物流两个领域的结合产物，涉及三个主体，有融资需求的中小企业，具有监管能力的物流企业以及能够提供贷款服务的金融机构。对于中小企业来说，经营面临最大的威胁是流动资金不足。中小企业从生产产品到销售的过程中，其中会有大量的库存占用着资金，资金占用率很高，这样会使得企业自身陷入流动资金不足的窘境，成为企业继续发展的瓶颈。所以，充足的资金是中小企业能够稳定运行的保证，而良好的融资环境是促进中小企业发展的重要因素。金融机构，这里特指商业银行，随着我国金融市场的发展，商业银行面对的经营环境也已经发生了巨大的变化，资本市场间的界限越来越模糊，竞争者越来越多，利率市场化加剧了金融市场的竞争，传统的利润来源借贷利息差受到了金融市场多元化产品服务的冲击，商业银行对于拓展业务需求显得更加紧迫。物流企业在面对竞争日益激烈的传统物流业务，利润空间变得越来越低，必须寻求新的利润增长点，拓展业务服务范围。在不断优化传统业务流程的同时，必须加大更深层次的供应链增值服务，加强与客户的相互依赖性，增强战略伙伴关系，提高自身的竞争力。因此，中小企业的融资环境，物流企业提升竞争力和商业银行拓展中间业务领域成为物流金融服务创新的驱动因素。

1. 中小企业的融资环境

融资环境是指在一定体制下影响企业融资行为的各种因素的集合。融资环境对企业的融资行为具有重要影响，一方面为企业融资提供机会和条件，另一方面对企业的融资行为起着制约、干预甚至胁迫的消极作用。企业融资环境包括政治环境、经济环境、金融市场环境、信用担保环境、企业自身状况等。中小企业面临的最严峻的问题就是"融资难，税负重"。融资环境是影响中小企业融资的重要因素，融资环境的好坏起着决定中小企业融资能力的作用，了解中小企业融资环境的特点，需要从内部环境和外部环境两个角度来分析。

（1）企业内部融资环境

① 经营风险大，缺乏高素质人才。在我国，中小企业是以合伙企业和独资企业为主，企业所有权和经营权通常集中在企业老板和大股东手中，多数小企业为家族式管理，公司治理结构简单，企业缺乏中长期发展战略，对于市场动向把握能力较弱，企业的生产经营不确定性突出。组织体制僵化，企业活力不足，任人唯亲现象普遍，企业决策依靠企业经营者的主观意识进行，导致失败概率高。

② 财务制度不规范和信息不透明。中小企业一直存在着财务制度不规范，财务管理不完善，财务报表真实性低等问题，不符合银行的贷款条件。很多中小企业是家族式或个体经营，根本没有编制财务报表的意识，并且出于逃税等原因，财务披露意识差，真实性低，难以符合银行要求。相对于大企业，中小企业生产规模小，实力弱，相关的财务信息、市场销售情况、客户情况、赢利利能力、经营者能力都不披露，造成极大的信息不透明。

③中小企业规模小，实力弱，成长性低。中小企业经营规模小，资产实力弱，负债能力和抗风险能力有限。商业银行同时因为中小企业经常为了追求高利润涉足高风险投资项目而产生惜贷行为。并且，我国中小企业的生存周期较短，平均寿命周期3～4年，倒闭率高。对于商业银行来说，高风险的放贷须以高利率补偿，增加了中小企业的融资成本。大多数中小企业基础弱，产业层次较低，成长性差，竞争力较弱。虽然我国一直在促进高新技术行业发展，有很多的产业政策扶持，但是在这种科技含量高低污染环境下的中小企业少。并且由于大型企业的竞争优势，银行更倾向于向大公司大集团放贷。

④中小企业缺乏适宜可抵押物，信用评级低，不重视信用制度。我国资本市场目前不够发达，加之中小企业固定资产规模小，房屋土地等抵押物有限，无形资产难以量化，不符合商业银行放贷要求。

商业银行对中小企业惜贷的一个重要的原因就是信用度不高，很多中小企业和银行没有建立长期合作关系，信用观念淡薄，缺乏银行信用记录。特别是在国有中小企业的改制进程中，造成了许多企业资产流失的问题，导致了整体中小企业的信用形象受到影响，信用环境越来越恶化，出现许多违约问题，使得中小企业的信用等级较低。

（2）企业外部融资环境

①国家扶持和信贷政策。虽然我国给予了中小企业许多形式的支持，但是因为我国正处于经济转型期间，对扶持中小企业的政策体系并未完善，存在很多的问题。比如，国家的宏观调控政策和经济刺激计划，大多倾向于国有大型企业和所有制企业，也因此，各种资源均流向了大型企业，分配给中小企业的资源就变少了。

中小企业的主要融资渠道是银行贷款，信贷政策决定了是否向中小企业发放贷款。信贷政策会紧跟国家的宏观调控政策，对于国家调控的行业，信贷政策会收紧或拒贷。银行信贷政策将直接导致中小企业特别是初创期的中小企业无法获得银行的信贷资金。

②法律法规和金融管制。制定融资方面的法律法规严重滞后，使得法律法规的约束和指导作用薄弱，这导致许多融资活动例如民间集资和借贷不能健康有序的发展。同时，由于法律执行力较差，银行的利益得不到保障，会产生惧贷心理。并且，金融体系对中小企业发展的文件大多数属于宏观的指导性文件，缺乏具体性和可行性，不能满足

商业银行和中小企业的保障需求，同时，金融机构在利用法律维护自身利益的时候，需要投入大量的物力、人力和时间，使得金融机构的效率大大降低。

就我国当前的金融管制来看，中国人民银行颁布的《贷款通则》第61条规定，企业之间不得违反国家规定办理借贷或者变相借贷融资业务；企业之间不能相互借贷，对于中小企业来说，等于少了一条融资渠道，在一定程度上增加了中小企业融资难度。

③金融机构和担保体系。由于缺少国有资本的支持，中小企业很难获得和国有大企业相同的贷款待遇，受到金融机构的贷款歧视。商业银行为避免不良贷款资产和规避风险，对中小企业融资条件相对严格和谨慎。商业银行实行不同的贷款标准，不同所有制和不同规模的企业所接受的标准不一样，也就是说，非国有企业的贷款标准高于国有企业，中小企业的标准比大企业严格。再次，中小企业在商业银行贷款程序复杂，要求严格，流程烦琐，耗时耗力，层层部门审批，反而耽误了投资时机，无法满足中小企业"快、少、频"的融资特点。也因此，业务量大的中小企业为了保障资金周转，不愿意去小银行办理业务，导致优质的中小企业不通过金融机构贷款。

在我国，信用担保体系处于起步阶段，担保机构的担保能力仍然与巨大的需求市场数额有相当大的差距，难以满足中小企业的资金需求。我国目前缺少专业的资信评级机构，并由于相关法律法规不健全，均制约了中小企业的融资。我国政府目前对担保机构的监管力弱，加上担保机构自身运行机制不健全，造成金融机构对一些民营担保机构的不认可，因此不愿与其共担风险。按照国际惯例，担保的风险应该由担保公司和合作银行共同承担，担保承担70%，剩余的由银行分担，而在我国，全部由担保公司承担。我国的担保机构全担风险的同时，扣除运营成本、上缴税费，其利润空间很小。民营的担保机构实力不足，防范贷款风险的能力较低，担保能力也极为有限。再次，担保、抵押的手段过于狭窄、单一，目前仅限于房产和地产等不动产，缺乏动产的质押和抵押，并且信用担保并没有充分地发挥其作用。

2. 商业银行拓展中间业务范围的必然要求

随着我国金融体制的改革，利率市场化的推进，商业银行面临的竞争越来越激烈。优质的客户和行业一直是商业银行的根基，也是面临改革的底气所在。扩大贷款来源对于商业银行极为重要。对于信贷业务，商业银行最担心的就是违约风险，所以，商业银行一直喜欢向具有国有资本背景国有大企业进行放贷业务，而忽视了中小企业，对于中小企业有着强烈的惜贷现象。也正是因为中小企业融资存在风险大的原因，商业银行更应该创新建立金融风险控制技术，采取多方合作，多方监管扩展与中小企业的合作，建立信用担保体制，使得符合资格的中小企业能获得贷款，扩大贷款来源。

（1）多方合作和多方监管

商业银行应审视传统的一对一放贷，根据行业和企业经营的特点，建立不同的授信条件，采取多方监管体制，委托第三方进行调查和监管，提供真实有效的依据，降低信息不对称，以共担风险的方式创新，吸引客户并扩大规模。

（2）建立信用担保体制

在我国，信用担保均属于起步阶段，大多数中小企业自身没有意识建立自己的信用体制，没有与银行之间建立紧密的合作，缺乏信用记录。所以商业银行需要针对融资的中小企业进行信用记录，建立担保体制和风险识别体系。

3. 物流企业提升竞争力

随着我国经济市场化的发展，国际物流巨头继续加大在华投入，分割中国巨大的物流市场，物流企业靠关系拿订单的时代早已经结束。企业必须通过增加自身的竞争力，在这个市场中才能获得一席之地。要以客户需求为中心，为客户提供更多的增值服务，实施差异化战略。提供增值服务是提高物流企业服务价值空间的重要手段之一。物流企业可通过以下几种增值服务来提高自身竞争力。

（1）仓储型增值服务

以客户需求为中心，利用企业自身所具备的仓储设施来提供增值服务。例如，为客户提供简便快捷的存货查询功能；并且以客户角度，按某种规则将各种型号货物的详细信息排列出来，帮助客户做好库存管理；为特殊货物提供冷藏等服务；为客户提供到货检验，并对材料或零部件提供安装制造服务。

（2）运输型增值服务

以客户需求为中心，利用企业自身的运输能力提供更多的增值服务。不仅仅是提供单一的产品转移服务，例如，为客户提供货物运输追踪服务，能够将货物运输的实时情况反映给客户，为客户提供商业上的便利；采取多种运输方式组合的增值服务，同时减少企业自身的成本，也可以减少客户的成本；在运输途中，可以为客户提供组装等服务，便于客户经济业务的发展。

（3）信息型增值服务

运用信息技术为客户提供更便捷的服务。例如利用数据的积累，对客户需求进行预测，为供应商和采购商提供咨询支持。建立订单处理平台，快速有效地将信息通知给客户。

（4）供应链一体化增值服务

供应链一体化是将物料流、资金流和信息流整合在一起，以核心企业为中心，整合供应链中的多方组织，如制造商、分销零售商，以及用户，整合产品从原材料采购到最终送达到消费者手中的整个过程。供应链一体化是一个系统，将采购、生产、运输、仓储等活动集成，以客户的需求为导向，提供全方位的供应链解决方案增值服务。对客户的自身情况分析，包括对客户的产品、组织构架、物流能力、创新能力调查分析，并对客户涉足的行业及物流领域进行市场调查。以管理咨询的角度，帮助客户分析出自身的战略，寻找自身的竞争力，制定相关的营销策略，并共同分析物流系统的解决方案。

（5）物流金融增值服务

为了进一步整合供应链，提高赢利水平，物流企业应主动参与到物流金融中，与商业银行加深合作，配合银行为上下游的企业提供物流金融服务。这样可以增加上下游企业对物流企业的黏性，帮助中小企业盘活资金，节约资金成本，提高物流企业的增值服务。企业未来的竞争将是供应链的竞争，物流金融可以极大地促进对资金流的放大作用，提高整个社会商贸流通速度。

（二）物流金融服务创新的机理

1. 物流金融服务中运营主体的关系

在物流金融服务中的三个运营主体，融资的中小企业想解决融资难的问题，得到贷款，商业银行要扩大中间业务，提高利润，物流企业想要通过提供更多的增值服务进而提高竞争力。在这种情况下，三个主体可以组成战略同盟，实现三赢的局面，即"1 + 1 + 1 > 3"的效果，如图2所示。

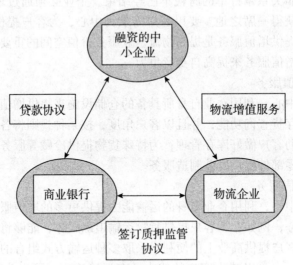

图2　物流金融服务业中的三方的角度

（1）融资企业的角度

将货物通过质押的方式从商业银行获得贷款满足流动资金的需求，并获得物流企业在物流金融服务中提供的监管等增值服务，能够更容易获得商业银行的贷款。

（2）商业银行的角度

通过与物流企业签订相关第三方质押监管协议，有了第三方的监管，能够降低风险和成本，并能得到更多的中小企业客户，签订质押放贷协议，扩大利润来源。

（3）物流企业

通过与商业银行签订相关质押监管协议，一方面能为银行减少库房等成本得到相关收入，还能吸引更多的中小企业的目光，赢得订单。

2. 物流金融服务中运营主体的博弈合作

博弈论主要研究多个个体或团队之间的行为发生直接相互作用时的决策以及决策的均衡问题。也可以理解为当一个主体的决策受到他人选择的影响，且反过来影响对方选择时的决策和均衡问题。

（1）物流金融服务博弈中的三方关系

融资的中小企业，商业银行和物流企业作为物流金融服务博弈中的三个局中人，每一方都会有不同的支付策略组合，产生不同的支付效果，形成支付函数。

三个主体希望达到"三赢"局面而缔造战略同盟，签订一系列协议，但是在运营过程中，因为各自的利益，会有不同的策略组合，会形成（守信，监管有效，履约）、（守信，监管无效，履约）、（守信，监管有效，违约）、（守信，监管无效，违约）、（失信，监管有效，履约）、（失信，监管无效，履约）、（失信，监管有效，违约）、

（失信，监管无效，违约）8 个策略组合。

表 2　　　　　　　　　物流金融中三方博弈矩阵模型及支付组合

		商业银行		
		监管有效	监管无效	
融资中小企业	守信	（守信，监管有效，履约）(B, M, W)	（守信，监管无效，履约)(B, M′, W)	履约
		（守信，监管有效，违约）(B, M, −F)	（守信，监管无效，违约)(B, M′, −D, C)	违约
	失信	（失信，监管有效，履约)(−A, O, F₁)	（失信，监管无效，履约)(B′, −P, Q)	履约
		（失信，监管有效，违约)(−A, O, −T)	（失信，监管无效，违约)(B″, −P′, C′)	违约

其中右侧合并列为"物流企业"。

关于以上的策略组合支付的说明：

①（守信，监管有效，履约）。

在此策略组合下的支付组合为（B，M，W），在这种策略组合下，由于融资的中小企业守信，为商业银行和物流企业提供了真实高质量的质押品并按期归还银行借款，获得商业银行的额外奖励 B（B 可以是提高信誉等级和降低贷款利率的无形资产，也可以是直接的金钱奖励）；而商业银行因为融资的中小企业的守信行为及物流企业的履约行为获得了额外收益 M；物流公司为中小企业提供了增值服务，为银行提供了监管存货的服务，并完成履约，得到了两方的奖励 W。

②（守信，监管无效，履约）。

在此策略组合下，其支付组合为（B，M′，W），在这种策略组合下，由于融资的中小企业守信行为和物流企业的履约行为，商业银行尽管没有监管致使监管无效，但是却获得了比第一种策略组合（守信，监管有效，履约）更大的额外收益 M′（M′＞M），因为降低了监管成本；融资的中小企业获得了商业银行的额外奖励 B；物流企业也获得了额外收益两方的奖励 W。

③（守信，监管有效，违约）。

在此策略组合下，其支付组合为（B，M，−F），由于融资中小企业守信，商业银行并没有受到损失，融资中小企业仍然归还了其贷款，所以获得商业银行给予的额外奖励 B，商业银行的额外收益依然为 M；而物流企业违约并被发现，得到商业银行和融资中小企业的惩罚 −F（−F 可为降低合作范围和增值服务费等）。

④（守信，监管无效，违约）。

在此策略组合下，其支付组合为（B，M′，−D，C），由于融资企业守信，得到了额外收益 B，商业银行监管无效，监管成本降低，但是却由于并没有发现物流企业违约，因此遭到了损失 D，即 M′，−D；物流企业没有被发现违约行为，得到额外收益 C。

⑤（失信，监管有效，履约）。

在此策略组合下，其支付组合为（–A，O，F_1），由于融资企业失信且被发现，受到了商业银行的处罚–A（可以是降低信用等级，也可以是直接的物质处罚），而因为监管有效，银行没有损失，收益为O；物流企业因履约得到了商业银行的奖励F_1（$F_1 < F$）。

⑥（失信，监管无效，履约）。

在此策略组合下，其支付组合为（B'，–P，Q），融资企业因为失信没有被发现，因此获得了额外收益B'（$B' > B$），商业银行因为没有发现融资企业失信，遭受损失–P；物流企业依然履约，在此情况下，得到了商业银行的奖励Q。

⑦（失信，监管有效，违约）。

在此策略组合下，其支付组合为（–A，O，–T），因为融资企业的失信和物流企业的违约行为构成了合谋行为，被商业银行发现，监管有效并及时处理，商业银行的额外收益为O；同时，合谋行为得到惩罚，融资企业为–A，物流企业为–T。

⑧（失信，监管无效，违约）。

在此策略组合下，其支付组合为（B''，$–P'$，C'），融资企业的失信和物流企业的违约行为构成了合谋行为，没有被商业银行发现，因此融资企业和物流企业获得了超额外收益，分别为B''和C'（$B'' > B'$；$C' > C$）；商业银行蒙受了巨大的损失$–P''$（$P'' > P'$）。

（2）三方博弈结果组合解释

①融资的中小企业角度。

融资企业将交予商业银行的质押物放在物流企业那里，物流企业与商业银行签订了监管协议，对融资企业及其提供的质押物进行评估和检测，为商业银行放贷提供依据，并与商业银行签订贷款协议。融资企业能够盘活库存获得资金。对于能否获得资金和获得多少是融资企业迫切的愿望。第一种情况是融资企业提供了相关质押物，并经过了物流企业第三方的评估，商业银行对其放贷，融资企业得到了贷款，并不管商业银行是否对其监管都按时进行了还贷，完成了与商业银行的协议，在此过程中不但融到了资金，还获得了商业银行的奖励B。提升了自己的信用等级，为下一步合作提供了借鉴。第二种情况是融资企业获得了贷款，但是并没有履行协议，被银行发现，发生了违约风险或者延迟还款行为，得到了商业银行的处罚–A，不仅会降低信用等级，也会进行物质上的处罚，比如违约金；若没有被商业银行发现，其获得的收益$B' > B$。第三种情况就是与物流企业进行合谋获得更多的贷款，如没有被商业银行发现，即获得的收益$B'' > B'$；若被发现，则受到惩罚–A。

②商业银行的角度。

商业银行在融资企业提供了质押物，并与物流企业签订了保管等其他协议，物流企业提供质押品及融资企业评估，商业银行进行放贷，但是，由于担心风险，依然要对融资企业和物流企业进行监管，并产生一定的监管成本。并产生以下几种情况：第一种情况是，不仅融资企业按协议提供了合格的质押品并按时还款，物流企业履约提供了真实有效的评估信息，若此时，商业银行进行了监管，获得收益M，若没有监管，则省下了监管成本，获得收益M'；第二种情况是，在进行监管有效的情况下，发现了融资企业失信或者合谋行为，及时挽回损失，此时收益为 O；第三种情况是，在进行监管无效的情况下，融资企业守信，而物流企业未履约，造成一定的损失 D，其收益为 M′，−D；第四种情况是，商业银行监管无效，融资企业失信，而物流企业履约进行了举报，挽回了部分损失，损失 −P；第五种情况是，商业银行监管无效，并且融资企业和物流企业进行了合谋，给商业银行带来了巨大的损失 −P″。

③物流企业的角度。

物流企业与融资企业签订保管协议，与商业银行签订监管协议，一方面为融资企业提供更多的增值服务，另一方面替银行起到监督保管的作用。物流企业起到监管方和担保的第三方作用。物流企业为更多的融资企业提供服务，并评估融资企业以及其提供的质押品质量，为商业银行放贷提供依据，因此起着监控风险的作用，对于收益有以下几种情况：第一种情况是不管商业银行是否监管有效，都会履约，当融资企业守信，获得收益 W；当融资企业未守信，商业银行监管失效，物流企业向商业银行进行举报，可收益商业银行奖励 F_1（监管有效下）和 Q（监管无效下）；第二种情况是违约，商业银行监管有效，受到商业银行的处罚 −T，若监管无效，融资企业守信，则收益为 C；第三种情况是与融资企业合谋，商业银行监管失效，获得巨大收益 C′。

（三）物流金融服务创新的价值生成

1. 物流金融服务对三方的收益分析

（1）物流金融对融资的中小企业的作用

①物流金融为中小企业开辟了融资的新渠道。

物流金融业务与其他传统的融资模式相比，主要是利用动产作为融资质押物，这样即突破了中小企业在传统融资模式下，只能以固定资产作为抵押来获得银行贷款的模式，解决了大部分中小企业由于缺少固定资产而难以获得银行贷款的难题。通过物流金融业务，中小企业可以将企业自身的原材料等存货作为质押物和抵押物进行融资，这样通过盘活企业大量的流动资产，进而将流动资产转化成流动资金，从而缓解了贷款企业对流动资金的需求。

②物流金融为中小企业降低了融资成本。

物流金融业务作为一种创新型的融资模式，在一定程度上能够有效地降低中小企业的融资成本。因为融资企业可以在基本上不改变任何经营现状的情况下，通过物流金融业务加速资金周转率，从而降低其融资成本；同时，融资企业通过第三方物流企业在业务方面规范化、信息化的管理，再加上对银行资金的利用，将大大缩短融资企业产品的销售周期；原材料、产成品等存货有效降低，可以加快企业产品的周转，使资金利用率得以提高，能够在最大程度上盘活存货，增强资金实力。

③物流金融可促进中小企业可持续发展。

众所周知，中小企业要发展，要做大做强，离不开技术更离不开资金的支持。除了传统的融资方式外，通过选择物流金融这一创新型融资产品进行资金融通，无疑更能有效地保证其发展所需要的资金。由于中小企业在经营发展过程中，其原材料等存货也在不断地增加，通过物流金融，企业的融资需求可以持续不断地得到满足。因此，这一良性循环的融资模式，能源源不断地为企业可持续发展提供动力，从而有效促进中小企业的可持续发展。

（2）物流金融对商业银行的作用

①物流金融降低了商业银行的经营风险。

物流金融业务的开展能协助商业银行在业务扩展服务上处置部分不良资产，有效管理银行相关的客户信息以及提升质押物评估等服务项目，帮助商业银行扩大贷款规模，降低信贷风险。通过物流金融，能够使商业银行完善金融产品组合，并且改善其信贷结构，利用物流企业的物流网络资源和物流企业与其他货物供给需求方的紧密联系，对担保品进行迅速变现，从而降低商业银行的业务风险。同时，由于物流企业的加入，商业银行开展物流金融业务时，对中小企业融资的审批手续和信用担保程序等也相对简化，从而使银行贷款流程得到优化，这必然降低了银行部门信息不对称的风险。银行通过和物流公司的合作，极大地降低了资金风险。

②物流金融降低了商业银行的经营成本，拓宽了其业务范围。

由于物流金融具有复杂的业务结构及较高的信息化要求，使商业银行各方面优势得以有效发挥，从而降低了其经营成本。并且商业银行在开展物流金融业务的同时，通过对新的客户群体的开发和潜在优质客户的培育，依靠其优质快捷的金融服务，把业务范围延伸到了供应链的每个角落。商业银行通过参与物流金融扩大了自身的业务范围和客户群，获得了新的利润来源，建立了竞争优势。并且在此业务中，商业银行还可以获得很多其他的派生业务比如存款。通过与物流企业合作，不仅可以降低监管成本，还可以获得对质押物的价值评估依据，对货物进出有了实时监控，大大降低了信息不对称。商业银行的收益＝贷款利息－授信成本。

（3）物流金融对物流企业的作用

①物流金融业务使物流企业获取新的竞争优势。

利用物流金融业务，第三方物流企业能够在拓展服务领域的同时，积极地争取企业客户，进而赢得市场份额。并且物流企业通过控制全程供应链，以保证其特殊产品的运输质量，从而获得了稳定的客户源。此外，物流企业通过物流金融业务，还可以收取与这一增值服务相关的手续费等，这样不仅能够使物流企业增加经济收益，而且也为其他相关业务服务打下一定的基础。物流金融业务的开展不仅使物流供应商在客户心目中的地位大幅度提高，同时，物流金融业务也能够使物流企业获取新的竞争优势。

②物流金融成为物流企业的增值服务产品。

随着行业竞争日益激烈，我国物流企业若能在传统的物流服务中提供相应的金融服务，可以实现从传统物流服务向增值服务转变，并提高竞争力。在实际操作过程中，物流企业可以结合自身条件选择适合本企业的金融服务模式。此外，在为中小企业提供物流金融服务时，物流企业还能为企业带来新的利润源。利润源来自于对物的处理提升到物的附加值方案管理上，物流企业通过为金融机构提供质押物评估、监控、保管和咨询等服务获得增值服务利润。同时，通过提供融资进而发展出的客户群也成为一个固定的利润增长点。

2. 物流金融服务创新的价值生成

基于以上讨论，我们认为（守信，监管无效，履约）的博弈策略组合是生成价值最好的体现，也是三方能实现价值最大化的方案，在此策略组合下，融资企业不但融到了资金，也得到了商业银行的额外奖励 B，提高了信用等级，加强了合作，为以后的融资需要奠定了良好的信誉基础。由于融资企业能够按照贷款协议还款，商业银行不仅获得了利息收入，也降低了风险，并且商业银行与物流企业在物流金融业务中签订了第三方监管协议，物流企业在保管融资企业贷款的质押物之外，还要对其质押物以及融资企业本身进行评估，为商业银行提供放贷依据，物流企业在获得传统的物流服务项目费用外，会收到融资企业和商业银行的服务费以及奖励 W，并吸引更多的中小企业来合作。由于物流企业履约，使得商业银行大大减少了监管成本，在监管无效的情况下，收益最大，三方获得了各自的利益。

在物流金融服务中，物流企业与商业银行共担风险，物流企业起着"第三方担保"的角色，商业银行最担心的就是融资企业违约风险以及其他两方的合谋行为。所以，在物流金融服务中最重要的就是信用，物流企业的履约和融资企业的守信，将会促使整个物流金融的价值生产。中小融资企业要与第三方物流企业建立战略合作关系。中小融资企业不仅要善于借助第三方物流企业来改造升级自己的物流体系，还要与第三方物流企业建立战略合作关系，建立相互信用机制从而避免双方企业的信息不对称。这样不但使中小融资企业的物流成本予以减少，并且能够增加企业的赢利能力，有助于金融机构充分了解中小企业的信息，也有利于中小企业与金融机构建立长期合作关系。与此同时，中小融资企业也要与金融机构建立长期合作机制和长远利益关系。增强金融机构对中小企业的信用度是有效开展物流金融的关键。通过与银行合作机制的建立和利益关系的培育，中小融资企业能够有效克服其逆向选择和道德风险，从而增加中小融资企业在金融机构中的信用度。

总而言之，物流金融服务使得中小融资企业、第三方物流企业和金融机构三者形成了一个紧密的利益共同体。

（四）小结

运用博弈论，本部分从理论的角度，具体阐述了物流金融服务创新的机理以及价值生成。博弈论关注多个个体或团队之间的行为发生直接相互作用时的决策以及决策的均衡问题。物流金融涉及三个主体，有融资需求的中小企业，具有监管能力的物流企业以及能够提供贷款服务的金融机构。依据博弈论，三个各具目的的运营主体，即融资的中小企业想要解决融资难的问题，得到贷款，商业银行要扩大中间业务，提高利润，物流企业想要通过提供更加多的增值服务进而提升价值空间，可以在一个统一运作的创新模式下，形成一个紧密的利益共同体，实现三赢的局面，即"1 + 1 + 1 > 3"的效果。

四、促进物流业发展的金融服务创新途径

如何使金融服务创新获取最大的价值效应，是创新产品开发以及模式运营中需要关注的。从物流与金融服务发展的历程出发，应着重从三个方面，即供应链导向、动态质押导向以及物流、信息流和资金流三流整合导向开展金融服务创新。

（一）从单一企业向供应链全过程转变

传统的融资模式并没有考虑到供应链节点之间的动态联系，以孤立静止的视角对待企业的借款需求，商业银行和企业之间是典型的"一对一"的关系。核心生产企业由于自身资金实力、资信条件较好，获取银行贷款往往相对简单，并且金额充足。然而向其提供原材料的供应商以及下游销售其产品的经销商却由于企业规模较小、自身实力有限、缺乏固定资产而难以获得银行的青睐。如图3所示，由于银行1和银行3受制于严苛的借贷条件，如此一来整个供应链的正常运转也会受到不良影响，无法达到最佳效率。

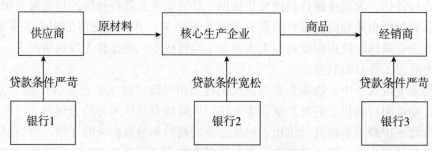

图3　传统融资模式下银行放贷模式

随着市场竞争的不断升级，银行通过改变传统的信贷评估方式，对于借款企业的信贷准入评估不再是孤立的静止的，而是考虑到整个供应链的运作情况以及供应链企业之间的相互关系。对于借款企业的融资准入标准放在了其与核心企业的紧密程度、既往交易历史上。对满足条件的中小企业提供专项优惠政策，帮助中小企业依托核心企业的信誉，获得专项资金组织向核心企业供货或销售核心企业产品。资金沿着供应链流动，进而将资金流整合到物流、信息流之中，提高供应链运作效率，并实现了风险控制和市场的竞争优势，最终实现银行、中小企业和第三方物流企业多方共赢。图4为创新融资方式下银行放贷模式。

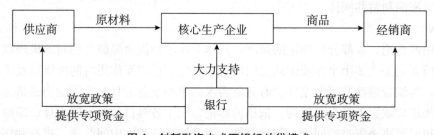

图4　创新融资方式下银行放贷模式

与此同时，第三方物流企业提供物流金融服务面对的将不仅是一个企业，而有可能是一个供应链上的一个或多个企业。向供应链上单个企业提供物流金融服务虽然能够很好地解决借款企业的融资问题，但是对于整个供应链来说往往是不够的。在激烈的竞争形势下，物流企业只有协助供应链进行资金流、物流、信息流的协调管理，解决供应链资金不足的问题，才能有效提高整个供应链的运作效率。所以物流企业应该通过向供应链中买卖双方提供物流金融服务，协调供应链管理，从而实现整条供应链和多条供应链整体效益最优。

（二）从静态质押向动态质押转变

在最开始的物流金融服务模式下，银行为了控制其贷款风险，往往需要企业拥有足够可以用来抵押的固定资产，然后通过与第三方物流企业的合作，实现监管质押。这个时候的监管质押往往都是静态质押监管，如图 5 所示，也就是说借款企业的货物在质押后将不再变动，一直到质押期结束才放货。但可以随着借款企业还款，融资余额减少而提取出相应部分，直至债款还清为止。对于中小企业来说，这样的质押监管方式往往会带给企业很大的困扰，因为多数企业都要不断地进行生产、不断采购原材料、不断出货生产，也就是不断提货的过程，静态质押会使企业流动资产得不到及时地卖出，进而影响企业的流动资金。对于资金不足的中小企业来说，没有足够的资金来保有过多的库存，按单生产的精益思想已经越来越渗透到生产运作管理之中。而客户越来越讲求个性化、定制化的服务，产品种类样式越来越多，有时甚至不能事先确定库存材料的种类，静态质押将和生产要求相矛盾。

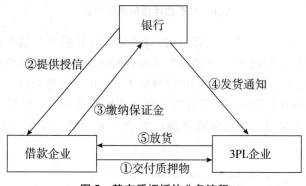

图 5　静态质押授信业务流程

相比之下，动态质押监管模式带给中小企业更灵活的融资方式。在动态质押下，企业可以将不同种类的原材料（但必须满足最低价值），如钢材经销商可以将经营的角钢、工字钢、螺纹钢等不同形态的库存都作为质押商品，融资过程中对于限额以上部分可以随时存取，根据市场变化安排进货，对质押商品进行滚动置换，为中小企业经营活动的顺利开展提供更多便利。当然这些活动都需要在第三方物流企业的监控之下，并且不同形态的商品必须变现能力足够强，需经过第三方物流企业进行估值，以降低银行的信贷风险。图 6 为动态质押授信业务流程。

动态质押相对于静态质押更能够契合企业生产的经营需要，也适应中小型企业的发展要求，所以物流金融服务由静态质押向动态质押拓展将是一个必然的过程。

（三）从物流与信息流的两者整合到与资金流的三者整合

物流和信息流的整合很大程度帮助供应链管理的顺利实施。但是其中一个很明显的问题就是企业具体物料流和资金流的运作不顺畅时，企业经营过程中会往往出现资金缺口。

如果在供应链管理中将资金流同物流、信息流进行整合，可以降低供应链中的不确定性和风险，从而给库存水平、周期时间、作业流程和最终客户的服务水平带来积极影响。换句话说，通过实施供应链上下游诸多资金筹措和现金流的统筹安排，合理分配各个节点的流动资金，可以实现整个供应链财务成本最小化。这样的管理模式不仅仅对于供应链上的企业具有吸引力，也为银行等金融机构提供了良好的发展方向。由于赊销方式的盛行

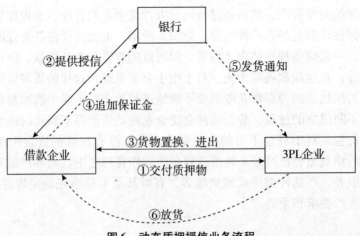

图6　动态质押授信业务流程

（全球大约85%的交易以赊销方式结算），银行的传统贸易融资产品市场逐渐萎缩，逐渐失去竞争力。但这并不说明企业对于资金的需求有所减少。供应链的全球化给企业的流动资金提出了更高的要求，包含资金流的供应链集成管理的呼声越来越高。

　　图7为供应链环境下物流、信息流以及资金流集成管理的示意图。实现物流、信息流以及资金流"三流合一"是供应链管理发展的一大趋势。在保证渠道成员现金流改

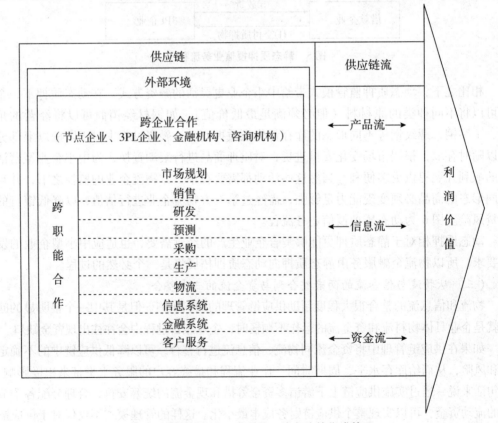

图7　供应链物流、资金流、信息流的集成管理

善的前提下，进一步松绑核心企业的流动资金约束，可以有效提高整个供应链的稳定性和运行效率。

作为金融和物流集成式创新服务，物流金融能够实现整个供应链的一体化服务。供应链集成管理使得物流、信息流和资金流三者有效整合，并促进物流效率和资金的有效回笼，同时也使得银行的竞争力上升，带来新的利润源。

（四）小结

基于我国物流金融发展现状以及理论研究的基础上，为了全方位实施物流金融服务的战略创新发展，本章具体阐述了物流金融服务创新的三个基本途径，即从原有的向单一企业提供物流金融服务转向以整个供应链为导向提供物流金融服务；从原有的静态质押转向动态质押；以及从原有的只考虑物流及信息流的整合到考虑物流、信息流以及资金流三者的整合。

五、促进物流业发展的金融服务创新产品及运营模式

从前面的分析可以看出，目前我国的物流金融服务模式还不能够跟上企业进一步发展和供应链效益最大化的需求。如何提升现有的服务运作水平已成为物流金融发展中亟待解决的重要问题。对于物流企业来说，只有开发出满足市场需求的物流金融创新产品，才能在价值增值的博弈中，不但为自身找到新的价值增长点，同时也能为合作方获取更大的价值空间，实现企业以及整个供应链的价值最大化。基于此，本章将从物流企业服务创新发展的趋势以及供应链管理的特征出发，提出物流金融服务创新产品及其相关的运作模式。

（一）工业品供应链物流金融服务创新产品

1. 工业品供应链

工业品（Industrial Goods）是指那些购买者购买后以社会生产与再生产为目的的产品。根据物品在生产中的不同用途，工业品可细分为原材料、机器设备、组装件、零部件以及消耗补给品等。工业品市场传统上被称为"生产资料市场"。对于工业品供应链而言，由于工业品的技术性标准较强，需要操作流程、售后维护等方面的专业服务，制造企业掌握着产品核心的制造技术，所以制造企业在整条供应链中占据"链主"地位。整条供应链通过制造企业这个核心企业来协作整条供应链的运作。制造企业从用户获得订单，然后向供应商提出要求，在规定时间内提供相应的原材料以及其他相关生产材料，在制造企业内部生产制造，然后将半成品或者产成品提供给工业品用户使用。相比之下，供应商数量多，但规模相对较小。工业品供应链的主要特点表现为：

供应链上的核心企业是工业品制造商。节点企业与核心企业之间的联系是围绕着核心企业生产的产品的结构、技术关联而形成的供需关系。在该类型的供应链中，供应链的层次基本上是按照核心企业的产品结构展开，不同层次上的实物流动与核心企业的产品存在着较强的相关性，节点企业生产的产品都将成为最终产品的一部分。

工业品供应链通常规模大，链的跨越度很长，且每一层有众多成员。随着工序的复杂性增强，各节点企业为了完成各自的工作需要其他企业的配合，因此该节点企业可能自成体系，延伸出新的分支供应链，从而形成了多层次、多环节、多功能、多目标的立

体网链。

由于供应链整体制造周期较长，链上的供求信息在上下传递的过程中容易产生失真的现象。为了防止需求企业购货时缺货现象的发生，每个环节的企业都会相应的在总订单的基础上增加产品的生产，即保有库存。如此一来，不仅造成链上企业资金的大量占压，而且也会减缓供应链上资金链的运转速度。工业品供应链模式如图8所示。

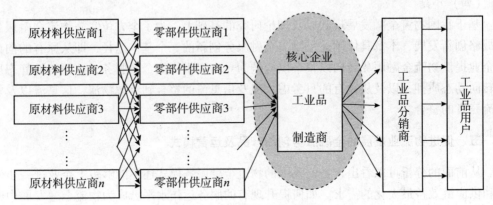

图8　工业品供应链常见模式

工业品供应链由于供应商众多，链节关系复杂从而导致了其资金周转的速度也相对较慢。与核心企业相比，供应商实力相对较弱。由于工业品交易量相对较大，为了满足规模增长和产业升级的需要和日常经营的需要，供应商企业往往会存在资金缺口的问题，以致没有足够的资金提供原材料、设备、组装件、零部件等，造成了整条供应链不稳定以及运行效率低下。为了培育销售渠道，或者在市场低迷时为了保证销售，供应链中的核心企业可以通过物流金融服务来支持上游的供应商，从而达到支持生产的目的。

2. 工业品供应链物流金融服务产品形态

供应链中的核心企业通过与银行和第三方物流企业的合作有效帮助和扶持上游企业解决资金缺口。银行以第三方物流企业和核心企业的信誉作为保障，向存在资金缺口的供应商提供贷款。获得了资金的供应商购买了原材料、设备、组装件、零部件等，以保证核心的工业品制造企业生产活动的顺利进行。物流企业依据本身对质押品监管的优势能够实时掌握质押品的状态和情况，可以为银行提供及时和对称的实时信息。供应商支付部分货款才可以从第三方物流企业得到原材料、设备、组装件等。工业品供应链物流金融服务模式结构如图9所示。

3. 工业品供应链物流金融服务实现途径

传统模式下，第三方物流企业在工业品供应链中承担的作用只是运输、仓储、装卸搬运等物流基本功能。随着供应链中各企业对物流金融服务的急切需求，第三方物流企业作为供应链企业和银行的中介，参与了工业品供应链物流金融服务，其主要的实现途径有：存货质押模式、仓单质押模式以及存货＋仓单质押模式。

（1）存货质押模式

存货质押模式是物流金融业务的基础模式之一，在实践中得到了广泛的运用。一般说，仓单质押物需要满足一些基础条件：首先最基本的是所有权归属明确，这在现有物权

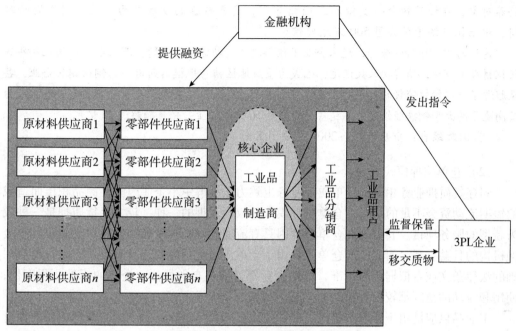

图9 工业品供应链金融创新产品服务模式

法不能完全保障贷款方利益时显得尤为重要；其次是产品便于保存、不易变质，比方说生鲜制品的保存需要在冷冻或冷藏的环境下，并且产品的保质期相当短，即使有较高的价值也并不适合作为质押物；再次是要求产品价格稳定，这是出于价值评估和风险控制的考虑；最后是要求产品易变现，当违约情况真的出现时，银行能够方便处理降低损失。

工业品供应链是以生产为驱动的供应链，链上的供应商基于核心厂商发出的订单进行采购和供应，从而使物流、资金流持续运转。在这种情况下，供应商往往会拥有大量的订单。存货质押的原理是基于真实的贸易背景，融资企业把获得银行认可的销售合同或者购货方向供应商发出的真实有效的订单质押给银行，从而获得贷款。适用于自有资金缺乏，拥有订单却不能够顺利完成订单生产任务的企业。在存货质押的开展过程中，涉及贸易背景的调查、订单真实性的核实、订单价值的评估等这些方面的信息的收集和审查，此时，银行可以采取与物流企业合作的方式，利用物流企业的优势避免在信息不对称的情况下进行质押物的评估产生的信息失真问题。

案例1：高新区某民营钢材销售企业与中信银行合作开展存货质押业务

重庆高新区某民营钢材销售企业成立于2002年，主要从事建筑钢材销售业务，所销售的钢材主要用于制造冷冲模、热锻模压铸模等模具，注册资金300万元。2004年，该公司由于钢材需求增大导致流动资金存在缺口，急需500万元贷款，在了解到中信银行重庆分行创新推出的存货质押业务后，便向中信银行提出了授信申请。银行通过调查了解，虽然该公司规模不大，又不能提供抵押担保（钢材销售企业一般都缺少固定资产），但其供销渠道稳定，资金周转速度极快，而且公司法人及主要管理人员作风正派，敬业精神极强，行业经验丰富，业内信誉度高。因此，银行认为该企业可以作为支持和培养对象，在授信资金的支持和正确指导下，具备较强的发展潜力，在不到2周的时间，中信银行给予该公司500万元授信。

通过与中信银行的合作，这家企业不仅解决了流动资金的问题，而且在随后的几年年销售钢材数十万吨，销售收入数亿元，已成为重庆地区销售规模名列前茅的钢材销售企业，甚至超过了一些钢材销售的大中型国有企业。在3~5年内，中信银行希望将该企业培养成为西南地区的大型钢铁经销商，年销售规模达到50万吨以上，销售额超过20亿元。

（案例改编自：重庆商报，2009年9月8日）

（2）仓单质押模式

同存货质押业务相似，仓单质押业务也致力于缓解中小企业因库存商品积压而造成的短期流动资金不足的状况。仓单质押模式是权利质押的一种，较之存货质押是一种较为新型的服务项目。其中标准仓单质押因具有流通性好、价值高的特点，受到银行等金融机构的日益重视。而非标准仓单质押由于仓单流通管理体制还没有建立起来，没有明确的法律条文或者依据作为标准，物流企业都遵循各自的做法，仓单的标准化程度低，使用和流动的范围都较为有限。

工业品供应链由于订单产量大，专业技术要求高等特点，对半成品或产成品的保管要求也会相对更高，而且不易搬动。而仓单质押融资模式给工业品供应链带来了很大的方便。在仓单质押业务下，借款企业先将产品质押给第三方物流企业，第三方物流企业验货之后告知银行，银行便将贷款发放给借款企业，借款企业向制造商提出订单，制造商将生产出的半成品或产成品交给第三方物流企业保管，待借款企业分批还款，银行才向第三方物流企业发放指令，由第三方物流企业分批发放给借款企业。由于仓单是保管人对存货人所交付的仓储商品进行验收之后出具的物权凭证，借款企业只需要凭借仓单就可以拿到货物，避免不必要的货物运输和卸货。

案例2：抚顺红峰矿业有限公司开展仓单质押业务缓解流动资金紧张问题

中国金属抚顺红峰矿业有限公司注册资本人民币1.1亿元，是以生产粗铜、硫酸、铜精矿、锌精矿、硫精矿为主，集采、选、冶综合生产能力于一体的有色金属独立工矿企业，公司年经营收入5.7亿元。公司业务发展稳定增长，生产铜价格日渐走高，目前该公司在上海期货交易所存有近5000吨电解铜，均作保价交易，按照上海期货交易所电解铜每吨67000元计算，共占用该公司流动资金近3.3亿元，由此造成公司流动资金紧张。公司近年产能不断扩大，需要采购大量铜矿石，公司自产铜精矿量预计为8500吨，缺口为8000吨。需采购资金1.8亿元。银行以该公司现有铜矿作为质押提供融资，用于铜精矿采购。与交易所、中国金属抚顺红峰矿业有限公司、仓储公司签订《标准仓单质押四方协议》，明确四方权利与义务。质押合同生效期间，中国金属抚顺红峰矿业有限公司欲提前出售质物，须征得银行书面同意。中国金属抚顺红峰矿业有限公司在开展仓单质押业务的过程中，加快了电解铜的周转流通，提高了资金使用效率，扩大了公司的产能和规模，增加了公司铜矿的利润空间。

（案例改编自：抚顺红峰矿业有限公司电解铜仓单质押案例，http：//www.rjzlbank.com）

（3）存货＋仓单质押模式

对于工业品供应链来说，基于仓单和存货的混合质押物流金融的典型方式是信用证项下商品质押融资。在该模式下，当进口信用证项下单据到达并经融资经办行审核无误后，开证申请人以该信用证项下代表货权的单据作为质押，银行先行代为付款，并委托第三方物流公司代为报关、提货并运至指定仓库，转入商品存货质押监管，待企业归还借款后再释放质押商品。这种模式主要适用于以信用证结算方式进口商品的工业品制造企业的原料进口。

案例 3：铜冶炼企业开展信用证项下商品质押解决融资问题

A 公司是新近建成投产的一家民营大型铜冶炼企业（完全投产后年产 40 万吨电解铜，居全国第三），工艺在国内领先，大大高于国家环保强制标准，所需原料铜精矿全部从国外进口。在建设过程中，由于考虑到其民营背景、自有资金相对不足、国家行业政策趋紧、项目建设存在风险等因素，银行未参与其项目银团。近年来铜价一路走高，一期项目投产后市场形势很好，但是企业兼顾一期生产和二期建设，在原料采购等方面仍存在较大的周转资金缺口。根据企业申请，D 银行调研论证，并与 H 物流公司共同设计，结合企业生产经营特点，综合运用信用证项下商品质押、滚动质押融资等多种商品模式，以远期信用证为融资工具，为 A 公司开办了采购、生产全程物流监控下的商品融资业务。该项业务结合多种商品融资基础模式并进行创新，在物流全程监管的基础上实现未来货权、提单、仓储状态商品、运输商品、加工后商品多种状态的质押和转换，具有较高的技术水平和管理要求。

（资料来源：陈祥锋. 供应链金融服务创新论［M］. 上海：复旦大学出版社，2008）

4. 工业品供应链物流金融服务创新产品对各方的影响

在工业品供应链物流金融服务创新产品形态下，供应链中的借款企业获得了足够的资金支持，第三方物流企业有了新的利润增长点，银行降低了贷款的风险，主要表现在：

（1）对于借款企业来说，该产品打破了固定资产抵押贷款的传统思维，给企业带来了更大的融资便利

①质押门槛更低。在传统融资模式下，质押物只能是固定资产或者是不动产，但是在工业品供应链物流金融服务创新产品这个形态下，可作为质押物的货物灵活多样，原材料、机器设备、组装件以及零部件均可以作为质押物。质押物在质押期内可循环流动，即在质押期限内质押物的总价值不低于确定的金额的前提下，可以银行认可的新质押物或保证金来置换原质押物。以客户自有或购入的货物为担保品，盘活了客户的存货，帮助客户提前实现销售收入，增加资金流动性，降低企业融资成本，拓宽企业的融资渠道，提高企业资金利用率，实现资本优化配置，扩大市场份额，提高企业销售利润。这种物流金融服务形态更适合于有固定赢利模式，动产占比高，没有大量厂房等固定资产可用于抵押的中小型生产型以及贸易型企业。

②融资方式更加灵活。工业品供应链物流金融服务创新产品融资模式允许客户利用在市场经营的商品做质押贷款、承兑汇票、银行额度内授信等多种融资方式。这可以很

好地解决企业经营融资问题，争取更多的流动资金，达到实现规模经营和提高经济效益的目的。

③大大降低了企业，特别是中小企业的融资成本。由于中小型企业规模小，固定资产少，在过去很难从银行特别是国有银行通过固定质押获得贷款，而从典当行借钱，也是把货抵押给典当行，服务费加利息，中小型企业为获得贷款需要付出相当大的融资成本。然而在工业品供应链物流金融服务创新产品这种模式下，融资成本会显著降低。

（2）对于物流企业来说，物流金融服务成为新利润增长点

物流企业与银行合作，监管工业品供应链环境下众多中小型供应商在银行质押贷款的物品，一方面带来了物流设施设备的改善、配套服务的完善和服务质量的提升。通过提供有效的库存管理以及配送管理，对库存的变动及流通的区域做到了如指掌，进而吸引更多的货主企业进驻，提高物流设施利用率，收入和利润也会得到提高。另一方面在工业品供应链物流金融服务创新模式下，物流企业作为银行和需要资金贷款的中小型供应商都相互信任的第三方，可以更好地融入到这些数量众多的中小型供应商所在的工业品供应链中去，有利于物流企业扩大自己的客户源，为更多的物流用户服务，提升了利润空间。同时也给银行带来了更多的融资对象，并在共同为融资对象提供物流与金融服务的过程中，加强了与银行之间的同盟关系。

（3）对于银行来说，降低了经营成本，提高了市场竞争能力，贷款风险显著降低

物流金融业务作为银行一个新的经济增长点，风险却相对较低。由于质押产品一般都要求必须是价值非常稳定，变现方便，流动性强的物品，而工业品供应链由于生产以及需求的特殊性，供应商所具有的原材料、机器设备、组装件以及零部件等，能很好地满足这些标准。与其他融资方式相比，工业品供应链物流金融服务创新产品下的融资风险很小，而银行在放贷的同时，又吸引了储户，培育了新的经济增长点。另外，工业品供应链物流金融服务创新模式下相对复杂的业务结构、较高的信息化要求以及规模优势特征能够有效地发挥银行在人才储备、科技水平和经营规模方面的优势，降低经营成本，提高市场竞争能力。所以银行在工业品供应链物流金融服务创新这种模式下既降低了贷款风险，而且还增加了新利润增长点。

综上所述，工业品供应链物流金融服务创新产品可使众多的中小型供应商摆脱对第三方担保和不动产抵押的依赖，突破中小企业的银行融资瓶颈。此外随着监管业务模式的日渐成熟，从静态质押到动态质押，从库内质押到库外质押，从仓储单一环节的质押到供应链多环节的质押，在工业品供应链物流金融服务创新模式下，物流、商流、信息流以及资金流能够实现有机结合。在方便企业融资的同时，更保证了第三方物流与银行的利益，具有多边多赢性质。

（二）消费品供应链物流金融服务创新产品

1. 消费品供应链

消费品是与工业品相生相伴的概念，两者共同组成了消费市场。消费品也被称为"生活资料"或"消费资料"，是日常生活中消费者最常接触的商品。消费品是社会最终产品，它不需要经过生产企业的再生产和加工便可供人们直接使用，其目的是用于直接消费而非生产。由此可以引出消费品的相关定义：消费品（Consumer Goods）是指为

了满足个人消费者或家庭消费者的需要而设计生产的产品。

在整个消费市场结构中，消费品行业占据了重要地位。消费品行业涉及千家万户以及各社会部门的所有成员，购买者人数众多，年龄、性别、文化程度、收入情况等各不相同，对消费品的需求更是千差万别，消费品行业的需求变化十分迅速。以上种种因素造成了消费品行业的广泛性、多样性、多变性、交易次数频繁、周期短以及购买专业性低，产品替代性强的特点。

与消费品行业相对应的供应链是消费品供应链。所谓消费品供应链，是指在从事满足人们生活最终消费需要的产品经营的领域内，围绕核心企业，消费品信息流，物流，资金流进行控制，从原材料采购开始，制成中间产品、最终产成品，然后由销售网络把产品送到消费者的整个过程而形成的，由供应商、制造商、分销商、零售商以及最终用户组成的一个整体的功能网链结构。消费品供应链的顺利运转保证了消费品行业的发展和壮大。

消费品行业比较常见的供应链模式既有制造商主导也有零售商主导。以制造商为主导的消费品供应链与工业品供应链作用机理类似（见本部分一，工业品供应链物流金融服务创新产品），而零售商为主导的消费品供应链则较为特殊。零售商主导的消费品供应链源自 20 世纪美国，较为典型的代表是人们所熟知的 Walmart，主要是指一些大型零售商凭借其资金、信息和渠道等优势，迅速扩大连锁店铺网络，不断增强经营实力，而生产商的实力逐渐被弱化。另外，消费品行业产品可替代性强，购买专业性相对较低，生产商之间竞争日益激烈。这些因素导致了零售商对整个供应链的建立和运转拥有强大的管理组织主导权，而其他参与方如厂商、经销商等供应商处于从属的地位。目前消费品供应链的发展趋势是渠道供应链扁平化，零售商为了把控供应链，常常越过经销商主动找生产商订货，然后将产品销售给消费者。零售商主导的消费品供应链模式如图 10 所示。

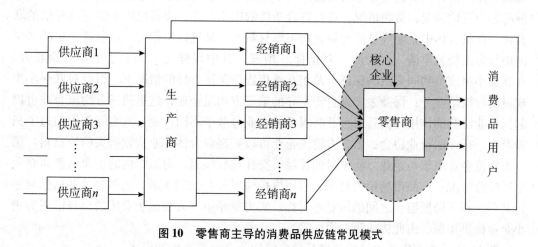

图 10 零售商主导的消费品供应链常见模式

零售商主导的消费品供应链模式上的核心企业零售商具有相对稳定的行业地位，资金实力雄厚，市场份额较为稳定，具有一定品牌效应和消费者认可度。由于其在供应链上的作用重大，供应链上的其他企业都对其存在依赖，核心企业不仅可以挑选合作的上下游企业，并且在利润和权利的分配上都能占据主导权。

相对于工业品而言，消费品供应链的资金周转的速度更快，但周转的金额数量有限。由于消费品供应链本身的特点，供应链上大部分企业均为中小企业，核心零售企业为了降低库存实现精益生产，采用延迟供应和供应商管理库存模式，对上游供应商、生产商的库存产生更大的压力，供应商需要更低成本的资金渠道来弥补流动性的损失。这些原因都造成了对资金渴求度最高的是消费品供应链中的中小企业。较之工业品而言，组织消费品生产所需的启动资金相对较少，融资规模较小。此外，借款期往往不能超过账期长度，这就客观上决定了对于资金的需求主要为短期需求，资金周转速度更快，融资频率也更高。

2. 消费品供应链物流金融服务产品形态

近年来供应链物流金融业务不断发展，尽管存在多种灵活的产品和服务，但大体上可以认为供应链金融是核心企业将其良好的信用资源与其上下游其他企业进行共享的融资模式。

由于消费品供应链上存在大量的中小企业，并且从目前供应链的发展趋势来看，物流企业正越来越多地介入到客户的供应链管理中，这都为汇聚中小企业集合力量以及第三方物流企业发挥更大作用的创新消费品供应链物流金融服务产品形态打下基础。

第三方物流企业和上下游企业存在长期合作的关系，与行业内部的供应商和销售商有着良好的联系，对于买卖双方的经营状况和资信程度都有相当深入的了解，因此在进行信用评估时不仅较银行更加熟悉行业情况，并且由于可以掌控质、抵押物，可使借贷风险有效地降低。对此，结合消费品供应链特点，物流金融服务创新产品可考虑为：第三方物流企业主导下的中小企业联合授信"双担保"模式。

该模式下，重要的组成部分之一就是第三方物流企业主导下的中小企业联合体，这一联合体是指在供应链上企业自愿的前提下，由第三方物流企业根据长期合作所了解掌握的客户资信情况，货物情况，选择符合条件的中小企业，将其组织成为互助互信的联合体。在联合体中企业成员需要贷款购买原材料等货品进行生产时，以联合小组的名义向银行提出贷款申请。而所谓"双担保"模式，其中保障之一来自于中小企业联合，在联保小组成员共同交纳的保证金及相互承担连带保证责任的情况下，银行对联保小组成员实行授信业务；保障之二来自于主导的第三方物流企业，这里第三方物流企业可以起到行业协会的作用，而且由于其所服务的企业分散于不同行业，其实际作用超过了只涉及单一行业的行业协会，第三方物流企业可以控制联合体企业贷款购买的原材料。第三方物流企业由于与企业之间平时的接触、交往比较频繁，对组织内的企业信息（企业生产经营情况、产品市场销售情况、信用维护情况等）比较了解，通过将这些信息与银行共享，利于降低银企之间的信息不对称。实力雄厚第三方物流企业凭借自身信用为中小企业提供担保，由此构成第二道保险。

图 11 所示为零售商主导的消费品供应链物流金融服务创新模式。

以上可以作为消费品供应链金融的基本服务模式，在此基础上，可以进一步进行风险控制，发挥核心企业对于风险的分担作用，结合存货质押模式和应收账款模式进行创新。即在实际操作中，以核心企业订单作为联合体获得贷款的要求，进行原材料采购。

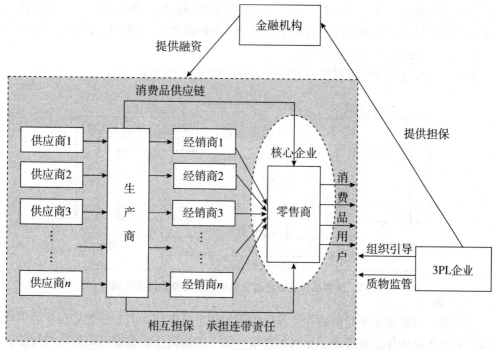

图 11　零售商主导的消费品供应链金融创新产品基本服务模式

产品生产出来后，所有权归属银行，将半成品和产成品放至第三方物流企业的监管之下，银行按合约向核心企业发放产品，核心企业到期完成还款。变体模式相对于基础模式又增加了一层来自核心企业的保障，可以说是"三担保"模式。该模式发挥了核心企业对于供应链上其他企业的风险分担作用。核心企业的订单能够在一定程度上保证抵押产品的价值，更好地加强了对物流金融业务风险的控制，有利于发挥各方的积极作用。

3. 消费品供应链物流金融服务实现途径

随着第三方物流企业对供应链金融的参与程度不断加深，其职能从最基本的运输、仓储不断发展到实时监控，甚至对供应链金融起主导控制作用。与工业品供应链类似，消费品供应链物流金融创新产品的基本实现途径主要也有三种：存货质押模式、仓单质押模式以及存货 + 仓单质押模式。

（1）存货质押模式

相对来说，存货质押模式对于工业品行业更加适用，工业原材料，钢铁、有色金属、化工产品等都是常见的质押物。而消费品行业，尤其是快速消费品行业具有很强的多变性，所谓快速消费品，是指使用寿命较短，潮流更替速度很快的商品。消费者对于大部分消费品的总体需求虽然是稳定的，但是由于各产品间可替代性较强，消费者对于某一产品的需求波动极强，消费者偏好的变化很快，商品潮流也随之迅速发生更替。快速消费品行业很少采用存货质押模式，原因之一是产品的生命周期很短，一旦过了流行期，产品马上开始滞销，贬值风险极大，银行自然不愿意接受此类产品；原因之二在于快速消费品行业本身，现今供应链管理的发展趋势是由"推动式供应链管理"变为"拉动式供应链管理"，这一发展趋势在快速消费品行业中体现得尤为明显，精益制造、敏捷生产使得企业不再大量持有库存，这也降低了开展存货质押的可能。一般而言，适合作为存货质押物的消费品以价格稳定的粮食、农作物等大宗商品以及汽车、手机、家电等单位价值较高的耐用消费品居多。

消费品供应链物流金融存货质押模式运营流程如图12所示。

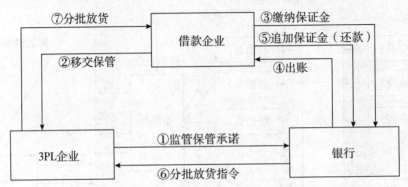

图12　消费品供应链物流金融存货质押模式运营流程

首先第三方物流企业对借款企业提供的质押物进行评估，由于消费品存在着不同的特性，对质押品的保管也提出了更高的要求。第三方物流企业根据对质押物的评估，为其提供最合适的保管方案，并向银行进行监管保证承诺，保证货品损耗最低并密切关注货品市场走势和价格波动。之后借款企业缴纳一定数额保证金，银行向借款企业提供授信出账，使得借款企业的日常购进和生产组织得以顺利进行。在借款企业完成资金周转后，归还部分借款。银行收到款项后向第三方物流企业发出放货指令，第三方物流企业分批进行放货，循环步骤⑤～⑦直至借款企业归还全部款项为止。以下正是消费品供应链物流金融的成功实例。

案例4："农贷通宝"盘活农产品库存，助力小微企业

中国银行山东分行推出的"农贷通宝"是针对涉农大宗商品经销、加工企业开发出的存货抵押型融资产品。涉农中小企业除了具有担保弱、资产少、内部管理不规范等成长初期的共同缺陷外，资金使用期限短、频率高、周转快以及农业领域周期性强也成为格外的困难。针对这些难题，中国银行山东分行走批量发展之路，确立了以产品为载体的业务模式，同步实施逐日盯市制度、第三方监管、投保财产与监管责任险等多种风险防范措施，成功地开发并投放了"农贷通宝"产品，受到了当地企业的一致好评。该项产品以中小企业掌握的棉花、苹果、花生、小麦、大枣资源为抵押担保，核定货物价值并按一定比例发放贷款。以"苹果通宝"业务为例，在栖霞开通的"苹果通宝"业务向30多家苹果销售经销企业提供了近4亿元的贷款，辐射400余家苹果加工上下游企业，对促进产业发展和农民增收起到了推动作用。据统计，截至2014年4月末，中国银行为青岛地区小微企业提供的贷款余额已达到146.37亿元。"农贷通宝"业务解决了涉农中小企业缺乏担保、无法抵押土地房产的贷款问题，帮助企业盘活企业库存、优化资金结构、加速运营周转。

（案例改编自：《大众日报》"农贷通宝"红红火火，http://www.chinadaily.com.cn/hqgj/jryw/2011-11-16/content_4380246.html）

（2）仓单质押模式

仓单质押物一般必须具有所有权属明确、无形损耗小、市场价格稳定、易变现等条件，所以仓单质押货品一般用于钢材、有色金属、黑色金属、建材、石油化工产品等大宗货物。同样，对于消费品行业而言大多数快速消费品产品并不适用，而汽车、手机、家电等耐用消费品则更加符合仓单质押的要求。与存货质押模式不同，仓单质押模式下银行更加关注仓单信息的完整性、准确性和真实性。

消费品供应链物流金融仓单质押模式运营流程如图 13 所示。

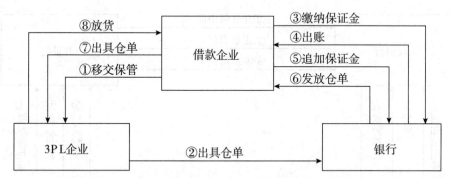

图 13　消费品供应链物流金融仓单质押模式运营流程

质押模式下同样需要第三方物流企业对借款企业提供的质押物进行评估，并向银行进行监管保证承诺，完成验货入库后第三方物流企业向银行出具仓单。之后借款企业缴纳一定数额保证金，银行向借款企业提供授信出账。在借款企业完成资金周转后，归还部分借款。银行收到款项后给借款企业开出发货仓单，借款企业持该仓单向第三方物流企业返还质押物，第三方物流企业确认仓单的真实性后放货。循环步骤⑤～⑦直至借款企业归还全部款项为止。以下是以手机作为仓单质押物的消费品供应链物流金融的成功实例。

案例 5：中外运联手银行企业开展仓单质押

中国外运股份有限公司从 2004 年起开始与中国工商银行、广东发展银行和中信实业银行合作开展电子通信类高附加值商品仓单质押业务，主要选择的质押物为诺基亚和摩托罗拉手机。业务涉及全国 32 家中外运分公司，年监管融资额度近 100 亿元。诺基亚和摩托罗拉作为行业中的核心企业，具有雄厚的实力，然而其经销商大多为资产规模不足的中小企业，缺乏可以用作抵押贷款的固定资产，资金问题也成了扩大销量的瓶颈问题。中外运通过利用在库监管、输出监管、在途监管、进出口贸易项下监管以及网络化监管，为经销商提供便利的全国性物流服务，为银行提供监控保障。中外运在接到解除质押通知书后，将货品发放给指定经销商，并定期进行对账结算，经销商仅需 30 天的时间就可以完成原来需要 56 天才能实现的销售规模。销售额扩大了 50%。此项仓单质押业务解决了中小经销商经营融资问题，为企业争取到更多的流动资金周转，进而帮助诺基亚和摩托罗拉实现经营规模扩大和开拓市场的目的，盘活了整个供应链的运转。而在为客户盘活资金的同时，也增加了中外运的物流业务量，实现了多方共赢的局面。

（案例改编自：中外运速递仓单质押业务）

（3）存货＋仓单质押模式

与工业品供应链相似，消费品供应链金融运营模式中，信用证项下的商品质押融资也是动产和权利混合质押运行模式中最常见的方式。该模式建立在真实的贸易背景之下，其运作流程已在工业品供应链部分提及，此处不再赘述。

存货＋仓单质押模式结合了两者的运作方式，存货质押和仓单质押之间的便利转换也方便了实际操作。

消费品供应链物流金融存货＋仓单质押模式运营流程如图14所示。

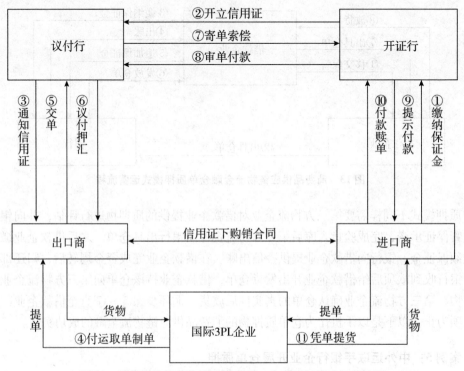

图14　消费品供应链物流金融存货＋仓单质押模式运营流程

首先，进口商和出口商达成信用证下的购销合同。开证申请人根据合同填写开证申请书并交纳押金或提供其他保证，请开证行开证，其中信用证的开具必须由付款人（进口商）向银行申请。然后，开证行根据申请书内容，向议付行开具受益人为出口商的信用证。议付行对信用证进行核对后，将其转交给出口商。出口商按照信用证规定装运货物、备妥单据并开出汇票，在信用证有效期内，送交议付行议付。议付行收到单据后，把贷款垫付给受益人，然后向开证行进行索偿。开证行核对单据后完成付款，并通知进口商付款赎单。当进口商完成付款赎单后，凭提单按约定收货。

一般而言，信用证下的消费品供应链物流金融存货＋仓单质押融资流程如上图所示，但在具体操作中也可能根据实际情况予以变动，例如进口商如果和提供融资的银行具有良好的合作关系（如 UPSC 和沃尔玛具有一对一国际结算关系），步骤⑩和⑪就可能交换顺序，即进口商凭借其信用先行取货，之后再向银行返还货款并付出相应利息；

此外，还存在议付行分期垫付货款的操作方式。图中所绘的是通知行与议付行是同一银行的情况，现实中还存在通知行和议付行是不同银行的情况，但其大体流程是一致的。

以下是消费品供应链的信用证项下的商品质押融资模式最为人所熟知的案例。

案例6：UPS信用证项下的商品质押融资造福广大中小出口企业

2005年，UPS并购美国第一国际银行后将其改造成为UPS金融公司。UPS金融公司拥有包括开具信用证、兑付出口票据等国际性产品和服务业务，而其代表性的业务就是信用证项下的商品质押融资。进口产品出厂经过装卸、储存、运输等各环节到达消费者手中的流通费用约占商品价格的50%，物流过程占用的时间约占整个生产过程的90%，此外，经销商用于库存占压和采购的在途资金也无法迅速回收，种种问题大大影响了企业生产销售的运转效率。UPS金融作为中间商在沃尔玛和东南亚数以万计的中小出口商之间斡旋。UPS能够在两周内把预付货款先打给出口商，出口商将货物作为抵押物移交给UPS，UPS揽下其出口清关、货运等业务，由此可以得到一笔可观的手续费。这样一来，小型出口商们能够得到及时的现金流，加快周转；而拥有银行的UPS在美国和进口商一对一结算。此外，UPS金融还提供为期五年的循环信用额度，并确保借款公司规避客户赖账的风险。不过，这种全新的服务模式在国内还受到一些政策限制，国内的银行还不能被物流公司收购，非金融机构也不能提供金融服务，但随着国内物流金融创新环境的不断改善，该案例对于国内物流金融发展仍然具有相当的借鉴和指导意义。

（案例改编自：《物流公司模式：以UPS为例，供应链金融模式及风险控制问题探讨_吴晓萌》，http：//www. mofcom. gov. cn/aarticle/difang/anhui/200708/20070805019762. html）

4. 消费品供应链物流金融服务创新产品对各方的影响

针对消费品供应链设计的物流金融服务产品，结合了替代采购模式、"逐批控制"模式的优点以及中小企业联合体所发挥的汇集作用。

在零售商主导的物流金融服务创新模式下，银行仍然是资金提供方，但第三方物流企业在其中能够发挥极大的作用，甚至可以说是维系该模式的关键之一。基本模式通过对供应链上下游中小企业提供资金支持，而"逐批控制"方法对于流通速度较快、多批次少批量销售的消费品行业也更加适用，整个供应链内各个环节内的资金流动更加顺畅。而变体模式则更加倚重核心企业的作用，该模式将核心零售企业对上游制造企业真实贸易产生的应收单据凭证作为质押物向银行申请贷款，对于该类融资产品的设计，是从贸易背景以及核心企业的信用情况角度出发，相对于商品本身，银行更加关注下游零售企业的资金实力以及融资企业与核心企业购销合同的真实性，对比基本模式而言，变体模式更加强了对风险的控制。

具体带给各方的利益如下：

（1）中小企业融资需求得到满足

消费品供应链物流金融服务创新产品将中小企业的力量联合起来，中小企业不再仅仅依靠自身的力量，还要借助供应链上下游其他成员的共同力量来获取银行的支持，联合体起到了"凝聚合力"的作用。例如，在以零售商主导的消费品供应链中，创新产品的变体模式是以借款企业与核心零售企业之间的贸易合同为基础。此时银行更多关注的是核心零售企业的还款能力、交易风险以及整个供应链的运作状况，而并非只针对中小企业本身进行风险评估，这些举措都与从单一企业向供应链全过程发展的原则相一致。在创新产品中，第三方物流企业不仅主导联合体的组成，还以自身信誉为联合体向银行提供担保，并揽下为该笔融资及其相关服务提供相应物流服务的任务。银行可以通过第三方物流企业了解联合体各企业的真实运营情况，降低信息不对称，从而愿意为联合体借款成员发放贷款，从而使得那些原本难以获得银行融资的企业获得贷款支持。

消费品供应链物流金融服务创新产品能够帮助中小企业克服其资产规模和赢利水平难以达到银行贷款标准、财务状况和资信水平达不到银行授信级别的弊端。该模式利用第三方物流企业、中小企业联合体甚至核心大企业的资信实力帮助借款企业获得了银行融资，同时，在这种约束机制的作用下，产业链上的中小企业为了树立良好的信用形象，维系与长期的良好合作关系，也会选择按期完成生产，盘活了中小企业的应收账款，使其迅速转化为现金流，从而使得整个供应链得以顺利周转。

（2）银行业务拓宽，竞争力增强，业务风险得到有效控制

以往银行对于大客户过于依赖，然而现今的趋势却是资本市场快速发展，高端客户更愿意绕开间接融资。这使得银行的传统贸易融资产品市场逐渐萎缩，逐渐失去竞争力。而为中小企业提供融资服务，无疑是一个潜力巨大的利基市场。供应链金融电子平台提供商 Demica 于 2007 年发布的调研报告结果显示：供应链金融业务比传统银行业务利润更加丰厚。

从以上列举可以看出，在零售商主导的消费品供应链物流金融服务创新产品模式下，银行与供应链成员构建起更加紧密的关系，银行增添了新的客户群体，银行向供应链中的各环节成员提供的授信服务，把众多中小企业加入到客户群中，降低了银行过去的大客户依赖性。而更进一步来看，由于将众多中小企业纳入了客户体系，也为一行提供了一个切入和稳定行业内的核心大企业的新渠道，供应链中核心企业的正常运转依赖于银行为这些中小企业提供资金支持，由此对核心企业也形成一定的"绑定"作用。

此外，这一模式还使得银行风险得到有效控制，尤其是变体模式。虽然其与存货质押模式也存在着相似的运作方式——生产企业将产品所有权以及相应的应收账款权利移交给银行，获取银行发放贷款，但在存货质押模式下，借款企业所提供的抵押产品并没有获得核心零售企业的订单，银行需要耗费大量精力做出评估，以求尽量选取销量稳定的产品。这不仅对银行的专业评估水平提出了较高的要求，还可能导致银行为了规避风险而过分缩小了能够充当抵押品的产品范围，无法实现多方共赢。

另外，在变体模式下，银行的关注重点将不再是抵押货品的市场价值，而是借款企业与核心企业之间合同的真实性合法性。在该模式中，银行拥有核心企业订单和付款承诺书，因而核心企业在为中小企业融资的过程中起着反担保的作用，一旦中小企业无法按期完成生产，核心企业也要承担相应的偿还责任，这些环节的设置大大地提升了操作的便捷性，降低了业务成本，同时借贷风险也能够得以有效控制。

（3）物流企业实现转型升级发展

近年来，供应链金融的发展十分迅猛，信贷紧缩更加凸显了供应链金融业务的价值，供应链金融正在成为传统流动资金贷款业务的替代方式，几乎社会各界都意识到了

供应链金融的无限前景。然而，正如前文在物流金融的价值生成部分做出过分析，在现有模式下，物流金融这块蛋糕虽然使得各方都有所获益，但是总体来看，商业银行从中获利最大，其次中小企业融资难的困境也得以缓解，物流企业所享有的收益最少。究其原因，主要在于在三方形成的关系之中，银行和借款企业的双方借贷关系处于主要地位，而物流企业只是被当成传统的仓储服务提供者，仅仅起到帮助银行保管、发放质、抵押物的作用。

而在零售商主导的消费品供应链物流金融服务创新模式下，物流企业可以起到重要的纽带作用。首先，第三方物流企业自身的资金实力、专业运作能力和资信水平不仅在行业内受到认可赢得客户信任，还需要获得银行肯定，这是创新产品模式顺利运营的核心。其次，第三方物流企业是组建联合体的主体。第三方物流企业从长期与自身合作的客户中挑选具有专业技术、生产能力，资信状况良好，但由于所从事行业和现有规模，缺乏足够固定资产的成员，引导其成为联合体，鼓励互助互信，发挥联合力量谋求共同发展。最后，联合体组建完成后，可能仍然不足以获得银行的信任，此时第三方物流企业需要再次发挥作用，一是更进一步的评估借款成员的具体情况，然后根据评估结果，利用其自身信誉为其提供担保，帮助联合体获取银行的信任；二是在银行进行替代采购之后做好货品保管等相关工作，帮助银行监督控制货源，警惕意外情况发生，防止"财货两空"，降低违约风险。第三方物流企业在该模式下起到了"行业协会"和"传统物流企业"的作用，成为连接中小企业联合体和银行之间的重要纽带，是消费品供应链物流金融服务创新产品模式顺利实施的关键，因此大大提升了第三方物流企业在物流金融业务下的重要性，提升了第三方物流企业的核心竞争力，带来新的发展空间。

（三）物流银行

1. 物流金融服务中第三方物流企业的未来——物流银行

前文所提到的供应链物流金融服务及创新产品都是建立在归属不同主体的两方——第三方物流企业和银行两方合作的基础上进行的。然而在现实情况中这样的模式往往还不足以协调供应链之间的矛盾，整个供应链协调仍然存在两个比较大的问题：第一个问题是生产商和零售商之间的矛盾。从生产商的角度来看，生产商生产工业品半成品或产成品后希望能够尽可能快地得到支付，甚至希望下游零售商能够以预付款的方式提前支付一部分款项，这样才能够保证生产商的流动资金以及生产商生产工业品的效率。从零售商的角度来看，零售商希望能够推迟支付，以赊销的方式等到拿到货物的时候再支付，这样才能保证零售商有充足的流动资金，所以生产商和零售商之间的矛盾需要相互协调。第二个问题是金融服务提供商和生产商以及零售商之间的矛盾。由于在供应链物流金融服务产品中，产品需要质押在第三方物流企业里，并由第三方物流企业监管和维护。中小融资企业依靠第三方物流企业的信誉和担保从银行获得需要的贷款，但是银行和中小融资企业之间存在着严重的信息不对称。具体表现在银行需要知道质押物的产品类型、数量、价格变动情况等才能够确定贷款利率，而中小融资企业本着获得更低的贷款利率的目的出发，则不希望银行了解足够的质押品信息。这种信息不对称现象会导致由于不透明性产生的交易成本的增加。

这两个矛盾的存在，说明了第三方物流企业除了作为物流服务供应商提供监管质押物的物流服务之外，还应当承担为供应链中的各节企业提供金融服务的责任，即所谓的"物流银行"模式。如果未来我国分业经营政策放开，物流企业能够涉足商业银行特许经营范围，或是商业银行能够从事实业经营的混业经营环境下，两者相结合的物流银行模式才能顺利化解这一矛盾。因为物流银行凭借自己雄厚的资金不仅能够帮助生产商有足够的流动资金用于生产和采购，而且还帮助下游零售商周转资金，调整协作整条供应链，有效提高整条供应链的效益。

2. 供应链环境下的物流银行服务框架

在混业经营政策下，商业银行特许经营的范围得以放开，第三方物流企业可以从事金融服务，实力雄厚的物流企业就可以利用自身资金优势建立自己的物流银行，协调上游生产商和下游零售商签订协议，为整条供应链提供金融和物流集成服务。物流银行采用分期付款的方式向下游零售商提供货物，由于自身经营物流服务，对质押物的类型、特征有着充分了解，能够信息对称地评估出相应的质押物风险，进而确定相应的基准利率。由此在物流银行模式下，第三方物流企业将包含两个方面的角色，即物流服务商和金融服务商。供应链环境下的物流银行服务框架大致如图 15 所示。

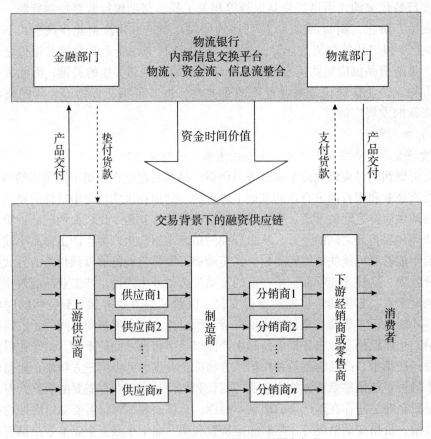

图 15　供应链环境下的物流银行服务框架

首先，由于第三方物流企业在这种的供应链中扮演了丰富的角色，不仅解决了零售商资金不足的问题，又确保了供应链中产品的供应问题，这将大大增强零售商的采购热情，使得供应链之间的协作和协调问题更加紧密。同时，对于上游生产商来说，由于第三方物流企业提供购买担保，使得产品生产商可以尽量地减小产品库存，增加产品周转率，大大降低库存成本；对于下游零售商来说，由于第三方物流企业储存了零售商需要的产品或半成品，当零售商需要产品的时候，物流企业可以迅速地以分期付款的方式为零售商提供产品，这样大大减小了零售商等待产品的时间，有助于提高整条供应链的效率和整体效益。

其次，供应链的发展趋势表示物流企业越来越多地接入到客户的供应链管理中，对于买卖双方的经营状况和资信程度都有相当深入的了解。这种趋势导致了在对客户进行信用评估时不仅手续较银行更为简捷方便，而且其风险也能够得到有效的降低。所以这个形态下的第三方物流企业提供的基准利率往往会比其他金融机构的利率低。

此外，物流企业开展金融服务能够将质押物控制在自己手中，使得损失风险大大降低。物流企业对质押品的充分了解能够帮助企业对质押物的风险有一个更为精确地评估，很好地消除了由于信息不对称造成的风险问题。物流企业对于所从事的货运市场有着相当的了解，并且由于和上下游企业存在长期合作的关系，与行业内部的供应商和销售商有着良好的联系，不仅可以作为广阔的客户资源，还可以为其在处理变现货物时提供业内信息或者其他帮助。这样可以有效地提高物流企业的市场竞争力以及市场份额。

从收益方面看，第三方物流企业获得收益也是双向的：物流服务提供商收益，金融服务收益等。这种模式下的物流金融服务可以理解成"内部融资"。相对于外部融资而言，内部融资既可以解决供应链资金不足的问题，创造新价值的同时，还有可能使得供应链最高的收益超过传统报童模型下的最高收益，即有可能解决"双边际化效应"。物流企业的延迟支付信用合同相比现在的物流金融模式可以为第三方物流企业提供一种与零售商共享市场风险的机制，从而在一定程度上降低零售商的市场风险，于是可能激励零售商实现超过传统报童模式的最优订货量。

综上所述，随着政府对混业经营的逐步放开以及对物流金融法律环境的不断完善，第三方物流企业将逐渐取缔银行成为向供应链提供金融和物流集成的服务的供应商，进而成为物流金融服务的核心部分并起着至关重要的作用。

3. 物流银行基本模式

物流银行作为供应链物流金融服务的核心部分，一方面，解决了上游生产商和下游供应商之间的矛盾，又解决了金融服务提供商和上游生产商之间的矛盾，使得整条供应链的各个节点企业得到很好的协调，大大提高了供应链效率和整体效益。另一方面，尽管物流银行向下游零售商提供延期支付信用，但是零售商拒绝支付或者没有能力支付货物的风险仍然是存在的。所以为了尽可能地减少这种风险带来的成本，物流企业会尽快地向上游生产商支付款项并运送货物，这样间接地激励了物流企业提高运输能力，减少货物用在运输上面的时间，提高整条供应链的效率。物流银行作为物流和金融服务的集合体，根据建立方式的不同，可分为物流金融企业和物流金融联盟体两种类型。

（1）物流金融企业——内生增长模式

由于全球化运营、实现全球供应链金融解决方案的需要，以及银行等其他金融机构合作完成物流金融业务往往会存在信息上的不对称、沟通存在阻碍和办理流程过长等问题，一些实力雄厚的物流企业，通过内生增长方式，在旗下设立相应的银行金融职能作为支撑，寻求战略发展。在这一职能的支持下，物流企业以金融解决方案服务于客户成长，为客户处理资金流动与管理，能够为客户提供货物配送、全球货运、金融服务、邮件包裹服务和业务拓展咨询等一揽子服务方案，从而实现物流、信息流和资金流真正意义上的无缝衔接。物流金融企业运作模式如图16所示：

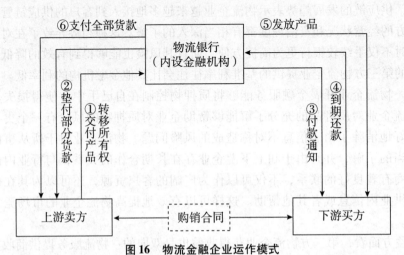

图16　物流金融企业运作模式

首先由买卖双方达成购销合同，上游生产企业（卖方）为尽快获得资金进行周转将产品所有权或期权转让给物流银行。物流银行作为物流服务和金融服务提供商，将生产商生产出来的产品存放并监管在仓库里，并支付相应的款项，一般而言应当是部分款项。之后银行向下游买方发出通知，下游企业可以选择到期支付全部货款或者采用分期付款的付款方式，向银行购买其需要的货物。在下游买方完成全部款项支付后，银行将剩余款项支付给上游卖方，完成物流银行运作。从图中可以看出，由于实现了物流职能和金融职能的整合，省去了烦琐的银行和第三方物流企业之间相互发送指令、核对凭据、信息传递的流程，流程办理的时间也大大缩短，物流银行运作模式无论较之何种现有物流金融服务模式而言都更加简洁高效。

案例7：UPS成立资本公司实现物流银行模式

随着UPS物流在融资过程中参与程度的不断深入，UPS逐渐集信用贷款的提供者和物流金融服务的提供者两种角色于一身，开创了物流金融的特色产品。①预付贷款业务。UPS作为中间商在大型采购企业和众多的中小出口商之间斡旋达成协议之后，UPS在两周内把货款先行支付给出口商，前提条件是揽下其出口清关、货运等业务以得到一笔可观的手续费。②货运融资业务。UPS资本公司推出了针对美国小型进口企业的"货运融资"服务。美国进口企业把委托UPS运送的货物作为贷款的抵押担保，只需要向

UPS 资本公司支付进口货物总和 50% 的费用，即可以得到 UPS 资本公司在货物启运后向出口企业付清全额货款的融资服务，进口企业在 60 天内偿还 UPS 所付垫货款和融资费用。最重要的是 UPS 资本公司无须第三方核实就可以启动贸易融资的程序。

（资料来源：唐洋．UPS 成功物流金融模式的探讨［J］．大众商务，2010 年第 4 期)

（2）物流金融联盟体——战略联盟合作模式

与内生增长模式不同，物流金融联盟体是物流企业寻求外部的金融资源而寻求的一种战略发展。在这种模式下，物流企业和金融机构形成战略联盟合作而结成联盟体，联盟体中的金融机构一方，通过物流企业长期合作所了解掌握的客户资信情况、货物情况，向符合条件的中小企业提供贷款支持。而物流企业由于与企业之间平时的接触、交往比较频繁，对组织内的企业信息比较了解，通过将这些信息与银行等金融机构共享，有利于降低银企之间的信息不对称。联合体内的银行和物流企业共担风险、共享利益，实现物流金融服务的整合，也有效地提高整体供应链的效益。物流金融联盟体的运作模式如图 17 所示：

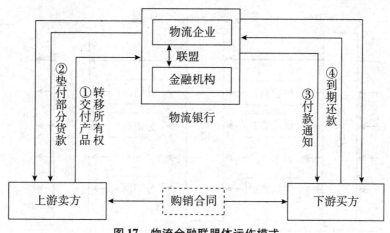

图 17　物流金融联盟体运作模式

案例 8：DHL 与 PB 资本公司合作实现物流银行模式

随着 DHL 的重建和在美国市场的不断深入，PB 资本公司决定与 DHL 合作实现物流银行模式，双方共同建立了一个拥有大量制造飞机零件的制造商和零售商的联盟，旨在为飞机制造业开发出一个集合物流和金融服务的解决方案。由于飞机制造商存在着巨大的流动资金缺口，所以制造商往往都想要剥离资产来增加现金流和提升短期财务业绩。DHL 能够给飞机制造业提供物流和运输服务，而 PB 资本公司能够帮助企业解决资金问题，这样一来，一方面零售商能够从 DHL 拿到需要的飞机零件，再将这些零件销售给需要的客户，另一方面制造商也不会存在过大的资金缺口问题。PB 资本公司与 DHL 合作实现了物流服务和金融服务的整合，大大缩短了核对凭据、信息传递的流程和流程办理的时间，也大大优化了整条飞机制造业供应链的效益。

（案例改编自：DHL 与 PB 资本公司物流银行模式)

4. 物流银行创新产品实现途径

根据物流金融的业务类型来分，我们也可以把物流银行服务分成仓单质押、存货质押以及仓单存货混合质押三种实现途径，混业经营下的物流银行服务大致框架如图 18所示：

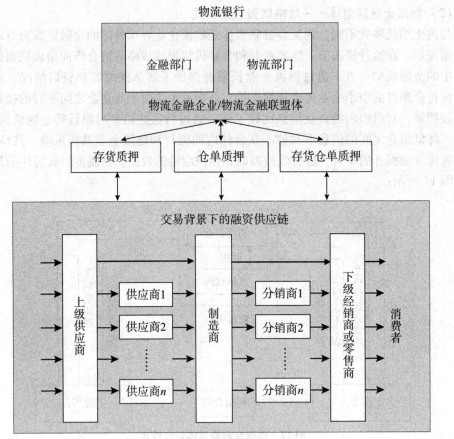

图18　物流银行创新产品实现途径

跟前文一样，在开展物流银行业务中，买卖双方达成购销合同之后，卖方为尽快获得资金进行周转将产品所有权或期权转让给物流银行。物流银行作为物流服务和金融服务供应商，对卖方转让的产品进行评估和保管，由于产品存在着不同的特性，对于产品的保管也提出了更高的要求。物流银行通过仓单质押、存货质押或仓单存货混合质押的模式向下游买方发出通知，下游企业可以选择到期支付全部货款或者采用分期付款的付款方式，通过仓单向银行购买其需要的货物。待下游企业支付全部费用，物流银行将下游所需产品全部运给下游企业，从而完成整个物流银行服务流程。

案例9：医疗设备供应链借助物流银行实现"共赢"

S 贸易投资公司与 B 物流公司合作（物流金融企业联合体）为医疗设备供应链提供物流和金融集成式服务，其主要提供三种服务：①贸易代理服务，帮助医疗设备供应链下游分销商向上游采购物品；②金融服务，包括委托贷款、库存融资、应收应付账款管理、担保等；③物流服务，包括基础性的货代、仓储和配送等。其供应链物流金融服务结构如图19所示：

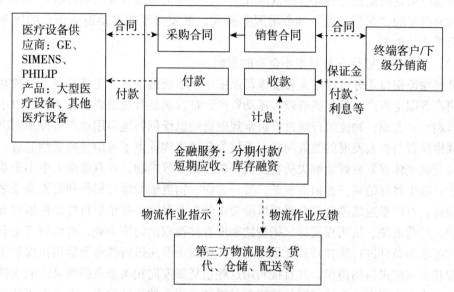

图19　某贸易投资公司供应链物流金融服务结构

S贸易投资公司与B物流公司的物流金融服务有效地降低了成本，提高了供应链管理的效率，使得医疗设备供应链的参与方获得了"共赢"的局面。下游分销商通过与贸易投资公司签订合同，获得高质量的物流和金融服务，利用分期付款的付款方式，有效提高贷款资金利用率，提高销售收益；上游供应商通过与贸易投资公司签订合同，从下级分销商获得更多的订单扩大了销售额，而且贸易投资公司提供短期应收、库存融资等付款方式，有效提高资金利用率；贸易投资公司凭借其本身雄厚的资金优势，提供相应的物流金融服务，使得物流金融服务成为新的利润增长点，增加利润的同时也提高了市场竞争力。

（资料来源：陈祥锋. 供应链金融服务创新论 ［M］. 上海：复旦大学出版社，2008）

5. 物流银行服务创新产品对各方的影响

（1）开展物流银行业务对商业银行等金融机构的影响

尽管目前国内的政策尚未允许混业经营，但是在不久的将来国内法律环境和政策环境逐步完善和成熟之后，混业经营必将是发展银行业的必由之路。对金融机构而言，开展物流银行无疑是开辟了新的业态模式。物流银行通过与物流企业的合作，及时获得库存商品充分的信息并对商品进行可靠的物资监管，进而有效降低了信息不对称带来的风险，并且帮助质押贷款双方良好地解决质物价值的评估、拍卖等难题，降低了质物评估过程产生的高昂费用，使银行有可能对中小企业发放频度高、数额小的贷款。物流银行一方面凭借仓单标准化、程序规范化、质押品监管信息化、业务远程化和企业广泛性在物流金融领域中获得相对的竞争优势，并以这种新型的业态模式带动整个银行业的创新与发展。另一方面，随着物流银行的兴起以及物流银行业务的开展，商业银行等金融机构也将在物流金融业务上受到不同程度的冲击，银行之间的竞争将会越来越激烈，推动着商业银行借鉴物流银行的混合经营组合模式，进而更多地开发出能够满足不同需求的融资对象需要的"量身定做"的金融服务模式，更大程度地推动商业银行的服务产品和经营模式的创新。

（2）开展物流银行业务对中小企业的影响

开展物流银行业务可以很大程度地帮助中小企业获得贷款，尤其是对大多数缺少土地、房产等固定资产，但却拥有较多流动资产，难以满足常规融资担保条件的中小企业十分有利。一方面，物流银行通过打破常规融资的思维创新地引用动产质押来解决企业实现规模经营与扩大发展的融资问题，不仅为金融机构提供了可信赖的质物监管，还帮助质押贷款主体双方良好地解决质物价值评估、拍卖等难题，并有效融入中小企业产销链当中，提供良好的第三方物流服务。另一方面，物流银行通过银行和物流企业之间的共享信息，可以迅速地锁定符合银行风险要求的企业融资。甚至银行可以根据物流企业的规模、经营业绩、信用程度等，把贷款额度直接授权给物流企业，再由物流企业根据客户的需求和条件进行质押贷款和最终结算。物流企业向银行按企业信用担保管理的有关规定和要求提供信用担保，并直接利用这些信贷额度向相关企业提供灵活的质押贷款业务，这样极大程度地盘活了沉淀的资金，提高了资金的流转效率。而且由于减少了中间环节，大大提高了中小企业的融资效率，降低了结算风险，最终提高了经济运行的质量。

（3）开展物流银行业务对物流企业的影响

物流企业最大的优势就是拥有专业的物流知识及丰富的运作经验。对于物流企业来讲，通过与金融机构合作开展物流银行业务，一方面，增加了配套功能，增加了附加值，提升了企业综合价值和竞争力，稳定和吸引了众多客户，更好地融入到客户的商品产销供应链中去，同时也加强了与金融机构的同盟关系。通过物流银行业务的开展使得参与业务的金融机构、物流企业、中小企业三方都获得切实的利益，真正达到"三赢"的效果。从宏观角度看，开展物流银行业务实现了物流、信息流、资金流三流合一，极大地提高了全社会生产流通的效率和规模，促进了经济和整个物流业的发展。另一方面，随着物流银行业务的深入开展和成熟运用，物流企业可以将物流银行服务这一新型业态模式运用在更多的"混业经营"模式上。物流企业凭借自身的资金实力、专业运作能力和资信水平可以与其他行业的企业进行资源互补，充分利用双方的优势和能力，实现整条行业供应链效率优化，使物流企业成为混业经营环境下维系各方的重要纽带，并带给整个行业新的发展空间和增长模式。

（四）小结

在前面几部分分析的基础上，本部分具体构建了促进物流业发展的物流金融服务创新体系。这个体系从我国物流行业自身特点出发，以供应链管理理念发展为导向，从"供应链导向"，"动态质押导向"，以及"物流、信息流和资金流三流合一导向"三个方面入手，考虑了包括工业品供应链物流金融服务创新产品、消费品供应链物流金融服务创新产品以及未来混业经营下的物流银行在内的三个组成部分。每一组成部分就特定的内涵运用、模式框架，以及影响作用进行了说明。工业品和消费品各具特点，构筑了整个消费市场。工业品供应链和消费品供应链在经济与生活中扮演了极为重要的角色。物流银行代表着物流金融今后发展的一个趋势。这三个方面为物流金融服务创新提供了极具潜力的发展空间。

六、完善物流金融服务创新的环境与政策措施

供应链环境下的物流金融服务创新产品能给各方带来诸多益处，为物流金融今后的发展指明方向，然而，就具体实施来看，还存在着外部环境和技术层面上的难题。

技术层面上的障碍，以消费品供应链金融创新产品为例，组建中小企业联合体就存在很多需要解决的问题。这不仅要考虑成员的资信水平，还要尽量控制各成员之间的规模差异，而最关键的问题在于联合体内部利益分配如何平衡。由于借款金额、借款频次、承担风险等可能存在权责不对等，当多个成员同时存在紧急资金需求时的资源调配也存在问题。这些都需要预先设计出全员认可的公正的秩序规范机制和利益分配机制，否则可能削弱成员的积极性，导致该模式无法实施。

就服务创新而言，技术层面的困难可以通过设计出良好的机制予以克服，然而制度与政策的外部环境的约束则无法通过产品设计本身来突破，这会成为制约物流金融进一步发展的瓶颈。为此，本章就如何实施物流金融服务创新模式从配套环境的角度提出措施与建议，这主要包括制度、法律、信息技术以及人才四个方面环境。

（一）加强物流金融发展的制度环境建设

从前面分析可以看出，物流金融是助推中小企业、金融业以及物流业自身发展的又一动力源泉。但是由于物流金融服务仍在成长期，加之跨业经营，环节复杂，急需相宜的制度环境加以支持。大力推进和深化体制改革，创造适合物流金融发展的制度环境就显得尤为必要。

1. 物流金融发展中存在的主要问题

（1）政策法规尚不完善

以金融行为例，由于受实体经济的下滑以及金融体系自身隐患等因素的影响，我国金融行业目前在运行过程中存在着一系列风险。这些风险也突出反映在对中小企业融资的实施与操作上。从前面几部分分析可以看出，我国中小企业融资在近些年得到了重视，但无论就管理方式还是融资渠道来看，都还存在较大改进空间，是金融业务发展的一个薄弱环节。究其原因，是由于政策法规与当前中小企业的发展状况不相适应，无法合理引导资金流向，促进资源配置合理化。举例来说，民间借贷作为一种古老的融资方式，本应作为正规借贷的一种补充，帮助缓解中小企业资金困难。但由于没有与之配套的政策法规，实际情况却是对其发展产生了困扰。

（2）缺乏有效的物流金融监管机制

物流金融涉及包括银行在内的多方主体，而这些主体又归属于不同的行业主管部门。受体制影响，管理不仅存在障碍，而且效率低下。而且即便是同一行业部门，由于具体司职部门不同，协调也颇为困难。同样，以金融行业为例，我国金融业的主要监管

机构是银监会、证监会和保监会。对于金融行业进行有效监管需要三方通力协作，然而监管联席会议的两次试水却无疾而终。面对金融行业相互渗透的发展态势，仅靠某一方已经难以实现有效监管。而金融各业之间的不同监管部门尺度不一致，也为物流金融监管的执行带来了很多困难。

（3）分业经营体制形成制约

我国的金融业分业经营有三个层次，第一个层次是指金融业与非金融业的分离，第二个层次是指金融业中银行、证券和保险三个子行业的分离，第三个层次是指银行、证券和保险各子行业内部有关业务的进一步分离。而与本文相关的分业经营背景主要涉及的是第一个层次的分业经营，即物流和金融业务不得由同一主体开展。这一制度尽管保障了我国的金融安全，但从另一方面来说，也使得我国供应链金融服务中物流、资金流、信息流难以实现一体化融合。从目前来看，分业经营制度带来的主要障碍有：①难以激发金融创新的活力。②使银行在面对新的金融工具时缺乏竞争力，难以适应市场的发展和客户的需求，在与直接融资的抗衡中逐渐失去优势。③使我国银行在与后台从事混业经营一体化集成服务的国际商业银行的竞争中处于劣势。

我国的物流企业与供应链上的诸多企业关系紧密，有着为其提供物流金融服务的天然优势。然而受制于金融业分业经营的体制，常被视为单一的物流服务提供方，无法深入到金融业务中。而商业银行作为物流金融业务的主导者，同样受制于特许业务范围的法律规定。商业银行不能独立监管质、抵押物，并且难以及时、准确地掌握借款企业以及货品信息，这些都对物流金融业务的深入开展形成了阻碍。

2. 完善我国物流金融服务中制度环境的重点措施

（1）加紧各种有利于物流金融发展的政策法规的建设

在《担保法》《物权法》以及其他相关法律的大框架下，应尽快出台并完善中小企业信用保险制度，抵押担保制度以及其他相关制度法规。中小企业融资是一个高风险行业，只有从源头上进行风险控制，特别是需要融资的中小企业自身，才能保证物流金融业务的顺利实施。在各种制度法规上，应明确物流金融业务中运行主体的责任和义务，规范各行为主体的行为。此外，还应完善有关物流相关标准。物流是一个复合功能。尽管我国目前已出台了物流的相关标准，但在一些领域仍欠缺，特别是在一些具有附加值的物流活动界定以及利益分配上。为此，可适当借鉴西方发达国家的成功政策、措施和手段，结合我国实际情况进行考察和调研，着眼于国内物流金融行业的发展需求，以及出现的新难题，制定出相应的政策法规。

（2）统筹协调形成有效监督机制

作为控制金融风险的重要一环，作为政府机构，应融合多方力量来控制风险。在混业经营趋势越来越明显的现状下，对金融业监管协调联席会议制度的需求也更加迫切，缺少任何一方的协作，都无法形成有效监管，给予不法行为漏网之机。

就物流金融创新服务来看，需要建立和完善包括实体经济部门以及物流服务部门等多方主体参与的物流金融联合协调监管机制。在此机制下，负责监管的部门应定期联合对物流金融跨业运行中的重大问题进行磋商，通报货币政策与金融监管的政策执行情况与取向。统筹安排，协调监管尺度，明确各方在处理响应问题中的地位和作用，明确各自的分工和职责，避免"各自为战"带来的混乱局面。

（3）加强金融体制和实践的创新

一般来说，实行混业经营有三个必要条件：①具有控制风险的能力。②具备强大的信息处理能力。③具有完善的法律制度。就目前而言，目前我国金融机构和法律环境还尚未达到这些要求。鉴于分业经营体制自有其优势及合理性，并且就我国当前金融业的发展现状来看，一步到位开放混业经营模式很可能会造成监管和内部协调混乱。

对此，可以在保持分业经营大原则的基础上，权衡风险和效率，创新分业经营的例外制度。根据具体情况：①合理界定金融机构以及企业的投资或经营范围。详细设置主体资格、注入条件、设立程序、操作细则、风险控制等具体规章，尝试开放混业经营试点或者逐步开放集团控股的限制。②同时，还需要加强金融监管机构的风险控制能力。除了对于可能出现的新形式的跨业经营做好监管以外，对于那些由于特殊历史条件下，特批方式形成的混业经营企业设立相关保障和制度，使其有章可循，以为我国物流金融的发展开启新的发展方向。③鼓励银行在合理控制风险的前提下，通过与金融行业其他企业、物流企业相互交流合作，不断创新交叉性金融产品。

（二）完善物流金融法律环境

在我国，多数的物流金融服务是银行业与第三方物流企业共同创新产生的。由于我国法律环境不够完善，对债权人的保障程度很低，在抵押登记、质押排他性确认、担保权实现方面远未达到理想状态，这在一定程度上影响到金融业务的顺利开展。需要政府从法律上为物流金融的快速发展提供较宽松的环境。

1. 物流金融法律环境存在的主要问题

（1）货物所有权及质权争议不断

由于物流金融业务涉及多方主体，用于担保的货物所有权亦在各主体间进行流动，极易产生所有权争议。另外，由于质押货物属法律禁止的质物、出质人将货物重复担保等因素导致的质权落空纠纷也很多。

（2）缺乏公示方法

根据《物权法》的规定，担保物权公示的方式有登记和交付两种，不动产担保物权公示方式为登记，动产质权公示方式为交付占有。在物流金融业务实践中，质权人不直接占有质物，主要是委托第三方物流企业占有质物，而且，因质物主要是存货等动产，无须办理登记。虽然出质人和质权人通过协议约定完成了法律意义上的交付，质权依法设立，但因第三人无法知悉质权的存在，可能会出现同一物上多种权利竞合的情况，最终导致质权人权益受损。

（3）监管责任不明晰

物流企业对动产质物的监管是物流金融业务的主要内容之一，法律对"监管"的概念没有界定，因此，物流企业和质权人之间的监管责任认定，适用《合同法》中关于保管合同还是仓储合同或是委托合同的规定一直不明确。同时，物流金融业务具体形式不尽一致，结合具体业务，通过合同确定监管责任是物流金融业务操作中的主要问题。

（4）合同条款不规范

物流金融业务合同涉及多方主体和诸多环节，是集委托、保管、仓储、质押、借款等各类合同于一身的综合合同，属无名合同，其内容较为广泛，各方法律关系十分复杂。由于物流金融业务形式多样且业务发展不够成熟，物流金融业务合同规范范本亦很难确定，这导致纠纷发生时，合同各方无所适从，法律诉讼成本大大提高。

2. 完善物流金融法律环境的基本对策

鉴于我国物流金融服务中法律环境存在的问题，相应的对策应考虑为：

（1）对于银行来说，谨慎选择质物

在物流融资过程中，质押物产权界定是一个基本的问题，它包括所有权审核和质权审核两个方面。所有权审核指审核质物是否在法律上清晰地归出质人所有，而质权审核指审查质物是否能够在法律上允许质押，是否被担保给多个债权人，存在重复担保的现象等。因此，谨慎选择质物须从以下几方面着手：①通过合同确定审核责任人和审核方式，这是质物审核的前提；②只有所有权属于出质人的货物才能作为质物；③质物的来源须合法，对非法途径取得的物品不能作为质物。

（2）规范合同条款

物流金融业务合同与业务运行过程紧密相连，是物流金融业务顺利进行的主要法律保障，是约束各方主体行为的主要工具。合同条款的设计会直接影响到业务运行中的风险产生。合同内容完备有助于实现物流金融业务的规范化和标准化，还可有效降低业务风险。物流金融业务合同条款设计须注意以下几方面：①质物产权审核问题，须确定质物所有权及质权审核的责任人和审核方式。②监管问题，须明确物流企业和银行对质物的监管责任。③违约责任问题，明确各方权利义务并确定相应的违约责任。④质物价格问题，约定质物价格确定的基准、质物价格风险防范机制等内容。⑤贷款周期问题。⑥符合业务特点及操作实际的其他问题。

（3）完善动产质押担保的相关立法

为了保障和促进物流金融业务的发展，完善动产质押担保的相关立法势在必行。重点强调以下几方面：①建立统一的动产担保登记制度。借鉴国外立法情况，就动产质押登记制度、动产担保登记机关、动产担保登记作用等做出明确规定，以便节省交易成本，维护交易安全。②细化动产担保合同内容。我国法律对动产担保合同内容的规定略显粗糙，为防范因动产转移、隐藏或毁损带来的风险，强化质权公示效果还应将债务人或第三人对担保物占有的方式、地点及担保物有保险时的受益权归属等事项确定为动产担保合同必备事项。③明确动产质押监管责任，改善动产质押监管责任不清晰的现状，促进动产监管业务健康发展。④明确优先权原则。物权具有绝对性，在物权之间并有排他的优先效力问题。不动产因有严格的公示登记制度，其担保关系相对明确，通常不会出现担保物权竞合的现象。动产上数个担保物权并存时，各担保物权行使的优先顺位问题一直是实务中未能解决的复杂问题，因此，立法应明确优先权原则。

（三）推进群态运营的信息平台建设

供应链环境下的物流金融服务创新模式将使个体信用评估转变为群态决策的过程。所谓群态信息平台，就是涉及银行、物流企业以及整个供应链上各个参与方之间的信息的协调互通，实现信息的实时传输以便各方掌握最新的动态进行决策的新型信息系统，也是物流金融信息平台的发展方向。

1. 我国目前物流金融信息平台的发展中存在的主要问题

（1）传统的信贷评估模式面临挑战

银行的传统信息评估模式，已不能适应当前的物流金融发展，物流金融服务的发展对银行的信贷评估模式提出了新的挑战。过去，银行对中小企业融资风险的认识和控制集中于单独考察该企业的资信状况；而由第五部分中我们所论述的创新原则来看，今后的物流金融业务发展将由单一企业向供应链全过程发展，这就需要发挥群态信息平台的作用。群态运营信息平台要求银行考虑整个供应链运作的大环境，由静态的信贷指标转向动态的价值跟踪，实时掌握质押品的状态以及变动情况。

（2）物流企业角色被动

在现有物流金融业务开展中，物流企业往往是被动参与的角色，作用有限，价值无法得到重视。很多时候，物流企业只是受银行委托，提供对商品（质、抵押物）的简单保管和记录。由于受委托的物流企业并不参与资金需求方供应链的整体管理和运作，不介入借款企业同银行之间的具体协议，只是作为单独的一环，为双方的借贷款提供货品保管，对真实贸易背景信息也并不了解；一旦商品管理难度大，贸易背景复杂，就使得物流监管力不从心，无法发挥应有的作用。这样一来，也使得融资风险和成本无形中提高。

（3）多方利益未能协调

虽然目前各大银行、物流企业都在加快推进信息平台的建设，然而由于信息平台（尤其是群态信息平台）的建设涉及多方主体，各方认知程度存在差别，对于信息化建设的合作意愿不能达成一致，延缓了群态信息平台的建设步伐。以采用物流现代化技术RFID为例，采用RFID技术能够实现自动化出入库记录操作，实现自动化监控以及产品追踪追溯，带给各方效益提升。然而供应链下游企业对于采用RFID技术却存在着"搭便车"的心理，一旦上游企业决定投资，下游只需付出较低成本就能坐享收益；而对于上游企业而言，虽然RFID技术可以使其获益，但是上游企业并不能独享全部的收益，下游企业的"免费乘车者"身份会削弱上游投资的积极性。除此之外，供应链上的各企业可能出于对自身财务安全的考虑，不愿意共享信息。种种原因都导致了物流金融群态运营信息化平台建设迟缓。

计算机技术和网络通信技术的迅速发展，服务产品可以实现生产与消费的分离，这使服务的跨地区提供成为可能。物流金融服务越来越使得物流、资金流、信息流三者相结合，而其中信息流贯穿于物流金融服务的始终，是其他各项活动顺利开展的基础。

2. 推进物流金融群态运营信息化平台建设的措施

（1）要选择建设物流金融服务信息平台的层次，逐步推进

一般认为，信息技术平台可以分为四个层次：①交易支持，②内部网系统，③外部网系统，④基于互联网的信息系统，随着物流信息技术的发展，我们认为还将出现第五个层次，⑤基于物联网的信息系统。尽管建设群态信息平台的最终目标是实现互联互通，连接银行、物流企业、融资企业以及供应链各个环节的动态信息系统，然而，在具体操作中需要根据实际情况选择适合的层次。交易支持层次信息平台只负责为物流金融活动提供准确可靠的某项决策信息，并不考虑系统整体决策最优；内部网系统层次则考

虑物流企业同银行组织部门之间的协同；外部网系统层次则纳入了借款企业及其生产运作供应链伙伴；互联网层次更加开放，可以使所有的来自供应链参与主体的信息同步化；最后是物联网系统层次，此层次在互联网系统层次的前提下，结合先进的物流信息技术（如射频识别技术、电子数据交换技术、全球定位系统等），使物与物、物与企业、企业与企业之间实现全面互联互通。

（2）根据所选层次，搭建信息互换桥梁

目前大多数银行企业的信息平台停留在内部网水平。在当前的分业经营环境下，要进一步建设物流金融服务的群态信息平台，需要物流企业同银行企业开展密切合作。银行将其掌握的客户资信情况、历史借贷记录等信息同物流企业的客户资产管理信息、交易记录等情况在保障数据安全的情况下，实现共享互通，才能够全面评估具体每一项供应链金融业务的风险情况，将信息平台建设同防范物流金融业务中的信用风险、市场风险、操作风险以及法律风险相结合。其次，全面获取供应链各环节动态信息。要做到动态监管，还需要在银行和物流企业搭建信息交互平台基础上，获取借款企业所在整个供应链的运营情况信息，并且进行实时动态更新，交换订单、运单、发票等有效信息，集成"价值信息＋供应链信用"，形成整个供应链上的综合集成信息管理，实现商流、物流、资金流、信息流的有效融合和最佳调配。

（3）做好保障工作，协调利益分配机制；多方参与，实现利益共享

群态信息平台的顺利运营不仅需要银行和物流企业的合作、借款企业甚至互联网信息化专业机构的参与，更需要各方都打破隔阂和成见，设计出有效的激励和利益分配机制，深化合作，共同发展。在设计时要适当增强其应对外界干扰的柔性，还需要详细了解各方的关注焦点，如客户会员可能要求平台为其保守商业机密资料，同时希望对信息平台的运营进行监督；而银行和物流企业则希望客户能够协助为信息平台的顺利运行而开展的调研或其他活动等，这些都需要在信息系统运作时对其进行定期评估，及时了解各方反馈意见，进行改进。如果必要的话，为推进群态信息平台的建设，还可以采取政府补贴或者政策导向的方式鼓励群态运营信息平台的建设，各方凝聚合力，发挥协同效应，共同推动物流金融服务的创新与发展。

（四）加快物流金融人才体系的培育

近年来，物流行业飞速发展，国内对于物流行业人才的需求缺口也逐渐显现了出来。相比于西方发达国家而言，我国的物流人才培养起步较晚，物流人才已经被列为我国十二类紧缺人才之一。

1. 物流金融创新人才匮乏

（1）物流从业人员供需期望值不对称

现今我国的大多数物流从业人员所从事的物流业务还主要是较为基础的物流职能，对从业人员的学历要求并不高，而是以掌握实际操作技能为主，许多物流从业人员的学历偏低，没有接受过系统的物流教育。有调查研究显示，本科及以上学历的人数只占约两成。这并不是说企业不需要具有高学历和专业理论知识的物流人才，随着企业的管理水平的不断改善，对于物流管理的重视程度与日俱增，许多企业希望能够得到高素质的专业物流人才帮助企业降低物流成本、合理化物流活动。

从物流服务的本质来看，从事物流行业需要的不仅仅是物流相关知识，这还要求对所服务的行业专业知识的掌握。以物流金融为例，需要对物流金融业务知识以及供应链知识的了解，结合实际经验才能做到学以致用。然而从目前国内高校从事物流管理教育的情况来看，承担培养物流金融高级人才重任的人才培养工作还较为滞后，与社会对物流金融人才的需求并不相适应，这进一步加剧了供需不对等的现实情况。

（2）物流金融人才十分匮乏

所谓复合型物流金融人才是指对物流金融的各个领域都具有相应地了解，并在某一个物流金融的具体领域能够出类拔萃的人才。当今社会的重大特征就是学科交叉，行业交融，而物流金融就很好地体现了这一特点。物流金融业务所需要的人才不仅要掌握专业的金融知识，还需要了解各项物流业务的工作开展，更需要了解客户所在的行业及其供应链。然而，复合型物流金融人才却十分匮乏，物流金融服务大多由各银行展开，从业人员以前对物流领域接触甚少，对于推进物流金融的创新及发展十分不利。

（3）国内认证培训市场混乱无序

随着我国物流行业的快速发展，越来越多的社会团体和机构认识到了物流培训认证的商机。从 2003 年国家劳动与社会保障部制定出物流师职业资格标准以来，国内陆续有数十种物流认证资格相继诞生。中国物流与采购联合会是最早从事物流职业资格培训认证工作的机构，其设立的物流经理职业认证和物流师职业资格认证是较为权威的物流资质证明；英国皇家物流与国家计委下属的中国交通运输协会也在中国推出了四级皇家物流职业认证；劳动部也发布了物流师职业资格认证。其他诸如中国商业技师协会与中国商业职业技能鉴定中心也联合推出了物流经理、物流管理员资格认证等。

物流认证资格越来越多，随之而来各种培训考试机构鱼龙混杂。现阶段国内的物流培训市场主要存在的问题有发证机关不统一，证书的权威性难以衡量，使培训者难以取舍。而取得认证资格的从业者也可能因为认证资格不被接受而白白付出时间和金钱，各企业对于物流资质的要求并不统一，从业者在择业时为证明自身资质可能需要考取不同的物流资格证明，这无疑是一种资源浪费，也不利于物流人才培养体系的建成。

2. 促进我国物流金融人才培养的相关措施

（1）促进学科间相互交流，加强各层次院校物流金融人才培养水平

高等院校办学较之于职业技术院校而言，一个较大的优势就在于其多元化的专业设置可以发挥各学科之间的协同效应，各学科相互交融，激发出新的活力。高等院校应当承担起培养复合型物流金融人才的重任，开设相关专业或第二学历、辅修课程。重视物流师资和教研队伍的建设。课程设置应当时刻关心物流金融的前沿问题，将物流金融发展的实务融入教学实践当中。同时，应当结合其他专业研究开展物流金融创新课题，丰富学生的见解，拓宽视野，培育符合时代要求的新型物流金融人才。

高等院校虽然承担着培养物流金融人才的主要职责，然而物流人才供需不均衡的矛盾，仅仅依靠高等院校是不可能完全解决的。专科院校、继续教育和职业培训等机构也应承担起相应的责任，共同为培养物流金融人才创造条件。

（2）提升银行和物流企业的人才塑造能力

较之于各类物流学历教育体系下培养出的物流从业者，银行和物流企业是开展现阶

段物流金融业务的主力军，是理论研究投入实践的终端，也是理论新课题的来源。银行和物流企业作为物流金融开展第一线的主体，应当提高其内部的人才培养、项目创新以及实践能力，不断提高团队的专业素质，深入对所服务行业的了解。为此，需要银行和物流企业内部建立良好的人才选拔机制，同时还需要进一步完善专业知识技能培训制度，为复合型人才的培养建立良好的氛围。

（3）规范国内认证培训市场

如今国内物流资格认证的种类五花八门，各类打着物流职业技能、考试培训旗号的教育机构也屡见不鲜。对此需要颁布一系列管理办法和规定，对各物流资格认证在保留特色差异的基础上，进行一定程度上的统筹管理，确保认证资格具有权威性，高度规范国内物流人才的培训和认证工作。提高物流人才的培训和考试的严肃性和专业性，保证人才培训的质量，重视复合型人才的培养。

（五）小结

有利的宏观环境和法规制度能够为经济活动提供保障。为了促进物流业发展的物流金融服务创新的有效而顺利实施，本部分从四个方面提出了相关的配套措施建议，即加快物流金融发展的制度环境建设；完善物流金融法律环境；推进群态运营的信息平台建设；以及加快物流金融人才体系的培育。每一方面就如何实施的方法与手段进行了详细的说明。

七、总结与展望

随着我国经济的发展，以及中国经济在世界经济中的地位和作用日益凸现，作为国民经济重要支撑的物流业在国内国际两个庞大的物流需求市场推动下取得了很大的进步。据相关资料表明，我国 2013 年物流业增加值为 3.9 万亿元，是 2004 年（0.8 万亿）近 5 倍。物流业增加值占 GDP 的比重为 6.8%，占服务业增加值的比重为 15% 左右。从目前来看，物流业增加值的增加速度已快于整个服务业增长速度。物流业已成为在我国转型经济发展中，促进产业结构调整、转变经济发展方式和提高运行质量和效率的不可或缺的要素。

然而，由于转型经济的特殊性，这一对于国民经济发展有着举足轻重地位的行业所面临的挑战又是巨大的。如何提升价值空间，获得可持续发展，已成为物流业目前亟待解决的重要问题。本课题借助于物流金融这一新型的商业模式，从战略创新的视角，对物流业在转型经济下的创新与发展作了深入探究。

物流金融在我国的出现，有着其深层次的背景及其原因。尽管国内外学界，特别是国内物流与供应链学术界对此讨论热烈，但就目前来看，这一领域研究还相对零散，不具系统性。本课题从战略创新以及供应链管理理念的视角去全面而又系统地探究物流金融服务创新的发展趋势与模式。创新点主要包括：第一，从战略创新的视角对物流金融服务创新进行理论解释。本课题针对目前物流企业以及物流金融发展中出现的困境，从战略创新的视角，对物流业开展金融创新服务的机理、价值生成、潜力以及发展趋势进行了深层次的理论分析及定位，并由此构建了推进物流金融服务发展的一系列创新产品及运作模式。战略是一个古老的话题，而创新却是一个相对新的话题。而战略创新这一视角目前在学术界正在引起关注。而用战略创新视角去研究物流金融，这在以往从未有过。故为创新点。第二，提出了一个适用于我国物流行业自身特点发展的，基于供应链管理理念发展的物流金融服务创新模式框架。供应链管理理念的出现与发展是物流服务纵深发展的一个重要基石。本课题研究紧紧围绕供应链管理这一环境，以"供应链导向"，"动态质押导向"，以及"物流、信息流和资金流三流合一导向"三个导向为出发点，构筑了包括工业品供应链物流金融服务创新产品，消费品供应链物流金融服务创新产品以及未来混业经营下的物流银行在内的促进物流业发展的物流金融创新服务体系。工业品和消费品各具特点，构筑了整个消费市场。工业品供应链和消费品供应链在经济与生活中扮演了极为重要的角色。本课题由此奠定了基于供应链发展的物流金融服务创新模式。这在以往研究从未有过。物流银行代表着物流金融今后发展的一个趋势，尽管一些学者对此有所涉略，但其创新模式的构建尚无讨论。此为又一创新点。

尽管本课题进一步推进了物流金融研究，但是限于时间的要求，本课题还存在一些不足，如在大量样本的获取上还有待进一步完善，以获取更加翔实的数据资料。另外，本课题的研究也为今后的纵深化和系统化研究提供了方向。如本课题已提出了促进物流业发展的物流金融服务创新框架体系，今后可以进一步对框架体系内的每一组成要素，即工业品供应链物流金融服务创新产品及发展模式，消费品供应链物流金融服务创新产品以及未来混业经营下的物流银行分别进行更加深入的研究，尤其是物流银行的理论与实践探讨，以及与国外的对比研究。此外，促进物流业发展的物流金融服务创新的配套环境的研究也应启动。

课题组成员名单

课题负责人： 刘晓红　中央财经大学商学院副教授

周利国　中央财经大学商学院系主任、教授、博士生导师

课题组成员： 韩晓楠　中央财经大学商学院硕士研究生

李俊荣　中央财经大学商学院硕士研究生

万溪博　中央财经大学中国人力资本与劳动经济中心硕士研究生

杨雪梅　中央财经大学商学院硕士研究生

参 考 文 献

［1］陈祥峰. 供应链金融服务创新论［M］. 上海：复旦大学出版社，2008.

［2］田雪. 就这样成为第一——沃尔玛成功的供应链管理［J］. 电子商务世界，2004（5）：30－32.

［3］谷晓冬. 从产业融合角度分析我国物流金融的发展［J］. 物流科技，2009（10）：4－5.

［4］李琳，等. 我国企业物流金融发展抽样调查及对策探讨［J］. 物流科技，2010（11）：11－15.

［5］李毅学，徐渝，冯耕中. 国内外物流金融业务比较分析及案例研究［J］. 管理评论，2007（10）：55－62.

［6］孟魁. 促进我国物流金融发展的对策研究（J）. 经济纵横，2013（10）.

［7］孙敏南. 浅析物流企业现状与发展［J］. 现代物流，2014（1）.

［8］深发展银行与中欧国际工商学院"供应链金融"课题组. 供应链金融：新经济下的新金融［M］. 上海：上海远东出版社，2009.

［9］王德占，王耀. 球铁路物流企业开展仓单质押业务的研究［J］. 铁道货运，2008.

［10］王丰，李建华，黄培清. 供应链管理及其结构与网络的应用［J］. 上海交通大学学报：社科版，2001（1）：30 – 32.

［11］王泽鉴. 王泽鉴法学全集（第十一卷）［M］. 北京：中国政法大学出版社，2003.

［12］吴小梅. 物流金融——第三方物流企业的增值服务［J］. 物流论坛，2009.

［13］中华人民共和国主席令第六十二号. 物权法. 中央政府门户网站［EB/OL］. http//www. gov. cn/flfg/2007 – 03/19/content_ 554452. htm. 2007 – 03 – 19，第26条.

［14］曾庆宝. 2013 年物流运行情况分析与 2014 年展望［J］. 现代物流报，2014（3）.

［15］张鑫，唐建荣. 三方物流企业的 SWOT 分析及其差异化战略［J］. 社科论坛.

［16］周叶林. 外贸供应链类型及其绩效评价研究［D］. 长沙：湖南大学，2007（4）.

［17］邹小芃，唐元琦. 亟待关注的领域：物流金融学［J］. 科技进步与对策，2004（11）.

［18］AILAWADI, K L. The retail power – performance conundrum：what have we learned？［J］. Journal of Retailing, 2001, 77（3）：299 – 318.

［19］ALTMAN, E I, BRADY, et al. The link between default and recovery rates：theory, empirical evidence, and implications［J］. Journal of Business, 2005, 78（6）：22 – 27.

［20］ANGKINAND, A P. Banking regulation and the output cost of banking crises［J］. Journal of International Financial Markets, Institutions &Money, 2009, 19（2）：240 – 257.

［21］ARCELUS, F J, SRINIVASAN, G. Delay of payments vs price discounts for extra ordinary purchases：the buyer's perspective［J］. Engineering Cost and Production Economics, 1990, 19（3）：273 – 279.

［22］ATKINSON, W. Supply chain finance – the next big opportunity［J］. Supply Chain Management Review, 2008, 12（3）：57 – 60.

［23］BACON, R. A note on the use of the log – logistic functional form for modeling saturation effects［J］. Oxford Bulletin of Economics and Statistics, 2003, 55（3）：355 – 361.

高竞争环境下物流企业商业模式创新研究[*]

内容提要：20世纪90年代以来，全球经济格局发生了巨大的变化。市场全球化程度更加深入、顾客需求更趋于多样化、产品生命周期日益缩短，新的技术不断诞生并迅速扩散。企业面临的市场变化节奏越来越快，情况越来越复杂，前景也越来越难以预料。巨大的不确定性、变动性和复杂性将成为企业生存所面临环境的一种常态。对于我国物流行业来说，宏观经济环境发生变化，经济全球化程度进一步加深，多数物流企业由于经营成本的提高和产品服务同质化而进入了发展瓶颈期。如何在激烈的竞争环境中，通过商业模式创新，来突破发展局限是物流企业面对的重要问题。

为了更好地满足我国物流企业参与全球化竞争、提升企业的管理效率与效益，突破企业发展"天花板"，增强企业进行价值创造的能力，丰富与深化物流企业商业模式创新理论研究成果，本课题在系统梳理现有商业模式理论和创新理论的基础上，从物流企业商业模式创新概念出发，采用定量的方法分析了影响物流企业商业模式创新的各种因素及作用机理。本文认为物流企业商业模式创新应该以企业资源和能力为基础，资源、能力和商业模式创新之间存在一定的演进关系。本文进一步提出，在高竞争环境下，物流企业应该改变商业模式的本质逻辑，进行改变型和重构型创新，这种创新要以价值定位为切入点，通过改变价值定位，改变价值主张、价值实现和价值潜力，实现全要素创新。

本文以冀中能源国际物流集团公司作为实证研究对象，研究其商业模式创新的途径和实施过程，支持了本文的理论观点。

一、绪论

（一）课题研究背景

20世纪90年代以来，全球经济格局随着现代科学技术的迅猛发展和飞速扩散发生了翻天覆地的变化。市场全球化、信息技术网络化和竞争国际化的日益发展，使得企业赖以生存的环境呈现出动态性、复杂性和不确定性，给企业带来了前所未有的冲击。产品生命周期的日益缩短、技术变革的跳跃性、知识的快速扩散与交叉渗透、顾客需求的日益多样化、产业边界与企业边界的日益模糊以及不断激化的企业竞争，已经从根本上改变了竞争的性质和基本原则。顾客在变、市场在变、竞争在变，变化的出现常常出人意料和难以预测，变化带来的是企业内外环境更高强度的不确定性，情况越来越复杂，前景也越来越迷茫，以往有利于企业环境稳定的国界、规则与控制等因素日益消失。未来，动态的、高竞争的环境已经成为企业面临的常态。

---

* 本课题（2014CSLKT2－001）荣获2014年度中国物流学会课题优秀成果奖二等奖。

现代物流业是我国新兴的产业，近些年来快速发展，在 GDP 中所占比重逐步增大，已经成为我国经济发展的一个重要的产业部门。当前，我国物流业所处环境较之前些年发生了很大的变化。首先，国内外经济进入深度调整时期。2008 年金融危机以来，世界各经济体均受到严重冲击，国内外经济进入新一轮的深度调整时期。我国经济发展速度由高速转为中速，部分行业产能过剩，外部需求明显收缩，经济运行中深层次矛盾不断凸显。据国际货币基金组织预测，2014 年我国 GDP 增速继续下降到 7.3%，宏观经济环境的恶化给物流业带来了很大的压力。其次，物流行业竞争不断加剧。当前，我国以传统运输为主的基础物流服务需求基本趋于饱和，服务价格上升的空间有限，油价、人力成本、土地成本等物流要素价格成本的上升使得基础物流服务的获利空间越来越小，企业单纯地依靠低成本的竞争战略和大量的资源投入已经很难在市场竞争中占据一席之地。同时，国际上已经形成较为完善体系的物流企业纷纷进军中国，本土一些大中型物流企业迅速发展，使得我国物流业不得不面临国内外双重压力的高竞争环境。

在这种高竞争环境下，几乎所有物流企业都在不同程度上经历着新水平的易变性、动态性和不确定性的挑战，这不仅对物流企业内部管理活动提出了新的要求，也进一步加剧了物流企业外部环境的动荡性。所谓"高竞争"就是指随着市场竞争的不断加剧，企业竞争优势的创造与毁灭正在以极快的速度进行着，任何一个竞争者能够保持其原有竞争优势的时间正在急剧缩短；每个竞争者都需要根据环境的变化，充分利用自身资源，整合一切有利因素，规避市场风险，保证企业持续发展和保持竞争优势[1-2]。处在这种高竞争环境下，企业原有的管理方式和运营模式已经无法满足市场环境的需要，这就导致企业管理的重点不断发生着根本性的变化。可以说，高竞争环境对物流企业的生存和适应提出了新的要求，一方面企业要能迅速响应外部环境的变化，另一方面企业要能灵活运用内外部的资源。企业必须具备应对环境复杂性、动态性和不确定性，提高组织内部调整、产品更新和管理创新的能力，懂得如何进行战略选择、创新、转换与实施，以适应变化、利用变化甚至制造变化来寻求竞争优势。物流企业需要认识到竞争优势只是暂时的，竞争对手之间的动态竞争是高频度、大力度和极富攻击性的，企业如果不能根据外部环境变化做出合理的判断、及时创新，就无法保持在市场上的竞争地位，无法保证企业的可持续发展。

现今企业之间的市场竞争，已经从效率竞争、资源竞争、品牌竞争发展到商业模式的竞争。正如著名管理学大师彼得·德鲁克所说："当今企业之间的竞争，不是产品之间的竞争，而是商业模式之间的竞争"[3]。当前，商业模式与商业模式创新在全球范围引起了前所未有的重视以及广泛应用，商业模式的竞争已经成为企业竞争的战略利器。在高竞争环境下，物流企业原有的商业模式在经历了一个相对稳定的阶段之后，也会面临着质的改变，面临着"创造性破坏"[4]。在机会与挑战并存的现实下，物流企业要想把握住市场机遇，在竞争中立于不败之地，对商业模式不断进行创新就显得尤为重要。

长期以来，我国多数物流企业的发展方式是比较粗放的，对物流的理解仅仅停留在为用户提供基础运输、仓储服务上，普遍存在专业化程度低、服务水平欠佳、功能单一、信息系统不健全以及缺乏网络支持等问题。随着经济增速的趋缓、物流经营成本的上升和顾客需求的多样化，企业低成本、粗放型的传统商业模式不得不向高效率、高质量、精益化的现代服务商业模式转变。在资源投入方面，原来的大规模、扩张式的资源投入模式也将向功能化、集约化的资源整合模式方向转变。在战略合作方面，要从以往的单一化、低价竞争模式转变为战略合作联盟等供应模式。总体看来，比较成功的物流企业其商业模式存在一些共性：一是差异性，成功的物流企业商业模式要能提供独特的价值，这个独特价值可能是一种新的理念和服务方式或者是两者独特性的组合；二是企业战略目标的匹配性，企业首先要全面客观地审视和分析自身的现状与能力，一方面提供给物流企业战略创意的制定现实依据，另一方面提供给物流企业商业模式创新能力基础；三是创新性，成功的物流企业商业模式一直处于不断创新的状态[5-8]。商业模式的创新增强了物流企业的竞争力，帮助物流企业增加市场份额，为物流企业带来丰厚的利润回报，提高物流企业的市场地位，甚至使物流企业成为长期的市场领导者。

现阶段研究商业模式创新问题具有深刻的时代背景，主要表现在三个方面：首先，信息技术革命为商业模式的创新提供了强劲的动力和丰富的空间。在当今的数字化时代，移动通信技术与互联网，全方位地渗透在人们的生产和生活中。为了迎合这种变化，企业不得不改变原有的生产及经营方式。计算机辅助技术的广泛使用使生产或服务在规模化和标准化的基础上进一步实现了多样化和柔性化；互联网与移动通信技术实施的不断完善，不仅为企业有效拓展市场空间向全球化发展创造了条件，也降低了社会交易成本，促使企业在交易方式上不断创新，"外包"、"众包"、"物联网"、"云计算"及"虚拟公司"等新技术与模式不断涌现。其次，消费需求的变化要求企业商业模式不断创新。伴随着社会经济的快速发展，消费需求日益呈现出广泛化、高度化、感性化、个性化、多样化、健康化、复合与关联化等变化趋势。生活水平的提高，生活领域的扩大，生活方式的多样化，消费者的需求无论在物质上还是心理上，都提高了一个层次。这就要求企业根据消费者的需求变化，不断进行商业模式创新。最后，企业管理理论和管理方法的变革与创新推动着商业模式的创新。信息技术的迅速发展，促使企业管理方式与理论也快速发展，出现了很多计算机与网络技术支持下的新型生产方式、运营模式以及与其相关的理论，为企业商业模式的系统化创新奠定了基础[9-11]。

对于物流企业来说，需要对商业模式、商业模式创新、商业模式构成要素等理论基础有一定认识的前提下，才能选用适合自己的商业模式，才能根据企业所处的内外部环境实现自身商业模式的构建与创新。企业的内外部环境是不断变化的，是一个动态发展的过程，为了适应企业的成长，企业应深刻剖析其商业模式，掌握企业持续发展及价值实现过程中的阻碍环节，进而实现商业模式适时的更新，通过不断更新自身的商业模式，来适应环境的变动。

（二）课题研究意义

商业模式作为一个新兴的研究领域，在当前高竞争环境下，受到理论界的重视和企业家的推崇。国内外理论界对商业模式的系统认识正逐步提高，对商业模式基本概念的界定、结构体系构架、理论范畴有了更深入的研究，但还缺乏统一的认识，所以，对商业模式的研究总体上还处于探索性阶段。而当前物流企业商业模式的理论研究仍主要集中在企业商业模式的概念内涵和构成要素方面，而关于物流企业商业模式如何创新、创新方向与路径如何选择等尚未得到理论界的高度重视，并且没有形成一个统一的、相对完整的理论体系，这必将严重影响研究成果的实用性，很难为企业管理者提供一种实用性的指导，也不利于企业进行战略创新管理。因此，本文对高竞争环境下物流企业商业模式创新的研究具有非常重要的理论和现实意义。

1. 理论意义

本文通过梳理现有的商业模式及商业模式创新理论，重新界定了物流企业商业模式与商业模式创新的概念、内涵，旨在以现代物流理论、创新理论、企业资源论、系统理论、价值链理论为基础，采用理论分析结合实际案例的方法，深入剖析物流企业商业模式创新的影响因素和作用机理。基于资源能力得出高竞争环境下物流企业商业模式创新途径，并进行了实证研究。为进一步在物流企业经营实践中运用和完善相关理论体系做出了有益的探索，加深了物流企业对商业模式创新的理解，使企业能够在对自身商业模式系统认识的基础上，理性判断其创新方向以及正确选择创新策略，从而为进一步完善相关理论工作给予意见和建议。从这个意义上讲，研究高竞争环境下物流企业商业模式创新，对丰富现有理论体系、引领后续研究方向有着举足轻重的理论意义。

2. 实践意义

现阶段，在企业管理实践中，商业模式已经成为企业间竞争的可操作性工具。未来的企业管理中，商业模式创新必将成为企业竞争的焦点之一。我国物流企业与国际先进的物流企业还存在差距。无论是早期企业办的物流还是新生的物流大军，都或多或少存在一些弊端，致使在当今高竞争环境下时而无所适从。实践表明，企业商业模式的创新能够帮助企业突破其发展瓶颈，因此，物流企业可以借助商业模式创新提高企业参与全球竞争的软实力，从而更好地满足不断扩大的社会需求。在这种情况下，本文研究物流企业商业模式创新问题，对于改善物流企业经营具有一定的实践意义。

如何从原有商业模式过渡到新模式以及转换为何种商业模式决定了企业的生存和未来的发展。因此，从管理实践的需要出发，要求物流企业必须系统认识和探讨商业模式创新的影响因素、深度分析其作用机理，从而为企业商业模式创新的方向、策略选择提供依据。从这个角度看，本研究可以给物流企业提供更为清晰的创新思路，能够使企业较为全面地把握创新的动态过程，有助于指导物流企业在高竞争环境中创造并保持一定的竞争优势，从而保证企业持续、快速及健康的发展。因此，本研究对物流企业发展具有重要的实践意义。

（三）研究方法、技术路线和研究内容

1. 研究方法

由于商业模式创新本身是个较新的研究领域，涉及管理学、经济学、社会学、系统学等多门学科，是多学科交叉的综合性前沿课题，因此主要使用这几门学科的研究方法。本课题的主要研究方法有：

（1）文献综述

文献综述是研究中常用而又重要的方法，也是理论推导与演绎的基础。本文使用文献综述的方法对前人的研究成果进行归纳和总结，提炼出有关的研究结论。在此基础上确定物流企业商业模式及其创新的基本概念。同时，这种方法还用于总结前人对商业模式创新影响因素的研究结果，从而为实证研究做准备。

（2）问卷调查法

问卷调查法即通过向调查者发出相关问题的调查表，请其填写对有关问题的意见和建议从而收集研究资料和信息的一种方法。本文通过设计物流企业商业模式创新影响因素的调查问卷，让被调查对象就各评价指标在其企业实际情况进行打分评价从而得到反映企业客观情况的重要原始数据，为下一阶段的统计分析工作奠定基础。

（3）计量经济学方法

本文在数据收集的基础上对理论假设进行了检验。本文的数据处理包括三个方面：第一，对有效的样本数据进行描述性分析；第二，利用样本数据对本文的量表进行效度和信度分析；第三，通过回归分析，判定印象因素对商业模式创新的作用机理模型。

（4）实证研究

本文针对提出的商业模式创新路径模型，对冀中能源国际物流集团有限公司的商业模式创新进行了实证研究，通过实地调研分析，得出实证研究结果。

2. 技术路线及主要内容

本研究在对国内外商业模式及商业模式创新相关理论和实践研究基础上，从物流企业商业模式创新概念界定出发，采用定量的方法研究了高竞争环境下物流企业商业模式创新的影响因素。提出了商业模式创新的基础——企业的资源和能力，并阐释了资源—能力—商业模式创新的演进机理。进一步建立了高竞争环境下物流企业商业模式创新的路径模型，以冀中能源国际物流集团有限公司创新路径选择为例进行了实证研究。最后，提出了促进物流企业商业模式创新的政策建议。技术路线如图1所示。

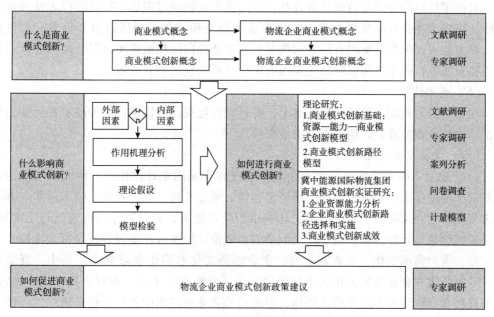

图1 技术路线

具体来说，研究内容主要有：

（1）物流企业商业模式、商业模式创新概念界定和内涵分析

本部分主要是在梳理现有文献中商业模式及其创新的概念、内涵的基础上，结合物流行业特性，重新界定物流企业商业和商业模式创新的内涵，并对其内涵的特征进行阐述。

（2）物流企业商业模式创新影响因素和作用机理研究

本部分在剖析现有物流企业商业模式创新案例的基础上，基于经济学、管理学、现代物流理论和系统科学的支撑，从理论方面提出高竞争环境下物流企业商业模式创新的影响因素及作用机理，为研究物流企业如何实现商业模式创新和如何保障企业创新提供理论支撑。具体内容包括，物流企业商业模式创新影响因素作用机理研究和理论假设；变量的设计、问卷设计及问卷调研；构建计量经济学模型对假设进行检验；对检验结论做出解释。

（3）物流企业商业模式创新路径研究

进行商业模式创新资源和能力是基础。对于物流企业而言，其具有的资源和具备的能力决定了商业模式创新的方向，本部分从宏观上给出了资源—能力—商业模式演进模型并进行了阐释。提出了高竞争环境下，以价值定位作为突破口的全要素商业模式创新路径模型，并在理论上进行了解析。基于此，分析了我国物流企业商业模式的未来发展趋势。

（4）以冀中能源国际物流集团公司为研究对象进行实证研究

本部分以冀中能源国际物流集团公司作为实践对象，开展物流企业商业模式创新实证研究。冀中能源国际物流集团公司是国家5A级物流企业，自成立以来，收益持续上升，取得了良好的经济效益和社会效益。其商业模式创新过程具有很强的代表性和可研究性，可以为在高竞争环境下我国物流企业的商业模式创新提供经验和借鉴。具体包括：冀中能源国际物流集团有限公司概况；冀中能源国际物流集团有限公司商业模式创新路径及实施；冀中能源国际物流集团有限公司商业模式创新成效。

（5）政策建议

在影响因素和创新路径研究基础上，有针对性地提出政策建议，为政府和行业引导和推动物流企业商业模式创新提供决策支持。

（四）主要创新之处

（1）建立了高竞争环境下物流企业商业模式影响因素计量模型。研究系统性的从内外两个维度提出了影响因素——环境包容性、资金支持、竞争强度、技术进步、客户需求变化、企业家能力、企业创新文化和组织学习能力，并对其作用机理进行了阐释。定量研究结果显示物流企业商业模式创新的主要推动因素有环境包容性、资金支持、竞争强度、客户需求变化、企业家能力、企业创新文化和组织学习能力。其中，资金支持、竞争强度和企业家能力相比于其他因素来讲影响程度更大。而对于技术进步来说，并不直接推动物流企业商业模式创新，通过改善企业家创新能力，并提升组织学习能力间接作用于企业商业模式创新。

（2）基于企业资源能力理论，构建资源—能力—商业模式创新机理模型，阐释了

资源、能力和商业模式创新的演进关系。并提出了基于价值定位的全要素商业模式创新路径模型，从理论和实证方面论证了高竞争环境下，该模型的合理性。模型认为，在高竞争环境下，要实现商业模式创新，物流企业要从价值定位入手，进一步通过改变价值主张、价值实现和价值潜力完成商业模式创新的一次循环。

（五）小结

本部分介绍了课题研究背景及研究意义。在阐述了当今全球经济大格局的基础上，深刻分析了物流企业的发展现状及其面临的机遇与挑战，提出了商业模式创新对物流企业重要的理论意义和实践意义。本部分阐述了主要研究内容、研究技术路线，明确了本文的创新之处。为开展进一步研究起到了引领作用。

二、文献综述及概念界定

（一）物流企业商业模式创新的理论基础

物流企业商业模式创新来自企业界的实践，其理论基础仍是一个有待开发的研究领域。物流企业商业模式创新涉及对企业整体系统的认识，其包含的要素内容涵盖相当广泛。鉴于此，我们用企业资源论、创新理论、系统理论、价值链理论、能力理论和现代物流理论这六个理论来进行综合解释，试着用不同理论来分析物流企业商业模式创新及其演进动力，以便能够更好地指导我国物流企业有效地进行商业模式创新。

1. 企业资源论

企业资源论的思想最早可以追溯到两位经济学家张伯伦（Chamberlain，1933）和罗宾逊（Robinson，1933），他们认为企业获得超额利润的重要因素是其独特的资源优势[12]。彭罗斯（Penrose，1959）作为企业资源论鼻祖于 1959 年提出了把企业看做是"一系列资源的集合"的观点。彭罗斯在其经典著作《企业成长理论》中提出了一些后来成为企业资源论基础思想的看法和见解，他认为企业应被视为"资源的集合，而非古典经济学理论所认为的仅仅是产品—市场的集合"；认为企业成长的源泉来自企业的内部资源。企业所拥有的资源各不相同，这种资源的差异性或特殊性造成了企业的异质性，影响着企业的运转效率[13-14]。

20 世纪 80 年代，研究学者开始系统地从资源角度来研究企业竞争优势的来源，正式意义上的企业资源理论渐渐转型。沃纳菲尔特（Wernerfelt）在 1984 年发表的《企业资源基础论》成为资源论发展的一个里程碑，第一次提出了"资源基础论"这个概念。其理论的基本假设包括：要素（或资源）市场的不完全性、企业的异质性、专业或程度、企业资源的有限流动性，认为企业由各种资源组成，企业竞争优势来源于其所拥有的优势资源[15]。巴尼（Barney，1986、1991）在《战略要素市场：远见、运气和企业战略》和《企业资源与持续竞争优势》中，分析了企业保持竞争优势的条件[16]。皮特瑞福（Peteraf，1993）在《竞争优势的基石：基于资源的观点》中，将有关竞争优势的企业资源理论分散的内容进行了统一，提出了竞争优势产生和持续的框架，并分析了其在企业层面的应用[17]。

企业资源理论是竞争优势理论。它把企业看成寻租者，企业战略管理的目的就是通过与众不同的战略来建立持续竞争优势，获取经济租金和超额利润。与以往的经济学研究不同，该理论认为企业是资源的集合体，企业由于资源禀赋的差异而呈现出异质性。企业的竞争优势来源于企业拥有和控制的有价值的、稀缺的、难以模仿并不可替代的异质性资源。企业的异质性将长期存在，从而使得竞争优势呈现可持续性。

从资源论的角度看，物流企业商业模式创新所需要的资源应该包括：

（1）企业家把握机会的能力。奥地利学派企业家理论的代表学者柯慈纳对于企业家精神的论述也深刻地说明了商业模式创新租金的形成。他认为，企业家精神是一种个人品质，能注意到他人忽视的利润机会，从而及时调整组织目标和经济手段，机会出现的瞬间能紧紧抓住。可以说，企业家对机会的分别能力，往往是企业商业模式创新成功的第一步。

（2）企业组织内部的学习能力。一个组织的商业模式创新能力其本质是知识和知识的运用，组织要提高自身的商业模式创新能力，在不断提高组织知识存量的同时，还要加强对企业内部知识的激活，最终转化为商业模式创新。将知识物化为现实的商业模式，取决于组织学习的能力和水平。

（3）企业配置资源的能力。资源是企业的专用性资产，以资源为基础的观点认为，企业不仅仅是一个管理单元，还是一个由管理决定的生产性资源的集合体。商业模式创新的着眼点应放在竞争对手难于模仿的资源或能力上，而不是外部环境，要重视企业获得配置资源能力的异质性。以创新的方式来重新整合资源也是商业模式创新的一个类型。通过资源的再组合，把输入的同质性资源转化为异质性输出，从而使公司获得竞争优势。

2. 创新理论

"创新"作为一种理论可追溯到 1912 年美国哈佛大学教授熊彼特（Schumperter）的成名之作《经济发展理论》中。熊彼特在其著作中指出："创新是生产函数或者供给函数的变化，是把一种新的生产要素和生产条件的新结合引入生产体系"。此后，熊彼特在 20 世纪三四十年代相继出版《经济周期》、《资本主义、社会主义和民主》两本书中，对创新加以更全面、具体地运用和发挥，形成完善的创新理论体系。熊彼特的创新理论包括 5 种具体情况：①引入一种新产品；②采用一种新的生产方法；③开辟新市场；④获得原料或半成品的新供给来源；⑤建立新的企业组织形式。熊彼特独具特色的创新理论奠定了其在经济思想发展史研究领域的独特地位，也成为他经济思想发展史研究的主要成就[18]。

熊彼特认为，作为资本主义灵魂的企业家的职能就是实现创新，引进新组合；资本主义经济打破旧的均衡而又实现新的均衡主要来自内部力量，其中最重要的就是创新，正是创新引起经济增长和发展。所谓经济发展就是指资本主义社会不断地实现这种新组合，而这种新组合的目的是获得潜在的高额利润。熊彼特在由创新波动引起的繁荣和衰退交替出现的"纯模式"的基础上，提出了"第二次浪潮"的概念，即创新浪潮的后续反应，其特点是需求、物价和投资膨胀，投机行为急剧增加，并导致失误和过度投资。由此说明了"纯模式"和资本主义实际经济周期的"四阶段模式"（繁荣、衰退、萧条、复苏）之间的内在联系。他还提出，经济领域中存在多种多样的创新活动，而不同的创新活动所需的时间长短也有所不同，对经济的影响范围和程度也各不相同，从而出现多种周期[19-20]。

20 世纪 70 年代以来，克里斯托夫·弗里曼（Christophe Freeman）等人用现代统计方法验证了熊彼特的观点，并进一步发展了创新理论，被称为"新熊彼特主义"和"泛熊彼特主义"。进入 21 世纪，在信息技术推动下，科学界重新反思对技术创新的认识，创新被认为是各创新主体、创新要素交互繁杂作用下的一种复杂涌现现象，是创新生态下技术进步与应用创新的创新双螺旋结构共同演进的产物，关注价值实现、关注用户参与的以人为本的创新 2.0 模式也成为新世纪对创新重新认识的探索和实践[21]。根据创新浪潮的起伏，熊彼特曾把资本主义经济的发展分为三个长波：①1787—1842 年是产业革命发生和发展时；②1842—1897 年为蒸汽和钢铁时代；③1898 年以后为电气、化学和汽车工业时代。进入 21 世纪，信息通信技术融合与发展推动下知识社会的形成及其对创新的影响进一步被认识将使创新进入了第四个长波。

随着新经济的出现，市场与企业都需要以新的商业模式来更新和取代旧的商业模式，这一过程被熊彼特称为"创造性破坏"。创造性破坏是新经济的核心，因为这种思想潮流的基础是，生产力的改善是经常性的，而不是暂时性的，因此企业面临的革新压力也是经常性的。熊彼特的创造性破坏观点说明，作为新经济基础的呈非连续性、突发性增长的知识，决定了新经济条件下企业商业模式的下一步只能是未知数，决定了企业唯一符合时宜的行动就是敢于尝试、不断创新[22]。

3. 系统理论

系统思想源远流长，但作为一门科学的系统论，人们公认是美籍奥地利人、理论生物学家贝塔朗菲（Bertalanffy）创立的。他在 1932 年发表"抗体系统论"，提出了系统论的思想。1937 年提出了一般系统论原理，奠定了这门科学的理论基础。但是他的论文《关于一般系统论》，到 1945 年才公开发表，他的理论到 1948 年在美国再次讲授"一般系统论"时，才得到学术界的重视[23]。最终确立这门科学学术地位的是 1968 年贝塔朗菲发表的专著：《一般系统理论基础、发展和应用》，该书被公认为是这门学科的代表作。

贝塔朗菲认为："所谓系统，就是指由一定要素组成的具有一定层次和结构，并与环境发生关系的整体"。他强调，任何系统都是一个有机的整体，它不是各个部分的简单相加或机械组合，系统的整体功能是各要素在孤立状态下所没有的性质。他用亚里士多德的"整体大于部分总和"的思想阐明系统的整体性，反对认为要素性能好，整体性能就好的观点。他认为每个要素脱离了该系统，其在该系统中的功能也随之消失[24]。当前人们从各种角度上研究系统，对系统下的理解不下几十种。我国知名学者钱学森认为，系统是由相互关联、相互依存和相互作用的若干影响因子组成具有特定性能的综合体。任一系统的外部元素构成系统环境，系统及其环境通过物质、能量、资源和信息的输入、输出及转换关系，并涵盖其各子系统的相关关系。这种理解包含了系统、要素、结构和功能四个概念，表明了要素与要素、要素与系统、系统与环境三方面的关系[25]。

系统论认为，系统的基本特征包括：①整体性。整体性是指系统是由两个或两个以上的相互区别及相互关联的各影响因子组成的综合体，其中个影响因子自身价值需要通过整体来显现。②层次性。层次性是指构成综合体的各影响因子之间的相互关系及其与总体形成的子系统和排序关系，具有一定的层次结构。系统的层级与组织性、结构复杂性以及功能性等成正比，因此，在对系统进行管理、分解或控制时，要注意各影响因子在系统中的作用。③相关性。相关性是指系统各影响因子之间及其与综合体之间的有机联系。系统中各影响因子的特性和行为相互制约和相互影响，这种相关性决定了系统的性质和形态。④目的性。任何系统的组成总是为一目的服务，均具有重要的意义，即目的性。任一系统只能存在一个目的性，并且其中各影响因子均需围绕此目标展开波动。为了实现系统的目的，系统必须具有控制、调节和管理的职能，使该系统进入与其目的相匹配的状态。⑤环境适应性。这里的环境是指系统的外部条件，也就是系统外部对该系统有影响、有作用的诸多因素的集合。任一系统都不是孤立存在的，而是位于特定的外部环境条件下，外部环境的变化有可能直接导致各影响因子的变化，从而导致整个系统变化。为了保持和恢复系统原有特性，系统必须具有对环境的适应能力[26-28]。

从系统论的角度来研究物流企业商业模式，创新可以分为两个方面，一方面是对某个企业商业模式创新要从系统的角度出发，因为商业模式本身已被看作是由产品流、服务流和信息流构成的一个系统流程。商业模式涉及企业运营的各个方面，包括对企业及产品的定位、目标客户、竞争资源以及如何进入市场等，因此，商业模式创新不能仅仅就某一环节革新，它本身是一项系统工程。另一方面是企业之间、企业与利益相关者之间乃至企业与外部环境之间都要用系统的思想来分析。经济全球化与科技进步使得商业环境变得越来越开放与复杂。在这种环境下，企业不能单单从自身角度考虑问题，必须兼顾到其他企业、供应商、客户、社会组织以及市场环境等一切与之相关的影响因子。

4. 价值链理论

价值链理论是哈佛大学教授迈克尔·波特于1985年在其著作《竞争优势》一书中首次提出的。波特认为，价值链是一系列连续完成的活动，是原材料经过不同活动后转换为产品并实现价值增值的过程。企业创造的价值产生于其自身的一系列活动之中，如采购、设计、生产、服务、销售、发送等，这些活动被分为基本活动和辅助活动两类。基本活动包括内部后勤、生产经营、外部后勤、市场营销和服务，辅助活动包括企业基础设施、人力资源管理、技术开发和采购。这些相互关联但又互不相同的生产经营活动形成一个动态过程，为企业不断创造价值，此动态过程即传统意义上的价值链[29]。如图2所示：

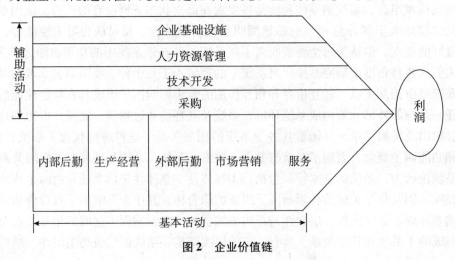

图2 企业价值链

价值链存在于企业经济各个活动中，企业内部各个业务单元之间存在着价值链联结，企业内部各业务间的联系形成了企业的价值链，企业与上下游相关企业之间存在着行业价值链。价值链上的每一项价值活动都会对企业价值实现程度造成相应影响。总的来讲，价值链包含了三层含义：第一，企业内各个活动之间有着密切的关联。如原材料的供应和生产有着密切联系。第二，每一个活动都能给企业带来有形或无形的价值。第三，价值链不仅包括企业内部各种链式活动，还包括企业的外部活动，如与供应商和客户之间的联系。

对传统价值链理论比较有里程碑意义的发展是将传统的价值链理论发展为虚拟价值链和价值网的理论。在知识经济时代，信息与知识作为企业的生产要素，在企业发展中起着越来越重要的作用，许多新兴的企业利用信息和知识服务来为消费者提供和创造价值，对传统物质资源依赖性不高。波特提出的信息技术仅仅将其作为经济活动中的辅助部分，对信息这一重要因素并未给予足够的重视。鉴于此，杰弗里·雷鲍特于1995年提出了虚拟价值链的观点。他认为，当今企业都在两个世界中竞争，一个是物质资源世界，可以被管理者感知到，称为"市场场所"，另一个是信息虚拟世界，它的出现引导出电子商务等新的价值创造，称为"市场空间"。在物质世界中，企业利用物质资源生产或加工产品，为客户提供具体的有形服务；在虚拟世界中，企业通过对信息资源的加工和利用来为客户提供无形的产品和服务。随着因特网的出现，虚拟价值链理论又进一步得到发展。1995年12月，《哈佛商业评论》和《管理沙龙》作为理论家们的两大阵营，提出虚拟价值链与实物价值链并行。他们认为，价值链中的每一个增值活动都可以分为两部分，一部分是在物质世界中基于物质资源的增值活动，另一部分是在虚拟世界中基于信息资源的增值活动。物质增值活动构成了传统的价值链，信息增值活动则独立出来构成虚拟价值链[30-32]。企业在虚拟世界中的竞争优势主要体现在比竞争对手更有效地进行信息的增值活动。但是从物质价值链上得到的信息不能直接在虚拟价值链上使用。从传统价值链到虚拟价值链，企业存在着一个对不同层次信息进行加工的过程。

在虚拟价值链理论的基础上，价值网理论的出现又进一步推动了价值链理论的发展。最早提出价值网概念的是美智顾问公司的高级顾问史莱渥斯基，他认为，由于顾客需求的不断增加、网络出现对社会的冲击和市场竞争日益激烈，企业应该将传统的供应链转变为价值网[33]。此后，多位学者对价值网、价值网模型进行了阐述。他们指出，传统价值链和价值链系统在研究以信息占主体地位的企业时并不适用。在传统的价值链关系中，消费者、供应商和公司是线性关系。实际上，企业价值链不是单线而是网式的。价值网就是利用信息技术，把各个企业联系起来，在多家客户、供应商和合作伙伴等多条价值链成员之间建立起协同的业务关系，提升服务质量和企业的竞争力。价值网的优势在于可以使网上各成员共享信息，取长补短，合作共赢。

对价值链理论的分析和理解，有助于物流企业明确其商业模式创新的途径。实质上，企业商业模式创新是对企业全部价值活动的有效整合。

5. 能力理论

能力理论是20世纪90年代开始发展起来的一种新兴理论，成为理论界和企业界不断探讨的热点问题之一。能力理论源于企业战略理论，它的提出为战略管理研究提供了一个新的视角，是对波特的产业竞争战略理论的超越。在解释企业持续竞争优势源泉方面具有很强的说服力，而且也超脱了企业所在行业的局限。

能力理论可以追溯到古典管理论时期，最早是古典经济学家亚当·斯密（Adam Smith）于1776年在《国富论》中提出企业内部的劳动分工决定企业的劳动生产率，进而影响了企业的成长。其后，英国经济学家阿尔弗雷德·马歇尔（Alfred Marshal）及其追随者罗杰·潘罗思（Roger Penrose）等进一步发展了能力理论。1925年，马歇尔提出了企业内部职能的差异分工所造成的企业内部知识和技能的协调成长论。他认为，企业内部的职能分工，可能产生多个新的次级职能单位，进而产生一系列不同的专门技能和知识。这种专门化分工的增加导致新的协调问题，企业要面对市场，必须对这些职能分工进行整合和必要的协调，这种能力是企业持续发展的支撑力。潘罗思进一步以企业内在成长理论来分析企业，并于1959年在其著作《企业成长论》中提出了企业内在成长论思想。他认为企业是一系列资源的集合，企业管理就是一个连续生产新的非标准化操作规程和非程序化决策并不断把它们转化为标准化操作规程和程序化决策的过程[34]。20世纪80年代后，能力理论出现了两大派：资源基础论和企业核心能力理论。资源基础论认为，企业持久的竞争优势来源于企业特殊的资源，即竞争者难以模仿以及所不具有的资源。一些学者认为，企业资源是多元化的，不是所有资源都是特殊资源，于是提出了能力理论，认为能力和资源不同，能力的载体是人，能力比资源更有竞争优势，能力包括开发、配置、使用和整合资源的能力。

企业核心能力理论是能力理论发展的新阶段。1990年普拉哈拉德（Prahalad）等发表了《企业的核心能力》一文，正式提出了企业持续竞争优势之源是企业的核心能力。他们认为，特别是关于协调不同的生产技能和有机结合多种技术流派的学识。核心能力是组织中的积累性学识，随后，核心能力的研究被普遍关注，企业也开始注重核心能力的培养问题。不同学者分别从知识载体、产品平台、能力构成、战略杠杆、组织能力、技术能力等不同视角对核心能力进行了探讨。到20世纪90年代中后期，基本形成两种认识：一种认为企业核心能力是指研发能力、生产能力和市场营销能力；另一种认为专有知识和信息是企业能力的基础，学习是提高企业核心能力的关键，强调知识管理。1997年，蒂斯（Teece）等提出动态能力理论。认为环境处于动态变化中，企业需根据不断变化的环境来更新自己的能力[35]。

目前，企业普遍强调其核心能力，对自身核心能力进行深度剖析，虽然核心能力理论尚无统一而严密的理论体系，但对企业核心能力特征无论是学者还是企业管理者都有比较一致的看法。一般来讲，企业核心能力有以下特征：

（1）不可模仿性。核心能力是一个综合体，包含了多个方面的内容，即使竞争者看到了核心能力的外在表现，但内部组织结构很难弄清。企业的核心能力是企业长期发展过程中积累起来的，如企业文化类资源，是无法模仿的。技术方面，待竞争者模仿出来，企业已经把技术标准化，可以降低成本，使模仿者处于价格劣势。所以，任何企业的核心能力是不能靠简单模仿其他企业而立足，而是应不断积累知识和经验，打造自己的核心能力。

（2）顾客价值性。核心能力是通过企业不断创造的产品和服务，为顾客带来价值提升的综合素质。失去了顾客，便失去了存在的意义。具有核心能力的企业，能给顾客带来更多的价值和利益，这也是区别核心能力和非核心能力的关键因素。

（3）创新性。核心能力随着内外部企业环境的变化，不可能一成不变的。企业核心能力在某种程度上讲，是企业创新的结果。企业核心能力随着内外部环境的变化，呈现出一种动态性，这种动态性要求企业在技术、观念以及管理上要不断创新。可以讲，企业的创新能力是核心能力的核心。

（4）延展性。核心能力的延展性是指核心能力通过中间产品或衍生出一系列的产品或服务，为企业打开多种产品市场提供支持。如一企业在 A 领域研发的新材料或新技术，可以用在 B 领域，创造出更多的新市场[36]。

6. 现代物流理论

物流最早起源于美国，1915 年阿奇萧在《市场流通中的若干问题》一书中提到了物流的基本概念。第二次世界大战，围绕着战争供应，美国军队建立了"后勤"理论，主要包括战时物资生产、采购、运输、配送等活动作为一个整体进行统一布置，以求战略物资补给的费用更低、速度更快、服务更好。随着社会经济的发展，学者们对物流的认知不断地深化，关于物流的概念一直在扩充和完善之中。美国物流管理协会对物流的定义为："物流是供应链的一部分，是为了满足客户需求而对商品、服务和相关信息从原产地到消费地的高效率、高效益的正向或者逆向流动及储存进行计划、实施与控制的过程。"日本工业标准的定义是："物流是将实物从供给者物理性移动到需求者的活动，这个过程一般包括输送、保管、装卸、包装以及与其有关的情报等内容"。而我国《国家标准物流术语》中指出："物流是物品从供应地到接收地的实体流动过程，并根据实际需要，将运输、储存、装卸、搬运、包装、流通加工、配送、信息处理等基本功能实施有机结合[37-38]"。

物流的内涵主要包括：物流是关于"物"的流动的经济活动，将货物从供应者向需求者做物理性移动，这是一种实物运动；物流创造了商品的时间价值和空间价值。通过物流，克服了时间和空间的差异，在物流的各个环节上创造了价值，使得产品真正成为商品；物流伴随着信息的流动，要将正确数量的产品在规定时间内以适当的价格供应给消费者，就要伴随物流的各个环节的信息记录，因此物流过程伴随着信息活动；物流是个集成性的活动，使多种活动的统一，为了实现既满足客户的需求，又满足自身赢利的需求，则需要将物流、商流、信息流和资金流融合统一[39]。整个物流的发展过程，无论是在组织创新、技术创新、模式创新哪个方面，基本上都可以认为是为了达到物流、商流、信息流和资金流统一的目标。

（1）物流概念产生初始阶段。自物流概念提出后，在很长一段时间内，物流被看做是大规模生产和分销的对应辅助活动，主要完成以运输和存储为核心的物流活动，其主要目标就是解决销售在时间和空间上的矛盾，在这一时期，物流的概念局限于流通领域，物流就时满足了实物的运输，物流过程注重简单的优化。

（2）20 世纪 40 年代至 80 年代中期，发达国家经济迅速发展，很快进入了买方市场，对生产企业的分销和销售服务提出了更高的需求，于是开始将企业内部的运输、存储、库存、物料搬运和订货处理等非生产领域的物流相关活动集成起来加以协调管理，扩大了物流的内涵，形成了现代物流的基本概念。

（3）20世纪90年代后至今，物流得以快速的发展。在这一阶段，受贸易全球化、信息技术的发展、个性化多样化的物流需求的影响，物流的主要构成要素从运输、库存扩展到其他许多方面，包括装卸、包装、信息处理、订购等。物流追求的目标从简单的解决时空矛盾，到在降低成本的同时，要具有更准确、快速的反应能力。物流设施、物流信息化和物流管理等软硬件要素得到空前的发展。借助于计算机技术和定量化的技术，实现了对物流过程的科学管理，如库存管理、配送优化、布局设置等。在GIS、GPS、互联网等信息化技术基础支撑下，实现了对物流全过程的监控，实现了信息的交互和传递。同时也更加关注物流体系中各元素的协调和配合。

在物流组织方面，早期的物流往往是企业自身承担物流业务，各个企业基本以自给自足的方式，独立完成企业的各项物流活动，随着生产力的发展、管理理论和管理技术水平的提高，加上市场竞争的需要，企业需要改变内部分工结构以提高效率，在企业内部开始出现物流管理一体化。但是由于企业内部分工驱动力的限制，企业内部分工达到一定水平后，分工结构将趋于稳定，要进一步提高分工水平和专业化报酬，就需要通过组织创新，将企业的内部分工向外部市场化，进一步深化分工，实现更高的市场效率。显然，第三方物流就是物流分工深化的结果。第三方物流出现后，物流作为一个行业才得以真正的发展起来，对其研究也更加深入，但总的来说还是为了更好的实现四流统一。

随着物流的发展，物流对社会经济和企业经营的影响力越来越大，在一定程度上影响了企业的发展模式，因此被世界上越来越多的国家所重视。中国经济学家魏杰说过："国际上，物流产业被认为是国民经济发展的动脉和基础产业，其发展程度成为衡量一国现代化程度和综合国力的重要标志之一，被喻为经济发展的加速器。"而自20世纪80年代，物流真正的成为一个行业后，现代物流理论又有了突飞猛进的发展，在物流功能的优化和分析、第四方物流、物流金融、物流组织等各个方面都取得了很大的成就。

（二）国内外商业模式研究进展

商业模式作为正在形成和发展中的新理论，吸引了国内外许多学者对其展开研究。目前，商业模式的理论研究数量颇丰，但综合分析国内外研究成果，仍未形成一种被普遍接受的理论体系。关于商业模式的概念、要素、结构、评价、分类以及创新等理论问题至今依然存在着多种不同的观点，以至于很多学者不得不具体统计，在不同研究成果中找到相同之处，以期达成共识。本文以研究商业模式创新为目的，着重对商业模式概念、构成要素、商业模式创新路径等方面的理论进行了梳理。

1. 商业模式研究

（1）商业模式概念内涵的研究

商业模式一词最早出现于1957年由贝尔曼（Bellman）等写作的关于商业博弈的构建一文中，于1960年出现在文章题目和摘要中。美国著名管理学家德鲁克最早于1994年将其称为一个组织或公司的经营理论。Paul Timmers（1998）将商业模式看作是由产品、服务和信息构成的有机系统。很多学者从商业模式的字面意思来定义商业模式，认为商业模式就是对做买卖方式的简要描述[40]。例如 Applegate（2001）给出的商业模式概念是对复杂商业现实的简化。Morris 等（2003）将商业模式定义为一种简单的陈述，旨在说明企业如何对战略方向、运营结构和经济逻辑等方面一系列具有内部关联性的变量进行定位和整合，以便在待定的市场上建立竞争优势[41-42]。国内学者翁君奕（2004）将商业模式定义为核心界面要素形态的有意义组合，即客户界面、内部构造和伙伴界面的各环节要素的可能组合，而每一种有意义的形态组合称为商业模式原型[43]。

鉴于商业模式的定义不尽相同，一些学者试图对这些定义进行归纳总结，得出具有一致性的结论。迈克尔·莫里斯（Michael Morris）等（2003）通过对 30 多个商业模式定义的关键词进行内容分析，指出商业模式定义可分为三类：系统类、战略类和经济类。系统类定义是从全局的角度来分析，关注要素之间形成的企业结构及相互之间的作用方式。战略类定义把商业模式描述为对不同企业战略方向的总体考察，涉及企业的市场定位、组织边界、竞争优势及可持续性，构成要素包括价值创造形式、差异化、愿景和网络等。经济类定义本质是为企业获取利润的逻辑。具体各类定义详见表 1。

表 1　　　　　　　　　系统类、经济类和战略类定义商业模式

类别	作者	定义	特点
系统类	Paul Timers（1984）	商业模式是由产品流、服务流和信息流构成的一个系统流程[44]	从全局的角度来分析，关注要素之间形成的企业结构及相互之间的作用方式
	Tapscott、Ticoll（2000）	一种供应商、渠道、商业服务提供商、设备供应商及顾客都以网络作为主要的沟通和交易手段的独特的系统	
	Amit、Zott（2001）	一种利用商业机会创造价值的交易内容、结构和治理架构[45]	
	Bossidy（2002）	一种系统性的手段，表现了企业获取财富的各个组成部分与外部因素之间的相互关系，以及企业的战略和组织能力[46]	
	罗珉（2003）	商业模式是指一个企业建立及运作的基础假设条件、经营行为手段以及措施[47]	
	雷家骕（2005）	商业模式是企业经过业务流程，把一系列管理理念、方式和方法，反复运用，进行集成与整合，形成的一套管理方法和操作系统	
	李振勇（2006）	为了实现企业的价值最大化，把那些能够使企业运行的各种内外要素有机整合起来，形成一个完整高效且具有独特核心竞争力的运行系统，并通过提供产品和服务，使此系统完成赢利目标的一种解决方案[48]	

类别	作者	定义	特点
经济类	Stewart、Rappa（2000）	商业模式是企业能够获得并保持其收益的逻辑陈述，或称之为获取利润的经营方法	将商业模式描述为企业的经济模式，其本质内涵为企业获取利润的逻辑
	Afuah（2001）	企业获取并使用资源，为顾客创造比竞争对手更多价值以赚取利润的方法[49]	
	Hawkin（2001）	企业向市场提供的产品和服务之间的商业关系[50]	
	Elliot（2002）	明确商业投资中不同的参与者之间的关系、参与者各自的利益、成本状况以及收入流[51]	
	王波、彭亚利（2002）	对商业模式有两种理解：一是企业的运营机制；二是指一个企业如何在动态环境中改变自身来达到持续赢利的目的[52]	
	翁君奕（2004）	由核心价值、价值支撑、价值保持与构成的价值分析体系	
战略类	Thomas（2001）	商业模式是开办一项有利可图的业务，涉及流程、客户、供应商、渠道、资源和能力的总体构造[53]	把商业模式描述为对不同企业战略方向的总体考察，涉及市场主张、组织行为、增长机会、竞争优势和可持续性等。与此相关的变量包括利益相关者识别、价值创造、差异化、愿景、价值、网络和联盟等
	Magretta（2002）	企业如何为客户创造价值，维持企业运转的一系列设想与做法[54]	
	Mitchell、Cole（2003）	从"Who、What、When、Why、How、How much"等方面来理解商业模式的本质	
	Scott M. Shafer（2005）	一个特定的价值网络中不断地创造和获取价值的潜在核心逻辑和战略选择[55]	
	曾涛、周思伟（2005）	商业模式是一个组织在明确外部假设条件、内部资源和能力的前提下，用于整合组织本身、顾客、供应链伙伴、员工、股东或利益相关者来获取超额利润的一种战略创新意图和可实现的结构体系以及制度安排的集合	

在此基础上，国内学者王伟毅、李乾文（2005）等提出，商业模式概念本质的阐述表明，人们对于商业模式内涵的认识，经历了由经济类、系统类向战略类不断发展演变的过程。原磊（2007）在分析介绍国外研究者的商业模式理论之后，指出商业模式定义的发展存在逻辑层级关系，在经历了经济、系统、战略层级之后，正在向整合概念

递进。

（2）商业模式要素与结构的研究

从本质上说，商业模式概念规定了商业模式的内涵和外延，在商业模式概念不统一的情况下，各研究学者对商业模式要素与结构也持不同观点。因此，对于商业模式要素与结构的分析，应该建立在特定商业模式概念基础之上进行。

Timers 作为国外最早研究商业模式的学者之一，最大的贡献是运用简单罗列的方式对商业模式的结构体系进行了研究。Timers（1995）的观点对后来研究者产生了很大影响，他认为商业模式应包含三方面内容：一是有关产品、服务和信息流的体系结构，具体包括对各种商业活动参与主体和它们角色的描述；二是对各种商业活动参与主体潜在利益的描述；三是关于收入来源的描述。

Viscio 和 Pasternack（1996）认为，外界环境的变化是引起企业商业模式变化的主要因素，一个好的商业模式必须包含五个构成部分：①核心观点；②经营单元；③服务项目；④治理模式；⑤系统联系。从绩效管理的角度强调五部分组成的整个系统必须产生额外的系统价值，而非仅仅只是这五个构成部分的个别价值之和。

Venkatraman 和 Henderson（1998）认为，知识的运用对企业的商业模式具有重要的作用，并且只有当知识与其他构成部分相互配合及有效整合才能够形成商业模式的架构，它包括：①顾客界面；②资源配置；③知识运用[56]。

Hamel（2000）认为，商业模式由四大要素组成，即①核心战略；②战略性资源；③顾客界面；④价值网络。这四大要素之间，由于彼此相互配合的不同，产生三种不同的连接：①顾客利益是核心战略与顾客界面间的桥梁；②配置方式连接了核心战略与战略性资源；③公司疆界又连接着战略性资源与价值网络，这三种不同的连接重点就是公司如何赚取应有的利润[57]。

Amit 和 Zott（2001）则指出商业模式包含交易内容、交易结构和交易治理三个要素。Afuah（2003）认为，商业模式由八大要素组成，包括：①顾客价值，公司是否能够提供给顾客比其他竞争对手更独特的产品及更低廉的成本；②范围，关于公司为哪些客户服务，服务范围有多大；③产品和服务的定价；④收入来源；⑤关联活动，公司必须执行哪些活动以及什么时候完成，各活动间如何产生关联等问题；⑥执行；⑦能力；⑧持续力，公司怎样让其他竞争者难以模仿。

Osterwalder（2004）提出的商业模式要素组成包括产品、客户界面、基础设施管理、财务状况四个组成要素，价值主张、目标顾客、分销渠道、顾客关系；价值结构、核心能力、伙伴网络、成本结构、收入模式九个子要素[58]。

相比之下，国内研究尚处于跟踪阶段，理论界对商业模式的研究远落后于国外。近些年关于商业模式构成要素的研究成果主要有：朱武祥、魏炜（2007）认为，商业模式本质上就是利益相关者的交易结构，它解决的是企业战略制定前的战略问题，同时也是连接客户价值和企业价值的桥梁。完整的商业模式体系包括以下六个方面：①定位；②业务系统；③关键资源能力；④赢利模式；⑤现金流结构；⑥企业价值[59]。这六个方面相互影响，构成了有机的商业模式体系，如图3所示。

关于商业模式的结构体系，原磊（2007）提出了一种 3-4-8 结构。3-4-8 结构

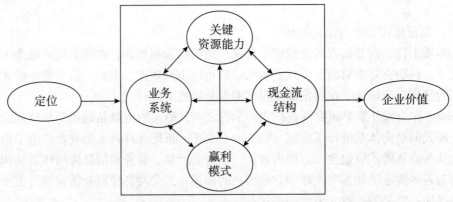

图3　魏朱商业模式结构

的"3"代表联系界面，包括企业价值、伙伴价值和顾客价值；"4"代表构成单元，包括价值主张、价值网络、价值维护和价值实现；"8"代表组成因素，包括目标顾客、价值内容、网络形态、业务定位、伙伴关系、隔绝机制、收入模式及成本管理[60]。商业模式的3-4-8结构实质上是一种从"远—中—近"三个层次对商业模式进行全面考察的立体架构。如图4所示。

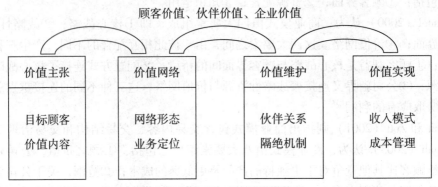

图4　商业模式3-4-8构成体系

纵观国内外学者的研究成果可以发现，目前关于商业模式要素与结构的研究成果具有视角广泛、内容丰富的特征。但从有效指导企业实践的方面考虑，现有理论仍然存在一些问题和不足，可以概括为两个方面：一方面，不同的学者从不同的视角分析商业模式，使用一种视角研究具有综合性和整体性的商业模式，直接导致研究结论的片面性和不完整性。另一方面，具有多重视角与整合特征的研究成果，内容过于庞杂，而又缺乏对其构成进行解析，未建立完整的、可供深入探讨的结构体系，使其实用性和实用价值受到影响。

2. 商业模式创新研究

（1）商业模式创新概念内涵的研究

商业模式创新概念内涵研究是一个看似简单，实则困难的事情。说其简单是因为，如果将商业模式定义为企业赚钱的方式，那么，商业模式创新可以定义为企业应用新的方式来赚钱。事实上，由于商业模式概念的多样性和复杂性，特别是考虑到商业模式各项构成要素的变化程度与变化关系，如何定义商业模式创新，确实存在很多需要深入分析的问题。现有的研究成果多从客户价值和商业模式构成要素这两个角度来定义。

从客户价值角度来定义商业模式创新，认为商业模式创新是营造出新的、优于现有方法的、可以为客户解决问题的方案。Tucker（2001）认为商业模式创新的目标是以最佳的方式向客户提供其需要的产品或服务，创新过程可能发生在经营的某一个或多个环节，如市场营销、销售渠道、销售方式、售后服务等[61]。Siggelkow 用增大、巩固、删减来描述调整过程，当调整超过一定限度，便成为商业模式创新。Magretta（2002）认为，对商业模式的理解应该从几个方面综合解释，包括对价值的认识，对参与者及角色的识别，以及对市场运作和市场关系的把握。他将商业模式创新理论与战略管理理论中的价值链理论结合起来，认为商业模式就是对现有价值链各环节的调整，即创新主要集中于制造和销售这两个环节[62]。

从商业模式的构成要素来定义商业模式创新。如 Mitchell 和 Coles（2003）从商业模式的基本构成要素 5W2H（即 Who、What、When、Where、Why、How、How much）七方面来理解经营的本质[63]。如果这 7 个要素中仅有一个要素的变化使企业朝好的方向发展则称为商业模式改进，4 个及以上要素发生改变，才能称之为商业模式创新。Linder 和 Cantrell（2000）认为公司首先要清楚哪些方面可以改变商业模式，然后提出转变模式来完成创新。转变模式可分为 4 种类型：①实现模式，主要进行公司现有商业模式的微小变化；②更新模式，对商业模式实质改变不大；③扩张模式，能使现有商业模式发生质的改变；④旅行模式，可将公司带入一个全新的商业模式。Chesbrough（2002）总结出 6 种层层递进的商业模式，并认为商业模式的递进不是自然完成的，而是由包括技术创新在内的各商业模式构成要素共同推进的结果[64-66]。

国内对于商业模式创新的研究尚处于跟踪阶段。翁君奕在其著作《商务模式创新》中提出，商业模式是由价值主张、价值支撑和价值保持构成的三维空间，并给出了商业模式创新的定义，即商业模式创新就是在一个给定的平台环境下，发现客户环境、伙伴环境、内部环境以及它们相互关联中所存在的价值潜力，取得能够持续超越竞争对手和现有商业模式的赢利能力。钱志新提出创新商业模式应该把握以下几点：以占领客户为中心、以经济联盟为载体、以应变能力为关键及以信息网络为平台等，但有关商业模式创新的路径并没有进一步探索。

（2）商业模式创新的路径研究

商业模式创新的路径分析将使商业模式创新由"直觉推动型"过程转向创造性与理性有机结合的可控过程，这就要求掌握商业模式基础策略的信息，目前商业模式创新路径基本上都是从这个角度出发的。国内外学者对商业模式创新的路径研究观点不尽相同，可以概括为以下几种：

①通过变换组合商业模式的组成要素，来实现企业商业模式创新的重要途径。Weill（2001）等提出了原子商业模式这一概念。认为每个原子商业模式都由核心竞争力、财物流、战略规划和关键因素这四个要素组成，通过改变要素组合方式可构成新的商业模式。Johnson 等（2008）认为，目标价值、赢利模式、核心流程和关键资源可归纳企业

经营的全部，企业可以围绕这四个要素来进行商业模式创新。Lindgardt 等（2009）认为商业模式包含的要素分别是营运模式和价值分析，它们又囊括若干个子要素。商业模式创新可以通过商业模式各个组成要素的创新来实现。王刊良（2002）将商业模式的基本框架界定为5P4F。其中5P是指产品、价格、渠道、促销和公共关系；4F是指信息流、资金流、物流和商务流。网络为5P4F中的每一环节和流程都提供了极大的创新可能[67-69]。原磊（2007）提出的 3 - 4 - 8 构成体系，认为其中的每一元素本身或与其他元素之间关系的改变，都是商业模式创新的途径。

②从价值链创新角度来分析商业模式创新路径。Thomas（2001）认为，要实现商业模式创新，就必须对企业的流程、合作者、渠道、资源等价值网络的架构进行创造性连接。Dubosson 等（2002）认为，商业模式是一种网络。这个网络会围绕企业价值活动展开，形成的企业内部结构和外部网络结构，得以使价值持续有效的传递。Magretta（2002）认为新的商业模式存在于商业活动组合成的价值链上。商业模式创新由商业活动引发，重新经营模块化。Rappa（2004）发现通过分析公司在价值链中的位置，就可以了解其商业模式。高闯、关鑫（2006）认为，在明确的外部假设条件、内部资源和能力前提下，企业商业模式是其价值链的一个函数，可以将其看作是一种基于价值链创新的企业价值活动，及对其所涉及的全体利益方进行优化整合，以实现企业超额利润的制度安排的集合[70-71]。

③从竞争战略的视角来研究商业模式创新途径。这种研究成果认为，商业模式对于企业有着和战略相类似的功能，因此商业模式创新的过程也可采用类似战略规划的方法，包含四个步骤：环境分析—组织现状分析—价值提升—实施变革。主要代表人物有Mitchell、罗珉、王琴和李东等。Mitchell（2003）认为，多数企业应该应用三种竞争战略：实行低成本、低价格；提供给客户满意的可替代产品和服务；建立良好的沟通合作[72]。国内的学者，多从战略管理视角研究商业模式创新路径，创新价值链上的各个环节，并对价值创造和价值流通环节连通方式进行变革，最终实现创新目标。

④从知识管理的角度来研究商业模式创新途径。Osterwalder（2004）认为，商业模式创新可以分三个步骤：一是对商业模式进行显化，即把隐形知识转为显性知识；二是对商业模式进行深入分析，形成新的商业模式，即将显性知识转化为隐性知识；三是对商业创意进行整合，形成新的商业模式，即将隐性知识再转化为显性知识[73]。这种研究视角强调了商业模式变革中人的因素和企业家精神的作用，使商业模式变革研究与创业理论更好地结合在一起。

总体来看，国内外已有不少学者对商业模式创新进行了探索性研究，并取得了一定的研究成果。但这些成果还不够成熟，未能形成一种普遍认可的理论。商业模式的创新本身是一个复杂的系统工程，从某一个视角来研究显然是有所侧重，在创新商业模式的过程中，应该更多地兼顾不同视角观点，系统地对商业模式关键环节进行分析，审时度势做出相应的调整。

（三）高竞争环境特征与物流企业商业模式创新概念界定

1. 高竞争环境特征

经济全球化、技术革新的加快、竞争对手策略的变化、需求的变动，使得企业所处环境发生了巨大的变化，环境的动态变化程度越来越大。环境的动态程度通常从变动性、复杂性和不确定性三个维度来衡量，高竞争环境下，存在着巨大的不确定性、变动性和复杂性，企业很难预测到未来前景，在这样的环境中企业的竞争优势保存的时间越来越短，需要以极快的反应速度创造新的优势来源。高竞争环境就是本研究中物流企业所处的环境。高竞争环境的特征主要有：

（1）巨大的不确定性。在高竞争环境中，宏观经济环境周期性体现明显，政府对市场的干预程度降低，市场化竞争自由程度加大，产业边界逐渐模糊，企业经营涉及的主体越来越多，竞争者数量增多，竞争手段多样化，各种因素的作用使得未来市场不确定性和复杂性增强，企业对市场难以预测。

（2）高对抗性的竞争。在高竞争环境中，最为突出的特征就是竞争的高强度和高速度。在这种环境中，竞争对手的能力增强，需求和技术的变化速度越来越快。竞争异常激烈使得企业的生存和发展压力急剧增大。

（3）企业竞争优势难以保持。在高竞争环境中企业的竞争优势都是暂时的，顾客需求的不断变化，竞争对手的学习能力的加强，对先动企业来说，企业每走出一步，竞争对手都能够通过快速的学习和模仿建立相似的商业模式瓜分市场份额，这些都使得企业的优势保持的时间越来越短。企业在竞争中保持成功的关键在于能够适应环境变化，快速发掘优势。

对于我国物流企业来说，我国进入经济结构深度调整和转型升级阶段，顾客需求不断变化，多数物流企业进入了同质化竞争，企业竞争优势并不明显，且竞争优势容易被模仿等，这些都标志着我国物流企业已经进入了高竞争时代。

2. 物流企业商业模式创新概念界定

在对国内外商业模式研究成果综合分析的基础上，本研究对物流企业商业模式及物流企业商业模式创新的概念进行了重新界定，并对其特征进行了进一步阐述。

（1）物流企业商业模式概念

商业模式是一个综合性的概念，注重描述企业的整体性和系统性。商业模式不应该是单单从经济模式和运营结构上简单描述，也不应该是企业不同战略的简单综合，而是要超越这些片面的描述，从整体上和经济逻辑、运营结构域战略方向三者之间的协同关系上说明企业商业系统运行的本质。本文认为将经济、战略和运营进行整合后，才能体现出商业模式的系统性和全面性。因此，商业模式是指企业在一定的外界环境中，运用内外部资源，创造和获取价值的核心逻辑和思维方法，企业内部所有工作都是围绕这一逻辑展开的。从根本上说，企业因其能够创造价值而具有存在的合理性，价值的创造和实现是商业模式的本质。

为了更直观地理解商业模式，本文进一步从价值创造的角度和过程来解释商业模式的组成要素：商业模式是在合理配置企业内外部资源的基础上，进行价值定位、提出价值主张、营造价值实现方式、发掘价值潜力，最终实现企业、客户及其他利益相关者的价值。商业模式要素框架如图5所示。

价值定位是指企业确定其从外部环境中选择获取价值的对象以及领域。价值定位具有内外两重属性，一方面它是外部变量的内化，体现了商业模式对外部市场的选择和定

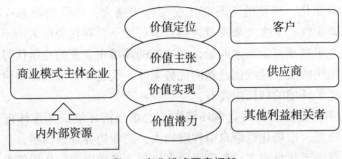

图5　商业模式要素框架

位；另一方面它是内部变量的外化，是商业模式与外部环境的借口。

价值主张指的是企业选择与价值对象进行价值交换的内容，换言之，企业通过什么样的产品或服务，来满足客户的需求。价值主张随着价值定位的不同而不同，企业商业模式也产生各种差异。因此，企业价值主张影响了企业商业模式的价值创造形式。

价值实现描述的是企业进行价值交换时，通过战略的动态控制，选择更好的价值实现方式。具体而言，企业所提供的服务或者产品如何调整设计来更好地表达价值，依靠什么样的价值传递方式来更好地实现价值等。价值实现是企业商业模式中，最具有能动性的要素，是企业为了实现价值，根据环境的不断变化，而对其他要素进行战略性的动态调整的过程。

价值潜力代表了收益与成本的关系，简单说，企业的价值潜力等于其收益减去成本。价值潜力的显化，就是企业在价值定位下，通过内在构成及内外资源的优化组合，输出价值主张，实现价值取得。价值潜力的边界，将随着价值主张的延伸而扩大。

物流企业具有其自身的特殊性。物流是联通其他产业的桥梁，物流产业是我国新型服务业。现代物流业体现出动态性、复杂性、追求经营效益和顾客服务为最主要经营内容等特征。对于物流企业来说，商业模式就是指在物流企业整合内外部资源和能力，以提供满足客户需求的物流服务和产品，实现客户价值，从而实现物流企业价值为目标的企业经营内在逻辑。根据商业模式构成要素，可以看出，其构成要素包括，目标市场的选择和客户定位、物流服务模式、物流企业以何种方式提供物流服务以及企业的成本控制和赢利模式。

本文对物流企业商业模式的定义体现了以下特点：

①商业模式的系统性。商业模式是由多个组成要素有机结合而成的整体。单个或其中几个要素不能代替商业模式这个整体。在商业模式的理解中，有人把业务流程或收益模式看做是商业模式，这都是片面的，这些要素实际上只是商业模式的一部分。

②商业模式的开放性。商业模式是一个开放的系统，它与客户、合作伙伴以及其他外部环境进行物质、能量和信息的交换。

③商业模式的动态性。商业模式的存在总是有一定前提的，即为企业所处的内外部环境，随着环境的变化，原有的商业模式将不再适合企业发展，因此企业需要随着环境变化不断对商业模式进行调整、改善或者重构。

④商业模式的差异性。商业模式形成后，是不容易被竞争对手复制的，对于企业而

言，商业模式就是不同于竞争对手的独特的价值创造方式。

在高竞争环境下，从物流企业商业模式的定义和组成要素可以看出，其商业模式具有以下特点：

①物流企业商业模式的全面性。现代物流企业除了提供传统的储存、运输、包装等服务外，还必须有增值服务，向上有采购及订单处理等服务，向下有物流配送方案规划、货款回收与结算等增值服务。物流企业不得不全面统筹各种物流活动，使得整体活动最优，因此物流企业的商业模式更加复杂。

②物流企业商业模式体现出更多的高效性和快速性。物流企业本质上就是提供服务的企业，在动态性、不确定性增强的外部环境下，顾客的需求，竞争对策策略的变化，都使得物流企业商业模式要更快更高效地满足客户的需求。

③物流企业商业模式更加复杂。现代物流企业业务种类从基础物流到高端物流，服务种类增多。服务对象逐步扩展到整个供应链，客户、供应商和利益相关者数量增多，如何为各类客户提供相应价值主张，价值主张如何实现，如何赢利，如何利益分享，这些都增加了物流企业商业模式的复杂性。

（2）物流企业商业模式创新概念

商业模式与创新之间联系紧密，从商业模式的动态性可以看出，当调整商业模式达到某种程度时，其实就是进行了商业模式创新。学者们对于商业模式改进和商业模式创新之间的边界是模糊的，但大多数学者认为，单纯商业模式的某一个组成元素有所改善并不能称之为创新。商业模式创新发生时机为企业所处外界环境改变，导致原有商业模式优势降低，企业赢利能力减弱，或者市场份额降低，此时内外部因素驱动企业发生改变。商业模式创新就是对企业原有的商业模式进行重组、创新，或者重新设计新的模式。在高竞争环境的背景下，本研究认为商业模式创新是在以客户为中心的基础上，对企业内外部影响要素进行发现和定义，重新整合资源、发展潜力，进而设计出新的运营模式。

商业模式创新的特征在于：

①商业模式创新的时效性。与技术创新需要转化不同，商业模式创新本身是为了应对环境的变化，如果滞后时期过长，则失去了创新的先机和意义。因此，商业模式创新要求迅速对市场变化做出反应，并进行各方面资源的调配和调整，其结果的衡量并非是仅仅有创新的举动，而是要求实现价值，该举动能够给企业带来绩效的提升。

②商业模式创新的集成性。商业模式创新不仅仅是单一因素的变化，它包括了商业模式各个组成要素的变化。从客户需求、价值主张等各个环节都会发生改变，包括这些要素之间的关系的改变。

③商业模式创新的开放性。商业模式创新的视角更为开放和外向，更注重从市场和客户需求的角度来分析，来进行企业行为的设计。如何为客户创造和增加价值，是商业模式创新的出发点和落脚点。

进行商业模式创新，首先要分析企业以及企业所处行业的现存商业模式，分析企业拥有的资源和能力，然后才能匹配新的商业模式。那么，通过这个过程所发现的商业模式创新的机会是否成立，如何实现商业模式创新，是商业模式创新关注的核心问题。

对于物流企业来说，商业模式创新就是为了适应动态的、无迹可寻的、持续变革的高竞争商业环境，在以客户为中心的基础上，对客户需求进行深入挖掘，并以此为契机，结合外部环境，重新整合资源，对企业价值定位、价值主张、价值潜力以及价值实现各方面进行变革，从而实现整体商业模式的提升，来适应高竞争市场环境的变化，为企业在新一轮的环境变化中争得先机。

通过商业模式创新，物流企业会实现如下方面的改变：

①客户或者目标市场的改变。在高竞争的环境里，与竞争对手进行同质化竞争将会加快现有商业模式的崩塌，因此，在高竞争环境中，客户将成为企业关注的首要目标。通过商业模式创新，物流企业将会满足新客户或者老客户的新需求。

②服务理念的创新。服务理念是物流的核心观念。物流企业要想建设先进的物流服务模式就必须把握先进的物流理念，如客户价值理念。

③服务内容和方式创新。这就是价值主张的改变。物流企业可以根据客户的不同个体背景，进行合理分类，不断优化服务内容，有针对性地更新服务方式，逐步推进差异化、个性化物流服务。

④对物流各环节的供应链进行合理的优化。物流企业在创新过程中，应该利用网络等技术手段，对原有物流作业进行改进，通过企业资源计划等技术将物流的上下游企业进行有效的组合，形成一个非静态、虚拟化的供应链。

（四）小结

物流企业商业模式创新涉及对企业整体系统的认识，其包含的要素内容涵盖相当广泛。鉴于此，本部分用企业资源论、创新理论、系统理论、价值链理论、能力理论和现代物流理论这六个理论进行了综合阐述。商业模式作为正在形成和发展新理论，其研究成果也不尽相同，本部分通过对国内外商业模式文献进行了梳理，分别总结出了商业模式概念、商业模式要素与结构、商业模式创新内涵、商业模式创新路径的代表性理论研究。在此基础上，以价值实现的视角重新界定了商业模式、商业模式创新、物流企业商业模式和物流企业商业模式创新的概念及内涵与外延。为本文整体研究厘清了思路，更加具体地明确了特定研究视角。

三、物流企业商业模式创新影响因素分析

企业因为要适应环境的变化才要进行商业模式的变革。随着竞争环境的不断加剧，物流企业必须通过商业模式创新来适应环境，保持可持续发展，实现企业持续创造价值的目标。为更好地促进企业进行商业模式创新，应该深入了解影响商业模式创新的因素及其影响程度。在当前的研究中，学者们对于商业模式基本概念、理论框架、商业模式创新绩效、商业模式创新评价研究相对较多，而对于商业模式创新影响因素的研究较少，对于考虑行业特殊性的商业模式创新影响因素的研究就更加稀少。基于此，本部分将从物流行业的角度出发，从外部因素、内部因素对物流行业商业模式创新的影响因素及其影响程度进行理论和实证分析。

姚伟峰（2013）认为在考虑商业模式创新时，要分析四个重要的外部因素——市场竞争因素、政府对商业模式创新的支持、竞争的公平性和外部市场对产品的需求程

度。郭毅夫（2012）经过研究得出，商业模式创新的影响包括了外界的金融支持、消费者需求、产业发展和内部因素中的知识共享、组织愿景和开放心智等。王益峰等（2013）使用元分析方法提炼出科技小微企业商业模式创新的 14 个影响因素，他把 14 个影响因素分成了三类表层直接影响因素、中层间接影响因素和深层根本影响因素。王鑫鑫（2011）在通过实证研究证明软件行业企业商业模式创新动力主要来自于企业家创新精神和市场需求变化。

（一）商业模式创新影响因素与研究假设

通过文献综述，综合其中商业模式创新影响因素的条目，形成商业模式创新影响因素的蓝本，在对相关企业案例研究的基础上，选择了 3 家物流企业部分中高层领导和员工以及部分专家学者进行座谈，经过总结讨论，认为物流企业进行商业模式创新，取决于外部和内部环境，企业所处的外部环境和内部环境决定了企业进行商业模式创新的动力、途径和方向。从物流企业所处的外部环境来看，国家对于物流行业的扶持政策给企业进行商业模式创新提供了一定的支撑；企业进行商业模式创新会受到大的经济环境和技术环境现状的影响；此外在当前经济全球化的竞争下，必要的资金支持和资源的获取也是物流企业商业模式创新的有力支撑。从企业本身的角度来看，企业家或者领导团队的创新、冒险意识和承担风险的能力对于整个企业商业模式创新非常重要；企业内部的创新文化的形成及对员工创新思想的引导能够在企业内部形成良好的创新氛围对商业模式创新具有促进作用；企业对于新知识，包括新技术等的吸收和转化能力也是企业进行创新的助力。

1. 外部因素分析

马萨内尔提出，商业模式创新就是企业与其所处环境共同进行演进。本研究通过研究归纳认为影响商业模式创新的外部因素包括环境包容、资金支持、竞争强度、技术进步和客户需求变动。

（1）环境包容

环境包容主要是政府在政策方面导向对物流行业的支持以及企业获取发展所需资源的容易程度。郭海（2012）在交易成本理论和资源能力理论基础上，提出企业获利的关键是能够获取低于市场成本的交易成本，或者提供高于市场平均质量水平的服务或者产品。企业在政府政策支持和获取资源相对容易的环境中，企业在整合资源等方面更加从容，在商业模式创新方面更容易达成目标。

Osterwalder（2004，2005）在对商业模式本进行研究时，提出企业所处的的环境会对商业模式产生影响，并进一步提出经济环境、政策环境、法律环境都会在一定程度上推动企业商业模式的创新行为。因此提出假设：

H1：环境包容对物流企业商业模式创新具有正向作用。

（2）资金支持

资金是企业发展的命脉。就物流企业从事的各种业务模式，无论是完善基础设施建设，还是开展各项经营活动，都需要大量资金的支持。资金主要来源于资本市场。广义的资本市场包括银行中长期信贷、股票市场、债券市场、场外交易市场、创业风险投资等。近 20 年来，我国的资本市场取得了较大的发展，在优化资源配置，改善企业融资结构，推动现代企业建设方面都发挥了重要的作用。

以冀中能源国际物流集团有限公司（以下简称国际物流集团）为例。国际物流集团是脱胎于企业内部物流部门，经过多年的发展，已经成为了一个现代化的综合性物流企业，在国内物流产业中占据了重要地位。国际物流集团的发展与其善于利用资本市场是分不开的。其商业模式创新的每一步都伴随着来自于资本市场的支持。商业模式创新初期，企业通过银行授信获取了发展资金。随着商业模式创新的逐步开展，资本市场在公司市场开拓、业务升级等中都起到了极大的促进作用。目前，公司的融资渠道也越来越多，从银行贷款逐步扩展到了股票市场、债券市场等。从国际物流集团的发展历程能够看出，资本市场对于商业模式创新具有极其重要的促进作用。因此，提出假设：

H2：资金支持对物流企业商业模式创新具有正向作用。

（3）竞争强度

当外界竞争环境强度加大后，企业原有的商业模式赢利能力将急速降低。需求市场的变动，竞争对手的快速反应，使得企业的竞争优势消失速度加快。

市场竞争和经营危机的压力激发企业的内在动力，使其开始寻求新的发展机会。这是企业创新商业模式得到发展的契机。纵观各行业企业发展历程可以看出，当外界环境竞争趋于激烈的时候，往往会出现技术上、管理上、组织上的创新之举。有学者通过研究提出，技术和经营方式的变化给企业带来了压力，当这种压力累积到一个临界点时，就驱动企业进行商业模式创新。商业模式创新有利于企业竞争优势的提升。因此，提出假设：

H3：高竞争强度对物流企业商业模式创新具有正向作用。

（4）技术进步

就技术发展而言，物流行业主要受到两类技术影响。一类是应用于物流管理和运作各环节的现代信息技术，如条码技术、射频技术、EDI 技术、GPS 技术、GIS 技术、EPC 技术、物联网技术以及各类管理软件；一类是物流装备技术。如集装箱、托盘、物流运输设备、物流装卸与搬运设备、自动化立体仓库系统、分拣系统等。技术的发展为企业商业模式创新提供了可能。中远物流成立于 2002 年，主要从事国内外货运、货代等服务。中远物流以完善的信息系统作为发展现代物流的基础，自主研发了"公路大件运输决策系统"、"大件货物滚装上下船计算机模拟系统"、"飞机大部件跨洋运输技术"、"多式联运—大集中货运主干信息系统"等物流技术。在 WMS、TMS、LMS 及 POM 系统的基础上，建立物流控制塔（Control Tower），对仓储、车队、铁路、报关行、船公司等各种合作方物流资源进行了整合，向客户提供了一个一站式信息平台。在信息技术的基础上，中远物流对商业模式进行了创新，成为一家规模和实力在国内及海外市场上都处于领先地位的现代物流企业。

Keegan 和 Turner（2001）认为，推动企业创新的关键因素之一是和外部技术组织的良好交流。Kuusisto 和 Meyer（2003）的调查结果也显示，信息技术是商业模式创新的关键驱动力。物流技术的迅速发展，使得物流企业与客户、合作伙伴间具有了改变合作方式的可能，彼此间形成了更为便利的沟通渠道，企业间的分工合作更加便捷和紧密，响应速度加快。因此提出假设：

H4：技术进步对物流企业商业模式创新有正向作用。

（5）客户需求变化

企业之所以能够存在恰恰是因为满足了客户的需求，实现了客户价值，客户愿意为企业的服务"埋单"。

客户的需求是随着时间和外部环境的变化而变化的。客户需求一般而言可以分为这样几类，一类是目前比较明显的需求，客户和企业都比较明确；一类是企业发现但尚未被客户察觉到的需求；一类是客户发觉但是企业尚未能满足的需求；一类是企业和客户都未能发觉的需求。对于企业来说，这些还没有被发现或者没有被满足的需求，正给企业提供了商业模式创新的良机。如果企业能够主动深入挖掘客户需求，就能找到商业模式创新的切入点。UPS 作为世界上最大的快递承运商和包裹递运公司，在发展过程中，以客户为中心，持续不断的关注客户需求，为客户提供有预见性的、与众不同的解决方案，才能够正确的引导企业发展至现今的规模。怡亚通是较为成功的商业模式创新案例。成立初始，主要提供基础物流服务，随着竞争的逐步加剧，怡亚通的资源劣势显现出来，此时，公司开始关注并挖掘客户需求，开始采用先进的供应链管理理念为客户提供除主业外的所有服务，包括采购、运输仓储、分销等，结合自身优势，重新识别客户需求，是怡亚通成功的关键。从物流企业的发展历程来看，从最初的提供运输、仓储，到基于现代信息技术的快速、柔性、高效的运输和仓储，再到规模化的采购与分销以及物流金融服务，应该说正是因为客户需求的动态变化，并且企业能够及时的识别并能发掘这种变化，才为物流企业的商业模式创新带来了机会。因此提出假设：

H5：客户需求变化对物流企业商业模式创新有正向作用。

2. 内部因素分析

影响商业模式的内部因素包括企业家能力、企业创新文化和组织学习能力。

（1）企业家能力

当我们谈到一些成功企业时，不可避免地会提到这些企业的领导者。Bantel 认为企业领导者是指能够参与企业战略决策以及进行战略实施的公司高层管理人员。商业模式创新在某种程度上可以说是企业家发现机会，协调内外部资源进行创新的过程，是自上而下的过程，企业家或者高管团队起到了绝对的推动和引导作用。

在进行商业模式创新时，企业面临着战略方向的抉择，面临着不确定的市场、多样化的技术和激烈的竞争环境，对创新过程中可能出现的风险，要求企业家能够敏锐的进行识别、选择和最终决策。只有能力出色的企业家才能利用其独特的能力，在市场中寻找到新的商业机会，带领企业寻求到新的发展方向，完成企业的转型和创新。因而，企业家们的预见能力、冒险精神、承担风险的能力、获取和整合资源能力、领导和掌控能力都是促成商业模式创新的重要因素。因此，提出假设：

H6：企业家能力对物流企业商业模式创新有正向作用。

（2）企业创新文化

创新文化以鼓励创新为核心价值观的文化。Charles 在对 3M 等企业进行实证研究后显示，这些公司在创新方面取得的成就，主要源于公司内部具有良好的创新文化，能够培育新思想和新方法的产生，从而使得公司能够长期持续的创新。

良好的企业创新文化对待风险有宽容的态度。任何创新活动，都会面临不确定的结果，可能成功也可能失败，如果因为惧怕风险对创新失败进行惩罚，必然会导致员工不愿尝试新的思路和方法。一个宽松的创新环境将给予员工最大限度地利用专业知识和创新思维解决工作当中遇到的问题，对创新行为的激励将促进创新行为的发生。谷歌是全球最大的搜索引擎，在全球范围内拥有无数的用户，一直以来谷歌就是创新实践者的天堂。谷歌鼓励员工将新的想法直接呈交给 CEO，并给予创新项目更多的资源和独立性。自 1998 年成立以来，面对迅速变化的环境，谷歌从一个小公司发展成为市值超过 1000 亿美元的企业，其持续发展的动力来源于鼓励创新的企业文化。因此，提出假设：

H7：企业创新文化对物流企业商业模式创新有正向作用。

（3）组织学习能力

商业模式创新可以认为是组织学习后表现的成果，而组织学习则是组织维持创新的最重要因素。

有效的组织学习和市场信息处理的组织将产生和采用更多新创意、新产品和新过程。通过有效的组织学习，企业员工可以较为充分地了解企业所处内外部环境，对企业的发展方向和共同愿景更为明晰；对于企业创新商业模式来说，无论是发觉客户需求，提供服务或产品都基于企业长期进行学习形成的大量知识，这些隐形的知识具有一定的黏性，竞争对手在转移和复制方面比较困难。因此，提出假设：

H8：组织学习能力对物流企业商业模式创新有正向作用。

（二）研究方法及问卷设计

1. 研究方法

本文主要的研究方法是基于调查问卷获取数据，通过数理统计的方法进行实证分析，对物流企业商业模式创新影响因素分析假设进行检验。

2. 问卷设计过程

数据的收集是上述商业模式影响因素假设实证研究的关键和基础，数据的有效性和可靠性将直接影响到研究的结果。本研究通过问卷调查的方式获取数据。根据上文中的分析和研究假设，确定了商业模式创新影响因素问卷表中需要测量的变量包括：环境的包容性、资金支持、竞争强度、客户需求变化、技术发展、企业家能力、企业文化、组织学习能力等，商业模式创新衡量主要从价值定位、价值主张、价值潜力和价值实现几个方面来衡量。

为了提高问卷的可信度，本研究在正式进行问卷调研之前，先预选了一部分物流行业相关人员进行了预测，预测后对测量的项目进行了小幅度的修改，最终得到了正式调查问卷，见附录。

量表共分为三个部分，分别是：①商业模式创新外部影响因素；②商业模式创新内部影响因素；③商业模式创新量表。每一部分涉及的测量项目的数量各不相同。问卷设计采用里克特（Likert – typeScale）7 点量表 1 表示"完全不同意"、2 表示"不同意"、3 表示"有点不同意"、4 表示"不能确定"、5 表示"有点同意"、6 表示"同意"、7 表示"完全同意"。分数越高，表明被调查人员对该项的评价越高。

3. 变量测度

（1）影响商业模式创新的外部变量测度

影响商业模式创新的外部变量包括环境包容性、资金支持、竞争强度、客户需求变化和技术发展，量表设计如表 2 所示。

表 2　　　　　　　　　　物流企业商业模式创新外部影响因素量表

测量项目	测量问题
环境包容性	X1. 政府政策能够促进商业模式创新
	X2. 企业能够从市场获取运营和扩张所需的关键资源
资金支持	X3. 企业与银行等金融机构有良好的关系
	X4. 企业在市场上能够获得资金支持
竞争强度	X5. 对企业来说，竞争者的行为很难预测
	X6. 对企业来说，新的竞争行为层出不穷
	X7. 在公司从事的业务领域，市场竞争非常激烈
	X8. 对于公司来说，市场竞争是公平的
客户需求变化	X9. 在物流行业中，客户需求偏好变化非常快
	X10. 顾客对物流产品和服务要求越来越高
	X11. 在公司运作过程中，经常需要根据客户需求变化修订业务模式、服务方式和营销策略
技术发展	X12. 物流行业技术发展变化速度非常快
	X13. 信息技术的发展对于企业来说是重要的
	X14. 物流技术的发展对于企业来说是重要的

（2）影响商业模式创新的内部变量测度

影响商业模式创新的内部变量包括企业家能力、企业创新文化和组织学习能力，量表设计如表 3 所示。

表 3　　　　　　　　　　物流企业商业模式创新内部影响因素量表

测量项目	测量问题
企业家能力	Y1. 本企业领导团队具有较强的创新意识，愿意承担风险，善于把握好机会，并结合内部条件和外部环境果断决策
	Y2. 本企业领导团队能够敏锐地捕捉物流行业发展趋势
	Y3. 本企业发掘新市场的能力很强
	Y4. 根据市场需求变化，企业能迅速开发新的业务领域和新的服务
	Y5. 能够捕捉技术变革给企业发展带来的契机

测量项目	测量问题
企业创新文化	Y6. 员工对创新有较高的认同度
	Y7. 本企业激励和奖励员工能超越常规进行创意思维
	Y8. 本企业对创新所带来的损失的容忍度高
组织学习能力	Y9. 本企业能迅速地从顾客、供应商和竞争者处学习知识
	Y10. 本企业内知识共享程度较高
	Y11. 本企业能快速有效地将新知识应用到产品或服务上

（3）商业模式创新度量

商业模式创新的内在结构度量设计主要参考 Zott 和 Amit 在 2005 年对多家企业进行商业模式创新调查问卷中关于商业模式创新的度量（如表 4 所示）。

表 4　　　　　　　　　　　物流企业商业模式创新量表

测量项目	测量问题
商业模式创新	D1. 本企业能够创新性的深入挖掘客户的需求
	D2. 企业能够获得与竞争对手不同的目标市场
	D3. 企业能够建立与竞争对手不同的核心能力
	D4. 针对自身的资源和核心能力，企业能够为客户提供价值不断增加的产品和服务
	D5. 与同行业的其他物流企业相比，本企业获取利润的方式是新颖的
	D6. 企业能够经常采用降低成本的新方法
	D7. 企业能够用独特的方式吸引大量、多样化的新客户
	D8. 企业能够用独特的方式将各类合作者们紧密地联系在一起
	D9. 本企业是物流行业商业模式的开拓者
	D10. 同同行业的其他物流企业相比，本企业目前的商业模式是先进的（是新颖的）

（三）数据收集及样本描述

本文研究的是物流企业商业模式的创新影响因素，需要的样本数据包括企业所处的外部环境、资金环境、领导团队、组织创新文化、企业商业模式各组成要素等情况，因此数据的收集以企业为单位。问卷的发放和填写渠道方面主要通过网络信息公司创立问卷地址，调查对象通过网络信息公司提供的问卷进行填写。

在样本数量方面，Bartlett 等人（2001）认为带有回归分析的，样本总数和自变量个数之比不应低于 5∶1，最好是 10∶1，带有因素分析的，样本总数应不低于 100。根据以上准则，本研究设计时计划收集约 200 份问卷。实际中，共发放了 350 份问卷，回收问卷 234 份，剔除掉无效问卷后，共获得有效的样本 211 份，回收率和有效率达到了 66.8% 和 89%，样本数据来源区域有北京、上海、广州等地区。

（四）实证研究结果

本研究采用 SPSS19.0 对回收问卷完成数据录入和统计分析。

1. 问卷的信度和效度

（1）信度检验

问卷的质量一般从信度和效度两个方面来衡量。信度主要是衡量资料反映实际情况的可靠性，即通过调查获取的数据是否真实准确的反映研究对象的真实程度。本研究对资金支持、竞争强度、客户需求变化、企业家能力、商业模式创新等因素进行内部一致性分析，采用的鉴定方法为 Cronbach's α 分析法。所谓内部信度是指每一个量表能否集中测量同一概念，以及组成量表题目的内在一致性程度。α 系数表示问卷调查结果总变异中，由不同被测试者导致的比例占多少。α 系数值介于 0 ~ 1，α 值越大表示问卷某因素各题项之间的相关性越好，信度越高。不同学者对于 Cronbach's α 系数标准的制定各不相同，基本上认为 Cronbach's α 系数大于 0.7 时，是具有较高信度的，Cronbach's α 系数的可信下线有 0.35、0.7 等。在本文的研究中认为如果 Cronbach's α 系数大于 0.6，则信度满足要求。

①影响物流企业商业模式创新的外部因素信度分析

影响物流企业商业模式创新的外部因素信度分析结果如表 5 所示，环境包容、资金支持、竞争强度、客户需求和技术发展的 Cronbach's α 系数分别为 0.607、0.608、0.688、0.664 和 0.777，总的 Cronbach's α 系数为 0.867，满足研究的最低信度要求 0.6。因此，认为信度检验结果是可接受的。

表5   商业模式创新外部影响因素量表信度检验

题项	分项对总项的相关系数	删除该题目后的 α 值	Cronbach's α 系数
环境包容性（X1 – X2）			0.607
政府政策能够促进商业模式创新	0.436	0.601	
企业能够从市场获取运营和扩张所需的关键资源	0.437	0.624	
资金支持（X3 – X4）			0.608
企业与银行等金融机构有良好的关系	0.447	0.611	
企业在市场上能够获得资金支持	0.447	0.609	
竞争强度（X5 – X8）			0.688
对企业来说，竞争者的行为很难预测	0.453	0.601	
对企业来说，新的竞争行为层出不穷	0.556	0.619	
在公司从事的业务领域，市场竞争非常激烈	0.469	0.698	

续　表

题项	分项对总项的相关系数	删除该题目后的 α 值	Cronbach's α 系数
对于公司来说，市场竞争是公平的	0.475	0.749	
客户需求变化（X9 - X11）			0.664
在物流行业中，客户需求偏好变化非常快	0.411	0.613	
顾客对物流产品和服务要求越来越高	0.415	0.651	
在公司运作过程中，经常需要根据客户需求变化修订业务模式、服务方式和营销策略	0.476	0.648	
技术发展（X12 - X14）			0.777
物流行业技术发展变化速度非常快	0.509	0.822	
信息技术的发展对于企业来说是重要的	0.645	0.664	
物流技术的发展对于企业来说是重要的	0.712	0.611	
外部环境因素总信度			0.867

②影响物流企业商业模式创新的内部因素信度分析

影响物流企业商业模式创新的外部因素信度分析结果如表 6 所示，企业家能力、企业创新文化、组织学习能力的 Cronbach's α 系数分别为 0.842、0.703 和 0.741，总的 Cronbach's α 系数为 0.894，可信度较高，量表可以接受。

表 6　商业模式创新内部影响因素量表信度检验

题项	分项对总项的相关系数	删除该题目后的 α 值	Cronbach's α 系数
企业家能力（Y1 - Y5）			0.842
本企业领导团队具有较强的创新意识，愿意承担风险，善于把握好机会，并结合内部条件和外部环境果断决策	0.678	0.800	
本企业领导团队能够敏锐地捕捉物流行业发展趋势	0.649	0.809	
本企业发掘新市场的能力很强	0.642	0.811	
根据市场需求变化，企业能迅速开发新的业务领域和新的服务	0.661	0.806	
能够捕捉技术变革给企业发展带来的契机	0.602	0.821	
企业创新文化（Y6 - Y8）			0.703
员工对创新有较高的认同度	0.529	0.600	

续 表

题项	分项对总项的相关系数	删除该题目后的 α 值	Cronbach's α 系数
本企业激励和奖励员工能超越常规进行创意思维	0.563	0.564	
本企业对创新所带来的损失的容忍度高	0.472	0.671	
组织学习能力（Y9 – Y11）			0.741
本企业能迅速地从顾客、供应商和竞争者处学习知识	0.564	0.662	
本企业内知识共享程度较高	0.574	0.658	
本企业能快速有效地将新知识应用到产品或服务上	0.575	0.650	
内部环境因素总信度			0.894

③物流企业商业模式创新的信度分析

物流企业商业模式创新的外部因素信度分析结果如表 7 所示，总的 Cronbach's α 系数为 0.900，信度非常好。

表 7 　　　　商业模式创新量表信度检验

题项（D1 – D10）	分项对总项的相关系数	删除该题目后的 α 值	Cronbach's α 系数
本企业能够创新性的深入挖掘客户的需求	0.510	0.898	
企业能够获得与竞争对手不同的目标市场	0.631	0.891	
企业能够建立与竞争对手不同的核心能力	0.689	0.888	
针对自身的资源和核心能力，企业能够为客户提供价值不断增加的产品和服务	0.535	0.897	
与同行业的其他物流企业相比，本企业获取利润的方式是新颖的	0.700	0.887	
企业能够经常采用降低成本的新方法	0.571	0.895	
企业能够用独特的方式吸引大量、多样化的新客户	0.698	0.887	
企业能够用独特的方式将各类合作者们紧密的联系在一起	0.659	0.889	
本企业是物流行业商业模式的开拓者	0.718	0.886	
同同行业的其他物流企业相比，本企业目前的商业模式是先进的（是新颖的）	0.795	0.880	
商业模式创新总信度			0.900

（2）效度检验

问卷的效度检验包括内容效度和结构效度检验。内容方面问卷主要通过大量的文献总结，并在此基础上经过了专家和企业人士讨论，因此在内容方面信度是比较高的。在结构效度检验法方面，采用 Bartlett 球形检验和 KMO 检验。KMO 值越接近 1，证明该变量越适合做因子分析。一般情况下，KMO 值的选择必须要大于 0.5。从表 8 中可以看到各因素效度分析表，其中只有环境包容、资金支持的 KMO 值较低，其余 KMO 值均在 0.6 以上，因子负荷基本都大于 0.6，所有 P 值均为 0，可以认为量表具有较高效度。

表 8   各因素效度分析

变量及测量项		KMO	因子负荷
环境包容	X1	0.500	0.847
	X2	44.005 0.000	0.847
资金支持	X3	0.500	0.850
	X4	46.399 0.000	0.850
竞争强度	X5		0.674
	X6	0.744	0.830
	X7	230.416 0.000	0.802
	X8		0.783
客户需求	X9		0.733
	X10	0.639 74.441	0.795
	X11	0.000	0.742
技术发展	X12		0.750
	X13	0.654 209.317	0.866
	X14	0.000	0.893
企业家能力	Y1		0.807
	Y2		0.785
	Y3	0.832 389.530	0.779
	Y4	0.000	0.795
	Y5		0.747
企业创新文化	Y6		0.803
	Y7	0.664 115.652	0.823
	Y8	0.000	0.753

变量及测量项		KMO	因子负荷
组织学习能力	Y9	0.690 140.409 0.000	0.809
	Y10		0.816
	Y11		0.817
商业模式创新	D1	0.907 1036.751 0.000	0.593
	D2		0.708
	D3		0.762
	D4		0.617
	D5		0.769
	D6		0.652
	D7		0.767
	D8		0.736
	D9		0.787
	D10		0.848

注：KMO 列每项三数分别为 KMO 值，Bartlett 球形检验卡方值和 Bartlett 球形检验 P 值。

2. 问卷描述性统计分析

通过对 211 份调查问卷进行统计，样本基本特征如表 9 所示。

表 9　　　　　　　　　　　样本基本信息统计

		样本数	百分比（%）
企业性质	国有	48	22.7
	民营	82	38.9
	股份	68	32.2
	外资	13	6.2
2013 年营业收入	5000 万元以下	8	3.8
	5000 万元 ~ 1 亿元	28	13.3
	1 亿 ~ 100 亿元	143	67.8
	100 亿 ~ 200 亿元	24	11.4
	200 亿元以上	8	3.8
调查对象职务	高层	61	28.9
	中层	135	64.0
	基层	15	7.1

从表9中，可以看出，被调查者多数为企业中高层，他们对公司的整体运营状况有比较好的掌控，因而回答能够较为准确地反映公司的实际情况。从企业性质方面来看，以股份制和民营企业居多，国有企业样本数量也达到了22.7%，基本反映了我国物流行业企业体制现状；从2013年营业收入来看，企业收入水平较高。总体上来说，样本特征分布呈现出多样性和广泛性，具有较强的代表性。

表10是对观测变量的描述性统计，主要包括研究中涉及的观测变量的极大值、极小值、均值和方差。

表10		描述性统计		
量表项目	最小值	最大值	均值	方差
X1 政策支持	1.00	7.00	5.64	0.69
X2 资源获取	2.00	7.00	5.79	0.72
X3 金融机构	1.00	7.00	5.15	1.61
X4 资金支持	2.00	7.00	5.30	1.06
X5 竞争行为很难预测	3.00	7.00	5.71	0.84
X6 竞争手段多样	2.00	7.00	5.65	1.00
X7 竞争程度	2.00	7.00	5.71	0.96
X8 竞争公平	1.00	7.00	5.15	1.72
X9 需求变化	3.00	7.00	5.74	0.75
X10 客户要求	3.00	7.00	6.30	0.53
X11 需求应对	3.00	7.00	5.95	0.62
X12 技术变化	2.00	7.00	5.86	0.90
X13 基础技术重要性	1.00	7.00	6.13	0.85
X14 行业技术重要性	2.00	7.00	6.14	0.61
Y1 创新意识	1.00	7.00	5.70	0.90
Y2 机遇捕捉	2.00	7.00	5.83	0.86
Y3 发掘新市场	3.00	7.00	5.70	0.88
Y4 服务产品	3.00	7.00	5.82	0.78
Y5 技术敏锐性	2.00	7.00	5.81	0.73
Y6 共同愿景	1.00	7.00	5.73	1.15
Y7 创新激励	3.00	7.00	5.77	0.90
Y8 容忍损失	2.00	7.00	5.18	1.09
Y9 知识学习	3.00	7.00	5.91	0.70
Y10 知识共享	2.00	7.00	5.95	0.96

量表项目	最小值	最大值	均值	方差
Y11 知识应用	3.00	7.00	5.83	0.68
D1 客户需求	1.00	7.00	5.75	0.79
D2 目标市场	2.00	7.00	5.53	0.96
D3 核心能力	2.00	7.00	5.59	1.01
D4 服务和产品创新	4.00	7.00	5.94	0.73
D5 赢利模式	1.00	7.00	5.24	1.34
D6 成本控制	2.00	7.00	5.46	1.20
D7 吸引顾客	2.00	7.00	5.67	1.02
D8 协同机制	2.00	7.00	5.72	0.97
D9 总体创新	1.00	7.00	5.15	1.73
D10 行业领先	1.00	7.00	5.44	1.24

3. 假设实证研究

本研究主要采用多元线性回归模型。所选取被解释变量为商业模式创新，解释变量为内外部影响因素。分别研究内外部因素对商业模式的回归模型，外部因素对内部因素的回归模型。

为了便于进行多元回归，利用因子分析法构建综合得分函数，将所有测量变量压缩成一个综合得分。其主要思想是，将各个测量变量的方差贡献率组为权数，与该测量变量得分相乘后加和得到综合得分，利用综合得分进行多元回归。

①内外部因素对商业模式创新的影响

利用多元线性回归分析环境包容性、资金支持、竞争强度、客户需求变化、技术发展、企业家能力、企业创新文化和组织学习能力 8 个商业模式创新影响因素对物流企业商业模式创新的影响效果。表 11~表 13 分别为模型摘要、方差分析和模型结果。

表 11 模型摘要

模型	R	R 方	调整 R 方	标准估计的误差
	0.869[a]	0.755	0.745	0.3647

表 12 方差分析

模型	平方和	自由度	均方	F	Sig
回归	82.869	8	10.359	77.866	0.000a
残差	26.872	202	0.133		
总计	109.741	210			

从表 11 中可以看出，R 值为 0.869，说明模型的拟合性较好，调整 R 方值为 0.745，证明 8 个自变量对商业模式创新的解释程度达到 75.5%。此外，根据表 12 可知，回归模型 F 值为 77.866，显著性检验 P 值为 0，小于 0.05 的显著水平，表示回归模型线性关系显著。具体结果如表 13 所示。

表 13 模型结果

模型	非标准化系数		标准系数	t	Sig.	共线性统计量	
	B	标准误差	试用版			容差	VIF
（常量）	−0.095	0.270		−0.353	0.725		
环境包容性	0.132	0.043	0.134	3.080	0.002	0.642	1.557
资金支持	0.136	0.032	0.202	4.241	0.000	0.533	1.875
竞争强度	0.179	0.059	0.193	3.042	0.003	0.301	3.323
客户需求变化	0.085	0.050	0.077	1.702	0.020	0.596	1.678
技术发展	0.063	0.042	0.071	1.522	0.130	0.555	1.801
企业家能力	0.201	0.056	0.222	3.617	0.000	0.321	3.111
企业创新文化	0.105	0.039	0.128	2.668	0.008	0.524	1.909
组织学习能力	0.112	0.048	0.114	2.336	0.020	0.510	1.963

a. 因变量：商业模式创新。

表 13 为回归系数和回归系数显著性检验。共线性统计量容差均明显大于 0.1，VIF 值均明显小于 10，因此可判定变量间不存在多重共线性问题。模型中，环境包容性、资金支持、竞争强度、客户需求变化、企业家能力、企业创新文化和组织学习能力回归系数检验值显著水平小于 0.05，且回归系数均为正，因而可判定其回归系数显著不为 0，而技术进步回归系数显著水平大于 0.05，说明其回归系数不为 0 的不显著。由此可见，环境包容性、资金支持、竞争强度、客户需求变化、企业家能力、企业创新文化和组织学习能力 7 个解释变量对物流企业商业模式创新有着显著的正向影响，其中资金支持、竞争强度和企业家能力影响程度相比于其他因素来讲更大。

根据以上分析，可以验证本研究提出的以下假设：

H1：环境包容性对物流企业商业模式创新有正向作用。

H2：资金支持对物流企业商业模式创新有正向作用。

H3：竞争强度对物流企业商业模式创新有正向作用。

H5：客户需求变化对物流企业商业模式创新有正向作用。

H6：企业家能力对物流企业商业模式创新有正向作用。

H7：企业创新文化对物流企业商业模式创新有正向作用。

H8：组织学习能力对物流企业商业模式创新有正向作用。

②外部因素对内部因素的作用分析

在商业模式创新影响因素中，外部因素总是通过内部因素才会真正发生实质性的创新驱动作用。外部因素需要通过诱导、唤起、驱动作用而转化成内因。因此有必要研究外部因素对内部因素的作用。以下分别进行环境包容性、资金支持、竞争强度、技术进步、客户需求变化对企业家能力、企业创新文化和组织学习能力的回归分析。分析结果如下：

表 14 外因对内因回归模型结果（一）

模型	非标准化系数		标准系数	t	Sig.	共线性统计量	
	B	标准误差	试用版			容差	VIF
（常量）	-0.291	0.334		-0.870	0.385		
环境包容性	0.231	0.052	0.212	4.416	0.000	0.713	1.403
资金支持	-0.030	0.040	-0.041	-0.753	0.452	0.564	1.774
竞争强度	0.563	0.062	0.551	9.085	0.000	0.446	2.244
客户需求变化	0.082	0.064	0.067	1.280	0.202	0.602	1.662
技术发展	0.204	0.050	0.208	4.045	0.000	0.619	1.615

a. 因变量：企业家能力。

表 15 外因对内因回归模型结果（二）

模型	非标准化系数		标准系数	t	Sig.	共线性统计量	
	B	标准误差	试用版			容差	VIF
（常量）	0.700	0.481		1.455	0.147		
环境包容性	0.141	0.075	0.117	1.873	0.062	0.713	1.403
资金支持	0.185	0.058	0.225	3.216	0.002	0.564	1.774
竞争强度	0.394	0.089	0.349	4.420	0.000	0.446	2.244
客户需求变化	0.046	0.092	0.034	0.502	0.616	0.602	1.662
技术发展	0.116	0.073	0.107	1.598	0.112	0.619	1.615

a. 因变量：企业创新文化。

表 16 外因对内因回归模型结果（三）

模型	非标准化系数		标准系数	t	Sig.	共线性统计量	
	B	标准误差	试用版			容差	VIF
（常量）	1.385	0.399		3.471	0.001		
环境包容性	0.140	0.062	0.140	2.253	0.025	0.713	1.403
资金支持	0.035	0.048	0.051	0.732	0.465	0.564	1.774
竞争强度	0.347	0.074	0.368	4.687	0.000	0.446	2.244
客户需求变化	0.064	0.076	0.057	0.838	0.403	0.602	1.662
技术发展	0.203	0.060	0.224	3.370	0.001	0.619	1.615

a. 因变量：组织学习能力。

三个模型均能通过变量共线性检验和拟合度检验。从表 14、表 15 和表 16 可以看出，环境包容性、竞争强度和技术发展对于企业家能力有正向影响；资金支持和竞争强度对企业创新文化有正向影响；竞争强度和技术发展对组织学习能力具有正向作用。

（五）实证研究结论

根据以上的研究，可以得出以下结论。

1. 企业家能力是物流企业商业模式创新最重要的影响因素

在所有的因素中，企业家能力是物流企业商业模式创新最重要的影响因素。这与多数学者的理论研究和实证研究基本一致。对于一个企业来说，要推动商业模式创新，首要是企业家具有创新意识，能够积极采取创新行为，并对创新过程进行监督和调整，完成商业模式创新自上而下的过程。因此企业家的创新、冒险、承担风险、协调资源的能力是推动物流企业商业模式最重要的因素。

2. 资金支持是物流企业商业模式创新的主要助力之一

在研究过程中发现资金支持是仅次于企业家能力的对物流企业商业模式创新影响最大的因素。现代企业的运作离不开资本市场的支持，成功的进行商业模式创新需要有人才支撑、设备支撑、网络建设、渠道建设等，这些都离不开资金的支持。企业必须要具备掌握资本的能力，完备资金筹措平台，将经营与资本结合在一起。因此，资金支持是物流企业商业模式创新的重要助力之一。

3. 高竞争环境能够促使物流企业进行商业模式创新

在高竞争环境下，物流企业原有商业模式的赢利能力和适应性将会极大降低，为了重新具备竞争优势，必须要进行商业模式创新。应该说，高竞争环境加快了企业商业模式创新的脚步，是企业进行商业模式创新的强大驱动力。研究的结果也恰恰证实了这一点，在这里，高竞争环境虽然是促进企业进行商业模式的重要因素，但是同时也要看到高竞争环境使得企业的竞争优势持续的周期更短，这就要求企业必须能够整合优势资源，开拓新的创新项目，更加稳健的选择创新项目的投资时机已降低风险。

4. 环境的包容性、客户需求变化、创新文化和组织学习能力均能促进物流企业商业模式创新

环境包容性体现在国家为企业提供了较好的政策支持和企业能够从市场上获取进行创新所需的各类资源。高的环境包容性利于企业形成动态能力，顺利进行商业模式创新。

学者们研究结果表明创新多由需求拉动，在高度竞争的环境中，物流企业将目光瞄准客户需求的变化，以需求来拉动变革，变"红海"为"蓝海"，因此客户需求的变化对物流企业商业模式创新具有促进作用。

企业内部的创新文化让企业内部员工形成了统一的创新价值观和认同度，有利于创新的推进。

组织学习能力共享知识，转化外部知识，加快组织的知识更新速度，在外部环境不断变化的今天，组织增强学习能力将能极大地促进商业模式创新。

5. 技术进步间接地促进物流企业进行商业模式创新

从研究结果可以看出技术进步对于物流企业商业模式创新的直接影响效果并不显

著。这与以往的研究结果——技术进步是企业技术创新的主要动力，也是商业模式创新的重要推动力，看似存在矛盾。那么对于这个结果，通过对外部因素对内部因素的回归分析可以看出，技术进步并不直接作用于商业模式创新，而是通过增强企业家创新能力，并经过组织学习进行转化，间接的作用于商业模式创新。同时也说明，技术进步作用于促进物流企业商业模式创新是存在一个滞后期。

（六）小结

本部分通过实证的方式对影响物流企业商业模式创新的内外部因素进行了研究。实证研究结果发现物流企业商业模式创新的主要内外部影响因素有环境包容性、资金支持、竞争强度、技术发展、客户需求变化、企业家能力、企业创新文化和组织学习能力8个因素，其中资金支持、竞争强度和企业家能力相比于其他因素来讲影响程度更大。而对于技术进步来说，并不直接推动物流企业商业模式创新，通过改变企业家创新能力，并提升组织学习能力间接作用于企业商业模式创新。本部分的研究将为后文的研究奠定基础。

四、物流企业商业模式创新路径研究

物流企业商业模式创新的影响因素分析明晰了企业进行商业模式创新的驱动力，本部分将进一步探讨物流企业商业模式创新的路径。可以预见，在高竞争的环境下，进行商业模式创新将成为企业生存和发展的重要手段，因此，有必要对物流企业商业模式创新基础和路径进行研究，为企业提供更为清晰的创新思路，使企业较为全面地把握创新的动态过程。

（一）高竞争环境下物流企业商业模式创新基础

随着经济的不断发展，高竞争环境已经成为这个商业时代企业发展的常态，而商业模式则是企业创造价值的基本方式和核心逻辑。物流企业如果想实现商业模式创新，就必须要了解企业创新的基础是什么，从哪几个角度可以实现创新。本节基于资源和能力理论，建立了高竞争环境下，资源—能力—商业模式创新演进（Source Ability BMI）模型，为提出物流企业商业模式创新路径奠定了基础。

1. 企业资源——能力分析

企业发展的根本目的在于在一定外部环境和内部资源能力条件下通过商业模式的制定和实施，实现优于竞争对手的绩效和竞争优势[74]。波特指出，企业竞争优势是指一个企业在竞争环境中所处的优势位置，竞争优势归根结底来源于企业为客户创造的超过其成本的价值[75]。Hin（2007）提出，所谓企业具有优势是指这家企业赢利能力高于整体产业的平均值，持续竞争优势是指在若干年内企业的赢利能力都高于行业平均水平。企业要想在高竞争环境下脱颖而出，就必须形成自己独特的企业竞争优势，而独特的竞争力是相对于竞争对手而言，所独具的、能够引导企业实现产品差异化或实现持续低成本结构。这种独特的企业竞争力来自于两种来源：资源和能力[76]。

创造价值和不断获取并使用资源是商业模式的核心功能[77]。企业是各种资源的集合体，同时在运营过程中，通过业务网络不断挖掘形成资源的扩充。资源是企业生存和发展的基础，每个企业的资源条件不同，也决定着企业的发展方式有所不同。对于资源

的定义学者们有不同的认知，综合来说，资源是指企业在生产运营过程中所有具备和投入的要素。资源可以分为有形资源和无形资源。其中，有形资源主要是指企业的物质和金融资产，前者主要包括企业的厂房、设备、土地等固定资产，后者主要包括企业的筹资和借款，无形资源主要是指企业的知识产权、技术诀窍、企业形象、品牌、专利、商标、交易秘诀、专用知识、商誉和企业文化等，也包括人力资源，人力资源是经过投资开发而形成的存在于企业员工体内的，能够推动企业发展的体力、智力、知识、经验和技能，如表 17 所示。

表 17   **企业资源类型和内容**

资源类型		资源内容
有形资源	财务资源	现金、股票等金融资产
	实物资源	厂房、机器设备、场地、原材料等实物资产
无形资源	知识产权	技术诀窍、经营方式
	商誉资源	企业形象、顾客信用、商标知名度、顾客忠诚度、营销渠道
	人力资源	员工、企业家
	组织资源	企业组织结构、计划、控制和协调系统
	基础结构资源	企业文化、管理制度

资料来源：根据胡大力（2005）资料整理。

企业由各种不同的资源组成，但静态的资源不能单独形成实际的生产力，真正的生产力来自于将各种资源进行有效的组合，当企业在一定的资源基础条件下，通过对所拥有的各种资源有效整合就会产生各种能力，能力是指企业分配资源的效率，这些资源被有目的地整合在一起，构成了企业采取某些行动的能力，这些能力在市场竞争中发挥着重要作用。虽然资源是企业生存和发展的基础，但是，企业的竞争优势强弱、价值大小不完全取决于其所拥有的战略性资源，而是取决于资源背后的能力，尤其是核心能力。也就是说，是企业的能力存量决定着企业资源的增值速度和增量大小。企业在市场竞争中所表现出的竞争优势，其本质是企业拥有合理的资源结构和能力结构。每家企业都具有一系列相关的能力，企业参与市场竞争就是应用这些能力的过程[78]。企业能力由某些要素组成，并以某种结构存在于企业中。企业的能力是多样化和多层次的，一个常见的企业能力构成如表 18 所示。

表 18   **企业能力类型和内容**

能力类型	能力内容
公司管理	财务控制能力、战略控制能力、领导能力、部门间协调能力、价值观的定位
信息管理	沟通协调能力、信息管理能力、知识管理能力
研究与开发	基础研究能力、新产品开发能力、新产品开发的速度
生产制造	生产系统的规模和效率、改善生产流程的能力、灵活快速反应的能力

能力类型	能力内容
营销	品牌管理和推广能力、对市场变化的反应能力、建立和维护企业声誉的能力
分销与促销	销售渠道管理能力、分销速度、促销和人员推销能力、客户服务能力

资料来源：根据《传统物流企业向现代物流服务提供商转型关键问题研究》整理[79]。

对于物流企业而言，一般需要具备五种能力，包括物流实施运作能力、多个供应商的关系管理及协调组织能力、信息技术能力、规划咨询能力和物流培训能力。物流实施运作能力是指业务流程管理能力、业务流程具体运作能力、物流运作行业经验、全球化网络和网络支持能力。值得一提的是，即使高端物流企业拥有极其强大的资源和能力，也不大可能满足客户的所有需求。原因主要是由于供应链管理的需求比较复杂，涉及面广，一家物流企业的资源和能力很难满足全部的需求，即使一家物流企业能够利用自身的资源满足全部的需求，也并不能够做到高效率及低成本两个标准。因此，高端服务提供商也必须与其他综合物流企业进行合作，故多个不同供应商的关系管理及协调组织能力变得非常重要。表19总结分析了物流企业实施运作能力、信息技术能力和规划咨询能力中的能力细分。

表 19   **物流企业具备主要能力细分**

物流实施运作能力	全面的基础物流服务能力 出色的整合能力 先进的信息技术能力 一定的咨询服务能力 增值服务能力 出色的核心业务能力 强大的资本运作能力 全球化网络能力 丰富的运作经验
信息技术能力	信息系统设计能力 信息系统集成能力 信息系统实施能力 信息技术外包实施能力 信息技术方案创新能力
规划咨询能力	供应策略制定能力 业务流程再造能力 管理概念创新能力 组织变革理解能力 组织变革管理能力

资料来源：根据《传统物流企业向现代物流服务提供商转型关键问题研究》整理。

2. 商业模式创新演进——Source Ability BMI 模型

商业模式创新是企业内在的能力和资源与外部环境的互动过程的产物[80]。企业在积累和学习如何运用不同资源和能力的长期过程中，形成了自己具有核心竞争能力的商业模式。企业对利润的不断追求是企业成长的动力[81]，Rappa（2000）指出，商业模式的最根本内涵是企业为了自我维持，也就是赚取利润而经营商业的方法[82]。Grant（1991）提出了一个包含分析企业资源基础、评价企业能力、分析评价企业资源的利润获取潜力、战略选择、扩展和提升企业的资源和能力基础五个阶段的基于资源基础理论的战略分析和构思实践性框架。Grant 的整合框架不仅揭示了作为企业竞争优势来源的资源和能力之间的层次关系，同时也考虑了机会、竞争对手等环境因素，以及企业产品市场竞争优势与企业内部资源和能力的内在联系[83]。由于各个企业所处的行业和发展历史不同，他们所占有的资源的差异导致他们各自核心竞争能力具有很大的差别，从而影响各个企业商业模式的不同。

由此，本研究提出资源—能力—商业模式创新（Source Ability BMI）模型，即SABMI模型。该模型深刻阐述了物流企业商业模式创新的出发点和基础。

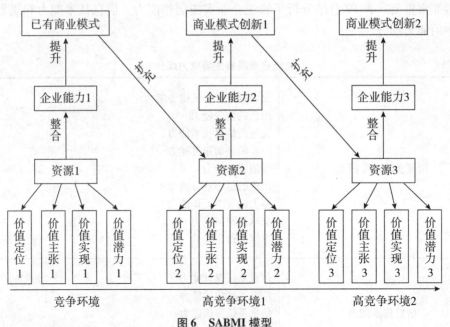

图6 SABMI 模型

在高竞争的商业环境下，企业不得不在利润逐渐减少或者趋于零的时候，选择新的发展领域，实现商业模式的改变[84]。也就是说，引起物流企业商业模式创新的几个主驱动力有：高竞争环境、资源、能力、商业模式。在一个原始竞争环境中，企业拥有原有的商业模式，在企业运营过程中，企业资源的不断丰富，企业一些能力不断增强，原有商业模式将不能满足企业的发展，这时，当高竞争环境来临，促使企业开始商业模式创新。新的商业模式扩充了企业资源，使企业能力进一步提高，企业得到进一步的发展，当外部环境再度刺激，新一轮的商业模式创新又将开始。这就是商业模式的创新路径选择的基础。

（二）物流企业商业模式创新路径模型的构建与分析

SABMI 模型分析了高竞争环境下企业商业模式创新路径的基本前提，本部分将以 SABMI 模型为基础，结合上文中提出的商业模式四个组成要素，进一步建立并解析高竞争环境下物流企业商业模式创新途径模型。

1. 物流企业商业模式创新路径模型构建

Miller 和 Firesen 曾经提出，当竞争条件变得更加苛刻的时候，广泛的冒险和大力的先行行动，以及强调彻底地革新可能是非常有害的[85]。在样本物流企业数据分析过程中，发现一个企业很难在自身的价值链各个环节同时均具有竞争优势。更多的情况是企业通过经营或塑造价值链上某个或某几个要素或者环节，从而达到商业模式创新的目的，实现企业在行业中保持领先的价值创造和竞争优势。因此，可以通过专注于企业在价值链上的某些创新活动，进行变革或创新，形成企业商业模式创新的有效路径，实现商业模式的创新。

国内商业模式创新研究专家原磊在研究中曾提出，商业模式创新可以有完善型、调整型、改变型和重构型，从环境维度，可以看出，在较动荡和动荡的环境条件下，必须进行改变型商业模式变革和重构型商业模式变革。此时，对于商业模式本质逻辑来说，有了重大的改变和重构。对于处在高竞争环境中的物流企业而言，必须进行改变型和重构型商业模式变革，其变革不能着眼于对服务的改善或者客户渠道的完善，又或者是单纯成本的降低，而应该是一种全面的，各个商业模式组成要素均要发生变革。

在本课题定义的物流商业模式组成要素与结构中，商业模式是由价值定位、价值主张、价值实现、价值潜力四大部分构成的整体系统。这四大基本要素之间相互依赖，相互作用，构成一个整体的物流企业价值创造系统。同时，它们都可以进行层次性分解，如价值定位分解成目标客户和目标市场等要素，价值主张可以分解为业务范围、服务模式等要素，这些子要素又可以进一步分解；同样，价值实现分解为客户关系、营销渠道等要素，价值潜力分解为利润来源和成本管理等要素。

在企业实际运行过程中，企业商业模式必然要与外界环境发生紧密联系，与市场进行物质、信息、资本、人力等资源的交换。商业模式是一个企业整体的表现，同时又是开放性、自组织性的系统。开放性体现在企业单项资源容易被获取，单项活动和能力容易模仿，企业在市场中的位置是开放的，但是，当单项的业务组合起来成为系统，不仅能够产生协同效应、增值效果，而且具有因果模糊性，难以被竞争对手所理解和掌握。商业模式的自组织性体现在，当商业模式的某一要素、子要素以及要素之间发生变化时，企业必然要自动应变，调整其原有的商业模式，以继续保持运行和发展。要素的变化和要素间的和谐配合是商业模式能否成功运行的关键。商业模式对企业整体重视，表现为对企业要素组合的关注[86]。

物流企业商业模式的四要素价值定位、价值主张、价值实现、价值潜力是相互独立又相互依存的，在进行创新时，应当以价值定位作为突破口，依赖其内部作用机理，逐步扩展至其余环节，最终完成整个创新过程。本研究提出商业模式创新路径模型如图 7 所示。

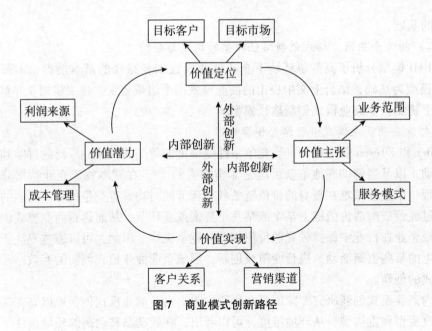

图7 商业模式创新路径

由商业模式创新路径模型可见，本文提出的物流企业商业模式的创新要素间具有逻辑关系清晰、结构系统完整以及深刻揭示物流企业经营活动本质等特征。

（1）物流企业商业模式创新路径模型各要素间逻辑关系清晰

价值定位、价值主张、价值实现和价值潜力四个创新要素是企业商业活动的关键要素，也是商业模式创新的主要路径。四者之间不仅联系密切而且还具有一种相互对应和层层递进的逻辑关系。此外，构成创新路径系统的子元素与子路径之间，也具有内在联系，从微观上反映了企业商业模式创新的具体角度。

（2）物流企业商业模式创新路径模型具有系统完整的结构

物流企业商业模式创新的四点路径完整涵盖了物流企业商业活动的各个方面。虽然内在结构简单，只划分为核心要素层与子要素层两部分，但其构成要素涉及商业活动的具体流程，包含了物流企业在经营活动中的所有业务流程，从内在的创新角度价值主张和价值潜力到外在的价值定位和价值实现，覆盖了物流企业生产运作和采购供应与营销的全部内容。

（3）物流企业商业模式创新路径模型揭示了物流企业竞争力的真正来源

物流企业商业模式创新路径模型通过引入价值定位、价值主张、价值实现与价值潜力逻辑要素，以企业价值创造的内容与过程整合企业经营战略与管理的各个方面活动，揭示出企业竞争力的来源在于有效整合企业系统的各种资源与过程所产生的系统涌现性。商业模式创新是一项复杂的系统工程，这个模型揭示出企业竞争活力来源于有机整合企业各个子系统而产生的企业根本性资源和能力。

2. 物流企业商业模式创新路径模型分析

商业模式创新是自外而内的创新过程，主要由外部创新和内部创新两个方面组成。外部创新包括价值定位和价值实现；内部创新包括价值主张和价值潜力。外部创新和内部创新相辅相成，四条创新途径从价值定位—价值主张—价值实现—价值潜力形成一个完整的物流企业价值创造的循环。

具体路径循环过程分析如下：

首先，在高竞争的市场环境下，物流企业趋向于同质化竞争，需要不断寻求新的发展方向，进行社会资源的再分配。从上一小节提出的SABMI模型出发，内部资源不变的前提下，社会资源分布决定了客户群体的变化，也就是说企业商业模式改变的第一步应从价值定位开始。换句话说，在高竞争环境下企业寻求新的发展方向，针对顾客需求进行商业模式创新则是必要的。在高竞争环境下能采取先动战略的公司，或具有相当的实力、拥有丰厚的资源或者富有创新精神的企业，此时有能力先行一步，则有可能比对手领先一步抓住机遇赢得竞争优势[87]。

其次，在清楚自己企业的定位、了解客户需求后，给客户提供什么样的服务和产品成为关键。顾客需求的不断变化，导致企业提供业务范围、服务模式都将发生变化。这就需要企业明确价值主张及其变化，否则，商业模式创新无从谈起。

再次，物流是个新兴的行业，其行业的竞争实际上是一场对客户服务的竞争，是为服务增加更多的价值[88]。物流企业要根据客户实际情况，以客户需求为根本出发点，发现、挖掘、满足客户需求，从客户服务中获取自身价值，企业才能获取成功，概括来说就是"赢在客户"[89]。在当前的市场环境下，物流商与厂商之间互相依赖，彼此影响，企业价值实现的关键就是注重客户关系和拓展营销渠道，这是提升物流企业竞争力的关键，是在高竞争环境中商业模式创新的重要途径。物流企业是为供应方和需求方提供物料运输、仓库存储、产品配送等各项物流服务的中间者，是处于供应方和需求方之间的连接纽带。于是，物流企业每进行一项服务就要同时面对两个以上的服务对象，物流企业可以通过渠道提供终端所不能满足最终消费者的产品和服务增值方面进行创新。

最后，价值潜力是企业的核心竞争力。根据规模经济原理，物流规模越大，物流集约化程度越高，物流营运就越经济，因此企业生产经营达到一定的规模时，成本控制才能发挥其系统管理的功效。目前一些从事物流活动的企业，其利润来源一般都比较单一：运输企业的利润取决于收益与实际成本的差额，仓储企业的收益来源为租赁费用和装卸搬运费用，货代公司产生效益来源是向货主收取的中介管理收支，信息系统公司靠提供一整套物流解决方案取得收益，并且这些企业之间存在着极为普遍的低价竞争情况，所以，对物流企业来说，找到一个很好的利润增长空间是十分必要的。降低成本、增加赢利点是物流企业创新的一个重要途径。企业是以赢利为目的，没有良好的赢利模式，企业就无法得以生存和发展，价值定位和企业的资源及能力便没有任何意义，更不能形成成功的商业模式，所以商业模式创新途径中很重要的一点就是进行赢利模式的创新。

（三）物流企业商业模式发展趋势分析

如果企业能在生命周期的不同阶段，探索出更适合其发展的商业模式，企业就可能建立新的竞争优势，成为同行业的佼佼者。国外的USPS、DHL、UPS、Maersk、FedEx、LaPoste、Royal Mail等，都是通过商业模式创新获得成功的优秀代表。从我国物流业所处宏观和行业环境来看，随着大量物流企业的成立，市场低层次需求基本趋于饱和，单纯地依靠低成本的竞争战略和大量的资源投入无法促进我国现代物流业的跨越式发展，传统的商业模式显然不再适合物流企业的可持续发展。面对今天高度竞争的环境，物流企业应该认识到环境的变化，对自身的商业模式进行调整或重构。本文基于物流企业商业模式创新路径模型，提出我国物流企业商业模式的发展方向。

1. 供应链集中管控的一体化服务商业模式

供应链集中管控一体化服务商业模式的特点在于物流企业作为供应链集成商的角色，能够有效地获取供应链上游资源，并且能够具有快速地分销产品、协助客户更专注的从事核心业务的能力。还需要物流企业掌握大量的客户资源和信息资源，对所从事行业供应链具有较好的掌控能力，能够高质量地满足客户多样化的需求。

供应链集中管控一体化服务商业模式的客户群体主要集中在供应链核心企业、供应商、分销商，物流企业作为供应链集成商，与供应链企业形成战略合作联盟伙伴关系，其价值主张是整合供应链资源，融商流、物流、信息流、资金流于一体，为企业搭建全方位一站式供应链服务平台，提供"一站式供应链管理外包服务"，使服务的企业专注于核心业务，帮助所服务的企业实现价值增值、提高核心竞争力，从而实现多方"共赢"。物流企业需要整合供应链上游资源、内部资源和下游客户资源，为核心企业提供一体化的服务，并通过服务从采购、物流、分销等多项增值服务中获取利润。通过实施供应链集中管控一体化服务商业模式，能够使所服务的企业降低供应链管理总成本、提高准时交货率，缩短订单满足提前期，降低库存，提高资产运营业绩，加速现金流周转周期[90]。

目前，国内采用这一商业模式的典型代表是深圳怡亚通供应链股份有限公司。深圳怡亚通供应链股份有限公司深入挖掘企业物流需求，整合供应链优势资源，在中国率先构建全程供应链整合服务平台，通过不同的供应链服务模式，帮助不同供应链的合作伙伴实现从研发、采购、生产到市场营销、分销终端等各环节的全程供应链管理和优化，最大限度促进所服务企业价值增值和提高竞争力。怡亚通目前所从事行业包括了电脑、通信、服装、百货等多个不同行业，其网络覆盖了国内外。怡亚通公司2013年营业收入约116亿元，同比增长53.85%；实现营业利润2.7亿元，同比增长80.33%[91]。

2. 以物流金融为核心的商业模式

以物流金融为核心的商业模式要求物流企业需要具备很好的资金优势，或者融资能力，并且有一定的金融和法律人才资源。其主要客户是中小型资金量有限的企业，目的是在提供现代物流服务的同时，为所服务的企业提供金融服务，帮助客户拓展融资渠道、降低融资成本、提升资本运用的效率、分担风险。目前，由于中小企业存在着信用体系不健全的问题，融资渠道贫乏，生产运营的发展资金压力大。物流金融服务能够解决物流过程中的中小企业融资问题，使中小企业能够把有限的资金用在提高企业核心产品的市场竞争力上面[92]。物流金融主要业务内容包括：质押、担保、垫资、租赁、信托、有价证券发行与交易等，在实际运作过程中，可能是多种业务内容的混合。物流金融为主的商业模式将成为我国物流企业的发展方向，但是控制交易和资金风险是商业模式运行中的重中之重。目前，我国物流金融的代表性的物流企业主要有：中储运、中远、中铁物流、宝供物流、深圳怡亚通等第三方物流公司。对于有些公司，物流金融已经成为其主要利润来源。

中储运于 1999 年开始开展质押监管等物流金融业务，经过几年的发展，已经成为国内物流金融业务的领军企业。公司发展物流金融在客户定位方面选择定位在中小客户，这类客户数量众多，亟须缺乏资金支持，因而较易发展成为稳定的客户群。在发展物流金融的过程中，中储运紧抓客户需求，不断尝试新的物流金融模式，为公司赢得了发展先机和发展空间。截至 2010 年，中储质押业务已经推广到全国 27 个省份，年质押监管规模超过了 600 亿元。监管品种具有保质期长，质量检验标准通用，用途广泛（主要为原材料方面产品），价格稳定，易保管，流动性较好，易变现等特点。品种包括：黑色金属材料及其矿产品、有色金属材料及其矿产品、煤炭、石油、化工、汽车、家电、轮胎、玻璃、化肥、纸业以及农产品十二大类。中储运物流金融的主要业务有：有动产监管、质押监管、抵押监管、贸易监管，并将原有的提单业务、保兑仓业务和供应链管理业务融入其中，进行物流金融模式的创新[93]。

3. 平台商业模式

平台商业模式起源于平台经济，而平台是一种虚拟或真实的交易场所，通过这个交易场所促成双方或多方客户之间的交易。所以建立平台型商业模式的企业，需要拥有大量的客户资源，企业中各种业务领域的人才资源，以及整个资源信息的能力。一些成功的其他行业企业如苹果、沃尔玛、淘宝、中国移动、各类电商超市等，已经迅速扩张了市场，并且脱离了例如价格战等一般层次的竞争，达到了不战而屈人之兵的境界。在物流行业中，各类大型交易场所和流通市场实际上就具备了平台商业模式的雏形。

物流企业平台商业模式主要是通过构建多边市场，吸引大量关键资源，将需求方、供给方、信息提供商、金融机构、保险机构、咨询机构及软件商等各类客户集聚在一起，满足各客户的物流、资金、信息等各方面的需求[94]。物流企业通过经营平台或者直接为平台上客户提供服务获取收益。平台商业模式的特点在于其价值潜力，当平台用户超过一定规模时，其网络外部性将大大增加。物流企业可以通过对平台用户客户收费来获取巨额的收益，同时物流企业也可直接为平台客户提供各种服务，如物流服务、金融服务等获取收益。平台商业模式因其网络外部性而受到瞩目，在多个行业都焕发出巨大的生命力。但是，对于物流企业来说，平台商业模式的要求也很高，在资金、客户资源等各方面都需要一定的积累。在平台商业模式建设初期，如何整合资源，如何增加客户规模，让平台良性运转将是物流企业需要解决的重要问题。

冀中能源国际物流集团公司"双平台"商业模式是物流企业平台商业模式中比较成功的范本。冀中能源国际物流集团公司通过构建物流园区 + 电子商务中心的"双平台"打造了一个良性循环的商业生态圈。国际物流集团在早期的物流服务中积累了丰富的客户资源与一定的资金，具备了良好的平台基础。国际物流公司逐步将原来只对上游，或者只对下游的单边市场拓展成为同时面对多类型客户的多边市场，并且，在运营过程中，国际物流公司通过一系列相关联的业务运作，如提供第三方物流服务、提供物流金融、贸易等高端物流服务满足客户需求，持续吸纳新客户。冀中能源国际物流集团"双平台"商业模式，实现了利润倍增，为公司创造了巨大的经济效益。2013 年实现销售收入 700 多亿，利润超过了 6 亿元。

4. 协同化生态系统商业模式

协同化生态系统商业模式中，企业与具有关联关系的经济主体组成一个新的价值网络，在这个网络中，节点与节点之间协同进化，更加注重合作共赢，通过系统成员之间的功能耦合，共同形成一个良性的循环生态系统，达到提升整体系统竞争性的目的。物流企业形成商业生态圈，核心是要以客户的需求为导向，生态圈内所有主体协同实现价值主张，生态圈内主体间形成契约及互动关系直接影响到价值实现和价值潜力。物流企业的商业生态圈需要依托大数据和云计算等先进的信息技术，除了普遍意义上的物流服务之外，还包括互联网软件研究、企业管理、投资咨询、经济信息咨询服务等涉及"物品迁移"的业务，甚至更为广阔的服务项目。但是，协同化生态系统商业模式的构建难度是非常大的，首先人才需求是一项庞大的工程，团队中要配备电商物流、供应链物流、金融、互联网等大批专业人才；其次目前我国已经形成相对稳定成熟的物流集团，每个公司都有完整的仓储、分拨和信息网络，大数据平台建设将是最大难点。

　　未来的物流行业一定是将高科技应用在供应链过程的每一个环节。协同化生态系统商业模式实际上是一个理想状态下的智能可视化综合供应链服务平台。供应链从单独一条链向多条链整合后，就延伸出"平台模式"。如果建设和整合多个平台，那就变成了"协同化生态系统商业模式"。协同化生态系统商业模式是希望建立从客户需求开始到库存计划、订单下达、仓储运营、干线调配、末端配送、线下运营、全国仓储圈地、线上协同、信息平台建设、大数据战略、金融服务、延伸到制造代工等的全方位可视化完全供应链服务。目前国际上 IT 行业已经提出了建立商业生态圈，物流行业马云的"菜鸟"物流平台就是协同化生态系统商业模式的尝试。

　　（四）小结

　　本部分对物流企业商业模式创新路径进行了研究。第一，从高竞争环境下物流企业资源—能力—商业模式创新关系分析入手，明确了企业资源和能力的关系以及资源和能力对物流企业商业模式创新的重要性。第二，提出资源—能力—商业模式创新演进（Source Ability BMI）模型，即 SABMI 模型，该模型深刻阐述了物流企业商业模式创新的出发点和基础。第三，基于 SABMI 模型，根据物流企业商业模式的四要素价值定位、价值主张、价值实现、价值潜力在企业创新活动过程中的逻辑关系，提出高竞争环境下物流企业商业模式创新路径模型，并对模型进行了具体解析。第四，通过案例表述对我国物流企业商业模式发展趋势进行了分析。

五、冀中能源国际物流集团有限公司商业模式创新实证研究

（一）企业基本情况简介

　　冀中能源国际物流集团有限公司（以下简称"国际物流集团"）是冀中能源下属的全资子公司，2011 年 1 月注册成立，注册资本 8 亿元。现有在册职工 150 余人。国际物流集团先后组建了冀中能源国际物流集团（香港）有限公司、上海冀中鑫宝能源进出口有限公司、冀中能源国际物流集团邯郸分公司、河北冀中邯能精煤销售有限公司、邯郸县新铁物资有限公司、冀中金宝钢丝绳有限公司、内蒙古冀合能源有限公司、河北冀中经联物流有限公司、河北冀中唐能贸易有限公司、河北冀中凯钢贸易有限公司、冀中宏远国际贸易有限公司、冀中瑞丰（深圳）供应链有限公司等多个分公司。

　　国际物流集团在发展过程中，以"成为最优秀的大宗商品资源交易平台，提供最优质的一体化物流服务"为愿景，发挥集团公司积累资源优势，形成了以物流园区和电子商务中心为依托，以高端增值物流服务为核心的"平台＋服务"的平台商业模式。国际物流公司的经营范围扩展到煤炭、部分金属材料、除木材外建筑材料、部分化工产品、橡胶制品、工矿产品及配件、机械电子设备、五金交电、焦炭、铁矿石和铁精粉等；服务对象从煤矿生产资料供货商扩展到煤炭、钢铁及相关产品供应链上各节点企业。主要业务除精益化的企业内部物流外，还创新性地开展了物流金融、设备租赁、国际贸易和第四方物流等高端增值业务。

经过近 3 年的创新发展，国际物流集团先后荣获中国 5A 级物流企业、中国先进物流企业、中国能源物流最佳企业等多项国家级荣誉称号，荣膺中国物流百强第 6 位，河北物流 50 强企业第一位等多项殊荣。同时具备了物流工程硕士专业学位培养基地、物流职业教育实训基地、河北省军用物资应急采购供应商、河北省现代物流培训基地、河北省设备租赁调剂中心、钢材交易中心、内蒙古西部煤炭交易中心等多项社会职能。

国际物流集团商业模式创新实践，在现代物流企业商业模式方面，尤其是大宗商品商业模式方面进行了实践探索，为我国从事大宗商品交易和流通企业在商业模式创新方面积累了经验，其商业模式创新过程具有重要的参考价值，为全国物流行业企业提供了一个值得研究与借鉴的参照体。

（二）企业商业模式创新过程分析

国际物流集团脱胎于服务冀中能源企业内部物流的部门，在集团整体发展战略部署下，国际物流集团创新商业模式，实现了从企业物流到物流企业的蜕变，成长为物流行业的佼佼者。分析国际物流集团的创新过程，主要包括资源和能力分析、商业模式创新路径选择及实施。

1. 资源和能力分析

（1）资源方面

①有形资源

2013 年国际物流集团实现营业收入 689 亿元，利润总额 6.07 亿元。截至 2013 年年末，国际物流集团资产总额为 106 亿元，其中，流动资产 103 亿元，非流动资产 3 亿元，具有庞大的资金支持。

在物流基础设计建设方面，拥有多处物流园区，各物资供销分公司均配有充裕场地，标准化一级超市及后备库。在运输工具和运输线路方面，部分供应公司拥有运输车队、叉车和铁路专用线。有的子公司拥有专用铁路、机车和自备车。专业铁路分别与国铁支线的各站接轨。

②无形资源

就品牌而言，物流服务品牌主要包括品牌理念、形象体系、服务质量、服务内容、服务文化、服务价值等内容。国际物流集团依托冀中能源集团在企业内部物流经营过程中初步形成了稳定的客户群体，良好的市场反应，服务质量和安全方面都运行良好，品牌的识别性和影响力都具有一定社会基础。

在人力资源方面，集团公司组目前人员构成知识层次较高，但在知识复合方面较弱。其余方面，集团公司的组织机构、企业文化体系、信息系统建设等基本完善。

总的来说，第一，在有形资源方面，国际物流集团企业物资和资金充沛，融资渠道合理安全，生产设备等不动产安全并运转良好，财务资源分配合理、使用和供给及时，计算机系统运作正常。第二，在无形资源方面，国际物流集团的品牌建设相对充分，品牌关注度、认知度、美誉度和知名度都已经基本形成；各级的决策部门重视物流产业的发展，能够协调各方利益、重视基础设施的配套和功能的完善；企业已经完成初步信息化建设并且正在进行信息化升级改造。第三，在人力资源方面，人才引进、培养、培训等基本完善，但在人才保障和人才战略方面还需要加强。

（2）能力方面

国际物流集团通过对所拥有的各种资源有效整合，形成了较为强大的资本运作能力、增值服务能力、丰富的运作经验、出色的整合能力等。并在信息技术能力方面，形成了信息技术设计、信息系统集成、信息系统实施的能力。

正因为具备了这样的资源和能力，国际物流集团选择发展的目标是进行物流资源的整合，成为国内乃至国际上最优秀的大宗商品资源交易平台，提供最优质的一体化物流服务。通过有效整合资源，识别核心能力，确定发展方向后，国际物流集团进入商业模式创新路径的选择和实施阶段。

2. 商业模式创新路径选择及实施

我国物流行业经过几十年的发展，已经进入高竞争时代，且环境的高竞争特性将成为一种常态。在这样的环境下，为降低商业模式创新的风险，规避高竞争，开辟蓝海空间，国际物流集团从价值定位入手，逐步扩展到价值主张、价值实现和价值潜力各环节，最终实现了整个商业模式系统的更新。

（1）价值定位

国际物流集团运用市场细分来决定提供价值给哪些顾客，并在市场细分中要能提供顾客具差异的价值。在细分市场的确定上，国际物流集团进行科学评估，详细界定哪些是能为物流企业带来价值的物流需求与客户，不同类型的客户的需求不同，在质量、功能、价格等方面存在不同的需求特征，它们对企业的服务能力和要求有何种不同，这样才能通过不同的价值主张来实现客户需求。

国际物流集团依托于冀中能源集团，深刻的了解和掌握煤炭等大宗商品供应链运作情况，过去几年内，多数开展与煤炭相关的物流业务，集聚了丰富的客户资源，因此选择细分市场是煤炭、钢铁、化工及相关产业链，为降低风险，国际物流集团计划逐步将服务扩展到木材、水资源、农产品等领域。目前，客户群体如下：首先，选择大中型大宗商品生产企业，为应选择特定的客户群体提供深度的、综合性、一体化的现代物流服务。先期主要以煤炭生产企业为主，后期可逐步扩展到相关钢铁化工产业链及其他领域；其次，客户还定位于煤炭、钢铁需求企业及其他企业；再次，关注供应链上中小企业，供应链上中小企业往往会遭遇到资金问题，有较强烈的资金需求，有助于拓展高端物流增值业务；最后，客户为第三方物流企业、运输企业、仓储企业、银行以及保险等相关服务企业。

公司在运营管理过程中，注重分析和发掘客户的价值潜力。根据客户的规模、经营状况、市场定位、需求方案、战略价值以及与本企业的合作倾向、关系、文化的融合程度来判断客户的理想程度，对客户进行细分和选择，保持优质客户，淘汰劣质客户，抓住企业的利润源。在客户潜力发掘方面，理性判断行业未来的发展趋势和走向，并依据此设立相应的指标体系，反映客户当前的价值和潜在的价值，将更多的资源投入到高价值的客户和潜在的客户中，并建立良好的客户关系，实现企业价值的最大化。

（2）价值主张

对国际物流集团公司而言，未来发展的定位不仅仅是成为能够提供物流服务的第三方物流服务商，更高的追求是成为一个资源交易平台，成为大宗商品交易平台中的领军企业，依托物流，以发展物流为立身之本，但不仅仅只发展物流，要不断地创新服务内容，涵盖更高级的经济形式，开展物流金融等高端服务业态，满足客户需求，实现客户价值。

在业务设置方面，根据用户需求，采用业务集群设置方法，将同类型业务归集在一起，形成了服务集群、金融集群和贸易集群，其中服务集群包括企业内部物流和全程可控的第三方物流等；金融集群包括物流金融等业务；贸易集群包括以下几项主要业务：

①精益供应物流——"三集中一统一"的企业内部物流

为生产企业提供精益供应物流是国际物流集团的基础物流业务。国际物流集团公司多年从事煤炭企业内部供应物流，形成了企业精益供应物流系统，将此系统应用于企业内部物流管理上，将很大程度上节约生产企业经营成本，提高了企业的经营效率。同时在为多个生产企业开展采购和销售的过程中，利用规模效应，大力开展国际贸易。

国际物流集团精益供应物流系统是以精益的思想为指导，运用价值流的理论和方法，使得生产企业内部供应物流在各个方面进行持续的改进、消除浪费，从而使物资实现高效、平滑的流动，达到价值流在最大程度上增值的目的。精益是指消除一切不必要的浪费，节约企业的经营成本，为生产单位提供更好的质量、更快的响应速度、更优的协调性、更大的柔性和更高的价值的服务，增强企业的核心竞争力。在建设精益供应物流系统的过程中，以价值流为导向，明确价值流动过程的目标，突破职能部门的界限，将沿价值流的所有参与职能部门集成起来，以追求企业整体利润最大，成本最小，满足生产需求为目标，消除一切不产生价值的行为，剔除了无需求造成的积压和多余库存、无利润和低利润的业务、不必要的材料转移、人力资源的浪费、能源和设备的浪费等，使原价值流得以优化，基本达到了物资的无停滞、无等待，连续平滑的运行。

在新的价值流导向下的企业内部物流管理策略为"三集中一统一"——集中采购、集中库存、集中配送、统一结算。集中采购是统一组织所有生产部门生产所需物品的采购业务，统一制订计划，集中招标，实现采购的战略功能；集中库存是在库存管理过程中实施"零库存"的管理理念，并对传统"零库存"管理理念进行了创新，尽量降低库存水平，同时注重库存结构的合理性；集中配送就是由国际物流集团统一成立配送中心，根据生产企业建立的信息网络所提供的物资需求和物资储备情况，由生产企业各下属子单位实施统一配送；统一结算是采购业务定时统一结算。

②端到端的物流服务国际物流集团依托各类业务，开展全程的物流服务

物流服务目标为给客户提供柔性、准时、准确的高质量物流服务。国际物流集团选

择最恰当的运输方式、优化运输路径，在 GIS、GPS 等先进科技手段支撑下，为每台运输工具安装数据终端，发货企业可随时通过车辆定位系统和车辆调度系统对运输状态进行监督，实现了各物流节点所需单据的电子化传递，支持货物与物流信息和订单信息的整合与匹配，支持订单对应的物流信息的查询，并提供全程跟踪功能，实现了安全、快捷、准时、低成本、可视化的第三方物流。具体物流管理主要模块包括运输路径优化、库存动态管理、实时电子监控等。

国际物流集团充分发挥冀中能源的品牌、资金、渠道优势，凭借诚信品牌和良好口碑，第三方物流业务已由邯郸地区拓展到省外，规模连年扩大，一直处于延伸向上的强劲势头。合作区域初步形成以华北南部为主体、辐射河南、山东、山西、上海等多个周边省市，逐步向跨地域、跨行业、多元化经营迈进，与多家企业建立了长期稳固的战略合作关系。

③多样化的物流金融业务

物流金融业务是国际物流集团开展的高端增值业务之一，也是最核心的业务。物流金融业务是物流与金融相结合的创新性服务。目前，物流金融作为一种新的服务模式，已经成为金融机构、物流企业及供应链上其他企业关注的重点。国际物流集团公司在传统的物流金融业务上不断创新，逐步从静态质押监管向动态质押监管方向发展，从现货质押向买方信贷发展，通过境外发债来降低融资成本，扩展融资渠道，更好地为供应链上企业提供融资、结算和保险等相关服务的金融业务，有效提高资金运行效率。国际物流集团还以供应链上企业所从事交易项下担保品为依托，对企业资金投放、商品采购、销售回笼等经营过程的物流和资金流进行锁定控制或封闭管理，依靠企业对处于银行监管下的商品和资金的贸易流转所产生的现金流实现对银行授信的偿还。另外，公司还开展融资租赁、商业保理等业务，更加关注物流产业链的全过程。

a. 基础物流金融

国际物流集团公司以供应链为导向，在供应链各环节开展物流金融服务。产品供应链主要环节包括采购期、物品持有或制造期、销售周期和回款周期。物流金融按照供应链所处环节设计物流金融产品，主要推出的物流金融产品有：一是基于订单的预付款融资物流金融产品。这种产品主要针对中小企业在采购初期资金缺乏的问题。对于国际物流集团来说，主要是指针对生产商产品生产销售前景进行预测，由预测结果来决定为生产商垫付相应的预付款，推动了生产企业的采购运作和下一步的生产需求，使整个企业正常的进行运作，提高了供应链效率；二是基于存货的物流金融商业模式。这是物流金融产品开发的主要环节，包括仓单质押和存货质押两种基本业务形式；三是基于应收账款的物流金融产品。应收账款发生在回款周期，这一阶段是产品生产经营的最后一个阶段。在这一阶段，容易发生销售商拖欠上游生产商或者生产商拖欠中小企业供货商的贷款，从而形成了一定的资金缺口，不利于中小企业发展。此时，将应收账款作为质押担保给借款企业提供融资，直到应收账款收回以偿还借贷。

b. 融资租赁

融资租赁是集融资与融物、贸易与技术更新于一体的新型金融产业。国际物流集团公司优化企业内部物流管理，开始利用金融杠杆整合物流资源，降低行业物流成本，提高经营规模。国际物流集团公司依托原有的物流业务基础和在客户、设施、经营网络等方面的优势，通过不断拓展和延伸物流服务，在上海自贸区设立融资租赁公司，逐步开展融资租赁业务。设备租赁工作将率先对本单位各分子公司开展融资租赁业务。并逐步尝试对冀中能源集团各子公司进口高端设备的融资租赁业务。还要面向大中型国企开展融资租赁业务，缓解客户资金压力，满足客户（承租人）指定厂家、设备、价格意愿的个性化需求，弥补招标采购难以满足的需求服务。特别是要大力开展设备租赁和调剂工作，通过对闲置设备的信息收集、统计、发布，为闲置设备的调剂、调拨搭建服务平台，并通过网站的运营，开展租赁、信息发布、二手设备交易、废旧机械电气设备交易等。

c. 商业保理

商业保理是基于企业交易过程中订立的货物销售或服务合同所产生的应收账款，由商业保理公司提供的贸易融资、销售分户管理、应收账款催收、信用风险控制与坏账担保等服务功能的综合性信用服务。国际物流公司在天津设立保理公司，主要推出的服务产品有以受让应收账款的方式提供贸易融资；应收账款的收付结算、管理与催收；销售分户（分类）账管理；与本公司业务相关的非商业性坏账担保；客户资信调查与评估；相关咨询服务；法律法规准予从事的其他业务。

④国内外贸易业务

在开展物流服务的过程中，形成的规模效应是开展国内外贸易的基础。而开展国内外贸易能够有效地促进物流，尤其是国际物流水平。由国内外贸易衍生的金融需求也拓展了国际物流公司的物流金融业务。

国际物流集团以"贸易服务"理念为先导，有效挖掘国内外贸易需求，在进出口贸易的基础上着力发展规模化采购和销售，实现客户价值，降低客户成本，真正将贸易、金融、物流进行有效融合，以高质量、一体化、专业化服务巩固提升客户忠诚度，取得良好成效。国际贸易的开展一是可以为拓展海外市场奠定基础，有效提升集团公司物流产业的国际影响力和在国内外物流行业的地位；二是通过开展国际贸易，掌握国际资本流向，拓宽融资渠道，优化融资结构，降低融资成本，促成国际化资本的多样化运作；三是通过国际贸易，实现资本集聚后，可对物流集团公司业务进行延伸，选择赢利性好的项目进行对内或对外投资，延长价值链，最大限度地实现价值，达到低成本扩张和规模效应；四是根据汇率的波动，获取汇兑收益，增加物流集团公司的赢利点。

（3）价值实现

价值实现方式是企业如何向客户展示服务或产品，包括企业通过何种渠道接触客户，企业为客户提供何种水准的服务，企业如何与客户互动并维系关系等。

为满足客户的交易需求、资金需求、物流需求，顺利开展各项业务，国际物流集团搭建了双平台——物流园区和电子商务中心，实现线上线下的OTO形式，拓宽了资源聚集渠道，线上商流、资金流、信息流、线下物流，实现了"四流合一"，实现了价值主张，满足了客户需求。

①物流园区建设

物流园区是产业集群、空间集聚的一种表现，具有服务性、多功能性、综合性、集散型、集结性和规模性等特征。物流园区是国际物流集团公司搭建的基础平台之一。国际物流集团公司拓展物流园区功能，不仅把物流园区建设成为物流基础设施网络构建的关键节点，更重要的是将其建设成为聚集物流资源的渠道，使物流园区成为各项物流基础服务、金融等高端服务和配套服务的开展场所和实施载体。通过物流园区，汇集了大量物流服务提供商、物流需求商、供应链节点企业等资源，在这些资源的基础上形成了物流组织网络，为国际物流公司开展各项高端服务奠定坚实的基础。国际物流集团公司合理定位园区功能，采用先进的经营理念和经营模式，建设完善的物流园区信息平台，目前共建成陆港物流园区、海港物流园区、空港物流园区、河北国际保税物流园区、元氏煤炭物流园区、邯郸新铁钢铁物流园区六大物流园区。

②电子商务中心建设

借助当前高速发展的现代化信息技术，国际物流集团突破传统的实体交易模式在时间、空间上的限制，创新营销渠道，建立了电子商务中心。利用电子商务中心，实现了商品价值和使用价值、物流和商流的统一，物流成本、交易成本以及融资成本都大大降低。国际物流集团公司主要建设的电子商务中心包括内蒙古西部煤炭电子交易中心、深圳前海大宗商品交易中心和华北大宗商品交易中心。电子商务中心功能定位于拓宽营销渠道，搭建虚拟场所，通过满足客户需求来吸引资源，增强对供应链的掌控能力。随着运营的逐步完善，电子商务中心将成为资源中心、交易中心、信息中心、定价中心、投资保值和增值中心。电子商务中心基本功能模块包括综合信息服务模块、电子交易模块、增值服务模块和会员服务模块。电子商务中心的短期规划为形成大宗商品网络交易中心，成为全国性的大宗商品电子交易中心；中远期可通过完善增值服务系统，如金融服务体系等，逐步形成国际化大宗商品电子交易、物流及金融服务平台。

OTO模式下的"双平台"核心作用是搭建网络和创建交易场所，物流园区和电子交易平台是所有业务开展的基础。依托物流园区和电子商务中心可以吸引大量有交易需求的客户，拓宽企业开展核心业务的营销渠道。同时进行优势资源的集聚和协调优化，有利于企业开展一体化物流业务、物流金融和国际贸易等业务。

在经营过程中，国际物流集团还通过为生产企业提供高质量的物流一体化服务的过程锁定生产商，从而获取商品资源、上游供应商和下游需求商资源。对于消费终端，为其提供高质量的物流基础服务和物流高端服务。利用微博、微信等社交软件，逐步形成平台社交圈，增强客户的黏性和忠诚度。

（4）价值潜力

某种程度上，商业模式的生命力表现为其价值潜力，价值潜力越大，其商业模式的竞争优势也就越明显。

国际物流集团以发展资源平台为目标，通过管理平台和为平台上客户提供服务来获取收益。管理平台获取收益主要包括初期将以会员制的形式来获取利益，随着平台逐步的发展和完善，鼓动市场某一类用户的竞争中获取收益，也就是说收益不仅仅来源于简单的会员收费或者广告费用，平台通过调节至少能够从交易双方的一方中获取收益，这是更高级也更加持久的赢利模式。国际物流集团最重要的赢利模式来源于多样化的物流金融服务，随着供应链不同环节客户数量逐步增多，可有针对性地设计相应的物流金融产品，通过直接放贷或与银行形成战略合作伙伴，获取相应资金收益和代理费用；同时，随着规模的不断增大，也可通过集中采购和国内外贸易等获取收益。

总的来看，国际物流集团商业模式创新路径起于开辟新的领域，进行了全新的市场定位，有创新性的提出了价值主张，针对不同客户的不同价值主张进行了价值的实现，最终实现了商业模式的价值潜力。其创新的路径由外而内，由部分到全部，完成了系统的更新，实现了商业模式创新的螺旋式上升。

（三）商业模式创新成效

实施商业模式创新以来，国际物流集团的赢利水平大大提高。2011 年公司边组建、边经营，当年实现物流收入 296.9 亿元、利润总额 8100 万元、上缴税金 1 亿元，人均创利 160 万元；2012 年实现收入 314.3 亿元、利润总额 2 亿元、上缴税金 2 亿元，人均创利 170.9 万元；2013 年收入累计完成 689 亿元、利润总额 6.07 亿元，创出同行业的先进水平。采用了"三集中一统一"的精益供应管理模式后，企业内部供应物流得到了优化和改善，内部物流成本大幅降低，企业经营效益有所提升。集中采购、集中储备、集中配送管理策略累计创效达 5.19 亿元以上。

先期资源和能力促使国际物流集团商业模式创新的成功。反过来，商业模式创新的成功也使得国际物流集团获取的资源增多，如鉴于国际物流集团超强的资本营运能力，与其形成战略合作伙伴的银行数量大大增多，此外，国际物流集团在供应链掌控等方面能力大大增强，完成了资源—能力—商业模式创新的一个循环过程。

（四）小结

本部分对冀中能源国际物流集团有限公司商业模式创新的过程进行了实证研究。实证研究结果显示，高竞争环境中，在资源—能力—商业模式框架下，选择以价值主张为切入点，逐步带动商业模式其他元素创新，最终达到整个系统的更新，实现商业模式创新对于物流企业来说是适当的、可行的。

六、政策建议

现代物流业作为一个新兴服务业，在经济发展过程中发挥着十分重要的作用，也越来越受到政府及社会各方面的关注。一方面，物流业有着高速发展的态势，物流增加值不断提高，社会经济发展对现代物流业需求不断增大。另一方面，中国现代物流业面临着市场竞争加剧、物流集中度低、信息化水平低、区域物流资源需要进一步整合等问题。为促进物流企业商业模式创新，需要政府、协会和企业共同努力才能实现。

（一）提供良好融资平台，制定合理财税政策

物流业是一个朝阳行业，各项业务需要在稳定资金的基础上持续发展。在高竞争环境下，对于大型物流企业来说，需要不断创新，改善和改变原有商业模式，拓展业务领域，获得资金是企业进一步发展壮大的关键。对于正处在成长发展阶段的物流企业来说，需要通过商业模式创新在激烈的市场竞争中获得一席之地，而商业模式创新首先要面对的就是资金短缺、融资难的实际问题。目前，物流企业普遍采用的融资模式较为单一，仍主要以银行贷款作为主要的融资方式，但这种融资方式易受到地区经济繁荣程度的影响以及金融政策的制约，贷款的金额有限、难度高、灵活度差。建议政府为物流企

业搭建一个良好的融资平台，为物流行业的发展提供基本资金保障：①政府推动建立物流业融资担保体系，协助中小物流企业取得贷款；②推广物流企业开展物流金融业务，开发供应链融资解决方案，盘活产业链上下游的资金；③增加物流企业融资渠道，放宽物流企业融资条件，支持创新型物流企业在创业板市场发行股票进行融资，允许符合条件的物流企业发行债券；④建议政府相关部门与金融机构一同建立面向物流产业的发展基金，用于支持重点物流企业和物流园区、基地、中心等节点设施的建设，给予企业投资补助、贷款贴息、重点项目等方面的扶持。

对物流企业而言，现行的物流业相关税收政策不适应行业的专业化、社会化、现代化的发展需要，也不利于物流企业的持续创新发展。建议政府出台符合物流业发展特点的税收政策。结合我国具体情况，可从以下几方面完善我国物流业税收政策：①将物流业营业税政策进行统一管理，尽早出台物流业专门税收政策；②重新确定物流业营业税计征基数，解决重复纳税问题；③降低物流业营业税税率，减轻物流企业的税收负担；④出台促进物流业发展的税收优惠政策。通过完善物流业税收政策，不仅可以规范物流企业的经营行为，维护市场秩序，而且可以降低物流业的税收成本，减轻物流业的税收负担，增强物流业的竞争力。

（二）履行市场监管职能，营造公平竞争环境

市场在资源配置中起基础性作用，良好的市场环境有助于物流企业不断改革发展，市场监管对于行业发展起到至关重要的作用。目前，我国物流服务市场还不够完善，地方保护和不正当竞争的问题不同程度存在，在物流行业的高速发展过程中，大量的物流企业涌现，一些企业诚信度缺失、恶性价格竞争等情况扰乱了正常的市场经营秩序，影响物流行业的健康发展。由于物流行业审批制度改革的相对滞后，政府在一定程度上限制了企业作为市场主体的积极性和创造性的发挥。政府作为重要的市场监管部门，承担着维护市场秩序的重要职责，物流行业迫切需要政府进一步履行市场监管职能，维护良好的经济秩序，针对市场监管中多头参与和监管不到位并存的现状，加强市场监管的统筹协调，整合各监管部门的力量，提高监管效率，最终形成统一、开放、竞争、有序的良好物流行业市场秩序。

政府的主要职责就是创建公平竞争的市场环境，在公平的竞争驱动下，各物流企业自然就会创新商业模式、转型升级。中国存在的一个现状是，地方政府发展战略新兴产业的积极性很高，但不顾条件，盲目支持行业扩大，如果监管跟不上的话，结果不仅会降低政府管理效率，也会搅乱公平的市场竞争。所以政府要做的首先是完善制度，改进投资环境，支持企业研究开发、生产组织方式的创新等。新兴产业的投资机会取决于整体技术水平和产业能力，政府应加强和改进对物流市场的保护，为物流企业营造"机会均等，公平竞争"的创新环境，给市场一个发挥作用的好平台。例如：①完善国家和地方现代物流工作相关的政府部门间综合协调机制，加强合作，加强跨部门监管，共同为营造公平市场竞争环境而协作配合；②政府应加强对地方保护和地区封锁等行政性垄断的清理和整顿，把本该市场、企业、社会的权利还给他们，政府要减政放权、转变职能；③允许连锁经营的物流企业在地方注册非独立的分支机构，营造给市场发挥作用好的平台，要建立健全市场体系，加快培育和壮大市场主体，推动物流企业集团化发展；

④完善专业物流市场准入政策，依托行业中介组织，加强对行业运行的监管；⑤加强物流行业产业损害预警机制建设，加强产业损害调查等。

（三）完善人才培育机制和拓宽人才培养渠道

人才资源是第一资源，做好人才培育工作，是确立企业人才竞争比较优势、增强企业核心竞争力的战略选择。当前，我国物流市场表现出旺盛的活力，物流现代化已经迈入关键期，但物流企业商业模式创新是企业多元化发展的根本途径，物流企业急需大批的物流人才。从需求层次看，物流企业所需人才包括供应链实际操作人员、物流规划设计人员、物流管理人员和高层管理人员等人才；从需求领域来讲，我国物流行业除了需要企业物流人才外，还急需物流行业金融方向人才、规划和咨询人才、国际物流人才和科研教学物流人才。虽然越来越多的高校开展物流专业教育，社会上也出现了各式各样的物流资格认证培训，但物流人才的数量和质量与需求还存在很大差距。政府要完善其政策制定和公共服务功能，加强政府的服务职能，引导科技部门、教育部门、人力资源社会保障部门和基层政府一同加强物流人才工作，真正搭建好一个人才服务平台，构建一个合理的物流人才培养机制。

政府拓宽物流人才培养渠道，培养多层次、多类型的高素质人才可以有效地构建人才培养机制。①完善高校物流人才教育模式，形成多层次、多方位培养体系。首先，要优化高校物流课程体系的设置。高校在课程设置、教材选取和培养方向等方面要规范化，避免以往培养出水平参差不齐的物流人才，还要与物流企业进行良好的沟通，明确物流人才应具备的专业知识，不断进行物流理论提升，以满足物流行业需求；②校企联盟培养企业需要的物流人才。物流企业通过校企联盟，可以使学校转变成自己人才的"供应商"，企业还可以将内部培训外包给高校，优化培训质量。同时高校通过校企联盟方式，让学生在实践中理解理论、应用理论，将理论与实践紧密结合，为日后在物流企业进行实地操作打下良好的基础；③强化物流人才在职培训，建立从业资格认证制度。在职教育形式应该是多样化的、针对性强的，以适应不同情况需要的相应层次的物流职业教育。要建立物流培训的市场机制，完善物流从业者的终身教育；④采取积极措施引进国外优秀物流人才。我们不仅要积极引进国外优秀的企业物流人才，为物流企业带来先进的物流运作模式和物流技术。还要引进国外优秀的物流教育人才，可以传授与国际接轨的先进物流理念，有助于加快我国物流教育的国际化进程。

（四）发挥行业协会作用，引导企业创新行为

物流协会作为全国性行业组织，始终坚持为企业、为行业、为政府、为社会服务的宗旨，充分发挥联系政府、服务企业的桥梁和纽带作用。根据发达国家经验和我国市场经济发展、政府职能转变的实际，特别是物流产业复合性强、关联性大的特点，应该充分发挥行业协会在行业的组织协调作用，对行业发展和物流企业商业模式创新起积极的推动作用。行业社团组织要积极转变观念、不断改进工作方法，坚持以市场为导向，热心为会员服务，积极发挥组织协调作用，致力于推进科技进步，加强行业自律，反映企业诉求，维护会员的合法权益，促进行业改革发展，牢固树立为企业服务、为行业服务、为政府服务的观念，增强物流行业的凝聚力。各行业社团还应打破门户之见，加强联合与合作，形成推动我国物流产业发展的合力，发挥好政府与企业之间的桥梁和纽带

作用。

行业协会对于保证市场经济的高效运行和有效协调处理社会矛盾，促进社会公正，应对社会风险，规范行业行为，维护企业正当权益，保持队伍稳定，促进持续发展有着极其重要的作用。为企业和会员提供优质服务是协会一切工作的核心。行业协会对企业服务，主要体现在反映诉求、维护权益、引导创新和提供良好的市场环境等方面。物流企业商业模式创新离不开行业协会的引导和支持。协会可以从以下几点引导物流企业的创新行为：①加强物流供应链建设，深入到物流企业之中，掌握行业发展变化，帮助企业有效应对各种困难和问题，实现商业模式的创新发展；②通过对物流企业和企业物流进行指导、宣传现代化、科学化的物流及物流管理对推动企业发展的重要意义；③坚持科教兴业，开发推广新技术、新管理模式，推进现代物流基础研究和技术推广；④积极推动物流的标准化体系建设，开发利用好物流行业自律信息评价系统，创新开放式公共评价形式、建立长效的行业自律规范机制；⑤开展物流人才的教育培训与知识普及等方式促进物流行业的健康发展。

（五）挖掘客户潜在需求，提供优质物流服务

中国正在成为亚洲乃至全球的制造业中心，具有强大奖金优势的外资物流企业纷纷抢滩中国，它们凭借先进的物流技术、丰富管理经验，以及遍布世界各地的网络，开始挺进中国逐步开放的物流市场。在这样的条件下，我国物流企业必须进行商业模式创新来应对国际物流公司的竞争。提高市场竞争力的首要条件就是应该迅速选择目标客户进行市场定位，采用判别化的、市场经营对策。目前我国现有物流供给能力总体上大于物流市场需求，传统物流企业规模较小，能力分散，运输能力远远小于用户企业运输需求规模，仓储供给能力略微剩余，说明现在用户企业拥有更多选择的主动权，在这样的市场前提下，物流企业一方面应尽快确定自己的目标客户群，通过为其提供相适应的物流服务，甚至在必要的时候与其共渡难关，力争进入用户企业的供应链系统中，与用户企业共同成长；而另一方面，如果物流企业在与用户企业的合作中能够为企业想得更多一些，做得更多一些，让物流服务为用户企业的产品带来竞争优势，就会有分享客户发展与壮大的成果的可能，在用户企业的供应链系统中扎根。企业可以通过市场信息，深入客户，发现潜在客户，发现客户的潜在需要，尽最大可能地了解客户的需要、需求，发现市场机会，向客户提供优质的服务和多样化的产品和服务。

提供更好的服务、创造更多的顾客价值是物流企业生存和发展的基础，也是物流企业商业模式创新的途径。全球经济一体化催生了现代物流，现代物流服务为用户企业提供的是集成化的物流服务。随着我国企业国际化程度的加深，客户对集成化物流服务的认识和需求会进一步增加，不仅在仓储保管、市内配送、信息咨询等"传统的、标准的"物流外包服务方面向物流供应商提出更高的要求，还将在库存控制、仓库地址选择、运输方式选择运费及货款结算方面提出新的服务，甚至会要求物流企业在提供专业化物流服务的同时，还能帮助他们做出诸如延迟生产、虚拟仓库、库存拥有权、分拨网络优化等战略性决策。关注传统的物流服务，更要关注依托于物流衍生或延伸出的其他服务，如金融服务等。

（六）培育高管团队创新理念，增强企业创新能力

物流企业高管团队的职责和素质在现代物流管理发展的过程中至关重要，高质量的

管理团队是企业继续发展的关键因素。在高竞争的物流市场环境下，善于创新是企业领导者必须面对的现实选择。企业创新过程实际上是企业领导者创新思维的过程，即对一般的、常见的经营方式、经营思想在运用已知信息的基础上，经过思维创造出一种新颖、独创、有突破性的经营策略和手段，实现企业的商业模式创新。建设优秀的高管团队有五个要素：①明确高管团队的职责和方向；②由管理团队来制定公司未来发展规则与流程；③高管人员本身具有善于改革、创新的工作理念；④带领团队的领导能够创造积极创新的工作氛围；⑤工作成员必须得到及时的辅导和反馈，建立严谨的机制，让每个员工都知道自己的表现，如何进行有效改进。从以上五个方面出发可以有效地培育高管团队创新理念。

随着社会主义市场经济的不断发展，市场供求关系瞬息万变，市场竞争空前激烈，优胜劣汰成为竞争中不可抗拒的潮流。在这种经济环境下，企业领导者只有去研究市场，开发市场，用创新的思维做出适应市场的决策，企业才可以充满活力，在市场经济中站稳脚跟。企业提升创新能力的建议如下：①创新组织管理能力。创新组织管理能力是衡量企业发现创新机会和利用创新机会，组织和管理创新活动的能力；②创新服务研发能力。随着信息科技与现代物流技术的发展，第三方物流企业的创新服务研发能力集中的体现在先进的物流技术和信息技术的开发和运用之中，只有通过不断创新，为客户提供具有差别性、竞争性、新颖性的服务，企业才能立于不败之地；③创新服务实施能力。创新服务实施能力是第三方物流企业有效地进行创新活动的基础；④创新服务营销能力。创新服务营销能力是实现创新活动的重要保证，第三方物流企业在将新服务推向市场，接受客户检验的过程中，应该首先进行一系列的市场调研和市场分析，面对不同的目标市场和顾客需求，采取有针对性的营销策略，促进创新服务的营销水平；⑤创新学习和成长能力。企业的创新能力与企业的学习和成长能力正相关，并且相互促进。企业应该注重这方面能力的培养，增加员工接受培训的机会，拓宽信息获取渠道，及时地与客户交流，及时地发现物流市场上的同行业的创新业务，进而增强企业通过学习接受创新扩散的能力，在企业的创新活动的进行中，起到更好的指导作用。

（七）营造创新文化氛围，激发员工创新潜力

物流企业文化之所以重要，是因为它是支撑物流企业持续发展的立足点和动力源。从长远发展来看，物流企业文化对于一个物流企业的成长壮大更是起到了极大的作用，虽然这种作用常常看起来并不是很直接，但却在潜移默化中发挥效用，是物流企业发展最持久的决定因素。因为物流企业文化的核心是物流企业相关成员的思想观念，它决定着物流企业成员的思维方式和行为方式，所以好的物流企业文化能够充分发掘出物流企业中每一个成员的潜能，激发出他们的士气。同时，物流企业文化作为一种精神力量，是物流企业无形的约束与支柱，当物流企业管理趋向团队化时，它就是物流企业内部团结的纽带、沟通的渠道，是团队之内或团队之间相互默契的"共同语言"。因此，一个好的物流企业文化氛围确立后，它所带来的是群体的智慧、协作的精神、新鲜的活力，可以源源不断地提供给物流企业创新、进步的精神动力。当今物流企业，正面临着一个变化越来越快、竞争日趋激烈而又充满不确定性的经济环境。在这样的环境中，企业的创新能力是企业获得竞争优势、抢占市场先机的重要基础。营造组织创新的文化氛围、

培育企业自主创新能力是提升企业创新能力的关键。

员工的企业意识最重要的体现就是企业员工的主人翁意识，即企业员工作为企业主体和能动力量在企业经营和管理等方面表现出来的积极性、主动性和创造性。营造企业创新文化氛围、加强团队建设是培育和提升企业核心竞争力的关键应该从激发员工的创新潜力出发。①培育共同价值观。企业价值观作为员工行为准则，能给员工一个价值参照体系，让他们在各种情况下都明白自己"应该做什么"以及"怎么做"。企业在新员工刚来时就组织学习企业的核心价值观，把创新的价值理念渗入员工心中，使员工具有强烈的创新意识；②激发员工的创新热情。团队精神有赖于员工的全员参与。只有全方位参与企业的经营管理活动，把个人的命运与企业未来发展捆绑在一起，员工才会真心实意地关心企业，才会与企业结成利益共同体和命运共同体，形成更多更好的创新建议；③保持经常性沟通。只有当物流企业的全体员工明确企业的处境、实力、目标、战略与资源时，他们才会对自己应该做什么有明确的方向，并做出明确而快速的反应。员工与企业之间持续、有效、深度、双向的沟通，能使员工知己知彼、动态地把握自己在团队行动网络中的坐标。

（八）小结

本部分从政府、行业协会和企业三方面角度出发提出了七方面政策建议来促进我国现代化物流业的协调发展。首先，政府可以通过政策扶持，给企业创造良好的商业模式创新环境；其次，行业协会可以通过组织协调帮助企业进行商业模式的改革创新；最后，企业实行创新管理，在高竞争环境下通过商业模式创新实现快速发展。

七、总结与展望

（一）全文总结

商业模式创新是近些年来政府、企业都非常关注的一个问题，在经济转型、企业转型的今天，商业模式创新将成为继技术创新、组织创新、管理创新后又一促进转型升级、可持续发展的重要推动力。物流企业是我国新兴产业，也是支柱型产业，为促进企业发展，直至行业发展有必要对物流企业商业模式进行深入的研究。本文深入研究了物流企业商业模式创新的影响因素及其作用机理，商业模式创新的基础与途径，针对性地提出了物流企业商业模式创新的政策建议。本文的主要研究内容有：

1. 主要研究内容

（1）物流企业商业模式以及商业模式创新概念界定和内涵分析

本文从价值创造和系统的角度对物流企业商业模式概念进行的重新界定，并阐述其内涵。通过对现有研究成果的梳理，本文认为物流企业商业模式的本质是为实现价值创造，企业通过优化使用内外部资源，通过实现客户价值进而实现企业价值。商业模式的组成要素为价值定位、价值主张、价值实现和价值潜力，要素间相互联系，互相作用，形成有机整体。而商业模式创新则是商业模式的某一组成要素发生变化，从而引起其余组成要素随之而变动，最终完成价值获取体系的改变，这就是商业模式创新。

（2）物流企业商业模式创新影响因素和作用机理研究

本部分梳理了现有商业模式创新案例，在理论上提出了商业模式创新的内外部假设及其作用机理，并通过构建计量模型，对理论假设进行了检验。通过研究发现，物流企业商业模式创新的主要内外部影响因素有环境包容性、资金支持、竞争强度、技术发展、客户需求变化、企业家能力、企业创新文化和组织学习能力8个因素，其中资金支持、竞争强度和企业家能力相比于其他因素来讲影响程度更大。而对于技术发展来说，并不直接推动物流企业商业模式创新，通过改变企业家对技术的认知，并提升组织学习能力间接作用于企业商业模式创新。

（3）物流企业商业模式创新基础和路径选择

物流企业进行商业模式创新需要在企业的资源和能力基础上进行。本文的第三个主要研究内容是阐释资源、能力和商业模式创新的关系并构建了SABMI模型。从商业模式要素创新的角度出发，构建了高竞争环境下物流企业创新商业模式的路径，在理论上证明其合理性。并在此基础上，分析了我国物流企业商业模式创新趋势。

（4）冀中能源国际物流集团有限公司商业模式创新实证研究

本文对冀中能源国际物流集团有限公司的商业模式创新过程进行了实证研究。冀中能源国际物流集团公司是国家5A级物流企业，自成立以来，收益持续上升，取得了良好的经济效益和社会效益。其商业模式创新过程具有很强的代表性和可研究性，可以为在高竞争环境下我国物流企业的商业模式创新提供经验和借鉴。首先对其资源和能力进行了分析，其次对商业模式创新的途径选择和实施过程进行了分析，并进一步对其商业模式创新成效进行了评价。

（5）政策建议

在以上研究内容的基础上，本文有针对性地提出了相应的政策建议。对于政府来说，要为企业营造良好的筹措资金的环境，要营造公平的市场环境，同时要根据企业需求引导所需人才的培养方向。对于企业来说，要注重培养高管团队的创新能力，完善企业内部的创新文化体系，鼓励员工进行创新。对于行业协会来说，要在产业层面上引导企业进行商业模式创新。

2. 创新点

本文的主要创新点有：

（1）建立了高竞争环境下物流企业商业模式影响因素计量模型。研究系统性的从内外两个维度提出了影响因素——环境包容性、资金支持、竞争强度、技术进步、客户需求变化、企业家能力、企业创新文化和组织学习能力，并对其作用机理进行了阐释。定量研究结果显示物流企业商业模式创新的主要推动因素有环境包容性、资金支持、竞争强度、客户需求变化、企业家能力、企业创新文化和组织学习能力。其中，资金支持、竞争强度和企业家能力相比于其他因素来讲影响程度更大。而对于技术发展来说，并不直接推动物流企业商业模式创新，通过改善企业家创新能力，并提升组织学习能力间接作用于企业商业模式创新。

（2）基于企业资源能力理论，构建资源—能力—商业模式创新机理模型，阐释了资源、能力和商业模式创新的演进关系。并提出了基于价值定位的全要素商业模式创新路径模型，从理论和实证方面论证了高竞争环境下该模型的合理性。模型认为，在高竞争环境下，要实现商业模式创新，物流企业要从价值定位入手，进一步通过改变价值主张、价值实现和价值潜力完成商业模式创新的一次循环。

（二）研究展望

商业模式作为一个独立的研究领域，已经引起了学术界和企业界的广泛关注，但是因为研究时间比较短暂，因此，尚未形成完整的体系。本文仅从创新影响因素、创新途径等几方面对物流企业商业模式创新进行了研究，受时间和条件限制，研究存在着一定的不足。

总的来看，商业模式理论方面还有许多待研究的空白，本文认为，今后可以在以下几个方面进行进一步深入的研究：

1. 商业模式创新资源能力和创新途径的匹配问题研究

企业进行商业模式创新的基础是资源和能力。通过深入的实地调研，了解当前我国物流企业拥有的资源和能力的基本状况，并且在此基础上研究，如何利用资源和能力在商业模式的四个方面——价值定位、价值主张、价值实现和价值潜力方面进行创新，向哪一个方向进行创新，对于企业而言是非常有实际意义的。本文仅仅提出了资源—能力—商业模式的一个演进，未能进一步去探讨资源和能力可以形成什么样的商业模式，因此，研究资源能力和商业模式创新的途径匹配，是一个值得进一步深入探讨的问题。

2. 商业模式创新案例研究

案例研究是商业模式创新研究中广泛采用的一种方法。研究只有扎根于企业实际商业模式创新，其理论和实践意义才能够得以体现，因此，需要大量的收集物流企业商业模式创新案例。目前，多数商业模式创新案例只是通过公司网站介绍，文献总结得出，尚未能够真正地深入企业进行全面的调研和感受。在后期研究中，可以加大案例研究的力度，增加资料收集的渠道以增强说服力，特别是采用与高层管理者直接交流的方式去收集物流样本企业的关键数据；使用多案例研究去建立更贴合企业实际的商业模式创新的理论框架。

3. 商业模式创新评价体系研究

商业模式创新是否成功需要从很多方面进行评价。目前，关于商业模式创新评价基本上是针对所有企业的，用于评价物流企业商业模式创新缺乏一定的行业特征。那么，要想知道物流企业商业模式创新是否成功，在哪些方面需要完善改进，如何根据评价结果进行资源调配，首先要建立合理的商业模式创新评价体系，采用适当的方法，对企业商业模式创新结果进行科学评价。因此，未来可以在商业模式创新评价体系方面进行进一步的研究。

课题组成员名单

课题主持人：李建忠　冀中能源集团副总经理、国际物流集团董事长、党委书记、总经理

课题组成员：张宏斌　冀中能源国际物流集团有限公司财务部总会计师

孙晋响　冀中能源国际物流集团有限公司总经理助理

范忠宽　冀中能源国际物流集团有限公司综合部副总工程师

何树芳　冀中能源国际物流集团有限公司发展规划部部长

李静华　冀中能源国际物流集团有限公司办公室主任

张岳华　冀中能源国际物流集团有限公司办公室主任政工师

孙春升　煤炭科学研究总院经信分院经济所高级经济师

程　蕾　煤炭科学研究总院经信分院经济所副研究员

史越瑶　煤炭科学研究总院经信分院经济所助理研究员

参 考 文 献

[1] 和柄全，易磊．动态竞争与民营企业的竞争优势选择［J］．昆明理工大学学报：社会科学版，2002（6）：18－22.

[2] 蒋学伟．持续竞争优势［M］．上海：复旦大学出版社，2002：34－35.

[3] HANMEL G. Leading the Revolution［M］. Boston：Harvard Business School Press，2000：6－7.

[4] 李振勇．商业模式——企业竞争的最高形态［M］．北京：新华出版社，2006：2.

[5] 赵艳．物流市场研究：理论与实务［M］．北京：中国物资出版社，2005：251－252.

[6] 徐文静．物流战略规划与模式［M］．北京：机械工业出版社，2002：44.

[7] 刘从九．我国物流企业面对跨国竞争的战略思考［J］．物流技术，2006：56－57.

[8] STEWART，D W，ZHAO，Q. Internet marketing，business models，and public policy［J］. Journal of Public Policy & Marketing，2000，19（3）：287－290.

[9] JOAN MAGRETTA. Why Business Models Matter［J］. Harvard Business Review，2002，80（5）：86－92.

[10] MICHAEL RAPPA. The Utility of Business Models and the Future of Computing Service［J］. IBM Systems Journal，2004（3）：15－18.

[11] 曾涛．企业商业模式研究［D］．成都：西南财经大学，2006：8－11.

[12] 王庆喜，庞海松．企业资源理论实证研究述评［J］．首都经济贸易大学学报，2007（1）：9－12.

[13] PENROSE，E T. The theory of the growth of the firm［M］. NEW York Wiley，1959：20－31.

[14] 俞光胜．企业竞争优势根源的理论演进［J］．外国经济与管理，2002（10）：2－7.

[15] 李圆．基于企业资源理论的自创商誉问题研究［D］．北京：北京交通大学，2007：16－18.

[16] BARNEY. Firm resources and sustained competitive advantage. Journal of Management［J］.1991（17）：102.

[17] COLLIS，DAVID J，CYNTHIA A. Montgomery. Competing on resources：Strategy in the 1990s［J］. Harvard Business Review，1995：118－128.

[18] 熊彼特（Schumperter）．经济发展理论［M］．何畏译．北京：商务出版社，1990：73－74.

[19] 熊彼特（Schumperter）．从马克思到凯恩斯［M］．韩宏，蒋建华，等，译．江苏：江苏人民出版社，2000：56－58.

[20] 沈世德．TRIZ 法简明教程［M］．北京．机械工业出版社，2010：23－27.

[21] 李祖杨，柳洲．创新原理与方略［M］．天津：天津人民出版社，2007：41－44.

[22] 颜晓峰．创新论［M］．北京：国防大学出版社，2002：101－103.

[23] 贝塔朗菲．一般系统论基础、发展和应用［M］．北京：清华大学出版社，1987：51－52.

[24] N K BOSE. Multidimensional Systems Theory and Applications［M］. New York：Kluwer Academic

Publishers.

　［25］姜璐．钱学森论系统论科学（讲话篇）［M］．北京：科学出版社，2011：11－13.

　［26］魏宏森，曾国屏．论系统的整体性原理［J］．清华大学学报，1994，9（3）：57－62.

　［27］李曙华．从系统论到混沌学［M］．桂林：广西师范大学出版社，2000：67－68.

　［28］戴若林．基于复杂系统理论的建筑市场信用机制研究［D］．长沙：中南大学，2009：19－25.

　［29］迈克尔·波特．竞争战略［M］．北京：华夏出版社，2001：33－39.

　［30］JEFFREY F RAYPOT, JOHN J SVIOKLA. Exploiting the Virtual Value Chain［J］. Harvard Business Review, 1995（Nov）：75－85.

　［31］ANDREWS, P P, HAHN, J. Transforming SuPPly Chains into Value webs［J］. Strateg and leadship, 1998, 26（3）：7－11.

　［32］张辉．全球价值链理论与我国产业发展研究［J］．中国工业经济，2004（5）：27－30.

　［33］张孟才，楚金花．虚拟价值链理论刍议［J］．沈阳农业大学学报：社会科学版，2004（12）：355－357.

　［34］韩中和．企业竞争力——理论与案例分析［M］．厦门：复旦大学出版社，2000：26－28.

　［35］黄继刚．核心竞争力动态管理研究［M］．北京：经济管理出版社，2004：46－51.

　［36］鲁开垠．核心竞争力——企业永续制胜之路［M］．北京：经济日报出版社，2001：11－15.

　［37］丁立言，张铎．物流学［M］．北京：清华大学出版社，2000：200－212.

　［38］汤浅和夫．物流管理［M］．上海：文汇出版社，2002：37－38.

　［39］杨道远．企业物流现代化管理探讨［J］．武汉交通管理干部学院学报，2002（3）：24－27.

　［40］TIMMERS P. Business Models for Electronic Markets［J］. Journal on Electronic Market. 1998, 8（2）：3－8.

　［41］APPLEGATE. E－business models：Making Sense of The Internet Business Landscape［A］. NJ：Pretice Hall, 2001：4－5.

　［42］MORRIS, M. The Entrepreneur's Business Model：Toward a Unified Perspective［J］. Journal of Business Research, 2003（1）：21－23.

　［43］翁君奕．商务模式创新：企业经营"魔方"的旋启［M］．北京：经济管理出版社，2004：56.

　［44］原磊．国外商业模式理论研究评价［J］．外国经济与管理，2007（10）：11－13.

　［45］AMIT R, ZOTT, C. Value Creation in E－business［J］. Strategic Management Journal, 2001：6－7.

　［46］LARRY BOSSIDY, RAM CHARAN, CHARLES BURCK. Execution：The Discipline of Getting Things Done［M］. New York：Crown Pub, 2002：33－35.

　［47］罗珉，曾涛，周思伟．企业商业模式创新：基于租金理论的解释［J］．中国工业经济，2005（7）：12－14.

　［48］周星．评析戴尔商业模式成功七法［J］．商业时代，2004（26）：30－31.

　［49］AFUAL, TUCCI. Internet Business Models and Strategies：Text and Cases［M］. Boston：Mc Graw Hill irwin, 2001：32－33.

　［50］王伟毅，李乾文．创业视角下的商业模式研究［J］．外国经济与管理，2005（11）：20－22.

　［51］张家瑞．小企业商业模式创新［J］．电子科技大学学报，2007（4）：38－40.

　［52］王波，彭亚利．重思商业模式［J］．IT经济世界，2002（3）：86－87.

[53] 齐严. 商业模式创新研究 [D]. 北京：北京邮电大学，2010：10-12.

[54] MAGRETTA, J. Why Business Model Matter [J]. Harvard Business Review, 2002 (5)：22.

[55] 王鑫鑫，王宗军. 国外商业模式创新研究综述 [J]. 外国经济与管理，2009 (12)：9.

[56] 张敬伟. 商业模式的五种创新 [J]. 企业管理，2010 (3)：18-20.

[57] HAMEL, G. Lead the Revolution [M]. MA：Harvard Business School Press, 2000：49.

[58] OSTERWALDER, A, PIGNEUR, Y, TUCCI, C L. Clarifying Business Models：Origins, present and future of the Concept [J]. Comminications of the Information Systems, 2005 (5)：11-12.

[59] 魏炜，朱武祥，林桂平. 商业模式的经济解释：深度结构商业模式密码 [M]. 北京：机械工业出版社，2012：37-38.

[60] 原磊. 商业模式体系重构 [J]. 中国工业经济，2007 (6)：70-79.

[61] JOE TID, FRANK M HULL. Managing Service innovation：the need for selectivity rather than "Best Practice" [J]. New Technology. Work and Employment, 2006 (2)：21.

[62] 翟运开. 我国第三方物流企业服务创新模式研究 [D]. 武汉：武汉理工大学，2005：19-20.

[63] CHESBROUGH, H. Open innovation：The New Imperative for Creating and Profiting From Technology [M]. MA：Harvard Business School Press, 2003：19-21.

[64] TIDD, J, HULLF. Service Innovation：Organizational responses to Technological Opportunities and Market Imperatives [M]. London：Imperial College Press, 2003：34-36.

[65] MIOZZO, M, WALSH, V. International Competitiveness and Technological Change [M]. Oxford University Press, 2006：22-24.

[66] WEILL P, VITALE M R. Place to space：Migrating to E-business Models [M]. MA：Harvard Business School Press, 2001：55-57.

[67] HELENA FORSMAN. Innovation capacity and Innovation Development In Small Enterprises [J]. Research Policy, 2011：17-19.

[68] CHYI JAW, JYUE-YULO, YI-HSING LIN. The Determinants of New Service Development：Service Characteristics, Market Orientation, and Actualizing Innovation Effort [J]. Technovation, 2010 (30)：265-277.

[69] 王刊良. 创新商业模式的机理与实现路径 [J]. 中国软科学，2012 (4)：23-25.

[70] DANIEL J FLINT. Logistics Innovation：A Customer Value-Oriented Social Process [J]. Journal of Business Logistics, 2005 (11)：3-4.

[71] 高闯，关鑫. 企业商业模式创新的实现方式与演进机理：一种基于价值链创新的理论解释 [J]. 中国工业经济，2006 (11)：83-91.

[72] MITEHELL, DONALD, CAROL COLES. The Ultimate Competitive Advantage：Secrets of Continually DeveloPing a More Profitable Business Model [M]. San Francisco, California：Berrett-Koehler Publishers, 2003 (9)：22-23.

[73] BERRY L, SHANKAR V, PARISH J. Creating New Markets Through Service Innovation [J]. Sloan Management Review, 2006 (2)：56-60.

[74] ［美］迈克尔·波特. 竞争战略 [M]. 陈小悦，译. 北京：华夏出版社，1997.

[75] ［美］C. W. L. 希尔，G. R. 琼斯. 战略管理 [M]. 北京：中国市场出版社，2007.

[76] AFUAH A, TUCCI C L. Internet business models [M]. New York：McGraw-Hill/Irwin, 2001.

[77] 胡大力. 企业竞争力决定因素及其形成机理分析 [M]. 北京：经济管理出版社，2005

[78] RAPPA M. Managing the digital enterprise-business models on the Web [EB/OL]. http：//dig-

italenterprise. org/models/models. html，2000.

［79］江舰．传统物流企业向现代物流服务提供商转型关键问题研究［D］．大连：大连海事大学，2007：10.

［80］S C CHI，R J KUO. Examination of the influence of fuzzy analytic hierarchy Process in the development of an intelligent location selection support system of convenience store［J］．IFSA Wbrld Congress and 20th NAFIPS International Conference，2001（3），1312 – 1316.

［81］郭毅夫．商业模式创新与企业竞争优势——内在机理及实证研究［D］．上海：东华大学，2009：10 – 29.

［82］余光胜．以知识为基础的企业理论的产生及其演进过程［J］．上海管理科学，2005（2）：2 – 29.

［83］刘东．资源、能力与企业战略——构建 WTO 时代的企业竞争优势［M］．北京：经济管理出版社，2006.

［84］MILLER，D，FRIESEN，P H. Strategy – Making and Environment：The Third Link［J］．Strategic Management Joumal. 1983，4（6）：221.

［85］赵绘存．中小企业商业模式创新路径的研究——以中小企业板企业为例［J］．科技管理研究，2014（12）．

［86］黄立平，吴继兰．第三方物流企业客户关系管理的研究［J］．同济大学学报：社会科学版，2005，8（14）．

［87］加里·哈默尔．领导企业变革［M］．北京：人民邮电出版社，2002：52 – 57.

［88］MORRIS M，SCHINDEHUTTE M，ALLEN J. The entrepreneur's business model：toward a unified perspective［J］．Journal of business research，2005（58）：726 – 735.

［89］ZOTT C，AMIT R. The fit between product market strategy and business model：Implication for firm performance［J］．Strategic Management Journal，2008（29）：1 – 26.

［90］MARK W JOHNSON，CLAYTON M CHRISTEN，HENNING KAGERMANN. Reinventing Your Business Model［J］．Harvard Business Review，2008，86（12）：51 – 63

［91］霍春辉，刘力钢，张兴瑞．供应链服务集成商业模式解析［J］．经济问题，2009（7）．

［92］卓志坚．供应链管理研究——怡亚通公司供应链管理案例分析［D］．上海：上海财经大学，2007.

［93］白雪．我国物流信息平台商业模式分析［J］．企业导报，2011（5）．

［94］戚琪．物流金融——物流企业新的利润增长点［N］．中国保险报，2009 – 06 – 30（2）．

附录 《高竞争环境下物流企业
商业模式创新》调查问卷

尊敬的女士/先生：您好！

为了分析研究高竞争环境下物流企业商业模式①创新影响因素及其影响程度，中国物流学会重点课题《高竞争环境下物流企业商业模式创新》研究组拟开展本次调查。本问卷以匿名方式进行，调查结果仅为本课题研究使用，不会将数据用于任何商业用途。对于您的支持，我们表示衷心的感谢！如果您有兴趣和需要，我们可以将最终的统计和分析结果通过电子邮件的方式反馈给您，联系邮箱 jzdiaoyan@126.com。

——中国物流学会重点课题《高竞争环境下物流企业商业模式创新》课题组

企业基本信息

1. 贵公司的性质：

A. 国有　　　　　B. 民营　　　　　C. 股份　　　　　D. 外资　　　　　E. 其他

2. 贵公司 2013 年营业收入：

A. 5000 万元以下　　　　B. 5000 万~1 亿元　　　　C. 1 亿~100 亿元

D. 100 亿~200 亿元　　　E. 200 亿元以上

3. 您在公司的职位：

A. 高层　　　　　　　B. 中层　　　　　　　C. 基层

4. 贵公司注册所在地：

第一部分：物流企业商业模式创新外部影响因素量表

在以下的调查题目中，请您根据自己的理解和企业实际情况，选择适当的选项，各选项分值对应为：1. 非常不同意；2. 不同意；3. 有点不同意；4. 不能确定；5. 有点同意；6. 同意；7. 非常同意。

	1	2	3	4	5	6	7
01. 政府政策能够促进物流企业商业模式创新							
02. 企业能够从市场获取运营和扩张所需的关键资源							

---

① 商业模式是企业对自身有形资源和无形资源进行整合，创造价值和获取价值的内在逻辑。简单地说，商业模式就是企业如何组织资源，通过什么样的方式，为谁，提供什么样的服务，通过满足客户的需求，最终实现企业的价值。

	1	2	3	4	5	6	7
03. 企业与银行等金融机构有良好的关系							
04. 企业在市场上能够获得资金支持							
05. 对企业来说，竞争者的行为很难预测							
06. 对企业来说，新的竞争行为层出不穷							
07. 在公司从事的业务领域，市场竞争非常激烈							
08. 对于公司来说，市场竞争是公平的							
09. 在物流行业中，客户需求偏好变化非常快							
10. 顾客对物流产品和服务要求越来越高							
11. 在公司运作过程中，经常需要根据客户需求变化修订业务模式、服务方式和营销策略							
12. 物流行业技术发展变化速度非常快							
13. 信息技术的发展对于企业来说是重要的							
14. 物流技术的发展对于企业来说是重要的							

第二部分：物流企业商业模式创新内部影响因素量表

在以下的调查题目中，请您根据自己的理解和企业实际情况，选择适当的选项，各选项分值对应为：1. 非常不同意；2. 不同意；3. 有点不同意；4. 不能确定；5. 有点同意；6. 同意；7. 非常同意。

	1	2	3	4	5	6	7
01. 本企业领导团队具有较强的创新意识，愿意承担风险，善于把握好机会，并结合内部条件和外部环境果断决策							

续 表

	1	2	3	4	5	6	7
02. 本企业领导团队能够敏锐地捕捉物流行业发展趋势							
03. 本企业发掘新市场的能力很强							
04. 根据市场需求变化,企业能迅速开发新的业务领域和新的服务							
05. 能够捕捉技术变革给企业发展带来的契机							
06. 员工对创新有较高的认同度							
07. 本企业激励和奖励员工能超越常规进行创意思维							
08. 本企业对创新所带来的损失的容忍度高							
09. 本企业能迅速地从顾客、供应商和竞争者处学习知识							
10. 本企业内知识共享程度较高							
11. 本企业能快速有效地将新知识应用到产品或服务上							

第三部分:商业模式创新量表

在以下的调查题目中,请您根据自己的理解和企业实际情况,选择适当的选项,各选项分值对应为:1. 非常不同意;2. 不同意;3. 有点不同意;4. 不能确定;5. 有点同意;6. 同意;7. 非常同意。

	1	2	3	4	5	6	7
01. 本企业能够创新性的深入挖掘客户的需求							
02. 本企业能够获得与竞争对手不同的目标市场							
03. 本企业能够建立与竞争对手不同的核心能力							

	1	2	3	4	5	6	7
04. 针对自身的资源和核心能力，本企业能够为客户提供价值不断增加的产品和服务							
05. 与同行业的其他物流企业相比，本企业获取利润的方式是新颖的							
06. 本企业能够经常采用降低成本的新方法							
07. 本企业能够用独特的方式吸引大量、多样化的新客户							
08. 本企业能够用独特的方式将各类合作者们紧密地联系在一起							
09. 本企业是物流行业商业模式的开拓者							
10. 与同行业的其他物流企业相比，本企业目前的商业模式是先进的（是新颖的）							

　　问卷填写到此结束，您的信息将为我们提供宝贵的研究资料，再次感谢您的配合。祝您生活愉快，万事如意。

企业物流成本核算方法研究：
以在 A 公司的应用为例[*]

内容提要： 随着经济全球化的发展，在日益激烈的市场竞争中，物流已发展成为企业的"第三利润源"。企业物流以实现"用尽可能低的物流总成本实现最优的顾客服务水平"为目标。同时，汽车制造行业在全球行业中占有至关重要的地位，也拉动了机械、钢铁、橡胶、运输、IT 等行业，对整个国民经济的发展发挥巨大的推动作用，因此研究汽车企业的物流成本管理，对加快汽车企业的物流合理化进程有着非常重要的意义。

目前，单独对业务流程的再造研究和物流成本管理的研究比较多见，但将两者结合起来去探究企业物流成本管理的相关研究还不够深入，尤其缺乏实证和案例的应用研究成果。本研究基于业务流程分析及优化对汽车企业物流成本管理的方法、物流成本结构等进行探索，构建了 BPR - ABC 物流成本核算体系，并将其应用于业内以"低成本战略"著称的 A 公司的物流管理实践中，为本研究的特色及创新之所在。

本研究首先运用文献演绎法对物流成本管理的国内外研究进行综述，回顾了其基本理论及相关成果，并结合课题组多年的实践经验，分析出我国汽车企业物流成本管理存在的问题；针对主要问题，在优化汽车企业物流业务流程基础上，运用作业成本法，对汽车企业物流成本核算体系和成本控制措施展开探讨；最后通过实际案例，核算出 A 公司目前的物流成本，指出 A 公司物流成本管理存在的问题，并提出相应的改进措施。本研究旨在将理论成果运用于企业物流成本管理活动中去，以降低企业物流成本，提高企业经济效益。

一、绪论

（一）研究背景

我国汽车产业起步于 20 世纪中期，改革开放后，汽车产业得到了快速发展，实力不断加强，是中国重要支柱产业之一，推动整个国民经济持续快速的增长。汽车工业经过几十年的发展，逐渐成长壮大，建成了一汽、上汽、东风等重点企业集团公司和生产大批零部件的企业。中国汽车业近年来的发展突飞猛进，自 2000 年以来中国汽车工业总体上保持了良好的发展势头，2007 年销量水平比 2003 年翻了一番，2008 年中国超过美国成为全球第二大汽车制造国，同年我国汽车产销分别达到 934.51 万辆和 938.05 万辆，同比分别增长 5.21% 和 6.70%，而 2012 年我国汽车产销量分别是约 1927.18 万辆和 1930.64 万辆。（物流成本核算方法）

* 本课题（2014CSLKT2 - 004 - 2）荣获 2014 年度中国物流学会课题优秀成果奖二等奖。

自 2004 年以来，我国汽车业的竞争不断升级，汽车生产商不得不降低汽车整车的价格，以希望在竞争中不致落败。但是考虑汽车制造企业的利润越来越少，汽车制造商期望能降低生产制造过程中的成本，通过节约原材料和人工费用获取利润，但是效果不明显。此时，广大汽车制造商转移视线，将注意力放在第三利润源泉——物流成本上，物流成本控制成为汽车制造企业研究的重点，也成了广大物流领域学者研究的重点。

2010 年全国重点企业物流统计调查数据显示，我国汽车行业物流成本大大高于发达国家，欧美汽车制造企业的物流成本占销售额的比例在 5% 左右，在日本这个比例更低，2009 年日本汽车行业物流费用率为 2.97%，我国 2009 年汽车行业物流费用率为 9.1%，物流费用约为 457 亿元，生产一辆汽车所花费的物流费用约为 3300 元。由此可见，我国汽车制造商从物流环节降低成本尚有很大空间。在我国，物流管理的引进对企业的发展具有重要的作用，是企业获得利润的源泉。目前，我国对汽车的需求量逐年上升，降低物流成本，获取更大利润将变得更为重要。

要在汽车制造企业进行物流成本控制，进行科学的物流经济效益分析和决策，必须建立在准确的物流成本核算的基础上。物流成本核算方法的选择则影响和决定了物流成本核算的结果。因此，对汽车企业物流成本控制的研究，最终落脚于对汽车企业物流成本核算方法的研究上。

（二）研究的目的及意义

目前，许多汽车企业在产品质量、销售、生产规模上下了很大的功夫，而其物流成本却往往不能被精确反映和有效控制，直接影响了企业的经济效益。在物流成本管理中，物流成本核算是其重要的组成部分，也是物流成本管理的前提，通过对企业物流成本的核算，有效控制和降低企业物流成本的支出，来消除"黑暗大陆"和"物流冰山"，从而扩大企业的利润空间。同时，物流成本的降低也意味着增强了企业在产品价格方面的竞争优势，从而提高产品的市场竞争力。

目前，作业成本法在我国汽车企业物流成本核算中的应用研究还是一个较新的课题，亟须展开系统的设计与研究。本文以 A 公司为例，基于物流业务流程的各个作业，选用作业成本法，真实反映汽车企业物流成本的全貌，综合考虑各种影响因素，设计出更有效的汽车企业物流成本管理体系及运作方法，从而对提高企业在物流成本管理方面的能力以及市场上的竞争力，具有重要的理论意义和实践意义。其具体表现在：

理论意义：目前单独对作业流程的再造研究和物流成本管理的研究比较多见，但将两者结合起来去探究企业物流成本管理的相关研究还不够深入，尤其缺乏实证和案例的应用研究成果。由于汽车制造是比较复杂的系统工程，本研究基于业务流程分析及优化对汽车企业物流成本管理的方法、物流成本结构等进行探索，构建了 BPR - ABC 物流成本核算体系，丰富了该领域的理论研究成果，具有一定的理论价值。

实践意义：以 A 公司为例，将 BPR - ABC 运用于对其物流成本进行实际核算和控制，并在发现 A 公司物流管理问题及提出具体改进措施的同时，也为其他汽车企业起到了很强的参考和借鉴作用。

(三) 国内外研究现状分析

1. 国外理论研究现状

从物流管理实施方面来讲, 纵观全球, 日本和美国在这方面已经是发展到比较成熟的阶段了。其中, 日本比较重视从系统的角度和整体管理出发实施物流成本的合理控制, 而美国则更重视现代物流的理念, 据调查表明, 美国大约有 29% 的企业用作业成本法代替了传统成本方法, 超过 50% 的企业使用作业成本法作为传统方法的补充, 另外还有 15% 的企业将其作为成本管理的工具。从全球成本控制的总体趋势来看, 日本和欧美一些国家已成功将物流成本控制在比较小的范围内了。根据德国 Deutsche Bank 的统计, 从全行业物流成本所占价值比重来看, 美国平均物流成本为 10.0%, 加拿大为 9.5%, 欧洲为 9.1%, 日本为 6.0。[①]

在企业物流成本的控制方面, M. Shciff (1972) 在其出版的专著 "物流管理中的会计管理和控制" 中说明了会计与财务信息对物流活动极其重要的影响。他是最早把会计学与物流学联系起来的人。Keyes (1982) 将物流设计概念引入到企业物流成本的控制中, 认为企业物流成本的各项费用主要是由物流系统设计所决定的。Gene R Tyndal (1990) 提出研究物流成本时应着眼于供应链的整体而不是局部。Perttila 和 Hautaniemi (1995) 赞成作业成本计算方法可以使物流系统获得准确的成本信息这一观点。Shigeki (1997) 等认为制定物流成本控制的目标是实施物流成本控制的第一步。June Young Jung 等 (2004) 运用仿真技术, 在需求不确定的情况下, 通过建立计划、行程安排以及安全库存水平模型, 并进行仿真分析, 得出适量供应链库存水平下的最大顾客满意。Nan Tu, Jian Ye (2011) 提出了将时间驱动作业成本法 (TDABC) 与约束理论 (TOC) 相结合, 运用 TDABC 来获取具体的企业物流成本信息并识别出企业物流系统的瓶颈所在, 然后利用 TOC 理论模型来优化整个物流系统。并通过实证分析指出这两种方法的互补可以提高物流成本管理的效率。

在企业物流成本核算方面, 国外学者对物流成本核算方法的研究大致可以分为以下几个方面:

(1) 聚焦于总成本思想的物流成本核算方法。在持该种理论思想的研究学者看来, 在对物流成本进行核算的时候, 要有一个总成本的思想作为大前提, 而不是仅仅局限于物流流程中的某一个物流环节来计算其物流成本。1956 年, 霍华德·D. 莱维斯、詹姆斯·W. 克里顿和杰克·D. 斯蒂勒编著的《航空运输货物在物流中的作用》一书中, 分析了航空运输中不同物流环节的物流成本。航空运输作为一种运输方式, 与其他运输方式相比, 航空运输方便快捷, 中途转运和仓储这两个环节花费极少, 因此在库存和维修这两个物流作业上的费用就大大节约。所以, 在计算航空运输的物流成本及费用时, 应该将占比较高的运输费用和占比较低的库存和维修费用这两个方面来综合进行计算。

(2) 围绕物流作业展开的物流成本核算方法。此种物流成本核算思想的代表是 Pohien 和 Lalonde。他们认为, 在业务流程上, 物流与制造业有共通之处, 都涉及运送与分配资源和产品。实践经验证明, 运用制造成本来对制造业的成本进行核算, 反响普

---

① 蔡启明, 张庆. 现代物流管理 [M]. 上海: 立信会计出版社, 2004: 20 - 26。

遍不错。所以，对于物流成本的核算来说，也可以借鉴在制造业运用的作业成本法，来核算物流成本。运用作业成本法来核算物流成本，不仅可以清晰、明确的核算出物流流程中每一个物流作业的耗费，还可以根据这些核算结果，利用标杆法，查找自身不足之处和需要改进的地方，改善物流业务流程，提升物流服务水平。

（3）考虑到时间因素的作业成本法。传统的作业成本法（Activity-Based Costing, ABC）模型，虽然在理论上成本计算比之前的会计方法有较大的进步，但在现实中实施起来还是有一定的困难。这些困难主要在于在初期设计模型时需要花费大量的时间去对基层员工进行访谈，并且带有较强的主观性。另外，当企业的物流业务流程和物流作业发生改变时，该模型也需要重新进行较大的变动，增加了其难度。在这个背景下，2003年，罗伯特·卡普兰对作业成本法进行了改进，引入了时间因素。在具体实施操作时，只需要测定每一项物流作业的单位耗时，然后根据资源动因和作业动因对物流成本进行分配，简单方便。

（4）根据物流成本的分类来核算物流成本。这种物流成本核算方法在日本较为普遍和流行，并且在实务界和学术界取得了良好的反馈和效果。利用此种方法进行物流成本核算，前提是要对物流成本进行清晰、科学的分类。在对物流成本进行分类以后，再对每一个类别的物流成本进行核算，最后将所有类别的物流成本进行加总，就得到总的物流成本。在日本颁布的国家级的规范性文件《物流成本计算统一标准》中，明确了三种通用的物流成本核算方法：①以物流范围来对物流成本进行分类然后计算物流成本的方法。企业的生产过程一般主要包括以下几个流程：生产所需的原材料供应、产品的生产、产成品的销售、产品的退回及废弃产品的回收等。每一个流程中的物流作业成本的数据进行综合就可以计算出总的物流成本。②按照货币的支付形式来划分的物流成本核算方法。与物流成本相关的日常支出包括材料费、人工费、公益费、维护费、一般经费、特别经费和委托物流费，这些费用的总和就是物流成本。③按照物流功能划分来核算物流成本。用在运输、保管、包装、装卸、信息、管理等物流功能上的支出总和就是物流成本。

（5）任务成本法的物流成本核算方法。任务成本法有别于其他成本法的地方在于对物流成本的核算时以任务为对象而不是以企业部门为对象。运用任务成本法，需要关注的是整个物流系统的输出以及与这些输出有关的物流成本的耗费。Christopher 在 1998年将"任务"定义为在特定产品/市场环境下物流系统所要达到的一系列客户服务目标，任务可以是客户类型、细分市场和分销渠道等。任务成本法的物流成本核算方法通常不仅仅涉及企业的某一个部门，往往是根据一个任务的流程跨越了不同的部门。

2. 国内研究现状

据统计，我国 2007 年的物流成本总支出为 1.9 万亿人民币，物流成本占 GDP 20%，比 2006 年下降 0.2 个百分点，比发达国家的平均水平高出 1 倍。① 由此可见，我国物流成本管理的成效较之发达国家存在较大的差距，降低物流成本，获取更大利润将显得尤为重要。

---

① http://sgmsgmwsgmsgmwsgmsgmw. cvmachine. com/space/html/00/n - 30300. html。

在企业物流成本的核算方面，国内学者在综合国外研究和我国现实情况的基础上，提出了以下五种具体具有代表性的物流成本核算方法及模型。

（1）营运成本法。这种物流成本方法与我国传统的会计成本计算方法密切相关，一脉相承。与传统的会计成本计算方法类似，也就是将物流成本视为其他会计成本的一种，将其划分为直接物流成本和简介物流成本，然后再根据时间或者其他的标准来对成本进行分配。高想清（2007）在《对企业物流成本核算方法的探索》一文中，介绍了营运成本法来计算物流成本的方法和思路：也就是对于能够直接计入某一项物流作业的费用就直接计入该项物流成本，对于不能直接计入的则选择一定的分配标准来进行计算和分配。

（2）作业成本法（ABC）。它的基本原理是产品消耗作业，作业消耗资源。具体计算步骤是：以作业为单位按照资源动因将企业所消耗的资源分配到作业，形成作业成本，然后把作业成本按照成本动因分配到成本对象，形成成本对象的成本，从而将企业间接成本和辅助资源更准确地分配到作业、生产过程、产品、服务以及顾客。与传统的会计成本计算方法不同，在计算间接物流成本时，它并不是单一的采用统一的分配标准，而是根据不同的物流作业确定不同的资源动因和成本动因来进行分配，从而使物流成本的分配和计算更加科学。而且由于把物流流程分解为了一个个的物流作业，有利于企业对自身的物流业务流程进行优化，控制物流成本。

（3）任务成本法。任务成本法既能从总成本角度来强调物流系统内各个子系统之间的相关性，又能从系统的角度来提供对不同客户服务的成本信息，强调的是整个物流系统的输出并确定与这些输出相关的成本。周敏等（2005）运用了任务成本法的基本思想，将企业物流服务分为若干种，然后根据顾客特点与服务种类建立成本计量模型，只要计算出企业对顾客服务所产生的作业集合，即可算出成本。然而该方法核算过程繁杂，在分配某项作业成本时往往存在人为因素，导致结果不准确，特别是公共作业领域，如仓储成本的分摊等。

（4）M-A模型法。M-A模型法是将任务成本法和作业成本法结合来对企业的物流成本进行核算的一种方法。帅斌等（2006）在分析和比较任务成本法与作业成本法的基础上，将任务成本法与作业成本法结合起来构建了企业物流成本核算的M-A模型框架。徐小函（2008）在《物流成本核算方法》一文中对基于M-A模型的物流成本核算方法进行了深入的研究，并用实际案例进行了具体的核算应用。但该方法没有对模型进行实证分析或仿真，也没有考虑到时间成本以及一般管理费用的分配。

（5）T-A模型法。T-A模型法是基于作业与时间相结合的物流成本核算方法。董雅丽、李长坤等（2008）在《基于时间与作业成本的物流成本核算模型与方法》一文提出了一个新思路，即在物流作业成本法的基础上加进了基于物流时间的物流成本核算方法，构建了物流成本核算的T-A模型。其通过基于时间与作业相结合的物流成本核算模型与方法，对企业物流成本进行管理，以进一步挖掘物流隐性成本，为企业降低成本、提高利润提供了新的途径。

在企业物流成本控制方面，黄岩（2000）提出了企业物流成本的综合控制的管理理念。汪洋（2004）指出通过提高信息流质量来达到控制和运用物流成本目的，以实现物流成本管理的目标。薄建军（2006）在其硕士论文中提出我国汽车生产企业可以从物料采购、运输、库存、整车物流四个方面对物流成本进行有效的控制。江峥峥（2008）通过定性分析和定量分析，提出全面成本管理、标杆管理法、目标成本法、标准成本法、精益六西格玛法则等管理方法对于实现物流总成本的降低是行之有效的方法。张彩虹（2011）将六西格玛与物流成本管理相结合，提供物流成本管理研究的新思路。

3. 研究评述

从上述文献可看出，国内外研究学者在这一领域的研究对象多集中在企业物流成本的内涵、构成以及基于供应链管理视角等相关方面，其研究成果已经比较成熟。但由于物流存在的"效益背反"的现象，对物流各个作业的成本因素剖析难度较大。在分析物流业务流程的基础上，对物流成本进行核算和控制文献并不多见，由于汽车制造是复杂的系统工程，通过用这种方法对汽车制造企业这一特定系统研究的比较少见。因此，对我国汽车企业物流成本管理的研究尚有待深入；针对物流成本管理现阶段存在的问题，有必要聚焦物流成本核算体系和管理运作机制作进一步更深入的探讨。

（四）研究方法与技术路线

1. 研究方法

（1）理论研究和案例分析相结合，注重方法的可操作性。在进行物流成本核算研究中，以作业成本法为理论基础，并针对 A 公司进行成本核算实例分析。

（2）定性分析和定量分析相结合。以物流成本管理的相关理论为指导，通过收集准确的数据信息、建立可靠的数学模型推导，将定量与定性分析相结合。

本课题的研究思路：从我国汽车企业物流成本管理的现状及其存在问题上入手，在分析汽车企业的业务流程的基础上，结合企业物流成本的核算、控制方式，最终以 A 公司的物流成本管理为例，找出存在问题的主要原因，并提出解决问题的方法，以期望能够对企业物流成本管理的改善有指导意义。

2. 技术路线

本文的研究内容共分为五个部分，其研究技术路线如图 1 所示：

（五）小结

本课题首先介绍研究背景以及目的及意义，接下来梳理了国内外学者在物流成本核算这一领域的理论研究。从现有的理论研究来看，关于企业物流成本的内涵、构成以及基于供应链管理视角等相关方面的研究已经非常丰富和全面，但是对于具体的物流成本的核算的研究却还显不足。特别是汽车制造业，业务流程纷繁复杂，针对物流成本管理现阶段存在的问题，有必要聚焦物流成本核算体系和管理运作机制作进一步更深入的探讨。最后结合国内外学者对汽车制造行业物流成本的理论研究，确定了本研究的研究方法和技术路线。

二、本研究的相关理论

物流成本管理，是一种以成本控制为手段的物流管理方法，它通过成本去管理物流，管理的对象是物流而不是成本。物流成本管理覆盖了物流活动的全过程，其成本管

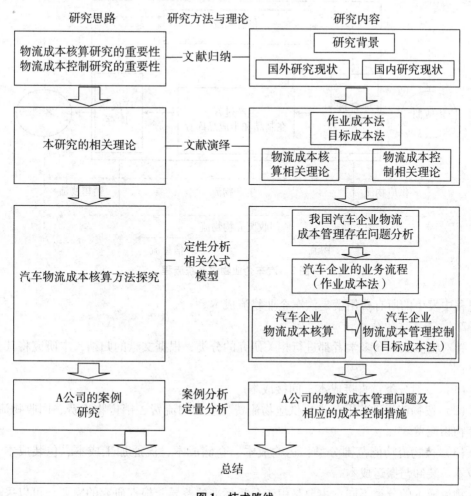

图1 技术路线

理的具体内容包括：物流成本预测、物流成本决策、物流成本核算、物流成本控制和物流成本检查等。在汽车企业的实际操作过程中，最难掌握的就是物流成本的核算和控制，而物流成本核算是物流成本管理的前提，物流成本控制贯穿整个物流成本管理，两者在物流活动中占有重要的作用。

（一）物流成本的概念

1. 物流成本的定义

根据文献资料所得，目前普遍认为现代物流是指物品从供应地向最终消费点的实体流动过程，具体包括运输、保管、包装、装卸、流通加工及信息处理等多项活动及其有机结合。物流成本就是在物流过程中，为了提供有关服务而要占用和耗费一定的活化劳动和物化劳动的货币表现。

由图2显示，汽车企业的物流过程包括从生产企业内部原材料和协作部件的采购、供应开始，经过生产制造过程中的半成品存放、成品包装、搬运、装卸及运输到流通领域，进入仓库验收、分类、储存、保管、配送、运输，最后到顾客手中的全过程，在这

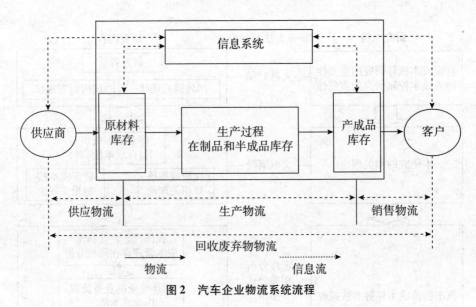

图2　汽车企业物流系统流程

些过程中发生的所有费用就是汽车企业物流成本。

2. 物流成本的分类

针对物流成本众多学者都进行相关研究的分类，根据文献的归纳，本研究将其分类如下：

（1）一般分类：直接成本、间接成本。

（2）按物流活动范围分类：供应物流费、生产物流费、销售物流费、回收物流费、废弃物物流费。

（3）按物流功能范围分类：运输成本、仓储成本、流通加工成本、包装成本、配送成本、装卸与搬运成本。

物流成本的分类不同，主要是由于分类标准的差异。根据研究的需要，可以采取不同的分类标准对物流成本进行分类。为了核算汽车制造企业的物流成本，本研究中采用按物流活动范围和按物流功能这两种分类方法。汽车企业的物流成本按物流活动分类大致可以划分为：供应物流成本、生产物流成本、销售物流成本；在这三个大的物流成本分类的基础上，每一个物流成本又可以细化为：运输成本、仓储成本、流通加工成本、包装成本、配送成本、装卸与搬运成本等。

（二）物流成本核算相关理论

1. 成本动因理论

1987年，罗宾·库珀和卡普兰提出了"成本动因"的概念，成本动因是指作业被各种产品或劳务即最终成本计算对象消耗的方式和原因，它是成本由作业成本库分配至成本计算对象的标准。

资源动因，是指资源被各项作业消耗的方式和原因，作业的数量决定了资源的耗用量。它反映了消耗资源的起因和作业对资源的消耗情况，是资源成本费用分配到作业的依据。它联系着资源和作业，把一项项资源成本分配到作业。

作业动因，是作业发生的原因，反映了产品消耗作业的情况，是将作业成本库中的成本分配到最终产品的标准。揭示了成本对象和消耗之间的逻辑关系，相当于资源消耗与最终产出相互关联的中介。

2. 作业成本法

作业成本法是由哈佛大学的罗宾·库珀提出并在世界各国逐渐发展。作业成本法（Activity Based Costing，ABC）是一种通过对所有作业活动进行追踪动态反映计量作业和成本对象的成本，评价作业业绩和资源的利用情况的成本计算和管理方法。

ABC法的基本原理是：产品消耗作业，作业消耗资源；生产导致作业发生，作业导致成本的发生。用ABC法来核算生产企业的物流成本，首先确认资源动因，依据作业对资源的耗费情况追踪到作业，形成作业成本；再通过作业动因的确认和计量将作业成本库中归集的成本追踪到产品，最终形成产品成本。其基本原理如图3所示：

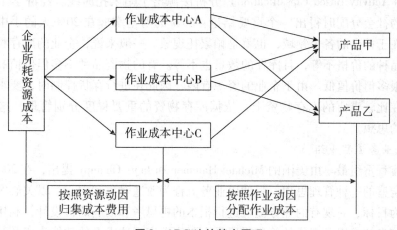

图3 ABC法的基本原理

本文之所以选择作业成本法，基于以下几点原因：

首先，汽车制造业工艺流程特点符合作业成本法核算方式。汽车制造企业的物流是由物资的包装、装卸、运输、配送、存储、流通加工、包装物和废品的回收以及与之相联系的物流信息等工作构成的，用作业成本法的观点来衡量这些物流工作，可以发现这些物流工作都可以被定义为一个个的物流作业，这些物流作业为运用作业成本法核算物流成本提供了核算对象，使作业成本法在核算物流成本方面具备了可行性。

其次，作业成本法能够更精确的核算间接成本。在现代汽车制造业成本构成中，间接成本在其总成本中占了相当大的比例。此时如果继续采用传统的成本计算方法，对于间接费用的分配只采用单一的单位基准动因进行分配，就会容易造成成本信息失真和成本信息扭曲。而采用作业成本法，根据不同的资源动因将资源分配到作业，再根据多种成本动因，将作业成本分配到产品，从而间接费用的分配较为准确，解决了物流成本信息失真问题。

最后，可以加强物流成本控制。作业成本法将作业区分为增值作业和不增值作业，强调事前事中作业成本控制、尽可能消除不增值作业并提高增值作业的效率和效益，把这一原则应用于物流成本控制可以减少资源的浪费进而有效降低物流成本。

（三）物流成本控制相关理论

1. 二律背反

二律背反指的是物流的若干功能要素之间存在着损益矛盾，即某一个功能要素的优化和利益发生的同时，可能会存在另一个或另几个功能要素的利益损失，反之也如此。在物流各项功能之间，某一功能成本的优化必须牺牲另一个或者几个功能要素的效益为前提。例如，就储存和运输两个业务流程来说，两者都有其最佳方案，追求储存的成本降低，则会牺牲运输的效益，即产生成本"二律背反"状态。由于存在物流成本控制的"二律背反"，便要求管理者从系统全局的角度考虑各物流成本的综合控制。因此，企业的管理者做到既要重视物流成本的局部控制，更要重视其综合控制。

2. 库存 ABC 分类法

ABC（Activity Based Classification）分析法源出于帕累托曲线。经济学家帕累托在研究财富的社会分配时得出一个重要结论：80% 的财富掌握在 20% 人的手中。这一普遍现象存在于社会的各个领域，也就是帕累托现象。一般来说，企业的库存物资品种繁多，每个品种的价格不等，且库存的数量也不等。有的物资品种不多但价值高，而有的物资品种很多但价值低。由于企业的资源有限，因此在进行存货控制时，要求企业将注意力集中在比较重要的库存物资上，依据库存物资的重要程度分别管理，这就是 ABC 分类管理的思想。

（四）业务流程重组

业务流程重组最早由美国的 Michael Hammer 和 Jame Champy 提出，在 20 世纪 90 年代达到了全盛的一种管理思想。强调以业务流程为改造对象和中心、以关心客户的需求和满意度为目标、对现有的业务流程进行根本的再思考和彻底的再设计，利用先进的制造技术、信息技术以及现代的管理手段最大限度地实现技术上的功能集成和管理上的职能集成，以打破传统的职能型组织结构，建立全新的过程型组织结构，从而实现企业经营在成本、质量、服务和速度等方面的巨大改善。

运用作业成本法对汽车制造企业的物流成本进行核算，是建立在对汽车制造企业物流业务流程进行科学梳理的基础上。而汽车制造企业的物流成本管理水平高低也与企业的物流业务流程密切相关。通过对汽车制造企业每一个物流业务流程中的物流成本进行核算，对核算结果进行分析，发现其中不合理的物流环节，对其进行业务流程重组和优化，从而提高生产效率，降低物流成本，增加企业利润。

（五）小结

本部分主要梳理了与物流成本相关的理论，为展开本课题奠定理论基础。具体来说，主要包括四大理论基础：一是物流成本的概念，包括物流成本的定义和物流成本的分类；二是物流成本核算的相关理论，本课题着重介绍了作业成本法及成本动因的相关理论；三是物流成本控制的相关理论，包括二律背反定律和库存 ABC 分类法；四是业务流程重组理论。

三、基于业务流程——作业成本法（BPR - ABC）的物流成本核算方法

虽然企业物流成本管理的相关理论研究已经取得一定成果，但现实中企业物流成本核算方法实施始终是个困扰企业效益的难题。在汽车企业的实际生产运营活动中，影响物流成本的因素是各个方面的，因此本部分先分析我国汽车企业成本管理存在的问题，针对当前的问题，在确定汽车企业物流业务流程基础上，运用 ABC 法，对汽车企业物流成本核算方法和成本控制措施展开探讨。

（一）我国汽车企业物流成本管理存在问题分析

1. 汽车生产物流供应链流程长

当前，我国大多数汽车整车生产厂是合资企业，为了提高汽车产品的质量和安全性能，对原材料的采购，如发动机和减速器等绝大部分都是采用进口件。因此在原材料采购过程中会出现生产筹备阶段和运输周期长的问题，导致零部件采购对资本占用和运输费用花费高，供应链流程时间长，物流组织难度大，费用增加。同时国内生产零部件的供应商地理集中度不高，导致汽车物流供应链战线较长，而且由于干线运输可靠性较差，各个整车生产厂为确保生产线上的零部件的供应不受影响，会设立较高的安全库存，这样既会增加物流成本和业务流程时间，而且还降低了企业物流系统的柔性。一旦库存管理不够完善，就会出现零件的积压和报废。

2. 汽车制造企业运输成本高

我国很多汽车制造企业各自建立了其自己的零部件供应基地、销售网络和中转库，相应增加了企业管理费用和员工工资等费用，由于缺乏大规模的合作，使得零部件的配送和中转库的利用率较低。汽车企业的销售物流缺乏物流计划，造成运输车辆空载率高达39%，导致物流成本直接增加。中国汽车企业的物流成本占汽车生产成本的比率超过20%，严重制约了汽车生产企业的发展。

3. 汽车制造企业物流成本管理信息化程度低

目前，信息化程度低的问题普遍存在于我国汽车制造企业中。目前大部分汽车制造企业的整车物流主要依靠手工操作，这样不仅使信息传递不快，物流成本管理效率低下，还会造成差错率高的后果。我国在这方面还很欠缺，物流信息、沟通方式相对落后，例如在调度所用的通信方式方面，对 GPS 系统的利用率非常的低，基本上还是依靠手机来完成对整车物流的跟踪和调度。

4. 汽车制造企业库存管理效率低下

库存管理是影响物流成本的重要因素，目前我国汽车制造企业的库存管理效率低，严重影响了物流成本的降低，仓储成本约占物流成本的15%～20%。当前我国制造企业原材料库存约为30天，产成品库存约为15天，商业销售库存约为35天，而国外一些企业的产品库存的时间不超过10天。在欧美发达国家，从20世纪七八十年代起，计算机技术特别是微电脑技术及运用软件的发展及普及为企业提供了有效的库存管理手段，并将 MRP、ERP、KANBAN、JIT 等先进管理技术和方法逐步引入、运用到物流管理中。

5. 汽车制造企业物流管理标准化落后

标准化的物流可以降低工作难度，减少物流损失，减少综合物流费用。标准化可以加强配送环节的物流作业现场管理，降低物流作业成本。条码在物流中的运用就是物流标准化技术的一种表现形式，随着条码技术的发展，其已逐渐成为物流管理的基本手段。虽然条码技术在我国企业的应用已经相当普遍，但其主要运用在零售行业的结算方面，在提高我国汽车企业的物流运作效率上并没有充分发挥其作用，主要是因为物流条码的应用环境不成熟和物流条码的标准设置不统一，从而导致了物流成本管理的效率低下。

（二）汽车企业的物流业务流程优化

在汽车企业中，由于其业务流程的特殊性，物流贯穿于企业经营活动的全过程。不同的业务活动决定了业务流程的基本结构也不同，通过这个以流程为导向的管理模式，可更清楚明白各个部门和机构是如何进行工作和作业的，结合汽车企业的一般业务流程，本文将汽车企业的物流业务流程分为供应物流、生产物流、销售物流以及逆向物流四个流程。如图4所示：

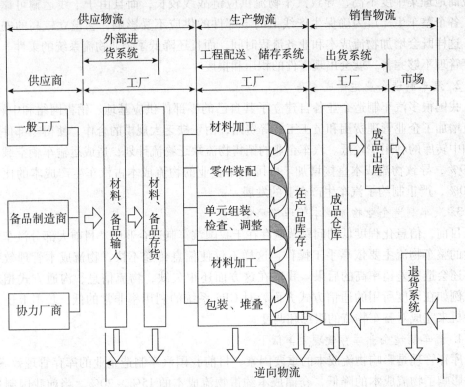

图4　汽车企业物流业务流程

1. 供应物流

供应物流也称原材料采购物流，主要包括原材料和零部件等生产物资的采购、运输、仓储与库存管理、用料供料管理。供应物流可继续细分为外部供应物流和内部供应物流，两者的关系如图5所示。

供应物流包括采购、进货运输、用料供应、仓储、库存管理等组成。采购是供应物流与社会物流的交汇点，根据制造企业"生产—供应—采购计划"来进行原材料及零部件外购的作业层，负责市场资源调查、供货厂家的选择、市场变化信息的收集和反馈；运输是供应物流的重心，负责实现物料从外企业到本企业在空间上的转移；用料供

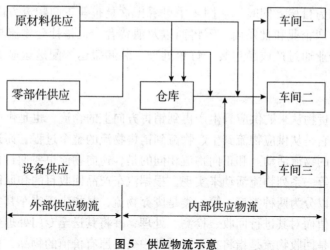

图5　供应物流示意

应衔接着供应物流和生产物流，根据"供应计划与消耗数量"将原材料供给作业层，负责原材料消耗的控制；仓储是供应物流的转换点，负责物料发货与接货，以及物料的储存工作；库存管理在供应物流中占有重要位置，根据企业的生产计划制订采购与供应计划，同时负责采购和供应计划的执行与反馈以及库存的控制；装卸搬运是物料接发货时进行的工作，虽然装卸搬运工作是伴随仓储和运输而产生的作业，但与供应物流中的其他活动紧密相关。

2. 生产物流

企业供应物流的结束就意味着生产物流的开始，生产物流起于物料的投入，止于成品库接收产成品，贯穿于生产全过程。企业的生产物流如图6所示。生产物流一般是指：原材料、燃料、外购件等投入生产后，运送到各加工点和储存点，以在制品的形态，由一个生产车间转入另一个生产单位，始终保持着物料实体形态的流动过程。装卸搬运活动是生产物流中发生频率最高的一项活动，它影响着整个生产方式与生产水平。例如，产品A不断由车间1流入车间2，在这一生产流动过程中，便会不断产生搬运以及暂时储存等物流活动。

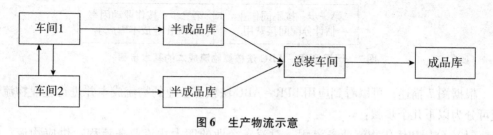

图6　生产物流示意

3. 销售物流

众所周知，企业的产品销售后才能实现其价值，从而创造收益，实现企业的价值。销售物流是指在销售过程中，企业将产品的所有权转移给批发商、零售商以及消费者这一销售过程物流活动；是产品从生产地到消费者的时间与空间上的转移，以实现企业销售利润为目标。同时，从图4中可看出这是企业正向物流方向上的最后一个环节，连接着生产企业和批发商、零售商以及消费者，也是社会物流与企业物流的另一个衔接点。企业通过产成品包装、订单处理、装卸搬运、配送运输等物流活动来实现销售。

4. 逆向物流

正向物流是货物从采购供应到生产再到销售方向上的物流，也是供应链上投入产出方向上的物流，它是从供应物流到生产物流到销售物流的整个过程，而逆向物流是与正向物流方向相反的物流活动。和正向物流相同的是，逆向物流也要通过包装、装卸、运输、储存、加工等一系列物流活动来实现。根据汽车产品回收目的和原因不同，汽车产品的逆向物流可以分为两种类型。第一类是废弃物流，是指由于汽车其实体部分及其零部件失去使用价值而对其进行回收、检测、处理，并将其送至专门处理中心而进行的物流活动。第二类是回收物流是指将在经济活动中失去原有价值的物品，根据实际需要进行收集、分类等，并分送到专门处理场所时形成的实体流动。

（三）BPR – ABC 核算物流成本的基本方法

BPR – ABC 是一种以业务流程及作业活动为基础的成本分析方法，具有和作业、资源消耗相关联的特点，较好描述了成本与作业关联的动态性特征。BPR – ABC 法的物流成本核算的几个基本步骤可以用图7表示。

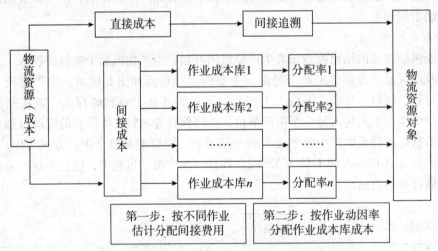

图7　运用 BPR – ABC 法核算物流成本的基本步骤

根据图7描述，可以看到应用 BPR – ABC 法核算企业的物流成本并进行企业物流管理可分为以下几个步骤：

（1）分析和优化物流业务流程。对汽车企业的四大物流业务流程：供应物流、生产物流、销售物流以及逆向物流进行分析及优化。

（2）确定物流作业。在优化物流业务流程的基础上，界定企业物流系统中涉及的各项作业，并对作业进行筛选归集。作业是关键要素，在进行企业物流成本核算之前，首先要确定作业链，然后确定构成作业链的基本活动。所有活动的作业还可以细分，例如仓储作业可细化为接受订单、入库检验、装卸搬运、进货存储、包装及贴签、出货装载等明细作业，运输作业可细化为将货物送到客户处、空包装箱返回、中转货物、在客户处卸载货物等明细作业。

（3）分析和确定资源。资源是成本的源泉，是作业执行过程中所需要花费的代价。一个企业的资源包含人力资源、材料资源、设备资源、动力资源等。资源的界定是在作业确定的基础上进行的，每项作业必然涉及一些相关资源，与物流作业无关的资源应该从物流核算中剔除。

（4）确定资源动因。作业决定着资源的耗用量，资源和作业的关系叫作资源动因，在对企业作业与资源动因进行全面分析的基础上，根据各项资源耗费结果、资源动因以及作业之间的相关性，将当期发生的生产费用按照不同的作业中心进行归集，以下是资源动因率的计算公式：

$$r_i = c_i / a_i (i = 1, 2, \cdots, n) \tag{1}$$

式中：

r_i 表示资源 i 的资源动因率；

c_i 表示资源 i 的资源动因成本；

a_i 表示资源 i 的资源动因量。

（5）分配资源到物流作业，然后计算作业成本。在获取各个资源的动因率以及确定作业耗费的资源动因量的基础上，把各个资源归集到作业，从而形成作业成本，以下是作业成本的计算公式：

$$C_j = \sum_{j=1}^{m} \sum_{i=1}^{m} R_j \times Q_{ij} (i, j = 1, 2, \cdots, m) \tag{2}$$

式中：

C_j 表示作业 j 的作业成本；

Q_{ij} 表示作业 j 耗用资源 i 的资源动因量。

（6）确定作业动因，然后将作业成本分配到产品对象。作业动因反映了成本这一对象对作业消耗的逻辑关系。作业成本动因确定后，就可按照同质的成本动因将有关的成本归集起来，按照成本动因的数量建立相同数量的作业成本库。在物流作业成本计算中，需特别注意作业动因的确定，即选择哪些成本动因和确定成本动因的数目。

"以业务流程为基础的作业成本核算方法（BPR – ABC）"是一种行之有效的方法。当然，究竟采取哪种或者哪几种方式对物流总成本进行分配与归集，要视企业实际情况而定，基本的原则是：在核算物流成本时，首先要明确核算目的，选择正确适当的核算方法。在了解企业物流成本的实际情况以后，制订相应物流活动计划来进行调控，解决存在的问题，从而以时序观点，正确地观察成本的变化情况和其他公司、其他行业比较，指出企业物流业务流程过程中的不合理的物流活动，通过改进和控制更好地进行物流成本管理。

（四）汽车企业物流成本控制方法

企业物流成本的控制方法，取决于企业物流的运作流程。运作流程是一个动态的过程，因此必须对物流成本控制进行动态分析，将物流成本各种有效的控制方式运用于企业的经营管理。本研究依照汽车企业的特点，确定了企业内部不同业务流程的成本控制指标和控制方法，如表1所示。

表1 汽车物流成本的控制方法

过程	控制指标	控制方法
供应物流过程中的物流成本控制	（1）订货处理成本 （2）采购人员的人工成本 （3）原材料、燃料等的检验成本 （4）仓储成本 （5）搬运装卸成本	（1）以减少搬运和运输成本为目的，进行 EOQ 经济订货批量供应 （2）采用供应自动化管理以减少人工成本 （3）采购供应原材料、零部件标准化和统一化 （4）尽可能就近选择采购地点 （5）强化对采购供应活动的基础工作的控制
生产物流过程中的物流成本控制	（6）与生产物流相关的人工成本 （7）零部件、半成品、产品的包装成本 （8）生产车间内部和生产车间之间的运输成本 （9）搬运、装卸成本 （10）零部件、半成品以及成品的仓储成本	（6）加强生产设备的科技化和自动化，减少各工序间的搬运工作 （7）尽可能实现包装材料的标准化，进行自动化包装，以减少包装和人工成本 （8）确定厂址以最小成本为原则 （9）确定生产批量和生产规模以最经济为原则 （10）及时反映生产经营状态，做好供应与生产最高效率的衔接
销售物流过程中的物流成本控制	（11）成品的仓储成本 （12）成品的运输成本 （13）销售订货处理成本 （14）计算机信息处理成本 （15）销售员工的人工成本 （16）退货成本	（11）合理选择仓储网点、选择适当的与仓储功能配套的物流手段 （12）合理选择运输设备，最佳库存规模以及最佳空间布置，力求运输成本最优化 （13）合理选择并减少交货点，降低交货的管理成本 （14）争取更多的大批量订货客户 （15）围绕劳动生产率为中心实施人事政策，签订定额承包合同 （16）加强产品质量管理，降低次品率

（五）小结

本部分首先对我国汽车制造企业的物流成本管理存在的问题进行了分析，发现我国汽车制造企业目前存在的问题主要表现在以下几个方面：供应链流程长、运输成本高、物流成本管理信息化程度低、库存管理效率低下、物流管理标准化落后。这些问题的存在，都大大增加了企业的物流成本。

针对主要问题本部分将汽车制造业的物流业务流程划分为供应物流、生产物流、销售物流、逆向物流四大流程，并对每一流程的具体作业活动进行了详细分析和优化，这是建立物流成本核算体系的基础。

接着本部分详细介绍了基于物流业务流程的作业成本核算方法（BPR－ABC）和体系，其具体计算包括以下步骤：分析和优化物流业务流程、确定物流作业、分析和确定资源、确定资源动因、分配资源到物流作业然后计算作业成本、确定作业动因然后将作业成本分配到产品对象。

最后，针对汽车制造企业生产、销售、供应物流过程中不同的物流作业，本研究分析了这些环节可以控制的物流成本指标，并且针对这些控制指标提出了具体有效的控制方法，最终以实现降低物流成本、提高企业利润的目的。

四、BPR – ABC 在 A 公司物流成本核算中的应用

（一）A 公司的背景介绍

A 汽车有限公司是一家拥有东部、西部以及发动机三大制造工厂大型中外合资汽车公司，东西部制造工厂拥有以冲压、车身、涂装、总装为主体的现代化生产车间。A 公司全面实施全球制造管理体系，形成了乘用车和商用车两大产品生产的格局。该公司以"低成本、高价值"为企业经营理念，充分集成股东各方的先进管理方法、全面推进企业业务流程重组和内外资源整合，逐步形成了具有核心竞争力的价值链。近年来，A 公司增强现代物流管理理念，加强控制企业物流成本的各个环节，通过运用 BPR – ABC 法对物流成本进行核算，在物流成本控制方面取得显著成效。

自 2012 年 9 月，A 汽车有限公司的某款车上市以后，销售量不断增加，这款车型（简称 V 款车型）出现产品紧缺的现象。本文利用其 2012 年 12 月的相关生产管理数据和财务数据，运用 BPR – ABC 法对 V 款车型的相关物流成本进行了核算。

（二）A 公司物流业务流程及作业层次分析

1. 整车制造物流业务流程分析

A 公司生产采用按订单生产方式，生产车间接到订单之后，依据车间生产能力，制订生产计划。自从 V 款车型上市之后一直处于缺货状态，12 月初，V 款车型订单量为 1700 辆，公司采用第三物流公司以及自营物流运输方式进行物料和整车采购，运输费用由供应商 X 公司承担。结合市场需求和订单量，A 公司计划生产 V 款车型 1750 辆，汽车物流作业流程如图 8 所示。

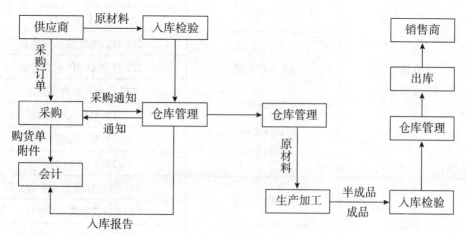

图 8　汽车物流作业流程

A 公司在接收生产订单后，将订单信息传达到生产管理部，生产管理部结合公司实际运营情况，制订采购计划和生产计划，然后将生产计划传达给负责订单处理的员工，订单处理工作者将订单信息反馈给消费者。生产管理部门统计库存情况后，进行原材料及零部件的采购，并将采购单附件交至财务部门。原材料和零部件运送仓库后，仓库员工对其进行验收并办理入库登记手续，最后装卸搬运人员负责将物料搬入仓库。

A 公司的生产主要包括部分零部件的生产加工以及整车的组装。其生产流程如下：首先准备好零部件生产所需物料，由加工车间对其进行生产加工，零部件生产加工完后，再由装卸搬运员工负责将半成品搬运入库；当组装车间进行生产组装时，其所需的零部件由装卸搬运员工运往组装车间，总装车间再通过焊压、涂装、组装等工艺流程，完成汽车整车产品的生产过程。当进行物料生产加工时，仓库员工办理生产所需物料的出库手续，装卸搬运员工组织将其运送至生产车间，车间工人对物料进行检料，再按生产计划投入生产。完成整车产品的生产后，要进行质量测试检验并调试，若检验合格，将车辆信息传输至销售部门，最后由销售部员工负责进行包装，按订单送至消费者。

2. 物流作业层次划分

通过对 A 公司的物流业务流程图分析，可编制 V 型车的物流作业层级目录，见表 2。

表 2　　　　　　　　　　　　**V 型车物流作业层级目录**

一级作业	二级作业	三级作业
1 订单处理	11 销售订单处理	
	12 采购订单处理	121 采购洽谈
		122 订单处理
2 仓储	21 供应仓储	211 物料入库检验
		212 物料库存管理
		213 物料出库
	22 生产仓储	221 自制零部件入库检验
		222 自制零部件库存管理
		223 自制零部件的出库
	23V 行车整车销售仓储	231V 型车入库检验
		232V 型车库存管理
		233V 型车出库
3 运输	31 供应运输	311 第三方物流（采购）
		312 自营物流（采购）
	32V 型车整车销售运输	321 第三方物流（整车）
		322 自营物流（整车）

一级作业	二级作业	三级作业
4 装卸搬运	41 供应装卸搬运	411 入库装卸搬运（采购）
		412 出库装卸搬运（采购）
	42 生产装卸搬运	421 入库装卸搬运（自制）
		422 出库装卸搬运（自制）
	43 V 型车整车销售装卸搬运	431 入库装卸搬运（整车）
		432 出库装卸搬运（整车）
5 库存持有	51 采购物料库存持有	
	52 自制零部件库存持有	
	53 V 型车整车库存持有	
6 一般管理	61 采购管理	
	62 库存管理	
	63 生产供应管理	
	64 销售管理	

　　根据表 2 确定各级物流作业后，A 公司的物流作业消耗的资源项目主要有：人工费、燃料费、第三方物流费、折旧费、动力电费、办公费、库存占有成本等。

（三）A 公司物流成本核算方法

1. 资源费用核算与分析

（1）人工消耗的资源费用与各物流作业的人工数目有关，如表 3 所示：

表3　　　　　　　　　　　　　　人工费用资源分配

作业名称	资源动因	资源动因数（人）	分配率（元/人）	资源费用（元）
11 销售订单处理		8	2175	17400
121 采购洽谈		30	3267	98010
122 订单处理		24	2158	51792
211 物料入库检验		30	2570	77100
213 物料出库		17	1753	29801
221 自制零部件入库检验	职工人数	24	2554	61296
223 自制零部件的出库		12	1767	21204
231 V 型车入库检验		18	2284	41112
233 V 型车出库		10	2110	21100
4 装卸搬运		120	2942	353040
6 一般管理		40	2870	114800
总计		333	26450	8807850

（2）燃料费与装卸搬运设备工作时间有关。如表4燃料费用资源分配表：

表4 燃料费用资源分配

作业名称	资源动因	资源动因数（小时）	分配率（元/小时）	资源费用（元）
411 入库装卸搬运（采购）	使用燃料设备工作小时数	4132.1	1668163/10560.7 = 157.9	472096.1
412 出库装卸搬运（采购）		3837.4		437784.3
421 入库装卸搬运（自制）		2149.3		234789.7
422 出库装卸搬运（自制）		1897.1		207819.1
431 入库装卸搬运（整车）		1437.5		162344.3
432 出库装卸搬运（整车）		1239.4		153329.8
总计		10560.7		1668163.3

（3）装卸搬运过程中除了需要装卸搬运设备，也需要工人操作。工人耗费资源，工人耗费的资源受工人工作时间影响，而工人工作时间受装卸搬运设备工作时间影响，所以装卸搬运人工费用的资源动因是设备的工作时间，如表5资源费用分配表：

表5 装卸搬运人工费用的资源分配表

作业名称	资源动因	资源动因数量（小时）	分配率（元/小时）	资源费用（元）
411 入库装卸搬运（采购）	设备工作小时数	5927.7	31710.6/18657.8 = 16.9	98327.3
412 出库装卸搬运（采购）		3817.4		47578.8
421 入库装卸搬运（自制）		2764.1		53711.7
422 出库装卸搬运（自制）		2483.9		44922.2
431 入库装卸搬运（整车）		1885.3		37446.5
432 出库装卸搬运（整车）		1779.4		35114.1
总计		18657.8		317100.6

（4）原材料、零部件和整车运输都采用第三方物流，经过分析财务部门的支出账单，计算出物料采购和整车运送的总费用，如表6所示：

表6 运输费用资源分配表

作业名称	资源动因	资源费用（元）
311 第三方物流（采购）	运输距离货物批量运输时间等	653440
312 自营物流（采购）		296120
321 第三方物流（整车）		564820
322 自营物流（整车）		189670
总计		1704050

（5）折旧费用是公司所拥有和控制的固定资产在使用过程中无形损耗的资产。折旧费都可以从公司的"固定资产折旧表"中获得，但这些消耗的资源动因并不仅仅和时间有关，还受其他很多因素的影响，属于特殊耗费。装卸搬运设备的折旧费从"固定资产折旧表"中提取，和使用时间相关。如表7、表8所示：

表7   **折旧费用资源分配表**

作业名称	资源动因	资源费用（元）
11 销售订单处理		1230
122 订单处理		2850
211 物流入库检验		2460
212 物流库存管理		70574
213 物料出库		2240
221 自制零部件入库检验		1211
222 自制零部件库存管理	专属消耗	43683
223 自制零部件的出库		1210
231 V 型车入库检验		825
232 V 型车库存管理		47820
233 V 型车出库		625
4 装卸搬运		278680
6 一般搬运		16322
总计		469730

表8   **装卸设备折旧费用资源分配表**

作业名称	资源动因	资源动因数量（小时）	分配率（元/小时）	资源费用（元）
411 入库装卸搬运（采购）		5254.7		77536.2
412 出库装卸搬运（采购）		4899.6		72534.7
421 入库装卸搬运（自制）	使用燃料设备小时数	2651.1	276260.3/18772.3 = 14.71638	40126
422 出库装卸搬运（自制）		2679.2		35237.2
431 入库装卸搬运（整车）		1765.8		26622.7
432 出库装卸搬运（整车）		1521.9		24203.5
总计		18772.3		276260.3

（6）电费与使用度数有关，仓库与装卸搬运设备的电器因功率各不相同，用电电压也不等，主要有380伏和220伏。如表9、表10、表11所示。

表 9　　　　　　　　　　设备电费资源分配表（380 伏）

作业名称	资源动因	资源动因数（千瓦·时）	分配率[元/（千瓦·时）]	资源费用（元）
212 物料库存管理	使用电量	7667	39176. 8/45913 = 0. 85	6612. 45
222 自制零部件库存管理		4473		4029. 5
232V 型车库存管理		3995		3209. 5
4 装卸搬运		29778		25325. 35
总计		45913		39176. 8

表 10　　　　　　　　装卸搬运设备电费资源分配表（380 伏）

作业名称	资源动因	资源动因数（千瓦·时）	分配率[元/（千瓦·时）]	资源费用（元）
411 入库装卸搬运（采购）	设备工作时间	643. 5	24620. 06/1884. 5 = 13. 06451	
412 出库装卸搬运（采购）		532. 4		
421 入库装卸搬运（自制）		232. 2		
422 出库装卸搬运（自制）		221. 5		
431 入库装卸搬运（整车）		131. 7		
432 出库装卸搬运（整车）		123. 2		
总计		1884. 5		

表 11　　　　　　　　一般用电资源费用分配表（220 伏）

作业名称	资源动因	资源动因数（千瓦·时）	分配率[元/（千瓦·时）]	资源费用（元）
11 销售订单处理	使用电量	412	13697. 9/16147 = 0. 85	351
122 订单处理		757		653
212 物料库存管理		2777		2354. 45
222 自制零部件库存管理		1568		1346. 3
232 V 型车库存管理		887		757. 8
6 一般管理		9746		8235. 35
总计		16417		13697. 9

（7）办公费在各个企业中的消耗都是不可避免的，是发生在物流业务流程中的专属消耗，其消耗费用的多少可从财务部门领料单上的数据统计获得，如表 12 所示。

表 12   **办公费用资源分配表**

作业名称	资源动因	资源费用（元）
11 销售订单处理		790
122 订单处理		1420
211 物流入库检验		380
212 物流库存管理		3680
213 物料出库		370
221 自制零部件入库检验		2240
222 自制零部件库存管理	专属消耗	2872
223 自制零部件的出库		210
231 V 型车入库检验		590
232 V 型车库存管理		6890
233 V 型车出库		490
4 装卸搬运		4030
6 一般搬运		6630
总计		30592

（8）库存持有费用，分为采购物料、自制零部件以及整车库存持有费用。由企业仓库占用情况直接给出，其资源费用分配如表 13、表 14、表 15 所示：

表 13   **采购物料库存持有资源费用分配**

作业名称	资源动因	资源费用（元）
51 采购物料库存持有	特殊耗材	1347258

表 14   **自制零部件库存持有资源费用分配表**

作业名称	资源动因	资源费用（元）
52 自制零部件库存持有	特殊耗材	901762

V 型车的供不应求直接降低了 A 公司的成品库存成本，在整车装配完之后，会按销售订单情况进行配送，因此整车在库时间极短，库存持有成本不高。整车库存持有资源费用如表 15 所示：

表 15   **V 车型库存持有资源费用分配表**

作业名称	资源动因	资源费用（元）
53 V 车型库存持有	特殊耗材	712983.62

（9）一般管理费的资源动因分析较为复杂，下表 16、表 17、表 18 和表 19 为一般

管理费用的资源分配：

表 16 　　　　　　　　　　　　　　**一般管理人工费资源分配表**

作业名称	资源动因	资源动因数量 （小时）	分配率 （元/小时）	资源费用 （元）
61 采购管理	客户订货，采购、库存、生产供应过程中物流成本的消耗	154302	136827/3141344 ＝0.04	6871
62 库存管理		459821.3		18921
63 生产供应管理		2507899.7		110231
64 销售管理		19321		804
总计		3141344		136827

表 17 　　　　　　　　　　　　　　**一般管理折旧费用资源分配表**

作业名称	资源动因	资源动因数量 （小时）	分配率 （元/小时）	资源费用 （元）
61 采购管理	客户订货，采购、库存、生产供应过程中物流成本的消耗	154302	18128/31413441 ＝0.005	820
62 库存管理		459821.3		2390
63 生产供应管理		2507899.7		14830
64 销售管理		19321		88
总计		3141344		18128

表 18 　　　　　　　　　　　　　　**一般管理一般电费资源费用分配表**

作业名称	资源动因	资源动因数量 （小时）	分配率 （元/小时）	资源费用 （元）
61 采购管理	客户订货，采购、库存、生产供应过程中物流成本的消耗	154302	8112.4/3137021 ＝0.0027	342.6
62 库存管理		459821.3		124.3
63 生产供应管理		2507899.7		152.8
64 销售管理		19321		60.1
总计		3141344		679.8

表 19 　　　　　　　　　　　　　　**一般管理办公费用资源分配表**

作业名称	资源动因	资源动因数量 （小时）	分配率 （元/小时）	资源费用 （元）
61 采购管理	客户订货，采购、库存、生产供应过程中物流成本的消耗	154302	6213.2/3141344 ＝0.004	321.2
62 库存管理		459821.3		845.7
63 生产供应管理		2507899.7		5345
64 销售管理		19321		39.4
总计		3141344		6542.3

2. 作业成本核算与分析

根据表 3 ~ 19 中物流成本各项资源费用的统计划分,分析汽车制造物流过程中的作业成本动因及产品作业成本。前文已对汽车企业物流成本归集与分配作了介绍,作业成本动因分配率 = 作业成本/作业成本动因数量,本文只分析了 A 汽车公司的 V 款车型的物流流程,作业成本分配情况如表 20、表 21、表 22、表 23、表 24 所示:

表 20　　　　　　　　　　成本作业动因分析 (订单)

作业名称	作业成本动因	动因数量	分配率 (元/份)	产品作业成本 (元)
11 销售订单处理	订单份数	1524	12.97	19771
121 采购洽谈	职工人数	30	3266.67	98000
122 订单处理	订单份数	1970	28.79	56723

表 21　　　　　　　　　　成本作业动因分析 (货物出入库)

作业名称	作业成本动因	动因数量	分配率 (元/次)	产品作业成本 (元)
211 物料入库检验		18767	4.25	77480
213 物料出库		8118	3.98	32410
222 自制零部件入库检验	入库次数 (次)	12264	5.26	64751
223 自制零部件的出库		4448	5.04	22620
231V 型车入库检验		1850	22.90	42535
233V 型车出库		1835	11.80	22215

表 22　　　　　　　　　　成本作业动因分析 (货物出入柜)

作业名称	作业成本动因	动因数量	分配率 (元/小时)	产品作业成本 (元)
212 物料库存管理		340.89	246.72	83220.9
221 自制零部件库存管理	库存管理时间 (小时)	177.91	285.32	51930.8
232V 型车库存管理		121.25	477.83	58677.3

表 23　　　　　　　　　　成本作业动因分析 (装卸搬运)

作业名称	作业成本动因	动因数量	分配率 (元/吨)	产品作业成本 (元)
411 入库装卸搬运 (采购)		2386.9	245.50	656637.9
412 出库装卸搬运 (采购)	重量总额 (吨)	2246.2	240.16	565109.2
421 入库装卸搬运 (自制)		1785.3	169.18	331954.6
422 出库装卸搬运 (自制)		1647.5	161.58	290651
作业名称	**作业成本动因**	**动因数量**	**分配率 (元/辆)**	**产品作业成本 (元)**
431 入库装卸搬运 (整车)	整车数量 (辆)	1850	108.18	227867.3
432 出库装卸搬运 (整车)		1835	102.16	213924.3

表 24　　　　　　　　　　　**成本作业动因分析（库存持有）**

作业名称	作业成本动因	产品作业成本（元）
51 采购物料库存持有		1437634
52 自制零部件库存持有	专属消耗	838657
53V 车整车库存持有		720246.5

（四）A 公司物流成本核算报表及结果分析

1. 物流成本核算报表

根据以上对 A 公司物流成本的核算，本文对 A 公司物流成本进行了汇总和分析，并作以下分析报告，报表 1 为各项作业流程对资源的耗费成本（见表 25），报表 2 为产品对各项作业的消耗成本（见表 26）。

表 25　　　　　　　　　　**物流成本分析报表 1**　　　　　　　（单位：元）

作业名称 流程	人工费	办公费	折旧费	一般电费	燃料费	库存持有成本	合计
供应物流成本	106900	4430	75274	2354.45	909880.4	1347258	2446096.85
生产物流成本	82500	5322	46104	1346.3	442608.8	901762	1479643.1
销售物流成本	62220	7970	49270	757.8	315674.1	712983.62	1148875.52
总计	251620	17722	169544	4458.55	1668163	2962004	5073511.55

表 26　　　　　　　　　　**物流成本分析报表 2**　　　　　　　（单位：元）

作业项目			产品物流作业成本
1. 订单处理	11 销售订单处理		19771
	12 采购订单处理	121 采购洽谈	98000
		122 订单处理	56723
		小计	154723
	合计		174494
2. 仓储	21 供应仓储	211 物料入库检验	77480
		212 物料库存管理	83220.9
		213 物料出库	32410
		小计	193110.9
	22 生产仓储	221 自制零部件入库检验	64751
		222 自制零部件库存管理	51930.8
		223 自制零部件出库	22620
		小计	139301.8

作业项目			产品物流作业成本
2. 仓储	23 销售仓储	231 V 型车入库检验	42535
		232 V 型车库存管理	58677.3
		233 V 型车出库	22215
		小计	123427.3
	合计		455840
3. 运输	31 供应运输	311 第三方物流（采购）	653440
		312 自营物流（采购）	296120
		小计	949560
	32 V 型车整车销售运输	321 第三方物流（整车）	564820
		322 自营物流（整车）	189670
		小计	754490
	合计		1704050
4. 装卸搬运	41 供应装卸搬运	411 入库装卸搬运（采购）	656637.9
		412 出库装卸搬运（采购）	565109.2
		小计	1221747.1
	42 生产装卸搬运	421 入库装卸搬运（自制）	331954.6
		422 出库装卸搬运（自制）	290651
		小计	622605.6
	43 整车装卸搬运	431 入库装卸搬运（整车）	227867.3
		432 出库装卸搬运（整车）	213924.3
		小计	441791.6
	合计		2286144.3
5. 库存持有	51 采购物料库存持有		1437634
	52 自制零部件库存持有		838657
	53 整车库存持有		720246.5
	合计		2996537.5

2. 物流成本核算结果分析

通过对 A 公司物流成本的核算和分析，本文从以上核算结果和分析报告中总结出了 A 公司物流成本管理中存在以下问题。

（1）对各作业的资源费用分配的分析。

第一，从表 3 人工费用资源分配表，可看出采购洽谈的分配率较高，在公司合理配置采购洽谈的员工人数量一定时，采购洽谈的分配率越高意味着资源费用的增加。结合 A 公司实际情况分析，该公司的采购洽谈工作人员大部分是第三方咨询公司的顾问，工资和管理费较高，而且公司会处于被动状态，比如当咨询公司的指派的人员发生变动时，将降低采购洽谈的效率，增加培养费等其他方面的费用，也会增加采购洽谈的资源费用。另外，该公司的采购地点较多，分布不集中，而该公司现阶段没能与大部分供应商建立良好的合作关系，这两个方面都间接地增加了采购洽谈的人工费用。

第二，从表 6 运输费用资源分配表，可以分析出第三方物流运输，占到了运输费用的 71.49%。这首先与公司主要以第三方物流为主的运输物流结构有关，另外，由于公司的采购地点分布不集中，采购距离较远，采用以第三方物流为主也很难降低运输费用。该公司也没能将批量外包的优势最大化，寻求与运输商的价格博弈中获取更低的报价。

（2）对产品作业成本分配的分析。

第一，从表 20 可以分析出，订单处理的分配率较高，每处理一份订单将花费 28.79 元。A 公司也存在我国汽车企业物流成本管理的普遍问题——管理信息化程度低，订单信息主要依靠手工操作，导致信息传递不快，物流信息、沟通方式相对落后，并且比通过互联网传递信息的成本高很多。例如该公司在调度所用的通信方式方面，对 GPS 系统的利用率非常的低，基本上还是依靠手机来完成对整车物流的跟踪和调度。

第二，从表 22 可以分析出，存库管理所有作业的分配率都偏高，其中，以 V 型车库存管理的分配率最高，一小时需花费 477.83 元，这极大地增加了库存管理费。首先，该公司在库房的防水、通风、降温、采光率等方面没有与库存量相应的投入和严格的标准，在空间设计上也没有独特之处，这就增加了后续管理费用的增加；其次，该公司的库存管理主要以人工管理为主，在相关管理设备的科技化和自动化方面没有及时加强。

（3）对产品物流作业成本的分析

第一，根据表 25 绘制图 9，通过条形图可清晰看出三大流程中，供应物流产生的成本最高，这与库存持有成本在供应环节的高成本有较强的正相关。A 公司的生产方式是客户订单拉动式生产，没有很好地处理订单和销售之间的关系，安全库存也没有根据企业的实际变化情况设置好，而所有的库存物料都有订单需要，因此降低该成本，要注意库存物流的流转速度。同时，对于供应物流过程中的物料停滞，订单信息的传达及反馈的不及时会产生大量中间库存，都是影响计划和采购矛盾的重要因素，也导致供应物流作业路径拉长，最终影响物流成本。

第二，根据表 26 的 V 款车型物流成本的分析，计算各个环节的作业成本，统计的物流成本为 6642463 元，占销售额的 11.16%；运输成本为 1704050 元，占物流成本的 25%；库存占有成本为 2996537.5 元，占物流成本的 45%。通过数据分析，A 公司的物流作业成本是远高于国外企业的平均物流成本水平，库存成本和运输成本较高是主要原因，两者的总成本约占企业物流总费用的 70%。

（五）A 公司物流成本管理改善措施

通过对 A 公司物流成本管理存在问题的发现，本研究将针对各项问题提出相应的控

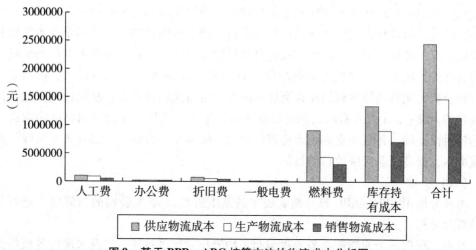

图9 基于 BPR – ABC 核算方法的物流成本分析图

制措施，以求真正实现物流成本的降低。

1. 采购洽谈人才的招聘培养

针对较高的采购洽谈人工费用，该公司可以招聘并培养采购洽谈人才，逐渐减少对第三方咨询公司的依赖，同时可加强与供应商的合作关系，简化采购洽谈的程序，这样既可以从根本上降低采购洽谈的人工费用，又能保证采购洽谈的效率，也是一种长期持续发展战略。

2. 运输方式的灵活选择

第三方物流运输费用方面，在完善运输物流结构的基础上，公司可通过规划，采取灵活的运输方法，提高运输效率。比如，采取协同配送，远距离的配送外包，并综合考虑配送线路的安排；采取循环取货方式，通过有效的运输线路规划，来降低运成本；通过增加对采购地点的选择，逐步改变采购地点分布不集中，采购距离远的现状；另外，应主动出击，将批量外包的优势最大化来寻求更低的报价的运输商。

3. 订单处理的信息化操作

在订单处理的费用方面，该公司可以实行物流成本管理信息化，这样不仅可以从根本上降低订单处理的费用，还能改善由于手工操作所导致的信息传递不快，容易出错等一系列问题。

4. 库存成本的科学化管理

在库存成本管理方面，该公司可采取库存 ABC 分类法，将物料进行分类，并针对各自不同特点进行分别管理；该公司是客户订单拉动式生产，可以根据客户订单和对市场精准的预测进行整车的生产，选择 EOQ 订货方式，确定最优订货批量，保证生产的情况下，使库存成本和运输成本最优；该公司也需要加快物流的流转速度，缩短前置期。另外，应随着库存规模的增大，相应加强库房本身的硬件设施建设，加快库存管理设备的科技化和自动化，以此来降低库存管理的人工费用、保养费用等。

5. 供应物流成本的有效控制

对于供应物流成本所占成本比率过大，成本较高的现状，该公司应在供应物流环节加强物流成本的管理和控制。在此笔者建议企业应该重新制订采购计划，选择更为恰当的采购模式，可以和供应商建立信息共享平台，使供应商能够及时掌握企业所需原材料的使用情况，并且确定一个合理有效的自动订货安全库存。这样企业逐渐提高原材料采购的合理性，便能在一定程度上缩减供应物流环节中的人工费、燃料费、折旧费、电费、办公费，尤其是原材料的库存资金占用成本也将大幅度降低，从而达到降低物流成本的目的。综上，A 汽车有限公司可以从供应、生产、销售三个方面对物流成本进行有效的针对性控制，并且要提高企业物流信息化、标准化、合理化，已真正实现降低企业物流成本，提高企业经济效益的目的。

（六）小结

本部分运用 BPR - ABC 核算物流成本的基本方法，对 A 公司的物流成本进行了具体核算及分析。

首先，根据该企业物流业务流程编制了物流作业层级目录，以此来确定各级物流作业。物流作业确定以后，物流作业消耗的资源项目也就可以随之确定。具体来说，这些物流作业消耗的资源主要包括：人工费、燃料费、第三方物流费、折旧费、动力电费、办公费、库存占有成本等。接着根据资源动因，将这些资源逐一分配到不同的作业。最后根据成本动因，确定作业成本。

根据 BPR - ABC 物流成本核算法得到物流成本核算结果后，本研究对这些核算结果进行了分析，总结出了 A 公司物流成本管理中存在以下问题：该企业采购洽谈的分配率较高，这意味着资源费用的增加；同时，第三方物流运输的分配率也很高，占到了运输费用的 71.49%；订单处理和存库管理所有作业的分配率都偏高。这些偏高的分配率说明了该企业物流成本管理在这些方面需要改善。

在对该企业的物流成本有了清晰的认识以后，本研究报告提出了以下几个方面的建议来改善和提高 A 公司的物流成本管理水平：采购洽谈人才的招聘培养、运输方式的灵活选择、订单处理的信息化操作、库存成本的科学化管理、供应物流成本的有效控制。

五、总结与展望

（一）研究结论

本研究报告在基于业务流程优化（BPR）的基础上，应用 ABC 法的基本原理，对 A 公司的物流成本进行了具体核算，然后根据核算结果提供的信息，对 A 公司的物流成本进行改进和完善，优化了企业的价值链，降低了 A 公司的物流成本，为企业解决了物流成本管理过程中的一些现实问题。

（1）采用 BPR - ABC 法对制造企业物流成本进行核算。BPR - ABC 法是以优化物流业务流程及作业层次为基础的成本管理方法，其突出的优点是通过作业划分，为决策者提供相对准确的成本信息，并提供一种作业管理思想。

（2）根据 BPR - ABC 法的基本原理和核算方法，对 A 公司的物流成本进行了系统的核算。包括物流业务流程优化、物流作业层级的划分、分析以及资源费用项目、资源动因的确定，并对资源费用进行了归集，然后确定作业动因，计算物流作业成本并分配至各成本对象。通过案例分析，得出了企业物流成本消耗的详细信息，最后根据数据统计提出了适合企业降低物流成本的几点建议。

（二）未来展望

本文研究的重点是 BPR – ABC 法下的物流成本核算，但对物流成本控制的其他方面还需要做更深入、细致的研究，尤其是针对作业成本管理与其他管理方法的综合应用方面。如 ABC 法用于赢利能力分析、物流服务定价、成本差异分析、物流外包决策等，以及标准成本制度、作业成本管理与流程重组等管理方法和成本制度的综合运用是下一步研究的方向。

课题组成员名单

课题主持人：张　琦　中国地质大学（武汉）经济管理学院副教授
课题组成员：王洪成　武汉理工大学机电工程学院副教授
　　　　　　周国华　中国地质大学（武汉）经济管理学院系主任、副教授
　　　　　　高　攀　中国地质大学（武汉）经济管理学院研究生
　　　　　　刘云静　中国地质大学（武汉）经济管理学院研究生
　　　　　　蔡福裕　中国地质大学（武汉）经济管理学院研究生
　　　　　　李文惠　中国地质大学（武汉）经济管理学院研究生
　　　　　　刘作梅　上汽通用五菱汽车股份有限公司物流总监
　　　　　　韦拥欧　上汽通用五菱汽车股份有限公司物流主管

参 考 文 献

［1］M SCHIFF. Accounting Management and Control of Logistics Management ［M］. London：International Thomson Business Press，1972.

［2］PERTTILA T，HAUTANIEMI P. Activity—based Costing and Distribution Logistics Management ［J］. International Journal of Production Economics，1995.

［3］NAN TU，JIAN YE. Proceedings of 2011 3rd IEEE International Conference onInformation Management and Engineering（ICIME 2011）VOL. 05.

［4］KEYES，SGMWAYNE PORTER. Logistics system design for the management of logistics delay time ［D］. Stanford University PH. D，1982（1）.

［5］GENE R TYNDAL. Logistics Costs and Service Levels ［J］. Barry J Brinker，Emerging Practices in Cost Management（Boston，Mass：SGMWarren，Gorhanm & Lamont），1990.

［6］SHIGEKIUMEDAIA. reference model for manufacturing enterprise system by using object modeling technology（OMT）method ［J］. Siggroup Bulletin，1997，18（1）.

［7］JUNE YOUNG JUNG，GARY BLAU，JOSEPH F PEKNY. A simulation based optimization approach to supply chain management under demand uncertainty ［J］. Computers and Chemical Engineering，2004.

［8］顾煌. 物流成本层次分析与优化途径探析 ［J］. 中国流通经济，2005（11）.

［9］孙朝苑. 企业物流成本管理的理论与方法研究 ［D］. 成都：西南交通大学，2004.

［10］帅斌，孙朝苑. 一类企业物流成本核算的 M－A 模型 ［J］. 财经科学，2006（5）.

［11］代红艳，恩莉，李彦平. 客户订单合成配送问题的建模与启发式算法 ［J］. 控制工程，

2004，11（3）．

[12] 简炜．物流过程的建模和优化方法研究［D］．杭州：浙江大学，2004.

[13] 张彩虹．基于六西格玛的物流成本管理模式研究［D］．济南：山东科技大学，2011.

[14] 董雅丽，李长坤．基于时间与作业成本的物流成本核算模型与方法［J］．华东经济管理，2008（8）．

[15] 汪洋．基于信息流的物流成本管理［J］．物流科技，2004（1）．

[16] 薄建军．我国汽车生产企业物流成本管理研究［D］．太原：山西财经大学，2006.

[17] 江峥峥．生产企业物流成本管理研究［D］．长春：长春理工大学．2008.

[18] 杜江．ERP环境下企业物流成本管理研究［J］．物流技术，2009（5）．

[19] 黄岩，高建兵，蔡雨阳．企业物流成本的控制研究［J］．中国软科学，2000（7）．

[20] 洪雪飞．基于BSC—ABC模式的企业物流成本管理研究［D］．成都：西南交通大学，2010.

[21] 张芳丽．基于价值链的成本控制系统研究［J］．山东省农业管理干部学院学报，2007（4）．

[22] 张志平，任翠平．作业成本法在企业物流成本核算中的应用［J］．安徽工业大学学报：社会科学版，2006（5）．

[23] 徐国军．在汽车配件流通领域中如何发挥主渠道作用［J］．中国期刊网，2006（5）．

[24] 张建新．日本新综合物流施策大纲摘要［J］．上海物流，2006（3）．

[25] 张京敏．我国整车物流的发展对策［J］．中国物流与采购，2004（1）．

[26] 齐伟超．企业物流成本控制问题及思路［J］．中国乡镇企业会计，2006（3）．

[27] 唐纳德·H·巴罗著．企业物流管理［M］．王晓东，胡瑞鹃，等，译．北京：机械工业出版社，2002（2）．

[28] 代红艳，恩莉，李彦平．客户订单合成配送问题的建模与启发式算法［J］．控制工程，2004，11（3）．

物流经济篇

国际陆港物流绩效评价及港城一体化研究[*]

内容提要： 随着城市经济外向型的大力推进，内陆地区国际贸易市场竞争不断加剧，国际陆港的建设和发展，不仅能促进内陆区域外向型经济加速发展，还能改善物流基础设施建设，提高物流效率和降低物流成本，有效地增加物流供给能力，满足区域城市交通运输网络和国际物流发展的需求。然而，国际陆港的建设和发展已呈现出些许弊端，大量土地资源和资金的投入致使盲目建设，缺少行业标准化体系致使国际陆港的物流作业紊乱，物流效率低于规划目标，同时，国际陆港与城市的相互关系比较模糊，缺乏整体性和系统性联系。因此，如何构建和完善国际陆港物流绩效评价指标体系已成为国际陆港提高物流效率，实现快速发展急需解决的问题，同时，如何正确和全面认识国际陆港与城市的系统内在联系，对于指导陆港—城市协同建设发展，推动城市物流产业发展和促进区域国际贸易经济的发展具有不言而喻的战略意义。

本文首先阐述国际陆港理论部分，对其概念、分类等进行改善和补充，同时对其功能以及形成模式进行初步探讨；分析了国内外国际陆港的建设与发展现状，给出其发展制约因素。

其次，结合一般评价指标建立原则，阐述了基于平衡计分卡理论的指标选取方法，并对其改进，从宏观层面构建国际陆港物流绩效评价指标体系；采用熵值法和灰色关联综合分析法，以5个陆港城市为例，进行综合评价，得出陆港城市物流绩效的排序，分析其绩效结果。

最后，基于系统动力学理论，模拟国际陆港—城市复合系统，对系统中的边界条件进行因果关系分析，建立陆港—城市系统动力学流图；同时，以昆明国际陆港为例，使用 Vensim PLE 软件构建系统动力学模型，应用历史数据进行多次模拟检验，明确了各变量的数学方程式。对昆明市陆港—城市系统进行一般模拟，分析系统现状和未来发展，通过政策模拟，并对比两次模拟结果，对各变量的灵敏度进行分析，同时，结合区域经济环境，提出促进昆明国际陆港发展的对策与建议。

一、绪论

（一）研究背景

为了加快建设中国西南部对外开放实现睦邻友好，我国提出"桥头堡"战略，是实现西南地区推进"兴边富民"工程、实现边域疆土人民改善生活质量的现实需要，

---

* 本课题（2014CSLKT3-161）荣获2014年度中国物流学会课题优秀成果奖一等奖。

对促进云南省经济结构改革和建立良好的经济体系具有重大意义。

国务院于 2011 年出台了支持"桥头堡"战略建设的意见，明确了西南地区的发展战略定位和诸多重点工作，目的是充分利用得天独厚的自然条件和现有的经济基础，在国际国内区域合作，有效地发挥区位优势，开发云南产业竞争潜力，结合云南经济发展特色，定位云南在我国对外贸易中的竞争态势和作用，以及区域发展的重要角色。

同时，2010 年正式成立的中国—东盟自由贸易区对云南快速推动桥头堡战略提供了巨大的动力。其中，昆明市作为省会城市，集政治、经济、文化、交通和商贸等于一体，毗邻东盟国家越南（479 千米）、老挝（789 千米）、缅甸（858 千米），是西南内陆地区对外贸易程度最高的中心城市。昆明处于东盟自由贸易经济区、泛珠三角经济区以及大西南经济区的交汇处，具有优良的区位优势和丰富的运输网络资源，以昆明为核心的国际大通道建设将逐渐成为中国与东盟列国对外贸易的纽带，昆明将发展成为一个重要的国际物流节点城市辐射国内外。

除此之外，2013 年在曼谷签署的联合国亚太经社会《政府间陆港协定》，明确提出了诸多国际陆港城市，其中包括昆明、瑞丽、景洪、河口 4 个城市，进一步体现了云南昆明在完善亚太地区交通基础设施网络和全球运输网络与物流供应链体系，充分发挥区域高速公路网络和泛亚铁路网络的作用，昆明在促进和增强西南地区经济和外贸与亚太地区各国之间的往来处于显著的重要地位。

在经济全球化的背景下，不同国家和地区在物流发展方面存在明显的差距，物流服务水平的低效率以及成本的居高不下，都成为阻碍各个地区和国家物流发展的重要影响因素，全球物流的发展形势是越来越严峻，如今，需要努力寻求新的突破口，抓住发展现代物流的机遇。昆明市不仅要加快桥头堡的建设，也要加大对东盟国际市场的交流，同时，需加快区域现代物流业的平稳发展，昆明国际陆港正是在这样的国际物流环境中应运而生。昆明国际陆港是在昆明"十二五"物流规划中提出的，昆明国际陆港将建成五大国际物流基地，以嵩明国际物流基地的保税物流功能为核心，依托晋宁东南亚和安宁南亚国际物流基地，大力发展区域铁路、公路和管道物流，与城市物流的发展双管齐下，辅以呈贡铁路集装箱国际物流基地，实现多式联运功能、内陆集装箱的综合运输，与此同时，国际空港物流基地，是昆明国际陆港建设的支撑和完善国际航空网络的保障。

昆明国际陆港建成并运营后，累计吞吐国际国内集装箱货物将近 4500 万吨，年运输、仓储集装箱将由 2010 年的 30 万标箱增到 100 万标箱，在港报关转关的进出口货运量、货值占昆明地区报关转关总量的 90% 以上，占昆明地区进出口总额的 40% 以上。如昆明阳都物流公司与广州港合资实行无水港联运后，2011 年完成货运量 2300 个标准集装箱，其货运往欧洲的速度比原来的方式缩短了 4～5 天，企业客户综合运营成本比原来降低 25% 左右。

昆明国际陆港基础是王家营铁路集装箱物流片区，以铁路物流为核心建设国际陆港基地，如图 1 所示。昆明王家营集装箱物流片区（国际陆港）规划用地 15.7 平方千米，地处昆明老城和新城之间。南昆、昆河（泛亚）铁路穿过园区；港区周边有昆玉、昆河、安石高速，昆洛、东三环、东绕城等公路线，交通运输便利，物流优势明显。王家

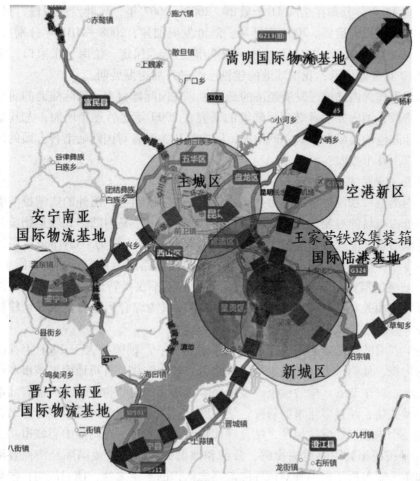

图1 昆明国际陆港示意

营铁路集装箱国际陆港基地为国际陆港发展提供支撑，形成陆港—空港，陆港—公路口岸，陆港—铁路口岸，陆港—海港等通关运输组织模式。王家营铁路集装箱物流片区含呈贡新区、昆明经济技术开发区等区域。围绕昆明铁路集装箱中心站，将在经开区洛羊片区、王家营、螺蛳湾片区、羊堡、金马村，以及昆明东、昆明南等建设物流园区等设施。物流基地含铁路集装箱物流园区、相关铁路战略装车点和若干重点物流中心及物流配送中心。这些园区和物流中心将全面发展商贸物流、粮食仓储、猪肉冷链、居民生活品配送、建材仓储、橡胶仓储、出口加工保税等物流服务，并以现代物流的标准运行和发展，力争将王家营铁路集装箱物流片区打造成现代化集装箱物流平台。

昆明将依托国际陆港打造成为连接三大经济圈的强力纽带，成为辐射内陆区域和东盟国际市场，乃至全球的重要国际物流节点。因此，对国际陆港的建设和发展进行研究，将是城市乃至整个经济区发展外向型经济、提高综合物流效率、降低物流成本的契机和途径。

（二）研究综述

截至2011年，我国已投入运营的内陆港、无水港、内陆集装箱中转站等（统称为陆港）共有 45 个，分布在全国 41 个城市。2002—2007 年，陆港发展缓慢，只有 10 个陆港建设完成并投入运营。2008 年开始，陆港发展加速，2008—2010 年分别有 8 个、7 个、14 个陆港投入运营，2011 年也有 6 个陆港运营，保定、法库、张家口、银川等陆港也于 2012 年开港运营，我国陆港的建设已经进入加速发展期。

国际陆港作为内陆地区发展经济的新视角，在国际舞台上，国际陆港的研究也处于不断发展阶段，国内外学者对国际陆港的研究在 2000 年之后逐年增加，尤其是在近几年关于国际陆港的文献数量是急剧增加，国内外相关学者对国际陆港各方面的研究，主要体现在以下几个方面：

1. 国际陆港的基础理论研究

国际内河港口在国外多被称为"无水港"或"内陆港"，国外的陆港扮演着发展内陆经济和抢占市场的重要角色。Leveque 认为"dry port"是内陆多式联运物流终端，具有便利运输通道、能提供通关服务。Roso 和 Woxenies 等人认为"dry port"是海港延伸至内陆的终端，通过集装箱班列连接海港，是内陆铁路集装箱中转站在功能上的延伸。Gabriel 对陆港的概念和分类进行了界定，认为陆港不仅是转运、仓储的有效设施，还能进行海关的相关业务。Hanaoka 等人认为陆港不仅为综合运输力提供着运输路线、节点和服务，并且还能减少交通拥挤和排放。

国内学者对陆港的研究稍晚于国外，学者席平、严国荣等人于 2001 年首次提出西安陆港的构想，他们认为西安陆港是以铁路为中转运输线，有机地衔接城市和码头，拥有港口仓库、口岸监管、检验检疫、金融保险等功能的内陆物流节点。接着陆港一词也被众多学者关注，经过多年来的研究，学者席平对陆港的概念进行了综合总结，认为国际陆港是一个内陆交通发达地区，结合现代物流运作平台，在内陆中心城市功能扩展的"港口"，是按照相关国际运输律例、公约和惯例而建立的开放国际经济商业港。学者朱长征和董千里分析了国内外对国际陆港概念认识的不足之处，他们认为：国际陆港是内陆地区依托当代信息技术和交通便利的优势，具备集装箱业务、国际货运代理、检验检疫和海关监管等综合功能的物流节点，不但具有完善的港口功能，也是内陆区域物流集聚地。同时，国际陆港的形成外因包括内陆城市、沿海港口、承运人和托运人的利益，国际陆港形成本质是其内部因素，体现为与国际物流相关机构的集聚，形成的区域集成效应促使国际陆港的诞生。张兆民综合分析内陆运输发展规律和集装箱运输趋势，认为无水港是由国际集装箱物流发展、海陆区域化发展的必然结果。另外，Roso 从与海港的距离对陆港进行分类，把"dry port"分为近距、中距和远距 3 种陆港类型。陈岳从陆港与海港的相连关系，认为陆港可以分为支线型陆港与枢纽型陆港。任伟通过研究陆港投资模式，阐述了陆港可以分为投资合作型和业务对接型。

2. 国际陆港功能作用研究

Fedele Iannon 等人以意大利为例，介绍了内陆集装箱中转站的功能，阐述了支线内陆港与海港的集装箱铁路运输的特点。Rodrigue 等人以欧洲和北美的一些案例来仿真分析陆港的运输和供应链功能，并确立陆港在建设和运作中的不同功能作用。Henttu 和 Hilmola 阐述了陆港在环境保护和降低成本方面的功能作用。Haralambides 等人从印度政府的角度阐述了陆港是出口增长和经济发展的核心，并且陆港具有减少海港压力，改善供应链效能的功能。

吕顺坚、董延丹从内陆集装箱集中转站的视角来分析无水港的功能，认为无水港具有不同的功能，包括综合物流服务功能，为客户提供集装箱货物仓储、进出口、保税、加工等服务，同时具有内陆口岸"两关一检"等功能。王荣花、欧振光等人以邯郸国际陆港物流园区为例，考虑陆港物流园区应具备国际集装箱多式联运、便捷通关、检验检疫和国际货代等功能。魏志平探讨了鄯善陆港产业园区经济特性的主要特征。郝玉柱、刘振峰阐述了北京内陆港的发展现状，同时着重阐述了北京朝阳内陆港海关方面的功能与作用。车探来从内涵区分口岸与陆港的功能，认为陆港不仅有快捷通关功能，还具有保税功能，同时具有仓储加工分拨配送功能和金融保险功能。李志文、孙前进认为陆港是以物流园区为载体，其功能定位应具有一般物流园区的装卸搬运、仓储和区域运输等功能，同时兼具内陆口岸的集装箱报关、检验和运输等功能。

3. 国际陆港选址问题研究

Rahimi 等人通过区位分配方法来分析洛杉矶附近 5 个城市的陆港节点，运用 GIS 建立城市货物运输节点网络模型，把陆港区位分配模型加入到该网络后，验证了基于数学模型的陆港选址的有效性。Dadvar 等人通过研究和分析国内外文献，明确了陆港的基础特点，对陆港的实施建设做了问卷调查，并用 SWOT 方法来分析伊朗陆港的选址问题。

支海军分析和讨论了国际陆港的发展模式和功能定位，采用模糊聚类方法对国际陆港选址评价指标体系进行实证分析。杨睿对内陆干港选址使用 DEA 和 AHP - F 隶属的合成方法进行了实证分析。谢辉等人运用变权的模糊决策方法对兰州的内陆集装箱堆场进行定位分析。张兆民构建内陆无水港 C - 均值聚类和 C - 模糊分析选址模型，以东北地区内陆无水港的选址来进行实证模型。朱长征建立国际陆港的规划指标体系，分别运用模糊 C - 均值聚类、传递闭包聚类法、系统聚类法对国际陆港的空间规划布局进行探讨分析，并建立了基于辐射面积的国际陆港选址模型。

4. 国际陆港竞争力研究

宋睿琦通过对天津港的腹地设施构建市场竞争的评价指标体系，以天津港的 5 个无水港为例，运用多目标决策分析法中的优劣解距离法（TOPSIS）对其进行综合评价，并依排序结果提出促进无水港建设的措施。翟志伟运用层次分析法与模糊综合评价法对无水港的综合竞争力评价指标体系进行分析，给出今后发展的对策和建议。陈菊红等人通过国际陆港的内部基础建设和外部经济环境，构建国际陆港的市场评价指标体系，运用基于三角模糊数的网络层次分析法（Fuzzy - ANP）对西安国际陆港进行了实证分析，得出国际陆港的综合竞争评价力度。王莹等人结合制约无水港建设的影响因素，建立评价指标体系，运用层次分析法和模糊综合评价法建立模型对福建泉州晋江无水港进行实证分析，得出无水港发展的影响因素的层次高低排序。刘秀国以可持续理论为角度，深入研究物流绩效的概念，通过构建相关矩阵赋权法与数据包络分析法的合成方法（SPA - DEA）进行动静结合的分析评价，并提出物流绩效预警理论。

5. 与国际陆港相关的企业、物流园区等的物流绩效研究

吴琼认为物流园区平均空置率高、市场运作不规范等，从而构建物流园区的物流绩

效评价指标，以鹤山市物流园区为例，通过模糊综合评价法对其物流绩效进行评价，为物流园区的科学管理、合理规划提供了一定的方法。刘莹阐述了企业绩效理论，并采用平衡计分卡（BSC）构建港口企业的物流评价指标体系，运用层次分析法（AHP）结合可拓数学（EM）中的物元分析来对企业的各项物流指标进行综合地评价。辛曼玉从物流管理、硬件、服务水平以及贡献率等方面来构建港口的物流绩效评价指标，并运用突变级数法与可拓数学相结合的综合评价方法对港口物流建立双层决策模型，为港口物流绩效评价提供有效依据。郑婷认为港口物流绩效评价是整体与局部、动态与静态、合成与分解的集合，并简要介绍了平衡计分法、关键业绩指标法、杠杠管理法等物流绩效评价方法，并在方法之间比较分析，得出使港口企业健康发展的全面与客观、有效与具体的物流绩效综合评价方法。倪霖等人提出基于灰色层次分析法的供应链物流服务绩效评价方法，并结合实例对供应链物流服务进行绩效评价。

通过对国内外文献研究分析后发现：国外对陆港的基础研究已进入成熟阶段，目前的研究更趋向于对陆港进行模拟仿真，关注陆港给社会带来的经济效益和环境效益等；国内关于陆港理论知识的研究已初现雏形，国内已有诸多学者对陆港的基本概念进行界定，并且区分了陆港的不同类别与功能作用，同时，还有许多学者基于数学、经济或管理的方法对陆港的选址、可行性建设和市场竞争力等方面进行了研究。综上所述，我国的陆港研究虽然已涉及理论部分和实际建设的多个方面，然而却还有需补充和改善的余地和空间。

首先，随着国际物流的发展，陆港的建设已成趋势，然而在陆港的建设或运营中，鲜有研究关注于陆港在国际物流方面的效率或绩效，尤其是很少从陆港对区域经济发展战略方向进行研究，要结合陆港与区域整体经济发展状况进行深入探讨，存有一定的阻碍。

其次，国内陆港处在发展之初，由于国内专家学者研究陆港的角度和原则不同，就陆港物流只是各抒己见，并没有一套科学的物流绩效评价指标体系来衡量陆港的建设。然而，陆港的物流发展将会对区域经济的发展有巨大的拉动、促进作用，因此，在宏观层面研究陆港的物流绩效评价体系十分必要。

最后，陆港与城市之间的关系研究比较模糊，它们所组成的陆港—城市是一个密不可分的复合系统，两者的发展受到诸多要素之间相互关系的影响，然而关于陆港与城市系统的模拟仿真研究相对较少，因此，以系统角度入手，研究陆港—城市，为陆港与城市寻求协同发展方向亟待开展。

根据以上关于国际陆港研究提出的观点，本文基于宏观区域国际物流发展的角度，对国际陆港的物流绩效评价指标体系进行探讨，同时，以系统动力学的视角对国际陆港与城市形成的系统进行模拟仿真，最终致力于完善国际陆港的物流绩效理论体系，为国际陆港在区域国际物流发展中的实践运作提供指导。

（三）研究内容与框架

1. 研究内容

本文将国际陆港的定性理论研究分析与定量物流实践探讨相结合，以昆明建设国际陆港促进区域经济与国际物流为背景，阐述国际陆港的概念等理论知识和物流绩效理论，探讨国际陆港物流绩效评价体系，同时，运用系统动力模型对国际陆港与城市系统进行模拟仿真研究。具体分为以下几个方面：

一、绪论部分。本部分介绍了选题的背景，整理和分析国内外研究，并做出综述总结，同时，介绍了本文的主要研究内容和总体研究框架。

二、国际陆港和物流绩效理论部分。阐述了国际陆港的概念、分类、功能和形成模式，并介绍了国内外陆港建设及运营的发展现状和制约因素；提出国际陆港的物流绩效和评价程序，并对物流绩效评价方法进行了分析。

三、国际陆港物流绩效评价的部分。阐述了建立评价指标体系的原则，以平衡计分卡的四个方面为指标选取的理论指导，对其进行改进补充，并结合陆港发展制约因素，从而建立适合国际陆港物流的绩效指标体系，同时，构建基于熵值灰色关联度综合评价模型，并对 5 个陆港城市进行综合评价。

四、港城一体化动力学建模及仿真。以系统动力学理论为基础，论述其基本概念和模型要素，对国际陆港与城市所构建的系统进行动力模型构建。以昆明国际陆港为研究对象，通过动力学模拟仿真，得出陆港—城市复合系统近年来物流与经济的仿真模拟，对模拟结果进行深入的分析，并对结果进行政策模拟对比，同时，为陆港—城市复合系统一体化发展提出相应的对策和建议。

五、结论部分。对本文的整体进行综合性总结，提出研究展望。

2. 研究框架

本文的研究框架如图 2 所示。

（四）小结

本部分首先介绍了研究背景，提出现阶段昆明国际陆港的建设和发展正处于加速时期，阐述了国际陆港的建设对经济和物流的影响，在此背景下，明确了对国际陆港的研究内容，提出理论和现实的研究意义。通过分析国内外的研究文献，归纳总结了现阶段国内外学者对国际陆港各方面的研究，并依据研究综述的结果提出了目前对国际陆港研究的不足之处，给出了本文主要的研究内容，并提出了相应的研究框架。

二、国际陆港物流绩效理论研究

（一）国际陆港概述

1. 国际陆港的定义

在国内，国际陆港的建设尚处于一个开端，对于国际陆港的概念，还有许多重复或是认识不清的方面，例如"内陆港""无水港""公路港"等名称在理解国际陆港的内涵时，依然会和其发生模糊混淆的冲突，相关概念如下：

（1）内陆港，非近海区域，具备基础物流、集装箱业务、检验检疫、口岸监管等综合配套功能的货品集散地。海关、检验检疫部门进入港区行使监管职能，在港区内便可办理完货物进出口的相关手续，货物具有了"境外关内"的属性。

（2）无水港（干港），是指在内陆地区建立的具有报关报验、便捷通关等港口服务功能的物流节点设施。在港内设立有海关、"一关两检"等监督机构为客户提供通关服务。同时，设立货运和船运公司的分支机构，方便快捷完成多式联运相关业务。内陆的

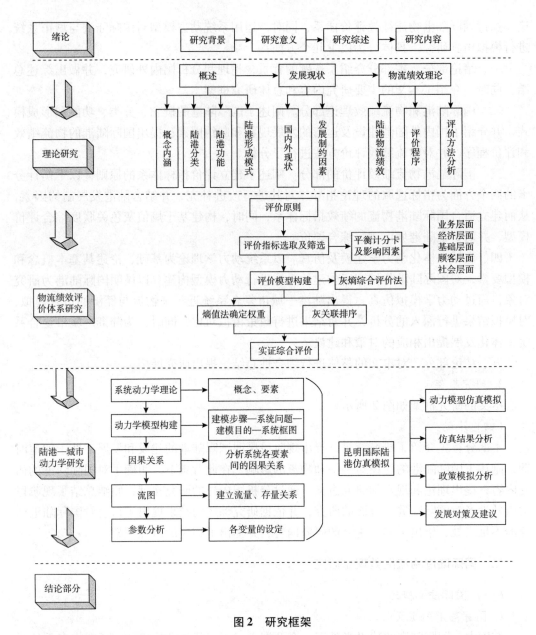

图2　研究框架

进出口商可以通过货代或船公司完成内地货物报关、报检等手续。

（3）公路港，是集成仓储、运输、流通加工、中转、配送、交易和信息服务等功能于一体的物流设施，依托高速公路建立的物流园区，类似于码头港口。

（4）口岸，是内陆与沿海对外发展的国际节点，能实现经济、政治、文化等的交流，是国际货物运输的综合枢纽。从某种意义上说，它也是各国之间的国际物流衔接节点。

从上面几个相关概念来看，它们的基本内涵互相有所重复，又存在各自的特点，由于产生的背景使其稍有些许差异性，然而国际陆港的概念，应该从经济发展的大前提下，对其综合地考查。国内最早出现国际陆港一词的是学者席平在 2001 年提出的，他以内陆区域经济的发展和国际物流业务发展需求为视角，根据国际港口的概念，提出"国际陆港"的新措辞。目前，主要有以下几种关于国际陆港的界定。

（1）美国集装箱运输协会对陆港的定义：陆港是在内陆进行集装箱作业的物流设施，距离港口相对较远，给进出港口的集装箱和货物提供集装箱堆存、装卸搬运、检验检疫等服务。陆港可以加强内陆集装箱运输并给内陆经济发展带来的利益，并且使内陆闲散货物运输实现集装箱化。欧洲运输白皮书对陆港的定义：地理上与港口相连的内陆站场，它通过大运量运输方式与港口联系，顾客可以像在港口一样接收和发送集装箱的内陆站场。联合国贸易与发展会议提出陆港位于内陆特定的区域内，建设有与海港相似功能的特定设施，具有仓储、运输、报关报检、保税物流等港口功能。

（2）德克萨斯大学运输研究中心将内陆港定义为：内陆港是远离传统的海、陆、空边界的物理站点，它依赖于多式联运设施的规划和商品供应链，提供增值服务，以推动和促进国际贸易。

（3）席平认为，国际陆港是实现内陆与沿海地区，以无差异的国际运输为出发点，随着各种国际运输和国际贸易机制的引入，在内陆经济中心城市的铁路、公路交汇处，建立开放的国际商埠，是沿海港口在内陆经济中心城市的支线港口和现代物流的操作平台，为内陆地区经济发展提供方便快捷的港口服务，其目的是促进国际贸易在内陆地区的发展，拉动经济全面发展。

（4）朱长征认为，国际陆港是建立在内陆地区，依托先进的信息技术和便利的交通设施，具有集装箱集散、货运代理、第三方物流和港口管理等综合功能的物流节点，是具有完善的沿海港口功能和方便的外运操作体系的内陆货物集聚地。

（5）董千里基于物流集成场的观点，认为国际陆港是地处内陆无水地区，与海港和空港之间有便捷的交通通道，具有报关、报检等口岸功能的物流节点，是沿海港口的口岸功能在内陆延伸地的基核。

（6）章军航把国际陆港和物流系统相结合，提出国际陆港物流系统，定义为在经济与物流活动相联系的区域范围内，包括内部和外部贸易，以物流通道网络为基础，以多式联运为特征，基于计算机网络的运用，以物流作业协同化操作为机制，以陆港和海港为研究对象，衔接物流主体的物流综合系统。

对上面学者们给出的定义分析来看，国际陆港的概念应该从以下几个方面来综合理解：

（1）国际陆港以城市为载体，是连接铁路、公路、水路、航空为一体，具有内陆便捷交通区位条件的大型集装箱多式联运国际物流设施；

（2）国际陆港是以先进物流园区功能为基础，辅以便捷的口岸通关服务功能和保税仓储功能，同时具有现代物流信息功能、国际货运代理功能、国际金融功能、物流咨询功能等为一体的综合物流集成体；

（3）国际陆港是基于内陆区域经济、政治、文化等战略性发展应运而生的国际物流合作节点；

（4）国际陆港与区域辐射内的其他国际陆港、海港形成战略同盟协作伙伴，共同发展区域与国际物流。

2. 国际陆港的功能

通过学者研究国际陆港的形成模式和发展状态，可以看出，国际陆港从早期阶段的港口喂给港，历经中级发展阶段的陆港与海港协同发展，逐渐实现陆港高级发展阶段的区域经济快速发展的核心地位。除此之外，国际陆港的功能也是在其不同的发展阶段中不断地完善和融合，从而形成具有综合物流功能的国际物流节点，如图3所示。

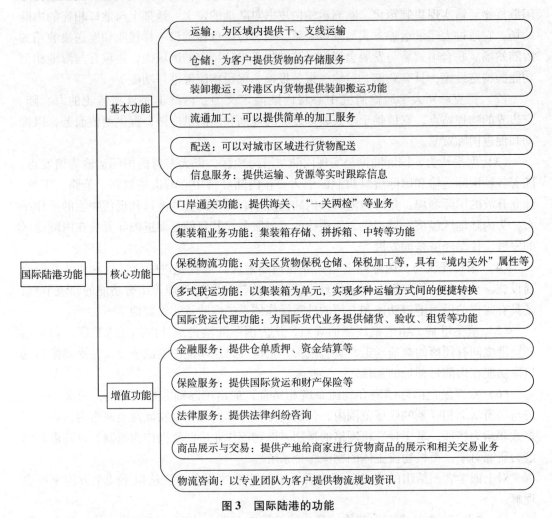

图3　国际陆港的功能

3. 国际陆港的形成模式

国际陆港的形成，是由内在因素和外在因素共同作用的产物，内陆区域城市经济外向型发展是物流设施节点转变为国际陆港的外生性动力，而随着国际物流的扩大，基于自身物流节点的建设需求，完善基础设施建设、扩大基本物流服务功能，实现以满足国际物流的核心功能为内生性动力，在原有设施设备上发展成为国际陆港设施。基于国际陆港的综合功能来看，把内陆物流主体分为内陆集装箱中转站、物流园区、内陆口岸、综合交通枢纽四种，从而分析其形成国际陆港的途径。

（1）内陆集装箱中转站是各种运输方式在该节点的集聚，是港口集装箱业务在内陆地区的延伸。随着国际集装箱业务的不断发展，由于自身的空间区位和功能已不能满足内陆客户的部分要求（保税功能、通关功能等），因此，需要通过功能拓展来促进集装箱中转站的进一步发展，为内陆客户提供便利的国际物流服务。图4表明集装箱中转站经过功能的拓展和集成，形成功能完善的陆港模式。

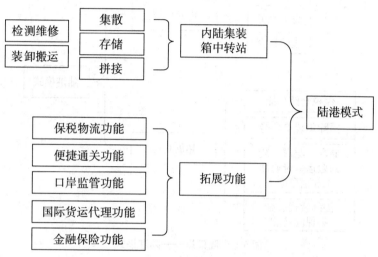

图4　内陆集装箱中转站——陆港模式

（2）内陆城市的物流园区是物流基础设施和物流企业在区域上的集成地，可实现城市多种物流作业，同时具有不同物流服务功能。物流园区和集装箱中转站一样，也是渐渐在为了满足客户（进出口企业）需求的环境下，通过拓展通关、集装箱等部分功能从而实现更多的国际物流服务，形成具有综合物流功能的陆港，如图5所示。

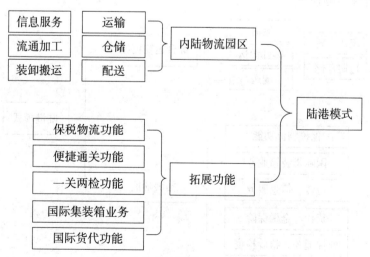

图5　内陆物流园区——陆港模式

（3）内陆口岸是由国家内陆地区对外往来实现国际货物运输的枢纽，是连接国际市场的物流节点。口岸相比上述两种物流主体，它的功能基本上就是单一的通关服务功能，所以，口岸可以通过集成集装箱业务和物流园区基本功能形成具有综合功能的陆港模式，如图6所示。

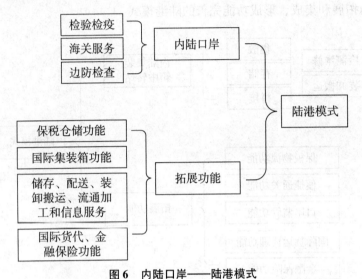

图6　内陆口岸——陆港模式

（4）综合交通枢纽连接两种或两种以上运输方式，可以通过各种技术设备实现客货运输相关作业的办理。一般由公路站、火车站、港口、机场相互组合而成，同时能进行货物装卸搬运、中转、维修、堆场、安全跟踪和信息服务等，是综合运输网的重要环节。虽然综合交通枢纽具有良好的交通线网，充足的运输设施和配送条件，但为适应现有经济的发展方向，需要通过功能延伸，增加海关功能、保税物流、货运代理等功能，逐渐形成综合性陆港模式。

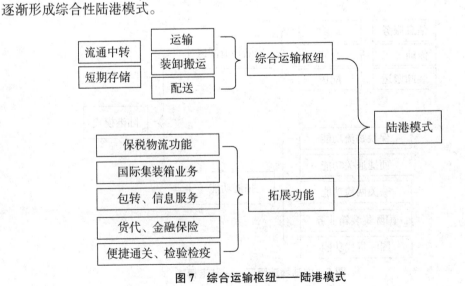

图7　综合运输枢纽——陆港模式

通过分析上述的国际陆港模式的形成，可以看出，为适应现代城市发展外向型经济所面临的出路，许多具有一定功能的物流节点进入转型期，通过延伸和拓展更多的功能，以满足日益增长的国际市场需求，因此，国际陆港的提出和建设，是为适应时代背景，满足内陆外向型经济发展和促进区域战略发展，以及资源优化配置和可持续发展等内外因素综合影响下诞生的国际物流节点。

（二）国际陆港物流绩效评价理论分析

国际陆港的建设与发展是一个动静结合的过程，在这期间，国际陆港物流的发展也处于不断变化的态势，对其物流绩效进行研究，不仅能体现国际陆港物流运作的效率现状，也能通过物流绩效结果分析，为国际陆港的演化发展方向提供导向作用。

1. 国际陆港物流绩效评价的必要性

随着国际陆港的发展，人们开始逐渐关注陆港发展的制约因素。同时，我国虽然在积极建设国际陆港，但随着经济全球化、城市化进程的加快，在国际物流的冲击下，各陆港的物流发展将会遭遇到更激烈的竞争。首先，国外早期就有陆港建设，现阶段已进入成熟期，其发达的技术水平、先进的管理方法和丰富的资金和物力，无疑会影响我国陆港在国际物流市场中的发展；其次，城市物流需求日益增加，对城市物流提出了更高的要求，国际陆港的建设将是促进城市物流一体化发展的主力军。在上述国内外物流发展趋势下，科学、合理地评价国际陆港物流绩效，明确自身发展现状，寻求发展的优劣势，结合国内外其他陆港发展经验，做到取长补短、去糟取精，保证我国陆港在国际物流市场竞争中占有一席之位。由此可见，国际陆港物流绩效评价已势在必行。

（1）港口物流、企业物流等产业都有较完善、合理的物流绩效评价体系，而我国陆港物流处于发展加速期，缺少衡量物流运营状况的相关指标。因此，结合陆港物流自身特点，寻找科学、合理的陆港物流绩效评价指标体系，客观、正确地评价陆港物流的绩效具有一定的必要性。

（2）我国物流业产值稳中有升，但社会物流总费用仍然处于高位，发达国家物流总费用占 GDP 的比重一般低于 10%，而我国的物流总费用比重要高出发达国家 8 个百分点。可见，我国与发达国家在物流运行的质量和效益方面存在明显差距，国际陆港以城市为载体，是区域物流的聚集点，对陆港物流绩效进行评价，明确其物流状况，将是降低陆港物流成本、提高物流效率、增强国际物流竞争力的有效途径。

（3）绩效评价对生产、管理具有一定的指导作用，为陆港发展建立一套与之相适应的物流评价体系，不仅能客观、科学地反映陆港物流的绩效状况，还能根据评价结果，为陆港物流发展提供诱导作用，为政府制定政策提供依据，从而监督陆港改善管理理念，促进城市整体效益。

2. 国际陆港物流绩效评价理论

从管理层面区分绩效，包含个人绩效和组织绩效两方面。绩效不仅能描述业绩，体现企业的赢利目标，还能表征行为的效果、态度、方法、方式，也是企业管理成熟度目标的体现。绩效包含成绩和效益的意思，它的内涵涉及诸多元素，不仅能体现管理的结果和成效，还能反映主体行为或者结果的投入产出比，同时，也可以衡量政府活动的成效。所谓评价，是指管理的对象，以某些明确的标准为准绳，采用科学、合理的计算方法，来度量该管理对象和权衡结果，对比原始目标，以获得最佳结果的过程。

恽伶俐认为物流绩效是通过物流活动过程中劳动成本与成果的对比，衡量一定时间内该活动所创造的价值。物流绩效同时注重物流活动过程及结果。裴金英通过研究表明，物流企业绩效评价是基于事后的评价和估计方法，来评价企业业绩和效率，也包含控制和事前监督，以确定物流企业是否及时完成预定目标，明确完成的状况、取得的收益水平及所付出的代价。而学者白满员从海港物流绩效入手，认为港口物流绩效是指在一定经营期间内，以基础设施、人力资源和技术开发等软硬件资源为基础，实现信息协调和共享，并通过完成货物装卸搬运、仓储、流通等物流作业而创造的价值。甘红云等认为港口物流绩效评价是基于对港口物流活动及其绩效的充分认知，将港口物流作为整个系统，依据大量的客观事实和数据，按照专门的规范、程序，遵循统一的标准和相应的指标体系，运用数理统计和运筹学方法，实现定性与定量分析，客观、公正、准确和综合地评判一定时期内物流企业在港口的经营效益和作业效率。焦新龙认为港口物流绩效评价是通过收集、整理和分析各物流作业环节的数据，以影响经营管理、港口硬件、客户满意度和服务水平等的因素为指标，采取相应的评价模型和方法，对过去和目前行为的效率和效力进行综合评判，并做出相应决策。

本文针对的国际陆港物流绩效研究，主要是基于城市中具有国际物流功能的物流设施进行综合物流绩效评价，同时，这些物流设施有机地联动发展，成为城市发展物流业的主力，更多的是综合体现出与城市一体化发展的整体物流运作水平，因此，国际陆港物流绩效评价是根据确定的评价指标体系或评价标准，结合国际陆港与城市建设的区域战略部署和发展目标规划，以国际陆港与城市的整体物流绩效为目的，采用科学、合理的评价计算方法和评价模型，通过对数据的采集、分析与整理等环节，定量分析物流作业的效率和效力，对国际陆港物流水平的过往和现状进行系统的、综合的评价过程，并对评价结果进行综合分析，为采取相应的措施而提供依据。

3. 国际陆港物流绩效评价的程序

由于不同的物流系统存在着不同的定位，因此要着眼于国际陆港的发展现状，提出相应的评价思路和评价方法。为保证国际陆港物流绩效评价的有效性、合理性和科学性，绩效评价的一般过程可以按图 8 所示步骤进行评价。

4. 物流绩效评价方法分析

随着经济的发展，绩效评价已成为高效管理的基础和焦点。现有的研究中，一般把确定权重的方法分为主观、客观以及综合赋权法三类。主观赋权法有专家咨询法、层次分析法、G1 法、集值迭代法、连环比率法、相对比较法、PATTERN 法等。该方法通过专家的意见能很好地反映评价对象所处的背景条件和评价者的意图，具有较大的主观随意性，缺乏反映实际信息的客观性。

客观评价法有逼近理想点法、离差最大化法、拉开档次法、熵值法等。这类方法由于完全依赖实际的数据信息，使指标的权重具有绝对的客观性，但不能反映决策者的意向。

集成主观和客观赋权法的各自优点形成综合赋权法。其步骤是：首先分别确定主观赋权法和客观赋权法单独使用时的权重系数，再根据具体的情况明确主、客观赋权法权

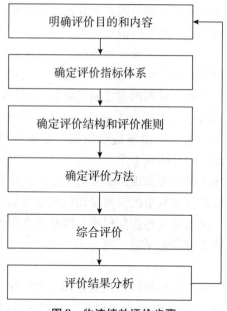

图8　物流绩效评价步骤

重系数所占的比例，最后求出综合评价权重系数。

目前，主要的综合绩效评价的方法可以分成单一评价法和组合综合评价法两类，单一评价法是基于运筹学、经济学、计算机和管理学等进行评价的；综合评价法是单一评价法的集成，该方法融合了单一评价法的主观性和客观性，扬长避短，全面地进行综合评价。下面简单介绍几种绩效评价方法，见图9。

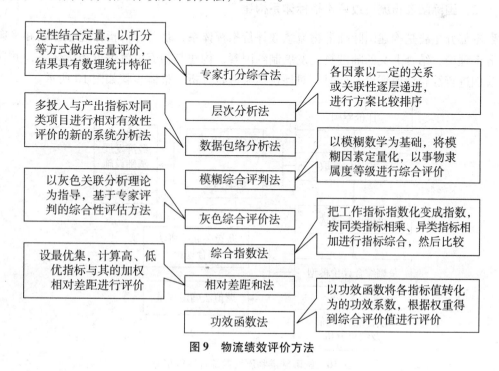

图9　物流绩效评价方法

国际陆港的物流涉及许多客观事物与因素，它们之间的相互关系比较复杂，对其认识、分析和决策，难以得到全面、足够的信息，不容易形成鲜明的对比，因此，可以把国际陆港视为灰色因素影响下的灰色系统。对国际陆港物流绩效进行综合评价是基于多指标的综合决策，反映其动态演化过程，体现评价指标之间发展差异的程度，而灰色关联分析方法是以灰色理论为基础，根据因素之间发展趋势的相似或相异程度，以灰色关联度为核心，从随机性的时间序列中找到关联性，寻求系统中各因素之间的数值关系，度量系统动态发展变化态势，为系统决策提供依据，是衡量因素间关联程度的一种方法，从而反映系统中各因素的综合绩效水平。

除此之外，各评价指标之间需要呈现出对陆港历史或现状整体水平的综合反映，而熵值法是根据其各项指标所提供观测值的信息量而反映整体信息的大小，能客观地反映指标观测值的信息重要度，从而确定各指标权重。因此本文引入熵值灰色关联综合评价模型对评价对象进行物流绩效综合水平的评定。

（三）小结

本部分通过对国际陆港和物流绩效评价的理论部分进行探讨，主要结论如下：

（1）通过分析国内外对国际陆港概念的研究，总结国际陆港的概念；其次阐述国际陆港的分类，并提出国际陆港的其他分类情况；描述国际陆港的基本功能、核心功能和增值功能，并就国际陆港在功能上的形成，总结了现有形成模式的途径。

（2）通过阐述物流绩效的相关理论，总结各学者对物流绩效的研究，对国际陆港的物流绩效给出了自己的观点，同时，提出国际陆港物流绩效的评价程序步骤，并阐述了物流评价绩效的方法，明确引入熵值灰色关联综合评价模型进行综合评价。

三、国际陆港物流绩效评价指标体系构建

本部分主要是构建国际陆港物流绩效评价指标体系，基于评价指标建立原则和平衡计分卡理论，结合上文的陆港物流发展制约因素，构建其物流绩效评价指标体系，并通过实例进行综合绩效评价，同时，对评价结果进行分析，整体步骤如图10所示。

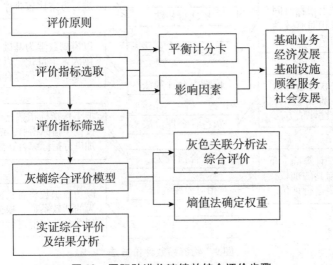

图10　国际陆港物流绩效综合评价步骤

（一）评价指标体系的建立原则

在实际的评价中，评价指标数量的选取应该适宜，评价指标过多，会存在指标之间的相关性，出现重复效应，使结果受到干扰；评价指标过少，会出现反映的信息不全面，不能综合地进行评价。因此，建立评价指标体系时应该遵循系统性原则、一致性原则、独立性原则、可测性原则、科学性原则、可比性原则。

（二）国际陆港绩效评价指标构建

1. 平衡计分卡

科莱斯平衡计分卡（Careersmart Balanced Score Card），旨在找出多角度因素使组织的"战略"能够转变为"行为"的绩效评价模式，而不仅是限制于以财务量度为主的。目前，平衡计分卡已经发展为集团战略管理的工具，在集团战略规划与执行管理方面发挥不言而喻的作用。平衡计分卡主要考虑五对指标之间的平衡来进行评价，如图11所示。

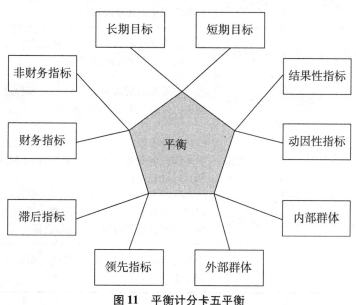

图11　平衡计分卡五平衡

平衡计分卡的指标选取涉及四个方面：财务层面、顾客层面、内部经营流程层面、学习和成长层面。这几个层面都对股东、客户、员工有所涉及，每个层面的重要性取决于其自身和指标的选择是否与公司战略相符合，其中每一个方面，都有其相应的指标标准。

2. 国际陆港物流绩效评价指标体系

本文国际陆港物流绩效是以陆港物流为基准点，围绕区域城市物流发展水平，在宏观层面上对整个区域进行物流绩效评价。基于平衡计分卡基础理论，本文对财务、顾客等这四个层面进行改进，同时，结合上文中影响国际陆港发展的因素，从而构建适合进行综合评价国际陆港物流发展水平的国际陆港物流绩效评价指标体系，主要从物流业务角度、基础建设角度、区域经济角度、顾客服务角度、社会发展角度五个方面来构建国际陆港物流绩效评价指标体系，其中，定量指标为调查和收集历史数据所得，定性指标为专家调查法赋值所得。

（1）物流业务角度

国际陆港物流业务的绩效评价是整个物流评价系统中基础的组成部分，它为横向比较陆港之间的物流业务指标提供了切实可行的方法。国际陆港的物流作业状况直接反映了陆港具体为其客户提供物流服务的能力和效率。高效的物流作业是陆港吸引客户，提高竞争力的重要因素，同时，国际陆港的物流作业状况的好坏还会影响区域城市的经济发展状况。本文业务角度的指标如表1所示。

表1   业务角度指标

准则层	指标层	指标性质	指标含义
物流业务	仓储业务	正向指标	指城市仓储设施所能提供的仓储能力，可用全市新建仓库面积来间接反映该指标
	物流运输业务	正向指标	指城市货物流通方面的水平和能力，可用各种运输方式的货运总量来反映该指标
	对外贸易业务	正向指标	指一定时期内城市对外贸易的发展程度，可用对外贸易进出口总额来反映该指标
	装卸及搬运业务	正向指标	指基础设施所能提供的货物装卸与搬运的效率，用从事装卸搬运服务业的资产利润率（利润总额/资产总额）反映该指标
	通关操作业务	逆向指标	指"一关两检"的综合国际物流通关服务水平，可以用关区出口通关时间来反映该指标
	增值业务	正向指标	指陆港提供金融、保险、咨询等增值业务的能力，为定性指标

（2）基础建设角度

国际陆港硬件水平主要由基础设施及物流规模来反映，区域内基础设施的优劣影响国际陆港的物流能力和物流规模，可见，基础设施及物流规模决定国际陆港的物流辐射范围以及在区域空间内的竞争地位，也决定了国际陆港的未来的战略定位和发展方向。本文从区域内的基础设施建设角度出发，衡量国际陆港在区域内对基础设施的需求以及所能达到的物流规模，主要从区域城市的物流交通基础设施情况来选取指标，本文基础建设的指标如表2所示。

（3）区域经济角度

区域经济发展水平是衡量国际陆港物流绩效的重要的宏观层面，两者有着密不可分的关系。区域物流业的经济产值是区域经济的组成部分，同时，城市对物流业的投资力度是国际业务发展和陆港基础设施建设的重要保障。本文区域经济的指标如表3所示。

表 2   **基础建设指标**

准则层	指标层	指标性质	指标含义
基础建设	物流网络节点	正向指标	指区域内物流产业的节点所构成的业务网络的覆盖能力，可用邮政网点的数量来反映该指标
	运输设备水平	正向指标	指城市公路运输的规模和效率，可用运输车辆保有量来反映该指标
	公路覆盖水平	正向指标	指城市的公路密集程度，可用城市每平方千米公路通车里程数来反映该指标
	航空建设水平	正向指标	指城市的航空物流发展水平的高低，可用城市的航空起降架次一定程度上衡量该指标
	软件水平	正向指标	指城市中用于陆港发展的软件设施的建设情况，为定性指标

表 3   **区域经济指标**

准则层	指标层	指标性质	指标含义
区域经济	经济水平	正向指标	指区域内的经济发展水平，可用城市的生产总值来反映该指标
	经济增长率	正向指标	指城市的发展潜力，可用 GDP 增长率来反映该指标
	第三产业水平	正向指标	指城市第三产业在一定时期内的发展程度，可用第三产业产值来反映该指标
	物流业水平	正向指标	指物流业对区域产生价值的能力，可用交通运输、仓储及邮政业增加值来反映该指标
	社会消费品零售总额	正向指标	指社会对商品的供给和需求，间接反映对物流的需求
	固定资产投资额	正向指标	指建造和购置固定资产活动的工作量，是反映固定资产投资规模、速度、比例关系和使用方向的综合性指标
	物流业资产投资额	正向指标	指城市物流业基础设施建设和更新改造投资的完成情况，可用交通运输、仓储及邮政业固定资产投资额来反映该指标

（4）顾客服务角度

国际陆港的市场经济是围绕客户发展的，换而言之，充足的客源和货源是国际陆港在区域市场竞争的支撑，客户层面是平衡计分卡的重要组成部分，从顾客角度来衡量国际陆港的物流绩效，是实现国际陆港高效物流作业和有力的经济贡献的前提。本文顾客角度指标如表4所示。

表4 顾客服务角度指标

准则层	指标层	指标性质	指标含义
顾客服务	服务质量	正向指标	指陆港为客户提供相关物流作业时所能提供的综合服务水平和质量，为定性指标
	客户吸引力	正向指标	指城市对新客户的吸引力，可以用实际利用外资额来部分反映该指标
	网络客户水平	正向指标	指应用互联网技术进行相关交易的客户数量的潜力，可用城市互联网用户数定量反映该指标
	信息化水平	正向指标	指陆港与城市的信息网络技术为客户物流业务所能够提供的信息化服务，是衡量陆港城市物流信息化发展的指标，为定性指标
	功能协调性	正向指标	指陆港保税物流中政府监督协调水平，海关联检等相关部门协同服务水平，为定性指标
	市场份额	正向指标	指陆港物流在城市与国际物流中的市场占有，为定性指标
	员工培训水平	正向指标	指城市对陆港从业人员在提升管理、技能方面的培训能力，为定性指标

（5）社会发展角度

国际陆港要在市场竞争中立于不败之地，就必须不断创新发展，以保持其竞争优势。社会发展所提供的政策导向、人才培养等方面是影响国际陆港物流发展的重要的外部因素，本文社会发展指标如表5所示。

表5 社会发展指标

准则层	指标层	指标性质	指标含义
社会发展	物流从业状况	正向指标	指区域内物流业人力资源投入状况和吸纳就业能力，可用交通运输、仓储及邮政业从业人员反映该指标
	物流产业政策	正向指标	指政府对物流业发展的支持力度，可用政府用于交通运输、仓储及邮政业的固定资产投资额/全市固定资产投资总额来反映该指标
	人才成长潜力	正向指标	指区域内物流业对高校人才的需求能力，可用区域普通高校在校学生人数反映该指标
	行业协会状况	正向指标	指城市陆港物流行业协会的完备程度、协调能力，为定性指标

综上所述，在初步选取上述 5 个层面方面指标的基础上，考虑到多指标体系的全面性、科学性、层次性、可操作性、目的性、重复性等因素，并非评价指标越多越好，关键在于选择合适的评价指标。因此，采用最小均方差法对上述指标进行筛选，以保证综合结果的可靠性。基于最小均方差法，从上文国际陆港物流绩效评价指标体系的多指标中进行筛选，在物流业务角度、基础建设角度、区域经济角度、顾客服务角度、社会发展角度 5 个层面的多个指标中，筛选出 23 项评价指标，构成的指标体系如表 6 所示。

表 6   国际陆港物流绩效评价指标体系

目标层	准则层	指标层
国际陆港物流绩效评价指标体系 C	物流业务 C_1	仓储业务 C_{11}
		物流运输业务 C_{12}
		对外贸易业务 C_{13}
		装卸及搬运业务 C_{14}
		通关操作业务 C_{15}
	基础设施 C_2	物流网络节点 C_{21}
		运输设备水平 C_{22}
		公路覆盖水平 C_{23}
		航空建设水平 C_{24}
	区域经济 C_3	经济水平 C_{31}
		第三产业水平 C_{32}
		物流业水平 C_{33}
		社会消费品零售总额 C_{34}
		固定资产投资额 C_{35}
		物流业资产投资总额 C_{36}
	顾客服务 C_4	服务质量 C_{41}
		客户吸引力 C_{42}
		网络客户水平 C_{43}
		信息化水平 C_{44}
		功能协调性 C_{45}
	社会发展 C_5	物流业从业状况 C_{51}
		物流产业政策 C_{52}
		物流人才成长潜力 C_{53}

（三）国际陆港绩效评价模型

基于上文引入熵值灰色关联综合评价模型进行物流绩效评价，因此，具体阐述熵值灰色关联综合评价模型的构建步骤。

1. 熵值法

熵值是信息论中测定不确定性的量，信息量越大，不确定性就越小，熵值也就越小，反之亦然。熵值法就是用熵值来反映指标的信息量，确定指标值权重占比。熵值法的计算过程如下：

（1）数据标准化：

在对多指标进行综合评价时，由于单位、量纲和数量级的不同存在于指标之间，如果直接使用原始值评价，则会对综合评价结果造成影响，有时也会造成评价决策错误。因此，为了数据统一处理，必须对数据源进行标准化处理，消除指标之间的差异性，然后再进行评价和决策。

一般地，将评价对象记为 $\{A_i\}(i = 1,2,\cdots,m)$，用于评价的指标集记为 $\{X_j\}(j = 1,2,\cdots,n)$，用 x_{ij} 表示第 i 个评价对象，第 j 个指标的指标值，标准化后的评价决策矩阵为 $R = (r_{ij})_{n \times m}$。一般指标的标准化分为定量指标和定性指标标准化，定性和定量指标又可以分为正向指标和负向指标，定性指标可以用专家赋值的方法使其量化，转换成定量指标进行分析。定量指标则需要进行数学变换处理，则定量指标的标准化处理如下：

令 $a = \max x_{ij} > 0 \quad b = \min x_{ij} > 0(0 \leqslant i \leqslant m)$

正向指标，定义为：$r_{ij} = \dfrac{x_{ij} - b}{a - b}$ （1）

逆向指标，定义为：$r_{ij} = \dfrac{a - x_{ij}}{a - b}$ （2）

（2）将 x_{ij} 标准化处理后（数据集标准化后的序列的记号不妨仍记为原来的符号，$r_{ij} = x_{ij}$），计算第 j 个指标与第 i 个评价对象所占的比重 p_{ij}：

$$p_{ij} = \frac{x_{ij}}{\sum\limits_{i=1}^{m} x_{ij}}(i = 1,2,\cdots,m;j = 1,2,\cdots,n) \tag{3}$$

（3）计算第 j 个指标的熵值 e_j：

$$e_j = -\frac{1}{\ln m}\sum_{i=1}^{m} p_{ij}\ln p_{ij}(j = 1,2,\cdots,n),k \geqslant 0,e_j \geqslant 0,0\ln 0 = 0 \tag{4}$$

（4）计算第 j 个指标对评价体系的重要程度（差异系数）g_j：

$$g_j = \frac{1 - e_j}{n - E_e}(j = 1,2,\cdots,n) \tag{5}$$

式中 $E_e = \sum\limits_{j=1}^{n} e_j,0 \leqslant g_i \leqslant 1,\sum\limits_{j=1}^{n} g_j = 1$

（5）计算第 j 个指标的权重 w_j：

$$w_j = \frac{g_j}{\sum\limits_{j=1}^{n} g_j} \tag{6}$$

2. 灰色关联综合分析法

灰色关联分析是寻求系统的整体关联性为基本思想，结合多元化影响因素为特点，搜寻整体间个体相似度的因素分析方法，为构建系统模型提供重要的技术分析渠道，其基本原理是基于统计序列几何关系的对比，实现系统中多因素间的关联程度差异化，各因素之间的关联性越大，序列曲线的几何形状越接近。

定义 设 $X = \{x_0, x_1, \cdots, x_n\}$ 为灰关联因子集，x_0 为参考序列，x_i 为比较序列，$x_0(k)$，$x_i(k)$ 分别为 x_0 与 x_i 的第 k 个点的实数，即：$x_0 = [x_0(1), x_0(2), \cdots, x_0(n)]$，

$$x_1 = [x_1(1), x_1(2), \cdots, x_1(n)],$$
$$x_2 = [x_2(1), x_2(2), \cdots, x_2(n)],$$
······
$$x_m = [x_m(1), x_m(2), \cdots, x_m(n)]。$$

给定 $r[x_0(k), x_i(k)]$ 为实数，w_k 为 k 点的权重，满足

$$0 \leqslant w_k \leqslant 1, \sum_{k=1}^{n} w_k = 1,$$

称 $\Delta_{0i}(k)$ 为 X 上第 k 点 x_i 对 x_0 的差异信息，差异信息的全体记为 Δ，即 $\Delta = \{\Delta_{0i}(k) \mid i \in I, k \in K\}$。因为 $x_0(k)$ 与 $x_i(k)$ 均为实数，故差异信息 $\Delta_{0i}(k)$ 可定义为距离（也称为绝对差），即 $\Delta_{0i}(k) = |x_0(k) - x_i(k)|$。

定理 若 $r[x_0(k), x_i(k)] = \dfrac{\Delta_{\min} + \rho\Delta_{\max}}{\Delta_{0i}(k) + \rho\Delta_{\max}}$，

则 $r(x_0, x_i) = \sum_{k=1}^{m} w_k r[x_0(k), x_i(k)]$。

其中 $\Delta_{\min} = \min_i \min_k \Delta_{0i}(k)$ 为两极下环境参数（也称为两极最小差），$\Delta_{\max} = \max_i \max_k \Delta_{0i}(k)$ 为两极上环境参数（也称为两极最大差），$[\Delta_{\min}, \Delta_{\max}]$ 为关联分析的比较环境；ρ 为分辨系数，且 $\rho \in (0,1)$，(Δ, ρ) 为灰关联差异信息空间，则 $r(x_0, x_i)$ 满足灰关联的四公理（规范性、偶对对称性、整体性、接近性）。

灰色关联综合分析方法的计算和分析如下：

（1）确定参考序列与比较序列

设 x_{0j} 为第 j 个指标在各评价对象中的最优值（正向指标取该指标在各评价对象中的相对最优值，逆向指标取该指标在各评价对象中的相对最劣值），则 $X_0 = (x_{01}, x_{02}, \cdots, x_{0n})$ 为该系统内的最优指标集（所对应的评价对象为理想最优方案），即参考序列。m 个评价对象的指标值构成的矩阵为比较序列集，即 $A = (x_{ij})_{m \times n}$。

（2）求差异信息序列

根据标准化矩阵 $X = (x_{ij})_{m \times n}$，可以得出 $\Delta_{ij} = |x_{0j} - x_{ij}|$，其中 $\Delta_{\min} = \min_i \min_j \Delta_{ij}$，$\Delta_{\max} = \max_i \max_j \Delta_{ij}$，$(i = 1, 2, \cdots, m; j = 1, 2, \cdots, n)$，$\Delta_{ij}$ 为差异信息序列。

（3）计算灰关联系数

第 i 个评价对象的第 j 个评价指标与参考序列中的理想指标的灰关联系数记为 ξ_{ij}，则

$$\xi_{ij} = \dfrac{\Delta_{\min} + \rho\Delta_{\max}}{\Delta_{ij} + \rho\Delta_{\max}} (i = 1, 2, \cdots, m; j = 1, 2, \cdots, n) \tag{7}$$

式中 $\rho \in [0,1]$，取 $\rho = 0.5$。然后根据上述公式计算得到灰关联系数矩阵：

$$E = \begin{bmatrix} \xi_{11} & \cdots & \xi_{1n} \\ \vdots & & \vdots \\ \xi_{m1} & \cdots & \xi_{mn} \end{bmatrix}$$

（4）计算灰关联度

设 $w_j(j = 1,2,\cdots,n)$ 为第 j 个指标的权重，$\sum\limits_{j=1}^{n} w_j = 1$，$w = (w_1, w_2, \cdots, w_n)$ 表示权重向量，则灰关联度 $r_{0i} = \sum\limits_{j=1}^{n} w_k \xi_{ij}$，表示第 i 个评价对象与参考序列中的最优理想方案的关联度。

（5）排灰关联度序列

对求出的 r_{0i} 进行排序，排出与最优解的灰关联度序列，得出各个评价对象的综合评价得分序列。

（四）国际陆港物流绩效评价实证研究

1. 评价样本与数据

根据构建的国际陆港物流绩效评价指标体系，考虑到无水港、内陆港和国际陆港等设施在我国分布不均，区域经济战略规划致使陆港的功能、业务区域等具有差异性，同时，又因为我国陆港的建设大多处于规划和建设中，实验数据在实际生产过程中会有数据不全、收集困难、难以统一等问题。因此，综合考虑空间地理分布、发展规模等因素，本文选取昆明、南宁、西安、郑州、石家庄 5 个陆港城市作为评价样本。

广西壮族自治区南宁陆港（核心是南宁保税物流中心）于 2010 年投入运营，从图 12 看出，南宁陆港是北部湾经济区在内陆的延伸。南宁陆港处于东盟经济圈、大西南

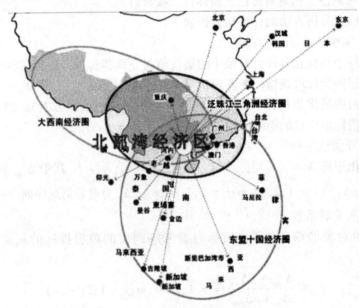

图 12　南宁与北部湾的关系

经济圈、泛珠三角经济圈的重叠区域，南宁陆港将凭借东盟自由贸易区的优势，以北部湾港为龙头、以航空港与边境口岸等为主要端口，加快对北部湾经济区内陆保税物流网络体系的构建。

同时，昆明也是处于东盟经济圈、泛珠三角经济圈和西南经济圈的交汇区域内，昆明近年来一直和东盟保持着政治、经济、文化的来往。通过泛亚铁路的规划与建设（如图13所示），昆明已成为我国西南地区通向新加坡、缅甸、老挝、越南和马来西亚等地的国际贸易市场节点城市。在对外贸易战略规划中，对于把昆明打造、建设成为中国—东盟自由贸易区的重要运输通道枢纽、互动协作平台、对外贸易基地和交流窗口，昆明国际陆港将扮演重要角色。

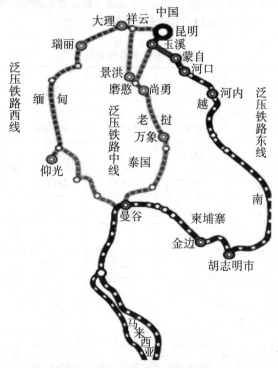

图13 云南省泛亚铁路规划

从图14可以看出，郑州、西安为第二亚欧大陆桥的国际物流节点城市，东部沿海港口，通过集装箱国际班列连接西安国际陆港与郑州国际陆港，它们是我国连接东部沿海、中部乃至西部的节点城市，也是我国通过第二亚欧大陆桥面向欧洲国家的重要的国际物流中转站。同时，石家庄作为第一亚欧大陆桥在我国内陆地区的延伸，石家庄可以通过第一亚欧大陆桥从东北方向深入欧洲、俄罗斯，不仅能促进内陆区域经济发展，还能加大我国内陆对欧洲、俄罗斯的交流。

通过收集和整理昆明、西安、南宁、郑州、石家庄5个城市的相关统计资料以及定性指标的量化值，可以得到这5个陆港城市的评价指标所需要的各种基础绩效数据，见表7。

图 14　亚欧大陆桥与节点城市

表 7　　　　　　　　　　　各城市指标的基础数据

指标 ＼ 陆港城市	昆明	西安	南宁	郑州	石家庄
仓储业务（平方米）	191998	216927	161686	251000	169171
物流运输业务（万吨）	25338	39239	24326	24369	24273
对外贸易业务（万美元）	1199977	1260179	251042	1599559	1416852
装卸及搬运业务（百分比）	0.03	0.22	0.45	1.83	0.15
通关操作业务（小时）	4.17	5.26	1.27	5.26	3.45
物流网络节点（个）	301	277	189	267	228
运输设备水平（辆）	133991	171649	109498	156489	141712
公路覆盖水平（千米/平方千米）	0.81	1.25	0.52	1.39	0.99
航空建设水平（次）	181466	164430	52396	84180	51292
经济水平（亿元）	2509.58	3862.58	2211.44	4979.8	4082.68
第三产业水平（亿元）	1214.57	2015.13	1076.28	1974	1635.79
物流业水平（亿元）	69.62	147.64	107.32	284.94	360.16
社会消费品零售总额（亿元）	1271.73	1965.98	1073.15	1987.11	1662.99
固定资产投资额（亿元）	2275.53	3352.12	1966.13	3002.5	3026.98
物流业资产投资总额（亿元）	237.5	202.58	228.5	203.5	209.5
服务质量	3.76	4.26	3.1	4.34	3.56
客户吸引力（万美元）	100900	156653	34865	190015	64000
网络客户水平（万户）	38.217	146.18	90.817	145	73.87

指标＼陆港城市	昆明	西安	南宁	郑州	石家庄
信息化水平	3.28	3.94	3.16	4.22	3.8
功能协调性	3.7	4.14	3.2	4.44	3.52
物流业从业状况（万人）	8	10	3.2	3	5.7
物流产业政策（百分比）	0.1	0.06	0.12	0.07	0.07
物流人才成长潜力（人）	341300	685232	295821	665096	388241

2. 评价指标规范化

因为所选取的指标之间存在着单位不同、量纲不同、数量级不同的情况，所以在利用评价模型分析绩效数据之前，需要对原始数据进行规范化。首先进行指标同向化操作，其中通关操作业务以关区出口通关时间来衡量，是逆向指标，通过取倒数对其进行同向化处理，其次按照式（1）和式（2）对原始值进行标准化处理，消除指标之间的差异，得到标准化数据。

3. 基于熵值法的权重计算

本文基于信息熵理论，通过熵值法的计算步骤，计算出各个指标的熵值，用其来确定指标的权重，具体步骤如下：

（1）利用上文规范化的数据和式（3）来计算各指标的比重；

（2）按式（4）计算各个指标的熵值；

（3）通过上一步计算出的熵值和式（5）计算出各指标的重要程度（差异系数）；

（4）按式（6）计算各指标的综合权重，见表8。

表8　　　　　　　　　　　　　综合指标权重

准则层	指标层	权重
物流业务角度 C_1 0.276	仓储业务 C_{11}	0.046
	物流运输业务 C_{12}	0.128
	对外贸易业务 C_{13}	0.056
	装卸及搬运业务 C_{14}	0.021
	通关操作业务 C_{15}	0.025
基础设施角度 C_2 0.136	物流网络节点 C_{21}	0.038
	运输设备水平 C_{22}	0.038
	公路覆盖水平 C_{23}	0.029
	航空建设水平 C_{24}	0.031

准则层	指标层	权重
区域经济角度 C_3 0.280	经济水平 C_{31}	0.076
	第三产业水平 C_{32}	0.037
	物流业水平 C_{33}	0.044
	社会消费品零售总额 C_{34}	0.033
	固定资产投资额 C_{35}	0.031
	物流业资产投资总额 C_{36}	0.059
顾客服务角度 C_4 0.181	服务质量 C_{41}	0.041
	客户吸引力 C_{42}	0.036
	网络客户水平 C_{43}	0.031
	信息化水平 C_{44}	0.039
	功能协调性 C_{45}	0.034
社会发展角度 C_5 0.127	物流业从业状况 C_{51}	0.035
	物流产业政策 C_{52}	0.047
	物流人才成长潜力 C_{53}	0.045

4. 灰色关联综合评价

应用灰色关联决策方法对 5 个样本城市的陆港物流绩效进行综合评价，计算和分析步骤如下：

（1）确定参考序列

经数据规范化，评价指标的数值为 0 ~ 1 之间的值，同时，指标数值为越大越优，于是有 $X_0 = (x_{01}, x_{02}, \cdots, x_{023}) = (1, 1, 1, \cdots, 1)$ 为该系统内的最优指标集，为参考序列，看作最优理想对象。5 个评价对象的指标值构成的矩阵为比较序列集。

（2）求差异信息序列

求出各样本与参考修序列样本的绝对差，即求 $\Delta_{ij} = |x_{0j} - x_{ij}|$，其中 $\Delta_{\min} = \min_i \min_j \Delta_{ij}$，$\Delta_{\max} = \max_i \max_j \Delta_{ij}$，$(i = 1, 2, \cdots, m; j = 1, 2, \cdots, n)$，得出差异信息序列，$\Delta_{\min} = 0$，$\Delta_{\max} = 1$。

（3）计算灰关联系数

按式（7）计算第 i 个评价对象的第 j 个评价指标与参考序列中的理想指标的灰关联系数记为 ξ_{ij}，见表 9。

表 9   **灰色关联系数表**

指标 $j = 1, 2, \cdots, 21$	ξ_{1j}	ξ_{2j}	ξ_{3j}	ξ_{4j}	ξ_{5j}
仓储业务	0.4308	0.5672	0.3333	1.0000	0.3531

指标 $j = 1, 2, \cdots, 21$	ξ_{1j}	ξ_{2j}	ξ_{3j}	ξ_{4j}	ξ_{5j}
物流运输业务	0.3499	1.0000	0.3341	0.3348	0.3333
对外贸易业务	0.6279	0.6652	0.3333	1.0000	0.7868
装卸及搬运业务	0.3333	0.3586	0.3947	1.0000	0.3488
通关操作业务	0.6467	1.0000	0.3333	1.0000	0.5243
物流网络节点	1.0000	0.7000	0.3333	0.6222	0.4341
运输设备水平	0.4521	1.0000	0.3333	0.6721	0.5093
公路覆盖水平	0.4286	0.7565	0.3333	1.0000	0.5210
航空建设水平	1.0000	0.7926	0.3352	0.4008	0.3333
经济水平	0.3591	0.5534	0.3333	1.0000	0.6068
第三产业水平	0.3696	1.0000	0.3333	0.9194	0.5531
物流业水平	0.3333	0.4060	0.3649	0.6589	1.0000
社会消费品零售总额	0.3898	0.9558	0.3333	1.0000	0.5850
固定资产投资额	0.3916	1.0000	0.3333	0.6647	0.6807
物流业资产投资总额	1.0000	0.3333	0.6599	0.3393	0.3841
服务质量	0.5167	0.5962	0.3333	1.0000	0.4429
客户吸引力	0.4654	0.6993	0.3333	1.0000	0.3810
网络客户水平	0.3333	1.0000	0.4937	0.9786	0.4274
信息化水平	0.3605	0.6543	0.3333	1.0000	0.5579
功能协调性	0.4559	0.6739	0.3333	1.0000	0.4274
物流业从业状况	0.6364	1.0000	0.3398	0.3333	0.4487
物流产业政策	0.6000	0.3333	1.0000	0.3750	0.3750
物流人才成长潜力	0.3615	1.0000	0.3333	0.9063	0.3960

（4）计算灰关联度

根据熵值法求出的各指标的权重（表9），按照灰关联度 $r_{0i} = \sum_{k=1}^{n} w_j \xi_{ij}$ 的计算公式，可以得出评价样本的综合灰关联度，见表10。

（5）排灰关联度序列

r_{0i} 表示第 i 个评价对象与参考序列的关联度，关联度越大，则其与最优理想方案越为接近，从而其综合评价结果就越优，从而得出综合评价排序为：

$$r_{04} > r_{02} > r_{01} > r_{05} > r_{03}$$

表 10 各城市国际陆港物流绩效灰色关联度综合评价

准则层	指标层	昆明	西安	南宁	郑州	石家庄	平均值
物流业务	仓储业务	0.0198	0.0260	0.0153	0.0460	0.0162	0.0247
	物流运输业务	0.0448	0.1280	0.0428	0.0429	0.0427	0.0602
	对外贸易业务	0.0352	0.0373	0.0187	0.0560	0.0441	0.0383
	装卸及搬运业务	0.0070	0.0075	0.0083	0.0210	0.0073	0.0102
	通关操作业务	0.0162	0.0250	0.0083	0.0250	0.0131	0.0175
		0.1230	0.2239	0.0934	0.1909	0.1234	0.1509
基础建设	物流网络节点	0.0380	0.0266	0.0127	0.0236	0.0165	0.0235
	运输设备水平	0.0172	0.0380	0.0127	0.0255	0.0195	0.0226
	公路覆盖水平	0.0124	0.0219	0.0097	0.0291	0.0151	0.0176
	航空建设水平	0.0310	0.0247	0.0104	0.0124	0.0103	0.0178
		0.0986	0.1112	0.0455	0.0906	0.0407	0.0815
区域经济	经济水平	0.0273	0.0421	0.0253	0.0762	0.0461	0.0434
	第三产业水平	0.0137	0.0370	0.0123	0.0340	0.0205	0.0235
	物流业水平	0.0147	0.0179	0.0161	0.0290	0.0440	0.0243
	社会消费品零售总额	0.0129	0.0315	0.0110	0.0330	0.0193	0.0215
	固定资产投资额	0.0121	0.0310	0.0103	0.0206	0.0211	0.0190
	物流业资产投资总额	0.0590	0.0197	0.0390	0.0200	0.0227	0.0321
		0.1396	0.1791	0.1140	0.2126	0.1736	0.1638
客户服务	服务质量	0.0212	0.0244	0.0137	0.0410	0.0182	0.0237
	客户吸引力	0.0168	0.0252	0.0121	0.0360	0.0148	0.0201
	网络客户水平	0.0113	0.0340	0.0168	0.0333	0.0145	0.0220
	信息化水平	0.0112	0.0203	0.0103	0.0310	0.0173	0.0180
	功能协调性	0.0178	0.0263	0.0130	0.0391	0.0157	0.0224
		0.0783	0.1302	0.0659	0.1804	0.0805	0.1071
社会发展	物流业从业状况	0.0223	0.0352	0.0119	0.0117	0.0157	0.0194
	物流产业政策	0.0282	0.0157	0.0470	0.0176	0.0176	0.0252
	物流人才成长潜力	0.0163	0.0450	0.0150	0.0408	0.0178	0.0270
		0.0668	0.0959	0.0739	0.0701	0.0511	0.0716
综合灰关联度 r_{0i}		0.5062	0.7400	0.3924	0.7444	0.4889	

从关联度和评价排序可以看出，郑州国际陆港和西安国际陆港与理想方案的关联度较为相近，位列前 2 位，昆明国际陆港、石家庄国际陆港和南宁国际陆港分别排 3～

5 位。

5. 综合评价结果分析

（1）郑州评价结果分析

郑州凭借空间地理优势成为中部地区重要的物流中心和综合交通枢纽，大量来自华南的商品通过郑州输往华北、东北和西北等地，同样有很多来自北方的商品是通过郑州流向南方的。郑州位于国家中心，1.5 小时航程范围覆盖全国 2/3 的城市和 3/5 的人口，郑州以公路、铁路、航空为基础打造成为郑州国际陆港。从表 10 来看，郑州国际陆港物流绩效的大部分指标都和理想方案最为接近，物流业务指标的仓储、装卸搬运、对外贸易和通关操作指标都相对较高，这和郑州的区位优势有莫大关系，同时，郑州借助产业转移和国家中部崛起战略的发展，使郑州的产业结构得到进一步优化，整体发展水平不断提高，从区域经济指标中也可以看出郑州经济水平和物流业水平表现突出，然而对物流业的投资应有待加强，从客户角度来说，郑州的物流综合服务质量良好，但是从基础建设和社会发展层面来看，郑州物流基础设施水平仍然有待加强，同时，郑州国际陆港前期发展对经济社会的影响力较低。

郑州应以国际陆港为基本点，致力于打造良好的物流环境，完善物流基础配套设施和功能，合理配置资源，提升物流业的影响力，不断提升在中部地区的物流中心城市的地位。

（2）西安评价结果分析

西安是我国四大古都之首，地理位置优越，作为物流中心城市，是第二亚欧大陆桥中国段和黄河流域重要衔接点，也是我国中西部和西北部内陆地区的金融中心、交通中心。西安国际陆港对推动整个西部地区的物流发展无疑起着极为重要的作用。

优越的交通资源、完备的科研和工业基础，让西安成为我国西部地区重要经济和商业城市，该城市的多项指标同样与理想方案的关联度都是相对较为接近的，基础建设指标表明西安物流基础建设相对完善，能为物流业务提供相应的硬件设施，从而拉动物流业的整体水平。区域经济和客户服务水平处于中游，然而，西安的网络客户水平、物流业从业人员和物流人才需求相对较高，可以看出西安国际陆港未来发展潜力巨大，综合来看，西安国际陆港的综合物流绩效与郑州相差无几，综合排名第 2 位。

随着加速我国中西部地区建设和发展，西安作为西部地区区域性的物流和商业中心，未来西安将利用大规模化的综合物流设施——国际陆港，促进西安物流业规模不断扩大，致力于加快物流业的配套设施整体建设和优化资源配置，增强区域物流业务能力，通过亚欧大陆桥加大对外贸易的往来，使西安物流和经济得以迅速发展，成为我国西部地区发展区域经济的中心城市和连接国际市场的物流节点。

（3）昆明评价结果分析

昆明是云南省政治、经济、文化的集中地，是我国西南等地内陆区重要的中心城市，滇中城市群经济圈的主体。

昆明的国际陆港综合物流绩效处于中游水平，整体排名第 3 位。该城市国际陆港绝大部分指标的物流绩效是处于中等偏下水平的，只有物流网络节点和航空建设水平都相对较高，同时，昆明对物流业的产业政策力度和投资额度都处于前列，表明昆明的物流业发展还处于初期发展阶段。目前国际陆港主体基础设施尚未完全建设完成，保税物流运作主要以保税库、出口加工区为主。此外通过空港海关出口的货物只有约 10% 是通过昆明海关报关，其余部分从北京，上海和广州集货后在当地海关报关出口，体现出昆明国际陆港功能的不完善，因此这些都制约了其物流绩效的发挥。昆明以国际陆港为核心发展区域物流，使物流业成为支柱型产业，乃至成为拉动区域经济发展的核心动力，这将是一条困难与机遇并存的道路。

随着西部大开发战略的进一步实施和桥头堡战略的提出，同时，中国—东盟自贸区全面启动，中国与东盟的国际贸易往来也逐步加快。云南省抓住机遇，大力发展区域性物流经济，以昆明为核心建设国际陆港，加强物流基础设施建设，加大人才培养力度，同时利用国际空间区位优势，积极参与次区域经济合作和发展边境贸易和转口贸易，增强与东盟国际市场的交流，全面扩大与东盟的经济与贸易合作，以实现在中国西南地区与国际市场的综合物流能力和竞争力的提升。

（4）石家庄评价结果分析

石家庄市隶属京津冀都市圈第三极核心城市，是华北地区重要的商埠，石家庄人文、自然旅游资源丰富，交通便利，为铁路、高铁枢纽城市。石家庄国际陆港的综合物流绩效水平处于中等偏下水平，略低于昆明国际陆港，位居第4。从物流业务和区域经济角度来看，石家庄物流业的结构升级步伐较快，物流业务指标的绩效都处于中等水平，同时，地处环渤海京津冀经济区，石家庄区域经济角度中经济水平、物流业水平等指标是高于平均水平的。然而，石家庄陆港的物流基础建设相对不足，且物流网络节点辐射力和运输设备水平较低，对周边地区的资金和货物的集散能力有待提高，同时，从石家庄陆港对客户和社会的影响来看，城市的物流服务水平和物流发展潜力，应进一步加强。

长期综合来看，石家庄地理位置优越，是连接东部沿海和转承西部腹地的重要运输枢纽节点，是全国重要的生物、医药、纺织产业基地，工业结构良好，同时，该城市作为综合性的铁路交通枢纽，物流业在城市的经济发展中已经占有重要的地位，石家庄应该引进现代先进物流理念，加大对国际陆港的基础建设，完善物流网络结构，加强物流作业的能力和服务水平，从而提高区域物流吸引力。从国际市场来看，石家庄应多利用亚欧大陆桥的优势，加强与欧洲市场的来往与交流，充分发挥国际市场物流节点的作用，连接华北、华中地区内陆城市与东北、东部沿海城市群，通过物流业的发展，使区域经济转变为外向型经济，使石家庄的经济健康、平稳地发展。

（5）南宁评价结果分析

南宁，广西壮族自治区最大的城市，广西壮族自治区的政治、经济、文化、商业和金融中心，坐落在东盟经济圈、泛珠三角经济圈、大西南经济圈的结合区域，是北部湾在广西内陆的经济合作伙伴。

南宁国际陆港的综合物流绩效相对处于末位，综合物流水平有待提高。综合来看，南宁各指标的绩效表明南宁的物流发展相对稳定，物流网点、运输设施、投资力度、从业人员等资源配置相对合理，可以很好地体现和服务南宁物流业务和区域经济。随着广西对东盟市场的开发，南宁国际陆港作为北部湾港在广西内陆的功能延伸，政府大力制定相关政策来刺激和诱导发展，使其物流发展成为南宁经济发展的重要手段。但南宁整体的物流规模相对偏小、服务能力相对偏低，缺少基础设施建设，对物流业资本等要素投入水平偏低，商流、货流、人流和资金流的集散功能较弱，综合的物流影响力就显得相对不足。

中国—东盟自由贸易区建立为南宁物流业发展带来重大机遇和挑战，南宁未来应加强对国际陆港的建设（重点建设南宁保税物流中心），基于大型工业基地的内陆保税物流服务的需求，加强内陆地区的综合物流能力，同时加快基础设施建设和改造，推进物流产业升级，成为连接北部湾港、边境口岸、东盟国际市场的大型区域性的物流中心和商贸基地。南宁国际陆港将连接世界，成为中国进军东盟市场的重要节点城市，实现供应链物流、信息流、资金流的全球性流转。

（五）小结

（1）基于一般评价指标体系的建立原则，并结合平衡计分卡理论的四个层面，对其进行改进，提出国际陆港的物流绩效评价指标，从物流业务角度、基础建设角度、区域经济角度、顾客服务角度、社会发展角度五个方面体现陆港内部与外部指标的结合，综合构建国际陆港物流绩效评价指标体系。

（2）描述信息熵和灰色关联综合分析法的理论和计算方法，明确了用熵值法确定权重，用灰色关联分析法进行综合评价。选取5个陆港城市，收集相关数据，利用熵值法和灰色关联分析法对其进行物流绩效的综合评价，根据灰色关联度的大小，得出各陆港城市物流绩效评价的单项指标和综合绩效排序，并就评价结果对各陆港城市进行了相关分析。

四、国际陆港港城系统动力学建模及仿真

（一）陆港—城市系统动力模型构建

系统动力学以理论定性分析为前提，辅以数据定量分析，两者相互促进和制约，旋转结构上升渐渐加深，形成一种综合的推理方法。基于其理论、原理与方法，可以很好地分析实际系统，集成整体模型和概念数学模型的原理和方法分析，通过计算机仿真技术，同时，专家组给予一定的助力，定性与定量相结合，整体和系统地研究社会、经济问题，以做出相应措施和政策。

1. 系统动力学建模步骤

运用系统动力学对复杂系统建立动力学模型的过程可以简单地分为如下五个步骤，见图15。

随着陆港与内陆中心城市的不断发展，两者之间相辅相成、相互影响，陆港与城市所构建的系统以各要素之间的间接或直接的因果联系为基础，模拟仿真陆港与城市在各要素影响下的一体化发展状态，为两者演化发展提供参考策略，并为其发展提供建设性意见，促进陆港与城市联动发展。

2. 陆港—城市系统框图

行为变化在国际陆港与城市系统之间的关系主要取决于系统的结构与其相互关系，系统动力学模型分析任何系统都离不开各变量之间因果关系解释。为了更好地区

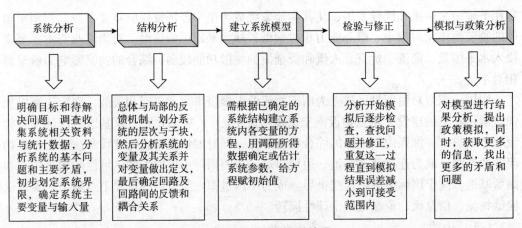

图15 动力学模型构建步骤

分系统内部的因果关系，只有确定系统边界，才能进行仿真分析。因此，确定该模型的边界应包含以下基本要素：国内生产总值、物流产值、社会消费品零售总额、税收、需求、供给、从业人数、交通运输资产投资、客户吸引、对外贸易、陆港建设和陆港负荷。

　　基于上述系统边界，所建立的模型在考虑了传统研究区域经济影响要素的同时，还考虑了陆港设施资源、陆港负荷和物流业固定资产投资等要素，除此之外，国际陆港与城市经济系统所体现出的经济外向型变量也加入其中，使得系统更加复杂，更接近真实。因此，国际陆港与城市系统演化发展的模型框图见图16。

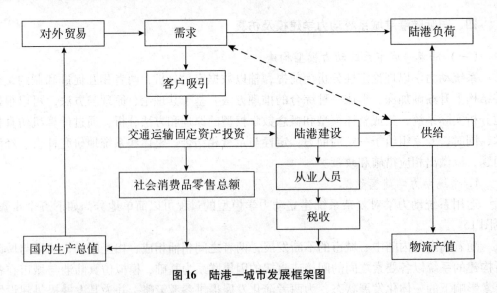

图16 陆港—城市发展框架图

　　3. 陆港—城市动力学流图构建

　　陆港—城市复合系统的因果回路图表达出了系统要素之间的相关性和反馈过程。然而，由于因果关系缺少对系统中变量性质的解释，进而无法描述系统管理和控制过程，这就造成了因果回路图的缺陷。在系统中有两种最基本的变量（存量和流量）。存量是时间上的累积，体现了系统目前状态，以及为下一步的决策和行为提供信息基础；流量是存量的变化量，是流入和流出之间的差额随着时间的推移而产生的量。存量流量图是建立在因果回路图基础之上的，是进一步对系统中变量性质的区分。存量流量图能说明系统要素的积累变化，是对系统结构的描述，所表现出来的更为直观、清楚和准确。根据上述因果回路关系，得出陆港—城市动力学流图，见图 17。

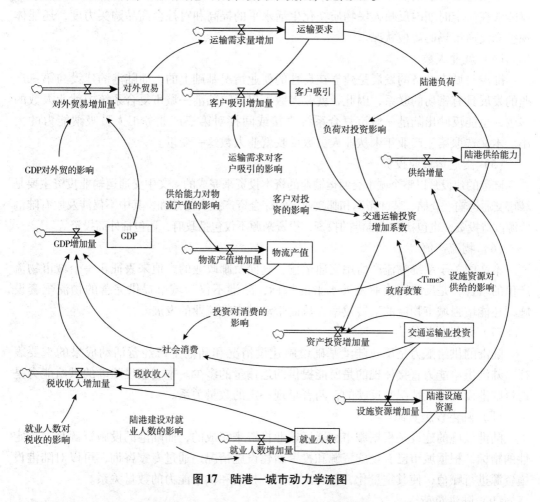

图 17　陆港—城市动力学流图

动力学流图是因果关系的积累和定量分析，该系统以模型边界构建系统动力学流图，其中主要的状态变量包括：GDP、对外贸易、运输需求、供给能力、交通运输业投资和税收收入等；主要的速率变量包括：GDP 增加量、对外贸易增加量、运输需求增加量、客户吸引增加量、资产投资增加量、就业人数增量等；其他变量为辅助变量或增补变量。

（1）国内生产总值（GDP）

GDP 可以作为一定区域内的经济运行情况的表征。本文选用国内生产总值度量城市经济的发展。国内生产总值增长是陆港建设、对外贸易等其他因素发展的主要原因之一。GDP 的增长也和整个系统运行具有密不可分的联系。

（2）对外贸易

对外贸易是一个地区的外向型经济程度发展快慢的重要指标。本文选取对外贸易为变量，来反映陆港与城市系统的开放程度。

（3）社会消费

本文选取社会消费品零售总额来反映社会消费水平的发展。社会消费品零售总额不仅能够在一定时期内反映人民物质文化生活水平的提高和对社会商品购买力度，还能体现整个流通市场的规模状况。

（4）就业人数

陆港与城市经济的发展是建立在良性的就业情况基础上的，而陆港的建设与第三产业的发展具有密切的联系，因此，就业人数不仅反映陆港—城市复合系统中就业人数的多少，也能反映出陆港—城市复合系统直接或间接对第三产业务工人员吸纳能力的大小。本文选取第三产业年末从业人员数反映就业人数这一变量。

（5）交通运输业投资

陆港的建设是以整个城市交通运输业的资本投资来完成的，文中交通运输业投资主要是城市交通运输、仓储、装卸搬运和邮政业等的综合资产投资的总和，其中不仅涉及原有陆港资源改造投资，也包括新建陆港的投资，投资来源不仅包括政府，还包括外商投资等。

（6）物流产值

本文中关于系统物流产值用交通运输、仓储及邮政业的产值来表征。一个城市物流产值的增长，是反映物流业发展水平的指标，陆港不仅为城市提供完善的物流配套设施，还能增强城市物流的运转效率，从而带动城市物流业的发展。

（7）陆港供给能力

陆港的供给能力是反映陆港基础设施建设情况和陆港生产经营活动成果的重要表征，陆港供给能力直接体现的是所能提供的运输量的多少。本文假设陆港的供给能力是通过陆港设施建设情况来反映的，两者呈现一定的数量关系。

（8）陆港设施资源

陆港设施的建设是根据城市交通运输业投资来完成的，而陆港的设施资源是一种定性的指标，根据城市已有设施资源和投资新建设施情况，通过专家咨询，可以对陆港设施资源进行赋值，使其定量化，反映出与资产投资和供给能力的数量关系。

（9）陆港负荷

文中引入陆港负荷这一变量，主要是反映城市对运输需求和供给能力之间的相互关系，模型中假定陆港负荷等于陆港供给能力比上运输需求，以数值1作为平衡点，当陆港负荷等于1左右时，则能说明供给与需求的配比相当，无较大差距，城市能处于平稳发展的趋势。然而，当陆港负荷的值过大或过小时，则会出现供过于求或供不应求的现象，抑制了城市物流的发展，从而影响城市的经济水平。

（二）基于 SD 的昆明国际陆港港城系统仿真研究

近年来，在国家西部大开发战略和桥头堡战略的推动下昆明已逐渐发展成为我国面向东盟市场的主力军之一，昆明国际陆港的建设将是昆明发展外向型经济和加速城市化进程的重要影响因素，因此，本节以昆明为例，构建国际陆港与昆明市的港城经济系统模型，验证模型的有效性和实用性，同时，分析陆港—城市的物流经济发展现状，并对陆港与城市相互作用下整个系统的动态发展进行政策模拟预测，为陆港—城市的一体化发展提出科学、合理的对策和建议。

1. 主要参数确定

（1）国内生产总值（GDP）

昆明市历年来的生产要素产值统计数据如表11所示。仿真模型中假设陆港—城市复合系统中 GDP 的增长量与税收、社会消费和物流产值等因素具有一定关联性，根据昆明市（2001—2011 年）统计年鉴中的相关数据，采用计量经济学原理，利用 SPSS 软件，找出它们之间对应的数量关系，建立数学关系式。

表 11　　　　　　　　　　昆明市历年各要素产值对照表

年份	GDP 增量 （亿元）	物流产值 （亿元）	税收 （亿元）	社会消费额 （亿元）
2001	673.06	20	53.9369	265.28
2002	730.98	25	50.7356	293
2003	812.01	28	54.9545	328.41
2004	942.14	37.45	65.1867	370.46
2005	1061.55	67.38	77.376	415.49
2006	1207.29	74.43	90.5	484.2
2007	1405.05	85.38	114.82	569.42
2008	1511.7	102.95	153.64	700.74
2009	1837.46	52.34	178.35	864.61
2010	2120.3	65.6	226.04	1060.19
2011	2509.58	69.62	283.03	1271.73

表 12　　　　　　　　　　　　　　模型汇总

模型	R	R 平方	调整 R 平方	标准估计的误差
	0.9581	0.9179	0.8827	39.0873

表 13　　　　　　　　　　　　　　系数

模型	非标准化系数		标准系数	t	Sig.
	B	标准误差	SPSS		
（常量）	−90.003	53.753		−1.682	0.136
物流产值	−0.496	0.537	−0.102	−0.811	0.444
税收收入	−4.652	2.381	−3.320	−2.030	0.082
社会消费额	1.451	0.555	4.290	2.632	0.034

从表 12 可以看出，方差达到 0.9 以上，回归结果可以接受，则从表 13 中可以构建出 GDP 增量与其他要素的数学关系式为：

$$GDP\ 增量 = -0.5 \times 物流产值 - 4.65 \times 税收收入 + 1.45 \times 社会消费 - 90$$

（2）对外贸易

从昆明市近年来的对外贸易情况可以看出，对外贸易量是逐年增加，并且随着城市外向型经济发展，GDP 的增长也成为促进对外贸易发展的因素之一。文中选取对外贸易量的初始值为 13.4 万美元。

系统动力学模型可以借助表函数工具，来实现对两个变量的描述，表函数是一种常用的 DANAMO 函数，可以用来描述自变量和因变量之间的函数关系。所以，使用表函数建立 GDP 与对外贸易的函数关系式，文中定义该表函数的自变量是 GDP，因变量是对外贸易增加量，因此它们之间的表函数如图 18 所示。

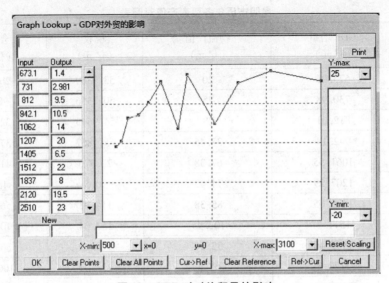

图 18　GDP 对对外贸易的影响

（3）运输需求

随着昆明经济不断向外向型经济转变，对城市整体的运输需求也随之增加，运输需求的模拟主要是通过城市规划预测为依据，城市近几年大力发展对外贸易，因此，本文假定以对外贸易发展作为城市需求的诱导因素，构建对外贸易与运输需求的影响函数。利用 SPSS 软件，对历年的对外贸易量和运输需求量进行曲线回归分析，建立它们之间的非线性关系。

表 14　　　　　　　　　　　　　　　模型汇总和系数估计

	模型汇总			
	R 平方	F	d_f	Sig.
二次方程	0.970	276.565	2.000	0.000
	参数估计值			
	常数	b_1		b_2
	-816.515	47.432		-0.0189

表 14 中的方差为 0.970，可见对外贸易与运输需求的二次回归曲线拟合度较高，则可以列出两者的二次方曲线方程为：

$$运输需求增量 = -0.0189x^2 + 47.43x - 816.515$$

（4）客户吸引

客户吸引的指标主要是用外资的实际利用数额来反映，近年来昆明市整体建设处于加速时期，城市需求不断增长，吸引更多的资源进驻昆明，昆明市的实际利用外资的情况也是逐年的增长，并且也是呈现加速增长的态势。选取实际利用外资的初始值为2392 万美元。模型中定义客户吸引与运输需求具有一定的联系，因此建立它们的表函数关系，自变量是运输需求，其对应的因变量是实际利用外资的增加量。

（5）交通运输业投资

昆明市在交通运输业的投资额在昆明"十一五"规划期间是稳中有增的，随着昆明市越来越重视交通运输业的基础设施建设和国际贸易环境的缓和，交通运输业的投资在近年来是呈现出巨大的增长，尤其是 2010 年，创下交通运输业的投资高峰。在文中确定交通运输业的投资额初始值为 35.5 亿元。

模型中假定交通运输业的投资受到政府政策、外资投资和陆港负荷三者的影响，政府政策是从宏观层面来表征投资力度，外资投资则是从社会层面来体现投资力度，陆港负荷体现的是城市的供需平衡，也间接影响着交通运输业的整体投资走向。因此，它们之间可以建立关系式如下：

$$交通运输业的投资系数 = 政府政策的影响 +$$
$$客户吸引对投资的影响 + 陆港负荷对投资的影响$$

（6）物流产值

物流的供给能力增长能直接体现出物流产值的增长情况，陆港的建设，加大了物流基础设施的建设，物流的供给能力也是随着不断增加，因此，文中建立了供给能力与物流产值增加量的表函数，来描述两者的函数关系，见图 19。

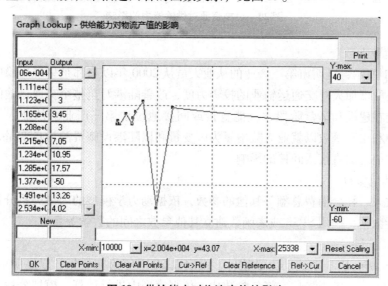

图19　供给能力对物流产值的影响

（7）陆港设施资源和供给能力

昆明国际陆港的建设是建立在昆明市交通运输业的整体投资上的，同时，陆港的建设有原有设施的改造和新建设施，因此，对陆港设施资源进行赋值，假定模型中陆港设施资源的初始值设为170。同时，陆港设施资源的增加与交通运输业的投资是密不可分的，因此，该模型中假设陆港设施资源的增量与交通运输业投资的投资函数关系如下：

陆港设施资源增量 = （交通运输业投资/47.36）×50

陆港的供给能力直接影响因素为陆港的基础设施的建设，本文中假设用陆港所能提供的运输能力来衡量陆港的供给能力，则陆港的设施资源就直接影响着陆港的运输能力，因此，模型建立陆港设施资源对陆港供给能力影响的表函数关系如图20所示。

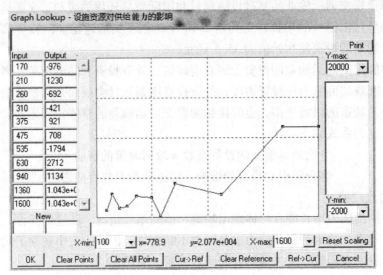

图20　设施资源对供给能力的影响

（8）就业人数

如图21所示，昆明市第三产业的从业人员从2000年以来都是呈现出稳中有增的趋势，随着昆明市加大对交通运输业的投资力度，改善陆港乃至整个交通运输的基础设施建设，陆港在建设和运营阶段，就能直接或间接地拉动第三产业的从业人员数量，因此，模型中利用表函数以就业人数增量为因变量和以陆港设施资源为自变量，用函数关系来描述它们之间直接或间接的影响。

（9）其他参数

税收收入、社会消费总额等其他的参数，依据动力学模型的因果关系分析，可根据历年的统计数据，利用SPSS或表函数建立其他参数之间的数学关系式。

2. 仿真模拟

基于Vensim PLE系统动力学软件，设定以2001年为初始年，以昆明市2015年和2020年为目标，1年为步长，将各参数代入仿真模型中进行计算，模拟分析陆港与昆明

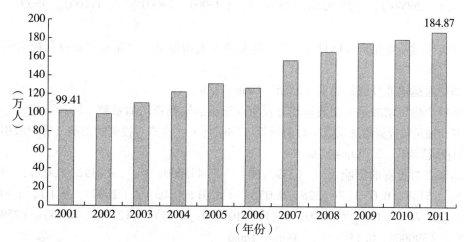

图21 第三产业从业人员

市所构成的经济系统。

（1）参数方程式

基于软件 Vensim PLE，建立国际陆港与城市的系统动力学模型，建立一系列具有因果关系的微分方程组，实现各个元素之间的数学关系链接，其中，主要变量、重要参数计算公式和数学关系如下：

①GDP = INTEG（GDP 增加量，GDP 初始值）　　Units：亿元

②GDP 初始值 = 673.06　Units：亿元

③GDP 增量 = −0.5 × 物流产值 − 4.65 × 税收收入 + 1.45 × 社会消费 − 90　Units：亿元

④运输需求 = INTEG（运输需求增加量，运输需求初始值）　Units：万吨

⑤运输需求初始值 = 12655　Units：万吨

⑥运输需求增加量 = −0.019 × 对外贸易^2 + 47.43 × 对外贸易 − 816.515　Units：万吨

⑦对外贸易 = INTEG（对外贸易增加量，对外贸易初始值）　Units：亿美元

⑧对外贸易初始值 = 13.4　Units：亿美元

⑨对外贸易增加量 = GDP 对外贸的影响（GDP）　Units：亿美元

⑩GDP 对外贸的影响 ｛[（0，−20）−（104000，200）]，（640，1.2），（673.06，1.4），（730.98，2.981），（812.01，7.34），（942.14，8.5），（1061.55，12），（1207.29，14），（1405.05，8.5），（1511.7，20），（1837.46，12），（2120.3，28），（2509.58，23），（3100，20），（6517.4，40），（10400，50）｝　Units：Dmnl

⑪客户吸引 = INTEG（客户吸引增加量，客户吸引初始值）　Units：万美元

⑫客户吸引初始值 = 2392　Units：万美元

⑬运输需求对客户吸引的影响 ｛[（12083，0）−（115000，40000）]，（12083.2，1308），（12103.4，1448），（12305.4，1080），（12393.5，2033），（12911.7，1000），（12918.4，2100），（13006.6，10000），（13010.9，12822），（13515.3，20140），

（17086.8，26000），（20752.8，26443），（45000，28000），（111000，35000）｝
Units：Dmnl

⑭交通运输业投资＝INTEG（交通运输业投资增加量，交通运输业投资初始值）
Units：亿元

⑮交通运输业投资初始值＝35.5　Units：亿元

⑯资产投资增加量＝交通运输业投资×交通运输投资增加系数　Units：亿元

⑰交通运输投资增加系数＝政府政策（Time）＋［客户对投资的影响（客户吸引）＋
负荷对投资影响］/2　Units：Dmnl

⑱客户对投资的影响｛［（2392，0）－（455000，1）］，（2392，0.05），（3700，
0.05），（5148，0.05），（6228，0.05），（8261，0.05），（20933，0.1），（30038，
0.1），（60178，0.15），（73000，0.1），（101000，0.15），（127443，0.16），（259527，
0.155），（390000，0.1565）｝　Units：Dmnl

⑲陆港设施资源＝INTEG（陆港设施资源增加量，陆港设施资源初始值）
Units：Dmnl

⑳陆港设施资源初始值＝170　Units：Dmnl

㉑设施资源增加量＝（交通运输业投资/47.36）×50　Units：Dmnl

㉒陆港供给能力＝INTEG（陆港供给能力增加量，陆港供给能力初始值）　Units：
万吨

㉓陆港供给能力初始值＝12084　Units：万吨

㉔供给增量＝设施资源对供给的影响（陆港设施资源）　Units：万吨

㉕设施对供给的影响｛［（0，－2000）－（3600，40000）］，（170，－976），
（210，1230），（260，－692），（310，－421），（375，921），（475，708），（535，－
1794），（630，2712），（940，1134），（1360，10432），（1600，10432），（2900，
13000），（3600，15000）｝　Units：Dmnl

㉖陆港负荷＝陆港供给能力/运输需求　Units：Dmnl

㉗负荷对投资的影响＝IF THEN ELSE（陆港负荷＞1，0.08，0.1）　Units：Dmnl

㉘物流产值＝INTEG（物流产值增加量，物流产值初始值）　Units：亿元

㉙物流产值初始值＝20　Units：亿元

㉚物流产值增加量＝供给能力对物流产值的影响（陆港供给能力）　Units：亿元

㉛供给能力对物流产值的影响｛［（0，－60）－（140000，40）］，（11060，3），
（11108，5），（11225，3），（11646，9.45），（12084，3），（12146，7.05），（12338，
10.95），（12854，17.57），（13772，－50.61），（14906，13.26），（25338，4.02），
（65000，10），（131000，15）｝　Units：Dmnl

㉜社会消费＝投资对消费的影响（交通运输业投资）　Units：亿元

㉝投资对消费的影响｛［（0，0）－（2659，4000）］，（35.5，265.28），（37.32，
293），（49.08，328.42），（49.7，370.46），（64.38，415.49），（75.3，484.2），
（87.99，568.42），（92.71，700.74），（237.49，1271.73），（294.07，864.61），
（400.62，1060.19），（569.862，2000），（2100，3000）｝　Units：万吨

㉞就业人数 = INTEG（就业人数增加量，就业人数初始值）　　Units：万人

㉟就业人数初始值 = 96.63　Units：万人

㊱就业人数增加量 = 陆港建设对就业人数的影响（陆港设施资源）　Units：万人

㊲陆港建设对就业人数的影响 ｛［（170，－6）－（3510，40）］，（170，2.78），（210，－3.15），（260，11.96），（310，12.4），（375，8.69），（475，－4.54），（535，30.22），（630，8.26），（940，9.54），（1360，4.11），（1600，7.97），（2900，10），（3510，15）｝　Units：Dmnl

㊳税收收入 = INTEG（税收收入增加量，税收收入初始值）　　Units：亿元

㊴税收收入初始值 = 53.9369　Units：亿元

㊵税收收入增加量 = 就业人数对税收的影响（就业人数）　Units：亿元

㊶就业人数对税收的影响 ｛［（0，－4）－（287，80）］，（96.26，4.2189），（99.41，－3.2013），（108.22，10.2322），（120.62，12.1893），（124.77，20.21），（129.77，31.2），（154.99，35.24），（163.25，42.67），（172.79，47.69），（176.9，56.99），（209.21，58），（287，60）｝　Units：Dmnl

㊷政府政策 ｛［（2001，－0.6）－（2020，10）］，（2001，0.03），（2002，0.23），（2003，－0.09），（2004，0.19），（2005，0.35），（2006，－0.52），（2007，0.49），（2008，2），（2009，0.26），（2010，－0.5），（2011，0.1），（2015，0.15），（2020，0.2）｝　Units：Dmnl

（2）模拟分析

利用 Vensim PLA 软件进行模拟操作，对模型中所有的方程都建立完成后，先进行模型验证和单位验证，通过多次验证，可以对模型方程进行改错和修正，直到模型通过检验，才能进行模拟仿真。针对港城复合系统仿真，得出各变量 2006—2011 年的模拟值和实际值，见表 15。

表 15　　　　　　　　　　　　　　模拟值与实际值对照表

指标＼年份		2006	2007	2008	2009	2010	2011
GDP	模拟值	1321.56	1804.89	1763.08	1782.91	2151.08	2554.88
	实际值	1207.29	1405.05	1511.7	1837.46	2120.3	2509.58
	误差	－0.095	－0.285	－0.166	0.029	－0.014	－0.018
交通运输业投资	模拟值	90.97	50.89	80.92	292.52	397.98	247.99
	实际值	95.24	57.99	92.71	294.07	400.62	237.49
	误差	0.045	0.122	0.127	0.0052	0.0065	－0.044
客户吸引	模拟值	10513.9	26473.51	48183.22	72744.08	98917.82	125406
	实际值	20933	30038	60178	73000	101000	127443
	误差	0.497	0.118	0.199	0.0035	0.021	0.015

续 表

指标＼年份		2006	2007	2008	2009	2010	2011
对外贸易	模拟值	44.245	55.07	67.87	81.69	95.03	122.64
	实际值	47.0385	66.8344	73.1091	75.24	101.0928	120.22
	误差	0.059	0.176	0.071	-0.085	0.059	-0.0201
就业人数	模拟值	127.34	129.61	150.88	172.25	180.63	189.82
	实际值	129.31	124.77	154.99	163.25	172.79	176.9
	误差	0.0152	-0.0387	0.026	-0.055	-0.045	-0.073
物流产值	模拟值	48.16	52.3	69.49	78.52	87.22	64.23
	实际值	74.43	85.38	102.95	52.34	65.6	69.62
	误差	0.352	0.387	0.325	-0.5001	-0.329	0.077
社会消费	模拟值	651.93	374.12	521.49	875.74	1055.34	1196.13
	实际值	484.2	569.42	700.74	864.61	1060.19	1271.73
	误差	-0.346	0.342	0.255	-0.012	0.0045	0.059
税收收入	模拟值	74.81	100.67	131.52	166.1	213.51	270.62
	实际值	90.5	114.82	153.64	178.35	226.04	283.03
	误差	0.173	0.123	0.143	0.068	0.055	0.043

从表 15 的比较中可以看出，系统动力学所模拟出的模拟值和昆明市的实际数据的误差率基本上处于正负 10% 左右，部分年份误差甚至出现在 1% 左右，也有误差出现偏大的年份。昆明在过去几年内处于快速发展的阶段，在这期间有机遇，也存在全球市场危机引起的滑坡，虽然部分产业得以扩大发展，部分年份的数据和模拟值出现偏差，昆明市整体发展却是不断地平稳增长，因此，模拟出现的误差率是处于可接受范围内，并不影响模拟值对现实的指导作用。综合可见，系统动力学模型对研究陆港与城市经济的系统具有一定的有效性和科学性，对研究昆明市现状和未来的区域经济具有现实意义。

①在模拟的陆港—城市复合系统中，由于昆明市未来几年经济处于快速增长的步伐，GDP 增长率将会逐年升高，当全市经济发展到一定水平，GDP 增长速度将逐步放缓，趋于某个值平稳发展，但是全市未来经济总量仍将保持稳定增长的态势。

在陆港—城市复合系统快速发展的基础上，可以模拟出昆明市到 2015 年和 2020 年的 GDP 分别为 4614.33 亿元和 10373.71 亿元，如图 22 所示。

②随着昆明国际陆港的建成与运营，同时，昆明市加大外向型经济的发展，从图 23 中可以看出，昆明市的对外贸易量是呈现出节节攀升的态势，同时，衍生出对运输更多的需求，从而吸引大量的客户进驻昆明和投资昆明。在未来几年内，模拟出昆明对外贸易量在 2015 年和 2020 年分别为 212.48 亿美元和 411.09 亿美元，同时，对昆明市

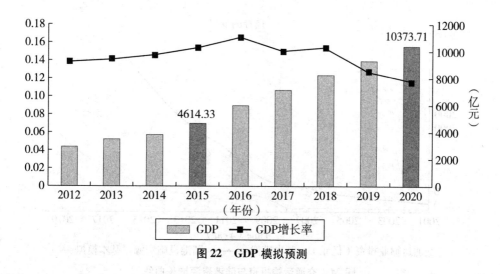

图 22　GDP 模拟预测

的运输需求预测也将在 2020 年达到 104506.2 万吨的运输量，在实际利用外资方面，也将实现 386851.1 亿元的资金引入，对昆明市进行投资建设。

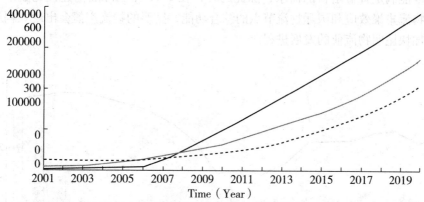

客户吸引：基本模拟 ——（亿美元）对外贸易：基本模拟 ——（亿美元）运输需求：基本模拟 ----（万吨）

图 23　对外贸易、客户和需求的增长曲线

③在交通运输业资产投资和陆港设施资源建设方面，从图 24 中得出，交通运输业的资产投资是在逐年平稳增长，昆明市交通基础实施薄弱，物流业发展缓慢，在未来几年，无论是为适应外向型经济的发展，还是在大量吸引客户外资的基础上，昆明的交通运输业将迎来巨大的变化。从图中还可以看出，陆港设施资源将增加到 2015 年，之后将会减少，逐渐缓慢发展，陆港设施将在 2015 年基本完成建设，并大量投入运营，同时，陆港的集聚效应将整合昆明市的物流闲散资源，实现资源有效配置，从而更有效地利用综合交通运输设施。

陆港的建设完成，不仅可以满足城市对运输的大量需求，也能促进昆明市物流业的发展，使其物流综合竞争力有所提高。如图 25 所示，在过去几年，昆明市对运输是处于需求大于供给的情况，但是，随着昆明加大对交通运输业的投资力度和加快国际陆港

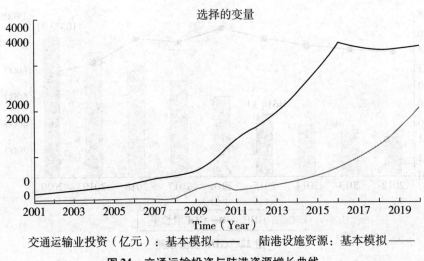

图24　交通运输投资与陆港资源增长曲线

的建设步伐，在 2013 年之后，陆港负荷出现大于1的情况，表明了昆明市对运输的供给能力逐渐能满足日益增长的需求，除此之外，在 2015 年国际陆港建设完成后，充分发挥区域物流集聚效应和国际物流节点的综合功能，昆明的物流产值会出现大幅度的增加，从而加快昆明物流业的发展进程。

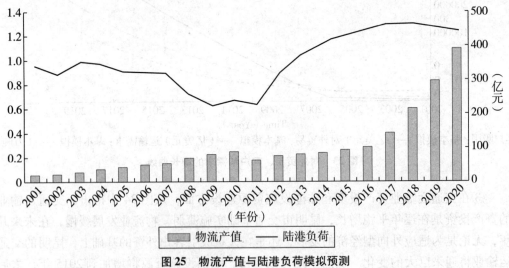

图25　物流产值与陆港负荷模拟预测

④随着经济全球化的加剧，昆明加大对交通运输基础设施的固定资产投资，以扩大内需，刺激经济，使与交通运输相关的各个行业也得以发展，因此，昆明市社会经济得以迅速发展，全社会消费总额在近年来也是不断地增加，在系统仿真模拟中，全社会消费总额到 2015 年将突破 2500 亿元，到 2020 年，有望超过 3500 亿元，如图26所示。

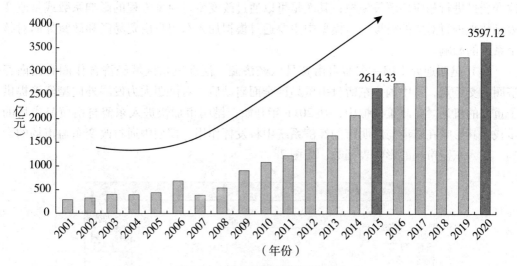

图 26　全社会消费总额模拟预测

从图 27 的仿真模拟结果可以看出，昆明国际陆港的建设，将直接或间接地拉动城市许多的劳动力，因此，昆明市第三产业的就业人数是在日益增加，到 2020 年，国际陆港直接拉动的就业人数将达 14 万人，间接促进第三产业的就业人数将增加到 287 万人。同时，从第三产业产值占昆明经济的份额来看，第三产业就业人数逐年增加，昆明市的整体税收也会呈现出不断增长的态势，从而拉动第三产业对城市经济的贡献。

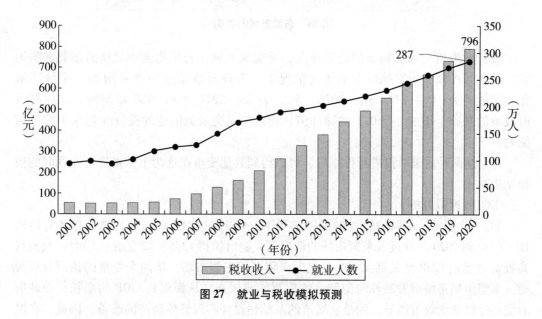

图 27　就业与税收模拟预测

3. 政策模拟

政策模拟分析通过改变动力学模型中的某些变量来分析该政策对系统的输出结果的影响。系统的政策模拟分析途径有两种：首先可以在模拟环境下通过移动变量的滑条，改变变量进行相应的政策模拟；其次是可以通过改变变量模型方程的影响系数或是改变表函数来进行对应的模拟。本模型中主要通过模拟加入东盟自由贸易区和政策导向对整个系统的影响。

（1）昆明地处中国—东盟自由贸易区经济圈、泛珠三角区域经济合作圈和西南经济圈的交汇点，从中国—东盟自由贸易区全面启动后，对昆明大力发展外向型经济提供了重要的机遇。在政策模拟中，从2011年开始，昆明市加快进入东盟自由贸易市场的步伐，其影响在陆港与昆明市的经济系统中将发挥作用。模型中通过改变东盟市场的影响，加入东盟市场的影响表函数，见图28。

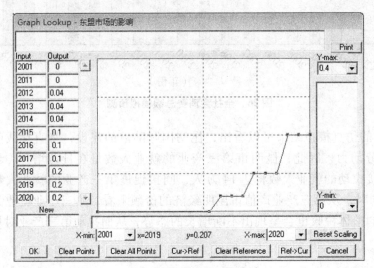

图28　东盟市场的影响

（2）政府对交通运输业的政策导向，是交通发展，乃至物流业发展的重要影响因素，因此，在模型中其他因素不变的情况下，为政府政策这一变量增加一个脉冲函数，该脉冲为：$0.1 \times$ PULSE（2016，5），表示在2016年和2020年期间，在原有政府政策的基础上增加一个0.1的脉冲值，使政府对交通运输业的投资变化0.1的系数影响。

对上述两种政策模拟进行作用后，可以得到其他变量在这两个变量进行改变时的模拟结果对比。

①GDP模拟分析

如图29所示，在两种政策的模拟结果下，GDP在2015年以后，增长趋势有所增加。GDP到2020年在进入东盟市场的情况下，能增加到12755.82亿元，同时，政府提高投资力度使GDP增长到13099.1亿元，稍多于东盟市场。从两个变量的诱因分析可得，东盟市场是城市发展外向型经济的重要影响因素，从而促进GDP的增长；而政府对交通运输业的政策诱导，则是从城市的基础建设来实现整体经济的改善，因此，在昆明市积极扩大东盟自由贸易市场份额的同时，政府应对其进行宏观调控，制定和规划相关政策，使昆明平稳地发展外向型经济。

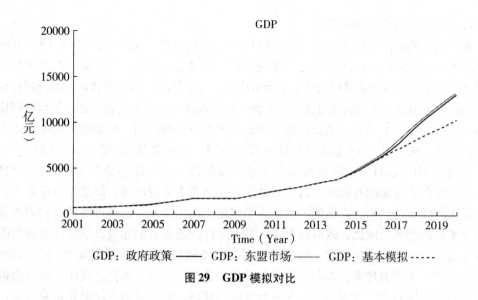

图29　GDP模拟对比

②对外贸易模拟分析

通过观察政策模拟结果（如图30所示）可以看出，模型一方面在昆明市2011年以后加入东盟市场的影响函数，明显地受到东盟市场的影响，使昆明市的对外贸易额逐年增加；另一方面模型虽然从政府角度加大对交通运输业的资产投入，但其直接影响对象是陆港基础设施资源，从而影响供给能力和物流业的发展，然而，随着城市的发展，由于城市的承载能力限容，交通运输的设施资源会达到一个瓶颈状态，如果发展后期盲目地随意增加投资和资源，部分城市的效率也不会出现太大的增幅。因此，图30体现出，虽然政府整体上加大对交通运输业的政策支持，但在后期发展的一定范围内，对于对外贸易的促进作用就显得微乎其微。

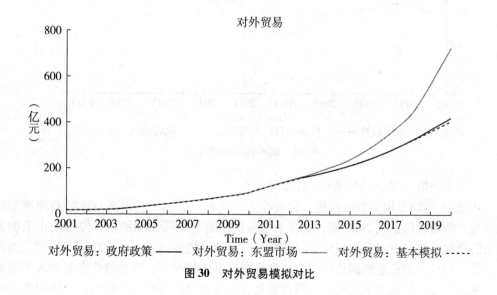

图30　对外贸易模拟对比

③运输需求与供给模拟分析

在一般模拟中，运输的需求和陆港的供给能力到 2020 年能分别达到 104506 万吨和 130622 万吨，陆港负荷在 2013 年之后体现出供给能满足需求的状态，并且在未来几年是趋于平稳值浮动。与政策模拟的结果进行对比后，可以得出，当考虑加入东盟国际自由贸易市场的影响因素，陆港的供给能力基本和一般模拟持平，略有增长，运输需求量则比一般模拟增加 14.7 个百分点；当模拟政策为加强政府政策导向时，陆港的供给能力由于加大投资力度，从而较一般模拟的结果高出 6209 万吨，而运输需求却是相差无几的。

从图 31 中可以看出，随着城市交通基础设施的完善，陆港负荷出现增长的趋势，当东盟市场因素越来越有影响力时，陆港负荷会出现下降的趋势，但总体还是处于供给满足需求的状态；然而，在昆明不考虑进军东盟市场的情况下，城市的建设和需求是呈现相对平稳的趋势，因此，政府政策若过多地关注交通运输的建设，虽然供给能力能得到充分增长，但陆港负荷较之一般模拟和东盟市场模拟会出现负荷比不断增加的趋势，致使造成供大于求的现象，不利于城市的平稳的建设和发展。因此，在两种政策模拟的结果对照后，昆明市一方面应该大力发展外向型经济，促进城市区域对外贸易发展，另一方面政府应该在昆明面向东盟市场的前期给予足够的政策支持，在基础建设完善后和占据一定的东盟市场份额后，政府在给予物流发展基本政策支持的同时，应转移注意力至其他影响因素，因为过多政策影响，对外贸影响的灵敏度会出现下降的趋势，甚至会出现一些副作用。

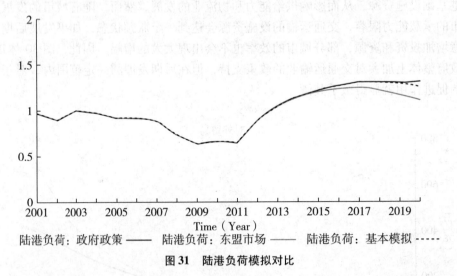

图 31　陆港负荷模拟对比

④物流产值、就业、消费和税收模拟分析

从表 16 可以看出，物流产值、税收收入、就业人数和社会消费总额的两种政策模拟值与一般模拟值，到 2020 年，这几个变量的值都是有所增加的。东盟市场由于加大需求的增加趋势，所以在模拟因素的影响下，物流产值要高于在政府政策的影响。然而税收收入和社会消费总额则是在政府加大投资力度的情况下，增加量要多于加入东盟贸易市场的增量，相比之下，税收和消费额更容易受政府政策导向的影响，会出现更高的灵敏度变化。

表 16 物流产值、税收、就业和消费模拟对比

年份		2015	2016	2017	2018	2019	2020
物流产值（亿元）	政府政策	93.933	103.192	144.263	219.352	305.630	410.737
	东盟市场	101.099	117.368	166.438	247.468	343.107	453.092
	一般模拟	93.933	103.192	143.801	215.522	298.334	392.220
税收收入（亿元）	政府政策	501.382	559.664	643.933	735.629	886.862	1053.872
	东盟市场	491.926	555.911	625.616	707.685	858.671	1021.926
	一般模拟	501.382	559.664	618.200	677.120	736.398	796.022
就业人数（万人）	政府政策	220.144	230.095	271.621	302.465	334.021	370.809
	东盟市场	224.730	239.560	271.621	302.465	333.139	366.519
	一般模拟	220.144	230.095	244.960	258.941	272.366	286.144
社会消费（亿元）	政府政策	2650.628	3018.688	3625.954	3798.280	4075.555	5158.400
	东盟市场	2650.628	3018.685	3602.714	3731.736	3928.594	4574.959
	一般模拟	2614.330	2717.971	2854.065	3034.299	3274.591	3597.117

东盟市场模拟从客户吸引方面促进交通运输业的投资，政府政策则是宏观调控，加大交通运输业投资的诱导，给予优惠措施，两者都是增进陆港基础设施的建设，从而直接或间接影响就业人数的多寡，又因为城市人口承载力的限容，就业人数也会达到一定的饱和状态，因此，两种政策模拟都能促进就业人数的增加，并且灵敏变化度是趋于一致的。

（三）小结

本章主要通过系统动力学理论，探讨研究国际陆港与城市所构建的系统，并以昆明国际陆港为实例，建立了陆港—城市复合系统动力学模型，主要结论如下：

（1）通过分析系统动力学的建模步骤，提出了陆港—城市复合系统动力学模型所要研究的问题，同时，根据陆港—城市发展的框架，给出陆港—城市复合系统动力学模型的边界要素。

（2）通过明确的边界要素，构建了陆港—城市动力学模型的因果关系流图，构建了陆港—城市动力学流图，并阐述了所选取要素的含义。

（3）基于 Vensim PLE 软件对陆港—城市复合系统进行仿真模拟，经过多次的仿真实验，明确了各参数的数学方程式，然后进行一般模拟，并对一般模拟的结果和实际值做比较，误差率结果表明了运用系统动力学模型进行仿真模拟的科学性、可行性和合理性。

（4）通过改变东盟市场和政府政策两个变量，对陆港—城市复合系统动力学模型进行政策模拟，其结果表明，加入东盟市场变量能直接使对外贸易和运输需求不断增

加，间接影响其他要素的增长；改变政府政策变量，直接体现的是交通运输的资产投资，从而带动其他要素的增长，然而政府政策对外贸、需求、负荷等因素的影响因子较低。

五、总结与展望

（一）研究结果

在昆明市发展外向型经济和国际陆港建设的背景下，本文首先研究国际陆港的理论部分，对国际陆港的概念进行区分和解释，同时，根据区位经济需求和区域战略规划，对国际陆港进行分类，并介绍其基本功能、核心功能和增值功能以及主要形成模式。其次，在物流绩效体系部分，提出国际陆港物流绩效评价的概念，对城市陆港实例进行综合物流绩效评价。最后，通过陆港城市系统部分，研究陆港—城市系统动力学模型。以下是主要得出的研究结果。

（1）国际陆港物流绩效评价是结合国际陆港建设的区域战略规划和发展目标，对国际陆港物流水平和发展状况进行全面的系统评价。对平衡计分卡进行改进，提出基于物流业务角度、基础建设角度、区域经济角度、顾客服务角度、社会发展角度五个方面来构建国际陆港物流绩效评价指标体系。同时，选取5个陆港城市，应用熵值法确定权重和灰色关联分析法进行综合评价，得出5个陆港城市物流绩效的排序，并对其结果进行绩效分析。

（2）分析系统动力学基本要素、建模步骤等问题，构建陆港—城市系统动力学模型，阐述陆港—城市复合系统各要素的因果关系和动力学流图，以昆明国际陆港港城系统为例，对其进行仿真模拟，对比模拟结果与实际情况，表明了模型的科学性、可行性和合理性，并对结果进行模拟分析。同时，改变东盟市场和政府政策两个变量进行政策模拟，其结果表明，两种政策模拟都有促进其他变量的趋势，而对外贸易和需求在加入东盟市场变量时的灵敏度更高，交通运输投资、陆港设施、社会消费等因素在加大政府政策时具有更高的变化量。最后，提出促进陆港—城市一体化协同发展的对策和建议。

（二）研究展望

随着国际贸易往来的加深，国际陆港的建设也进入加速期，国际陆港的理论与实践体系也越来越复杂与庞大，其研究需要各个学科的共同关注，同时因为作者本人学识和研究水平有限，在本阶段的研究过程中仍然存在诸多不足和需要改进的地方：

第一，本文从宏观角度对国际陆港物流绩效评价指标体系进行了探索研究。由于陆港物流绩效受到诸多要素影响，如何将宏观和微观相结合，综合考虑国际陆港物流绩效评价指标体系，有待进一步的探讨和研究。

第二，由于陆港—城市复合系统的边界条件很多，本文只对陆港—城市复合系统的经济、陆港和社会等要素进行研究。在后续的研究中，应该加入更多陆港—城市复合系统的边界条件，全面把握对陆港—城市一体化发展的研究，同时，具有针对性的政策模拟和多政策同时模拟也是陆港—城市复合系统在日后的探索研究中需要不断补充与完善的方面。

课题组成员名单

课题主持人：杨　扬　昆明理工大学副教授、硕导

课题组成员：李杰梅　昆明理工大学副教授

　　　　　　戚晓峰　昆明理工大学交通工程学院副院长、副教授

　　　　　　伍景琼　昆明理工大学讲师

　　　　　　车　文　昆明理工大学硕士研究生

　　　　　　喻庆芳　昆明理工大学硕士研究生

参 考 文 献

［1］沙莎．中国陆港的成长阶段及其空间格局变化研究［D］．上海：华东师范大学，2012.

［2］席平，严国荣，曹鸿．建立中国西部国际港口——"西安陆港"的设想［J］．唐都学刊，2001（4）：12－14.

［3］席平．国际陆港基础概念与运作［J］．中国储运，2007（1）：71－72.

［4］朱长征，董千里．国际陆港基础理论研究与探讨［J］．物流技术，2009（1）：17－19.

［5］朱长征，董千里．国际陆港形成机理研究［J］．企业经济，2010（7）：131－133.

［6］张兆民．我国无水港形成及发展动力机理分析［J］．综合运输，2010（1）：48－51.

［7］陈岳．现代陆港物流园区形成机理研究［D］．西安：长安大学，2009.

［8］任伟．天津港内陆无水港规划及建设模式研究［D］．天津：天津大学，2012.

［9］吕顺坚，董延丹．我国无水港的发展［J］．水运管理，2007（8）：20－22.

［10］王荣花，欧振光，徐丹，等．邯郸市国际陆港物流园区规划刍议［J］．物流技术，2009（12）：56－58.

［11］魏志平．关于鄯善建立陆港产业园区的几点思考［J］．新疆财经大学学报，2011（2）：24－26.

［12］郝玉柱，刘振峰．北京内陆港发展现状及对策探讨［J］．中国流通经济，2011（10）：23－28.

［13］车探来．中国"陆港"的发展概况［J］．大陆桥视野，2010（7）：36－37.

［14］李志文，孙前进．我国陆港物流园区发展定位初探［J］．物流工程与管理，2011（8）：1－3.

［15］支海军．国际陆港规划理论及运作机制研究［D］．西安：长安大学，2010.

［16］杨睿．内陆"干港"及其选址研究［D］．上海：上海海事大学，2006.

［17］谢辉，盖宇仙．多因素模糊决策在集装箱中心站选址中的应用［J］．铁道运输与经济，2006（1）：73－75.

［18］张兆民．模糊C－均值聚类在内陆无水港选址中的应用［J］．上海海事大学学报（自然科学版），2008（4）：34－38.

［19］朱长征．国际陆港作用机理与布局规划理论研究［D］．西安：长安大学，2010.

［20］宋睿琦．天津无水港竞争力评价研究及实证分析［J］．中国水运，2011（6）：16－17.

［21］翟志伟．我国内陆无水港发展模式及竞争力评价研究［D］．大连：大连海事大学，2011.

［22］陈菊红．基于Fuzzy－ANP的国际陆港竞争力评价［J］．系统工程，2011（12）：88－95.

［23］王莹，王健．AHP－Fuzzy在无水港发展潜力评价中的应用［J］．铁道运输与经济，2010

（4）：65－70.

［24］刘秀国．基于可持续发展的港口物流绩效评价与预警研究［D］．天津：天津大学，2008.

［25］吴琼．物流园区绩效综合评价体系研究［D］．北京：北京交通大学，2010.

［26］刘莹．港口企业绩效评价研究［D］．大连：大连海事大学，2012

［27］辛曼玉．基于突变—可拓学的港口物流绩效双层评价模型［J］．大连海事大学学报，2011（4）：60－64.

［28］郑婷．港口物流绩效评价方法浅析［J］．商品与质量，2011（S7）：54.

［29］倪霖，王伟鑫．基于灰色 AHP 的物流服务供应链绩效评价研究［J］．计算机工程与应用，2011（32）：236－238.

［30］马金凤，申屠利芬．论无水港在连接海陆运输中的作用［J］．现代商贸工业，2009（3）.

［31］董千里．物流集成场：国际陆港理论与实践［M］．北京：社会科学出版社，2012.

［32］章军航．国际陆港物流系统模式研究［D］．西安：长安大学，2007.

［33］李坤颖．昆明国际陆港战略规划研究［D］．昆明：昆明理工大学，2011.

［34］程世伟，赵楠．我国无水港建设发展现状分析［J］．港口经济，2012（6）：16－18.

［35］北京平谷国际陆港简介．北京市平谷区马坊物流基地管委会，2012.

［36］西安国际港务区总体规划报告［Z］．西安市规划局，2009.

［37］石家庄内陆港有限公司．石家庄内陆港简介［EB/OL］．http：//www. vooec. com/b2b/pan-juan818. html.

［38］恽伶俐．主成分分析法在物流绩效评价中的应用［J］．商场现代化，2005（6）.

［39］裴金英．基于 DEA－AHP 及其改进方法的物流企业绩效评价［D］．大连：大连理工大学，2010.

［40］白满元．港口物流绩效评价研究［D］．秦皇岛：燕山大学，2009.

［41］甘红云，杨家其，蒋惠园．物流绩效评价研究综述［J］．现代物流，2002（10）：18－22.

［42］焦新龙．港口物流绩效评价体系研究［D］．西安：长安大学，2010.

［43］李浩，刘桂云．物流系统规划与设计［M］．杭州：浙江大学出版社，2009.

［44］平衡计分卡［N/OL］．http：//baike. baidu. com/link？url＝PIM1Af4tCBJQ6i－AkTj-fYmS4teU77pq－IYCfQjcroYyjIn－Xw2s＿gl＿YxYEPtQnv.

［45］王玲，魏然，李克娜，等．港口物流系统的重构与评价指标体系的建立［J］．物流技术，2005（2）：13－15.

［46］王坚．港口绩效评价指标设计［J］．经营与管理，2011（6）：82－83.

［47］LEVEQUE P. Dry Port concept for seaport inland access with intermodal solution［D］. Goteborg：Chalmers University of Technology，2001.

［48］VIOLETA ROSO, JOHAN WOXENIUS, KENTH LUMSDEN. The Dry Port Concept－Connecting Seaports with their Hinterland by Rail［J］. Dalian：ICLSP，2004：22－26.

［49］CIORTESCU CEZAR－GABRIEL. Performanc Assessment in Operating Dry Ports［J］. The Journal of the Faculty of Economics－Economic，2010（2）：934－938.

［50］SHINYA HANAOKA, MADAN B, REGMIL. Promoting intermodal freight transport through the development of dry ports in Asia：An environmental perspective［J］. IATSS Research，2011（35）.

［51］VIOLETA ROSO. Evaluation of the dry port concept from an environmental perspective：A note［J］. Transportation Research Part D，2007（12）：523－527.

［52］IANNONE F, THORE S, FORTE E. Inland Container Logistics and Interports，Goals and features of ongoing applied research［C］. Naples：Italian Society of Transport Economists Ninth Scientific Meeting，

2007：201－225.

［53］JEAN－PAUL RODRIGUE, JEAN DEBRIE, ANTOINE FREMONT, ELISABETH GOUVERNA－lB. Functions and actors of inland ports：European and North American dynamics ［J］. Journal of Transport Geography, 2010 (18)：519－529.

［54］VILLE HENTTU, OLLI－PEKKA HILMOLA. Financial and environmental impacts of hypothetical Finnish dry port structure ［J］. Research in Transportation Economics, 2011 (33)：35－41.

［55］HERCULES HARALAMBIDES, GIRISH GUJAR. The Indian dry ports sector, pricing policies and opportunities for public－private partnerships ［J］. Research in Transportation Economics, 2011 (33) .

［56］MANSOUR RAHIMI, ARDAVAN ASEF－VAZIRI, ROBERT HARRISON. An Inland Port Loca－tion－Allocation Model for a Regional Intermodal Goods Movement System ［J］. Maritime Economics & Logis－tics, 2008 (10)：362－379.

［57］SJ PETIT, AKC BERESFORD. An Assessment of Long－Term United Kingdom Port Performance：A Regional Perspective ［J］. Maritime Economics & Logistics, 2008 (10)：53－74.

［58］DADVAR, EHSAN, GANJI S, et al. Feasibility of establishment of "Dry Ports" in the developing countries—the case of Iran ［J］. Journal of Transportation Security, 2011 (1)：19－33.

［59］EHSAN DADVAR, S R SEYEDALIZADEH GANJI, MOHAMMAD TANZIFI. Feasibility of estab－lishment of "Dry Ports" in the developing countries—the case of Iran ［J］. Journal of Transportation Security, 2011 (1)：19－32.

［60］AHAMED TRN, RAO KG, MURTHY JSR. Fuzzy class membership approach to soilerosion modeling ［J］. Agricultural Systems, 2000, 63 (2)：97－110.

［61］THE GEOGRAPHY OF TRANSPORT SYSTEMS. World Container Traffic and Throughput ［EB/OL］. http：//people. hofstra. edu/geotrans/eng/ch3en/conc3en/worldcontainertraffic. html. 2009.

［62］JAMES S KEEBLER. Antecedents and moderators of the state of supply chain logistics measurement and consequential perceived competitiveness ［D］. Knox－ville：Univ. of Tennessee, 2000.

城镇化对物流业的影响和对策研究[*]

内容提要： 本课题的研究目的是围绕新型城镇化对物流提出的新要求，分析新型城镇化对物流业的具体影响，在此基础上构建与新型城镇化协调一致并促进与支撑新型城镇化发展的物流业发展战略体系，并提出政府应采取的对策及政策建议。

本课题结合国家新型城镇化规划，分析了新型城镇化对物流的要求，并从六个维度阐述了新型城镇化对物流业的影响，在此基础上给出物流的发展战略和相应的对策。首先，从新型城镇化规划的角度、从物流学的角度、从城镇化发展的现实角度阐述和剖析了新型城镇化对物流业的要求。而这些要求和不足正是目前物流发展中所欠缺和发展不足的。其次，从物流需求、物流资源、物流产业结构、物流与各产业联动、统筹协调和物流创新等角度系统地分析了新型城镇化对物流业的影响。其中运用了一些定性和定量的方法和统计分析，再加上实地调研和文献研究，攻克了研究中的难点，形成了本报告。

本研究成果对指导物流业参与新型城镇化进程、为政府引导新型城镇化过程提供有价值的建议和参考。

一、新型城镇化对物流的要求分析

新型城镇化是以城乡统筹、城乡一体、产城互动、节约集约、生态宜居、和谐发展为基本特征的城镇化，是大中小城市、小城镇、新型农村社区协调发展、互促共进的城镇化。新型城镇化的"新"就是以提升城市的文化、公共服务等内涵为中心，真正使城镇成为具有较高品质的适宜人居之所。同时，新型城镇化不以牺牲农业和粮食、生态和环境为代价，着眼农民，涵盖农村，实现城乡基础设施一体化和公共服务均等化，促进经济社会发展，实现共同富裕。因此，新型城镇化必须从思想上明确走资源节约、环境友好之路；更应该强调城市群、大中小城市和小城镇协调配合发展，促进城乡经济、社会、环境全面协调可持续发展。

新型城镇化使得产业空间、产业集聚，以及居民消费数量及方式发生转变，由此带来对物流要求的变化。

（一）城乡物流和区域物流统筹协调发展

我国新型城镇化规划的发展目标要求："城镇化格局需要更加优化"。即"东部国际竞争力明显提高，中西部地区成为推动区域发展的重要增长极；城市规模结构更加完善，中心城市辐射带动作用更加突出，中小城市数量增加，小城镇服务功能增强。"新型城镇化要达到的东、中、西部区域协调发展，中心城市、中小城市、小城镇分别发挥

---

* 本课题（2014CSLKT2－005）荣获 2014 年度中国物流学会课题优秀成果奖二等奖。

辐射带动、增加数量和增强服务功能，都需要在城镇生活和经济发展中起支撑和服务作用的东、中、西部区域物流和中心城市、中小城市、小城镇物流协调发展，东部要提升物流的国际竞争力、中西部物流要成为支撑区域经济社会发展的重要增长极、中心城市物流起到辐射带动作用、中小城市物流服务设施增加、小城镇物流服务功能增强。

作为供应链的一部分，物流是为了满足客户需要而对商品、服务以及相关信息从产地到消费地的高效、低成本流动和储存进行的规划、实施与控制的过程。物流主要解决的是国民经济和社会生活中物品的制造、使用及回收过程中的时间与空间的匹配。因此，物流要根据实际需要，在实现用户要求的过程中，在整个供应链上实现运输、储存、装卸、搬运、包装、流通加工、配送、信息处理等功能的整体优化。即物流是从系统优化的角度对国民经济和社会生活起到支撑和保障作用。新型城镇化过程中城镇化格局的优化也要求城乡物流和区域物流的优化和协调发展，实现东、中、西部区域物流协调发展，中心城市、中小城市、小城镇物流协调发展。

尽管我国物流发展有了一定的基础，但小城镇物流仍相对落后、区域间物流发展不均衡和大城市到小城镇的物流通道能力不均衡矛盾仍然突出。特别是针对小城镇的物流规划较少、物流发展随意性较大，小城镇的物流企业规模较小、服务能力和水平较差，中小城镇物流企业行为不尽规范、处于小散乱的低水平发展过程中，中小城镇物流制度不尽健全，难以适应新型城镇化对其基本要求，要求城乡物流和区域物流统筹协调发展。

因此，从城镇化建设目标、物流科学理论和我国城镇化发展现实的角度，形成大、中、小城镇间物流分工协作和功能互补，促进物流要素平等交换和公共资源均衡配置，形成城乡一体的综合物流服务网络，加强城乡之间的联动成为必然要求。

（二）物流服务质量和物流服务水平稳步提升

我国新型城镇化规划的发展目标要求"城镇化水平和质量稳步提升"。即城镇化健康有序发展、努力实现人的城镇化的同时，基本公共服务和基础设施、公共服务设施更加完善。要使人们在城镇落户，就要提升城镇生活的质量，这就要求为城镇服务的物流服务提高服务质量和水平，即从简单的提供运输和仓储服务拓展到提供包括运输、仓储、装卸、搬运、包装、流通加工、配送、信息处理等功能的综合物流服务。

物流的重要性不仅仅是能够提供基本的运输、仓储、装卸、搬运、包装、流通加工、配送、信息处理等功能，更是由于在提供上述基本服务功能基础上，能够通过提供增值服务和系统优化服务为经济和社会发展提供高质量和高水平的服务。

尽管近年来我国物流业得到了快速发展，但我国物流企业中资产小于 1 亿元的物流企业数约占一半以上，大型综合性物流企业很少，难以满足大型化、专业化、社会化、国际化的物流需求；同时，我国城镇物流还存在服务水平不高，增值物流服务少，服务质量较低等问题。这就要求城市物流转变物流业重建设轻服务的发展理念，建设质量高、体系全、覆盖广的服务体系，提升物流业服务水平。城镇化水平较高的地方需要更加注重服务质量，打破物流行业中小散乱的局面，从服务质量和服务项目、服务能力上得到提升；城镇化水平较低的地方应不断完善基础服务设施节点和网络布局，将物流服务尽可能地覆盖到欠发达地区，切实解决中小城镇的物流服务问题，在此基础上兼顾物流服务和质量，从而更好地为城镇化发展服务。

因此，实现物流服务质量和物流服务水平稳步提升是实现"城镇化水平和质量稳步提升"和"城市生活和谐宜人"的必然要求。

（三）物流效率和物流成本兼顾

我国新型城镇化规划发展目标要求"城镇化体制机制不断完善"。即要做到阻碍城镇化健康发展的体制机制障碍基本消除。物流作为服务区域、城市和城镇经济和社会发展的产业，其发展必然受到城镇化体制机制的影响，新型城镇化使得区域之间、城市之间、城镇之间的物流量无论是数量还是质量要求不断增加，也要求区域之间、城市之间、城镇之间的物流成本逐步降低的同时，物流效率不断增加。

从经济和社会发展的角度，物流完成社会和经济发展对物品的时间和空间的要求中，必须考虑物流效率和物流成本的平衡，即按照社会经济发展的要求，以最低的成本达到物流效率的要求。

在我国，由于物流成本占 GDP 的比重较高，近几年一直维持在 18% 左右，而诸如美国、日本等发达国家，物流成本占 GDP 的比重都已经降到了 8% 左右，虽然这与我国现处的工业化阶段有关系，但与我国物流效率低、各种运输方式之间衔接不顺畅也不无关系。因此，降低物流成本是我国新型城镇化发展的必然要求。但同时，新型城镇化将释放出巨大的消费需求和投资需求，为满足这些需求，物流的需求量将大大增加，物流需求的结构也将大大改变。为快速响应城市和城镇生产和生活中的物流需求，区域、城市和城镇之间以及城镇内的物流必须更有效率，尤其是必须满足零售业、B2C、C2C 等商业模式的多品种小批量多批次的高效率物流需求。

（四）物流更加绿色低碳

我国新型城镇化规划的发展目标要求"城市发展模式科学合理"。即绿色低碳成为城镇经济生活的主流，对生态生活环境的要求越来越高。据此理念，绿色物流和低碳物流必将成为新型城镇化对物流的要求。

据估算，物流活动占人类所有活动产生的二氧化碳的 5.5%，城镇化水平的提高意味着日益增长的物流需求，日益增长的物流需求就面临着更多的能源消耗和碳排放，避免走先污染后治理的老路，改变物流业粗放型的管理模式势在必行，这也对物流更加绿色低碳提出了新的要求。

2010 年，我国全年能源消费总量 32.5 亿吨标准煤，超过美国成为世界上最大的能源消耗国；全年二氧化碳总排放量 83.3 亿吨，同比增长 10.4%。我国能源消耗强度是美国的 3 倍、日本的 5 倍、欧盟的 3.8 倍。其中，交通运输业能耗水平占全社会总能耗的 9% 左右，仅次于制造业。同时，运输业每年约排放温室气体 28 亿吨，占全球温室气体排放量的 5.5% 左右；能源成本约占交通运输企业生产总成本的 30%～40%；公路货运碳排放超过 15 亿吨，约占物流和运输部门总排放量的 60%；仓储建筑物占货运部门碳排放量的 13% 左右。在这一系列庞大的数字背后，是能源、资源的巨大消耗。

物流业在低碳经济中面临的问题是我国物流业起步较晚，发展较为粗放，社会化、专业化水平低，经济增长所付出的物流成本较高，再加之低效率的运作模式，造成了能耗的增加和能源的浪费，极不适应目前国家推行的低碳经济运行模式。我国物流业存在的问题，主要表现为空驶率高、重复运输、交错运输、无效运输等不合理运输现象较为普遍，各种运输方式衔接不畅，库存积压过大，仓储利用率低，物流设施重复建设现象严重，物流信息化程度低等。为应对气候变化，我国政府承诺到 2020 年单位国内生产总值二氧化碳排放比 2005 年下降 40% ~ 45%。在这种形势下，发展低碳经济势在必行。物流业作为我国十大重点产业之一，有义务也有能力在发展低碳经济中有所作为。

为实现城镇化中的节约集约、生态宜居、和谐发展，在新型城镇化过程中，必须避免重复建设和先污染后治理的局面，要求城乡物流体系更加绿色和低碳，尤其要提倡物流和运输模式在低碳方面的创新，推行共同配送，推动废旧物流设施设备的循环利用，并充分利用现代化信息化手段，实现对物流过程的控制，从而降低成本、提高效益，减少能源消耗和环境污染。

（五）小结

本部分结合国家新型城镇化规划的目标，分析提出新型城镇化对物流的 4 项要求：城乡物流和区域物流统筹协调发展、物流服务质量和物流服务水平稳步提升、物流效率和物流成本兼顾、物流更加绿色低碳，为分析新型城镇化对物流业的影响和对策奠定基础。

二、新型城镇化对物流业的影响分析

（一）新型城镇化对物流需求的影响

伴随着城镇化的进程和产业空间的变化和产业的转移，工业园区和商业渠道向中小城镇延伸，电子商务企业逐步加大在中小城镇市场布局，必然导致中小城镇物流需求量及物流需求质的提升。同时，由于我国东、中、西部区域经济发展的不均衡，东部沿海地区及大城市对物流服务的需求，与中西部地区的城市及中小城镇对物流的需求之间还存在着质量上的差异。

1. 对东部地区及大城市对物流服务需求的影响

长三角、珠三角、环渤海经济带地处我国的东部，是我国大城市集中地，也是我国经济发展水平和城镇居民收入最高的地区。该区域产业发展水平、产业园区发展已经步入良性循环，该地区居民消费水平和消费需求也是我国最高的地区。因此，该地区的物流服务需求从用较低的物流成本满足经济社会发展要求的目标，转向用较高的物流服务质量和可接受的物流成本满足经济社会发展目标的要求。

为满足我国东部地区及大城市经济和社会发展的需要，物流服务正在向更加重视准确、便捷、快速、安全等要求倾斜，相对而言物流成本成为上述要求考虑中的一个因素。对东部地区及大城市的工商企业，其物流外包程度较高，他们注重从仓储到干线运输再到末端配送的一体化运作，物流需求更多的是呈现出供应链一体化的特点；对东部地区及大城市的居民个人，其物流需求多体现在购物方面，他们更注重便捷性和安全性，物流需求更多的呈现出个性化的特点。

2. 对中西部地区及中小城镇物流服务需求的影响

目前，中西部地区的经济和社会发展略逊于东部地区。该地区的企业和居民的物流服务需求主要以成本为首要考虑因素，即在物流成本最低的前提下，考虑物流服务的准确、便捷、快速、安全等要求。对中西部地区及中小城镇居民个人，其购物物流需求也多体现在低成本方面。随着新型城镇化，中西部地区的经济社会发展将以较高的速度发展，在物流需求数量增长的同时，必然会引发物流需求质量的提升，即向着同时考虑较好的物流服务质量和可接受的物流成本方向转化。

目前，由于中西部劳动力和土地成本相对较低，加之本身一般都会自建仓储设施、组建车队、自建物流服务体系，因此，中西部地区及中小城镇的工商企业的物流需求较为单一，基本上是单一功能的物流需求，如省内和跨省运输、末端派送服务等。随着新型城镇化，中西部地区及中小城镇也面临着产业转型升级的要求，选用第三方物流服务的工商企业将快速增加，物流服务的系统性和一体化成为物流需求的关键。

3. 对农村物流服务需求的影响

随着农村经济的发展，物流作为联系城市和农村、农产品生产和消费的纽带，其需求正在飞速增长。

农村物流需求一是农业生产所需工具、生产资料及种子、化肥等的生产物流需求；二是农业生产的产品，如粮食、果蔬等农作物，畜牧、林木和渔业产品等的销售物流需求；三是农村居住人口的日常生活消费物流需求。

随着城镇化的进程，农村物流需求也将改变其小量、分散、仅仅考虑成本的情况，而向着冷链物流需求增长快速、物流一体化和低成本方向转化。

4. 小结

随着新型城镇化的不断推进，我国东部城市群经济社会不断发展、中西部大城市成为当地经济社会发展的增长极、中小城镇经济社会功能不断完善，城镇居民消费水平不断增强，我国城镇物流业的发展方向已经从强调物流业的独立发展向更加适应城镇经济发展、产业布局与融合发展的需求转变。物流需求的转变，影响到物流资源的布局、物流产业结构、物流产业与其服务的产业联动、物流业本身的协调以及物流创新等方面。

（二）新型城镇化对于物流资源的影响

新型城镇化是伴随工业化的发展，非农产业在城镇集聚、农村人口向城镇集中的自然历史过程。而人口转移、城市扩大、产业结构转型升级、区域协调发展、经济持续健康发展是一个有机的经济体系。物流业服务于城镇居民消费和城镇经济发展，城镇化必然导致物流业的规模、结构与城镇居民的规模、城镇经济和产业结构、城镇产业空间布局的变化发生相应的变化。

1. 新型城镇化与物流资源相互影响的因素

新型城镇化的衡量主要从城镇化水平、基本公共服务、基础设施建设及资源环境四方面进行。分析城镇化与物流资源的相互影响，也应该从上述四个方面进行。

首先城镇化水平的提高，必然会导致城市常住人口的增加，从而导致物流需求的增加和物流从业人员的增加。

基本公共服务的提升，会促进农民工随迁子女接受义务教育的比例以及城镇失业人员、农民工、新成长劳动力免费接受基本职业技能培训覆盖率的增长。这些都使城镇公民的受教育程度增长，这将导致物流从业人员的素质得到提升。

基础设施设备的提升，会使物流基础设施得到较大的发展：①物流节点。为了满足增加的物流需求,物流节点的数量会增加。并会使物流节点的结构体系得到优化,使得大、中、小的节点更好地服务于新型城镇化建设。②物流线路。在建设新型城镇化的进程中,必然会加强并完善综合运输物流通道和区际交通骨干网络的建设,强化城市群之间交通联系,加快城市群交通一体化规划建设,改善中小城市和小城镇对外交通,发挥综合交通运输网络对城镇化格局的支撑和引导作用。③物流信息网络。在物流节点和物流线路都得到了快速发展后,物流信息网络的建设必然得到加强。只有强大的物流信息网络,才能实现物流的高速平稳运行。④物流设施设备。为了满足新型城镇化建设的需要,物流的设施设备必然得到大力发展,运输设备、仓储设备、配送设备、冷链设备等都得到发展。

资源环境的提升,会导致碳排放量的降低,会使居民的生活更加低碳化。物流从业人员素质、物流节点、物流线路、物流信息网络、物流设施设备的增加以及碳排放量的降低都会导致物流服务水平的提升。

将上述相互影响用因果关系图表示就如图 1 所示。

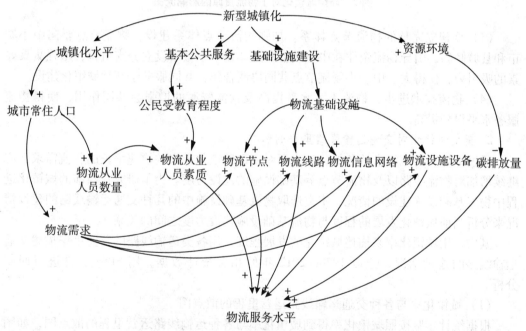

图 1　新型城镇化对于物流资源的影响因果关系

对因果关系图进一步分析,得出相互影响关系流图如图 2 所示。

从以上的分析中,可以得出以下结论:

(1)在新型城镇化的建设中,物流资源在量上会得到较大的发展。在人才方面,由于城镇人口增加和城镇人口受教育程度的增加,会使物流从业人员数量和物流人才的素质得到较大的提高。在物流节点、线路、信息网路及物流设施设备方面,也会得到较大的发展。

(2)在新型城镇化的建设中,物流不应该单纯只考虑成本,而应该从质量、成本、环境方面综合进行考量。

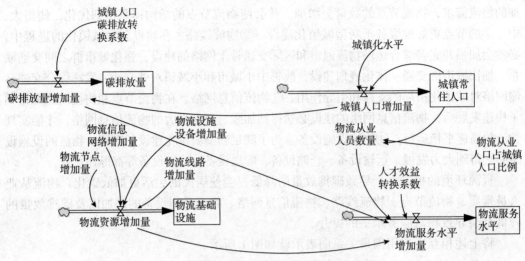

图 2　新型城镇化对于物流资源的影响流图

（3）要建立完整的物流节点体系。加强物流节点体系建设，物流节点要向中小城市和县城倾斜，引导物流企业在中小城市布局、在中小城市设立分支机构，增强集聚要素的吸引力，使得大、中、小物流节点共同协调合作，共同服务于新型城镇化建设。

（4）物流技术进步、物流人才水平提高及物流资源的增强会共同作用，使得物流服务水平得到提高。

2. 新型城镇化对交通运输线路里程的影响

通过上述对物流需求的分析，认为面对新型城镇化带来的快速增长的物流需求，应继续增加对物流线路以及物流节点等基础设施的建设力度。为了研究在当前的城镇化进程中物流基础设施建设的情况，本文选取物流基础设施中的几种交通运输线路的建设情况来分析当前城镇化发展的程度与物流基础设施建设力度之间的关系。

其中，用城镇化率来描述城镇化的发展程度，用各类运输线路的营业里程描述交通运输线路的建设情况，选取 1978—2012 年的相关统计数据，用 SPSS 软件进行回归分析。

（1）城镇化率与各种交通运输线路运营里程的散点图

根据统计年鉴按照城镇化率得到城镇化率与各种运输线路运营里程的散点图，如图3、图4、图5、图6、图7 所示。

从散点图可以看出，除内河航道里程外，其他几项与城镇化率之间均呈现出线性相关关系，且为正相关。内河航道里程在该报告的统计年限内，随时间增长呈现出一定的上下波动。

（2）相关性分析

对除内河航道里程之外的四项内容与城镇化率进行相关性分析，进一步验证其相关关系。分析结果显示，铁路营业里程、公路里程、定期航班航线里程、管道输油（气）里程与城镇化率之间都呈现显著相关关系，以铁路营业里程与城镇化率的相关性分析为例，其输出结果如下：

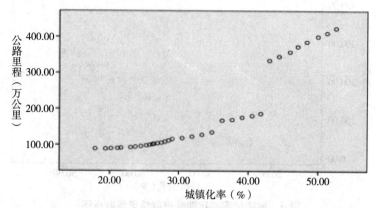

图3　城镇化率与公路里程散点图

资料来源：2013 年中国统计年鉴。

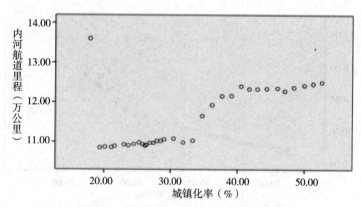

图4　城镇化率与内河航道里程散点图

资料来源：2013 年中国统计年鉴。

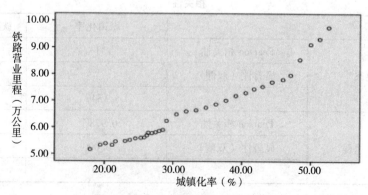

图5　城镇化率与铁路营业里程散点图

资料来源：2013 年中国统计年鉴。

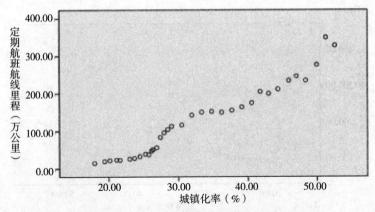

图 6　城镇化率与定期航班航线里程散点图

资料来源：2013 年中国统计年鉴。

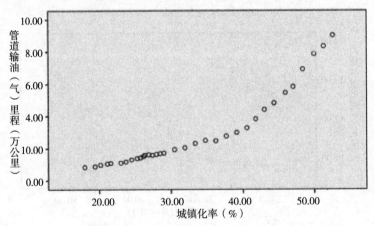

图 7　城镇化率与管道输油（气）里程散点图

资料来源：2013 年中国统计年鉴。

表1　　　　　　　　　　　　　　相关性

		城镇化率	铁路营业里程
城镇化率	Pearson 相关性	1	0.978 **
	显著性（双侧）		0.000
	N	34	34
铁路营业里程	Pearson 相关性	0.978 **	1
	显著性（双侧）	0.000	
	N	34	34

＊＊：在 0.01 水平（双侧）上显著相关。

（3）回归分析

将铁路营业里程、公路里程、定期航班航线里程、管道输油（气）里程与城镇化率分别进行一元线性回归分析，以进一步揭示它们之间的深层关系。

回归分析结果显示铁路营业里程、定期航班航线里程与城镇化率的回归结果拟合度较优。将其输出结果分别列出如下。

用 X 表示自变量（城镇化率），Y 表示因变量（铁路营业里程），则铁路营业里程与城镇化率的回归关系可以描绘为：$Y=1.2X+2.68$，即在 1978—2012 年阶段，随城镇化率每增长一个百分点，铁路运输线路建设平均增加 1.2 万公里。

用 X 表示自变量（城镇化率），Y 表示因变量（定期航班航线里程），则定期航班航线里程与城镇化率的回归结果可以描绘为：$Y=9.043X-172.082$，即在 1978—2012 年阶段，随城镇化率每增长一个百分点，航空运输线路里程增加 9.043 万公里。

事实上，根据国家发改委刚刚完成的全国城镇化规划，中国铁路的总里程有望在 2020 年达到 14.6 万公里。对比 2008 年修编过的《中国铁路中长期规划》，2020 年中国铁路的营业里程目标是 12 万公里以上，全国城镇化规划相比原有规划增加 2.6 万公里。

其余几项，包括公路里程、定期航班航线里程、管道输油（气）里程，虽然部分数据与城镇化率之间的回归分析效果不如铁路营业里程显著，但通过散点图的直观观察，都可以得出相同的结论。即为满足城镇化带来的新增物流需求，物流基础线路设施的建设投入应该呈现持续增长的趋势。

（4）结论

随着城镇化率增速的提高，物流基础设施的投入力度应该呈现持续增长的趋势，并且应适度超前，以满足快速增长的物流需求。在总量增加的基础上，促进各种运输方式的衔接和配套，提高资源使用效率和物流运行效率。根据经济社会发展要求，完善和优化物流基础设施网络，构筑统筹国际国内、东中西、沿海和内地、城市与农村、社会化与自营的不同层级、不同功能、有效衔接的物流基础设施网络。

3. 新型城镇化对物流资源分布的影响

《国家新型城镇化规划 2014—2020 年》中指出，构建以陆桥通道、沿长江通道为两条横轴，以沿海、京哈京广、包昆通道为三条纵轴，以轴线上城市群和节点城市为依托、其他城镇化地区为重要组成部分，大中小城市和小城镇协调发展的"两横三纵"城镇化战略格局。这为依托于新型城镇化建设下的物流资源分布和产业聚集划定了总体范围。

具体来说，本文从城市内部和全国范围两个角度阐述新型城镇化对物流资源的空间分布和物流产业聚集的影响。

（1）新型城镇化对城市内部物流产业聚集的影响

《规划》中关于"优化提升东部地区城市群"的部分提出："科学定位各城市功能，增强城市群内中小城市和小城镇的人口经济集聚能力，引导人口和产业由特大城市主城区向周边和其他城镇疏散转移。"希望通过郊区和城镇来承接部分城市功能，可以促使中心城市的空间结构更加合理，产业优势更加突出，带动效应也更加强大，既减轻了中心城市由于资源有限导致的承载力不足，同时也完善了城郊的功能配套，加快了卫星城由传统意义上的"镇"向现代意义上的"城"转变。

随着城市功能和产业布局的进一步调整，除了增加对物流线路以及物流节点等基础设施的建设力度外，新建的物流基础设施的布局和功能规划必须在现有交通运输基础设施条件的基础上，去努力适应重点产业结构和布局调整对物流设施分布提出的新要求。为了顺应工业产业园区、商贸区和居民区的外迁带来的物流需求的迁移，物流基础设施的规划布局也需要作出相应的调整。

在这方面，当前一些大型城市已经提供了良好的范例，也为中小型城市的物流节点规划指明了大的方向和发展趋势。

以北京为例，图8是"十一五"期间北京市物流业的整体空间分布，将北京市物流业的仓库、货运站场、第三方物流企业等物流节点表现在一张图上，以便对北京市物流业的整体空间分布做一个了解，相比改革初期，除了物流节点的数量规模有明显的增加外，其节点的布局趋势是越来越向外延伸，更好地服务于中心城区与周边经济区域和郊县的物资输送。

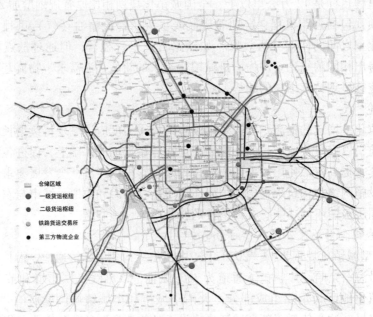

图8　北京市物流业的整体空间分布

资料来源：北京"十一五"物流发展规划。

"十二五"期间，北京市物流节点空间布局以城市物流系统的质量和水平提升为出发点，在"三环、五带、多中心"空间布局基础上，将原有物流节点功能进行改造提升，更注重对外移的物流节点功能的完善，调整部分二级物流节点功能定位，促进城市共同配送的发展和城市物流服务功能的高效率低成本运行，在五环路与城市交通干线交会处附近，鼓励建立公共型物流中心和配送中心，促进城市共同配送的发展和城市物流服务功能的高效率低成本运行。以支持国际物流、高端制造业供应链物流以及城市末端物流需求，支撑"世界城市""国际商贸中心"建设。

另外，在物流产业的聚集方面，在北京正南方向进京入口的大庄地区，依托铁路专用线及主要进京公路货运通道建设北京京南物流基地。与天竺空港物流基地、马驹桥物

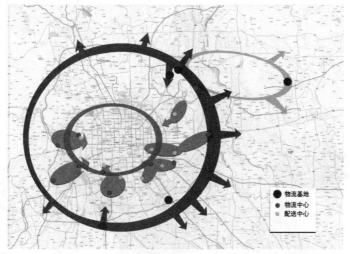

图9 "十二五"时期北京物流发展空间布局示意

流基地、平谷马坊物流基地共同形成服务首都圈的集散型物流基地。

充分发挥物流产业聚集效应，建立"三平台、三特色、一中心"的发展框架，即：以物流基础设施平台、物流科技支撑平台和物流政策平台为基础，以面向国际贸易的国际物流、面向全球供应链的高端行业物流及面向商贸流通企业和消费者的都市末端物流为特色，打造服务全国、辐射世界的物流总部中心。

图10、图11分别为武汉和成都近期出台的物流规划中，对于物流园区、物流中心等物流节点设施的布局规划。

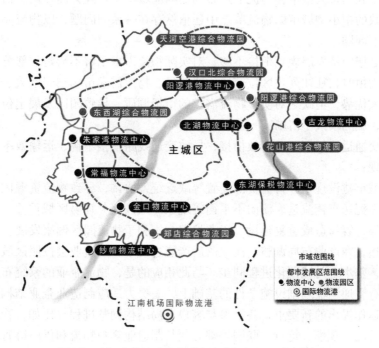

图10 武汉市物流业空间发展规划（2012—2020年）

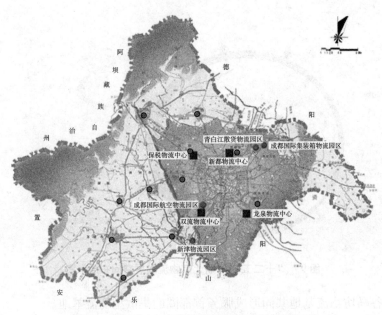

图 11　成都"十二五"时期物流业空间布局示意

从两张空间布局图中可以看出，两个城市的物流园区多数是沿外环线和大型对外交通枢纽布局，承担面向全国的区域分拨、配送、中转、集散等职能，形成国家物流枢纽集群；物流中心以四环线、外环线为制造业园区联系纽带布局，为产业基地工业企业提供一体化物流服务，促进工业发展。

上述几个我国特大城市在物流节点布局的顺应城镇化发展方面提供了值得借鉴的范例，但在多数的中小型城市的物流节点中还依然存在一系列问题，以物流园区的建设为例，存在以下问题：

一是与区域经济发展规划衔接不够，对实际物流需求了解不清楚，部分物流园区在论述其建设理由时，往往列举区位交通优势明显、物流需求市场空间巨大、政策与基础条件优越三大优势，但缺乏对实际物流需求的市场调研，导致园区发展定位不明确，占地面积偏大，赢利模式不清晰；

二是与交通运输规划缺乏有效衔接，导致交通线路衔接不畅、运输效率低下、中转联运难以实现；

三是与城市建设规划、行业资源配置等缺乏统筹协调，导致物流资源闲置、利用不平衡，运输和配送车辆流量、流向不平衡等现象。园区服务辐射区域重叠、服务同质化现象比较明显，容易造成重复建设、资源浪费，不利于物流园区健康发展。

综上所述，在产业布局调整，淘汰落后产能过程中，制造业会按照区域性集聚效应进一步集中，基本上与城镇化进程同步。与此相应的是，物流企业的系统布局和服务功能必须在现有交通运输基础设施条件的基础上，去努力适应制造业企业结构和布局调整对物流管理运作提出的新要求，甚至参与客户布局结构调整进程。比如，物流园区的选址、投资、功能、规模、特点、联网等都必须与制造业客户物流和供应链管理的发展要求相适应。物流企业的发展将跟随重点客户生产和市场布局的变化而发展。

（2）新型城镇化对物流资源在全国范围内空间布局的影响

本节选取航空基础设施建设和货运流向分布为例来具体阐述城镇化进程对物流资源在全国范围内分布的影响。

以下是 2005 年、2010 年和 2013 年中、东、西部地区以及东北地区的机场货邮吞吐量占比。

2005年机场货邮吞吐量按地区分布　　2010年机场货邮吞吐量按地区分布　　2013年机场货邮吞吐量按地区分布

图 12　机场货邮吞吐量按地区分布

资料来源：根据《民航各运输机场吞吐量和飞机起降架次统计》计算。

东部地区属于经济发展最快区域，其货邮吞吐量一直占据全国的一半以上，但近年来，随着城镇化进程的深入，中西部地区的城镇化建设进程加快、商贸业迅猛发展，促使物流活动需求增加，再加之电子商务在生活中的快速普及，快递业的发展促使西部地区航空货运量增长。

总体来看，2005—2013 年间，中西部地区货运量的占比在逐年增加，东北地区货运量占比基本稳定，东部地区货运量占比有所下降。

另外，在民用机场建设方面，建设重心也有向中西部地区偏移的趋势，图 13 是2006 年出台的全国民用机场布局规划分布图。

图 13　全国民用机场布局规划分布（2020 年）

至 2020 年，布局规划民用机场总数达 244 个，其中新增机场 97 个。从计划新增建设的机场分布可以看出，机场基础设施建设重心逐渐转向西南、西北区域，不断提高中西部区域机场处理航空货运量的能力。加大利用外资力度，引导外资更多地投向中西部地区和东北等老工业基地的民航设施建设。另外，规划提出到 2020 年，全国 80% 以上的县级行政单元能够在地面交通 100 公里或 1.5 小时车程内享受到航空服务，所服务区域的人口数量占全国总人口的 82%、国内生产总值（GDP）占全国总量的 96%。

伴随着城镇化进程的不断加快，中西部城市物流需求释放出巨大潜力，《规划》在"培育发展中西部地区城市群"中提出："加快培育成渝、中原、长江中游、哈长等城市群，使之成为推动国土空间均衡开发、引领区域经济发展的重要增长极。""依托陆桥通道上的城市群和节点城市，构建丝绸之路经济带，推动形成与中亚乃至整个欧亚大陆的区域大合作。"中西部新型城镇化建设已经离不开"丝绸之路经济带"的支撑，而"丝绸之路经济带"也离不开物流基础设施的支撑，在产业转移、工商业渠道向三四线城市延伸的同时，也要引导物流企业、电子商务企业根据东部沿海和中西部地区的城镇化过程中对物流需求存在的差异，合理规划，逐步加快在中西部地区，包括县乡村一级市场的布局，加大对中西部物流市场的投入力度。

4. 小结

在新型城镇化进程中，面对日益增长的物流需求，物流基础设施的投入力度需要持续增加，并且适度超前。另外物流节点需要重新优化布局，构建起集约高效，统筹城乡的物流网络，以适应城镇化后，产业空间、产业集聚，以及居民消费数量及方式的改变和布局调整。

（三）新型城镇化对于物流产业结构的影响

新型城镇化带来的最直观的改变就是城镇的优化布局（包括城市商贸、工业产业、居民生活的重新优化布局，以及中心城市与周边城镇以及农村在相互衔接关系和承接的社会功能上的重新规划）及生产生活方式上的改变。具体来说，体现在：在全国范围内，制造业和商贸的发展重心逐渐向中西部转移；对于城市内部来说，工业、商贸业和大型居民区面临向外迁移的趋势，且重点企业逐步向产业园区聚集；居民消费方面，网络购物在中西部以及农村地区显现出巨大潜力，需要电商及物流重新规划布局。上述改变对于物流产业产生的影响主要有两点，即物流产业升级和大中小企业需要均衡发展。

1. 物流产业升级

物流产业升级，首先要完善物流企业和物流节点的功能。在产业布局调整，淘汰落后产能过程中，各种工业产业园区面临升级改造的要求，将产业园区从纯粹用于地方招商引资，逐渐向集工业与生活为一体的新型城市转型。根据物流需求的分析，物流企业的系统布局和服务功能必须在现有交通运输基础设施条件的基础上，去努力适应制造业企业结构和布局调整对物流管理运作提出的新要求。因此，物流产业的发展也应该进行相应的升级改造，由物流单一功能向综合性、一体化的物流体系转型，为园区企业提供供应链一体化的物流服务。特别是要注重对外移的物流节点功能的完善，调整部分现有物流节点的功能定位，促进城市共同配送的发展和城市物流服务功能的高效率低成本运行，以支撑国际物流、高端制造业供应链物流以及城市末端物流需求。

另外，面对当前制造业和商贸业涌现的巨大物流需求，物流产业需要依托技术创新来提升服务效率，更好地满足个性化的服务需求。当前我国城镇物流业的发展方向已经从强调物流业的独立发展向适应城镇经济发展、产业布局与融合发展转变。因此，在物流资源布局向产业园区聚集的同时，尝试与制造业、商贸业联动发展，依托技术创新和新的商业模式的探索来逐步替代当前主要依靠劳动密集型的运作方式成为未来物流产业发展的总体趋势。

2. 物流产业中大中小物流企业均衡发展

当前虽然物流需求总量在各地都呈现增长的趋势，但由于地域特点、经济发展的差异以及居民消费水平的差异等，对于物流服务的要求，东西部地区、城市和农村之间还存在比较明显的差别。因此，促进物流产业中大中小企业均衡发展，针对不同的需求特点合理定位，发挥其各自优势是未来物流企业发展的方向。

首先，对于大型物流企业，以物流产业政策为引导，开展跨地区、跨所有制兼并重组，通过参股、控股、兼并、合资、合作等多种形式组建跨行业、跨地区的专业化物流公司，逐渐产生一批服务水平高、国际竞争力强的物流龙头企业。

其次，在培育龙头企业的同时，中小物流企业也需要加强信息沟通，创新物流服务模式。中小企业的发展主要依赖于以下优势：

第一，中国中小物流企业多数属民营企业，经营方式灵活多样，易于转型，这是区别大型物流企业获得生存的显著优势。

第二，熟悉本土及周边的环境和习惯，具有本土优势，比外资物流企业易于开发本土市场，利于借此优先发展。

第三，在中低端市场比外资物流企业更具成本优势。

外资企业通常采用先进的技术手段和管理系统以及服务至上的经营理念，不可避免地具有很高的物流服务成本，高成本只能在高端市场赢得客户。相反在中低端市场，中小物流企业信息化程度低、服务水平相对低下以及小规模都使得其物流服务成本远远低于外资物流企业的服务成本，具有很强的成本优势。凭借其制度灵活、敢于创新、深入客户市场以及成本优势的优势，相比大型物流企业，更容易在中西部城市以及农村乡镇物流发展的探索中发挥更关键的作用。

因此，总体来说，大型物流企业可凭借其资源、技术和管理优势更好地服务于大城市，更好地满足其个性化物流需求，并拓展国际市场；中小企业可凭借其本土优势和灵活的经营方式为中小城市以及农村地区提供低成本、一体化的物流服务。大中小企业合理定位、均衡发展才能更好地支撑城镇化带来的新增物流需求。

3. 小结

综上所述，对于整个物流产业来讲，一方面要进行产业升级转型，完善物流企业和物流节点的功能，由物流单一功能向综合性、一体化的物流体系转型，并依托技术创新，与制造业、商贸业联动发展，以提高服务质量；另一方面，应促进物流产业中大中小企业均衡发展，根据东西部、城市与农村对物流服务的需求差异合理定位，发挥各自的优势，在控制物流成本的前提下，提高物流服务的系统性和一体化。

（四）新型城镇化对于物流与各产业联动的影响

1. 促进物流业的优化布局，集约高效

新型城镇化伴随着产业的结构和产业的空间改变，伴随着产业的升级和产业细分。由于产业的空间和细分的变化，产品的物流过程也随之发生空间和细分的变化。例如美国城镇化发展过程中，原先生产集中于东北部地区和五大湖，而消费在全国各地区，从系统角度分析，其物流系统的结构是一对多的系统；随着美国的城镇化，生产在全国各地出现，同时各地的生产根据资源禀赋有着不同的分工，产业空间、产业结构和产业分工都发生变化，产品在全国各地生产又在全国各地销售，这样就形成了多对多的物流系统格局，运输线路也成倍的增长，这令物流的复杂性大大增加。为降低物流成本、提升物流效率，物流本身的产业空间、产业结构和产业细分也发生了巨大的变化。因此，新型城镇化影响到物流业与其他行业的融合发展，对物流业产生了按照其他行业的布局而重新布局，同时物流业自身也集聚发展的影响。

（1）空间布局

随着新型城镇化条件下制造业向郊区发展，产业分工不断细化。制造业作为物流的重要需求者，对物流的发展具有很重要的影响：首先是制造业本身原材料和产成品的物流变得越来越复杂，同时也带来了物流成本的提高；其次，城市区域的不断外延和交通网络的逐渐完善，给第三方物流企业的发展带来机遇，即制造企业转向利用第三方物流企业的物流服务满足自身的物流需求；最后，第三方物流企业要通过对整个区域内制造业的物流需求分析，通过与各个制造企业的合作，合理安排并集约利用自身物流资源，通过较低的物流成本提供优质的物流服务水平。因此城镇化的发展，使物流企业不断融入制造业的供应链中，并在制造业的集中地进行物流节点的布局。

随着新型城镇化的发展，更多的人口被吸引到城市中，城市经济社会的发展，使人均收入不断增加，这一方面带来了消费需求增加机遇，另一方面也对商贸业的仓储、配送等物流能力和物流成本提出挑战。选择和打造自身的第三方物流企业成为商贸业应对挑战的重要方式。在城镇化进程中，第三方物流企业在满足商贸业物流需求的同时，通过与商贸业合作融合，提供一体化的商贸交易与物流服务成为趋势。因此城镇化的发展，使物流企业不断融入商贸业的供应链中，并在商贸业的集中地进行物流节点的布局。同时，电子商务企业非常重视物流的支撑及保障作用，将物流资源统一管理，整合电商物流与快递物流的节点，使得电子商务和物流的融合也将迎来更大的发展。

随着城镇化的发展，城镇的制造业在空间上向工业园区集聚，为了满足工业园区的物流需求，物流企业需要依附工业园区进行物流节点的布局，即物流企业从在城市周边布局向临近工业园区布局转变，提供供应链一体化服务的生产物流服务。

（2）向中小城市和乡镇发展

我国著名流通领域专家、中国人民大学商学院教授黄国雄在接受媒体采访时曾建议，新型城镇化进程加快推进的过程中，也应对商贸流通领域进行统筹谋划，使得商贸流通的发展与城镇化的发展相适应。在他看来，要充分发挥传统集镇、各类批发市场的作用；在城乡结合部构建新型城镇结合点，让城乡附近居民在这里集聚，发展与新型城镇结合点适宜的商业；同时，可以在农村交通要道建立邻里商业中心，加强邻里农村社区建设。因此，新型城镇化下商贸业需要不断向中小城市和乡镇发展。

另外，新型城镇化下，各个城市依托现代农业综合开发区以及各县区的特色农业产业基地、都市农业园区，逐步实现农产品生产、加工、储藏、运输和销售等领域和环节的物流运作一体化，促进第三方物流企业与农资市场、农产品市场、农业大户以及农村超市的结盟，推动农资、农产品、农村物流发展非常重要。通过发展物流来解决农产品流通问题，为促进农产品销售、降低农产品生产与交易成本提供良好条件。因此，物流不仅仅服务于大城市商圈和制造企业，同时也将不断向中小城市和乡镇发展。

同时随着农产品的不断发展，一些专门从事农产品储运、配送及流通加工的第三方物流组织逐渐出现。在这种模式中，第三方农产品物流企业不拥有商品，不参与商品买卖，作为主导者联结着农产品生产和加工者、各级批发商、零售商、中介组织，并为顾客提供以合同为约束、以结盟为基础的系列化、个性化、信息化物流代理服务。同时，建立农产品物流园区由分布相对集中的多个农产品物流组织和物流设施，以及服务功能不同的专业化农产品物流及加工企业等构成的，能实现农产品物流规模化、功能化的农产品物流组织区域。农产品物流园区处于农产品产业链上的流通环节，上游向生产领域延伸，与产地农户相连，下游向零售和消费领域延伸。因此，农产品物流园区是集农产品集散、交易、物流、加工、信息平台、展览等于一体的综合性园区。一般具备仓储、运输、装卸、流通加工、配送、信息处理等基本功能，此外，还具有提供报关监管、商务综合服务、交易展示等服务项目的功能。

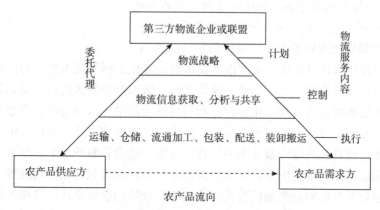

图 14　第三方农产品物流模式

（3）集聚发展

加强物流与各行业联动的过程中要求物流业提高自身的服务水平，整合各项功能提供基于供应链的一体化物流服务。

新型城镇化下，物流业的节点不断向工业园区、商贸区转移，不断向中小城镇拓展，物流服务范围的扩大和对物流服务质量要求的提升，为了能够提高服务质量并降低成本，使得物流企业往往需要借助于其他物流企业共同完成服务于工业园区、商贸区和中小城镇的物流服务，即多个物流企业共同为工业园区提供原材料采购、存储，生产物流，产成品的存储和配送；为商贸业提供产品存储与配送；为农产品提供集中分拨、统一配送、流通加工、安全监测、冷链仓储等一体化功能服务。这样，建立依附于工业园区、商贸区和中小城镇的物流园区成为物流业重要的服务提供方式。

2. 促进物流业以人为本

（1）以人为本的个性化服务

随着人们生活水平不断提高，对产品的需求以及服务的要求也逐渐向个性化、多样化发展，为了满足不同人群的需求，生产企业需要创新各类新产品，商贸企业和电子商务企业需要保证各种产品流通，农产品也逐渐更为精细和安全，为了保证不同产品按时按质量到达不同的顾客手中，物流企业就需要提供细分的个性化服务。如对农牧产品提供可靠的冷链服务，对制造业提供门到门服务，对居民提供门店服务等。

（2）成本与质量兼具

新型城镇化下，物流业不仅仅要为工业园区、商圈、批发市场、农业、电子商务提供更低成本的物流服务，更重要的是要在协调各种物流服务功能提供一体化物流服务上下功夫。如提供一体化的多式联运服务、提供以分拨转运为核心的供应物流和配送服务、以物品跟踪和监控为目的的物流信息服务、以降低库存风险为目的的 VMI 等。

3. 小结

新型城镇化要求物流业与制造业、商贸业、农业、电子商务等行业的融合联动，影响到物流产业空间变化、物流产业结构调整和物流产业的集聚，更影响到物流服务向着低成本与高服务质量相结合的方向转变。

（五）新型城镇化对于物流业统筹协调发展的影响

1. 新型城镇化对物流资源的统筹协调发展的影响

（1）新型城镇化对物流节点统筹协调发展的影响

新型城镇化使城市群集聚、东部地区城市群一体化、西部城市群成为区域协调发展的增长极，将推动城市群集聚区物流一体化发展，城市群集聚区的物流规划与城市群区域经济发展规划和城市建设规划相协调；新型城镇化使中心城市的物流节点规划起到辐射带动作用，使中小城镇物流规划得到应有的重视，达到城市群、城市、中小城镇物流协调发展，通过提升物流综合服务能力达到物流服务能力和服务水平的提升。同时，新型城镇化的物流规划还要与国家的区域物流规划、国际物流规划相协调发展。

新型城镇化尤其影响到要加快改善中小城市和城镇的物流条件，根据各中小城镇的特点，着力提高中小城镇物流规划水平，建立公共物流节点、强化公路通达深度、覆盖广度和技术标准。

（2）新型城镇化对交通运输网络统筹协调发展的影响

随着城市群内城市间经济往来的增加，单纯依靠高速公路的模式对城市交通和环境的影响问题显现出来，集约化的各种运输方式相协调的交通运输成为城市群中各城市间公共交通发展的方向。影响到货物运输，也需要统筹协调城市群、各个城市货物运输方式，做到结合各个城镇的特点国际、国内和区域内、城市内的多种运输方式协调的统筹发展。

（3）新型城镇化对物流产业布局统筹协调的影响

在新型城镇化过程中，东部地区的空间发展目标是增强城市群内中小城市和小城镇的人口经济集聚能力，引导人口和产业由特大城市主城区向周边和其他城镇疏散转移。东部地区的空间发展目标，影响到东部地区物流产业布局要与其空间发展目标相协调，即要引导物流产业由特大城市主城区向周边和其他城镇疏散转移，同时要协调规划城市群、大城市、中小城镇的物流节点规划，形成城市群的一体化的综合物流规划。

在新型城镇化过程中，西部地区的空间发展目标是完善基础设施网络，健全功能完备、布局合理的城镇体系，强化城市分工合作，提升中心城市辐射带动能力，形成经济充满活力、生活品质优良、生态环境优美的新型城市群。影响到西部地区物流产业布局要与其空间发展目标相协调，即要合理布局物流产业，协调建立服务功能完备布局合理的物流节点体系，提升中心物流节点的物流服务能力。

2. 新型城镇化对物流管理体制统筹协调的影响

新型城镇化要求城市群、大中城市和中小城镇协调发展，影响到物流管理体制的统筹协调。我国目前已有物流部级联席会议机制和起到重要作用的物流协会和物流学会。但各城市群众多城镇一般隶属于不同的省市，其物流管理还分属各个省市，需要建立统一协调的城市群、大中城市和中小城镇物流管理统筹协调多方合作机构，对物流业放松管制的同时，对城市群、大中城市和中小城镇的物流规划和必要的物流管理制度进行规范管理，引导区域物流产业的规范发展。

3. 新型城镇化对物流标准化的影响

新型城镇化将对物流标准化建设工作产生深远的影响。我国的物流标准体系分为公共类物流标准和专业类物流标准两部分，已制定并发布物流标准主要集中在公共标准范畴内，专业物流领域制定的标准相对滞后。伴随着新型城镇化的发展，我国将加强专业物流领域的标准制修订工作，特别是解决农产品、冷链、医药、快递、电子商务等与国计民生密切相关的专业物流领域的标准化需要，更好地为国民经济发展提供技术支撑。通过专业物流标准的制修订，健全和完善现有的物流标准体系，增强标准体系的科学性和可操作性，以支撑物流业健康、快速发展。

（六）新型城镇化对于物流创新的影响

物流管理需要在一定的物流管理体制、物流服务模式、物流技术环境下发展。目前的物流管理体制、物流服务模式方面还存在不少问题，为了适应新型城镇化的进程，物流管理体制和物流服务模式必须做出调整。同时，新型城镇化对于物流运作技术也提出了更高的要求。物流信息技术、仓储技术的应用与推广成为新型城镇化进程中重要的一环。

1. 新型城镇化对物流管理体制的影响

新型城镇化打破了原有的省—市—县—镇的管理框架，建立起区域—城市群—城市—镇的管理框架，影响到物流管理体制，就是要实现物流的区域—城市群—城市—镇的管理体制。就是要改变物流政出多门、互相掣肘的体制性状况，着力解决与物流相关的铁道、公路、航空、水运、海运、仓储、包装、统计、监管等主管部门的体制性协调衔接，降低物流体制性成本。同时，统筹大中城市与中小城镇物流协调发展，做好地区之间、行业之间、部门之间城乡基础设施建设与发展的协调和衔接，整合物流资源，促使现有的各自为政的物流系统实现一体化的物流体系，通过打破部门间和地区间的分割与封锁，创造公平的竞争环境，促进物流服务的社会化和资源利用的市场化。

2. 新型城镇化对于物流服务模式的影响

国家新型城镇化规划文件中推动城乡一体化的发展战略中指出：要加快城乡一体化建设，就要加快构建公益性服务与经营性服务相结合、专项服务与综合服务相协调的新型农业社会化服务体系，完善农产品流通服务体系，完善物流服务体系，从而推动城乡一体化建设。综合分析现有农村四种物流模式的利弊，结合城镇物流特点及新型城镇化对农村规划的影响，新型城镇化对于物流模式的创新分别体现在以下几个方面。

（1）自营模式大规模减少，形成以农产加工企业为核心的规模物流

主要适用于工业发展较好、农产品深加工能力较强，同时农产品加工企业规模较大的地区的物流转型。整合农户资源的同时，避免了农户自发物流带来的隐形成本。在该模式下，加工企业具有较强的市场力量，在资金、技术和生产资料等方面公司为农户提供支持，同时企业在加工原料的供应商获得保证。该物流模式最关键的节点是农产品加工企业。消费者经各级经销商依附于加工企业。在该模式中，农产品加工企业是该物流链的核心，发展农产品加工企业是发展该供应链的核心。

（2）构建以批发市场等固定商区为核心的农产品产销物流模式

其主要适合于农产品产需不平衡，物流设施不太完善的地区。农村现有的产销物流模式多为集市形式，根据地区的发达程度不同，商贸集市聚集的频率、规模和地点也有所不同。地区经济越发达，则集市聚集频率越高、规模越大、地点越固定。随着城乡发展的结合，新型城镇化则将这种流动的交易模式逐渐影响成为固定的消费模式。在该模式下，农产品生产者和消费者之间主要是通过农产品批发市场联结，批发市场成为该物流链的核心环节，处于核心地位的批发市场成为联系生产者和消费者的桥梁，并承担物流活动中的采购、配送和零售等功能。自20世纪80年代以来，农产品批发市场成长为农产品批发流通的主渠道。远期交易和远程交易及拍卖市场的逐渐增多也为这种模式的长期有效发展注入了新的活力。

（3）第三方物流规模不断扩大，服务项目多元化

农产品第三方物流模式作为一种新兴的物流模式，具有较大的发展潜力。该模式适合于物流设施成熟、物流水平较高，同时农产品产需量都较大的地区。农产品第三方物流主要采取以综合物流代理为主的模式。相比前两种模式而言，在技术上更专业，信息化方面也更高效、迅捷和畅通。第三方物流通过专业包装、运输、配送和储藏，能有效改进农产品品质，提高农产品附加值。第三方物流企业应着力提升自身的业务能力，向相关主体提供从"田间"到"餐桌"的整体物流解决方案。同时，设立服务标准，提供标准化的物流服务，以改进和提高农产品物流服务质量。农产品第三方物流企业以农产品生产者和经营者的需求为中心，为其提供切实可行的物流解决方案，建立长期合作伙伴关系，获得共同发展。这不仅仅是农村转型城镇化的标志，更是农业发展的长远战略。

（4）以电子商务及互联网跟踪技术为核心的产销物流模式形成

就信息效率而言，互联网在信息交换、信息共享与信息集成等方面具有显著优势，可以有效解决我国目前农产品销售渠道单一、供需地域差异大等问题，同时，现代人对

于食品安全的要求越来越高，对于食品信息的追溯和检测已经普及，这些新兴的信息需求方均要求农产品在物流中实现实时、实景的信息跟踪和反馈。电子商务的发展走到今天已经形成了一套完备的 O2O 的销售模式，无论是 B2B 还是 B2C，抑或 C2C，均开阔了产品的销售渠道、满足了供需差异，实现了双赢。农产品上线，不仅可以实现 B2B、B2C 和 C2C，甚至可以完成 C2B 的个人对企业的反向销售。这是普通物流模式所不能及的。另外，通过互联网对产品的实时状态、从生产到销售的流程以及各环节质量的跟踪，可以有效实现现代人对于农产品质量和安全的把关。互联网的介入，必将带来物流服务模式的彻底革新。

3. 新型城镇化对于物流技术的影响

探讨城镇化对于物流技术的影响，应首先考虑物流技术在农村中的应用缺口，以物流的基本功能为基础，分别从设施、安全和信息三个角度，结合城市物流技术应用的发展现状，分析出适应农村向城镇转型条件下的物流技术需求。

农村物流技术的发展主要存在以下几个方面问题。首先，农村的仓储设施不尽完善，还是以常温物流或自然物流形式为主，农产品在物流过程中的损失很大。据统计，我国的农产品物流多以常温物流或自然形态物流形式为主，缺乏冷冻冷藏设备和技术，使农产品在物流过程中损失很大。据统计，我国水果、蔬菜等农产品在采摘、运输、储存等物流环节的损失率达 25% ~ 30%，大量的农产品在物流环节中被消耗掉了。而发达国家的果蔬损失率则控制在 5% 以下。未来应提高农产品冷藏、冷冻等专业化保鲜技术。增加冷藏冷冻库、冷藏冷冻车等基础设施以保证专业技术的有效实施也是不可或缺的。其次，农村物流服务信息体系不健全、信息网络落后，缺乏有效的信息导向，给农产品物流的流向、流动带有很大的盲目性。农民的文化素质普遍较低，对信息的收集、传递、处理、分析、应用的能力低。

因此，网络技术是发展农业产业化、城乡一体化不可或缺的物流技术。建立健全的农村物流信息服务网络，整合涉农信息资源，建立开放的规范化、标准化信息服务平台，使信息的获取、收集、整理、使用能够快速便捷。建立覆盖省、地、县、乡村的农业信息网络平台，统一网络接口，使农业生产、仓储、运输、流通加工、配送等经营者在每一个角落都能通过信息网络发布和获取交易信息，降低信息获取成本，并进一步发展成一个全国性的电子商务平台。信息技术的终端应用也可以将其发展并应用于新型城镇化物流。近年来，条码的技术以其方便、快捷、准确和信息存储量大且不易丢失的特点获得了各领域的广泛应用。对于农产品，则可应用条码技术进行信息跟踪。此外，射频识别技术作为一项出入库管理的先进技术应用于新型城镇化建设之中。其中入库管理可以实现的功能包括接货卸货、抽样质检、货物分类、数量盘点、登记入账。库内管理包括分类上架、标识信息、实时检测、货品查询、信息汇总。出库管理包括信息查询、搜索货架、货物下架、货品销识、账目结算等。表 2 为新型城镇化对于物流技术的影响的具体体现。

（七）小结

本章分别从定性和定量的角度分析了新型城镇化对物流需求、物流资源、物流产业结构、物流与各产业联动、物流业统筹协调发展和物流创新的影响。提出随着新型城镇化引起的物流需求的转变，影响到物流资源的布局、物流产业结构、物流产业与其服务的产业联动、物流业本身的协调以及物流创新等方面。

表2 　　　　　　　　　　　　　　　新型城镇化对于物流技术的影响

技术创新领域	分类	设施设备及技术
基础设施设备	仓储设施	专用仓库（粮食、棉花、木材、煤炭等）
		保温仓库（冷藏、恒温）
		危险品仓库
		水上、水面仓库
		储备仓库
		保税仓库
		货场
	运输设施	专用车（粮食、棉花、木材、煤炭等）
		保温车（冷藏、恒温）
		危险品车
信息共享技术	物流跟踪技术	电子监控摄像
		GIS（地理信息系统）
		GPS（全球卫星定位系统）
		RS（遥感）
		GMS（全球移动通信系统）
	信息获取技术	条码
		射频识别技术
		POS机
	信息交换技术	EDI（电子数据交换）
		网络技术（无线局域网、移动计算机等）

总体看，新型城镇化对物流业的影响体现在：

从物流资源的角度，物流基础设施的投入力度需要持续增加，并且适度超前；物流节点需要重新优化布局，构建起集约高效、统筹城乡的物流网络。

从物流产业结构的角度，影响到物流业产业升级转型，由物流单一功能向综合性、一体化的物流体系转型；促进物流产业中大、中、小物流企业均衡发展，根据东西部、城市与农村对物流服务的需求差异合理定位，发挥各自的优势。

从物流业与其他产业联动的角度，新型城镇化影响到物流业与制造业、商贸业、农业、电子商务等行业的融合联动，影响到物流产业空间变化、物流产业结构调整和物流产业的集聚，更影响到物流服务向着低成本与高服务质量相结合的方向转变。

从物流业统筹协调发展的角度，新型城镇化对物流节点、对物流产业布局、对物流管理体制、对物流标准化和物流资源的统筹协调发展产生影响。

从物流创新的角度，新型城镇化对物流管理体制的创新、物流服务模式的创新和物流技术的创新产生重要影响。

三、基于新型城镇化的物流业发展战略研究

（一）战略目标

在新型城镇化建设进程中，坚持以科学发展观统领物流业发展，以市场为导向、企业为主体、改革开放为动力、先进技术为支撑、优质服务为宗旨，以培育物流市场为切入点，通过营造现代物流发展政策环境、整合现有物流资源与建设新的物流设施的有机结合，建立多种经济形式并存的物流服务体系，努力降低物流成本，提高物流服务质量和效率，推动产业结构优化升级，充分发挥物流业对于新型城镇化的促进与支持作用，为新型城镇化建设中经济社会的全面、协调、可持续发展和全面建设小康社会提供相应的物流服务。

（二）物流资源与物流网络整合提升战略

遵循整合提升思路，依托新型城镇化建设的总体布局，以进一步完善物流网络为核心，以拓展物流服务功能、提升物流服务能力为重点，以促进和支撑新型城镇化建设为目的，推进重点领域的物流中心、物流园区等物流基础设施建设，充分发挥市场配置物流资源的能力，综合运用市场化、信息化、政策引导等手段整合新兴城镇的基础设施和物流基础设施，形成规模适当超前、衔接配套、功能全面提升的物流网络。

1. 合理优化资源配置

由于新型城镇化不同的发展阶段对用地的需求不论是规模还是功能都必然存在许多不确定因素，必须根据新型城镇化进程各阶段发展方向和目标对用地的规模进行调控，根据市场需求对用地的功能进行选择，减少用地的无序开发，有效整合土地资源，最大限度发挥土地经济价值。

整合物流基础设施，提高物流设施的利用率。整合运输资源和仓储资源，鼓励物流资源的资产兼并和重组，降低空载率和空箱率，提高物流资源的利用率；整合不同运输方式的流转设施，加快集装箱、托盘等物流设施的标准化建设，推动标准化物流设施在不同运输方式之间的共享和周转。

2. 整合提升物流网络

优化物流网络系统，强化城镇物流网络衔接，整合物流网络资源，形成网络化、一体化、协同化物流运行模式。建设与城镇货运枢纽能力匹配、衔接顺畅的铁路、公路、内河等集疏运网络与集散设施。统筹铁路、公路、内河等货运枢纽建设，实现不同运输方式之间的合理分工，促进多种交通运输方式之间的顺畅衔接和高效中转。

（三）物流业结构调整升级战略

以"调结构、转方式"为发展导向，鼓励物流企业兼并重组，提高产业集中度，促进规模化、集约化经营，提高市场竞争力，培育一批具有竞争力的物流企业，优化物流产业结构；转变传统交通运输业发展方式，提升现代物流服务能力；发挥物流对新型

城镇化建设的支撑和保障能力，推动小城镇居民经济结构调整和升级。

1. 提高物流园区集中度

物流园区是新型城镇化建设中物流产业集聚的重要表现形式。通过物流园区将小城市、城镇甚至农村的物流进行集聚，将分散的仓库、配送中心、运输服务、信息、物流技术等高度集约化，形成技术密集型和高附加值的科技产业，具有资产结构高度化、技术结构高度化、劳动力高度化等特征。

加强物流园区的整体规划，明确园区功能定位和分工，依据产业结构和区位条件优化物流园区的布局。整合需求不足、服务区域重合、同质化竞争明显的物流园区，避免物流园区的重复建设。发挥物流园区的集聚效应，促进分散的物流基础设施向园区集聚，推动物流园区之间的网络协同运作，提升园区的集聚效应和辐射带动作用。积极鼓励大型物流入园，避免物流用地在城市遍地开花的局面。灵活建设物流服务站，政府注重在用地规模、点位、数量和配送门类等方面采取控制措施，其选址及经营应尊重城镇化建设的选择。

2. 加强物流信息平台聚集

新型城镇化建设过程中会大量新建物流基础设施，构架先进的物流信息网络。城市物流体系对这些物流设施、信息网络进行协调和管理，并将分散的物流进行集中处理，形成物流产业的城镇化。推进跨区域的物流信息平台之间的有效对接，发挥信息平台的资源整合作用。鼓励区域间和行业内的物流信息平台信息共享，逐步建立平台的信息采集、交换、共享和安全机制，促进物流信息的科学采集、有序交换和安全管理，实现跨区域物流信息的互联互通。

3. 促进大、中、小物流企业均衡发展

新型城镇化建设进程中城市产业结构会发生一定的变化，为了使城市产业结构朝着合理化和高度化的方向优化，构建完善的物流体系是不可缺少的一个步骤。现代物流的理念是将物流资源加以重新整合，按市场规律实现资源的优化组合，形成新型的物流产业，从而使其发挥整体优势和规模效益，促使物流业形成并向专业化、合理化的方向发展。城市物流体系通过物资、信息、资金、人员在城市的合理集散，使得第三产业内部得以优化。

结合区域经济发展内在需求和产业迁移，优化物流产业空间布局，加快推进物流资源向重点区域、节点城市集聚，提高物流资源使用效率，实现产业集聚式发展。改善物流市场环境，引导中小物流企业通过技术进步、业务创新合理发展，推动大、中、小物流企业协调发展。推动面向不同领域的专业化物流企业的发展，引导功能性和一体化物流企业的发展。

（四）物流业融合联动发展战略

加强物流与综合交通运输的联系，促进协调发展；建设适应城镇化和农业现代化的物流体系，提高物流对都市运行保障能力和应急响应能力；创新物流服务模式，推动物流业与相关行业的联动发展。

1. 物流与城镇生活保障相融合

针对新型城镇化进程中的小城市和农村，应利用周边综合型交通枢纽城市，努力将

小城市和农村的物流网络与综合型交通枢纽城市物流网络衔接，构建更加完整的快递配送网络，积极拓展与周边城市相配套的物流服务。以县、乡镇为农村物流节点，建立多元化的配送体系，加快农村物流资源整合，提高商品配送比率。

加强适应城镇化和农业现代化的物流体系建设，提升区域物流的服务能力和水平，提高物流对都市生活和社会运行保障能力以及对都市应急的响应能力。依托综合交通运输体系，调整优化城镇物流配送设施布局，构建全面的物流体系，大力培育发展专业化的城镇物流配送体系，保证社会生活的正常运行。

2. 物流业与制造业、商贸业及农业等行业联动发展

在新型城镇化建设的过程中必然伴随制造业、商贸业和农业等行业的发展。推行物流业与其他行业的相互融合、联动发展，有利于实现双赢局面，加速城镇化发展进程。一方面，鼓励物流企业全面参与到制造企业的全程供应链管理中，推动物流企业与制造企业在采购、生产、销售、仓储、库存、售后、逆向物流等环节的全面合作。整合物流资源，为制造企业提供高效的物流服务，促进制造业的发展。

另一方面，加强物流基础设施建设，依托物流节点和综合交通运输体系设施，支持商贸物流园区及重点企业，建设配送中心，完善配送功能，发展统一配送，降低商贸物流成本。同时，引导传统交通运输企业向现代配送企业转型、引导物流企业推进配送车辆的标准化、配送路线的最优化、配送服务的专业化和仓储设施的完善，形成城市配送、城际配送、农村配送的有效衔接，为商贸业提供优质服务，提升商贸业的市场占有率。

在农业发展方面，推动物流进入到整个农业生产链条中去，为农业提供全程物流服务。培育农产品物流企业，发展农副产品运输、配送、仓储、加工，促进农产品物流体系的构建。配合城镇中的各类农产品专业合作组织、农村种植养殖大户和农业产业化龙头企业，改善农产品交易方式和流通业态，促进农产品物流发展。同时，引导物流企业适应城镇居民对农产品的要求，提高个性化物流服务能力，提高物流过程监控能力，合理控制物流运作成本，满足新型农业发展的要求。

3. 物流业与电子商务联动发展

顺应电子商务产业的蓬勃发展，结合电子商务的发展需求，推动物流服务模式创新和服务方式转型，推动电子商务物流集成发展。推进跨境电子商务物流服务体系建设，推动相关电商物流政策环境完善，促进物流服务和电子商务集成创新，加快电子商务与城乡物流模式的整合。基于现有城镇交通运输体系和综合交通运输体系，加快建设适应电子商务发展需要的社会化物流体系，优化配送中心、中转分拨场站、社区集散网点等物流设施的规划布局，优化城镇间、城乡间配送路线。引导电子商务企业合理建设物流设施，完善社会仓储网络，提高配送技术水平。推动快递、零担、城市配送企业发展，依托信息化提高专业化服务能力和水平，增强电子商务企业的快速物流保障能力，提升电子商务客户体验，推动电子商务的健康发展。

（五）物流业统筹协调发展战略

改善城乡交通设施，统筹城镇物流资源，逐步形成城市支持农村、城乡互促的城乡物流一体化发展格局。按照新型工业化、信息化、城镇化、农业现代化的"新四化"

要求，依托综合交通运输体系，加大城市对农村物流发展的带动，实现城市物流与农村物流的衔接，推动城乡物流的统筹。

1. 物流基础设施统筹

城市为农村提供资金、技术、人才支持，积极争取财政向城镇农村物流的倾斜，加快城乡物流基础设施建设，进一步落实国务院办公厅关于推动农村邮政物流发展的意见，大力发展农村邮政物流。促进城乡物流基础设施统筹发展。以县城为中心，建设辐射乡镇、村的物流配送中心，提高城乡生产物资、生活物资、生产要素等的集散能力。在区位条件较好、经济水平较高、产业集聚性较强的农村地区，科学规划、建设高水平物流园区，提高农村产业发展水平，加快优势资源、人才、资金在农村地区的集聚。

2. 城乡物流企业统筹

城市为农村提供广阔的农产品需求市场，加快大型物流企业在农村的发展并与农村运输、仓储企业等实现合作，促进城乡物流企业的统筹发展。充分发挥地方政府积极性，统筹交通、商务、供销、邮政等农村物流资源，积极培育农村物流市场主体。

通过建设农产品物流信息平台、农产品电子交易平台，加大与电商企业的合作，畅通农产品物流渠道，实现农产品的便捷、快速运输。引导城市运输、仓储等企业业务向农村的延伸，鼓励城市运输、仓储等企业开辟针对农资需求、农产品外运等的专业服务，加快物流服务于农村生产和农民生活。在农村物流基础设施不断完善的基础上，吸引大型物流企业在农村建立服务点、仓库、配送中心甚至分公司，通过政策、土地、税收等的优惠条件，促进农村运输企业、仓储企业等与大型物流企业合作的实现，促进农村运输企业、仓储企业等向物流企业转型。

3. 城乡标准化统筹

借鉴城市物流的经验，引导、帮助农村制定促进其物流业发展的政策，促进城乡物流规范化的统筹发展。根据我国城乡物流的特点，结合我国城市物流发展的经验，制定符合城乡物流发展特征的物流政策，指导城乡物流发展、规范城乡物流市场行为、培育城乡物流优质企业。

加快出台针对城乡运输企业、仓储企业等的监管政策，加强对城乡运输企业、仓储企业等的监管，提高其规范性、安全性。不定期开展对城乡运输企业、仓储企业等的检查，督促其及时整改。引导城乡运输企业、仓储企业等实现科学、标准的物流管理，推动城乡运输企业、仓储企业等的物流标准化，加快托盘一贯制、条码技术、RFID等在农村的运用，加快农村物流业务与城市物流业务的衔接，实现城乡物流效率的提升和成本的降低。

（六）物流业改革创新驱动战略

大力实施改革创新驱动战略，进一步发挥科技的支撑引领作用，改革物流管理模式，提高物流服务模式创新和物流技术创新能力，加大物流创新投资力度，推动物流创造更大的价值来满足经济社会发展需要。

1. 物流管理体制改革

明确政府各部门职责，充分发挥各职能部门的作用，加强部门之间的统筹协调，整合各种物流要素，统一规划，统筹管理，推进城乡物流业发展。改革物流领域中的垄断性环节和地域封锁，促进竞争格局形成。严厉打击各种不正当竞争和欺诈行为，制定市场准入、退出、监管等方面的规范性法规政策，完善政府监管，加快构建公平开放、竞争有序的城乡物流市场。

加大对物流基础设施等项目的审核与批复职能下放力度。吸引民间资本进入物流业，鼓励通过银行贷款、企业债券、股票上市、增资扩股、企业兼并、中外合资等途径筹集建设资金，采用财政补助、资本金注入、贴息等方式给予物流基础设施项目支持。完善信息公开制度，拓宽统计服务渠道，打造更加"统一规范、改革创新、开放透明"的统计数据生产和发布环境，做到统计服务及时准确、公开透明、便民利民。

2. 物流服务模式创新

综合铁路、公路、航空等多种运输方式的协调互补，开发市场化运输品种，扩大物流市场份额，优化市场运力资源。推广高能效、低排放的物流设施设备和环保绿色包装，发展低碳物流。鼓励金融与物流服务模式的创新，推广库存商品融资、仓单质押、物资银行、物流银行、融通仓、货权融资等多种金融物流业务模式。

依托综合交通运输网络和公共信息平台，在电子商务环境下优化配送网络，推广发展社会化物流、物流联盟和物流一体化等电子商务物流模式。鼓励物流企业积极利用物联网技术发展智能物流，建立智能物流服务体系，实现物流资源优化配置。推广面向产业链的供应链物流集成与协同服务、平台式物流信息服务等新型物流服务模式。

3. 物流技术创新

加强新兴信息技术和物流的深度融合，推动云计算、物联网、大数据、移动通信等新兴技术在现代物流领域的研究和应用，鼓励物流信息化和智能化技术的研发和应用。支持和鼓励大中型交通运输、物流企业成为技术创新主体，集成高等院校、科研院所等相关力量，加强物流新技术、新装备的开发和应用，推动形成一批科研能力强，转化速度快的创新型企业，使新的物流科技成果快速转化为物流生产力。设立重大工程项目，增强物流技术创新能力，促进产学研一体化发展。提高物流基础设施、物流装备等的标准化水平、专业化水平及清洁化水平，严格物流车辆、船舶及其他物流设施、物流装备的市场准入与退出机制等。推动信息化标准体系建设，积极参与相关国家标准的制定。

（七）小结

本部分在提出新型城镇化物流发展目标的基础上，提出新型城镇化物流发展战略。

新型城镇化物流发展目标为：在新型城镇化建设进程中，坚持以科学发展观统领物流业发展，以市场为导向、企业为主体、改革开放为动力、先进技术为支撑、优质服务为宗旨，从培育物流市场为切入点，通过营造现代物流发展政策环境、整合现有物流资源与建设新的物流设施的有机结合，建立多种经济形式并存的物流服务体系，努力降低物流成本，提高物流服务质量和效率，推动产业结构优化升级，充分发挥物流业对于新型城镇化的促进与支撑作用，为新型城镇化建设中经济社会的全面、协调、可持续发展和全面建设小康社会提供相应的物流服务。

新型城镇化物流发展战略为：物流资源与物流网络整合提升战略、物流业结构调整升级战略、物流业融合联动发展战略、物流业统筹协调发展战略、物流业改革创新驱动战略。

四、政策建议

基于新型城镇化的物流业发展战略研究，针对上述五大战略推进实施的需要，分别从规划、投融资、体制、土地、税收、人才、环保七个方面分析提出保障战略任务顺利实施的政策建议，如表3所示。

表3　　　　　　　　　　　　　政策建议分析

战略任务		战略措施						
		规划	投融资	体制	土地	税收	人才	环保
网络整合提升战略	合理优化资源配置，整合土地资源	√	√	√	√		√	√
	整合物流基础设施，提高物流设施利用率	√	√				√	√
	整合提升物流网络	√	√				√	√
结构调整升级战略	适当提高产业集中度，优化物流产业结构	√	√	√	√	√		
	加强物流信息平台聚集	√					√	
	促进大、中、小物流企业均衡发展	√	√				√	√
融合联动发展战略	物流与综合交通协调发展	√	√	√	√			√
	物流与城镇生活保障相结合	√	√				√	√
	物流业与制造业、商贸业及农业等行业联动发展	√	√				√	√
	物流业与电子商务联动发展	√	√				√	√
统筹协调发展战略	物流基础设施统筹	√	√		√			
	城乡物流企业统筹	√	√				√	√
	城乡标准化统筹	√		√			√	
改革创新驱动战略	物流管理体制改革创新			√			√	
	物流服务模式创新			√			√	
	物流技术创新				√		√	√

根据表3分析，提出以下政策建议：

（一）制订落实专项规划

在新型城镇化建设的过程中，制定依托综合交通体系、服务于全国物流体系的专项规划，以弥补现有的交通运输体系规划和物流业专项规划的局限性。积极引导和推动综合交通运输体系和城乡物流协调发展，制定服务于重大战略工程的物流规划，制订建设国家物流战略通道、建设货运枢纽等专项规划。从全国物流体系的角度，系统规划我国城镇化物流发展方向，明确发展目标，制定发展任务，一方面充分保障涉及城镇居民消费的生活物流；另一方面适应我国城镇经济高速发展的需要，为我国经济结构转型奠定基础。

（二）拓宽投融资渠道

在新型城镇化建设的过程中，积极探索物流发展的新型投融资模式，形成"国家投资、地方筹资、社会融资、利用外资"的投融资机制。加大各级政府财政性资金投入，支持国家物流战略通道、货运枢纽等基础设施建设。支持用于交通基础设施建设和运输技术装备更新改造等的债券发行。鼓励各种投资主体特别是民间资本，依托国家现有公路、铁路、机场等交通基础设施的布局和规划，建设现代化物流仓储网络。成立基础设施银行，属于由政府牵头、私人投资的专项基金，主要为城镇道路、桥梁等公共基础设施建设提供资金或贷款。鼓励包括民间资本在内的社会资本参与交通基础设施建设，形成多渠道、多层次、多元化的投资格局。推进投融资体制改革，加快基础设施建设，加快城镇物流的发展进程，提升综合物流能力水平。加强监管，防范基础设施建设可能的债务风险。

（三）深化体制改革

在新型城镇化建设的过程中，深化管理体制改革，加快建立依托综合交通运输体系的物流管理体制，建立健全相应建设与管理运营机制，服务于物流战略通道建设、综合货运枢纽建设等。强化枢纽间的整合协调与公铁水综合交通运输网络的衔接，提高不同运输方式、不同区域之间的协作程度。推进城镇管理体制改革，对于大通道、大项目建设实现政企分开、政资分开，理顺资产管理关系，明晰事权，分清职责，逐步理顺各级政府在建设、运营和养护管理中的关系；完善行业管理体制，构建现代企业制度，塑造真正的市场主体。推动和加强城镇物流资源的市场化改革，提高物流资源利用率，降低物流成本，进而增强行业整体竞争力。加强城镇综合管理体制改革，减少交通设施和物流设施的重复建设与无用建设。改革相关标准政策，以适应综合交通运输体系的协调与发展；改革部门协调机制，以提高综合物流效率。完善国家物资储备联动机制，提升城镇应急保障中的物流综合能力。进一步完善物流管理体制，规范相关法律法规执行与司法解释，改革物流领域中的垄断性环节和地域封锁，促进竞争格局形成，梳理物流领域中与仓储、运输作业有关的规章制度，确有必要的要结合当前实际及时加以修订，不必要的即行废止。

（四）完善土地政策

在新型城镇化建设的过程中，根据不同物流工程建设需要，制定相应的配套土地政策，以保障国家物流战略通道、综合货运枢纽等各个级别基础设施的建设。对涉及国计民生或者影响我国城镇物流发展的工程项目给予一定的土地政策倾斜，保障基础设施建设用地；出台相应配套土地政策，以促进提高产业集中度，优化产业结构调整；加强城乡物流统筹规划，为全面提升我国物流发展水平奠定基础；以节约土地为基本原则，提高土地资源综合利用效率。

（五）改革税收政策

在新型城镇化建设的过程中，出台相关税收政策，切实减轻关系国计民生的物流及影响我国城镇物流发展相关企业的税收负担。结合增值税改革试点，尽快研究解决仓储、配送和货运代理等环节与运输环节营业税税率不统一的问题。出台相关税收政策，降低关系国计民生物流活动的成本。出台相关税收政策，鼓励兼并重组及战略联盟，培育大型物流企业，实现产业集聚，提高产业集中度，优化物流业结构。出台税收政策促进物流与制造业、商贸业、电子商务行业等联动发展。

（六）加强人才培养与科技创新

在新型城镇化建设的过程中，建立健全物流人才培养机制、物流科技创新认证机制与物流创新奖励机制，大力培养高水平高素质的综合物流人才；加强物流人才需求预测和调查，制订科学的培养目标和规划；设立专门的国家综合物流研究机构，设立专项研究资金，保障我国综合物流研究与发展。

（七）制定生态环保政策

在新型城镇化建设的过程中，制定完善符合我国国情的物流生态环保政策，大力促进低碳经济发展，在制定规划、建设各项大小工程时全面考虑生态环保影响，实现低碳建设和低碳运营；制定相关政策，引导企业采用绿色生产运作及管理方式，为全面实现低碳社会的建设提供政策引导和政策支持。

（八）小结

本部分分别从规划、投融资、体制、土地、税收、人才、环保七个方面分析提出保障战略任务顺利实施的政策建议，即：制订落实专项规划、拓宽投融资渠道、深化体制改革、完善土地政策、改革税收政策、加强人才培养与科技创新、制定生态环保政策。

课题组成员名单

课题主持人： 施先亮　北京交通大学经济管理学院副院长、教授
课题组成员： 张菊亮　北京交通大学经济管理学院分院院长、教授
　　　　　　　李伊松　北京交通大学经济管理学院系主任、教授
　　　　　　　田　源　北京交通大学经济管理学院副教授
　　　　　　　易　华　北京交通大学经济管理学院副教授
　　　　　　　周建勤　北京交通大学经济管理学院分院书记、教授

参 考 文 献

［1］JIN S DENG, KEWANG, YANG HONG, et al. Spatio – temporal dynamics and evolution of land use change and landscape pattern in response to rapid urbanization ［J］. Landscape and Urban Planning. 2009：(92) 187 – 198.

［2］GUANGJIN TIAN, YUN OUYANG, QUANQUAN, et al. Simulating spatiotemporal dynamics of urbanization with multi – agent systems – A case study of the Phoenix metropolitan region, USA ［J］. Ecological Modelling, 2011 (222)：1129 – 1138.

［3］陈超，李斌. 城镇化背景下我国农产品物流发展现状和问题及对策 ［J］. 农业现代化研究，2013（5）：228 – 231.

［4］高詹. 城镇化进程中的制造业与物流业联动发展研究 ［J］. 兰州学刊，2013（9）：113 – 118.

物流技术与工程篇

基于寄售模式的战备物资储备研究[*]

内容提要：战备物资储备是军队后勤保障工作的重要组成部分，在军事行动开始阶段的物资保障中具有无可替代的作用。我军的战备物资储备工作开始于20世纪60年代初。在半个世纪的发展历程中，战备物资储备工作为国防安全、社会稳定提供了坚实的物资保障基础，积累了丰富的经验。但随着现代科学技术的快速发展和高新技术在战争领域的广泛应用，战争的突发性和高消耗性越发凸显，特别是在20世纪90年代以来的几场局部战争中，物资日耗量的增长速度更是快得惊人，这无疑对战争的后勤保障工作提出了前所未有的挑战。进入21世纪以来，随着我军历史使命的扩展，军队肩负的使命呈多样化发展，后勤保障物资种类增多，保障的任务更为艰巨。与此同时，原有的保障方式不够灵活、保障能力不强等问题也逐渐凸显。在战备物资储备体系中，长期形成的军队独家储备、自储自用的模式已经难以满足物资保障需求。党中央、中央军委多次提出国防建设要走军民融合的路子，为我军后勤保障改革指出了发展方向。在战备物资储备领域寻求军民融合的储备模式是对中央精神的具体落实，是提高后勤保障能力的现实需要。本项目的研究正是在这种形势下展开的。

寄售模式是当前在多个行业广泛应用的一种库存管理模式，它将供应方与需求方的各自利益紧密联系在一起，实现了物资库存的有效管理。将寄售模式应用于战备物资储备是一种全新的尝试，是军民融合思想在军事后勤保障领域的具体体现。在该模式下，军队为物资供应商提供仓库，供应商在物资所有权不变的情况下按军队要求在仓库中储备足够的物资，军队使用后向供应商转账结算。通过这种模式的合作，使供应商能积极参与到军队的物资储备供应保障中来，较好地解决原储备方式不能解决的资金积压多、库存控制难、轮换更新不易实施等现实问题，从而保证了储备物资数量和质量上的可靠性。在合作过程中，由于军地双方考虑的侧重点不同，使战备物资储备工作实现了军事效益与经济效益的有效结合。

项目按照"为什么要做""能不能做""对谁来做""和谁协作""如何保证数量""如何保证质量""如何协作"的研究思路依次展开：通过对寄售模式在战备物资储备领域应用的可行性和必要性进行分析，将寄售模式引入战备物资储备体系，并将寄售模式与军队自储模式和企业代储模式进行了比较；将寄售模式下物资选择问题转化为储备模式选择问题，通过分析不同储备模式的特点和适用范围，构建了针对储备模式选择的分类特性指标体系，利用模糊聚类与多类支持向量机相结合的方法实现了战备物资储备

* 本课题（2013CSLKT213）荣获2014年度中国物流学会课题优秀成果奖一等奖。

模式自动选择；通过将军队需求和评价指标体系进行展开研究，利用重构的质量屋将军队需求反映到供应商评价指标体系中，实现了对供应商的科学评价；综合考虑军队需求分配的经济效益和获得的综合服务水平，利用双层规划法对军队的物资需求量在供应商之间分配，实现了军事效益与经济效益的有机结合；分析了战备物资储备库存控制的目的及意义，研究了在寄售模式下战备物资库存控制的特点和解决问题的思路，通过建立数学模型对寄售式战备物资储备下库存控制的规律进行了探索；分析了当前战备物资储备轮换更新中存在的主要问题及原因，对寄售模式下战备物资轮换更新的特点进行了研究，通过建立数学模型对寄售式战备物资储备下轮换更新的规律进行了探索；将 CPFR 引入战备物资储备领域，构建了寄售式战备物资储备军地协作体系，并对军地协作过程中的具体流程展开研究，指出了在 CPFR 下军地协作的要素。

项目首次将寄售模式应用于战备物资储备体系，针对该模式下物资选择、供应商管理、库存控制、轮换更新、协作方式等关键问题进行了深入研究，为战备物资储备改革开辟了一条新的道路。

一、绪论

（一）研究背景和意义

1. 研究背景

党的十八大报告指出：国防和军队现代化建设要"坚持走中国特色军民融合式发展路子，坚持富国和强军相统一，加强军民融合式发展战略规划、体制机制建设、法规建设"。国防和军队现代化建设走军民融合式发展路子，就是要兼顾国防安全建设和社会经济发展的需要，使国防安全建设体系与社会经济发展体系融合并相互促进，共同成为全面建设小康社会目标的强大保证和坚实基础。军事物流是连接军事斗争与国民经济发展的重要桥梁，是实现国防与经济建设军民融合式发展的重点领域。充分认识军事物流实施军民融合式建设与发展的重大意义，并深入研究和积极把握军民融合条件下军事物流发展的总体特征，确立发展中的重点问题，对于加快构建现代军事物流体系，推动后勤建设的整体改革和发展，具有重要意义。

军事物流是指物资经过采购、仓储、运输、配送等多个环节，最终抵达部队用户并实现其使用价值的过程。正是通过现代军事物流活动，军事力量才能获得所需的各类物资，从而使军事行动得以顺利开展。军事物流实施军民融合式发展，顺应了时代发展要求，使得原有的军队和地方物流自成体系的分隔式发展模式得以改变，整合了军地双方的物流资源和力量，共同为国防建设和国民经济建设做出贡献。平时，军队物流系统除保障军事任务以外，遵循市场规律积极参与社会经济建设，与地方物流系统相互配合、公平竞争；战时，或非战争军事行动中，军地物流系统统一调配，军地物流共同以保障军事目标为第一要务，合理保障军事需求[1]。这既是全面建设现代后勤的重点内容，满足了打赢信息化条件下现代战争的必然要求，又适应了社会主义市场经济发展的客观需要。

战备物资储备作为现代军事物流的重要组成部分，是我军后勤保障体系的基础，承担着军事行动前期物资筹措与供应的主要任务。随着我军肩负历史使命的扩展和武器装备的不断发展，军队在完成各类军事行动的活动中所需物资种类增多，特别是科技含量较高的物资明显增加，在数量需求上也呈激增趋势，保障力量对战备物资的筹措和储备工作难度明显增大。为此，要满足未来军事行动中的物资需求，必须顺应社会发展规律，适应军事物流变革需求，积极探索多种储备模式，大力推行军民融合式的战备物资储备体系改革。

第一，从后勤保障的供应环节来看：由于遂行任务的部队在军事行动中所需的各种物资主要依赖于保障力量的筹措供应，物资储备供应保障工作能否较好满足部队的需求，直接影响到任务完成的质量。在军事行动过程中，能不能做到部队机动到哪里，物资供应保障就到哪里，主要看战区内的物资储备是否充足合理。这从客观上要求战区后勤必须紧紧依靠地方的力量，走以军队自身后勤供应保障为主，就地筹措为辅的路子。

第二，从军事行动物资消耗的特点来看：分析 20 世纪 90 年代以来的几场局部战争，不难发现作战样式由原来单一的地面打击向多兵种全方位联合作战转变，战争中物资日耗量空前增加，并且随着高技术装备在作战领域内的不断增多，这种战争中高消耗的特性只能越来越加剧。同时，从我军肩负的历史使命来看，随着我军执行非战争军事行动任务的增多，军队完成任务所需的物资品种也在不断增加。在这种物资消耗特点下的战备物资储备工作，单靠军队自身显然是难以完成的，只有走平战结合、军民融合的物资储备路子，才能满足未来军事行动中物资高消耗的需要。

第三，从现代战争对后勤保障的要求来看：随着现代科学技术在战争领域的深入应用与不断发展，战争的突然性、机动性、立体性不断增强，节奏明显加快，用于临战准备时间越来越短，战役、战斗中的间隙越来越小。在这种情况下，要想取得战争的主动权，必须提高后勤保障力量的快速反应能力和保障能力。但我军现行的军地分割、封闭发展的保障体制严重影响和制约了后勤快速反应能力和保障效能的提高。因此，必须从高技术条件下局部战争要求和我军装备水平出发，彻底变革目前通用战备物资储备"军民分离、封闭独立"的旧模式，尽快建立平战结合，军民融合的物资储备方式。

第四，从当前我军战备物资储备现状来看：在长期的战备物资储备过程中，由于受自我封闭的军队独家储备的单一储备方式的影响，在战备物资储备中只片面地追求军事效益而忽视了经济效益，导致的直接后果为：一方面，由于缺乏轮换更新的动力，使一些装备物资十几年甚至几十年处于储备状态不动，导致所储装备物资与部队武器装备发展相脱节。另一方面，军地通用战备物资储备范围广、数量大，造成了层层设库、行行设点，耗费了大量的人力和财力。构建军民融合，寓军于民的多种储备方式并存的物资储备体系，可以有效利用地方资源，为战备物资储备工作注入新的活力，提高储备质量，并尽可能节约经费，使军事效益和经济效益在储备中得到统一。

第五，从储备物资的来源、价格和现行经费供应标准上来看：我军当前后勤保障体制主要是在计划经济条件下形成的。近年来随着市场经济的发展，国家计划统配物资比例逐步缩小，市场调节范围逐步扩大，战备物资储备工作对市场的依赖性不断增大，特别是通用战备物资的采购和储备受市场规律的制约明显。在市场经济条件下，物资价格不确定性较大，特别是近年来物资市场价格一路上涨，而我军战备物资储备经费供应标准保持了相对稳定，与市场物资价格的差距一直在加大，按部队现行的物资储备方式很难正常运转。客观上要求军队通用战备物资储备工作必须适应市场变化情况，借助地方力量，依托市场搞好通用战备物资的储备。

综上，当前以军队独家自行储备为主的单一的战备物资储备体系构成，既不能满足未来军事行动中后勤保障的需要，也难以适应新时期军队加强质量建设的客观要求。随着我国经济体制改革的深化和科学技术的发展，这种储备体系的局限性和消极因素越发显得突出。战备物资储备体系建设必须顺应国防和经济建设发展潮流，在军事物流体系建设的大环境下实施有效改革。

在当前经济全球化的大环境下，市场经济的高速发展为我军战备物资储备体系改革提供了更多的选择，其中，战备物资储备体系改革实施军民融合式发展是必经之路。从20世纪我国实施改革开放以来，国民经济持续快速健康发展，综合国力不断提高，特别是近年来民间的物流体系建设已经初具规模，一支具备专业知识、体系相对健全的物流专业管理队伍已经逐步建立起来，越来越先进的现代化管理手段和技术不断引入物资储备与管理体系中，在国民经济发展中发挥了不容忽视的作用。从某种意义上来说，大量的军地通用物资仅仅是使用对象和范围的不同，技术上的差异已经不复存在。从当前的时机来说，国内的物流行业起步还不算久，现在尚未形成僵化的体制，在这个时候把军民融合的战备物资储备体系建设融入，能够形成合理的结构，建设成本相对较低、容错能力较好，能同时适应军地各自的需要。因此，我们必须要抓住当前的有利时机，遵循战备物资储备体系建设与发展的大趋势，通过不断拓展储备手段，积极优化储备结构，大力调整储备数量与布局，从而建立起能够适应现代军事行动物资保障需求、储备结构数量合理、保障功能全面的军民融合式战备物资储备体系。

2. 研究意义

以军民融合式军事物流发展理论为依据，探索新的军地联储的战备物资储备模式，是我军后勤保障体系推进军民融合式改革的具体体现。将寄售模式引入战备物资储备体系，对该模式下储备物资选择、供应商管理、库存控制、轮换更新以及军地协作策略等实际问题进行深入研究，具有重要的理论意义和现实意义。

在理论意义上，提出一种新的军民融合式战备物资储备模式，是军民融合理论在后勤保障领域的具体应用，可以丰富军事物流理论及我军新时期后勤保障理论。近年来党中央、中央军委提出后勤保障要实施军民融合式发展，但在战备物资储备的具体研究方面还基本停留在对现状的分析和对未来军民融合式发展的构想和论证，针对具体如何贯彻落实军民融合思想的深入研究并不多，缺乏操作性强的具体方法。本文站在军民融合的角度，将寄售模式引入战备物资储备体系，并对该模式下的一些具有实际意义的问题进行分析研究，是军民融合式后勤保障理论的具体深入，能够达到丰富现代军事物流理论目的。

在现实意义上，将寄售模式应用于战备物资储备，可以使供应商积极参与到战备物资储备与保障工作中来，较好地解决当前战备物资储备工作中遇到的许多实际问题，提高我军后勤保障工作的敏捷性和柔性，形成快速保障能力。同时有利于形成完善的战备物资储备网络、合理的储备格局和储备规模，降低战备物资储备成本，提高物资储备与保障效能。针对该模式下储备物资选择、供应商管理、库存控制、轮换更新以及军地协作策略等一些实际问题展开研究，可以解决应用中面临的一系列现实问题，并为应用中的决策和政策制定提供理论依据。

（二）相关领域研究与发展现状分析

1. 战备物资储备

（1）国外战备物资储备

美军对战备物资储备研究较早，研究的范围也很广泛，主要体现在军队数量与战备储备、战争规模与战备储备、战备物资之间关系的定性定量研究，战备储备管理物资消耗特点对战备物资的影响，战备物资可视化管理，战略思想对战备物资的影响等方面，取得了比较丰硕的成果[2]。目前收集到的研究外军战备物资储备的论文和译文有美国劳雷尔·迈尔斯博士的《消灭"钢山铁海"式的物资储备》、日本江田谦介的《美军海湾地区的装备物资储备情况》、罗马尼亚扬·佩尔茨的《全民战争的物资储备》等。另外，国内也有较多专著涉及美军战备物资储备的内容，如周伟军《外军军需物资储备研究》、夏云《外军物资储备发展动向及启示》、杨腾驰《战时物资保障》、黄文涛《当代外军后勤研究》等，这些文献多集中介绍了美军在战备物资储备上的一些成功的做法，如提前海上预置、储备寓军于民等。

20世纪90年代美军开始谋划如何占领21世纪世界军事的制高点，打赢未来战争。为此，发表了一系列包括"构想"在内的文件。美军认为，"构想"是陈述组织理念与思想和确定未来发展方向的前瞻性文件。美军第一份"构想"类文件是空军1990年6月提出的《全球到达，全球力量》文件[3]。1996年，美参联会首次提出《2010年联合构想》，陆军、海军和空军紧随其后，纷纷行文仿效，发表了各自的"2010年构想"。在《2010年联合构想》中，美军提出了"聚焦后勤"的概念。这种新的后勤保障方式是信息技术、运输技术以及后勤保障技术等多种技术的融合，能够对作战力量的需求作出快速反应。"聚焦后期"既能实现对包括运输中的在途物资在内的各种后勤保障物资的调拨和跟踪，又能在直接军事行动中实现对从战略、战役到战术等不同级别的运输进行合理编组，是配套的后勤力量和持续的后勤保障的完美结合[4]。"聚焦后勤"与传统思想下的后勤存在极大的区别，它强调的是通过"直达式"运输和"分离式"保障对作战力量实施灵活而持续的后勤保障，从而减少作战力量对大规模划区保障部队、战区大量物资储备以及后勤基础设施的依赖性。2000年5月，以美参联会《2020年联合构想》为先导，又相继发表了各自军种的"2020年构想"。与"2010年构想"相比，"2020年构想"进一步分析了美军在21世纪头20年主要面对的战略环境和即将迎接的各种挑战，指出了美军21世纪初要争夺的几个军事制高点[5]。2004年，美国国防部通过总结伊拉克战争中的经验教训，在国防部网站发表《适于作战的感知与响应后勤》，提出了"感知与响应"理论，这是美军后勤最新的理论[6,7]。2006年2月，兰德公司在美国空军的授权下，通过深入研究，发布了题为《感知与响应后勤——将预测、响应与控制能力一体化》的报告，论证了提出感知与响应后勤理论的必要性，进一步分析了该理论的实现途径。这种理论以对未来网络中心战的满足为目的，以网络中心战的原则为理论，以对指挥官意图的响应质量和响应速度为衡量标准，将多个军种、兵种以及多个组织和结构的所有后勤资源和保障力量整合在一个保障网络中。它的核心理念是增强后勤保障供应链或供应网络的灵活性和柔性，并以这种高度的灵活性和柔性来应对现代战争中处于剧烈变化之中的战场环境，从而实现对作战力量战场需求的快速响应。由于该保障网络是一个动态的具有高度智能化的体系，从而使得美军的储备布局目标实现了由原来的"高度优化"向"高度灵活"转变。感知与响应下的后勤是美军在现代后勤转型过程中的产物，也是继"聚焦后勤"理论之后美军的又一个后勤理论，具有里程碑意义。在这一系列的"构想"中，有关战备物资储备建设的主要思想有[8]：

①适当规模的库存。美军认为："目前，我们受到的威胁正在改变其性质，技术在进步，商业经营方法不断创新，而军队编成已经裁减，这些都要求我们对目前的库存态势重新加以评估。调整军中和总部的库存，有助于利用经过改进的经营方法和信息技术，缩短反应时间，减少存储和搬运费用，同时还能提高快速反应能力和加强部队的战备[4]。"

②预置。"预置装备仍然是我们兵力投送能力的基石，使我们能够弥补前方存在的减少，并减少战略运输要求。更多的军队编成裁减将不会减少，实际上还会增加对预置装备的需求。为获得最大的战略利益，各军种和作战司令部必须继续下功夫力争使装备预置同作战计划和分阶段兵力部署表相一致。这一程序的所有自动化手段都必须与目前正在建立的全球指挥与控制系统、联合全资产可见性系统和运输协调员自动化信息管理系统相兼容[4]。"

③数量仍然重要。"在我们利益攸关的地区保持明显的前沿存在是令人折服的有形威慑，也是美国力量和影响的象征。在建设未来部队时，我们必须牢记，前沿存在的数量在应付地区突发事件时不是无足轻重的因素，足够数量的平台使海军部队能塑造美国利益攸关地区的环境，保证它们位于对危机作出及时反应的位置[6]。"

④次要物资的重新定位。"目前，对次要物资战争储备的投资在'规划目标备忘录'中被排在优先等级最低的一类中，它必须服从那些对战备有更大影响的和主办单位权威的项目。在建立战争储备方面，国防计划要求各军种：采购和配置紧要资产，以最大限度增强作战能力；只修理确实需要的装备；采购新的或增补的物资，以填补已经证实的不足，或有效地提高联合作战能力和生存能力。总之，要达到的目的就是：建立精确判断需要量的程序；投资于战争储备和其他能缓解需求的能力；认清在尚无资金补足其短缺的地方存在的风险[7]。"

⑤主要供应商供货方式。直接供应商保障是绕过传统的物资筹措、储存、运输等环节，由民间商业企业在24～48小时之内直接将物资送到部队手中[7]。

在上述思想的指导下，美军在战备物资储备改革中采取了一系列举措。这些新举措主要体现在：

①充分利用地方资源和优势。美国国防部提供的大部分后勤保障通常来自于其建制仓库、物资管理中心和基地后勤机构。但是，由于资源的减少和为了保留维持战备所必需的核心职能，美国国防部正在扩大其选择范围，更多地使用商业部门作为后勤保障的提供者，提出了"主供货商方案"[4]。这种方案起初是为给养和卫材设置的，但现在已逐渐用于其他一些保障，包括承包商保障武器系统（如陆军的帕拉丁系统升级、空军的F－117飞机维修、海军的舰船大修等）、承包商直接运送补给品（如国防后勤局的主供

货商和直接供货商交付计划）以及基地的日常保障勤务等。

②实施国家库存管理战略。2006 年，国防后勤局在其转型路线图中推出了"国家管理库存"战略[5]。在此之前，国防后勤局和各军种物资管理机构按照自己的业务范围来管理本系统的各层级的储备。此战略实施后，国防后勤局和各军种职能机构一起为各军种的后勤需求提供精心拟制的库存解决方案，以减少其冗余库存，从而在不降低保障水平的条件下，减少国防部总的库存量和库存管理费用，并直接减少各军种的投资。国家库存管理战略给存储管理带来的效益是：全面减少国防部库存费用；在总部级和部队级消除冗余库存，使各军种能为其他用途重新分配投资；由于有了单一的库存管理者，联合全资产可见性大大提高。该战略不仅对存储环节有重要影响，而且对补给流程产生连锁反应。其对整个补给链带来的效益是：通过提高储备效率，可以缩短申请与补给的等待时间；整个补给链的控制水平和可见性提高，有助于改善预测、减少延期交货并强化投资决策；与用户的伙伴关系更加牢固，以改善对用户的保障；与供应商的伙伴关系更加牢固，从而可在商业能力具有最大价值的地方对其予以利用。

③推行全球储备配置政策。与国防库存管理战略相配套的是国防后勤局的全球储备配置政策，以确保用最小的开销在正确的时间将正确的储备配置在正确的地点。基本措施有：一是集中式存储。打造战略配送平台，使之拥有在全球广度和深度内保障用户需求的库存。二是捆绑式存储。打造若干与用户配置在一起的配送中心，侧重于储存保障各军事设施常驻用户所需的物资器材。三是分散式存储。为每一战区及其部属部队设置前方储备站，保障本土以外的用户[3]。

④优化储备资源结构。与全球储备配置政策相适应，美军推出了多样化的储备举措，以充分利用现有储备资源。一是依托系统外仓库进行存储。国防后勤局根据地理条件，一般是在便于辐射到"责任区"内各保障用户的地点，选择租用各军种的存储仓库进行物资存储，实施管理权、经营权、所有权适度分离的存储运作模式，达到了不求所有但求所用的效果。二是利用供应商的存储资源。美军借鉴企业的"零库存"经营管理模式，大力推广供货商直接送货，从而将部分物资，尤其是军民通用性强、货源充足的市场成品物资的存储事宜交给了市场，大大减轻了物资存储的"包袱"。三是实施预置存储。在国防部主要是参联会的统一协调下，各军种根据"本土投送"的要求，都在"热点"地区附近预置了足够初期投入部队在一定时段内使用的成套装备物资，提高了战争准备和应对的能力[7]。

应该说，以美国为代表的发达国家近年来在战备物资储备方面的理论研究和实践探索体现了未来后勤保障中物资储备的发展方向，对我军战备物资储备体系建设与发展具有重要的参考价值。

（2）国内战备物资储备管理

我军的战备物资储备工作开始于 20 世纪 60 年代，大致经历了四个阶段：从 1962 年到 1965 年为第一阶段，实现了战备物资储备从无到有；从 1965 年到 1986 年为第二阶段，在不断增加投入的过程中基本完成了三级储备体制的建设任务；从 1987 年到 2000 年为第三阶段，主要是压缩储备规模和调整储备布局；从 2000 年至今为第四阶段，这个阶段主要是为适应军队担负任务的扩展和新时期军事变革要求，加大了经费投入，使储备规模和数量空前增大，同时不断调整思路，储备工作向军民融合、军地联储方向发展，企业代储模式基本形成[9]。该阶段我军的战备物资储备思想变化主要表现在：一是由"分散储备"向"基地储备"转变，主要突出高度集中、专业统管和仓储功能多样化；二是由"模糊储备"向"适度储备"转变，力求达到军事效益与经济效益的统一；三是由"被动储备"向"主动储备"转变，使军队储备体制与地方物流体制尽量接轨；四是由"实物储备"向"物技合一"转变；五是由"军队独家储备"向"军地联储"转变；六是由"零散储备"向"配套储备"转变；七是由"静态储备"向"动态储备"转变[10]。

与战备物资储备工作相适应，进入 21 世纪以来关于战备物资储备理论研究方面的工作也有很大发展，但系统性的成果并不多。目前，综合性的相关研究散见于各类以后勤理论、后勤建设、物资保障等为主题的教材及著作当中。比较有代表性的研究军队战备物资储备的著作有：

2000 年出版的王宗喜教授主编的《仓储论》[11]。在该著作的第五篇"物资储备论"中，首先对物资储备的功能进行了探析，分析了国家储备与军队储备的关系。第二部分论述了如何确定物资储备的规模、结构、布局及储备的周期，使物资储备达到既能满足要求、方便供应又不造成浪费的最佳状态。第四部分从哲学的角度分析了储备活动的矛盾性，提出了储备思想的变革思路。这些哲学层次上的反思为我军战备物资储备建设提供了宝贵的思路。

2003 年出版的由王丰等教授主编的《军事物流学》[12]。该著作在第六章"物资储备"中论述了物资储备与国家安全、国家物资储备与战备物资储备的关系及研究战备物资储备的重要意义，详细分析了影响战备物资储备的主要因素，提出了战备物资储备改革必须遵循的基本原则，并提出了用 ABC 法进行战备物资管理的方法。

2005 年出版的由王丰等教授主编的《现代军事物流》[13]。该著作在第七篇"战备物资储备优化研究"中，分析了我国战备物资储备的现状，指出了存在的主要问题，提出了物资储备布局优化目标及方法，并用 Slam 仿真技术进行了案例模拟仿真优化分析，取得了较好的结果。

2007 年出版的王宗喜教授主编的《军事物流学》[14]。该著作在第十章"军事物流"环节中将"军事物资储存"作为军事物流的一个重要环节，从军事物资储存的作用、军事物资储存管理的基本作用、军事物资储存的思想、军事物资储存的效益、军事物资储存的重点管理方法、军事物资储存的合理化六个方面进行了论述。由于该著作认为"一般情况下储存和储备两个概念不做区分"，并且重点研究的是整个物流过程中的物资储存环节，因此较多的是对物资储存过程中具体技术问题及实际操作层面的研究。

2011 年出版的由王丰教授等人编写的《军事供应链理论与应用》[15]。该著作在第七章"军事供应链储备管理"中，站在军民融合的角度对战备物资体系进行了探讨，分析了军民融合式战备物资储备体系的特点、运行机制，提出了体系构建的要点，并对业务流程进行了再造，提出了供应商管理库存的模式及绩效评价指标体系，用 Flexsim 软件对战备物资储备方案进行了仿真建模，为建立适应信息化战争的战备物资储备体系提供了思路。

除了上述著作有系统阐述战备物资储备外，近五年来有关学术期刊上也陆续发表一些关于战备物资储备方面的研究论文，研究领域集中于如下方面：

①储备策略方面的研究。王颖等人[16]分析了非战争军事行动的物资需求特点和储备原则，并提出了加强储备物资管理分类、科学调整储备结构、合理确定储备数量，改进储备方法，寓储于民，增加与民用储备体系的联系，提高储备体系的效率，加强科学布局和信息化系统建设等应对非战争军事行动的物资储备策略。孙鑫等人[17]提出了新时期我军战备物资储备的对策。黄大鹏等人[18]通过对供应商的管理、评价体系、方法和评价流程等方面进行探讨，初步实现了整个代储机制的系统分析。康哲清等人[19]提出战备物资储备供应链资源配置管理理念，从概念、作用、目标、原则、构成、体系及实施等方面对其进行分析与探索，并给出了部分配置管理实施策略和建议。施薇等人[20]对战备物资实物储备和技术储备进行了相应的经济分析，通过对两种储备形式下的经济性的比较，得出了战备物资储备选择实物储备还是技术储备的经济上的临界条件。金秀满等人[21]对军队自储和企业代储两种储备形式的经济性进行了比较和推导，得出了战备物资军队自储、企业代储和实现军队与企业双赢的三个经济性临界条件。傅德文[22]指出由于非战争性的安全威胁具有爆发突然性，考虑到后备力量建设经费的有限性，在短期内筹措足够的资金相当困难，这种资金短缺必然会影响到非战争军事行动的效果，因此建议政府建立非战争军事行动中作为后备力量的储备基金。邱林等[23]分析了后勤物资战时采购的特点、采购的方法，并结合实际提出了后勤物资战时采购过程中应注意的几个问题。左毅[24]从信息化战争装备储备的特点规律出发，提出了多元协同装备储备模式，界定了多元协同装备储备的概念，分析了模式的可行性，并深入探讨了实现过程。

②储备结构方面的研究。卢晓龙等人[25]建立了非战争军事行动装备储备结构度量体系，构建了非战争军事行动装备储备结构的优化模型。荀烨等人[26,27]利用离散系统状态空间模型，根据战备物资储备的基本特点和规律，构建了军队各类战备物资储备总量的预测模型和每类战备物资各储龄储备数量的预测模型；分析了战备物资储备结构优化问题的构成，构建了战备物资储备品种结构与数量结构的综合优化模型，为战备物资储备结构研究提出了新的方法和思路。翟胜路等人[28]根据战储航材备件的特点，考虑建模过程的系统全面性、简明科学性、相对独立性及灵活可操作性，选取合理的评价指标，建立了备件品种确定的两层综合评价体系，运用层次分析法确定了评价指标的权重矩阵，采用模糊综合评判方法建立了备件品种的评判分级模型。张作刚等人[29]采用基于 Delphi 法、层次分析法、灰度关联法和模糊综合评判法相结合的 DHGF 算法，建立了战储航材品种确定的指标体系和品种确定模型，给出了战储航材品种确定的具体过程。克服了以往定性方法的模糊性和不确定性。

③轮换更新方面的研究。路胜等人[30]列举了我军战备物资储备中轮换更新存在的主要问题，系统分析了目前尚未建立轮换机制的根本原因，通过实证分析美军对储备物资进行轮换更新的运行机制现状，提出了我军建立轮换机制的原则和相应的措施。卢庆龄等人[31]分析了国内外战储物资轮换管理的现状，指出了战储物资轮换管理存在的问题，并从储备规模、轮换数量、轮换时机及轮换方式等方面给出了轮换策略。王军生等

人[32]分析了轮换机制的建立原则、轮换模式和轮换过程，指出了我军轮换领域存在的主要问题，并提出了合理的决策建议。王桂强等人[33]研究了储备物资数量和空间布局随时间的变化规律，并且从动态优化角度，利用状态空间模型建立了战备物资储备结构预测模型。胡新涛等人[34]从器材重要度的角度，提出一种基于主成分聚类分析的战储航材轮换方法。吴非等人[35]基于层次分析法，建立了战储器材轮换效果评估指标体系，更加客观地反映出各个影响因素对战储器材轮换工作的影响程度，并结合模糊综合评估方法构建了轮换效果多层次模糊综合评估模型。程瑞等[36]人将临到保质期的物资分为可周转物资和不可周转物资，提出对可周转物资通过周转实施轮换，不可周转物资进行质量检测后重新定寿和延寿。

④应用系统设计与开发方面的研究。费军等人[37]以 Powerbuilder 10.0 为平台，设计了各管理模块，对相应物资进行有效管理，并开发了对应数据库。左娅佳[38]根据战备物资管理的具体要求，以业务管理系统为核心，以 RFID 技术、计算机模拟仓库形式为手段，建立系统间数据的双向互连，研发了一套"卫生战备物资智能管理系统"系列软件，实现了对卫生战备物资智能化、可视化管理。陈文霞等人[39]把现代仓储管理、条码管理系统、医院信息管理系统结合起来，由计算机系统将战备物资管理系统与医院信息管理系统连接起来，实现了仓储物资管理的自动管理，降低了战备物资存储的成本。黄锐等人[40]采用 Delphi 7 和 SQL Server 2000 设计开发了满足战储器材特殊管理需求的管理信息系统。郑林等人[41]针对战备储备物资保障工作的特点，提出并阐述了组件化、工具化和参数化的设计思想，研究了战备储备物资保障系统应具备的功能、总体结构和核心模块实现方法。

（3）军民融合军事物流

党的十七大报告指出："坚持勤俭建军，走出一条中国特色军民融合式发展路子"。十八大报告指出："国防和军队现代化建设要坚持走中国特色军民融合式发展路子，坚持富国和强军相统一，加强军民融合式发展战略规划、体制机制建设、法规建设。"军民融合思想深刻揭示了新世纪新阶段军队建设的特点规律，为在新的起点上推进军队建设与经济社会有机融合指明了方向。军队后勤是联系军队建设与国家经济的桥梁，是实现军民融合式发展的重点领域，构建军民融合式后勤保障资源体系，使军队后勤建设深深融入经济社会发展体系之中，同步设计、同步规划、同步发展，对于后勤建设实现全面、协调、可持续发展具有重要的意义。十七大以来，军内外许多学者积极探索军事物流军民融合式发展的路子，在战略层面形成了一大批研究成果，为军事物流军民融合式发展奠定了一定基础。

周慧贞[42]、张平[43]、王加栋[44]、吴翔飞[45]等分别从装备保障、航空工业、法律机制等不同的角度介绍了外（美）军军民融合式改革发展历程和主要做法，分析了其成功经验和存在问题，提出了对我军军民融合式装备保障建设的启示。刘果等人[46-48]以美、俄、日推进军民融合的做法为例，在总结其先进经验的基础上，提出了对促进我国军事工业军民融合发展的重要启示。张秀华等人[49]对军民融合思想的渊源进行了探析。黄朝峰等人[50]对中国特色军民融合式发展的时代背景、根本目的、根本动力、主要任务以及基本要求等问题进行了深入分析。姬鹏宏等人[51]通过对军民融合创新体系的构成要素和运行机制的研究，结合对军民融合创新体系建设的主要障碍的分析，论证提出了需求发布、计划协调、技术转移、合作创新、采购改革、军品免税等方面的措施建议。杨志坚[52]从协同视角对国内外军民融合的研究现状进行了梳理和总结，分析了我国军民融合中存在的问题，探讨了我国军民融合发展的主要路径，提出我国军民融合要在战略上协同、技术与标准上协同、法规上协同、信息上协同，通过军民各要素之间的协同创新，真正走出一条适合我国国情的军民融合道路。唐彦辉[53]从指挥体制的建立、信息平台的构建、储备模式的探索、储备布局的优化、管理机制的形成等方面提出了构建军民融合式物资储备体系的基本思路。张中强[54]解析了军民物流融合发展的影响要素，探讨了保证与支撑这些要素有序健康发展的融合发展机制，给出了各要素互动共生、协作发展的军民物流融合发展模式。姚平，等[55]建立了军用物资管理部门和地方物资供应商不完全信息动态博弈模型，构建了科学的报酬机制，消除了信息不对称和逆向选择现象。曹景建，等[56,57]提出了政府引导模式、市场拉动模式、以点带面模式、集成创新模式等军民融合的创新模式，在对各模式评价与分析的基础上，构建了军民融合体系的"蛛网"结构；介绍了 CALS 的内涵及其对现代物流发展和军民融合的影响，探讨了基于 CALS 的军民融合物流信息体系构建的指导思想、基本原则、机构设置和运行机制等问题。马俊明，等[58]指出从应急物流动员机制、联合指挥保障机制、法律法规约束机制、联合监测预警机制、信息共享机制和定期协商机制六个方面来建立军民融合式应急物流动员机制，可以较好地发挥军地物流系统的优势提高军民融合式应急保障效益。彭亮，等[59]介绍了国内外军民一体化物流体系建设的现状，分析了我国军地物流体系建设存在的问题，提出了军民一体化物流体系建设的指导思想、基本原则、建设模式、体系布局、体系结构和运行机制等基本思路。

（4）军事供应链理论

我军军事供应链管理理论发展时间较短，目前还处于摸索阶段。2001 年王丰、姜大立[60]提出了后勤物资供应链管理概念，指出：后勤物资供应链管理主要研究后勤物资各储存环节的关系定位、渠道选择、合作方式、信息交流与处理等。通过建立物资供应链管理，可以有效沟通我军物资保障各级仓库的信息交流，合理分配物资交换数量，优化物资供应渠道，提高物资供应效率，减少传统物资供应中常出现的冲突与脱节现象，节约供应经费，增强快速反应能力。2004 年王进发，等[61]建立了系统的军事供应链管理理论，使我军军事供应链管理研究取得了重大突破。2005 年，龚卫峰[62]发表了《军事物资供应链管理研究》博士论文，并在其后发表了军事供应链管理研究系列期刊论文。2010 年王丰，等[15]所著的《军事供应链理论与应用》出版，该书使我军军事供应链理论应用研究迈上了新的台阶。与此同时，一些学者对军事供应链管理的基础理论和核心问题进行了深入研究，取得了一大批理论研究成果。具体归纳起来，主要体现在以下几个方面：

①军事供应链基础理论研究。军事供应链基础理论侧重于揭示军事供应链的客观规律，是军事供应链的核心和基础，主要包括军事供应链管理的基本概念、主要特征、结构模型、核心理念、集成层次、具体目标和保障效应等。王进发，等[61]通过引进、借鉴外国军事供应链管理理论，创造性地提出了具有我军特色的军事供应链管理理论，明

确了军事供应链管理研究的对象、内容、原则和目标等基础理论问题，推出了《军事供应链管理——支持军事行动的科学与艺术》等理论专著。龚卫峰发表了军事供应链管理系列论文[63-70]，提出了实施军事供应链管理的可行性、必然性、军事供应链的内涵、核心理念及主要目标、实施对策等。焦红，等[71-76]通过解读美军最新供应链管理思想，为我军实施军事供应链提供了参考。这一系列的研究，为进一步深入研究军事供应链奠定了基础。贾龙真，等[77]指出对军事供应链实施信息化的成本战略管理可以及时协调不同节点的交易活动，达到对总的军事供应链运行成本的战略管理和控制的目的。张瑞鹏，等[78]分析了军事供应链的成员组成，确定了军事供应链的核心成员。

②军事供应链应用理论研究。军事供应链应用理论侧重于研究揭示军事供应链的一般规律，是研究如何将军事供应链理论运用到军队后勤保障以及如何对军事供应链实施有效管理等问题，它将具体的方法、工具、手段与军事供应链的基础理论相结合，解决军事供应链实施中具体问题，是军事供应链的理论支撑。王丰，等[15]通过分析军事供应链的内涵、分类、运作模式以及基本结构，对军事供应链网络、不确定性管理、协同管理、可靠性管理、柔性管理、储备管理、供应商管理以及军事供应链"牛鞭效应"等问题进行了系统深入的探讨，提出了一些新思想和新观点，形成了比较完整的应用基础理论体系。同时，其他学者针对我军传统后勤物资保障和装备保障存在的弊端，分析研究了我军后勤实施军事供应链管理各类重点、难点问题，形成了一大批学术成果。徐廷学，等[79]根据平衡计分卡原理确定了影响军事供应链绩效的 6 个关键因素，继而建立了具有聚类功能的自组织映射 SOM 网络模型。贾建锋，等[80]将博弈论应用于军事供应链供应商管理，将双方利益矢量化，提高了供应商管理水平。王科，等[81]以系统动力学为工具，建立了基于联合库存管理策略的供应链动态仿真模型，并从瓶颈和牛鞭效应两个方面对模型进行了分析和优化。这些研究成果，为我军后勤现代化建设和总部判定重大决策提供了科学的理论指导。姚平，等[55]从分析构建军事供应链合作伙伴的评价体系入手，基于多因子影响、多条件变化建立了动态变值、变权模糊评价模型，举例说明了这一模型的可行性。这一研究对正确选择军事供应链合作伙伴提供了有力支撑。

（5）我军战备物资储备建设与研究存在的不足

通过对上述相关领域研究与发展的综合分析，发现我军战备物资储备目前存在以下几个方面的不足：

①军民融合思想在战备物资储备领域的具体应用还需加强研究。后勤保障体制实施军民融合式改革是未来发展大趋势，战备物资储备也必须走军民融合的路子，但目前研究中依然是指导性的理论分析较多，具体技术层面操作性较强的系统的研究较少，使这一思想难以具体展开。

②军民融合条件下的储备模式还比较单一。军民融合是军地双方的融合，应当尽可能进行军地资源的有效配置，通过两类资源的相互补充和支持，实现战备物资储备效益的最大化。从当前的研究及应用来看，军民融合战备物资储备模式仅限于企业代储，这种模式较好地利用了地方资源，但军队现有仓储资源得不到有效利用。

③缺乏有效的储备模式选择方法。在战备物资储备改革中，多种储备模式并存、互为补充是必然，许多文献中也提到了实物储备、技术储备、资金储备等多种模式，但具

体的物资采用哪种储备模式依然依靠定性分析和主观判断，缺乏科学合理、操作性强的模式选择方法。

④在战备物资储备实施军民融合后的库存控制、轮换策略等方面的量化研究成果还比较少。从目前收集到的资料来看，大多研究停留在战略层面的定性分析，特别是轮换更新的研究还不多，对军队的策略建议缺乏量化科学依据，有待于进一步深入。

⑤在军民融合战备物资储备中军地如何展开有效协作方面的研究比较薄弱。实施军民融合是军地双方的事，而当前的研究考虑较多的是站在军队的角度如何对供应商实施有效管理，这种思维下的军地双方分别属于管理者与被管理者的角色，不能调动地方参与的积极性，难以实现真正意义上的合作。

（三）研究思路及内容

本项目的研究主要围绕上述的不足展开，共四大块内容，八个部分。

第一块为第一部分，提出项目研究的背景及意义，在对相关文献进行梳理分析的基础上，提出研究的内容、思路及方法，并构建项目的总体框架。这部分重点解决"为什么要做"的问题。

第二块包括第二部分和第三部分。通过介绍寄售模式的定义、发展历史、应用现状及优点等，分析将该模式应用于战备物资储备领域的可行性和必要性，对战备物资在几种模式下实施储备的优缺点进行比较，提出战备物资储备工作的一种新思路、新模式；将寄售模式下物资选择问题转化为具体物资的储备模式选择问题，通过将模糊聚类与多类支持向量机相结合，对问卷调查得到的原始数据进行处理，从而构造出一种对具体物资储备模式进行自动选择的"机器"，实现科学选择和确定可以实施寄售式储备的战备物资的目的。这部分重点解决"能不能做""对谁来做"等基础性问题，是项目后续研究的基础。

第三块包括第四部分、第五部分、第六部分和第七部分，主要对寄售式储备中的供应商选择与评价、储备需求分配、库存控制、轮换更新以及军地协作形式等具体内容展开研究。通过建立供应商评价指标体系，应用质量屋实现对初选供应商的科学评价，在此基础上，利用双层规划法将军队储备需求在多个供应商之间进行合理分配，达到"满足军事效益、兼顾经济效益"的储备目的；通过建立相关数学模型，探索寄售式战备物资储备下库存控制和轮换更新的规律，为军队战备物资储备与管理部门决策提供意见和建议；将 CPFR 应用于寄售式战备物资储备体系，建立军地双方合作组织体系和合作流程，从军队的角度分析合作要素，实现军地双方的有效协作。本部分是项目研究的重点，主要解决"和谁合作"以及合作中面临的各种细节问题。

第四块为第八部分，对项目进行总结，并提出下一步要做的工作。

研究结构如图 1 所示。

二、寄售模式在战备物资储备中的应用分析

（一）引言

近年来，随着高新技术在战争领域的广泛应用和现代战争向一体化联合作战模式的转变，战争的突发性、复杂性、高耗性凸显，特别是战争初期物资耗量剧增，后勤保障

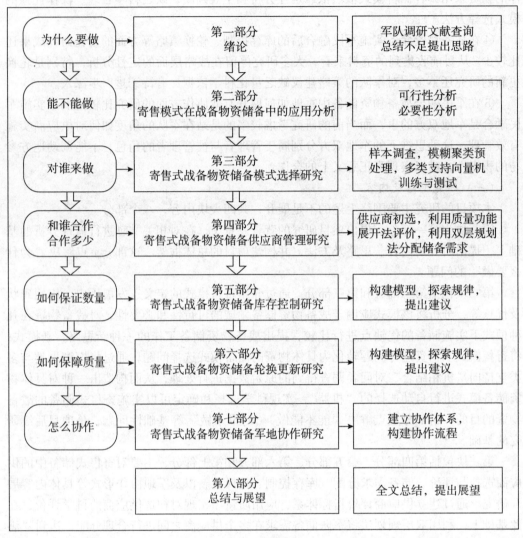

图1　研究结构

难度增大。同时，由于近年来我军历史使命的扩展，非战争军事行动成为我军肩负使命的一个重要方面，行动中物资需求的种类也较以前发生了极大变化，军地通用物资的比例逐渐增大。无论是战争还是非战争军事行动，对物资保障在种类和数量上的要求越来越高，供需矛盾突出。作为军事行动物资供应保障主要来源的战备物资储备体系，既要考虑物资储备在数量上的充足性，又要考虑物资性能上的可靠性，同时还要兼顾品种上的全面性，在储备经费有限的情况下，战备物资储备工作面临着前所未有的压力。在我军现有的战备物资储备体系中，独家储备、自管自用的传统储备方式依然是物资储备供应的主要模式，这种储备模式由于其固有的封闭性，导致资金积压严重，物资轮换更新不畅，特别是在高新技术快速发展的今天，物资技术寿命普遍较短，军事需求上的先进性与在储物资的落后性之间的矛盾日益凸显，这种单一模式构成的储备体系已经难以满足军事行动中物资保障供应的需求，建立军民融合条件下多种模式并存的战备物资储备体系是解决这一问题的有效途径。寄售式战备物资储备就是我军物资储备的一种全新尝试。

（二）寄售模式简介

1. 寄售模式的定义

关于寄售，目前有多种定义，常见的有以下几种[82]：

定义 1 寄售是指"制造商将货物放置于零售商的经销处，在货物被使用或卖出前，制造商都不收取货款"。因此这种库存方式与传统库存方式最明显的不同之处在于：在传统库存方式下，零售商或使用者往往在收到货物较短时间内必须支付费用（通常不超过 30 天）；而在寄售库存方式下，在货物被使用或卖出前虽然存放在零售商或使用者的仓库，但不会支付供应商任何货款。

定义 2 寄售与销售完全不同，因为寄售不是"根据价格将供应商对货物的所有权转移给零售商"的交易方式。零售商的本质是供应商选择的从事货物所有权转移的代理人，他负责将货物卖给第三方，而货物在卖出前的所有权依然归供应商。只有在零售商处买卖交易发生后，货物的所有权才发生转移。若双方缺少一致性，供应商有权利终止寄售关系并取回货物。

定义 3 寄售是指货物的所有者（制造商或供应商）将货物传送或寄送于第三方（零售商），制造商或供应商保留货物的所有权。当零售商卖出或使用货物后，所有权发生转移，零售商向制造商或供应商偿付货物债款。如果零售商无法卖出货物，可以将货物退还给制造商[83]。

定义 4 寄售库存（Consignment Stock，CS）就是供应链环境下的一种库存管理理论，它是指供应商将货物（原材料、半成品或者产成品）存放在生产厂商或零售商的仓库中，在货物没有被生产厂商或零售商使用或卖出之前，货物的所有权归供应商所有，生产厂商或零售商只有在使用货物之后才支付费用[84]。

通过分析以上几个定义，我们可以看出，寄售库存与传统库存方式相比有两个最大特点：一是库存所有权发生了改变。在传统库存方式下，只要卖方将货物送到买方仓库，货物的所有权就从卖方转移到了买方手中，而在寄售库存下，只有买方卖出或使用了货物，所有权才发生转移。二是货物存放地点不同。在传统库存方式下，货物的所有权归谁，就存放在谁的仓库里，而在寄售库存下，买方仓库里存放的是所有权归卖方的货物。相比较而言，定义 4 对寄售库存的描述更符合国内习惯，因此国内文献中大都沿用了这一定义。

2. 寄售模式的发展历史和应用现状

据 MEDLINE 特卖部门副总裁 Frank Resnik 等采购史学家推测，寄售这种商业模式早在四千多年前可能就已经出现了，但由于没有确凿的证据，因此无法具体指出最初应用的场合。最有可能的就是产品被使用后使用者才支付费用这一商业模式仅仅是一种实物交易的技术，因此其早期的应用并没有很好的记录在案[82]。

Fenton 和 Sanborn[85]指出，寄售作为一种商业模式，在 20 世纪 30 年代美国经济大萧条中得到了广泛应用，后来在 70 年代由 MEDLINE 引入医疗行业。美国全国零售商协会的前采购副总裁 Joseph B. Siegel 认为，这种商业模式在大萧条期间之所以能够成功应用，主要是因为它能消除零售商和供应商的后顾之忧。

事实上寄售作为一种库存模式，最早出现在意大利的汽车制造业。汽车零部件供应商为了让生产商能方便使用其产品，将零部件寄放在汽车生产商的库房之中。寄售式库存的优势在于：对供应商而言，既可以灵活安排自己的生产计划，又可以节省仓储资源；对零售商而言，能随时得到所需货物，并且免去订货成本和库存持有成本。鉴于这种优势，寄售库存现在已经扩展到许多行业之中：

（1）在制造业中，许多制造商都要求供应商将零部件或原材料存放在自己的仓库中，这样方便生产过程中的使用，在用完之后再同供应商结算转账。目前 IBM、Dell、Philip、海尔、长虹等制造企业就采用这种库存方式。这种库存方式既使自己实现了"零库存"和"JIT 采购"（至少是向这两个方向前进了一大步）[86]，又将库存资金占用风险转嫁给了上游供应商。

（2）在许多宾馆的客房中，都放置了各种各样的饮料、食品和烟酒等，顾客在住宿期间可以随时取用。有的宾馆房间里甚至"寄放"闭路电视、录像机、录像带以及光盘等，让住宿的顾客从节目单中寻找自己感兴趣的节目随时观看。这些消费产生的费用都在退房结账时一并清算收取[87]。

（3）在书籍发行市场，首先由总经销商汇总各地零售商的订购数量，之后向出版商下订单，出版商按各零售商的订购数量将书籍交发给各零售商出售，零售商先卖书，后向总经销商结账，卖不完可以退货。在这个过程中，总经销商与零售商之间实际上就是一种寄售关系[88]。

（4）在金融市场，中国人民银行也同瑞士银行签订合约，在深圳支行进行黄金寄售业务。在此合约下，瑞士银行将它们的黄金存放于中国人民银行深圳支行的金库，中国人民银行按照国内的黄金管理政策和国际金价、汇率变化等因素确定出售价格，把黄金出售给深圳的黄金饰品加工企业，每出售一笔实物双方结算一笔。

（5）寄售库存运用最为广泛的是医疗行业。在美国，自从 20 世纪 70 年代 MED-LINE 将寄售库存这一概念引入医疗行业，到 90 年代初就已经有 90% 的医院或多或少的采用了寄售库存，而且采用寄售库存的医院规模有大有小，所涉及产品的范围也很广[89]。在我国，这种库存模式逐渐被医疗行业所接受和认可，目前许多医院广泛采用了寄售库存这种医疗器械及药品的供应模式。

（6）电子商务网站，如 ebay、amazon、America Online、阿里巴巴、淘宝、易趣等，实际上也是一种寄售式交易。这些网站为卖家提供发布货物信息的平台，买家根据信息选购货物。当买卖交易完成时，网站向卖家收取一定的费用。如果在规定的时间内卖家的货物没有被销售出去，网站就会将该货物信息删除，网站和卖家都不会得到收入[90]。

（7）在零售业中，许多大型超市如 Wal－Mart 虽然还只是采用 VMI 方式，但鉴于在零售行业中零售商的强势地位，有人预言，寄售可能代表着零售业的未来[91]。

（8）寄售模式也普遍应用于二手市场以及珠宝、钢铁和包装产品等市场。甚至是在三峡工程施工设备的配件购置上，也采用了寄售库存这种方式[88]。

随着寄售模式在各个领域的广泛应用，近年来的研究成果也相当丰富。Valentini G.，等[84]将库存成本分为货物本身占用的资金机会成本和占用空间的物理空间成本，研究了一个供应商和一个需求商下该模式的优势和缺陷。Zavanella L.，等[92]针对一个供应商和多个需求商的寄售库存模式，研究了供需双方在不完全合作下的库存情况。Li S.，等[93]建立了一个制造商和一个零售商下的合作博弈模型，制定了收益共享的寄售合同。Lin I. C.，等[94]通过对配电系统的运作分析，建立了在供应商管理库存和寄售协议共同制约下的协调合作机制。Adida E.，等[95]通过比较价格相关，供应商级别的高低决定了它在哪种契约下的收益更高。Wang S. P.，等[96]以共享型契约与收入共享型企业两种不同的合同，指出供应商的收益与供应商的级别在需求方库存容量的限制下，构建了一个用于调节供应商供货批量的库存管理模型。Zanoni S.，等[97]研究了根据库存持有者的学习曲线如何确定供货批量和供货时间。Hariga M. A.，等[98]构建了一个该模式下的零售货架分配和库存控制模型，使供应商能最大限度使用货架的空间来获取最大利益。Bylka S.[99]构建了一个供应商和一个需求商下寄售库存的生产周期分配模型，使利益最大化的同时达到运输和仓储成本的最小化。

3. 寄售模式的优点

通常情况下，实施寄售库存的协作双方会就存货幅度协商，买方（生产厂商或零售商）会根据自己的实际需求情况和仓库容量设置库存上下限，即要求卖方的存货介于安全库存 s 和最大库存 S 之间。这种库存模式由于其固有的特点，其优点是显而易见的。

从卖方的立场来看，寄售库存的优点在于：

（1）由于买方规定了最低库存水平 s 和最高库存水平 S，因此卖方的寄售库存可以在 s 和 S 之间任意变动，这样使得卖方的生产和补货计划存在一定的弹性空间，生产批量可以不受经济订货批量（Economic Order Quantity，EOQ）的限制，因此具有较高的灵活性。

（2）由于货物存放于买方的仓库，因此卖方可以少建甚至不建自己的仓库，从而减少仓储设施设备建设投入，降低库存管理成本，可以节省一定的库存持有成本。

（3）如果协作双方约定的结算周期较短，通过货款结算支付，卖方可以及时掌握市场需求信息，从而有效调整生产计划。

从买方的角度来看，寄售库存的优点在于：

（1）由于货物存放于自己库房，因此买方可以随时获取所需物资，从而降低因缺货而带来的损失。

（2）补货过程由卖方按照协议主动完成，买方不用再实施订货过程，可以节约买方的订货成本。

（3）由于库存物资的所有权归卖方所有，买方只有在货物被使用或出卖后才向卖方支付货款，因此对买方来说可以降低库存持有成本。

从买卖双方的共同立场来看，通过寄售式协作双方可以建立更为紧密的长期合作关系，这在竞争日益激烈的市场环境下无疑可以为双方带来更为广阔的市场竞争优势。

（三）寄售模式应用于战备物资储备的必要性和可行性

军民融合是当前我军后勤保障发展的大趋势。在这个大趋势下，战备物资储备实施军民融合势在必行，但在具体实施方面，应该采取什么策略是当前应该考虑的主要问题。虽然寄售模式具备许多优点，并且已在许多领域得到成功应用，但能否应用于战备物资储备领域，引入的必要性和可行性是需要弄清楚的首要问题。

1. 寄售式战备物资储备的概念界定

将寄售模式引入战备物资储备体系是军民融合思想在我军后勤保障领域的具体体现，是寄售模式在战备物资储备与保障领域的一种全新尝试。为了研究方便，论文借鉴前人对寄售模式的定义，根据战备物资储备的实际情况对寄售式战备物资储备作如下定义：

军队战备物资储备计划与管理部门根据国家国防安全建设和军事后勤保障的战略需求和总体规划，在合适的地方为战备物资供应商提供仓库，供应商在物资的所有权不变的情况下，将军队所需物资储备于这些仓库中供战备物资储备计划与管理部门调拨部队使用，使用后物资的所有权由供应商转移至军队，军队按双方约定的时间周期对已耗物资进行转账结算。

战备物资储备在寄售模式下具体运作过程如图2所示。

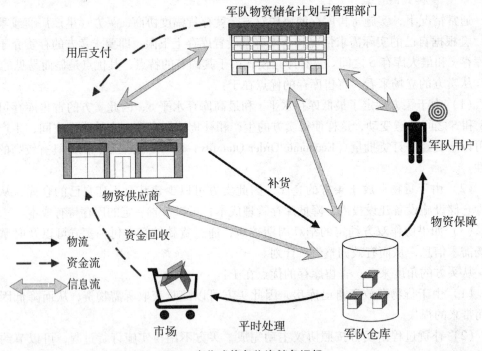

图2　寄售式战备物资储备运行

战备物资在寄售式储备过程中，库存物资的补货过程不再是由军队根据实际库存水平与期望库存水平的差值来向供应商下达订单完成，而是由供应商依据双方的约定实施主动补货。库存物资的日常管理由军队负责执行，但供应商掌握着物资的所有权和库存物资资金占用成本，只有在部队使用之后物资所有权才发生转移，资金结算方式也由以往的先付款后使用变为先使用后结算。在经济利益的驱动下，供应商成为物资轮换更新的主动承担者。具体说来，该模式具有以下几个特点：一是物资在储阶段的所有权由供应商掌握，军队不再拥有库存物资的所有权，从而降低了军队的订货成本、库存持有成本以及运输成本；二是物资从生产线下来就进入军队仓库，对供应商来说可以缩小建库投资，从而降低存储空间成本和物资管理成本；三是通过协作，军地双方可以形成长期稳定的战略合作伙伴关系，为应急行动中军地合作打下良好的基础。

2. 寄售模式在战备物资储备领域应用的必要性

将寄售模式应用于战备物资储备领域，既能满足物资储备的军事效益，又能提高物资储备的经济效益，对于利用有限资源开展新军事变革、构建现代化后勤保障体系具有深远的历史意义和现实意义。

（1）将寄售模式应用于战备物资储备体系，有利于优化战备物资储备结构，提高后勤保障的可靠性。近年来我国军费开支逐年递增，特别是在后勤保障设施设备建设方面投入了巨大的人力财力，然而在战备物资储备方面由于军队的特殊性，在长期以来形成的只重军事效益而轻经济效益的思想指导下，形成了独家储备、自成体系的储备与保障格局，大量物资进入储备体系后得不到使用，造成资金积压。并且随着储备设施设备与物资的逐渐落后淘汰，造成了极大的浪费。随着新军事变革的深入和军队历史使命的扩展，需要军费开支的地方越来越多，有限的军费投入远远不能满足后勤保障建设的需求，经费供应中供需矛盾特别突出。为缓解经费不足与后勤保障建设需求增大之间的矛盾，不得不将许多军地通用的物资从储备目录中剔除，交由地方储备，但这一做法无疑降低了后勤保障的可靠性。在寄售模式下，军队虽然在储备初期需要投入仓库建设费用，但由于储备过程中库存物资的成本由物资供应商承担，军队仅需担负库存物资的日常管理费用和库房改造维护费用，因此可以将大量储备经费从储备积压中解放出来。在物资储备经费总投入不变的情况下，这部分资金可以用来增大紧缺物资的储备量，或用于储备实际需要但尚未进行储备的物资，使我军战备物资储备结构变得更合理，从而提高后勤保障的可靠性。

（2）将寄售模式应用于战备物资储备领域，有利于迅速将储备效益转化为军事效益，为军事行动的顺利完成提供保障。战备物资储备的目的就在于军事行动初期为作战力量提供可靠的物资保障，迅速将储备效益有效转化为军事效益，使作战力量及时掌握和控制作战先机，取得战争的主动权。在寄售式战备物资储备中，军队掌握着储备地点选择的主动权，在选择储备地点的过程中，军队可以结合战略方向和战略重点综合考虑，全面分析，科学选择，合理建设，一旦军事行动开始，保障力量可以及时将所需物资按预先计划送至需要的地方，为行动初期提供可靠的物资保障。同时，由于军队与地方供应商在前期合作中建立了良好的合作伙伴关系，从而为后续保障中的军地合作打下良好基础。

（3）将寄售模式应用于战备物资储备领域，有利于变静态储备为动态储备，防止无效储备。当前我军战备物资储备最大问题之一就是死储，许多物资从出厂直至报废都处于储备状态，有的物资甚至报废已久但仍然占用着储备空间，对人力、物力、财力都造成了严重的浪费。造成这一问题的根本原因就是缺乏有效的物资轮换更新监管机制，物资的轮换更新没有得到有效落实。在寄售模式下，由于库存物资的所有权归供应商所有，一旦物资过期报废，必然会给供应商造成直接经济损失，因此供应商就成为库存物资轮换的最有力的执行者，在物资储备过程中，供应商必然会督促军队协助其完成轮换更新任务，并尽可能供应紧随科技发展步伐的新型替代物资，从而转化静态储备为动态储备，提高库存物资的可靠性。

3. 寄售模式在战备物资储备领域应用的可行性

将寄售模式应用于战备物资储备领域，既有市场经济条件下供应商经济利益的驱动，又有新军事变革过程中国家和军队政策的支撑，经济发展过程中的激烈竞争与国家的大政方针都已为寄售模式在战备物资储备中的实施创造了良好的条件。

（1）与军队合作的广阔前景为战备物资供应商提供了实施寄售式合作的强大动力。第一，战备物资在战时的巨量消耗是供应商与军队展开合作的原动力。战备物资储备的目的就是为了满足军队战时保障的物资需求，这些物资虽然平时用量不大，但在军事行动中需求量大得惊人，这种物资的巨量消耗无疑会对供应商产生极大的诱惑力。第二，军队所具备的高度信誉是供应商与军队开展合作的定心丸。作为国家的武装力量，军队各项经费开支由国家预算拨付，具有一般企业无法相比的信誉度，供应商与军队合作风险低，收益高，合作可靠。第三，储备成本的节约是供应商与军队展开合作的助推剂。在寄售模式下，物资从生产线上下来就进入军队的仓库中由军队负责管理，对供应商而言，既没有建库成本也没有管理成本，可以全身心投入到企业内部管理与生产之中。同时，物资放在军队库房中，并不影响供应商的市场活动，对供应商来说不仅不会造成损失，还会获得潜在的巨大市场。因此，从供应商的角度来说，与军队实施寄售式合作是完全可能的。

（2）寄售式企业合作的成功案例为寄售模式在战备物资储备领域的应用提供了丰富的经验借鉴。寄售最早是在国际贸易中经常采用的一种贸易形式，一般是委托人（货主）先将货物运往寄售地，委托国外的代销人按照协议规定的条件，由代销人代替货主进行交易，货物出售后由代销人向委托人结算货款。近年来这种贸易形式被广泛应用于国内贸易。作为企业物资供应的一种重要解决方案，寄售库存越来越被许多供应链企业所利用，例如长虹、海尔、戴尔等生产企业要求供应商将所需零部件以寄售形式向自己供应，许多医院中的药品、医疗器械也是通过寄售库存来供应。这些成功应用的案例都为战备物资储备提供了有效的经验借鉴。

（3）新时期国家大政方针和建军精神为寄售模式在战备物资储备领域的应用提供了强有力的政策支撑。进入 21 世纪以来，党中央、中央军委多次提出要整合军地资源，实施军事后勤保障的军民融合式发展。2007 年中央军委制定的《全面建设现代后勤纲要》指出：要构建军民结合的军事物流体系，依托国家物流体系和社会保障资源，逐步建成集采购、仓储、运输、配送于一体的现代军事物流体系，实现军地衔接、平战结合的供应商直达配送。2011 年 3 月颁布的《中华人民共和国国民经济和社会发展第十二个五年规划纲要》指出：要稳步推进以生活保障、通用物资储备、装备维修等为重点的军队保障社会化改革，建立军民结合的军事物流体系和军地一体的战略投送力量体系。党的十八大报告也着力强调：国防和军队现代化建设要坚持走中国特色军民融合式发展路子，坚持富国和强军相统一，加强军民融合式发展战略规划、体制机制建设、法规建设。这些纲要和党的大政方针无不为我军战备物资储备军民融合式改革提供了政策上的支持。将寄售模式引入战备物资储备，是建立军民融合式战备物资储备体系的一个具体应用，与国家的大政方针保持了高度的一致性。

综上，将寄售模式应用于战备物资储备领域，既有战备物资储备军民融合式改革发展上的客观需求，又有地方成功应用的成熟经验，并且完全符合军队后勤改革的相关政策。实施寄售式战备物资储备，在满足军事效益的基础上实现了经济效益最大化。因此，将寄售模式应用于战备物资储备领域是完全必要和可行的。

（四）寄售式战备物资储备下的军地关系

在寄售式战备物资储备的环境条件下，由于军地双方密切合作，这种合作关系不只限于物资储备阶段，甚至延续到战时物资供应的保障过程中，因此军队与供应商之间不再是简单的买卖关系，而是长期合作的战略伙伴关系。在这种关系之下，双方的目标是实现直接、长期、稳定的合作，强调的是共同努力实现共有计划和解决合作过程中遇到的共同问题，注重的是相互信任与精诚合作。这与传统的战备物资储备模式下的军队与供应商的关系模式有很大区别。这种关系的变化主要体现在以下几个方面：

（1）军地双方相互交换的主体有了进一步扩展。在传统储备模式下，双方交换的主体仅限于物资，即单纯的物资买卖关系；而在寄售模式下，双方交换的主体除了物资，还包括双方互相提供的服务，即军队为供应商提供仓储和管理，供应商为军队提供补货和轮换更新。

（2）军队对供应商的选择标准更为严格。在传统模式下，军队对供应商的选择主要在物资满足要求的基础上考虑价格因素；而在寄售模式下，军队选择供应商不仅要考虑物资报价，更要考虑供应商的企业背景、安全保密、历史业绩、发展前景、创新能力等多方面的因素。

（3）军地双方合作的稳定性增强。在传统模式下，军队与供应商是简单的买卖关系，物资交易完成合作关系就终止，这种关系具有较大的随意性；在寄售模式下，军队与供应商是长期合作关系，相对更为稳定。

（4）供应商数量变少，规模要求更高。在传统模式下，军队通过市场调查，可以选择多个供应商来购买物资，无须关心供应商企业的规模，只要能提供部分满足质量要求的物资即可；在寄售模式下，军队通过严格的考察筛选，最终实现合作的仅为有限几个，为了便于合作，供应商宜少而精。企业规模在很大程度上体现了实力，因此寄售模式下的供应商企业规模都较大。

（5）军地双方的信息交换成为必要。在传统模式下，双方合作的着眼点是当前物资的质量，各自的信息属于内部机密；在寄售模式下，信息传递成为双方合作的必要条件。

军队与供应商之间的这种战略合作关系形成于各自的利益需求之下，通过建立军队与供应商的寄售式战略合作伙伴关系，可以达到如下目标：

对军队来说：

（1）降低成本（包括谈判成本、合同成本、运输成本等）。

（2）减少资金积压。

（3）降低库存水平。

（4）有效实现库存物资轮换更新。

（5）提高物资质量和性能的可靠性。

（6）方便部队物资供应保障。

（7）便于战时筹备大量物资。

对供应商来说：

（1）降低物资管理成本。

（2）减少存储设施建设投资。

（3）获得更大的产品市场。

（4）获得更高的利润回报（允许战时适当提高价格）。

（5）生产计划更有柔性。

对军地双方来说：

（1）改善相互之间的交流。

（2）实现面向部队需求的产品研发。

（3）风险共担，利益共享。

（4）降低外在因素影响造成的风险。

（5）增强解决矛盾冲突的能力。

（6）提高资产利用率。

（7）实现规模效益，降低成本。

为了较好地实现军地双方的各自目标和共同利益，军队和供应商的合作伙伴关系应当着眼于以下几个方面：

（1）军队要让供应商了解物资的储备计划和保障对象，使供应商能够清楚地知道军队对物资的特殊性能要求和数量、质量，积极参与产品的设计与改造，以满足部队的特殊需求。

（2）军队要及时向供应商提供物资储备与保障计划，特别是军事行动前期要让供应商了解可能的保障需求，知道军队的需求，以便供应商在应急情况下满足部队保障需求。

（3）军队和供应商要明确双方的责任，并积极向对方负责，理解双方共同利益所在，并为此而团结一致，实现双赢。

寄售模式下战备物资储备中军队与供应商的合作伙伴发展的主要特征就是以产品为核心转向为以合作/服务为核心。在合作/服务思想的指导下，军队和供应商把双方相互的需求和技术集成在一起，以实现双方各自利益最大化，最终达到向客户（作战力量）提供数量充足、质量可靠的产品的目标。因此，军队与供应商不仅进行的是实体物资的交换，还包含了研发、设计、信息、管理等一系列可见或不可见的服务。

（五）寄售式战备物资储备的比较优势

在我军后勤保障体系发展历程中，独家储备、自管自用的军队自储模式长期以来一直肩负着战备物资储备的重要角色。近年来，随着军队后勤保障体系的军民融合式改革，企业代储模式逐渐登上了战备物资储备的舞台并开始发挥作用。寄售模式是军民融合思想下又一种全新的战备物资储备模式。这三种储备模式的不同之处主要体现在物资存放地点、物资所有权、资金结算时间以及与供应商的关系等方面，见表1。

表1 战备物资储备模式比较

	军队自储模式	企业代储模式	寄售模式
物资存放地点	军队仓库	供应商仓库	军队仓库
物资所有权	军队	军队	供应商
资金结算时间	货到付款	提前预付	用后支付
与供应商的关系	买卖关系	合作伙伴	合作伙伴

1. 寄售式储备模式与军队自储模式的比较

军队自储模式，即传统的战备物资储备模式，是我军自新中国成立以来一直沿用的战备物资主要储备模式。这种模式曾经在计划经济条件下发挥了重要作用。在该模式下，军队的物资储备计划与管理部门根据对未来形势的估计和分析编制采购和储备计划，然后从供应商处直接购买足够的物资并储备于军队自己的仓库，根据部队的需求调拨使用。具体运行图如图3所示。

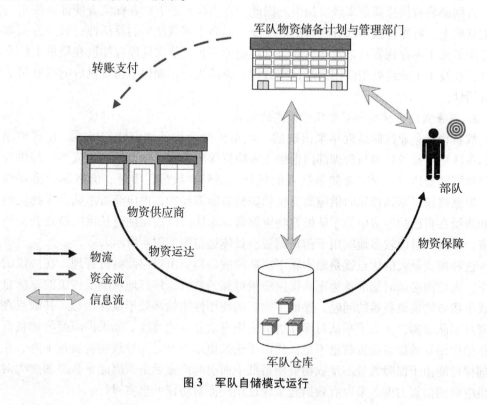

图3 军队自储模式运行

这种模式的优点在于用于作战力量保障的战备物资完全掌握在军队自己手中，正如人们常说的"手中有粮，心中不慌"，一旦军队需要，可以立即调拨使用，能较好体现保障的及时性，发挥战备物资储备应有的作用。最大的缺点在于：一是资金积压严重。

战备物资储备种类繁多，数量庞大，这些物资都需要军队使用巨额经费购入，但由于物资长期储而不用，积压了大量资金。二是物资性能得不到保证。在军队自储模式下，物资所有权属于军队自己，军队自身不具备实施轮换更新的动力，如果没有切实可行的轮换更新制度以及有效的执行和监管机制，物资入库后必将陷入"死储"。物资在储备过程中，质量必然会随着时间的推移而下降，如果长期没有使用机会，将导致其最终过期报废。对于一些技术性较强的装备物资，长时间储备还会导致其因难以得到技术更新而处于落后状态。这样，如果军事行动中需要物资保障，现储的物资多数难以实现最初的使用价值，从而减弱保障效果。

寄售模式与传统的自储模式相比，二者的共同之处在于物资储备地点在军队仓库，实际的物理库存都由军队管理，便于军队调拨使用。最大的不同在于：一是军队与供应商之间的关系不同。在传统模式下，军队与供应商是临时买卖关系，物资购买完成就意味着合作结束，其他的工作都由军队自己负责；在寄售模式下，军队与供应商之间是战略伙伴关系，由于支付时间的推后将双方紧密联系在一起，物资在储备阶段的管理由双方共同负责，一旦物资使用并完成结算后，意味着双方合作的又一轮开始。二是库存成本的持有人不同。在军队自储模式下，库存物资属于军队所有，而在寄售模式下，库存物资在使用之前依然归供应商所有，这一变化导致供应商必须对在储物资的质量负起责任，否则必将对供应商带来经济损失。因此，寄售模式一方面在保留方便部队使用的优点的基础上，将库存成本部分转移给供应商，提高了军费使用的灵活性；另一方面弥补了传统模式下库存物资缺乏轮换更新监管机制的不足，能保证库存物资在质量上的常储常新，在技术上始终处于应用前端，在数量上灵活机动，确保了物资供应的高度可靠性和灵活性。

2. 寄售式储备模式与企业代储模式的比较

战备物资企业代储是近年来出现的一种军民融合战备物资储备模式。在这种模式下，军队物资储备计划与管理部门根据未来物资保障需求选择合适的供应商，与供应商签订物资储备协议，对需要储备物资的规格、型号、数量、质量、价格等做出详细规定。根据协议，军队预先向供应商支付物资储备所需经费，供应商按军队需求物资的数量和质量在自己的库房中为军队做好物资储备，军队可以按需随时从供应商处获得所需物资。该模式目前较多地应用于药材储备。具体运行图如图4所示。

这种模式最大的优点就是原本属于军队的战备物资由供应商负责管理，在协议的约束下，供应商必须时刻准备为军队提供质量可靠的物资，较好地解决了传统的军队自储模式下物资轮换更新难的问题，保证了物资的使用性能始终处于最佳状态。其缺点在于物资与军队分离，加大了军队对库存物资实施有效监管的难度。如果供应商将储备资金挪作他用而导致储备物资数量不足，或由于轮换更新不及时而导致物资质量下降，在战时同样可能由于保障数量不足或物资质量低下而引起严重后果。因此军队必须加大对物资供应商的监管力度，采取有效措施来保证供应商对协议的忠实履行。

寄售模式与企业代储模式相比较，相同之处在于二者都实现了物资的动态储备，提高了物资质量的可靠性。不同之处包括：一是物资所有权和储备地点不同。在企业代储模式下，属于军队的物资储备在供应商的仓库，不利于军队对物资数质量的监管和调拨

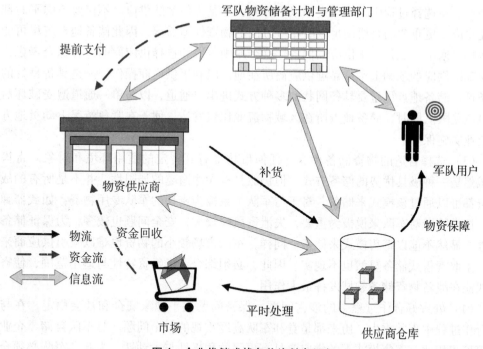

图4　企业代储式战备物资储备运行

使用；而在寄售模式下，属于供应商的物资储于军队仓库，继承了军队自储模式下方便保障供应的优点。二是资金结算时间的不同。企业代储模式下遵循先付款后使用的时间顺序，军队处于被动地位；在寄售模式下，军队采取先使用后付款的策略，相对来说更具有主动性。对军队而言，寄售模式更具优势。

综上分析，寄售式战备物资储备与当前我军实施的军队自储模式和企业代储模式相比，既保留了它们各自的原来的优点，又克服了这两种模式所与生俱来的不足，具有这两种模式无可比拟的优势。因此，寄售模式在战备物资储备领域中具有广阔的发展前景。

（六）寄售式战备物资储备应解决的关键问题

寄售式战备物资储备是军民融合意义上军队与地方更为深入的合作，具有其他储备方式无可比拟的优势，同时它对供应商的选择、仓库选址以及保密问题具有更高的要求。实施寄售式战备物资储备，必须解决好以下几个方面的关键问题。

（1）选择合适的供应商。战备物资储备关系到国家安全和社会稳定，供应商作为寄售式战备物资储备中的主要实施者，其运行水平将直接决定战备物资的储备效果。因此军队在选择供应商时必须慎之又慎，不仅要考察对方的地理位置、企业规模、产品质量、供应能力等硬件实力，更要对对方的政治背景、文化底蕴、经营理念、创新能力、合作意愿等软件指标综合考察，做到全面分析，择优选择，确保合作的可靠性和长久性。

（2）选择科学合理的储备地点。寄售式战备物资储备关乎军队和供应商双方的利益，储备地点的选择不仅要考虑军队物资供应的可靠性，同时要兼顾供应商实施储备的便利性。在选择过程中，应当遵循以下原则：一是方便部队供应。不仅要考虑平时部队消耗供应，更重要的是要满足战时相应方向的物资保障需求，因此储备地点应尽可能选在战略要塞上。二是便于供应商储备。这个原则可以和选择供应商的过程综合考虑，在方便部队供应的基础上尽量靠近供应商所在地，以利于供应商操作。三是具备良好的物流条件。储备地点尽量要具备网状的多种方式进出口通道，以防单一通道遭受破坏后物资供应受限。同时，储备地点所在区域物流业比较发达，便于在紧急情况下动员地方物流企业实施保障。

（3）选择合适的物资储备种类。任何事物都有其特定的适用环境和对象。寄售模式虽然是一种极具优势的储备方式，但仍然具有无法逾越的局限性，并不是所有的战备物资都可以通过该模式来储备。对于与军队关系极为密切的军队专用物资，如武器弹药等，这类物资对军队来说极为重要，失泄密风险较大，安全问题也较多，为保证储备可靠性，显然不能以寄售模式来储备。同样，军队市场较小的物资也难以吸引供应商来合作，采取寄售式储备显然也不现实。因此，必须综合考虑物资特性与适用范围，使寄售模式能在战备物资储备领域发挥最大作用。

（4）处理好合作过程中的涉密问题。保密问题关乎国家安全和社会稳定，在与地方合作过程中事关重大，历来都是党和军队高度重视的一个问题。与军队自储、企业代储等模式相比，寄售模式下的供应商具有更强的积极性与主动性，为此，军队必须合理界定涉密信息，在合作中既要充分体现军队的诚意，向供应商提供必要的信息，确保供应商物资供应准确可靠，又要严把信息保密关，保证绝密信息不外泄，防止信息泄露引发的不良后果。

（七）小结

军民融合是军队后勤保障发展的大趋势。作为军队后勤保障平时准备的主要内容，战备物资储备如何实现军民融合式改革是当前需要考虑的主要问题。本章分析了战备物资实施寄售式储备的可行性和必要性，阐述了寄售模式下军地双方的合作伙伴关系，并将寄售模式与军队自储模式和企业代储模式进行了比较分析，指出了该模式所具有的优势，分析了战备物资实施寄售式储备应当把握的关键问题，重点解决了"能不能做"的问题，从而为论文后续研究奠定了基础。

三、寄售式战备物资储备模式选择研究

（一）引言

战备物资是面向军事行动保障任务的物资，这一特殊用途使其具有除一般物资的自然属性之外的特殊性，从而使战备物资储备成为一项必要的工作。战备物资储备工作是否合理，要看是不是以合适的方式储备了合适的物资。通过上一部分的分析，我们得出了将寄售模式用于战备物资储备领域既有应用上的必要性，又有理论上的可行性的结论。这种模式虽然具有军队自储和企业代储无可替代的优势，但并不是所有的战备物资都适合利用该模式进行储备。因此，针对寄售模式的特点，选取合适的物资是该模式在战备物资储备领域应用的基础。本部分从实际应用的角度出发，将物资选择问题转化为储备模式选择问题，然后通过寻求科学的储备模式选择方法形成一种储备模式选择机，利用该储备模式选择机可以实现对适合寄售式储备物资的遴选，从而使寄售模式在战备物资储备中的应用更具针对性和实用性。

（二）物资选择问题分析及研究思路

本部分的目的是为寄售模式选择合适的物资种类，但由于战备物资种类繁多，要罗列出所有适合寄售式储备的物资显然难以实现。为具体的储备模式选择物资，实质上与为具体的物资选择储备模式这一问题等价，解决的都是储备模式与具体物资的对应关系。在实际操作中，储备模式只有几种，而战备物资的种类成千上万，显然为物资选择储备模式这一问题更为简单易行。同时，在战备物资储备实际工作中，解决问题的思路也是根据具体物资确定储备模式，而不是根据储备模式确定物资，因此将寄售模式下的物资选择问题转换为具体物资的储备模式选择问题更符合实际。本部分的研究，正是基于这种考虑展开的。

战备物资储备模式选择问题的实质是物资分类问题。在分类问题研究的相关文献中，常用的方法有模糊聚类分类法、支持向量机分类法、粗糙集分类法、神经网络法、遗传算法等，这些方法各有优缺点。模糊聚类法主要是针对给定的多种物资，根据不同的特性实现"物以类聚"。这种方法具有较好的聚类效果，但泛化能力较弱。它是一种"就事论事"的方法，将其应用于储备模式选择，最可靠的办法就是将储备目录中的所有物资作为样本集进行聚类，数据量大，容易出错。并且如果有新的物资列入储备，只能将该物资加入样本集进行重新聚类，因此每次储备模式选择都是原来工作的重复。支持向量机是一种机器学习的智能分类技术，只要完成对支持向量机的训练与测试，后续的分类工作就比较方便了，但该方法必须有可靠的样本数据用于前期的训练与测试，否则可能引起较大误差。这种方法应用于战备物资储备模式选择，如果直接应用问卷调查的数据实施训练与测试，由于受问卷调查者主观因素的影响，显然难以取得良好的训练效果。基于这种分析，本论文研究的思路是：选取不同种类的战备物资作为样本，构建物资分类特性指标体系，通过问卷调查对各样本的特性指标进行打分，并征求被调查者对各样本储备模式的建议；对具体的样本，选取问卷调查中最多的储备模式建议作为该样本的推荐储备模式；不考虑各样本推荐储备模式，采用模糊聚类法根据特性指标值对样本进行聚类，然后通过统计各类中的所有样本的推荐储备模式，选取样本最多推荐储备模式作为该类的储备模式，从而消除不同被调查者主观因素对储备模式选择影响；将问卷调查得到的样本特性指标值和模糊聚类得到的样本储备模式用于多类支持向量机的测试与训练，从而形成一种简单易用、泛化能力强的储备模式选择机器，针对具体物资实现储备模式的有效选择。

（三）战备物资储备模式及适用范围

根据物资的所有权和储存地点的不同，战备物资储备模式可以分为军队自储模式、企业代储模式、军队寄售模式和临时采购模式。

1. 军队自储模式

军队自储模式是我军长期以来广泛使用的战备物资储备模式。在这种模式下，军队战备物资采购计划部门根据对物资未来需求的预测，购买足够的战备物资储备于军队仓库供军队调拨使用。这种储备方式的最大特点就是军队自储自管自消耗，方便调拨部队使用。适于该模式储备的物资一般应具备如下特点：

（1）军队专用性强。这类物资与军队关系密切，其技术性能在很大程度上反映了我军装备方面的发展水平，通过对储备数量分析能在一定程度上获知军队部署情况。因此与这类物资相关的信息基本属于绝密，显然只能由军队自己来储备。

（2）需求刚性强。这类物资属于作战部队刚性需求，在军事行动中一旦部队产生需求，如果不能迅速保障到位，必将影响部队战斗力，造成严重后果。采用军队自储模式，可以减少调拨协调环节，迅速保障到位，提高物资供应保障效率。

（3）临时筹措难。这类物资相对紧缺，市场供应匮乏，或生产周期较长，筹措起来相对困难，军队必须有一定数量的储备，以备不时之需，在需求产生时不至于束手无策。对这类物资的储备显然适合于军队自储模式。

2. 企业代储模式

在这种模式下，军队根据物资需求量与地方供应商签订协议，由供应商（生产企业或物资存储企业）按部队需求在自己的仓库中为军队储备一定数量的物资供部队调拨使用，前提是必须保证物资的数量和质量。适于这种储备模式的战备物资应当具有以下特点：

（1）军队通用性强。这一特性对军队来说，能够尽可能避免失泄密问题发生，并将失泄密问题发生后带来的严重后果降到最低；对供应商来说，可以方便地通过市场实施轮换更新，实现资金回笼。

（2）物资需求量小。物资储备在企业仓库之中，增大了军队监管的难度。物资质量在很大程度上依赖于代储企业的自觉性和合同约束，质量可靠性不能百分之百得到保证。物资需求量越大，由于质量问题带来的风险也就越大。因此，企业代储模式不适用于军队需求量较大的物资储备。

（3）物资保质期短。战备物资实施企业代储式储备，其主要目的是方便物资的轮换更新，保证物资质量。将保质期短的物资存放于供应商企业库房，便于企业实施轮换更新，降低运输费用。

3. 军队寄售模式

在军队寄售模式下，物资存放于军队仓库之中，但所有权属于地方供应商，物资只有被部队使用消耗之后才进行财务结算。库存物资的质量和轮换等由地方供应商管理。这种模式适合于储备军地通用性较强、部队用量大、存储周期短的物资。从军地双方共同利益的角度综合考虑，实施寄售式储备的战备物资必须具备以下几个特点：

（1）军地通用性强。这一特点与企业代储下的要求一致，既可防止失泄密问题的发生，又有利于供应商通过市场实施轮换更新。寄售模式的特点决定了供应商是储备物资轮换更新的主要实施人，对在储物资的轮换更新，除了通过军队的消耗来完成部分轮换，剩余的只能由供应商来完成。如果物资的军地通用性差，就不可能通过市场出售来实现轮换，只能等物资寿命终结后以报废方式处理，这必然会对供应商造成直接的经济损失，不利于军队与供应商实现长期合作。

（2）军队需求量大。寄售模式之所以能够在战备物资储备领域应用，是因为军队具有广阔的市场空间作为吸引，因此供应商与军队合作首先考虑的就是军队对储备物资的消耗能力。如果某种物资对军队来说用量不大，那么供应商就失去了合作的意义。寻找不到合适的供应商，战备物资实施寄售式储备自然就成了空谈。

（3）储备周期短。战备物资储备工作的性质使资金积压成为必然，需要大量经费来支撑。在寄售模式下，库存物资成本由供应商持有，供应商所期望的是通过资金快速周转获取更大利润，储备周期长的物资必然导致供应商资金周转缓慢，难以形成合作关系。

（4）物资保质期长。物资存放于军队仓库，必然给供应商实施轮换更新带来困难。如果物资保质期太短，实施轮换更新的频率加大，必然会给供应商带来额外的费用支出，这是供应商所不期望的结果。

4. 临时采购模式

这种模式实际上就是许多文献中提到的资金储备，即军队虽然有需求，但市场供应充足，无须提前储备，在需要时随时在市场进行采购。这种方式适合于部队用量小、生产和存储周期短、市场资源充足的物资。

在上述几类模式中，军队自储是当前广泛应用的储备模式，寄售模式和代储模式是军民融合条件下本质不同的两种军地联储模式，是未来储备模式发展的大趋势，而临时采购模式只是对部队需求的一种补充。这几种储备模式各具特点，针对具体的物资采取合理的储备模式，才能真正发挥战备物资的储备效能，提高物资供应保障能力。

（四）战备物资分类特性指标体系构建

要选取合理的储备模式，必须建立一套科学的物资分类特性指标体系。根据前文提到的储备模式及各模式的适用范围，本研究选取物资的军地通用性、物资的需求量、物资生产周期、物资保质期以及市场资源的充足性五种指标来作为特性指标。

（1）物资的军地通用性。该指标是选择军队自储模式或军地联储模式（企业代储和寄售模式）的关键因素。军地通用性强的物资，对军队来说保密工作难度小，对供应商来说方便市场运作，可以实施军地联储。对于通用性差，特别是军队专用的物资，考虑保密安全问题以及供应商操作的难度，只能选择军队自储模式。

（2）物资需求量。战备物资的需求量关系到物资的储备地点。对需求量较大的物资，储备在军队自己的仓库，既方便部队使用与管理，又可以降低物资因频繁动用或远距离运输带来的损耗，降低订货和运输等附加费用。同时对供应商来说，可以用数量规模为吸引使其积极参与合作。因此这类物资可以选择军队自储或寄售式储备。

（3）物资生产周期。物资生产周期在一定程度上决定了物资的储备量。对生产周期较长的物资，军队必须有一定数量的储备作为不时之需，如果采取临时采购模式或储备量太小，可能延误战机或最佳行动时机，导致严重后果。因此这一指标是军队选择储与不储、储备多少的关键因素。

（4）物资保质期。这一指标是军地通用性较强的物资实施寄售式储备或企业代储的主要参考因素。物资保质期较短的军地通用物资，保质期内军队使用的可能性较小，轮换更新频率较高，采取企业代储模式，便于供应商及时实施轮换更新，确保部队使用物资质量的可靠性。而对于保质期较长的物资，军队在保质期内使用的可能性相对较大，为方便使用，适合存在军队自己仓库。

（5）市场资源的充足性。该指标关系到物资的储备量。对于市场资源充足、随时可以获得的物资，采用临时采购模式可以降低库存成本、节约储备资源。而对于市场资源紧缺、筹措不便的物资，无论其他指标如何，都应采取其他的储备模式进行储备。

（五）战备物资储备模式选择模型

根据前文的研究思路，整个战备物资储备模式选择模型由基于问卷调查的样本数据获取、基于模糊聚类的样本储备模式选择和基于多类支持向量机的战备物资储备模式选择机三部分所构成，最终目标是生成战备物资储备模式选择机，如图5所示。下面对这几个部分分别进行具体分析。

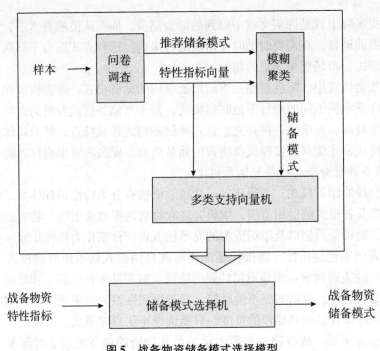

图5　战备物资储备模式选择模型

1. 基于问卷调查的样本数据获取

战备物资作为一种特殊的研究对象，与储备模式相关的特性指标模糊性较强，无法取得确切的数据。因此，样本原始数据通过问卷调查法获得。问卷包括两部分主要内容：一是对样本的特性指标进行打分；二是对样本进行储备模式推荐。问卷回收后，通过分析剔除无效问卷，建立样本集。样本集同样包括两方面的内容：样本的特性指标向量和推荐的储备模式。样本的特性指标向量取所有有效问卷中对该样本的特性指标打分的平均值，样本推荐储备模式由各有效问卷投票获得。不难发现，样本集中的特性指标向量涵盖了所有被调查者对样本的判断，可以作为支持向量机训练与测试的数据，而对样本的推荐储备模式仅代表了大部分被调查者的意见，如果某些样本的推荐储备模式基本呈均匀分布，那么采取投票得到的结果并不科学。因此研究中借助模糊聚类方法先对所有样本集数据预处理，给出更为科学的储备模式，再进行支持向量机的训练测试。

2. 基于模糊聚类的样本储备模式选择

利用模糊聚类分析法对战备物资样本进行分类预处理步骤如下：

（1）建立样本的特性指标矩阵

假设选取的战备物资样本集合为 $U = \{x_1, x_2, \cdots, x_n\}$，每一样本 x_i 有 m 个特性指标，则 n 个对象的所有特性指标构成矩阵

$$U^* = \begin{pmatrix} x_{11} & x_{12} & \cdots & x_{1m} \\ x_{21} & x_{22} & \cdots & x_{2m} \\ \vdots & \vdots & \vdots & \vdots \\ x_{n1} & x_{n2} & \cdots & x_{nm} \end{pmatrix} \tag{1}$$

就是样本的特性指标矩阵。

（2）数据规格化

数据规格化的目的在于消除特性指标单位的差别和特性指标数量级不同而带来的影响。本文采用数据标准化的方法，即对特性指标矩阵 U^* 的第 j 列，计算均值 $\overline{x_j}$ 和方差 σ_j，然后做变换

$$x'_{ij} = \frac{x_{ij} - \overline{x_j}}{\sigma_j}, \quad i = 1, 2, \cdots, n; \quad j = 1, 2, \cdots, m \tag{2}$$

（3）构造模糊相似矩阵

设数据 x_{ij} $(i = 1, 2, \cdots, n; j = 1, 2, \cdots, m)$ 均已规格化，采用夹角余弦法确定样本 x_i 和 x_j 之间的相似程度 r_{ij}，从而构造出物资与物资之间的模糊相似矩阵

$$R = \begin{pmatrix} r_{11} & r_{12} & \cdots & r_{1n} \\ r_{21} & r_{22} & \cdots & r_{2n} \\ \vdots & \vdots & \vdots & \vdots \\ r_{n1} & r_{n2} & \cdots & r_{nn} \end{pmatrix} \tag{3}$$

其中

$$r_{ij} = \frac{|x_i \cdot x_j|}{\| x_i \| \cdot \| x_j \|}$$

$$\| x_i \| = \left(\sum_{k=1}^{m} x_{ik}^2 \right)^{\frac{1}{2}}, \quad i = 1, 2, \cdots, n$$

（4）样本模糊聚类

利用平方自合成方法求出模糊相似矩阵 R 的传递闭包 $t(R)$，即

$$R^2 \Rightarrow R^4 \Rightarrow \cdots \Rightarrow R^{2k} = t(R) \tag{4}$$

其中 $k \leqslant [\log_2 n] + 1$。

选取适当的置信水平值 $\lambda \in [0, 1]$，求出 $t(R)$ 的 λ 截矩阵 $t(R)_\lambda$，然后按 $t(R)_\lambda$ 进行分类。由于存在 4 种不同的储备模式，因此置信水平的选取应当满足聚类结果为 4 类。

（5）样本储备模式选择

对每一类中所有样本的推荐储备模式进行统计，得票多的模式即作为该类所有样本

共同的储备模式。

通过模糊聚类方式得到的样本的储备模式，涵盖了同类样本的共同特性，消除了原始数据中对样本储备模式推荐中不同被调查者认知上的差异，具有较强的科学性与合理性，因此可以用于支持向量机的训练与测试。

3. 基于多类支持向量机的战备物资储备模式选择机

（1）支持向量机

支持向量机（Support Vector Machine，SVM）是以统计学习理论中的 VC 维理论和结构风险最小原理为基础的一种机器学习技术。这种技术通过分析给定样本的信息来寻找机器学习的精度与问题的复杂性之间最佳折中，从而获得较强的泛化应用能力。它的核心内容是 1992—1995 年期间提出的。1992 年 Boser 等人提出了最优边界分类器的概念，学术界普遍认为这是支持向量机的最初原型；1993 年 Cortes 和 Vapnik 对非线性情况下的最优边界分类问题进行了研究；1995 年 Vapnik 完整提出了基于统计学习理论的支持向量机方法。支持向量机的优越性主要体现在：

①针对样本数量有限的情况，它不仅可以得到样本数量趋于无穷大的最优值，还可以根据现有样本信息求解分类的最优条件；

②算法的求解是一个二次迭代寻求最优的过程，得到的最终结果是全局最优，而不像其他方法找到的是局部最优解；

③核函数的引入，使得算法可以解决高维情况的非线性问题，因此使得算法适用于任何函数集，并且 VC 维数与算法的复杂度不再有直接关系，避免了维数趋于无穷大。

支持向量机一经提出，就引起了研究人员的广泛关注。目前国内外关于支持向量机的研究主要集中于理论研究、学习算法研究和应用研究三个方面，其中理论研究主要体现在核函数研究[100-102]和处理多类问题[103-105]等方面，学习算法研究方面的成果包括块算法、分解算法、并行学习算法和原始空间中的学习算法等[106-110]，应用方法的研究主要有文本分类、图像检索、语音识别、人脸识别、医疗诊断、故障诊断、信号处理等多个方面[111-116]。

（2）支持向量机的分类原理

①线性支持向量机。支持向量机的基本思想是对线性可分的两类数据建立一个能将所有训练样本数据正确分类超平面，并使训练样本中离分类面最近的点到该平面的距离最大。因此，分类问题可以描述为：

给定样本训练集如下：

$$S = \{(x_1, y_1), \cdots, (x_l, y_l)\} \subset (X \times Y)^d \tag{5}$$

其中 $x_i \in X = R^d$，$y_i \in Y = \{-1, 1\}$，$i = 1, \cdots, l$，l 为训练样本个数；d 为每个训练样本的维数；y_i 为分类类别（1 为一类，-1 为另一类）。求解过程就是寻找 X 上的一个实值函数 $f(x)$，以便用决策函数

$$g(x) = \text{sgn}[f(x)] \tag{6}$$

来计算任一样本 x 的对应的 y 值，从而确定 x 所属的类别。因此，分类问题的解决思路就是要寻找一个能够将 R^d 上的所有样本点实现正确分离的超平面。

假设存在这样一个超平面：它不仅能对样本集 S 中的所有样本实施正确分类，并且

满足距离该超平面最近的点到它的距离最大，我们就称这个超平面为最优超平面[117]，如图6所示。

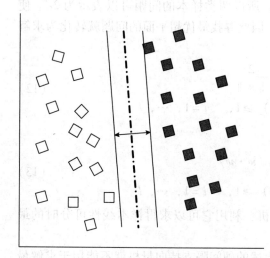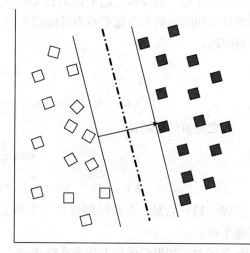

A.一般超平面   B.最优超平面

图6 超平面示意

在 d 维欧氏空间 R^d 中，超平面可以用下式来表示

$$\{x \in R^d \mid f(x) = \langle w \cdot x \rangle + b\}, \ w \in R^d, \ b \in R \qquad (7)$$

当 $f(x_i) \geq 0$ 时，样本 x_i 属于正类，即 $y_i = +1$；当 $f(x_i) < 0$ 时，样本 x_i 属于负类，即 $y_i = -1$。因此有 $y_i(\langle w \cdot x_i \rangle + b) \geq 0$ 成立。

很明显，如果将式（7）中的 w 和 b 看作一个参数对 (w, b)，这个参数能唯一确定一个超平面。即给两个参数同时乘以一个非零的任意常数后得到的超平面与原超平面一致。因此，用不同的参数对 (w, b) 可以来表示不同的超平面。为了避免这种情况发生，我们对超平面作如下定义：

定义[118]：考虑训练样本集（5）线性可分，对于超平面 $\langle w \cdot x_i \rangle + b = 0$，如果满足

$$y(\langle w \cdot x_i \rangle + b) \geq 0, \quad i = 1, 2, \cdots, l \qquad (8)$$

并且有

$$\min_{i=1,\cdots,l} |\langle w \cdot x_i \rangle + b| = 1 \qquad (9)$$

我们就称这个超平面是关于训练集（5）的规范超平面。

由于一个参数对 (w, b) 可以唯一确定一个规范超平面，因此后续研究中，如果没有进行特别的说明，指的都是规范超平面。

如前所述，要寻找最优超平面，必须计算与超平面最近的样本 x 和超平面 $\langle w \cdot x_i \rangle + b = 0$ 之间的距离 d。计算公式如下：

$$d = \frac{\langle w \cdot x \rangle + b}{\sqrt{\langle w \cdot w \rangle}} = \frac{\langle w \cdot x \rangle + b}{\| w \|} \qquad (10)$$

根据式（9），上式可以变化为：

$$d = \frac{1}{\sqrt{\langle w \cdot w \rangle}} = \frac{1}{\| w \|} \tag{11}$$

因为 d 是一类样本到超平面的最短距离，所以两类样本的间距可以表示为 $2d$。使两类样本间距离最大的超平面为最优超平面，因此寻找最优超平面的问题就转化为求解下列问题：

$$\max \frac{2}{\| w \|} \tag{12}$$

$$s.\,t. \quad y_i \left(\langle w \cdot x_i \rangle + b \right) \geqslant 1, \quad i = 1, \cdots, l$$

与之等价的问题是：

$$\min \frac{1}{2} \langle w \cdot w \rangle \tag{13}$$

$$s.\,t. \quad y_i \left(\langle w \cdot x_i \rangle + b \right) \geqslant 1, \quad i = 1, \cdots, l$$

式（13）就是一个硬间隔线性支持向量机，利用它可以求得样本线性可分时的最优超平面。

事实上，如果训练样本集非线性可分，上述的硬间隔支持向量机就不能用于求解最优分类超平面，原因在于这样的超平面并不存在。为了解决这类问题，就需要对间隔要求进行"软化"处理，即允许不满足约束条件 $y_i \left(\langle w \cdot x_i \rangle + b \right) \geqslant 1$ 的样本点存在。为此，引入松弛变量 $\xi_i \geqslant 0$，$i = 1, \cdots, l$，约束条件变为：

$$y_i \left(\langle w \cdot x_i \rangle + b \right) \geqslant 1 - \xi_i, \quad i = 1, \cdots, l \tag{14}$$

显然，当 ξ_i 的取值足够大时，x_i 总可以满足以上约束条件，但必然导致分类精度降低。为了解决这个矛盾，在目标函数里引入惩罚因子来避免 ξ_i 的取值过大。于是优化问题变为：

$$\min \frac{1}{2} \langle w \cdot w \rangle + C \sum_{i=1}^{l} \xi_i \tag{15}$$

$$s.\,t. \quad y_i \left(\langle w \cdot x_i \rangle + b \right) \geqslant 1 - \xi_i, \quad i = 1, \cdots, l$$

式中 $C > 0$，称之为正则化参数。

式（15）就是软间隔支持向量机，用它不仅可以求解线性不可分问题，也可求解线性可分问题，求得的超平面称之为广义最优超平面。这个问题其实是一个二次规划问题，我们可以通过求解它的对偶形式来求解原问题[119]。它的 Lagrange 函数可以表示如下：

$$L(w, b, \alpha) = \frac{1}{2} \langle w \cdot w \rangle + C \sum_{i=1}^{l} \xi_i$$
$$- \sum_{i}^{l} \alpha_i [y_i (\langle w \cdot x_i \rangle + b) - 1] - \beta_i \xi_i \tag{16}$$

式中 $\alpha_i > 0$，$\beta_i > 0$ 为 Lagrange 乘子。根据最优化问题的 KKT 条件[120]，分别对式（16）求 w、b 和 ξ_i 的偏导数并令其为 0：

$$\frac{\partial L(w, b, \alpha)}{\partial w} = w - \sum_{i=1}^{l} y_i \alpha_i x_i = 0 \Rightarrow w = \sum_{i=1}^{l} y_i \alpha_i x_i$$

$$\frac{\partial L(w, b, \alpha)}{\partial b} = \sum_{i=1}^{l} y_i \alpha_i = 0 \qquad (17)$$

$$\frac{\partial L(w, b, \alpha)}{\partial \xi_i} = C - \beta_i - \alpha_i = 0 \Rightarrow \alpha_i = C - \beta_i$$

将式（17）代入式（16）后整理得到对偶形式为：

$$\max W(a) = \sum_{i=1}^{l} \alpha_i - \frac{1}{2} \sum_{i=1}^{l} \sum_{j=1}^{l} y_i y_j \alpha_i \alpha_j \langle x_i \cdot x_j \rangle$$

$$s.t. \quad \sum_{i=1}^{l} y_i \alpha_i = 0 \quad 0 \leqslant \alpha_i \leqslant C, \ i = 1, \cdots, l \qquad (18)$$

实际上式（18）也是一个二次规划问题，但它比式（15）更容易求解。通过求解式（18），可以得到解 a^*，代入式（17）得到 $w^* = \sum_{i=1}^{l} y_i \alpha_i^* x_i$。$b$ 的值在求解过程中没有出现，对于 b^* 的求解，有两种情况：

a. 如果存在 $0 < \alpha_j^* < C$ 的样本，由原约束条件可以得到

$$b^* = y_j - \sum_{i=1}^{l} y_i \alpha_i^* \langle x_i \cdot x_j \rangle \qquad (19)$$

在实际计算中，通常先对所有满足 $0 < \alpha_j^* < C$ 的训练样本来分别计算 b^*，然后取它们的平均值。

b. 如果满足 $0 < \alpha_j^* < C$ 的样本不存在，即 α^* 的分量全部为 0 或 C，则 b^* 可按如下方法求取：

引入下标集

$$I_1 = \{\alpha_i = 0, \ y_i = 1\}, \ I_2 = \{\alpha_i = 0, \ y_i = -1\}$$
$$I_3 = \{\alpha_i = C, \ y_i = 1\}, \ I_4 = \{\alpha_i = C, \ y_i = -1\}$$

考虑式（15）的 KKT 条件，取

$$b_{\min} = \max \left\{ \max_{i \in I_1} \left[1 - (w \cdot x_i) \right], \ \max_{i \in I_4} \left[-1 - (w \cdot x_i) \right] \right\}$$

$$b_{\max} = \min \left\{ \min_{i \in I_2} \left[-1 - (w \cdot x_i) \right], \ \min_{i \in I_3} \left[1 - (w \cdot x_i) \right] \right\} \qquad (20)$$

则

$$b^* = \frac{b_{\min} + b_{\max}}{2} \qquad (21)$$

将求得的 w^* 和 b^* 值代入式（7），得决策函数如下：

$$g(x) = \text{sgn}[f(x)] = \text{sgn}(\langle w^* \cdot x \rangle + b)$$

$$= \text{sgn}(\sum_{i=1}^{l} y_i \alpha_i^* \langle x \cdot x_i \rangle + b^*) \qquad (22)$$

即

$$y = = \text{sgn}\left(\sum_{i=1}^{l} y_i \alpha_i^* \langle x \cdot x_i \rangle + b^*\right) \qquad (23)$$

在 KKT 条件的互补松弛条件下，最优解 a^*，(w^*, b^*) 必须满足：

$$a_i^* \left[y_i \left(\langle w^* \cdot x_i \rangle + b^* \right) - 1 \right] = 0, \qquad i = 1, \cdots, l \qquad (24)$$

这说明只有到最优超平面距离最近的点才满足 $\alpha_i^* > 0$，而其他的点对应的 $\alpha_i^* = 0$。最优超平面正是由 $\alpha_i^* > 0$ 的点来决定，因此称这些 $\alpha_i^* > 0$ 的点所对应的向量为支持向量（Support Vector，SV）。在样本集中，我们称对应于 $0 < \alpha_i < C$ 的样本为标准支持向量或非边界支持向量，这些样本能被支持向量机正确分类；与非边界支持向量相对应，我们称对应于 $\alpha_i = C$ 的样本为边界支持向量，这些样本不能保证被支持向量机正确分类（即有可能被错分，当 $0 < \xi_i < 1$ 时，边界支持向量能够被正确识别；当 $\xi_i \geq 1$ 时，边界支持向量在训练中就成为误差）；同样的，我们将对应于 $\alpha_i = 0$ 的样本称为非支持向量，这些样本则完全能够通过支持向量机实现正确分类。

上述的支持向量机只能实现对线性样本的分类，因此这种支持向量机就称为线性支持向量机。

②非线性支持向量机。在现实生活中的分类问题都是非线性可分的。事实上本论文研究的战备物资储备模式选择问题也是一种非线性可分问题。在解决这类问题时，可以构造一个非线性映射函数 Φ，通过这个非线性映射函数将训练样本从原来的输入空间映射到另一个高维特征空间之中，使得所有训练样本在该高维特征空间中线性可分，然后再构造该特征空间中的最优分类超平面。从原输入空间来看，这种超平面其实是一个超曲面。训练样本集通过映射后转化为：

$$S = \{ (\Phi(x_1), y_1), \cdots, (\Phi(x_l), y_l) \} \qquad (25)$$

与之相应的优化问题变化为：

$$\min \frac{1}{2} \langle w \cdot w \rangle + C \sum_{i=1}^{l} \xi_i \qquad (26)$$

$$s.t. \quad y_i (\langle w \cdot \Phi(x_i) \rangle + b) \geq 1 - \xi_i \quad \xi > 0, i = 1, \cdots, l$$

同时，其 Lagrange 函数变化为：

$$L(w, b, \alpha) = \frac{1}{2} \langle w \cdot w \rangle + C \sum_{i=1}^{l} \xi_i -$$
$$\sum_{i}^{l} \alpha_i [y_i (\langle w \cdot \Phi(x_i) \rangle + b) - 1] - \beta_i \xi_i \qquad (27)$$

然后分别对 w、b 和 ξ_i 求偏导数，并令各偏导数为 0：

$$\frac{\partial L(w, b, \alpha)}{\partial w} = w - \sum_{i=1}^{l} y_i \alpha_i \Phi(x_i) = 0 \Rightarrow w = \sum_{i=1}^{l} y_i \alpha_i \Phi(x_i)$$

$$\frac{\partial L(w, b, \alpha)}{\partial b} = \sum_{i=1}^{l} y_i \alpha_i = 0 \qquad (28)$$

$$\frac{\partial L(w, b, \alpha)}{\partial \xi_i} = C - \beta_i - \alpha_i = 0 \Rightarrow \alpha_i = C - \beta_i$$

得到它的对偶形式为：

$$\max W(a) = \sum_{i=1}^{l} \alpha_i - \frac{1}{2} \sum_{i=1}^{l} \sum_{j=1}^{l} y_i y_j \alpha_i \alpha_j \langle \Phi(x_i) \cdot \Phi(x_j) \rangle$$

$$s.t. \quad \sum_{i=1}^{l} y_i \alpha_i = 0 \quad 0 \leqslant \alpha_i \leqslant C, i = 1, \cdots, l \tag{29}$$

决策函数为 sgn $[f(x)]$，这里 $f(x) = \sum_{i=1}^{l} y_i \alpha_i^* \langle \Phi(x) \cdot \Phi(x_i) \rangle + b^*$。

在非线性支持向量机中，解决问题的思路是将原本属于非线性的样本映射到了高维空间中，然后在新的高维空间下再使用线性的学习机器来计算。因此在解决过程中需要引入核函数。核函数定义如下：

设非线性样本 x 属于空间 R^d，通过非线性特征映射函数 Φ 映射到高维空间 H，即 $\Phi: R^d \to H$。在符合 Mercer 条件下如果有下式成立：

$$K(x_i, x_j) = \langle \Phi(x_i) \cdot \Phi(x_j) \rangle \tag{30}$$

则称 $K(x_i, x_j)$ 为核函数。

引入核函数后，在向量机的训练过程中，只需要将高维空间下内积的运算转化为低维空间下的核函数来计算，而不需要考虑非线性特征映射 Φ 的具体形式，从而可以有效防止"维数灾难"问题的发生。非线性支持向量机在引入核函数后其对偶形式如下：

$$\max W(a) = \sum_{i=1}^{l} \alpha_i - \frac{1}{2} \sum_{i=1}^{l} \sum_{j=1}^{l} y_i y_j \alpha_i \alpha_j K(x_i, x_j)$$

$$s.t. \quad \sum_{i=1}^{l} y_i \alpha_i = 0 \quad 0 \leqslant \alpha_i \leqslant C, i = 1, \cdots, l \tag{31}$$

求解这个二次规划问题，得：

$$w^* = \sum_{i \in SV} y_i \alpha_i^* \Phi(x_i)$$

$$b^* = y_j - \sum_{i \in SV} y_i \alpha_i^* K(x_i, x_j) \tag{32}$$

于是，决策函数为 sgn $[f(x)]$，其中 $f(x) = \sum_{i \in SV} y_i \alpha_i^* K(x, x_i) + b^*$。

在非线性支持向量机中，常用到的核函数有多项式核函数、径向基核函数以及神经网络核函数等。

a. 多项式核函数（Polynomial Kernel）

d 阶多项式核函数表达式如下：

$$K(x, y) = (\langle x \cdot y \rangle + 1)^d \tag{33}$$

这个函数满足 Mercer 条件。

b. 径向基核函数（RBF Kernel）

其表达式为：

$$K(x, y) = \exp\left(-\frac{\|x - y\|^2}{2\sigma^2}\right) \tag{34}$$

其中参数 σ 用于控制核函数的宽度。

c. 神经网络核函数（Sigmoid Kernel）

其表达式为：

$$K\ (x,\ y)\ =\tanh\ (u\ \langle x\cdot y\rangle\ +v) \tag{35}$$

式中 u 和 v 是实参数，只有对 u 和 v 取某些值时，该函数才满足 Mercer 条件，因此要谨慎选择参数 u 和 v。

（3）战备物资储备模式选择机

①多类支持向量机。支持向量机最初是为二值分类问题设计的，只能实现对两类问题的分类。然而在实际问题中，大多为多类别分类问题，比如文本分类、人脸识别、医疗诊断等。多类别分类问题可以描述为：给定属于 N 个类别下的 l 个训练样本 $(x_1,y_1),\ \cdots,\ (x_l,\ y_l)$，其中 $x_i\in R^d$，$i=1,\ \cdots,\ l$，$y_i\in\{1,\ \cdots,\ N\}$，在对这给定的 l 个样本进行学习与训练之后，可以构造出分类函数 f，对未知样本 x 分类利用函数 f 来实施，并尽可能使错误概率达到最小。

在解决实际的多类别分类问题时，其思路是通过某种方法将多个标准 SVM 组织起来，从而把多值分类问题分解为多个二值分类问题，形成一个多类支持向量机（MSVM）。目前最常用的构建 MSVM 的方法主要有一对余类方法和一对一类方法。这两种方法各有优缺点，分别介绍如下。

一对余类方法（one - versus - rest，1 - v - r）就是针对 N 类样本分类问题，构造 N 个标准 SVM，每一个 SVM 都能够实现将其中一类与其余类样本分开。在样本训练实施阶段，将第 i 类样本作为正类，除此之外的所有样本都作为负类，对针对第 i 类样本的 SVM 实施训练。因此，对每个 SVM 样本集中的所有 l 个样本都要参与训练。在决策实施阶段，用决策函数 $g\ (x)\ =\max_i\ (\langle w_i\cdot\varPhi\ (x)\rangle\ +b_i)$，$i=1,\ \cdots,\ N$ 来进行判断，即：样本 x 在哪个 SVM 上得到的值最大，就认为 x 属于哪个类。这种多类分类器的优点在于：通过将 N 分类问题分解后形成 N 个二分类问题，这种求解方法相对便于理解，简单易用。它的缺点是所有的训练样本都要参与每个 SVM 的训练，因此训练效率相对来说比较低。

一对一类方法（one - versus - one，1 - r - 1）在解决 N 类分类问题时，在每两类样本之间都要建立一个 SVM，这个 SVM 仅对这两类样本进行区分，因此对 N 个类别的问题总共要建立 $N\ (N-1)\ /2$ 个 SVM。在决策实施阶段，待测样本 x 要经过每个 SVM 的决策函数计算。如果第 i 类与第 j 类之间的 SVM 计算结果 $f_{ij}\ (x)\ \geq0$，就给第 i 类记一票；如果 $f_{ij}\ (x)\ <0$，则给第 j 类记一票。样本 x 在经过所有 SVM 的决策函数计算并给出判断投票后，它所属的类就可以通过投票数量统计得出。这种多类分类器的优点是：只需要两类样本来完成单个的标准 SVM 训练，训练样本较少，因此训练所需时间相对较短。并且由于训练样本比较均衡，训练后的分类精度相对也比较高。其缺点是：在构建 MSVM 时，所需的 SVM 的个数将会呈类别数的平方倍增加，因此这种方法并不适合于类别较多的多类别分类问题。

②战备物资储备模式选择机的构建。战备物资储备模式选择问题是一个典型的多分类问题。研究中采用一对多的方法，即用一个 SVM 将一种储备模式下的样本与其他样

本分开。由于本研究中有 4 类样本，因此所构建的战备物资储备模式选择机为一种多类支持向量机 MSVM，其由 3 个 SVM 构成，逻辑结构图如图 7 所示。将问卷调查取得的各样本的特性指标向量和经过模糊聚类得到的对应的储备方式作为训练和测试数据，随机选取一部分样本对 MSVM 进行训练，其余的作为测试。训练过程中，通过搜索法选取对测试样本识别精度最高的作为最优的误差惩罚参数 C 和核参数 σ，从而形成具有较好分类能力的战备物资储备模式选择机。在实际的战备物资储备模式选择中，将一种物资的特性指标向量数据输入 MSVM，首先经过 SVM1 计算 $f(x)$，如果 $f(x)=1$，则采用军队自储模式，对该物资的储备模式选择结束；如果 $f(x)=0$，则进入 SVM2 重新计算 $f(x)$ 并判断，直至选择出该物资的储备模式为止。

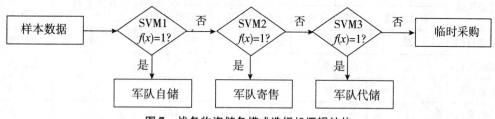

图 7　战备物资储备模式选择机逻辑结构

（六）实例分析

样本原始数据是在某军区下属的 5 个不同类别的后方仓库中通过问卷调查获得。调查对象为仓库领导、业务管理人员和一线的业务工作人员，样本涵盖了武器弹药、油料装备、军需物资、车材营材、医药器械、办公用品在内的 100 种物资，特性指标为前文提到的 5 种。调查中共发放问卷 20 份，收回有效问卷 18 份，全部的数据处理都以MATLAB r2009 软件为平台进行。

在利用统计工具箱对原始数据统计处理后，编程进行模糊聚类。取置信水平 $\lambda = 0.63$ 时，所有样本被分为 4 类，各类样本量分别为 28、32、22 和 18。通过对各样本的推荐储备模式统计发现，处于同一类中的物资推荐储备模式相对集中，因此选择推荐较多的模式为该类物资的储备模式是合理的。具体结果分析如表 2 所示。

表 2　模糊聚类结果分析

类别	样本量	各储备模式推荐中包含的样本数量				储备模式
		军队自储	军队寄售	企业代储	临时采购	
1	28	19	5	4	0	军队自储
2	32	3	6	22	1	企业代储
3	22	2	12	6	2	军队寄售
4	18	2	2	3	11	临时采购

在对样本模糊聚类分析的基础上，以 SVM 通用工具箱为平台，实施 MSVM 的训练与测试。由于用于训练与测试的样本数量相对较少，为了提高储备模式选择的可靠性，

研究中借鉴了文献［121］中的留一交叉验证法，即在测试 MSVM 对第 i 种储备模式进行选择的正确率时，我们按照顺序每次从第 i 类中取一个样本用于测试，其余样本均用于训练，直到第 i 类中所有样本都完成了一次测试为止，最后统计储备模式选择的正确率。实验结果如表 3 所示。从 MSVM 的实验结果可知，以模糊聚类得到的储备模式为参考标准，MSVM 对四种储备模式选择的正确率都在 85% 以上。考虑到战备物资的特殊性和储备模式的模糊性，并且训练样本较少，这个正确率应该是比较高的，在实际应用中作为储备模式选择机是比较可靠的。

表 3 MSVM 实验结果

储备模式	模式选择结果				样本总数	正确率（%）
	军队自储	军队寄售	企业代储	临时采购		
军队自储	25	2	1	0	28	89.29
军队寄售	0	19	2	1	22	86.36
企业代储	2	0	29	1	32	90.63
临时采购	1	1	0	16	18	88.89

（七）小结

战备物资储备关系到国家安全和社会稳定，在新的历史时期，建立多种储备模式并存的储备体系是后勤改革的大趋势。本章将寄售模式下战备物资选择问题转换为针对具体物资如何选择储备模式的问题，建立了物资分类特性指标集，用模糊聚类的方法弥补了问卷调查中储备模式推荐主观差异上的不足，通过对构建的多类支持向量机进行训练与测试，形成了高效的战备物资储备模式选择机。这种方法具有较强的泛化推广能力。在实际应用中，可以根据需要调整和补充特性指标集，并加大训练与测试的样本数量，在取得较好的训练测试结果后，就可直接作为储备模式选择机，将物资的特性指标向量作为输入变量，从而得到物资的储备方式。

本文的研究是在前文对寄售模式应用于战备物资储备领域的可行性和必要性分析的基础上，解决了"对谁来做"的问题，使寄售模式在战备物资储备中的应用落在了具体的物资对象上。

四、寄售式战备物资储备供应商管理研究

（一）引言

供应商管理是军民融合条件下战备物资储备中的重要工作，是战备物资实施寄售式储备的基础。在传统的军队自储模式下，军队与供应商之间是一次性合作关系，军队物资采购部门见货付款，一旦物资进入军队库房并完成结算，双方的合作就算结束。在这种情况下，供应商管理的主要内容是供应商选择，考虑的主要因素是物资价格，因此供应商管理工作相对比较简单。在寄售模式下，军队与供应商之间不再是简单的买卖关系，而是在军民融合思想下以军地双方实现长期合作为目标的战略伙伴关系，物资进入军队库房标志着双方合作的真正开始。在供应商管理中，不仅要考虑储备阶段的合作，

还要放眼未来军事行动中共同协作对作战力量实施可靠的物资保障，这就使得供应商管理变得更为复杂。供应商管理的主要目的是在供应商之间形成良性竞争，为军队提供更好的服务。本章在供应商初选的基础上，利用质量屋对供应商进行评价，然后综合考虑供应商的产品价格和服务水平，利用双层规划法将军队储备需求在供应商之间进行合理分配，以此引起供应商服务全方位良性竞争，从而在满足军事效益、兼顾经济效益的基础上实现对供应商的科学管理。

（二）供应商管理的主要内容与步骤

在寄售式战备物资储备的供应商选择阶段，军队需要考虑的首要问题，就是供应商的数量决策，即针对同一类型的物资，是选择一家供应商单独合作，还是选择多家供应商共同供货。事实上，军队战备物资实施寄售式储备，首先应当考虑的是军事效益方面的因素，即如何提高物资的质量水平和技术性能，降低储备与供应环节可能产生的风险，增强战时物资保障供应保障能力。在此基础上，才能考虑经济方面的因素，即物资价格水平、管理难度等问题。从这个角度来考虑，选择多个供应商并在供应商之间形成良性竞争有利于提高物资储备的质量和性能，并使军队得到更好的服务。因此与多家供应商建立合作关系显然是军队的最佳选择，这就使得供应商管理工作成为必要。

基于上述分析，寄售模式下的供应商管理主要做好供应商初选、供应商评价、储备需求分配和建立合作关系四个方面的工作，共六个步骤：

1. 需求分析

军队储备需求是合作关系形成的驱动源，只有在需求拉动下才有可能产生合作关系。军队首先要明确实施寄售式储备的物资种类与范围，通过部队用户调研，了解用户对物资的具体性能要求，根据仓储资源、经费预算以及对未来军事行动的预测确定物资需求数量，从而搞清与供应商合作储备物资的类型、数量、特殊要求等因素，做好供应商选择评价前期工作。

2. 市场调研初选，建立供应商库

军队根据实施寄售式储备物资的需求，通过市场调研，选择潜在的合作伙伴。调研中，既要考察供应商的产品质量、技术性能和生产能力等硬实力，也要综合考察供应商的企业背景、政治立场、地理位置、资质、规模、技术力量、内部管理、历史绩效、发展潜力、企业文化和价值观取向以及合作意愿等软指标。对满足军队要求的供应商建立数据库，为后续的合作做好准备。

3. 建立供应商评价指标体系

评价指标体系是军队对初选的供应商进行综合评价的依据和标准。评价指标体系的建立应遵循系统全面性、简明科学性、稳定可比性和灵活可操作性的原则[122]，要能客观反映军队对供应商的特殊需求，对供应商做出科学定位。

4. 供应商评价

选择有效的技术方法，对供应商进行科学评价。通过评价，对供应商按照综合服务水平的高低进行排序。

5. 军队储备需求分配

综合考虑军队获得服务水平和支付费用，对军队的物资储备需求在供应商之间进行科学分配。

6. 建立合作伙伴关系

在军队与供应商合作一段时间后，对合作的效果进行评价。如果满意，则形成合作伙伴关系，实施继续合作；如果不满意，则应对原因进行分析，从出现问题的环节开始重新进行上述步骤，直至找到合适的合作伙伴。

具体流程如图 8 所示。

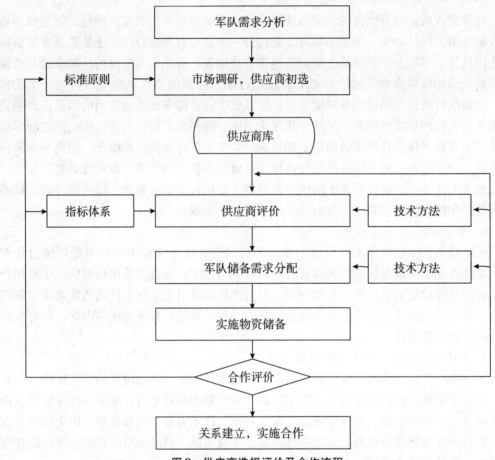

图8 供应商选择评价及合作流程

（三）寄售式战备物资储备供应商初选

供应商初选的目的是通过市场考察，寻求能够为军队提供质量可靠的所需物资，并在平时物资储备和战时供应保障中可能建立战略合作伙伴关系的潜在的合作伙伴。如前文所述，在考察过程中，不仅要考虑企业的资质、产品质量、价格、人员构成等硬实力，还要考虑企业的文化背景、政治立场、发展潜力以及合作意愿等软指标。为此，军队应重点把握以下几个方面的标准原则：

1. 供应商的安全保密制度

战备物资储备作为军事行动后勤保障物资的主要来源，在一定程度上反映了未来军事行动中作战力量的战略部署和战斗力。通过分析一个国家战备物资储备的规模、结构、布局、数量、性能等相关数据，可以在一定程度上估计到这个国家军事斗争的准备情况，做到"知己知彼"，并以此来调整自己的战略计划，从而赢得作战先机。对于军队战备物资储备部门来说，这些数据一旦泄露或遭到破坏，必将带来严重后果，威胁到国家安全和社会稳定。因此，战备物资储备的相关数据历来都是国家和军队的绝密资料，受到国家安全部门的高度重视。在传统模式下，军队与地方供应商的合作仅限于买卖关系，物资储备主要依赖于军队自储自管，这些数据基本都在内部传递，能够得到安全可靠的保管。但寄售模式下，战备物资储备建立在军地双方长期密切合作的基础之上，必要的信息交换是有效合作的前提条件，数据传递的范围相对较大，保密问题不容忽视。因此，在供应商初选过程中，供应商能否建立健全的安全保密制度是需要考虑的首要因素。作为与军队长期合作的供应商，必须要有全员保密安全管理体系、安全保密隐患预警机制和强有力的保密宣传措施。军队必须建立严格的安全保密认证体系，供应商只有经过安全保密认证体系的认证后才能纳入到拟合作对象的范围中来。

2. 供应商的历史绩效

历史绩效反映了供应商企业在以前的生产经营活动中满足合作对象或顾客需求的能力水平，是企业产品质量性能、价格水平、经营理念、管理方式、创新能力、企业信誉等方面综合实力的客观反映，主要表现在最近几年的客户订单数量、订单满足率、交货准时度、产品合格率以及售后保障能力等指标上。一个优秀的企业，其历史绩效一定是不凡的。通过对供应商历史绩效的了解，可以在一定程度上保证军队选择的合作伙伴的可靠性。与历史绩效低下的企业合作，必然会存在较大的合作风险。因此，军队在调研过程中，必须要真正掌握翔实的第一手准确资料并进行分析，以保证后续合作过程中的可靠性和稳定性。

3. 供应商的发展潜力

发展潜力标志着一个企业对需求变化适应能力的强弱，主要体现在企业生产潜在能力、人才队伍构成、科研创新能力、资金保障供应等方面。战备物资在寄售式储备下，军队与供应商的关系是长期合作的战略伙伴关系，供应商的发展潜力在一定程度上影响到这种关系能否持久。选择一个具有良好的历史绩效但缺乏发展潜力的企业作为合作伙伴，也许当前能较好满足军队在物资质量和数量上的需求，但随着军队对战备物资在技术性能方面要求的提高和战时数量上的增大，由于不能紧跟军队需求变化的步伐而影响合作，为军队物资储备与供应保障带来障碍。

4. 供应商的管理协调能力

管理协调能力是一个企业发展的生命线，通过良好的管理协调，能够降低企业运行成本，及时响应客户需求，较好地满足客户的紧急需求，提高企业供应弹性。军队的物资供应保障存在较大的不确定因素，这些不确定因素决定了军队需求的较大随机性。供应商只有具备较高的管理协调能力，才能在面对军队的紧急供应保障中做到有条不紊，从容应对。

5. 供应商的合作意愿

供应商的合作意愿是军地能够展开长久合作的基本条件。一个其他方面的条件都很好的供应商，如果没有与军队展开合作的强烈愿望，这种合作就是空谈。即使双方达成合作，其对军队的忠诚度也得不到保证，合作关系会因外界因素的干扰而不稳定，致使合作关系难以长久。因此，军队在供应商初选的过程中，必须要对企业的合作意愿完全掌握，确保合作关系的可靠性。

（四）寄售式战备物资储备供应商评价

供应商评价是战备物资实施寄售式储备中军队选择合作伙伴的重要环节，目的在于应用科学的方法对经过初选后进入供应商库的各供应商综合服务保障能力进行客观评价，为军队选择合适的合作伙伴提供参考。对供应商的客观评价是军队选择合作伙伴的基础，必须要从军队自身需求出发，以供应商的服务能力满足军队需求程度来科学评价，从而做到科学、合理、公平、公正。

目前国内外用于供应商评价选择的方法比较多，大致可以分为两类。一类是定性分析法，包括直观判断法、招标法、协商选择法等。这些方法多属于主观经验判断的方法，相对来说比较简单，容易操作，但人为因素影响较大，能否真正做到公平合理有待商榷。另一类是定量分析，包括采购成本比较法、ABC 成本法、线性权重法、层次分析法、模糊评价法、TOPSIS 法、灰色关联法、数据包络法、神经网络法、遗传算法等。这类方法在较大程度上降低了人为因素的干扰，比较客观公正，具有较强的说服力，但定性的指标需要定量化，工作量较大，求解不易。随着近年来研究的深入，用于评价的指标越来越多，定性因素量化赋权的方法也逐渐复杂，使得评价结果更为精细化和多元化。但事实上并非评价指标越多、结果越精细化就越好。任何事物的存在都源于一定的需求，对供应商的评价应当以满足需求为出发点，并最终回归到需求满足程度上来。本论文将质量功能展开法用于供应商评价，能够将客户的需求与评价指标较好地关联起来，从而使得供应商的评价更具针对性和目标性。

1. 质量功能展开法简介

质量功能展开法（Quality Function Deployment，QFD）是一种基于顾客需求驱动的产品设计方法。这种思想在 1966 年由日本质量专家赤尾洋二（Yoji Akao）和水野滋（Shigeru Mizuno）提出，并于 1972 年第一次提出"质量展开（Quality Deployment，QD）"这一概念。随后日本三菱重工旗下的神户造船厂为应对严格的政府法规和巨额资金支出，开发了质量展开表，用矩阵将下游顾客需求、政府法规同实现这些要求的控制因素联系起来，实现了有限资源的合理配置，取得了很大成功。20 世纪 70 年代中期，这种方法相继被日本多家企业所采用并取得了巨大的经济效益，逐渐发展为一种系统的理论。1985 年以后，美国的福特、通用、克莱斯勒、惠普等公司先后在汽车、家电、船舶、印刷电路板、涡轮机、变速箱、自动购货系统、软件开发等生产设计和研发过程中应用 QFD，取得了巨大成功[123,124]。

QFD 是听取顾客呼声的一种系统化的方法，它将顾客需求方面的呼声实实在在地转化到企业生产计划、产品设计以及制造等各阶段，使其变为各阶段的具体技术要求，从而达到缩短研发周期、提高产品质量和降低成本的目标。这种方法的思想基础是：企业在产品设计和研发过程中的所有活动均由顾客的需求来驱动，通过定义"做什么""怎么做"将顾客的愿望和需求体现在产品设计和研发过程中，从而达到使顾客满意的目的。这种方法代表了被动的、反应式的传统产品设计理念向主动的、防御式的现代设计理念的转变，是系统工程思想在现代产品设计中的具体应用，正逐步发展为具有理论实践意义的现代设计理论。

QFD 的核心内容是建立质量屋（House of Quality，HOQ）。通过构建质量屋，客户需求得到逐步转化、展开和分解，实现多层次演绎。它以图表的形式将一系列量化评分表和相关矩阵进行组合，对客户需求和工程措施等产品质量影响因素和指标进行细化、加权评分、综合分析，并进行反复迭代，最后达到系统优化的目标。质量屋的基本结构如图9所示[125]，其要素包括：

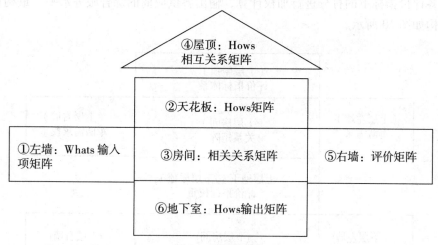

图 9　质量屋结构

①左墙：Whats 输入项矩阵，表示质量屋的质量需求，即客户的需求是什么，主要包括客户需求以及重要程度（权重）；

②天花板：Hows 矩阵，表示质量屋的质量特征，即针对客户需求需要采用什么样的措施；

③房间：相互关系矩阵，表示客户需求和技术需求之间的相互关系；

④屋顶：Hows 相互关系矩阵，表示 Hows 矩阵中各项目（技术需求）间的关联关系；

⑤右墙：评价矩阵，是对市场竞争力或可行性的分析比较，是从客户的角度对产品在市场上的竞争力做出的评估矩阵；

⑥地下室：Hows 输出项矩阵，是对技术成本等各方面进行评价的结果，用于确定优先配置的项目。

质量屋是 QFD 应用中最基本的模型，可以根据实际情况对传统的质量屋进行裁剪和扩充。应用 QFD 的主要工作程序就是构建质量屋。这种方法最初用于机械组装企业，后来逐渐延伸到制造业和建筑业，进而推广到了服务业和计算机软件产业等各种不同领域，并且都取得了满意的效果。

2. 供应商评价质量屋结构

在战备物资储备供应商评价选择过程中，考虑军队本身的特殊性和物资用途的特殊性，在选择供应商时军队必须要充分考虑自身的需求，根据物资储备与保障过程中的具体需求来选择物资供应商。传统的供应商选择与评价方法往往不能有效结合客户需求，使得整个评价过程难以做到有的放矢。QFD 方法以客户需求为中心思想，为军队选择供应商提供了一种可行的方法，但这种方法与其他领域内质量屋存在很大区别，因此必须按照实际情况重新构造质量屋。参考文献 ［126］ 中的质量屋对本研究的质量屋进行重构，重构的质量屋为上下两层：上层质量屋以军队需求和评价指标体系为输入项，通过军队需求与评价指标体系的关系矩阵，将军队需求权重转移到评价指标权重上来，输出项为评价指标权重；下层质量屋以待评价的供应商和评价指标权重为输入项，通过对供应商在各评价指标下的打分进行加权计算，输出各供应商的综合服务水平。重构后的质量屋结构如图 10 所示。

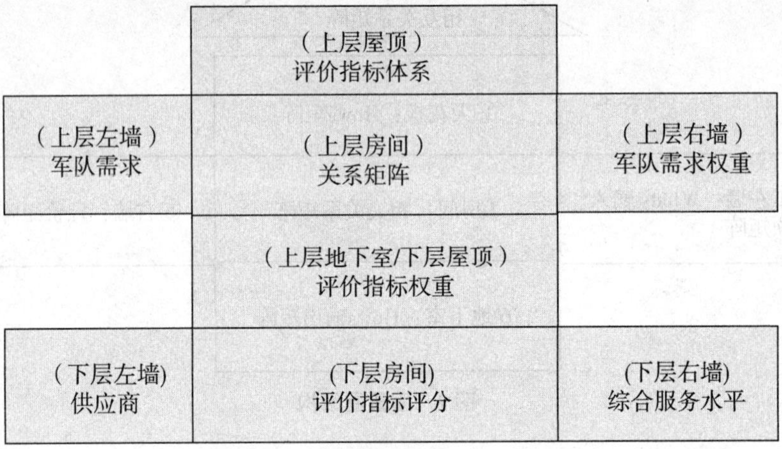

图 10　重构的双层质量屋结构

3. 供应商评价质量屋构建

根据图 10 中的质量屋结构，在上层中以军队需求展开表为左墙，以供应商评价指标体系为天花板，通过二者的关系矩阵将军队需求权重转移至评价指标体系权重；下层以待评价供应商为左墙，以评价指标权重为天花板，对供应商进行综合评价。

（1）军队需求展开

军队需求展开分析是质量屋构建的重要步骤。通过对需求展开分析，可以明确军队在供应商评价选择过程中的具体需求，使评价过程更具针对性。需求展开分析可以采用问卷调查结合 KJ 法[127]进行，参与人员应当包括作战指挥部门、物资采购计划部门、物资储备管理部门等多个部门的指挥领导人员和基层一线的相关专业技术人员。本论文为方便研究，仅对军队的需求从理论的角度进行分析说明。

从军队选择供应商的目的来看，既要保证平时物资储备的数质量要求，又要在战时物资供应保障中充分发挥地方供应商的作用，提高物资供应保障效能。因此军队需求应当包括物资质量需求、物资价格需求、交货能力需求以及服务能力需求（如图 11 所示）。

①物资质量需求。供应商提供的物资必须要满足技术标准和工艺规范，并能始终保持物资质量的稳定性，同时要有完善的质量管理体系。

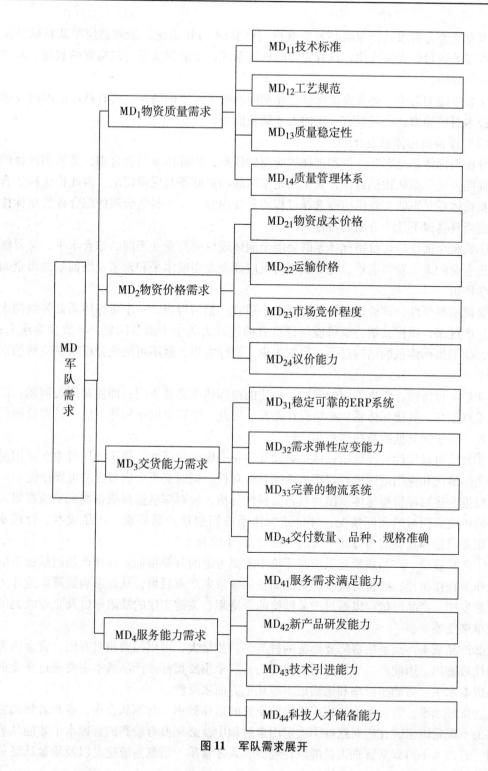

图11　军队需求展开

②**物资价格需求。**主要体现在物资成本价格、运输价格、市场竞价程度和议价能力等方面。

③交货能力需求。供应商必须要有稳定可靠的 EPR 系统，能够适应军队特殊情况下物资需求数量的弹性变化，具有完善的物流系统，要能保证交付的物资的数量、品种和规格的准确。

④服务能力需求。必须要能保证合作期间的服务需求的满足，要有新产品的研发能力和技术引进能力，同时要有一定的人才储备能力。

（2）评价指标体系展开

评价指标体系是军队评价和选择供应商的依据，指标体系是否合理，关系到选择的供应商能否达到军队预期目标，真正满足军队的物资储备与保障需求。因此构建科学合理的指标体系是军队实施供应商选择过程的重要内容。一个科学合理的综合评价指标体系，应当具备以下几个方面的特性[122]：

①系统全面性。评价指标体系既要能全面体现供应商企业当前的综合水平，又要能反映出企业的未来发展前景，能够实现对供应商企业当前水平和未来发展前景做出全面的科学评价。

②简明科学性。评价指标体系必须大小适宜，繁简得当。一个指标体系如果结构太大，层次过多，指标太细，就可能使评价者的注意力集中于细节问题，导致舍本逐末；相反，如果指标体系的结构过小，层次太少，指标太粗，就不可能充分反映供应商的真实水平。

③稳定可比性。解决不同的问题，构建的指标体系必然不同；即使对同类问题，由于侧重点不同，其指标体系也必然存在差异。因此一个科学的指标体系应当具有较强的针对性，易于同其他的指标体系相比较。

④灵活可操作性。评价指标体系必须要具备一定的灵活性，便于使用对象在应用时根据实际情况和应用范围进行修正来增强其针对性，同时必须要有较强的可操作性。

根据上述对评价指标体系需要具备的特性分析，针对军队选择战备物资实施寄售式储备的供应商面对的实际情况，评价指标体系应当包括产品质量、产品成本、管理水平、服务质量和发展潜力等几个大的方面（如图 12 所示）。

①产品质量。产品质量是供应商评价中需要考虑的首要指标。选择产品质量低下的企业作为合作伙伴，必将对战备物资的储备供应带来严重后果，从而影响到部队战斗力的正常发挥。产品质量可以通过产品抽检的合格率、关键工序的缺陷率以及企业收到的退货单来反映。

②产品成本。战备物资需要储备的种类多，数量大，可用经费相对有限，资金供需矛盾比较突出，因此产品成本是需要考虑的另一个重要指标。产品成本主要通过企业的产品成本水平、劳动生产率和运输成本等几个方面来反映。

③管理水平。管理水平体现了供应商企业的运作效率。与军队合作，意味着将面临更多的不确定因素，在应对这些不确定因素过程中，必须要有较高的管理水平才能从容应对。管理水平可以从管理人员的以往经验、人才素质、信息系统建设以及质量认证等情况体现出来。

④服务质量。供应商能否提供高质量的服务关系到寄售式军地合作的成败。这些服务不只体现在能否提供质量合格、价格适中的物资，在平时供应和战时保障中还要做好

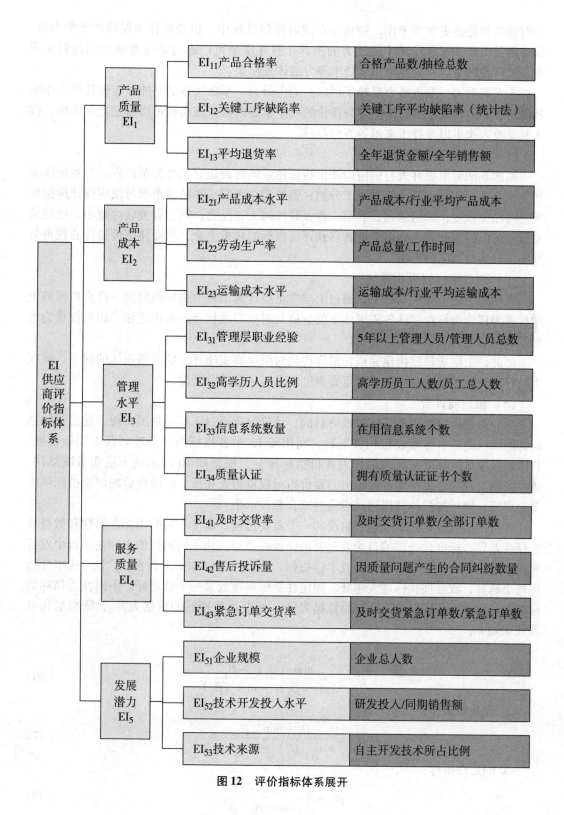

图 12　评价指标体系展开

及时补货和轮换更新等工作，特别是在战时保障过程中，供应商作为保障的重要力量，服务质量关系到军事行动中战斗力的提升。服务质量可以通过企业业绩中的及时交货率、售后投诉量以及紧急订单交货率等方面体现出来。

⑤发展潜力。发展潜力反映了供应商的生命力。军队选择的是能够实现长期合作的战略伙伴，因此发展潜力是供应商评价的一个重要因素。该指标可以通过企业规模、技术开发投入水平以及技术来源等方面反映。

（3）关系矩阵构建

根据军队需求展开表与供应商评价指标体系展开表建立二维关系矩阵。关系矩阵采用专家打分法获得，其分值采用十分制，值的大小表明了军队需求项与供应商评价指标项之间相关程度，分值越高，表明二者关联性越大；反之，则二者关联性越小。通过关系矩阵可以将军队需求的重要度转移到评价指标的权重上来，从而使评价指标的权重分配能较好满足军队的需求。

（4）评价指标权重计算

在完成上述步骤的基础上，通过上层质量屋计算出评价指标的权重。评价指标的绝对权重为评价指标在军队各需求项下的分值与对应需求权重的乘积之和。相对权重为绝对权重在总绝对权重下的百分比。

至此，上层质量屋构建完成，最终得到对供应商实施评价的各项指标的权重，该权重较好地反映了军队各项需求的重要程度，具有一定的合理性。

（5）供应商评价

供应商评价是构建质量屋的最终目的，评价过程通过下层质量屋实现。通过对初选得到的供应商综合考察收集相关资料，利用图 12 中各指标的评分准则获取原始数据，将原始数据进行标准化处理后作为评价指标得分。根据图 10 所示的下层质量屋结构，以供应商为左墙，上层质量屋输出的评价指标权重为天花板，标准化后的评价指标项得分为房间，然后加权计算得到供应商的综合服务水平。

评价指标标准化处理是这一阶段的一个重要过程。由于不同的指标在属性和数量级上存在差异，标准化处理的目的就是要消除这些差异，使不同属性的指标在评价中发挥相同方向的作用，评价指标分为成本性指标、收益性指标和固定性指标[128]。成本性指标越小越好，收益性指标越大越好，固定性指标越接近某一个值越好。不同性质指标的标准化处理方式不同。令指标原始数据为 β_{ij}，标准化处理后的数据为 β'_{ij}，则标准化处理公式如下：

① 成本性指标：

$$\beta'_{ij} = \frac{\max\ (\beta_{ij})\ -\beta_{ij}}{\max\ (\beta_{ij})\ -\min\ (\beta_{ij})} \tag{36}$$

② 收益性指标：

$$\beta'_{ij} = \frac{\beta_{ij} - \min\ (\beta_{ij})}{\max\ (\beta_{ij})\ -\min\ (\beta_{ij})} \tag{37}$$

③ 固定性指标：

$$\beta'_{ij} = 1 - \frac{|\beta_{ij} - \beta|}{\max |\beta_{ij} - \beta|} \tag{38}$$

通过上述双层质量屋的计算，最终得到的供应商的综合服务水平，以此作为供应商选择的依据，实现对军队需求在供应商之间的合理分配。

（五）寄售式战备物资储备需求分配

在传统储备模式下，由于军地合作是短期甚至是一次性的，军队在物资质量满足要求的前提下以报价最低为准则选取合作伙伴。在寄售模式下，军队为了维持长久的合作关系，在选取合作伙伴时不仅要考虑价格因素，还要考虑供应商的综合服务水平。但供应商要提供较高水平的服务，必然会导致产品成本上升，这就是所谓的"效益悖反"现象。为了综合考虑供应商产品价格与服务水平，研究中采用双层规划实现军队物资需求量在供应商之间合理分配。

1. 模型假设

为了便于分析，这里在建立物资储备需求分配模型之前，对问题作如下简化假设：

（1）所有经过初选的供应商，提供的物资都能满足军队基本要求，且具有与进行军队长期合作的意愿；

（2）同一个物资供应商只向军队提供一种物资，不考虑一个供应商提供多种物资的情况；

（3）所有备选供应商中提供的物资属于同一类，即所有供应商提供的物资互相具有可替代性；

（4）军队在选择物资供应商时需要支付固定费用，即业务洽谈等相关前期费用，不同的供应商的固定费用为常数；

（5）军队与供应商合作期间的费用只考虑物资使用后的结算金额，对于任一供应商，存入军队库房的物资最终将全部被军队调拨使用，结算单位价格为固定值。

在以上假设中，假设 1 是军队实施需求分配的基本条件，只有该假设成立，才能保证军地合作的正常进行；假设 2 和 3 是对问题的简化，确保了各供应商提供的物资的一致性；假设 4 和 5 是对寄售式特点的反映。在寄售式模式下，军队向供应商的结算时间节点虽然在物资使用之后，但这部分成本最终要军队支付，因此在需求分配初期就应当计入总费用之中。

2. 军队储备需求分配模型

如前文分析，军队在选择合作伙伴时，在满足物资质量基本要求的基础上，既要考虑使合作的总费用最低，又要使得到的服务质量尽可能高。为解决这一矛盾，在构建双层规划模型时，取军队综合费用最小为上层优化目标，供应商综合服务水平最高为下层优化目标。

模型中用到的符号说明如下：

D：军队物资储备需求总量；

u_i：上层规划决策变量，$u_i = 1$ 或 0，与供应商 i 合作时为 1，否则为 0；

x_i：供应商 i 分得的军队物资储备需求量，为下层规划决策变量；

C_i：供应商 i 的供应能力；

p_i：供应商 i 的产品价格；

c_i：军队选择供应商 i 的固定费用；

S_i：供应商 i 的综合服务水平，即通过质量屋对供应商的评价结果。

上层目标函数：

$$(U)\min F = \sum_{i=1}^n u_i c_i + \sum_{i=1}^n u_i p_i x_i \tag{39}$$

约束条件：

$$\sum_{i=1}^n u_i \geq 1 \tag{40}$$

$$u_i (u_i - 1) = 0 \tag{41}$$

在上层规划模型中，目标函数（39）以军队总费用最小为优化目标，第一项为军队选择合作伙伴时的固定费用，第二项为军队使用物资后的结算费用。式（40）是军队合作伙伴选择范围约束，即军队的储备需求必须由备选供应商来满足；式（41）保证了 u_i 的取值必须为 0 或 1，即对供应商 i 只存在选择或不选择两种可能。

下层目标函数：

$$(L)\max G = \sum_{i=1}^n x_i S_i \tag{42}$$

约束条件：

$$\sum_{i=1}^n x_i = D \tag{43}$$

$$x_i (1 - u_i) = 0 \tag{44}$$

$$x_i \leq C_i \tag{45}$$

$$x_i \geq 0 \tag{46}$$

在下层规划模型中，目标函数（42）以军队从供应商处获得的综合服务水平最大为优化目标。式（43）为军队储备需求满足条件约束，即所有供应商的物资供应量之和应当为军队总的储备需求量；式（44）为军队储备需求分配的有效性限制，即对于 $u_i = 0$ 的供应商，不参与军队需求分配；式（45）为供应商供应能力限制，即供应商 i 分得的军队储备需求量不超过其物资供应能力；式（46）为供应商最小供应量限制，即供应商提供的物资量不能低于 0。

3. 求解算法设计

在上述军队储备需求分配模型中，上层规划（U）的目的是优化军队总费用，决策变量为 $U = (u_1, u_2, \cdots, u_n)$，下层规划（L）是优化军队得到的服务水平，决策变量为 $X = (x_1, x_2, \cdots, x_n)$。在上层决策变量 U 和下层决策变量 X 之间必然存在着一定的内在联系。在双层规划模型中，这种内在联系被称为上下两层决策变量的反映函数。事实上，只有当上层决策变量 u_i 的取值为 1 时，下层决策变量 x_i 的分配量才是有效的。据此，求解该双层规划的思路为：首先设定一个初始的合作伙伴选择方案，将其代入下层规划模型求解需求分配方案，之后再将下层规划解得的决策变量代入上层规划模型，对上层规划模型求解，然后再将求得的结果再次代入下层规划模型求解。经过多次反复迭代后，上下两层目标函数值将会趋近平稳，此时的解就接近最优。求解的具体步骤如下：

（1）设定合作伙伴选择初始方案 U^0，并取迭代次数 $k = 0$；

（2）将给定的 U^0 代入下层规划，计算 X^k 及 G^k；

（3）将 X^k 代入上层规划模型，计算 U^{k+1} 及 F^{k+1}；

（4）设定迭代精度 δ，令 $\omega_G = \left| \dfrac{G_k - G_{k-1}}{G_k} \right|$，$\omega_F = \left| \dfrac{F_k - F_{k-1}}{F_k} \right|$，如果 $\max(\omega_F, \omega_G) \leqslant \delta$，则停止迭代，进入 step5；否则，取 $k = k+1$，转入 step2。

（5）输出 $U^* = U^{k+1}$，$X^* = X^{k+1}$。

由上述计算步骤我们可以看出，该算法的关键在于：通过上下两层决策变量之间的反映函数的反复迭代达到逐渐逼近问题最优解的目的，最终实现对供应商的科学选择和军队储备需求的合理分配。

（六）实例分析

1. 问题描述

军队物资采购计划部门通过对物资特性分析，决定对某种物资实施寄售式储备，计划储备量20万套（件）。经过市场调研，初步选定6家供应商作为备选合作伙伴。在对这6家供应商进行考察并分析相关数据后，得到的基本数据和评价指标分值如表4和表5所示。现在的问题是，与哪几家供应商展开合作，军队的需求量如何分配？

表4　　　　　　　　　　　　　　　供应商基本数据

供应商	产品价格 （元/套）	最大供应能力 （万套）	军队合作固定费用 （万元）
1	70	10	15
2	60	8	12
3	68	6	12
4	55	8	18
5	52	3	14
6	58	7	10

表5　　　　　　　　　　　　　　　评价指标原始数据

供应商	供应商评价指标															
	EI_{11}	EI_{12}	EI_{13}	EI_{21}	EI_{22}	EI_{23}	EI_{31}	EI_{32}	EI_{33}	EI_{34}	EI_{41}	EI_{42}	EI_{43}	EI_{51}	EI_{52}	EI_{53}
1	0.98	0.05	0.01	1.17	120	0.95	0.50	0.15	15	4	0.99	0	1.00	5000	0.15	0.70
2	0.99	0.11	0.03	1.00	150	0.93	0.80	0.22	18	2	0.98	2	0.95	2500	0.20	0.95
3	0.94	0.03	0.01	1.13	140	1.20	0.20	0.19	12	5	1.00	5	0.87	3000	0.18	0.65
4	0.97	0.04	0.02	0.92	120	1.15	0.40	0.18	8	3	1.00	4	0.92	3500	0.10	0.50
5	0.92	0.10	0.04	0.97	160	1.00	0.60	0.32	13	3	0.95	0	1.00	1200	0.05	0.35
6	0.98	0.08	0.02	0.87	180	0.98	0.90	0.28	5	4	0.98	6	0.90	1600	0.25	0.60

2. 供应商评价

根据前文供应商评价的质量屋结构和构建过程，依次计算如下：

（1）军队需求权重计算

通过对各项需求进行定量评分，军队可以明确不同需求的重要程度。根据图11所示的军队需求展开图，采用专家打分法得到各需求项的原始得分，然后采用 Excel 计算各需求项的权重。其中 $W_{ij} = MD_i \times MD_{ij}$。计算结果如表6所示。军队需求展开在上层质量屋左墙部分，军队需求权重在上层质量屋右墙部分（表7）。

表6   **军队需求权重计算表**

			军队需求打分				需求权重 (W_{ij})	权重排序
二级需求			MD_1	MD_2	MD_3	MD_4		
			0.332	0.145	0.246	0.277		
军队需求展开	MD_1	MD_{11}	0.318	—	—	—	0.1056	1
		MD_{12}	0.225	—	—	—	0.0747	5
		MD_{13}	0.305	—	—	—	0.1013	2
		MD_{14}	0.152	—	—	—	0.0505	10
	MD_2	MD_{21}	—	0.333	—	—	0.0483	12
		MD_{22}	—	0.163	—	—	0.0236	16
		MD_{23}	—	0.248	—	—	0.0360	15
		MD_{24}	—	0.256	—	—	0.0371	14
	MD_3	MD_{31}	—	—	0.185	—	0.0455	13
		MD_{32}	—	—	0.282	—	0.0694	7
		MD_{33}	—	—	0.203	—	0.0499	11
		MD_{34}	—	—	0.33	—	0.0812	3
	MD_4	MD_{41}	—	—	—	0.228	0.0632	9
		MD_{42}	—	—	—	0.252	0.0698	6
		MD_{43}	—	—	—	0.271	0.0751	4
		MD_{44}	—	—	—	0.249	0.0690	8

（2）关系矩阵构建

采用专家打分法针对军队需求展开项与供应商评价指标项之间的关联程度进行打分，得到关系矩阵如表7中上层质量屋的房间部分。

（3）评价指标体系权重计算

评价指标项的绝对权重为各军队需求展开项权重与关系矩阵中对应项的乘积之和，相对权重为该项绝对权重与所有评价指标项绝对权重之和的比值。这部分是上层质量屋的输出结果，见表7上层质量屋地下室部分。

（4）评价指标标准化

根据各评价指标项的不同性质，从式（36）、式（37）和式（38）中选择对应公式，

表7　　　　　　　　　　　　　　　　　　上层质量屋

	EI₁₁	EI₁₂	EI₁₃	EI₂₁	EI₂₂	EI₂₃	EI₃₁	EI₃₂	EI₃₃	EI₃₄	EI₄₁	EI₄₂	EI₄₃	EI₅₁	EI₅₂	EI₅₃	军队需求权重 w_{ij}
MD₁₁	9	9	8	3	3	0	3	7	0	8	0	7	0	7	5	7	0.1056
MD₁₂	9	8	9	5	2	0	5	5	0	7	0	8	0	7	7	5	0.0747
MD₁₃	9	7	9	5	1	0	5	5	0	8	5	7	7	8	5	6	0.1013
MD₁₄	9	8	7	5	2	3	7	5	0	9	7	8	6	9	4	4	0.0505
MD₂₁	3	5	6	9	7	7	5	0	3	0	0	5	0	7	7	6	0.0483
MD₂₂	0	0	5	3	5	9	3	4	1	0	7	5	0	3	0	4	0.0236
MD₂₃	7	5	7	9	8	6	7	7	1	7	8	8	7	7	3	2	0.036
MD₂₄	7	3	6	8	8	6	5	5	1	6	8	7	8	6	7	7	0.0371
MD₃₁	5	0	0	0	5	5	7	5	0	7	0	7	8	5	9	5	0.0455
MD₃₂	0	0	0	3	3	6	8	0	7	7	9	7	9	5	7	0	0.0694
MD₃₃	0	0	0	0	3	7	7	0	3	8	7	3	8	8	6	0	0.0499
MD₃₄	0	0	8	0	7	7	9	0	7	6	9	8	7	7	0	5	0.0812
MD₄₁	7	5	7	1	8	3	5	8	5	7	8	7	9	3	8	7	0.0632
MD₄₂	5	3	0	7	7	0	7	7	0	3	9	0	7	5	8	5	0.0698
MD₄₃	5	5	0	5	5	0	8	3	0	3	7	0	5	7	5	8	0.0751
MD₄₄	7	1	0	6	7	0	6	8	0	5	0	0	5	6	8	7	0.069

供应商评价指标（表头顶部跨列标题）

军队需求（左侧纵向标题）

评价指标权重

	EI₁₁	EI₁₂	EI₁₃	EI₂₁	EI₂₂	EI₂₃	EI₃₁	EI₃₂	EI₃₃	EI₃₄	EI₄₁	EI₄₂	EI₄₃	EI₅₁	EI₅₂	EI₅₃
绝对权重	5.523	4.164	4.757	4.125	4.716	2.892	6.263	3.986	2.206	6.020	5.338	5.312	5.341	6.431	5.515	4.920
相对权重	0.071	0.054	0.061	0.053	0.061	0.037	0.081	0.051	0.028	0.078	0.069	0.069	0.069	0.083	0.071	0.063

将表 5 中各评价指标原始数据代入计算，得到标准化的评价指标得分。计算结果见表 8 下层质量屋房间部分。

（5）供应商评价

以评价指标权重为天花板，供应商为左墙，标准化的评价指标得分为右墙，构建下层质量屋，对供应商实施评价，输出结果为各供应商的综合服务水平。供应商的综合服务水平等于各评价指标得分与权重的乘积之和（见表 8）。

表 8　　　　　　　　　　　　　下层质量屋

供应商	0.071	0.054	0.061	0.053	0.061	0.037	0.081	0.051	0.028	0.078	0.069	0.069	0.069	0.083	0.071	0.063	综合服务水平
1	0.86	0.75	1.00	0.00	0.00	0.93	0.86	1.00	0.77	0.67	0.80	1.00	1.00	1.00	0.50	0.58	0.74
2	1.00	0.00	0.33	0.57	0.50	1.00	0.86	0.13	1.00	0.00	0.60	0.67	0.62	0.34	0.75	1.00	0.57
3	0.29	1.00	1.00	0.13	0.33	0.00	0.00	0.22	0.54	1.00	1.00	0.17	0.00	0.47	0.65	0.50	0.46
4	0.71	0.88	0.67	0.83	0.00	0.19	0.29	0.23	0.33	1.00	0.33	0.38	0.61	0.25	0.25	0.25	0.45
5	0.00	0.13	0.00	0.67	0.67	0.74	0.57	0.44	0.62	0.33	0.00	1.00	1.00	0.00	0.00	0.00	0.36
6	0.86	0.38	0.67	1.00	1.00	0.81	1.00	0.31	0.00	0.67	0.60	0.00	0.23	0.11	1.00	0.42	0.58

3. 军队储备需求分配

将表 4 中的供应商相关数据及表 8 中求得的供应商的综合服务水平代入上节建立的军队需求分配双层规划模型，利用 Matlab R2009a 编程计算，最终得到结果如下：$U^* = (0, 1, 1, 1, 0, 1)$，$X^* = (0, 7.25, 4.16, 3.24, 0, 5.35)$，$F^* = 1258.38$，$G^* = 10.61$。

从以上结果可知，供应商 1 虽然有较高的服务水平，但由于产品价格较高而未能入选；同样，供应商 5 价格较低，但由于综合服务水平不高而失去了与军队合作的机会。这样的结果可以促使供应商在提高服务水平的同时形成价格竞争，对军队来说在保证物资质量和供应商服务质量的基础上节约了经费，达到了物资储备中军事效益和经济效益兼顾的目的。

（七）小结

供应商评价选择与需求分配是战备物资实施寄售式储备的重要环节，是军队选择合作伙伴并实施合作的前提。本文针对如何科学合理地选择供应商这一问题，提出了利用质量功能展开法对供应商进行评价，然后利用双层规划法对军队需求在供应商之间合理分配的解决思路。利用质量功能展开法对供应商评价，能够将军队需求通过质量屋转移到评价指标体系，很好地考虑了军队需求在评价过程中的重要程度，使评价过程更具有针对性。利用双层规划法对军队需求量实施分配，既考虑了物资价格方面的因素，又兼顾了供应商的综合服务水平，从而促使供应商积极展开良性竞争，为军地长久合作提供保证。本文的研究，解决了战备物资实施寄售式储备下"与谁合作，合作多少"的问题，为后文的研究做好了铺垫。

五、寄售式战备物资储备库存控制研究

（一）引言

"库存是一把双刃剑，是一个必要的恶魔"[129]。在战备物资储备中提高储备物资库存量，可以较好地满足军事行动中的物资需求，增强军队应对突发事件的能力，降低由于物资供应不足而引发战斗力降低的风险。但保持较高库存水平会相应提高库存物资占用成本和管理成本，占用更多的储备资源和人力。在传统的战备物资储备模式下，军队既要考虑物资库存量能否满足未来军事行动中的大量需求，又要考虑尽量减少过量储备带来的物资积压和浪费，这种对未来军事行动不确定性需求的充分准备与平时大量储备造成的严重浪费构成一对难以调和的矛盾。在寄售模式下，由于支付时间的延迟，军队将一部分库存成本转嫁给供应商，从理论上能够较好地解决这一矛盾。但是在具体实施过程中，军队库房实际上充当着供应商产品从生产线到市场之间的周转场所这一角色。供应商为了追求利益最大化，在某些时间内可能会根据期望收益调整库存水平，导致库存过低而不能达到军队储备要求，或库存过高而超出军队分配的库容限制。这就使得库存控制成为寄售式战备物资储备下必须研究的重点问题之一。本章通过建立数学模型对寄售模式下库存控制的规律进行探索，以期为军队在该模式实际应用中的决策提供理论支持。

（二）战备物资库存控制的目的与意义

1. 战备物资库存控制的目的

库存控制也称库存管理，是指对生产、经营全过程的各种物品、产成品及其他资源进行预测、计划、执行、控制和监督，使其储备保持在经济合理的水平上的行为[130]。战备物资储备本身就是要保证在平时有一定的库存量，为军事行动物资保障供应做好提前准备。为了满足军事行动过程中对物资的大量需求，特别是为后续的物资筹措供应提供缓冲时间，适当的储备库存是必要的，但这并不意味着储备得越多越好。过量库存虽然能够保证军事行动中的物资供应保障，但必然造成大量后勤保障经费的积压；与之相对应，低库存或储备不足带来的风险更大，这种情况可能由于供应不足导致严重后果的发生。因此，在战备物资库存控制中，要把握好尺度，处理好各种成本之间的关系，以达到兼顾军事效益和经济效益的目标。战备物资储备中库存控制的重点就是要求既能满足军事行动的物资供应保障需求，又能使占用的经费达到最小。库存控制的目的就是要在战备物资储备设施设备约束下，以最合理的成本做好军事斗争物资保障的准备工作，尽可能防止过量储备和储备不足这两种极端情况的发生。具体说来，库存控制的目的就

是要实现：库存资金占用最小的目标、库存物资数量保证程度最高的目标和库存物资质量保持最优的目标。

2. 战备物资库存控制的意义

库存控制是我军长期战备物资储备工作中的一个短板。新中国成立以来，我军在战备物资储备工作中高度重视储备数量的充足性，在"早打、大打、打核战争"的战争准备思想指导下，储备了大量物资，占用了大量资源，并没有将库存控制置于应有的高度。事实上，在战备物资储备工作中，库存控制具有十分重要的意义。

（1）通过库存控制可以节约经费，降低无效储备。战备物资储备的最主要的目的是保障军事行动中的物资供应，但由于军事行动具有较强的随机性，储备的物资不一定能完全实现其使用价值。在我军多年来实施的军队独家储备模式下，储备的大量物资长期得不到使用，最终变为无效储备。在战备物资储备中进行库存控制，可以降低这种无效储备带来的巨大浪费，节约大量的储备经费。

（2）通过库存控制可以优化储备结构，提高整体保障效能。近年来随着我国经济建设的高速发展，国家提出了经济建设与国防建设并举的发展思路，在军费投入上增幅较大，相应的储备开支也有了较大提高，但现有的储备经费仍然难以满足后勤储备建设需求，储备资源相对有限。实施战备物资储备库存控制，可以降低部分物资的过量储备，加大配套物资的储备力度，对军事行动需要但尚未列入储备计划的物资进行储备，从而优化储备结构，从整体上提升物资储备保障效能。

（3）通过库存控制可以有效规避风险。随着科学技术的不断发展，性能更高、质量更好的物资不断出现，物资更新换代的速度随之加快。随着新物资的出现，原有物资价值缩水严重，导致库存物资难以满足军事行动物资保障的质量性能需求。如果库存量过大，必然会加大整体轮换更新的难度，会出现某些物资因长时间存储而性能降低，为军事行动带来极大风险。通过库存控制，可以使战备物资保持合理的储备量，降低轮换更新的难度，有利于保证库存物资的性能与质量，规避由于保障不力而引发的军事行动风险。

（三）寄售式战备物资储备库存控制的特点与思路

1. 寄售式战备物资储备库存控制的特点

战备物资实施寄售式储备，使得库存控制具有一些新的特点，主要体现为：

（1）战备物资供应商成为库存控制的重要力量。在传统的储备模式下，库存控制主要由战备物资储备管理部门根据对未来军队保障需求的预测，编制储备计划，实施物资储备，并定期对物资的储备计划进行调整。整个过程都是由军队完成。在这种情况下，供应商向军队提供的物资越多则收益越大，因此供应商考虑的是如何加大向军队的供应量，至于物资能否被军队消耗，并不是供应商所关心的问题。在寄售模式下，物资只有被军队消耗后才会给供应商带来利润，否则储备得越多意味着对供应商的资金积压越严重，这种积压甚至会由于市场价格的下滑而降低供应商的利润。因此供应商必须参与到战备物资的库存控制中来，才能实现利益最大化。

（2）库存控制实施过程中军队与供应商具有明确的分工。战备物资在寄售式储备下，军队作为储备的主导方，其性质决定了军队关注的焦点是军事效益，即储备数量能否满足军事行动保障任务。从这个角度上来说，军队需要做的工作一方面是根据对军事需求的预测确定库存下限（最低库存量），另一方面是根据对储备资源和经费的综合考虑确定库存上限（最大库存量），在此基础上督促供应商将库存水平维持在库存上下限之间。与军队相对应的是，供应商的性质决定了其关注的焦点是经济效益，即在与军队合作过程中如何使自己的利益最大化，这种利益最大化是在军队确定的库存上下限的基础上的。因此，供应商需要根据军队储备需求的上下限和奖惩激励机制来确定补货策略，即补货的时间点和补货量。

（3）通过库存控制实现了战备物资储备兼顾军事效益与经济效益的目的。在寄售模式下，军队关注储备的军事效益，供应商关注储备的经济效益，正是由于军地双方关注焦点的不同，使得战备物资储备的军事效益和经济效益在储备中达到了统一。

2. 寄售式战备物资储备库存控制的思路

供应商作为经济社会中的企业实体，其创造价值的动力来源于高额的利润回报，这就决定了供应商所有的行为都是在利益驱动下完成的。在寄售模式下，供应商只要取得了与军队的合作权，就意味着基本利益的实现有了保证。但在具体实施过程中，军队的储备数量决策完全是从军事效益角度出发，供应商为了追求更高的利润，会综合考虑运输成本、生产批量等因素，这就使得供应商的补货策略不一定完全遵照军队储备数量需求来执行。因此，军队必须站在供应商的立场上来分析其收益，以制定相应的奖惩激励措施来促使供应商按自己的要求来实施储备。根据前文对该模式下库存控制特点的分析，军队实施库存控制的思路是：根据对未来物资保障需求的预测，对现有储备资源实施统筹规划，以此制定最低库存与最高库存，即储备物资的库存上下限。当库存物资数量低于库存下限时，对供应商实施一定的惩罚措施；当库存物资数量高于库存上限时，超出部分的物资储备费用由供应商承担。对库存过高情况的处理比较简单，其实质就是针对超出库存上限部分，军队将库房租赁给供应商使用。如果军队储备资源紧缺，不愿意为供应商提供更多的储备资源，可以通过提高租金来提高供应商的储备成本。供应商为追求更高利益，必然不会在军队库房过多储备，从而降低过量储备。对于库存过低情况的惩罚比较复杂，军队需要对供应商的成本结构进行分析，弄清在军队的惩罚策略下供应商如何确定重新订货点和单位发货批量以及罚金数额如何影响供应商的补货策略，同时结合罚金与军队自身成本的关系来制定合理的罚金数额，从而使库存水平始终保持在库存下限之上。

（四）寄售式战备物资储备库存控制规律研究

1. 问题描述

根据前文库存控制的思路，对问题描述如下：军队计划对某种战备物资实施寄售式储备，库存物资总量控在 (s, S) 之内，其中 s 为库存下限，S 为库存上限。库存下限 s 由军队结合国际国内形势、保障对象范围、保障需求以及库存成本等多个目标确定，库存上限 S 由军队根据现有库容及战备物资储备结构统筹考虑确定。现在的问题是：军队如何确定合理的罚金数额以促使供应商将库存水平维持在库存上下限之内？

2. 模型假设

为方便研究，作如下假设：

（1）军队对供应商采取如下激励措施：当库存量低于 s 时，军队根据库存量的实际水平与库存下限的差值对物资供应商采取一定的惩罚措施。而当库存高于 S 时，超过上限的部分由供应商承担库存管理成本。

（2）军队对在储物资的库存水平实施连续盘点并实时向供应商通报盘点情况信息，供应商采取（Q, r）补货策略，即当库存水平低于重新订货点 r 时供应商发货，每次的发货量为固定值 Q。

（3）军队作为寄售模式下战备物资储备的主导方，完全掌握供应商的成本结构。为保证实际库存控制在（s, S）范围内，可以根据供应商的成本结构确定最优罚金数额，从而促进供应商维持合理的库存量，保证军队物资供应需求。同时，供应商作为该模式下合作的从属方，为保证自身成本最小化，可以根据军队提出的库存水平限制和罚金数额，确定最优的重新订货点 r 和发货量 Q。

（4）在供应商补货过程中存在运输提前期，运输提前期为一常量，且在运输提前期内只有一批在途货物。

（5）库存物资的资金占用成本、低于库存下限的罚金以及补货过程中的运输成本由供应商承担，库存物资的存储费用和缺货损失由军队承担。

（6）军队在单位时间内对物资的需求量为随机变量。

3. 模型构建

基于以上假设，本文从军队的立场出发，对军队如何根据供应商的成本结构确定最优罚金数额这一问题展开研究，从而促使物资供应商将库存水平维持在库存下限 s 之上，并使自身相关成本实现最小化。模型中涉及的变量如下：

S：库存上限；

s：库存下限；

IL：库存水平；

IP：库存状态；

c_c：单位库存资金占用成本；

c_s：单位库存物资存储成本；

c_t：供应商补货过程中单位次数运输成本；

r：重新订货点；

Q：单次补货批量；

$D(t)$：军队在 t 时间段的积累需求；

f：库存水平低于库存下限 s 时军队对供应商的单位罚金数额；

w：军队单位缺货损失；

L：运输提前期；

C_S：供应商单位时间内的平均成本；

C_M：军队单位时间内的平均成本。

实际上，军队和供应商各自的库存成本、军队对供应商的罚金数额以及军队的缺货损失都可以通过物资的库存水平来表述，而相应的供应商的补货运输成本则可以通过军队的需求率和运输量来表述。库存水平与时间的关系如图13所示。

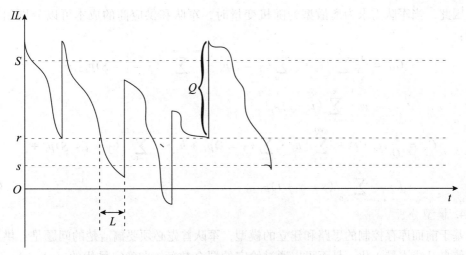

图 13　库存水平与时间关系

从军队立场考虑，需要解决的问题是如何确定最优的罚金数额 f，在满足部队供应的情况下使自己的平均成本最小。因此目标函数可以表示如下：

$$\min C_M = c_s \cdot \left[E(IL)^+ - E(IL-S)^+ \right] + w \cdot E(IL)^- \tag{47}$$

约束条件为：

$$r - E\left[D(L) \right] \geqslant s \tag{48}$$

$$(Q, r) = \left\{ (Q, r) \middle| \begin{array}{l} \min C_S = c_t \cdot \dfrac{E(D)}{Q} + c_c \cdot E(IL)^+ + c_s \cdot E(IL-S)^+ \\ + f \cdot E(s-IL)^+ \end{array} \right\} \tag{49}$$

在上式中，供应商向军队支付的罚金并没有计入军队的成本。如果将供应商的罚金计算到军队的成本结构之中，并取消条件（48）的限制，为了降低成本，军队可能会采取一定的惩罚措施，即选择某一 f 值，由合同罚金来弥补由于供应商补货不及时造成的库存水平低于 s 时的缺货损失，以降低总损失。这与本文建模假设不符。

为了方便研究，这里对库存水平和库存状态分别作如下定义：库存水平指的是供应商在军队仓库中实际存有的物资的数量；库存状态表示军队仓库中实际存有物资数量（即库存水平）、在途物资数量以及军队缺货数量三者之和。对于任意时刻 t，库存水平与库存状态在稳定状态下的关系可以表示如下[131]：

$$IL(t+L) = IP(t) - D(t, t+L) \tag{50}$$

$$P(IL = y - i \mid IP = y) = P\left[D(L) = i \right] \tag{51}$$

由本文假设，一旦库存状态降低至重新订货点 r，供应商立刻发出 Q 个单位的货物，使库存状态重新提升到 $r+Q$。因此，在长期稳定状态下，当需求为离散变量时，库存状态以 $1/Q$ 的概率分布在 $r+1$ 到 $r+Q$ 这 Q 个点上[131]。实际上对于需求为连续变量的情况可以看成特殊的离散变量。由全概率公式，当需求为离散随机变量时，可以得到：

$$P(IL = y - i) = \sum_{y=r+1}^{r+Q} p_i \cdot \frac{1}{Q} \tag{52}$$

因此，当军队需求为离散型的随机变量时，军队和供应商的成本可以分别用下式表示：

$$C_M = \frac{1}{Q} \sum_{y=r+1}^{r+Q} \left\{ c_s \cdot \left[\sum_{i=0}^{y} (y-i)p_i - \sum_{i=0}^{\max(y-s,0)} (y-i-S)p_i \right] + \right.$$
$$\left. w \cdot \sum_{i=y+1}^{\infty} (i-y)p_i \right\} \tag{53}$$

$$C_S = \frac{1}{Q} \left\{ c_t \cdot D + \sum_{y=r+1}^{r+Q} \left[h_c \cdot \sum_{i=0}^{y} (y-i)p_i + h_s \cdot \sum_{i=0}^{\max(y-s,0)} (y-i-S)p_i + \right. \right.$$
$$\left. \left. f \cdot \sum_{i=\max(y-s,0)}^{\infty} (s-y+i)p_i \right] \right\} \tag{54}$$

4. 模型分析

基于前面库存控制的思路和建立的模型，军队首先必须要搞清楚的问题是：供应商为了使自己成本最小化，是否可以通过给定的罚金数额 f 来确定最优的 (Q, r)。只有弄清楚这个问题，军队才可以通过调节 f 来改变 Q 和 r 的值，从而自己的成本在期望库存水平不低于库存下限 s 基础上达到最小。为此，从军队的角度出发，需要对以下几个问题进行研究：①供应商如何确定重新订货点 r 和单位发货批量 Q；②罚金数额 f 的大小如何影响 Q 和 r 的变化；③罚金数额 f 的大小如何影响军队的成本。

（1）供应商如何确定 (Q, r)

令

$$G_S(y) = h_c \cdot \sum_{i=0}^{y} (y-i)p_i + h_s \cdot \sum_{i=0}^{\max(y-s,0)} (y-i-S)p_i +$$
$$f \cdot \sum_{i=\max(y-s,0)}^{\infty} (s-y+i)p_i \tag{55}$$

则有：

$$C_S = \frac{1}{Q} \left[c_t \cdot D + \sum_{y=r+1}^{r+Q} G_S(y) \right] \tag{56}$$

引理 1 $G_S(y)$ 是关于 y 的下凸函数。

证明：

$$H_S(y) = \frac{\Delta G_S(y)}{\Delta y} = \frac{G_S(y+1) - G_S(y)}{y+1-y}$$
$$= c_c \cdot F(y) + c_s \cdot F(y-S) + f \cdot F(y-s) - f \tag{57}$$
$$\frac{\Delta H_S(y)}{\Delta y} = \frac{H_S(y+1) - H_S(y)}{y+1-y}$$
$$= c_c p_{y+1} + c_s p_{y+1-S} + f p_{y+1-s} \geq 0 \tag{58}$$

由于 $F(y)$ 为区间 $[0, \infty)$ 上的单调增函数，且当 y 从 0 增大到 ∞ 时，有 $\Delta G_S(y)/\Delta y$ 从 $-f$ 增加到 $c_c + c_s$，因此存在某一 y 值，使得 $G_S(y-1) \leq 0$ 而 $G_S(y) \geq 0$；又因为 $C^*_S(q) \leq G(y_{q+1})$，因此 $G_S(y)$ 为下凸函数，存在最小值。（证明完毕）

由于 $G_S(y)$ 为下凸函数，这里可以引用文献 [132] 提出的算法求解。该算法基于如下两个引理：

①给定任意 Q 值，都有 $r^*(Q) = L(Q) - 1$；

②Q^* 是满足 $C_S^*(q) \leqslant G(y_{q+1})$ 的最小整数 q。

其中 $L(Q)$ 表示在前 Q 个使 $G_S(y)$ 最小的 y 中，最小的 y 值。

求解 Q、r 的步骤为：

①在给定 Q 下求解 r：首先找到使 $G_S(y)$ 取得最小值的 y_1，然后依次找到 y_Q，在这 Q 个 y 中，最小的 y 值就是 r^*+1。

②确定 Q：随着 Q 的增大，由 y 轴、直线 $y=r+1$、$y=r+Q$ 以及曲线 $G_S(y)$ 所围成区域的面积也不断增大。逐渐增大 Q 的取值，使得该区域的面积刚好大于或等于 $C_t \cdot \lambda$ 时，此时 Q 的取值就是最优的 Q^*。

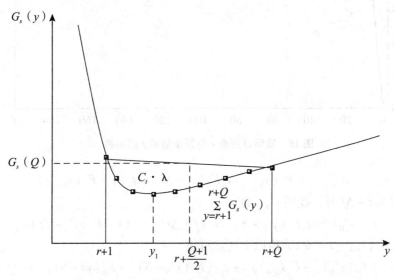

图 14　求解最小值示意

（2）罚金数额 f 对 Q 和 r 的影响

推论 1　最优重新订货点 r^* 随着罚金数额 f 的增加而单调非减。

对推论 1 严格证明比较困难，因此这里在数值计算的基础上通过对实际意义的分析来说明。

在数值计算过程中，假设军队需求为泊松分布，外生变量取值参考文献［133］和文献［134］中的取值。在改变库存水平值、成本参数以及需求分布参数后，其计算结果都是 r 随 f 的增加单调非减。由于 r 变化趋势在不同参数下基本一致，这里仅给出一种结果，如图 15 所示。其参数分别选取如下：

$$\lambda = 10,\ L = 2,\ c_c = 2,\ c_s = 3,\ c_t = 200,\ w = 50,\ S = 50,\ s = 20$$

在上述数值计算的基础上，这里给出分析说明：

令 $y_1 = \{y_i \mid \min G_S(y)\}$

引理 2　y_1 随着 f 的不断增大呈单调非减趋势。

证明：

令 $y_0 = \{y \mid H_S(y) = 0\}$，则有

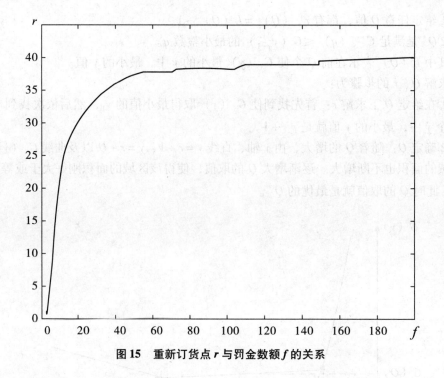

图 15　重新订货点 r 与罚金数额 f 的关系

$$y_1 = [y_0], \quad c_c F(y_0) + c_s F(y_0 - S) = f(1 - F(y_0 - s)) \tag{59}$$

当 f 增加为 $f + \Delta f$ 时，找到 y'_0，使

$$c_c F(y'_0) + c_s F(y'_0 - S) = (f + \Delta f) \cdot (1 - F(y'_0 - s)) \tag{60}$$

由于 $0 \leqslant F(y_0' - s) \leqslant 1$，由以上两式可得

$$c_c(F(y'_0) - F(y_0)) + c_s(F(y'_0 - S) - F(y_0 - S)) + $$
$$f(F(y'_0 - s) - F(y_0 - s)) \geqslant 0 \tag{61}$$

因此可知 $y'_0 \geqslant y_0$，$[y'_0] \geqslant [y_0]$，$y'_1 \geqslant y_1$。

当 $f = 0$ 时，$G_s(y)$ 为单调递增函数，$r = y_1 = 0$。

当 f 增大到 $f + \Delta f$ 时，$G_s(f + \Delta f) - G_s(f) \geqslant 0$，并且 G_s 的这种增加随着 y 的增加而减少。（证明完毕）

由式（58）可知，当 $y < y_1$ 时，$|H_s(y)|$ 随 y 增大而增大；当 $y > y_1$ 时，$|H_s(y)|$ 随 y 增大而减小。因此，随着 f 的增加，当 $y < y_1$ 时，$G_s(y)$ 随 y 增大而增大；当 $y > y_1$ 时，$G_s(y)$ 保持不变，并且 y_1 点右移。由于在 y_1 右侧 $|H_s(y)|$ 的值小于其在 y_1 左侧的值，这意味着 $G_s(y)$ 在 y_1 右侧的上升幅度小于在 y_1 左侧的下降幅度，所以 $L(Q)$ 即 $r + 1$ 随 f 的增加而增大。由此得出结论：随着 f 的增加 r^* 单调不减。

在实际意义上，罚金数额 f 的增大无疑增大了供应商的成本结构中惩罚成本，因此供应商的最佳策略是提高库存水平。如果罚金 f 大于供应商的库存资金占用成本，供应商为了避免惩罚宁愿选择提高重新订货点 r 以维持较高水平的库存。但是，随着 f 的进一步增大，r 的变化并不会继续无限增大，而是逐渐趋向平稳。这是由于军队需求在泊松分布下，当军队对库存水平的最低期望上升到一定值时，对供应商来说合同惩罚发生的概率并不大，但库存资金占用成本却是始终存在的，因此供应商不会选择无限制提高重新订货点 r。

推论 2 最优补货批量 Q^* 随着罚金数额 f 的增加呈非单调减少趋势。

与推论 1 一样，在数值分析过程中，通过改变参数，得到的最优补货批量 Q^* 变化趋势也基本一致，因此这里仅给出一种结果（如图 16 所示）。其参数选取同前。

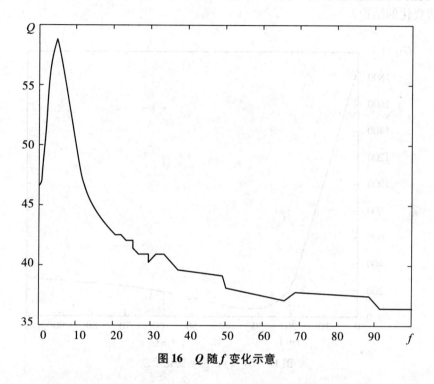

图 16　Q 随 f 变化示意

实际上，供应商在选择单位补货批量 Q 时要综合考虑固定运输成本 c_t 和库存资金占用成本 c_c，然后在二者之间作出平衡取舍选择。随着军队对罚金数额 f 的提高，供应商设置的重新订货点 r 必然会上升，这就使得单位补货批量 Q 减小。但从规模效应的角度来考虑，由于固定运输成本的存在供应商不可能无限制减小 Q。因此 Q 的下降趋势随着 f 的继续增大逐渐趋于平缓。

（3）罚金数额 f 对军队成本的影响

令

$$G_M(y) = c_s \cdot \left[\sum_{i=0}^{y} (y-i) p_i - \sum_{i=0}^{\max(y-S,0)} (y-i-S) p_i \right] +$$

$$w \cdot \sum_{i=y}^{\infty} (i-y) p_i \tag{62}$$

则有

$$C_M = \frac{1}{Q} \cdot \sum_{y=r+1}^{r+Q} G_M(y) \tag{63}$$

引理 3 $G_M(y)$ 是关于 y 的下凸函数。

证明与引理 2 完全相同。

如图 17 所示，在几何意义上可以这样理解：军队的成本 C_M 实际上是 y 轴同 $y = r + 1$、$y = r + Q$ 以及曲线 $G_M(y)$ 所围成区域的面积与 Q 之商。因此在 Q 保持不变、r 逐渐增大的情况下，C_M 呈先减少再增加，最后逐渐趋向于平稳的趋势。但根据前面的研究结论，由于随着罚金数额 f 的增加，订货批量 Q 非单调减少，因此并不能给出 $G_M(y)$ 随 f 如何变化的结论。

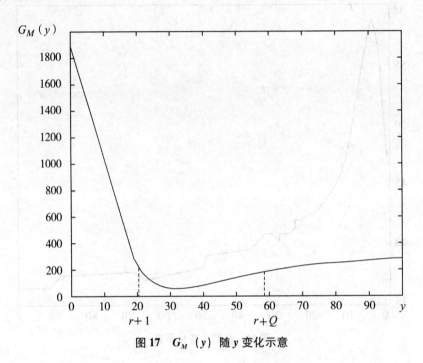

图 17　$G_M(y)$ 随 y 变化示意

为了进一步弄清楚 f 与 C_M 之间的关系，我们通过数值分析的方法来进行观察。事实上，同前面一样，在代入多组不同数值进行计算后，得到的 C_M 关于 f 的变化趋势基本一致。因此这里依然仅给出一种结果，参数与前相同（如图 18 所示）。

从图中可以看出，随着 f 的增加，C_M 先迅速减少，之后缓慢增大。事实上，尽管随着军队给出的罚金数额 f 的增大供应商会提高重新订货点 r，从而补货批量 Q 会减少，但由于 Q 下降的速度要小于 r 增加的速度，因此 r 实际上是 C_M 的变化趋势的主要影响因素。从实际意义上来看，库存水平随着军队提升罚金数额 f 而增大，这一结果虽然可以降低军队的缺货成本，但同时导致自身的库存持有成本增加。军队的总成本是缺货成本与库存持有成本的叠加，因此总的趋势是先减少后增加。

5. 模型求解

通过上述分析，军队掌握了双方的成本结构及随罚金数额 f 的变化趋势，现在需要解决的问题就是如何确定最优的罚金数额 f，使得在满足库存水平要求的情况下使自身的成本最小。这里给出求解 f 的具体步骤如下：

（1）首先求解在约束条件 $r - E[D(L)] \geq s$ 限制下 f 的取值范围。观察 r 在 f 从 0 逐渐增大时的变化情况，当 $r = s + \lambda L$ 时，此刻 f 的取值 f_0 即为其取值范围的下限，从而

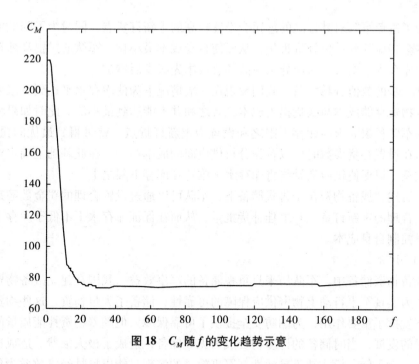

图18 C_M 随 f 的变化趋势示意

可以得到 f 的取值范围 $[f_0, \infty)$。

（2）在 $[f_0, \infty)$ 区间内寻找最优的 f，即求解使军队成本 C_M 达到最小化的 f^*。由于无法证明使 C_M 达到最小的 f 只有一个，因此必须找到使 C_M 达到最小值的所有 f，令 $f_{min} = \max \{f \mid \min C_M (f)\}$，若 $f_0 \geqslant f_{min}$，则 $f^* = f_0$；若 $f_0 < f_{min}$，则 $f^* = f_{min}$。

通过不同数值计算分析，我们得出如下结论：在一般情况下，都有 $f_0 \geqslant f_{min}$，因此取 $f^* = f_0$。并且随着军队缺货损失成本 w 与单位存储成本 c_s 的比值（w/c_s）相对于库存下限 s 的逐渐增大，f_{min} 也呈增大趋势。研究中参数取值如下：

$$\lambda = 10, \quad L = 2, \quad c_c = 2, \quad c_s = 3, \quad c_l = 400, \quad w = 50, \quad S = 50, \quad s = 0$$

此时，$s = 0$，$w/c_s = 17$，有 $f^* = f_0 = f_{min}$。如果继续增大 w/c_s 的值，就会出现 $f_0 < f_{min}$，因而取 $f^* = f_{min}$。如果库存下限 $s > 0$，则只有 $w/c_s > 27$ 时才会有 $f_0 < f_{min}$。在查阅的文献中，w/c_s 的值一般不会超过 20，并且库存下限一般都大于 0，因此一般说来，f_0 就是军队最优的罚金数额，即在上述的步骤中只需计算第一步。

这一现象在实际意义上其实比较容易理解。军队通过设置合理的库存下限 s 能有效降低缺货损失成本发生的概率。针对某一缺货损失成本与库存物资存储成本的比值，如果军队设置的库存下限足够大，那么军队只需保持库存水平不低于库存下限就可以了，而没有必要再继续提高库存水平。如果军队单位缺货损失成本较大但设置库存下限过低时，即使库存水平处于库存下限之上，还是不能起到有效避免缺货损失的目的，因此军队必须增大罚金以督促供应商提高库存水平，使军队的单位平均成本最低。

（五）结果分析及策略建议

上述研究基于两个基本假设：一是军队对储备物资存在上下限 (s, S) 限制，二是供应商的补货策略为 (Q, r) 策略。通过分析模型我们知道，随着军队提高惩罚金额，供应商为了避免军队对其过高的惩罚会设置较高的重新订货点，同时为了降低库存物资占用成本会相应降低单位补货批量，从而使自身成本最小化。军队通过提高惩罚金额会导致期望库存水平增大，从而导致军队的总成本先减少后增加。

在进一步的数值分析之后，我们发现在一般情况下为使库存水平达到下限要求，军队的单位物资存储成本与缺货损失成本二者之和并不能达到最小值。此时如果将补货提前期内的军队积累需求与库存下限之和设置为重新订货点，就可得到最优的罚金数额。因此军队在设置补货参数时可以首先分析供应商的成本结构，在此基础上确定对供应商的罚金数额，以促使供应商始终将库存水平维持在库存下限之上。

综上所述，战备物资在寄售式储备下，军队可以通过设置合理的罚金数额来督促供应商确定合理的重新订货点和最佳补货批量，从而在保证库存水平不低于库存下限的基础上尽量控制自身成本。

（六）小结

在战备物资储备中，军队历来只重视储备的军事效益。我国在建立战备物资储备体系以来，为实现军事行动上物资供应保障的可靠性，储备了大量物资，这些物资在当时的形势下发挥了重要作用，为国防安全提供了可靠保障。但随着物资性能质量的下降和科学技术的发展，当时储备的许多物资成为无效储备，造成了极大浪费。造成这一结果的原因之一就是储备模式缺乏灵活性，军事效益的实现只能以牺牲经济效益为代价。战备物资实施寄售式储备可以较好地解决这一问题。本章通过分析寄售式战备物资库存控制的特点，提出了解决库存控制问题的思路。在这个思路的指导下，通过建立数学模型，对寄售模式下战备物资储备的库存控制规律进行了探索，并为军队在与供应商合作过程中应当采取的对策提出了建议，解决了"如何保证数量"的问题，为该模式在战备物资储备中的推广应用提供理论支撑。

六、寄售式战备物资储备轮换更新研究

（一）引言

战备物资轮换更新工作是为了保证在储的战备物资保有使用价值而进行的推陈出新工作，是战备物资储备工作的重要组成部分。长期以来，我军战备物资采取自储自用的方式，由于轮换机制不健全、方法不灵活、重视程度不够高等原因，导致物资一旦进入储备，往往就变为死储。特别是改革开放以来我国致力于和平发展，许多在储的战备物资根本没有消耗使用的机会，导致后方仓库中积压了大量的废旧物资，引发了一系列隐患问题。将寄售模式应用于战备物资储备，可以有效解决轮换更新方面的问题。本章以寄售式储备下的战备物资为研究对象，对轮换更新问题进行研究，从而为该模式的推广应用提供理论支撑。

（二）战备物资储备轮换更新概念及原因分析

1. 战备物资储备轮换更新的概念及实施意义

战备物资储备轮换更新工作，是为了保证在军事行动中能够为参战力量提供性能可靠、质量优良的物资供应保障，针对储备中的战备物资由于时间过长而导致的质量下降、性能变低这一问题，对临近储备期限的物资采取调拨部队使用、市场处理等手段，

使物资在自然寿命和技术寿命终结之前能够实现其使用价值，并及时完成新品补充，从而达到在维持储备总量不变的情况下提高储备物资的质量和性能，保证储备中的物资始终处于良好状态的一项用旧储新工作。对储备中的战备物资实施有效轮换更新，具有重大的现实意义。

（1）通过轮换更新可以提高战备物资保障效能。战备物资储备作为军事行动初期物资保障的主要来源，其目的就是在军事行动初期为作战力量提供数量充足、质量可靠的物资保障，为后续的物资筹措保障提供缓冲。然而长期以来由于物资轮换不及时，导致物资质量下降、性能落后，一旦军事行动开始，势必影响到物资保障效能，甚至贻误战机，造成严重后果。通过轮换更新，能够保证在储物资质量上的可靠性，从而提高保障效能。

（2）通过轮换更新可以节约资源，减少浪费。在战备物资储备管理工作中，如果没有相应的措施及时实施轮换更新，必然导致大量物资临近储备期限甚至过期报废，这些物资使用价值的丧失本身就造成了严重浪费。在这种情况下如果不及时处理，会对有限的储备资源和人力、物力继续造成浪费。同时，对过期报废物资的处理，也需要消耗大量的经费和资源。通过轮换更新，可以使物资的使用价值得以实现，同时避免对过期物资处理带来的浪费。

（3）通过轮换更新可以调整储备结构，优化资源配置。轮换更新的过程解决了战备物资"死储"的问题，实现了战备物资的动态储备。战备物资储备计划部门可以利用轮换更新的时机，根据对未来需求的预测，及时调整储备结构和规模，精简过量储备，补充不足储备，实现有限的储备资源和经费的合理利用。

（4）通过轮换更新可以提高安全性，减少隐患。部分储备中的战备物资在质量下降的过程中会导致性能变化，比如武器弹药等一些危险系数比较高的物资，随着储备年限的增长性能逐渐变得不稳定，必然会对其他物资的储备造成安全隐患，同时报废处理过程中危险程度也会增高。因此，对储备中的物资及时实施轮换更新，是一项非做不可、必须做好的工作。

2. 当前战备物资轮换更新存在的主要问题及原因分析

随着新时期军事变革和后勤改革的深入进行，在军事斗争准备中战备物资储备工作遇到的各种矛盾逐渐凸显，当前储备中的物资中由于轮换不及时造成的质量性能偏、废旧物资多、报废处理难、资金浪费严重等问题正逐渐得到总部领导和部队物资保障部门的高度重视。造成这一问题的原因，既有历史原因，也有管理体制机制、思想观念等方面的原因。

（1）由于历史原因造成储备种类过多、储备数量过大的问题。新中国成立以后，国际风云变幻莫测，世界格局动荡不安，全球范围内不稳定因素较多，在对当时形势判断的基础上，我军吸取长期以来战争中物资极度匮乏的教训，在"早打、大打、打核战争"思想的指导下积极展开战备物资储备工作，做到"宁多不少、宁全不缺"，储备了大量的物资，为当时的军事斗争准备提供了可靠保证。随着世界格局变化，和平与发展成为世界主题，当时储备的大量物资没有得到有效利用，现在正在失去继续储备的价值，逐渐成为新时期战备物资储备改革工作中的羁绊。

（2）由于物资储备机制不健全造成轮换更新缺乏制度保证。长期以来，我军形成了军队独家储备、自行管理的战备物资储备管理模式。正如人们常说的"手中有粮，心中不慌"，东西攥在自己手里才踏实。在这种相对单一的自储自管的储备模式下，战备物资储备的重点放在了储备数量和最初的质量上，忽视了储备过程中物资质量的保持和技术性能提升问题。随着科技的进步与发展，大量的技术应用于战备物资，除了物资本身质量下降，技术性能的落后也逐渐凸显。由于缺乏相应的轮换更新制度，轮换更新工作难以得到落实，物资储备陷入了"死储"的胡同。当前需要解决的重要问题之一，就是完善战备物资轮换更新机制，建立科学合理、切实可行、操作性强的战备物资轮换制度，使轮换工作有章可循。

（3）由于经费补偿不足而导致的轮换更新不力。任何工作的开展都需要必要的经费支持。战备物资储备中的轮换更新工作相对复杂，既要处理库存中的旧品，又要进行新品补充，需要大量的经费开支。而在长期的战备物资储备工作中，储备工作预算缺少轮换更新经费计划。轮换工作没有经费支撑，资金的不到位使得物资储备管理部门没有实施的动力。同时，物资在经过一段时间储备后质量下降、性能落后导致了价值降低，这样轮换更新实际是一个亏损的工作，亏损资金补偿不力使得轮换更新工作难以有效展开。

（三）寄售式战备物资储备轮换更新的特点及研究意义

寄售模式是一种先进的库存物资管理方式，在地方企业供应链管理中体现出了巨大优势，实现了零库存的目标。将寄售模式应用于战备物资储备领域，使战备物资储备工作有了新的特点，特别是在轮换更新的实施中，体现出了巨大的优势。

战备物资在寄售式储备下，由于库存物资的所有权由供应商所有，军队只有在使用后才进行转账结算。与传统储备模式相比，这种储备模式下物资的所有权转移时间和资金结算时间点都发生后移，这种变化使军队拥有了用或不用的主动权。如果物资质量不能满足军队要求或技术性能偏低，军队就可能拒绝使用。供应商如果不通过轮换更新来提高物资质量和技术性能，只会使军队拒绝使用的可能性增大。同时，如果物资质量或技术性能过低，必然会影响到市场处理过程的进行，对供应商来说导致利润降低甚至造成亏损的风险增加。因此，物资供应商为了保证利润和有效回收资金，最优的策略就是在物资性能良好的情况下积极实施轮换更新，一方面可以保证军队使用意愿的提高，另一方面可以通过市场实现资金回笼，提高资金周转效率。因此，在经济利益的驱动下，供应商会自觉承担起库存物资轮换更新的任务，保证库存物资始终处于最佳状态。这种模式下的轮换更新，对军队来说，一是供应商追求利益最大化成为物资轮换更新的原动力，解决了军队轮换更新机制不健全的问题；二是轮换更新工作由军队和供应商共同完成，将供应商拉入轮换更新实施的队伍，解决了轮换更新力量薄弱的问题；三是轮换更新实施的主体由原来的军队变为现在的供应商，解决了轮换更新经费保障不足的问题。

轮换更新是战备物资储备领域一个特有的问题，对其进行研究本身就具有重大意义。对寄售模式下的战备物资轮换更新问题的规律进行探索，是在军民融合条件下针对具体模式下的具体问题展开研究，具有深远的理论意义和现实意义。在理论上，可以搞清该模式下战备物资储备所固有的特殊规律，丰富寄售模式和战备物资储备研究的相关理论，为寄售模式在战备物资储备领域深入应用提供理论支撑；在实践上，可以为军队物资采购与计划部门在具体实施阶段的决策提供思路，从而为战备物资实施寄售式储备打下良好基础，保证寄售模式的顺利应用。

（四）寄售式战备物资储备轮换更新规律研究

根据物资特性，可以简单将战备物资分为功能型物资和创新型物资。功能型物资指的是技术含量相对较低的物资，这类物资一般用于满足部队的基本需求，比如军需物资、药品等。部队对这种物资的需求一般具有较强的刚性，只要在物资保质期内拨付部队，就可以满足部队某些方面的需求，较好地实现其使用价值。创新型物资指的是技术含量相对较高的物资。这类物资随着科学技术的不断发展，具有较大的性能提升空间，通过提高物资的技术性能可以有效提高部队的战斗力。

在寄售模式下，军队使用功能型物资的意愿与物资的质量密切相关，只要物资质量合格，一旦客观上需要，军队就没有不使用的理由。同样在市场环境下，只要物资质量合格，就可以以相对稳定的价格实现其使用价值向金钱的转化。对供应商来说，只要能把握住保持库存物资的质量，总能通过军队或市场实现其利益追求的最终目的。因此，功能型物资的轮换更新比较简单，军队只要能及时向供应商传递物资质量的信息，并适当采取一定的奖惩激励措施，就可以实现库存物资的轮换更新。对于创新型物资，军队使用意愿和市场价格虽然都与物资的质量有一定的关系，但最主要决定因素是物资的技术性能。在库存物资中，即使是刚从生产线上下来的新品，如果其技术性能太低，军队使用的意愿也不可能高，同时在市场上也没有多大的价格优势。这就需要供应商积极开发新产品，用物资的高性能来驱动军队的使用意愿，以保证能够从军队获得高额回报。因此创新型物资轮换更新的实质并不是简单的新旧物资替换，而是用技术性能高的物资代替技术性能低的物资。这类物资由于技术性能不好把握，轮换更新比较复杂。因此，本文重点对创新型物资的轮换更新进行研究。

库存物资的轮换更新可以通过两种方式进行，一是供应商将在储物资通过市场出售后补充新的技术性能更高的替代品，二是部队消耗后由供应商补充新物资。从本质上来说，第一种方式是供应商主动轮换，其中包含了物资性能的改进与提升；第二种是供应商被动轮换，供应商进行物资性能提升需要结合自身的研发与生产过程展开，因此这里只对第一种轮换方式进行研究。

1. 问题描述

由于供应商对库存物资实施轮换更新的动力来自于经济利益的驱动，因此对供应商来说，只有实施轮换更新的期望收益不低于继续储备现储物资的期望收益时才会主动实施物资的轮换更新。令 t 时刻实施轮换更新期望收益为 $E_r(t)$，t 时刻之后继续储备原物资的期望收益为 $E_c(t)$，则供应商实施库存物资轮换更新的基本条件可以表示为：

$$E_r(t) \geqslant E_c(t) \tag{64}$$

在这个轮换更新的基本条件之下，供应商通过对两种情况下的期望收益分别进行分析，以确定最佳的轮换时机；同样，军队也可以通过对供应商的收益分析采取相应的策略来促进轮换更新的实施。现在需要解决的问题是：供应商实施轮换更新的最佳时机在什么时候？为了督促供应商及时对在储物资实施轮换更新，军队的策略是什么？

2. 模型假设

为便于分析轮换更新内在规律，现作如下假设：

（1）部队对在储物资的使用时机（客观上的使用条件）不考虑战争、扩编、应急等特殊情况，仅考虑对在用物资的正常更新换代。

（2）由于战备物资储备的主要目的是保证战时或紧急情况下的物资供应，部队平时用量相对较少，为提高供应商合作的积极性，并保证战时或紧急情况军队能得到与平时价格相当的物资，军队对供应商的平时结算价格 $C_p(t)$ 略高于市场价格 $C_m(t)$ 且二者正向相关，即 $C_p(t) = \mu C_m(t)$，$\mu > 1$。

（3）在储备初期，物资性能为同类产品中最优，成本 c_0 仅与最初价格 C_0 相关，且有 $c_0 = \omega C_0$，$0 < \omega < 1$，即不考虑由于技术改进而带来的成本下降。

（4）物资在储阶段的管理费用由军队负担，轮换更新产生的人工费、运输费等附加费用由供应商负担。

（5）轮换更新是瞬时完成。

3. 模型构建

基于以上假设，本文通过构建供应商的期望收益模型，并对轮换与不轮换两种情况下的期望收益进行比较，以此为依据分析供应商实施轮换更新的最佳时机以及军队需要采取的策略。模型中涉及的符号如下：

T：物资的技术寿命；

c_0：在储物资成本；

c_0'：新物资的成本；

c_r：轮换更新的附加成本，包括人工费、运输费、损耗费等；

$P(t, T)$：不实施轮换更新条件下 t 时刻至 T 期间被部队使用的概率；

$P'(t, T)$：实施轮换更新后 t 时刻至 T 期间被部队使用的概率；

$C_m(t)$：物资在 t 时刻市场售价；

$C_p(t)$：物资在 t 时刻被部队使用后的结算价格；

$E_c(t)$：供应商不实施轮换更新的期望收益；

$E_r(t)$：供应商实施轮换更新的期望收益。

（1）供应商的期望收益模型

对于某种在储物资，在任一时刻 t，供应商存在两种选择：继续储备该物资或储备技术性能更好的物资，即不实施轮换更新与实施轮换更新。如果选择继续储备原来的物资，供应商的期望收益为军队使用后的结算费用与物资本身成本之差。因此对于单位数量的物资，供应商选择在 t 时刻之后继续储备原来物资的期望收益可以表示为：

$$E_c(t) = P(t, T) C_p(t) - c_0 \tag{65}$$

同样，供应商如果选择在 t 时刻实施轮换更新，其期望收益为旧物资在市场出售所得收益加上军队使用新物资后的支付，再减去轮换更新产生的附加费用。对于单位数量的物资，供应商实施轮换更新的期望收益可以表示为：

$$E_r(t) = \left[C_m(t) - c_0 \right] + \left[P'(t, T) C_p'(t) - c_0' \right] - c_r \tag{66}$$

将式（65）、式（66）代入式（1）并整理，得到供应商实施轮换更新的基本条件为

$$C_m(t) + P'(t, T) C_p'(t) - c_0' - c_r \geqslant P(t, T) C_p(t) \tag{67}$$

令

$$f(t) = C_m(t) + P'(t, T) C'_p(t) - P(t, T) C_p(t) - c'_0 - c_r \qquad (68)$$

则 $f(t) = 0$ 为供应商主动实施轮换更新的临界条件，当 $f(t) > 0$ 时，供应商具有对库存物资实施轮换更新动力，且 $E_r(t)$ 的值越大，轮换的动力就越大，使 $E_r(t)$ 取得最大值的时刻 t_0 为供应商实施轮换更新的最佳时机；反之，供应商则缺乏实施轮换更新的动力，为了保证在储物资具有先进的技术性能，军队必须采取必要的奖惩措施，督促供应商实施轮换更新。

（2）寄售式战备物资的相对性能

由前面的分析可知，供应商实施轮换更新的动力主要与物资的市场售价以及部队使用物资的可能性相关，而这两个因素取决于物资技术性能的高低。为了衡量物资在技术上的优劣性，这里引入相对性能的概念。

定义：物资的相对性能是给定物资的关键性能参数与市场同类产品中最先进物资的关键性能参数之间的比值，反映了物资的先进程度。

令相对性能为 $K(t)$，由上述定义可知，$0 < K(t) \leqslant 1$。给定一种物资，其相对性能 $K(t)$ 与时间 t 之间存在单调递减关系，即当 $t_1 < t_2$ 时，有 $K(t_1) \geqslant K(t_2)$。由模型假设，由于新进入储备物资的技术处于领先水平，因此 $K(0)$ 可近似看作 1；在随后的一段时间内，由于更先进的可代替物资处于研发试产阶段，其相对性能呈缓慢下降趋势；随着时间推移，当新产品大量生产时，该物资的相对性能呈迅速下降趋势；当相对性能降低到较低程度时，物资虽然落后，但仍有一定的使用价值，其下降水平趋于缓慢；当 t 接近于物资的技术寿命 T 时，可以认为 $K(t) \to 0$。由此，$K(t)$ 为倒 S 形曲线（如图 19 所示），可用下述函数表示：

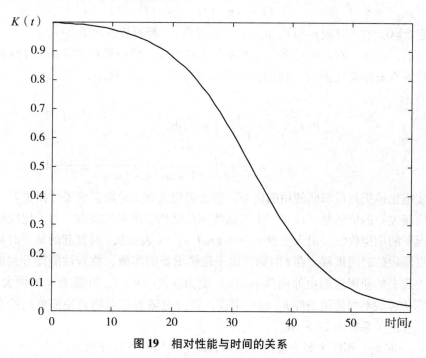

图 19　相对性能与时间的关系

$$K(t) = \frac{1}{\cdot 1 + ae^{bt}} \tag{69}$$

（3）物资相对性能与市场售价的关系

根据物资的市场价格规律，一般说来，物资越先进，其价格越高。因此，市场价格与物资的相对性能存在正相关关系。假设物资的初始价格为 C_0，则在 t 时刻，市场价格可以表示为：

$$C_m(t) = C_0 K(t) = \frac{C_0}{1 + ae^{bt}} \tag{70}$$

（4）物资相对性能与部队使用概率的关系

①不实施轮换更新时部队的使用概率。部队在 t 时刻使用在储物资的概率 $p(t)$ 由两个因素决定：主观上使用的意愿 $p_1(t)$ 和客观上使用的条件 $p_2(t)$。$p_1(t)$ 由在储物资的相对性能决定，物资相对性能越高，部队越愿意使用，因此可以使用 $K(t)$ 来简单代替 $p_1(t)$。$p_2(t)$ 由在用物资的相对性能决定，在用物资越落后，更新换代的可能性越大，二者呈负相关关系，参照 $K(t)$，$p_2(t)$ 为 s 形曲线。由于 $p_1(t)$ 和 $p_2(t)$ 由不同的物资决定，为了将二者统一到同一个时间上，引入常数 δ，δ 的现实意义是在储物资相对性能与在用物资相对性能上的时间差，$\delta > 0$ 时在储物资先进于在用物资，$\delta < 0$ 时在储物资落后于在用物资，因此有 $-T \leqslant \delta \leqslant T$。$p_2(t)$ 可以表示为：

$$p_2(t) = 1 - K(t+\delta) = \frac{a}{a + e^{-b(t+\delta)}} \tag{71}$$

由于 $p_1(t)$ 和 $p_2(t)$ 相互独立，因此在 t 时刻，部队使用库存物资的概率可以表示为：

$$p(t) = p_1(t) \cdot p_2(t) \tag{72}$$

给定 $\delta = 0$，在 t 时刻 $p(t)$、$p_1(t)$、$p_2(t)$ 三者的关系如图20所示。

实际上，$p(t)$ 的大小对供应商来说意义并不大，供应商所关心的是 t 时刻之后到物资的技术寿命结束之前这一段时间内物资被军队使用的概率，即 $[t, T]$ 区间的平均概率 $P(t, T)$：

$$P(t, T) = \frac{1}{T-t} \int_t^T p(t)\,\mathrm{d}t$$

$$= \frac{1}{T-t} \int_t^T \frac{a}{(1 + ae^{bt}) \cdot (a + e^{-b(t+\delta)})}\,\mathrm{d}t \tag{73}$$

②实施轮换更新后部队使用的概率。假设供应商在 t 时刻实施了轮换更新，这种情况下供应商关心的依然是 $[t, T]$ 上军队使用在储物资的平均概率。为了比较轮换与否两种情况下的期望收益，引入变量 x，$0 \leqslant x \leqslant T-t$。$x$ 表示从 t 算起的某一时刻，代表了轮换更新后的时间推移。在 t 时刻，由于轮换更新的实施，物资性能提升到最优，因此军队主观上的使用意愿由原曲线 $p_1(t)$ 变为 $p'_1(t+x)$，并随着 x 的增大而下降。但对于军队客观上的使用条件 $p_2(t)$ 来说，并没有随着库存物资轮换更新的实施发生变化。二者的关系如图21所示。

在 $t+x$ 时刻，军队主观上使用意愿和客观上使用的条件分别为：

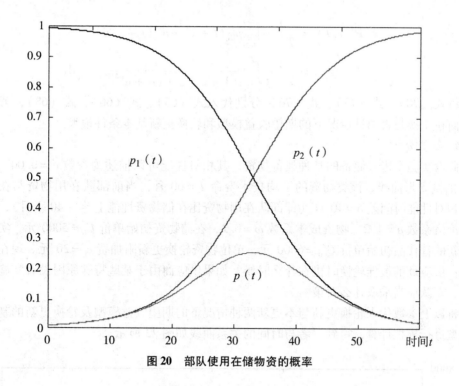

图 20 部队使用在储物资的概率

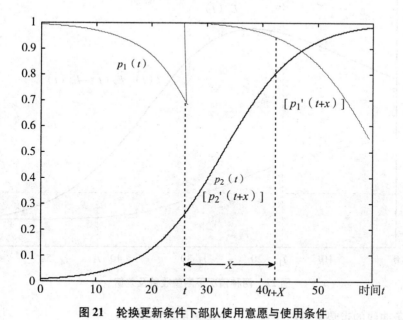

图 21 轮换更新条件下部队使用意愿与使用条件

$$p_1'(t+x) = \frac{1}{1+ae^{bx}} \tag{74}$$

$$p_2'(t+x) = \frac{a}{a+e^{-b(t+x+\delta)}} \tag{75}$$

因此，在区间 $[t, T]$ 内，部队使用在储物资的平均概率为：

$$P'(t,T) = \frac{1}{T-t}\int_0^{T-t} p'_1(t+x) \cdot p'_2(t+x)\,\mathrm{d}x$$

$$= \frac{1}{T-t}\int_0^{T-t} \frac{a}{(1+ae^{bx})\cdot(a+e^{-b(t+x+\delta)})}\,\mathrm{d}x \tag{76}$$

将式（70）、式（73）、式（76）分别代入式（65）、式（66）、式（68），就得到供应商在轮换与否两种情况下的期望收益模型和轮换更新基本条件模型。

4. 数值分析

假设实施寄售式储备的某种战备物资，其相对性能可以描述为参数 $a = 0.007$、$b = 0.15$ 的倒 S 形曲线，该类物资的平均技术寿命 $T = 60$ 月，当前部队在用物资与在储物资的相对性能时间差 $\delta = 40$ 月（即部队在用物资比在储物资性能上落后 40 个月），军队结算价格系数 $\mu = 1.2$，物资成本系数 $\omega = 0.2$，在储物资初始单价 $C_0 = 5000$ 元，实施轮换更新的替代品初始单价 $C'_0 = 6000$ 元，单位物资轮换更新附加费 $c_r = 20$ 元。现在的问题是：供应商的最佳轮换时机在什么时候？如果供应商由于某些特殊原因没有实施轮换更新，军队应当采取什么对策？

将以上参数代入轮换更新与不更新两种情况下的期望收益模型及轮换更新的基本条件模型进行模拟计算，得到三者与时间的关系曲线如图22所示。

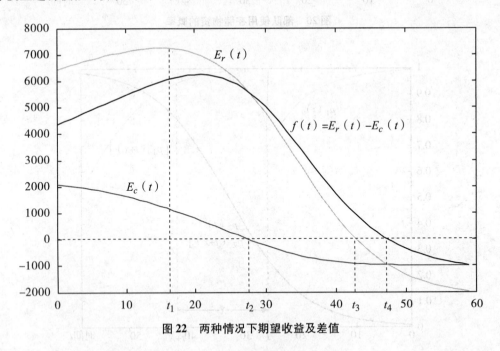

图22 两种情况下期望收益及差值

从几条曲线的走势来分析，存在几个关键的时间节点：

（1）$t = t_1$ 点。在 t_1 时刻供应商实施轮换更新的期望收益最大。令 $\mathrm{d}E_r(t)/\mathrm{d}t = 0$，求得的 t 即为 t_1；

（2）$t = t_2$ 点。如果供应商不实施轮换更新，在该点供应商的期望收益为 0。令 $E_c(t) = 0$，求得的 t 即为 t_2；

（3）$t = t_3$ 点。如果供应商在该时刻实施轮换更新，其期望收益为 0。令 $E_r(t) =$

0，求得的 t 即为 t_3；

（4） $t = t_4$ 点。在该时刻，供应商实施轮换更新与不实施轮换更新的期望收益相同。令 E_r (t) $= E_c$ (t)，求得的 t 即为 t_4。

从几条曲线的趋势结合实际情况来考虑这几个时间点，可以作如下理解：

由 E_c (t) 曲线，在不实施轮换更新的情况下供应商的期望收益逐渐减少，在 $t = t_2 = 27.6$ 时刻，E_c (t) $= 0$，且有 $\lim\limits_{t \to T} E_c$ (t) $= -c_0 = -1000$。在实际意义上可以理解为：如果供应商不实施轮换更新，由于在储物资性能随时间推移逐渐落后，军队使用意愿降低导致使用的可能性减小，最终军队不再使用，对供应商来说造成的损失就是物资的成本。

由 E_r (t) 曲线，在时间段 $[0, t_1]$ 上，E_r (t) 递增，$t = 15.2$ 时 E_r (t) 达到最大值 7248.6 元；在 $[t_1, T]$ 时间段 E_r (t) 递减，当 $t = t_3 = 42.93$ 时，E_r (t) $= 0$。从实际意义上可以理解为：在 $[0, t_1]$ 时间段，虽然在储物资的市场价格逐渐下降，但由于部队在用物资随时间推移越来越落后，部队更新换代的愿望越来越强烈，因此供应商实施轮换更新的总体期望收益呈增大趋势；在 t_1 时之后，由于部队在用物资完成更新换代，对在储物资的客观需求降低，从而实施轮换更新的期望收益逐渐降低；当 $t = t_3$ 时，原在储物资的市场出售所得与实施更新后军队对新的在储物资的使用支付所得之和刚好抵消物资本身成本与轮换附加成本，因此总的期望收益为零。在 f (t) 曲线上，$t = t_4 = 47.45$ 时，f (t) $= 0$，因此 t_4 为供应商主动实施轮换更新的临界时间点。

通过以上分析，军队在不同阶段可采取如下对策来实现轮换更新的目的：

（1）在 $[0, t_2]$ 阶段，两种情况下的供应商的期望收益都为正值，且轮换更新的期望收益大于不轮换更新的期望收益，t_1 为轮换更新的最佳时间点。在这段时间内，供应商具有较强的轮换动力，军队不需要采取特别措施。

（2）在 $[t_2, t_3]$ 阶段，轮换更新的期望收益为正，而不轮换更新的期望收益为负，即不轮换会导致亏损，因此供应商具有较强的轮换更新动力，军队仍然不需要采取任何措施。

（3）在 $[t_3, t_4]$ 阶段，虽然轮换更新的期望收益仍然大于不轮换更新的期望收益，但二者都为负值，即无论轮换与否，供应商都会亏损，且亏损值差别并不大，供应商实施轮换更新的动力显然不足。因此军队可以采取奖励措施来弥补实施轮换更新时供应商的损失，以提高供应商轮换更新的积极性。

（4）在 $[t_4, T]$ 阶段，对供应商来说实施轮换更新带来的亏损比不轮换更大，因此供应商的最佳选择是不轮换。如果在储物资数量庞大，供应商极可能以中断与军队的合作为代价来降低损失。因此军队必须采取严厉的惩罚措施，以督促供应商在 t_4 之前完成轮换更新。

（五）轮换更新策略建议

通过上一节对寄售模式下战备物资储备过程中轮换更新规律的探索，我们发现，军队物资采购与管理部门在实施战备物资寄售式储备的过程中，针对不同阶段供应商的收益特点，可以采取不同的激励或惩处措施来促使供应商及时实施轮换更新，从而达到保证储备中物资的质量和提高物资技术性能的目的。为此，提出以下按等级实施寄售式战备物资储备轮换更新的策略建议：

（1）将库存物资划分为待用品、待换品和废品三个等级，其中待用品对应于（0，t_3）时间段，待换品对应于（t_3，t_4）时间段，废品对应于（t_4，∞）时间段。等级划分的依据是物资的相对技术性能。有的物资虽然刚从生产线下来，但技术性能并不高，甚至在同类产品中相当落后，就只能划归为待用品以下的等级。

（2）对于处于待用品阶段的库存物资，从军队立场来考虑，轮换更新意义不是很大，相反物资的出入库需要部队配合，必将造成人力、物力的浪费。但从保持物资最佳状态和性能的角度来说，军队不应该阻止供应商实施轮换更新。同时从供应商立场考虑，轮换更新的期望收益达到最大的时刻就在该阶段，供应商具有较强的轮换更新的主动性。因此军队可以采取不鼓励、不阻止的态度，顺其自然，积极配合。实际上，正是由于这一时间段的存在体现了寄售式战备物资储备在轮换更新方面的优越性。

（3）对于处于待换品阶段的库存物资，军队希望能将质量和性能提升到最优，因此这个阶段是军队期望实施轮换更新的阶段。但从供应商的角度来看，实施轮换更新需要花费人力、物力、财力，特别是创新型物资必须要有相关技术的支持，这就造成供应商实施轮换更新的期望收益为负值。鉴于这一客观原因，军队应当采取经济奖励的手段，对供应商在这个阶段实施轮换更新予以一定的经济补偿，达到督促轮换更新工作实施的目的。

（4）对于处于废品阶段的库存物资，这些物资的储备已经浪费了军队仓储资源，严重影响到军队物资供应保障质量，甚至可能导致严重后果。这种情况下，军队必须采取严厉的惩罚措施，其目的在于督促供应商在该阶段到来之前完成轮换更新工作。

（六）小结

战备物资轮换更新是我军长期战备物资储备工作中面临的一个重大难题。本部分分析了当前我军战备物资储备工作中轮换更新存在的主要问题及产生原因，指出了寄售模式下轮换更新实施的特点，通过构建物资的相对性能函数，建立了该模式下供应商期望收益模型和轮换更新条件模型并进行实例分析，对寄售模式下战备物资轮换规律进行了探索。在量化分析的基础上，总结提出了督促供应商实施轮换更新的政策建议，为寄售式战备物资储备的轮换更新在实践中应用与推广指明了可行方向。本部分的研究，解决了寄售模式下"如何保证质量"的问题。

七、寄售式战备物资储备军地协作研究

（一）引言

将寄售模式应用于战备物资储备，其优点之一就是通过军地协作达到双赢目的，从而形成军地双方长期稳定的战略合作伙伴关系。然而在该模式中，由于军队的强势地位带来的缺点也是显而易见的。军队为了提高物资保障效能，在库容允许的情况下会尽可能提高库存量，如果军地双方不能有效协作，由于信息的不对称，很容易形成牛鞭效应，从而影响到供应商合作的积极性。因此，军地双方如何实现有效协作是寄售模式在战备物资储备领域中应用需要解决的关键问题之一。本部分将 CPFR 引入寄售式战备物资储备管理模式，通过建立 CPFR 协作模型，尽可能消除由于信息不对称所带来的库存过量的弊端，使军地双方能实现有效长期合作。

（二）CPFR 简介

1. CPFR 的产生与概念

CPFR 源于零售业巨头 Wal－Mart 推动的联合预测与补货（Collaborative Forecasting and Replenishment，CFAR）。1995 年，Wal－Mart 与它的供应商 Warner－Lambert、供应链软件商 Manugistics、管理信息系统供应商 SAP 以及美国咨询公司 Benchmarking 等 5 家公司联手，共同建立了零售供应和需求研究工作组（Retail Supply and Demand Working Group），对 CFAR 展开研究和探索，其目的在于改善零售商与供应商之间的合作关系，提高对需求预测的准确度，降低整个供应链总成本和减少各级库存，从而提高整个供应链的效率[135]。系统最开始的结构是零售企业和生产企业通过网络展开合作，共同进行商品预测，然后实施连续补货。随着研究的深入展开，基于信息共享的 CFAR 得到不断发展，在共同预测与补货的基础上，推动了共同计划的制订，从而产生了一种新的合作模式——CPFR（Collaborative Planning，Forecasting and Replenishment）。1998 年美国召开零售系统大会时对这一模式进行倡导，多家零售企业和生产企业展开了实验性应用，可以说这是目前供应链管理在信息共享方面的最新发展。在实施 CPFR 后，Wal－Lambert 对零售商品的满足率从原来的 87% 提高到了 98%，销售性收入增加了 800 万美元。CPFR 在实施中取得初步成功之后，由零售商、制造商和方案提供商等 30 多个实体参与共同成立了 CPFR 委员会，与 VICS（Voluntary Interindustry Commerce Standards）协会共同进行 CPFR 的研究、标准制定、软件开发和推广应用等工作。1998 年，CPFR 委员会颁布了 CPFR 的指导方针，为了帮助交易伙伴在协同合作过程中取得最佳的效率，对协同作业的程序以及信息分享标准等进行了详细定义。2004 年 CPFR 委员会提出了 CPFR V2.0 模型，将 CPFR 的实施过程分为战略和计划阶段、需求/供应管理阶段、执行阶段和分析阶段。这些研究成果为广大学者的继续研究和实际应用奠定了基础。

CPFR 一般定义描述为[136]：CPFR 是一种哲理，它应用一系列的现有的技术模型提供覆盖整个供应链的合作过程，通过共同业务过程和共享信息来改善零售商和供应商的伙伴关系，提高需求预测的准确度，最终达到提高供应链效率、减少库存和提高消费者满意度的目的。事实上，CPFR 并不是一种新的预测的数学模型，它是在供应链内通过协同研究解决合作中可能发生的例外事件的解决方法，从而减少预测与实际订单间差距的方法。其目的在于通过合作伙伴之间的信息共享，确认合作中的异常情况并采取可行方案加以解决，使客户能够在正确的地点和时间，以合适的价格和正确的数量获得所需商品。

作为一种最新的供应链策略技术，CPFR 能够对供应链中合作企业的组织结构和企业价值产生重大影响，它加强了各个企业间的合作关系，在整个供应链范围内，依靠信息技术支撑，充分利用各企业在不同资源上的优势，共同制订发展计划，共享各种信息，以达到提高需求预测的准确性、加快整个供应链的响应速度、降低成本并提高服务水平的目的。

2. CPFR 的特点

通过实施 CPFR，有利于促进合作伙伴展开长久的、深入广泛的合作。它主要有以下三个方面的特点[137]：

（1）合作框架的基础是客户需求。在 CPFR 的结构中，合作伙伴间的合作框架和具体运行规则主要根据客户的需求来建立，其目的是提高整个价值链的增值能力。在供应链中由于各节点企业在运营过程、信息来源和竞争能力等多个方面都存在差异，合作过程中难以达到完全一致，因此 CPFR 为合作企业提供了多种选择方案，每个方案都明确了各合作企业需要承担的主要任务，并且规定满足需求始终是整个供应链的核心任务。企业可以根据自身能力和产品性质在多个方案中进行选择。

（2）生产计划的基础是销售预测报告。由于社会分工的不同，导致了制造商和销售商在对市场的认识方面存在较大的差异。销售商作为产品走向市场的中间环节，直接同上游的生产商和下游的消费者产生联系，他们可以清楚地了解生产商的生产计划和市场销售计划，也可以通过 POS 数据来判断消费者需求。生产商同若干销售商联系，了解销售商的商业计划。因此，在 CPFR 下销售商和生产商可以在不泄露各自商业机密的前提下进行信息和数据的共享，通过相互交换信息来提高对市场预测的能力，以便于形成可靠度更高的预测报告。根据这个预测报告，合作中的各节点企业可以合理安排自己的生产计划，从而达到供应链管理集成化的目的。

（3）能够有效降低供应链的库存水平。供应过程中的库存主要是由于对需求的预测难以把握。通常说来，由于生产商在销售商订单规定的交货期限内往往难以生产足够的产品，为了满足销售商的订单，生产商必须保持足够的库存。同样，由于销售商对生产商的生产能力缺乏了解，为了防止销售过程中出现供不应求，销售商必须加大订货量以保持足够的库存。在 CPFR 合作下，生产商与销售商通过信息共享完全可以提高生产供应的柔性和抵御风险的能力，这样必然会降低合作双方的库存，提高整体经济效益，并且较好地解决制造、运输及分销全过程中各企业间的资源优化调度和配置问题。

（三）CPFR 在寄售式战备物资储备中应用的必要性和可行性

1. CPFR 在寄售式战备物资储备中应用的必要性分析

寄售式战备物资储备是我军战备物资储备体系改革的一个创新性尝试，它是与传统的储备模式完全不同的一种军地协作式储备。之所以选择 CPFR 作为该模式下军地协作关系的解决方案，是因为它具有以下特点和优势：

（1）CPFR 的协同思想完全符合战备物资储备实施军民融合的战略意图。寄售式战备物资储备模式打破了原有的战备物资军队独家储备的局面，将供应商从储备体系之外拉入储备体系之内，与军队共同完成储备保障任务。作为储备主导方的军队，这种合作关系不只在平时储备中发挥作用，在军事行动中的保障活动更需要双方的协同完成。对供应商来说，军队虽然具有广阔的潜在市场，但这种潜在市场需要在合作过程中去挖掘。在合作过程中，只有确立军地双方共同的目标，才能使各自目标得以实现。任何一方将成本转移给对方，以牺牲对方的利益来实现自身利益最大化的行为都不可能实现长久合作。CPFR 的基本思想迎合了军地双方协作的需要，通过 CPFR 的实施，有利于双方建立长期稳定的合作关系，在未来军事行动的物资保障中发挥积极作用。

（2）CPFR 下信息高度共享能够提高战备物资储备与供应的柔性。将寄售模式引入战备物资储备体系的一个重要目的就是更好地服务部队，完成好军事行动保障任务。长期以来，在军队独家储备模式下，我军战备物资储备库存积压严重，物资质量难以得到保证，物资技术水平相对滞后，严重制约了后勤保障能力的生成。在 CPFR 模式下，军队通过信息共享能够掌握供应商的生产供应能力及潜在的扩展能力，从而调整储备计划，并为紧急情况下的物资保障做好预案；供应商为了实现自身利益最大化，会及时主动通过信息共享来预测军队对物资在数量上和性能上的保障需求，调整库存物资的数质量，从而满足军队保障需求。

（3）CPFR 下军地双方的共同计划和预测是战备物资储备实现军事效益与经济效益相结合的保证。通常情况下，军队战备物资计划部门和物资供应商都能根据自己掌握的信息对物资需求进行预测，但由于双方的立场不同，预测的结果往往会有较大差异。军队注重的是平时和战时对部队物资需求的满足，因此预测结果重军事效益而轻经济效益；供应商注重的是自身利益的最大化，因此预测结果重经济效益而轻军事效益。双方在信息共享的基础上进行共同计划和预测，能够兼顾双方利益，在满足需求的基础上降低库存水平，避免过量储备，实现军事效益与经济效益的最佳结合。

（4）CPFR 中例外机制的采用是战备物资储备过程中应对突发情况的重要保证。军队的战备物资储备是建立在对国家和国防安全形势分析和统筹的基础上的，但由于影响国家国防安全的因素较多，导致了部队对物资供应保障需求的不确定性增强。特别是在军事行动过程中，物资的需求量随态势的变化处于不断地变化中，这就增加了战备物资储备供应的难度。CPFR 的例外机制的应用，要求合作双方对各种例外情况预先进行协商后做出详细的应对预案，它强调的不仅是军地双方共同对非常规情况下的物资储备与供应保障作出预测，还强调军地双方共同根据反馈的信息对预测模型进行制定和修订，因此可以较好地解决战备物资储备保障中随意性较大的问题。

（5）CPFR 业务流程优化的灵活性使军地双方的合作更为自由。CPFR 是一种新的管理理念，这种管理理念由一系列技术和模型作为支撑。它注重的是通过技术手段对合作伙伴间的业务流程加以改进，而不是在合作企业的运作中机械地投入某个技术解决方案。因此，CPFR 在军地双方合作中的实施具有相当的灵活性。军队和供应商通过对自身业务流程和合作需求进行分析后决定预算投入和实施范围，甚至在随后的合作过程中军地双方也可以根据业务合作需要随时变更程序或步骤。因此，CPFR 所具有的灵活性和低投入性为军地双方实验性合作提供了便利条件。

从上述分析看出，对于寄售模式下战备物资储备军地协作中可能出现的业务流程不合理、信息共享不充分、协同不深入不到位等若干影响双方合作的关键性问题，CPFR 都给出了解决思路与方法。实施 CPFR 的过程，就是加强军地合作、改善协作关系、提高信息交换与数据共享可靠性的过程。军地双方通过 CPFR 的实施，可以提高对储备需求的预测能力，在满足军事效益的基础上使经济效益最大化，全面提升我军后勤战备物资储备与供应保障能力。所以，在寄售式战备物资储备体系中引入 CPFR 具有一定的必要性。

2. CPFR 在寄售式战备物资储备中应用的可行性分析

在寄售式战备物资储备中，军队在战备物资储备管理中处于主导地位，便于实行统一管理，这有助于合作中协调机制的建立和信息的充分共享。CPFR 可以应用于寄售式战备物资储备体系，主要是基于以下几点：

（1）数据上的可获得性。CPFR 的成功实施需要军地双方共享许多数据。长期以来，与军队相关的所有数据都作为军队机密不允许外泄，然而随着国家综合实力的提升，我国军事力量逐渐呈透明化发展，许多原本属于保密性质的数据已经不在保密范畴。同时，从实施寄售式储备的物资属性考虑，本身不涉及保密内容。在这种模式下，由于军队是主导方，通过严把供应商选择关、数据甄别关、保密审查关，完全可以为供应商提供必要数据。从供应商角度来说，在现代市场竞争环境下，无论与谁合作，都应当提供必要数据。因此，对合作中的军地双方来说，都在数据上具有可获得性，具备了实施 CPFR 的基本要求。

（2）技术上的可靠性。实施 CPFR 的首要条件是双方必须都有强烈的合作意愿和具备最基本的合作能力，在具体实施的最初阶段并没有过高的技术要求。而且，国内外关于 CPFR 的广泛研究，使得其无论是在理论方面还是应用方面都有了长足发展，相关的信息系统在国内外市场上已经存在，具体的解决方案也有许多专业的咨询公司进行深入的研究，并且当前 CPFR 在国内外许多大型企业都有成功应用的案例可以借鉴。这些都为将 CPFR 应用于军地协作体系提供了有力的技术支持。

（3）投资上的可行性。任何一项技术的应用，都必须要有一定的资金投入来支撑。在 CPFR 实施论证阶段，合作方首先考虑的可能是前期建设和后续运行过程中投资问题，特别是 CPFR 需要强大的信息系统做支撑，最初的投入重点是信息系统的建设，如果 CPFR 实施失败，军地双方的经济损失是在所难免的。但正如前文所说，CPFR 能否成功实施，关键在于双方是否有合作的意愿和基本的合作能力，技术投资方面的门槛并不高。从我军信息化建设来看，目前已经具备了一定的基础，随着军队现代化发展，信息化建设会进一步增强，这些都为 CPFR 的实施提供了最基本的条件。从 CPFR 实施本身来看，就是要强化军地协作能力，在实现军事效益的基础上最大化经济效益。因此，在寄售式战备物资储备中实施 CPFR，从经济性方面来说是可行的。

综上所述，CPFR 作为一种先进的管理思想和手段，在寄售式战备物资储备军地协作中既有应用的必要性，又具备了成功实施的必要条件，完全应当也可以用于军事领域，为战备物资储备中的军地协作提供支持。

（四）寄售式战备物资储备 CPFR 协作体系

1. 协作体系组织机构

在 CPFR 实施过程中，由军队和供应商共同组成的组织机构具体负责寄售式战备物资储备 CPFR 军地协作体系中的决策、管理、协调、运行、维护等工作，该组织机构包括四个职责层：决策层、运作层、信息管理层和内部管理层（如图23所示）。

（1）决策层。决策层由军队战备物资储备计划部门和供应商企业的相关领导共同组成，主要负责制定军地协作联盟的战略目标，创建合作业务框架和计划，建立军地合作的业务过程，实施共同决策；

（2）运作层。运作层是 CPFR 的执行者，主要负责合作业务的运作，包括信息交换、需求预测、补货预测、识别例外和在协议框架下解决例外，实现信息共享、利益和风险共担；

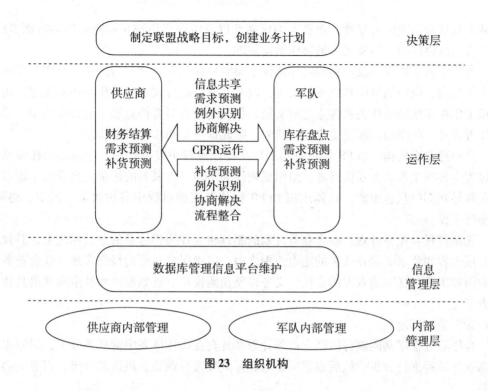

图 23　组织机构

（3）信息管理层。信息管理层是 CPFR 实施的基础，主要负责 CPFR 信息系统的开发、维护和数据管理；

（4）内部管理层。与 CPFR 组织结构中的其他职责不同，内部管理层负责的是协作双方各自的内部运作和管理，它属于各企业内部所有，职责包括内部的库存管理、货物盘点、财务结算、客户服务和企业后勤等。

2. 协作体系构建

构建基于 CPFR 的寄售式战备物资储备军地协作体系，由军地协作体系组织机构具体负责实施，其关键在于联合业务计划的制订，联合业务计划是决定 CPFR 体系能否成功实施的主要因素。制订联合业务计划必须从以下几个方面考虑：①必须与合作双方的实际情况相吻合，具有实施的可行性；②必须由合作双方共同拟定并认可；③必须保证体系目标的实现。

同时，联合业务计划要求合作双方共同承担相应的责任和义务，这些责任和义务可能会导致双方各自的内部业务流程发生变化，同时部分流程会增加。为保证协作过程中双方协调一致并保证协作体系目标的实现，联合业务计划必须得到双方的认可。因此，在基于 CPFR 的军地协作体系构建中，必须由军队相关部门和供应商共同参与的组织机构来推动相关工作的开展。

（1）协作体系构建流程

从军队角度来看，构建军地协作体系的完整流程主要包括以下几个步骤：

①供应商选择。构建一个成功的寄售式战备物资储备 CPFR 协作体系，首先要选择合适的供应商。由于战备物资储备体系的特殊性和 CPFR 对协作成员之间的合作要求，

军队必须从政治上的可靠性、业务上的成熟性以及潜在的供应扩展能力等多方面考虑，选择合适的供应商，为实现军地协作奠定基础。

②拟定初步协作协议。初步协作协议主要对协作关系的建立与撤销、合作双方各自享有的权利、应担的风险和应尽的义务，以及利益分配方式等内容作出初步规定。由于这项工作在军地的协作关系建立之初实施，仅仅是双方对合作意愿达成初步共识，具体合作方式及一些细则问题需要进一步研究，因此这只是初步的协作协议。

③组建组织机构。CPFR 组织机构不只在协作过程中发挥作用，它也是协作关系建立过程中各项工作的主要执行者。组织机构作为军地双方联系的纽带，主要由军地双方相关领导和部门联合组成，具体承担 CPFR 构建及实施过程中各种决策、组织、协调、实施等工作。

④制订联合业务计划。联合业务计划的制订建立在协作体系的总目标之上，其规定的各项内容和要求必须在成员的能力范围之内，以确保总目标的最终实现。联合业务计划的内容主要包括军地双方的责任、义务以及预测模块、计划模块和补给模块的具体实现方案。

⑤再造内部流程

合作双方根据共同制订的联合业务计划和各自在协作体系中的任务分工，对原本的内部业务流程进行分析，然后根据需要对业务流程进行调整、再造和重组，以适应协作需要。

⑥调整组织结构

军地双方根据业务来往和协作流程需要，对各自原有的组织结构进行删减、增加及调整。

在完成上述步骤之后，CPFR 组织机构需要对设计的业务流程和协作目标进行统筹分析，对协作目标和业务流程进行修正，以保证目标的可实现性和业务流程的合理性。

⑦构建信息系统

信息共享是实现寄售式战备物资储备中军地实施 CPFR 协作的技术基础。军地双方的整个协作流程都是建立在信息互联互通的基础上的。构建信息系统主要包括两方面的内容：硬件设施的建设与软件平台的开发。其中软件平台既包括合作双方协作信息平台，也包括各自内部的信息系统。

⑧细化协作协议

在完成上述几个步骤后，军地协作体系的具体运行过程已经基本确定，双方根据各自的角色，需要进一步明确和细化协作协议的相关内容。

（2）协作体系构建的制约因素

建立良好的军地协作体系首先必须得到军队双方最高管理层的支持和协商，并且军地相关部门之间要保持良好的沟通，建立相互信任的关系。

在最初的战略分析阶段，军队要了解合作企业的结构和文化，合作企业要了解军队的战略意图，消除军地在社会、文化和合作态度之间的差异，同时在军地双方之间建立统一的运作模式和体制，消除结构和业务流程上的障碍。

在合作伙伴选择和评价阶段，总成本和利润的分配方式、财务的稳定性、文化的兼容性、合作伙伴的能力和地理位置、内部管理的兼容性等因素都会影响合作关系的建立。因此必须增加军地双方联系与交流，增加相互之间的了解，尽可能保持一定的一致性。

在协作体系建立的实质阶段，军地双方需要共同进行期望和需求分析，合作需要更为紧密，同时加强信息共享程度，互相提供设计交流与技术支持。在实施阶段，军队与供应商之间的信任最为重要，良好的愿望、协作的柔性、解决冲突的技能、业绩的评估以及高效的技术方法和可靠的资源支持等也相当重要。

（五）寄售式战备物资储备 CPFR 军地协作流程

在 CPFR 模式下，寄售式战备物资储备军地协作流程包括三个阶段：计划阶段、预测阶段和补货阶段（如图 24 所示）。其中计划阶段又可分为达成协议和创建共同业务计划两个步骤；预测阶段是实施 CPFR 的重点，包括需求预测、补货预测、例外识别和协商解决等步骤；补货阶段包括生成补货单和补货实施两个步骤。

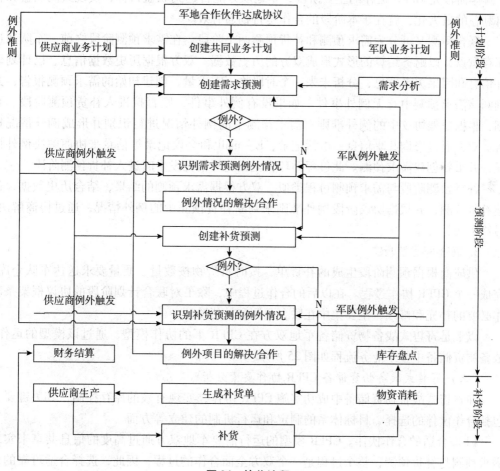

图 24 协作流程

具体协作流程如下：

1. 联合计划阶段

联合计划阶段处于 CPFR 实施过程的战略阶段，是军队寻求合作伙伴、形成战略联盟的阶段，是整个 CPFR 运行的基础。在该阶段，军队根据自身需求选择合适的供应商伙伴，并共同为合作关系建立指南和规则，设定合作范围和商业目标，制定各合作方的责任和义务，对影响供应和需求的事件做出联合规划，形成通用的框架协议，制定出绩效评价的方法，阐明双方各自的权利和义务。在此基础上，双方相互交换战略和业务计划信息，共同创建联合业务计划，并制定分类任务、目标和策略，包括寄售物资的库存管理目标、库存物资的数质量、盘点和结算的方案以及预测、补货的具体策略等，从而方便运作各环节的交流与合作。同时，还要对异常机制进行确定，通过对异常事件对需求和配送所产生的影响进行评估，为合作中异常事件的处理提供一个执行标准，并为预测阶段奠定基础。

2. 联合预测阶段

本阶段是 CPFR 运作的主要阶段，军地双方能否达到联盟目标，实现共同利益和各自利益的最大化，就在于本阶段的合作是否畅通有效。

联合预测又可分为需求预测和补货预测两个阶段。在需求预测阶段之前，军队通过库存盘点，以财务结算的形式形成双方的历史数据。双方根据历史数据信息、已计划事件信息和因果关系信息，分析未来一个时段物资需求量，创建初始的需求预测报告，并判断该需求预测中有无例外事件。如果没有例外事件，则直接进入补货预测阶段。否则，根据框架协议中的例外准则对需求预测中的例外情况进行识别并形成例外情况报告。双方通过查询共享信息、电话记录、E－mail 和会议记录等信息来协商解决例外情况，并重新创建需求预测。此过程循环直至无例外情况发生时进入补货预测阶段。

补货预测阶段与需求预测过程类似。双方根据需求预测的结果，结合历史数据，创建补货预测，并根据协议阶段例外准则来判断补货预测中的例外情况，通过协商解决，最终生成补货单。

3. 联合补货阶段

供应商根据预测阶段生成的补货单，按时将货物按数量、质量要求送达军队仓库，完成一个 CPFR 协作过程。在以后的合作过程中，除了对联合计划阶段的协议框架条款作必要的补充和修改，主要集中在联合预测和补货阶段。

以上是寄售式战备物资储备军地双方在 CPFR 下的协作模型，通过该模型的运作，战备物资储备中整个业务流程如图 25 所示。

（六）寄售式战备物资储备 CPFR 协作要素分析

在寄售式战备物资储备中成功实施 CPFR 协作，实现有效的库存控制，其关键要素包括合作伙伴的选择、目标体系的制定和运行机制的建立等方面。

（1）合适的合作伙伴。CPFR 模型的运行需要军地双方通过高度的信息共享来实现需求预测与补货预测，整个过程是一个双方全面合作的过程，因此，选择合适可靠的合作伙伴是 CPFR 运行的关键要素。

（2）明确可行的目标体系。在寄售式战备物资储备中实施 CPFR 协作，主要目的是

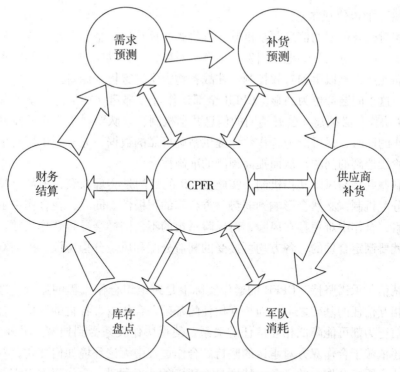

图 25　实施 CPFR 后的业务流程

在满足军队战备物资需求的前提下，提高预测精度，有效控制库存，降低双方成本，实现长期合作。但是由于合作双方所处的行业、性质、经营状况以及在这种特殊供应链中的不同地位，各自的目标会有所不同。因此在 CPFR 实施之前必须制定明确的共同的目标体系。这个目标体系应当根据军地双方的实际情况，并借鉴成功实施 CPFR 的企业经验来确定，必须保证既有挑战性，又有可行性。目标体系应当是长远目标和阶段性目标，定性目标和定量目标相结合。影响 CPFR 目标的因素很多，在制定目标体系时，军地双方必须对各因素进行分析甄别，抓住关键的、主要的因素来确定。CPFR 的实施是双方的全面深入合作，既涉及合作双方的高层人员，也涉及各层级的工作人员，为了提高目标体系的科学性和可行性，在制定目标过程中必须吸收各层相关人员共同参与。这样的目标体系，才是具有激励性质的科学合理可行的目标体系。

（3）完善可靠的运行机制。CPFR 的合作关系是一种紧密的直接合作，它强调的是在相互信任与合作的基础上解决协作中的问题，实现共同的计划和目标。从单方追求自身利益最大化的角度来考虑，如果没有一套完善可靠的运行机制，CPFR 协作将难以实施。为此，军地双方必须做好以下几个方面的工作：

构建"双赢"的价值观体系。在传统的企业经营理念中，都是以追求本企业的利益最大化，企业与企业之间是交易中的"输—赢"关系，体现出的价值观是利己型的。而在 CPFR 协作中，双方变原来的交易关系为战略合作关系，其本质是通过合作提高预测的准确度，从而降低各种不必要的成本来实现共同利益的最大化，最终实现"双赢"的目的。因此，在军地双方中从领导层到具体的执行层都要转变原有的价值观念，重新建立"双赢"的价值观体系。

建立相对公开透明的信息共享机制。寄售式库存在地方企业合作实施过程中，最大问题就是由于购买方的强势地位引发的信息不对称，导致供应方无法获知购买方的实际需求，从而使库存难以得到有效控制。在战备物资实施寄售式储备的过程中，由于军队的特殊性，这个问题会更为凸显。CPFR 全部运作过程都建立在信息共享的基础上，要实施 CPFR 协作，必须建立公开透明的信息共享机制，军队要科学界定信息密级，在做好保密工作的同时，尽可能为合作伙伴提供精确可靠的数据，充分利用所有信息来分析解决预测阶段遇到的问题，从而提高预测的准确性。

建立利益共享与风险共担机制。实施 CPFR 的目的是实现双赢，但如果没有一个合理的利益分配机制，必然会影响到弱势一方合作的积极性。同时，在合作中由于存在不确定性因素，合作中难免存在风险，对风险承担的不公同样会导致合作失败。因此，在合作初期就要制定合理的、各方均可接受的利益分配和风险分担协议，提高双方合作的积极性。

相互诚信与承诺坚持。CPFR 的运作实际上是跨组织合作流程的运行。这种合作流程建立在相互信任的基础之上，而相互信任的基础是合作双方各自的诚信。合作中任何一方的失信行为都可能降低相互信任的关系，使得协作关系受到损害。另外，CPFR 的成功运行还依赖于合作双方对承诺的坚持。合作过程中无论环境如何变化，双方都应加强沟通，认真履行合作中的义务。特别是在环境条件不利时，合作双方更需要坚持。否则 CPFR 协作很难长久。

（七）小结

寄售式战备物资储备下军队协作关系是一个长久持续的过程。在协作关系建立伊始，军队必须在对自身的物资需求科学合理评估的基础上选择合适的伙伴，通过建立完善可靠的运行机制，在相互信任的前提下加强沟通，在信息共享的基础上共同完成预测与补货过程，并不断协商解决合作中遇到的问题，才能使合作关系得到长期良性发展，最终实现双赢目的。本部分通过分析 CPFR 在军地协作中应用的可行性和必要性，将 CPFR 引入战备物资储备领域，探讨了寄售式战备物资储备 CPFR 协作模式，构建了寄售式战备物资储备协作体系，并对军地协作过程中的具体流程展开研究，指出了在 CP-FR 下军地协作的要素，解决了寄售式战备物资储备应用过程中军地"怎么协作"的问题。

八、总结与展望

（一）项目总结

我军战备物资储备工作开始于 20 世纪 60 年代初。在半个世纪的发展历程中，战备物资储备工作为国防安全、社会稳定提供了坚实的物资保障基础，积累了丰富的经验。但随着现代科学技术的快速发展和高新技术在战争领域的广泛应用，战争的突发性和高消耗性越发凸显，特别是在 20 世纪 90 年代以来的几场局部战争中，物资日耗量的增长速度更是快得惊人，这无疑对战争的后勤保障工作提出了前所未有的挑战。进入 21 世纪以来，随着历史使命的扩展，我军肩负的使命呈多样化发展，后勤保障物资种类增多，保障的任务更为艰巨。与此同时，原有的保障方式不够灵活、保障能力不强等问题也逐渐显现。在战备物资储备体系中，长期形成的军队独家储备、自储自用的模式已经难以满足物资保障需求。党中央、中央军委多次提出国防建设要走军民融合的路子，为我军后勤保障改革指出了发展方向，在战备物资储备领域寻求军民融合的储备模式是对中央精神的具体落实，是提高后勤保障能力的现实需要。本文的研究正是在这种形势下展开的。

寄售模式是当前在地方多个行业广泛应用的一种库存管理模式，它通过供应方与需求方的紧密协作实现物资库存的有效管理。将寄售模式应用于战备物资储备是一种全新的尝试，是军民融合思想在军事后勤保障领域的具体体现。在该模式下，军队为物资供应商提供仓库，供应商在物资所有权不变的情况下按军队要求在仓库中储备足够的物资，军队使用后向供应商转账结算。这种模式的应用能使供应商积极参与到军队的物资储备供应保障中来，较好地解决原储备方式不能解决的资金积压多、库存控制难、轮换更新不易实施等现实问题。这种模式既能确保某些战备物资储备数量和质量上的可靠性，又能实现军事效益与经济效益的完美结合。

总体来说，本研究主要完成了以下工作：

第一部分：解决了"为什么要做"的问题。通过资料查询、部队调研和数据分析，了解了当前国内外战备物资储备工作现状，掌握了研究与发展的前沿动态，分析了我军战备物资储备工作实施和研究存在的不足，交代了研究的背景和意义，厘清了研究思路和需要解决的主要问题，使本项目研究具有针对性和实用性。

第二部分：解决了"能不能做"的问题。介绍了寄售模式的发展历史和应用现状，对寄售模式在战备物资储备领域应用的可行性和必要性进行了分析，并将该模式与当前使用的军队自储模式与企业代储模式进行了对比，指出了战备物资在实施寄售式储备中应当把握的问题，为后文的研究打下了基础。

第三部分：解决了寄售模式在战备物资储备领域"对谁来做"的问题。战备物资性质特殊，种类繁多，涉及面广，并不是所有物资都适于寄售式储备。不同的物资必须选择不同的储备模式。储备模式的选择实质是物资分类问题，本部分通过对几种储备模式特点分析，指出了各自的适用范围，建立了针对储备模式选择的分类特性指标体系，将问卷调查获得的原始数据经模糊聚类处理后，用于训练和测试构建的战备物资储备模式选择多类支持向量机，从而形成能实现自动选择的储备模式选择机，实现了战备物资储备模式的自动选择。

第四部分：解决了寄售式战备物资储备应用过程中"和谁合作、合作多少"的问题。将质量功能展开中的质量屋引入供应商评价体系，通过分析将军队需求和评价指标体系进行展开，利用重构的质量屋将军队需求反映到供应商评价指标体系，使得对初选的供应商的评价更具针对性；综合考虑军队需求分配的经济效益和获得的综合服务水平，利用双层规划法合理分配各供应商战备物资储备量，达到促使供应商之间形成良性竞争的目的，实现了军事效益与经济效益的有机结合。

第五部分：解决了寄售式战备物资储备实施过程中"如何保证数量"的问题。分析了战备物资储备库存控制的目的及意义，研究了在寄售模式下战备物资库存控制的特点和解决问题的思路，通过建立数学模型对寄售式战备物资储备下库存控制的规律进行了探索。研究发现，军队可以通过设置合理的惩罚措施，使供应商在军队库房中存放满足库存上下限要求数量的物资，使物资储备数量保持在合理的区间。

第六部分：解决了寄售式战备物资储备实施过程中"如何保证质量"的问题。分析了当前战备物资储备轮换更新中存在的主要问题及原因，对寄售模式下战备物资轮换更新的特点进行了研究，通过建立数学模型对寄售式战备物资储备下轮换更新的规律进行了探索。研究发现，军队在物资储备的不同阶段，通过采取不同的奖惩措施可以督促供应商主动实施库存物资的轮换更新，从而保证库存物资的质量性能水平始终保持最优。

第七部分：解决了寄售式战备物资储备应用过程中军地"怎么协作"的问题。通过分析 CPFR 在军地协作中应用的可行性和必要性，将 CPFR 引入战备物资储备领域，构建了寄售式下战备物资储备军地协作体系，并对军地协作过程中的具体流程展开研究，分析了在 CPFR 下军地协作的要素。

第八部分：进行总结，指出研究中的主要创新点和应当完成的后续研究。

（二）主要创新点

本项目的创新点主要体现在以下几个方面：

（1）提出对部分战备物资采取寄售式储备，实现了战备物资储备模式创新。长期以来，我军战备物资储备一直沿用军队独家储备、自行管理的储备模式，这种储备模式虽然方便部队使用，但难以有效利用地方资源，资金积压严重，轮换更新缺乏必要的动力，对军事行动的保障工作具有很大的局限性。近年来新发展起来的企业代储模式，虽然有效利用了地方资源，但依然存在资金积压、监管困难等问题。针对某些物资采取寄售模式，既能在实践中有效集成上述两种储备模式的优点，摒弃各自缺点，实现更为科学有效的储备，又创新和发展了战备物资储备理论。

（2）综合集成模糊聚类与多类支持向量机技术构建出战备物资储备模式选择机。储备模式选择的本质是物资分类问题。当前对分类问题的研究成果比较多，但大多是各种方法的独立使用，这些方法各有优缺点。模糊聚类具有较好的分类效果，但对于数量庞大的全部战备物资进行分类并不可行，并且如果有新物资进入储备，需要重新聚类；支持向量机同样可以实现较好的分类，但需要可靠的数据来完成训练与测试。本文将这两种方法结合使用，通过用模糊聚类对相对较少的样本进行聚类产生可靠的数据，以此来完成支持向量机的训练与测试，从而构建出储备模式选择机，达到一劳永逸的目的，这种方法具有较强的泛化应用能力，特别是对数据量较大的分类问题的解决具有绝对优势。

（3）构建数学模型对寄售模式下战备物资库存控制的规律进行了探索。寄售式战备物资储备是在军民融合思想指导下的一种全新储备模式，由军地共同协作完成，其库存控制与以往完全不同。在传统的军队独家储备模式下，军队的战备物资管理部门通过对未来需求预测后做出储备计划，并按储备计划严格实施，库存控制相对比较简单。在寄售模式下，供应商与军队是合作关系，军队不可能用行政手段来约束供应商的行为。本文通过对该模式下库存控制规律的研究，为军队找到了干预供应商行为的经济手段，确保了库存物资数量上的可靠性。

（4）建立数学模型对寄售模式下战备物资的轮换更新规律进行了探索。战备物资储备任务的特殊性决定了物资储备期间用量较少，因此轮换更新是为保证物资质量的必要措施。当前在轮换更新方面的研究比较少，并且多为定性分析。本文根据适于寄售式储备的物资的特性，通过构建数学模型对寄售模式下的轮换更新问题进行了深入研究，并为军队提出了操作性较强的政策建议，确保了该模式下库存物资质量上的可靠性。

（三）研究展望

本项目通过分析寄售模式在战备物资储备领域应用的可行性和必要性，将寄售模式引入战备物资储备体系，并对储备物资选择、供应商评价选择及储备量分配、库存控制、轮换更新以及军地协作模式等问题开展了研究，取得了一定成果，为该模式在战备物资储备领域的应用提供了理论支持和参考。但限于时间、精力和水平，许多研究还需要进一步深入进行。具体包括：

（1）寄售模式作为一种全新的战备物资储备方式，在实际应用中还会遇到种种问题，需要研究的内容很多，本文不可能解决所有问题。在下一步研究中，仓库选址、储备结构优化、储备数量预测等都是需要研究的内容。

（2）在对储备模式选择、供应商选择评价等研究中，指标体系的构建还不够完备准确，下一步需要详加分析，尽可能使针对性更强。

（3）在库存控制研究中，虽然对双方的决策过程进行了分析，但对军队如何确定库存上下限还缺乏量化研究，这也是下一步需要研究的内容之一。

（4）在对轮换更新研究中，对技术含量较低的功能性物资仅有分析说明，缺乏量化研究。实际上，适合于寄售式储备的物资中军地通用的功能性物资也是储备重点，在下一步研究中需要将这类物资的轮换更新进行量化研究。

课题组成员名单

课题主持人： 赵振华　68075 部队工程师
课题组成员： 姜大立　后勤工程学院现代物流研究所所长、教授、博士生导师
　　　　　　　刘　军　解放军后勤工程学院后勤信息工程系副教授
　　　　　　　张　立　解放军后勤工程学院后勤信息工程系副教授

参 考 文 献

[1] 刘书江，赵存如. 军事系统工程专业委员会第二十三届学术年会成果综述 [J]. 军事运筹与系统工程，2013，27（4）：75－79.

[2] 王明礼，王通信. 外军后勤理论与实践 [M]. 北京：军事科学出版社，2001.

[3] 黄文寿. 当代外军后勤研究 [M]. 北京：金盾出版社，2000.

[4] 后勤指挥学院学术研究部翻译. 聚焦后勤 [M]. 北京：解放军出版社，2000.

[5] 从概念变化看美军后勤信息化的发展趋势 [J/OL] 2007，http：//www.jsdpc.gov.cn/pub/jsd-pccs/qtjg/jjdyb/xxjj/200711/t20071129_53775.htm.

[6] 军事科学院外国军事研究部. 备战 2020——美军 21 世纪初构想 [M]. 北京：军事科学出版

社，2001．

　　［7］王京海，史松宁．适于作战的感知与反应后勤［M］．北京：军事科学出版社，2005．

　　［8］王颖．我军战备物资储备发展战略研究［D］．北京：后勤指挥学院，2010．

　　［9］赵彦赟．军民融合式战备物资储备发展策略研究［D］．北京：后勤工程学院，2011．

　　［10］姜哲．我军战备物资储备建设研究［D］．北京：后勤指挥学院，2009．

　　［11］王宗喜．仓储论［M］．北京：军事科学出版社，2000．

　　［12］王丰，姜大立，彭亮．军事物流学［M］．北京：中国物资出版社，2003．

　　［13］王丰，姜大立，杨西龙．现代军事物流［M］．北京：中国物资出版社，2005．

　　［14］王宗喜，徐东．军事物流学［M］．北京：清华大学出版社，2007．

　　［15］王丰，汪贻生，王开勇．军事供应链理论与应用［M］．北京：中国物资出版社，2011．

　　［16］王颖，王海燕．非战争军事行动的战备物资储备策略［J］．物流科技，2009，32（1）：78－79．

　　［17］孙鑫，王亚梅，汤永亮，等．信息化条件下战备物资储备策略探讨［J］．物流科技，2011，34（2）：112－114．

　　［18］黄大鹏，康哲清，刘辉，等．通用战备物资委托企业代储问题研究［J］．军事交通学院学报，2009，11（4）：71－75．

　　［19］康哲清，项瑄，黄大鹏，等．战备物资储备供应链资源配置管理研究［J］．军事交通学院学报，2009，11（5）：69－72，90．

　　［20］施薇，何波．战备物资储备的经济性对比分析［J］．中国集体经济，2009（13）：106－107．

　　［21］金秀满，曾勇，朱晓华．战备物资企业代储的经济性分析［J］．军事经济研究，2010（3）：73－75．

　　［22］傅德文．建立后备力量非战争军事行动储备基金［J］．国防，2009（12）：45．

　　［23］邱林，戴强，王新选．后勤物资战时采购问题探讨［J］．中国储运，2010（9）：104－105．

　　［24］左毅．多元协同装备储备模式探究［J］．装备制造技术，2011（10）：135－137．

　　［25］卢晓龙，曲振生，张波．非战争军事行动条件下后方仓库储备结构研究［J］．物流科技，2010，33（7）：90－92．

　　［26］荀烨，陶新良，齐继东，等．军队战备物资储备预测模型研究［J］．物流技术，2009，28（7）：234－235．

　　［27］荀烨，孙志刚，马妍，等．军队战备物资储备结构优化模型研究［J］．军事交通学院学报，2009，11（2）：73－76．

　　［28］翟胜路，张作刚．基于模糊综合评判法的战储备件品种确定［J］．舰船电子工程，2011，31（12）：150－153．

　　［29］张作刚，胡新涛，刘望．DHGF算法在战储航材品种确定中的应用［J］．四川兵工学报，2012，33（9）：36－38．

　　［30］路胜，冯凯，龚卫锋，等．战备物资储备轮换更新机制初探［J］．物流技术，2007，26（4）：109－112．

　　［31］卢庆龄，白盟亮，李庆全，等．战储物资轮换管理策略研究［J］．物流科技，2011，34（2）：115－116．

　　［32］王军生，刘涛，吕卫民．战储器材轮换机制研究［J］．国防科技，2011，32（6）：47－51．

　　［33］王桂强，吴震，齐继东．战储物资轮换状态空间模型研究［J］．军事交通学院学报，2012，14（8）：71－74．

　　［34］胡新涛，张作刚，刘望．主成分聚类分析在战储器材轮换中的应用［J］．计算机与现代化，

2012 (12): 226 – 229.

　[35] 吴非，周家胜，余仁波，等. 军械战储器材轮换效果评估方法研究 [J]. 舰船电子工程，2012, 32 (1): 99 – 102.

　[36] 程瑞，王海兰，朱增志. 临到保质期战储物资处理问题的研究 [J]. 物流技术，2012, 31 (11): 452 – 454.

　[37] 费军，蒋元林，潘晓东. PowerBuilder 下战备物资管理信息系统的设计与实现 [J]. 医疗卫生装备，2008, 29 (10): 39 – 40.

　[38] 左娅佳. 基于 RFID 技术的卫生战备物资智能管理系统的研发 [J]. 医疗卫生装备，2007, 28 (11): 19 – 21, 25.

　[39] 陈文霞，荆斌，李巍，等. 医用战备物资管理系统的设计 [J]. 医疗卫生装备，2012, 33 (7): 35 – 36, 43.

　[40] 黄锐，马亮，饶盛. 战储器材管理系统设计与开发 [J]. 中国修船，2009 (2): 46 – 48.

　[41] 郑林，李同敬，霍志军. 战备储备物资保障辅助决策系统设计与实现 [J]. 军事运筹与系统工程，2011 (4): 63 – 66.

　[42] 周慧贞，王秀华，王强，等. 外军军民融合式装备保障实践及启示 [J]. 装备指挥技术学院学报，2010, 21 (4): 6 – 9.

　[43] 张平，焦彦平，单玉泉. 美军军民融合一体化装备保障实践及启示 [J]. 四川兵工学报，2009, 30 (9): 138 – 139.

　[44] 王加栋，白素霞. 美俄航空工业军民融合发展战略及其对我国的启示 [J]. 工业技术经济，2009, 28 (2): 41 – 45.

　[45] 吴翔飞. 美国军民融合法律机制研究 [J]. 延安大学学报（社会科学版），2010, 32 (4): 36 – 40.

　[46] 刘果，文节，刘喜斌. 美国推进军民融合发展的经验与启示 [J]. 现代商贸工业，2010, 22 (23): 145 – 145.

　[47] 刘果，王臻臻，文节. 日本推进军民融合对我国的启示 [J]. 商情，2011 (4): 72.

　[48] 刘果，胡绍进，文节. 俄罗斯军事工业军民融合发展对我国的启示 [J]. 科海故事博览·科教论坛，2011 (3): 125.

　[49] 张秀华，谢魁，王广仁. "军民融合" 思想渊源探析 [J]. 军事交通学院学报，2012, 14 (10): 58 – 62.

　[50] 黄朝峰，曾立. 中国特色军民融合式发展的内涵与推进 [J]. 科技进步与对策，2013, 30 (1): 92 – 95.

　[51] 姬鹏宏，郭艳红，汤文仙. 加快军民融合创新体系建设的对策研究 [J]. 装备学院学报，2013, 24 (1): 37 – 40.

　[52] 杨志坚. 协同视角下的军民融合路径研究 [J]. 科技进步与对策，2013, 30 (4): 99 – 102.

　[53] 唐彦辉，王臣. 构建军民融合式物资储备体系探讨 [J]. 现代商贸工业，2012, 24 (4): 244.

　[54] 张中强. 军民物流融合发展的影响要素、机制及发展模式研究 [J]. 科技进步与对策，2011, 28 (23): 24 – 27.

　[55] 姚平，姜大立，姜玉宏. 基于变权的军事供应链合作伙伴评价研究 [J]. 后勤工程学院学报，2011, 27 (6): 66 – 70.

　[56] 曹景建，姜大立. 军民融合物流体系创新模式与 "蛛网" 结构 [J]. 中国储运，2009 (1): 125 – 127.

[57] 曹景建，姜大立．基于 CALS 的军民融合物流信息体系构建研究［J］．商品储运与养护，2008，30（8）：32 - 34，45.

[58] 马俊明，王丰．军民融合式应急物流体系运行机制［J］．军队采购与物流，2010，（6）：64 - 66.

[59] 彭亮，杨西龙，王丰，等．军民一体化物流体系建设研究［J］．仓储管理与技术，2003，（6）：8 - 9.

[60] 王丰，姜大立．军事仓储前沿研究领域初探［J］．后勤科技装备，2001（3）：44 - 47.

[61] 王进发，李励．军事供应链管理——支持军事行动的科学和艺术［M］．北京：国防大学出版社，2004.

[62] 龚卫锋．军事物资供应链管理研究［D］．北京：后勤指挥学院，2005.

[63] 龚卫锋，孙敏．军事供应链管理系列连载之一实施军事供应链管理势在必行［J］．物流技术与应用，2006，11（8）：102 - 104.

[64] 龚卫锋，孙敏．军事供应链管理系列连载之二军事供应链的基本内涵［J］．物流技术与应用，2006，11（9）：98 - 101.

[65] 龚卫锋，孙敏．军事供应链管理系列连载之三军事供应链管理的核心理念及其主要目标［J］．物流技术与应用，2006，11（10）：127 - 129.

[66] 龚卫锋，孙敏．军事供应链管理系列连载之四实施军事供应链管理的可行性研究［J］．物流技术与应用，2006，11（11）：104 - 106.

[67] 龚卫锋，孙敏．军事供应链管理系列连载之五实施军事供应链管理的对策研究［J］．物流技术与应用，2006，11（12）：110 - 113.

[68] 龚卫锋，孙敏．军事供应链管理理论亟待开发［J］．中国储运，2006（5）：59 - 60.

[69] 龚卫锋．军事供应链管理及其实施方略［J］．物流技术，2009，28（3）：152 - 155.

[70] 龚卫锋，路胜，阎慧，黄定政．应加强军事供应链管理理论研究［M］．第四届军事物流学术论坛论文集．武汉．2010：215 - 219.

[71] 焦红，任学峰，魏爱国．基于感知与响应的柔性军事供应链——美军最新供应链理论解读之一［J］．物流技术，2007，26（8）：258 - 260.

[72] 焦红，任学锋，魏爱国．基于感知与响应的柔性军事供应链理论基础——美军最新供应链理论解读之二［J］．物流技术，2007，26（9）：130 - 132.

[73] 焦红，任学锋，魏爱国．感知与响应后勤对我军后勤建设的启示——美军最新供应链理论解读之三［J］．物流技术，2007，26（10）：127 - 130.

[74] 焦红，任学峰．军事供应链的产生、发展与趋势［J］．物流技术，2007，26（7）：114 - 117.

[75] 焦红，刘中，吴洋，等．解读美军"感知与响应后勤"理论的核心理念［J］．军事交通学院学报，2009，11（1）：81 - 85.

[76] 焦红，李福奎，杨嘉，等．美军供应链管理研究［J］．军事交通学院学报，2011，13（6）：80 - 83.

[77] 贾龙真，窦冬冬．军事供应链成本战略管理信息化探析［J］．物流科技，2013，36（4）：90 - 91，110.

[78] 张瑞鹏，崔莉莉，袁鹏．军事供应链成员组成分析［J］．物流技术，2010，29（8）：143 - 145.

[79] 徐延学，陈红，周东军，等．基于 SOM 网络的军事供应链绩效评估［J］．海军航空工程学院学报，2011（3）：351 - 355.

[80] 贾建锋，姜玉宏，冯云．军事供应链供应商管理的博弈分析［J］．物流工程与管理，2010，

32 (10)：105 – 106.

[81] 王科，姜大立，万玉成. 基于联合库存管理的军事供应链系统动力学研究 [J]. 物流技术，2010，29 (8)：146 – 148.

[82] 黄庆扬. 寄售库存的绩效研究 [D]：上海：上海交通大学，2008.

[83] NATHAN B S. Selling by consignment：how to protect yourself [J]. Business Credit, 2000, 102 (6)：14 – 16.

[84] VALENTINI G, ZAVANELLA L. The consignment stock of inventories：industrial case and performance analysis [J]. International Journal of Production Economics, 2003 (81)：215 – 224.

[85] FENTON R D, SANBORN B A. Consignment purchasing：from industry to health care [J]. Hospital materiel management quarterly, 1987, 8 (4)：1.

[86] WALL R. Gaining speed [J]. Aviation Week & Space Technology, 2007, 166 (11)：3.

[87] 王勇，裴勇. 需求具有价格敏感性的供应链的利益共享合约 [J]. 中国管理科学，2005，13 (6)：29 – 33.

[88] 刘平. 三峡工程施工设备寄售配件管理 [J]. 中国三峡建设，1998 (2)：30 – 31.

[89] GLUSKO, GEORGE. Cogsignment：a life cycle approach [J]. Hospital Materiel Management, 1991, 13 (1)：38.

[90] WANG Y, JIANG L, SHEN Z. Channel performance under consignment contract with revenue sharing [J]. Management Science, 2004, 50 (1)：34 – 47.

[91] 黄庆扬，陈俊芳. 基于可控提前期的随机寄售库存模型 [J]. 管理工程学报，2010，24 (1)：138 – 145.

[92] ZAVANELLA L, ZANONI S. A one – vendor multi – buyer integrated production – inventory model：The "Consignment Stock" case [J]. International Journal of Production Economics, 2009, 118 (1)：225 – 232.

[93] LI S, ZHU Z, HUANG L. Supply chain coordination and decision making under consignment contract with revenue sharing [J]. International Journal of Production Economics, 2009, 120 (1)：88 – 99.

[94] LIN I – C, CHEN J – M. Coordinating a channel with a joint VMI and consignment contract for a deteriorating item and stock dependent demand；proceedings of the Industrial Engineering and Engineering Management (IE&EM), 2010 IEEE 17Th International Conference on, F, 2010 [C]. IEEE.

[95] ADIDA E, RATISOONTORN N. Consignment contracts with retail competition [J]. European Journal of Operational Research, 2011, 215 (1)：136 – 148.

[96] WANG S – P, LEE W, CHANG C – Y. Modeling the consignment inventory for a deteriorating item while the buyer has warehouse capacity constraint [J]. International Journal of Production Economics, 2012, 138 (2)：284 – 292.

[97] ZANONI S, JABER M Y, ZAVANELLA L E. Vendor managed inventory (VMI) with consignment considering learning and forgetting effects [J]. International Journal of Production Economics, 2011, 32 (2)：1142 – 1157.

[98] HARIGA M A, AL – AHMARI A. An integrated retail space allocation and lot sizing models under vendor managed inventory and consignment stock arrangements [J]. Computers & Industrial Engineering, 2012, 25 (4)：255 – 271.

[99] BYLKA S. Non – cooperative consignment stock strategies for management in supply chain [J]. International Journal of Production Economics, 2011, 28 (12)：665 – 680.

[100] BAUDAT G, ANOUAR F. Kernel – based methods and function approximation；proceedings of the

Neural Networks, 2001 Proceedings IJCNN01 International Joint Conference on, F, 2001〔C〕. IEEE.

〔101〕SCHOLKOPF B, MIKA S, BURGES C J, et al. Input space versus feature space in kernel – based methods〔J〕. Neural Networks, IEEE Transactions on, 1999, 10（5）: 1000 – 1017.

〔102〕JAAKKOLA T, HAUSSLER D. Probabilistic kernel regression models; proceedings of the Proceedings of the 1999 Conference on AI and Statistics, F, 1999〔C〕. San Mateo, CA.

〔103〕RUJÁN P, MARCHAND M. Computing the Bayes kernel classifier〔J〕. 1999.

〔104〕RUIZ A, LÓPEZ – DE – TERUEL P E. Nonlinear kernel – based statistical pattern analysis〔J〕. Neural Networks, IEEE Transactions on, 2001, 12（1）: 16 – 32.

〔105〕BOSER B E, GUYON I M, VAPNIK V N. A training algorithm for optimal margin classifiers; proceedings of the Proceedings of the fifth annual workshop on Computational learning theory, F, 1992〔C〕. ACM.

〔106〕CORANA A. Parallel computation of the correlation dimension from a time series〔J〕. Parallel Computing, 1999, 25（6）: 639 – 666.

〔107〕ROSENSTEIN M T, COLLINS J J, DE LUCA C J. A practical method for calculating largest Lyapunov exponents from small data sets〔J〕. Physica D: Nonlinear Phenomena, 1993, 65（1）: 117 – 134.

〔108〕BARNA G, TSUDA I. A new method for computing Lyapunov exponents〔J〕. Physics Letters A, 1993, 175（6）: 421 – 427.

〔109〕WU Z – B. Remark on metric analysis of reconstructed dynamics from chaotic time series〔J〕. Physica D: Nonlinear Phenomena, 1995, 85（4）: 485 – 495.

〔110〕THIEL M, ROMANO M C, KURTHS J. How much information is contained in a recurrence plot?〔J〕. Physics Letters A, 2004, 330（5）: 343 – 349.

〔111〕SCHÖLKOPF B, BURGES C, VAPNIK V. Extracting support data for a given task; proceedings of the KDD, F, 1995〔C〕.

〔112〕JOACHIMS T. Transductive inference for text classification using support vector machines; proceedings of the ICML, F, 1999〔C〕.

〔113〕邢吉生，杨礼，尚祖飞，等. 支持向量机在视频运动目标分析中的应用〔J〕. 吉林大学学报（理学版），2013, 51（1）: 3.

〔114〕顾嘉运，刘晋飞，陈明. 基于 SVM 的大样本数据回归预测改进算法〔J〕. 计算机工程，2014, 40（1）: 161 – 166.

〔115〕濮永仙. 基于遗传选择的支持向量机作物病害图像自动识别技术〔J〕. 农机化研究，2014,（1）: 3.

〔116〕徐玉秀，杨文平，吕轩，等. 基于支持向量机的汽车发动机故障诊断研究〔J〕. 振动与冲击，2013, 32（8）: 143 – 146.

〔117〕徐图. 超球体多类支持向量机及其在 DDoS 攻击检测中的应用〔D〕. 成都: 西南交通大学，2008.

〔118〕邓乃扬，田英杰. 数据挖掘中的新方法——支持向量机〔M〕. 北京: 科学出版社，2004.

〔119〕陈宝林. 最优化理论与算法（第2版）〔M〕. 北京: 清华大学出版社，2005.

〔120〕薛毅. 最优化原理与方法〔M〕. 北京: 北京工业大学出版社，2003.

〔121〕杨文柱，卢素奎，王思乐. 基于多类支持向量机的棉花异性纤维分类方法〔J〕. 计算机应用，2011（12）: 3446 – 3452.

〔122〕马士华. 新编供应链管理（第二版）〔M〕. 北京: 中国人民大学出版社，2013.

〔123〕刘源. 研究生教育质量功能展开模型构建与应用研究〔D〕. 广州: 华南理工大学，2013.

［124］王晓曒．不确定信息环境下的质量功能展开研究［D］．杭州：浙江大学，2010．

［125］李霞，刘迎春，王婷婷．基于 QFD 的供应商选择［J］．武汉理工大学学报，2013，35（4）：618 – 622．

［126］陈虎．基于 QFD 和双层规划的物流服务供应商选择和研究［J］．计算机工程与应用，2012，48（27）：200 – 205．

［127］张靖霖．QC 新七大管理手法之 KJ 法［J］．印制电路资讯，2004，9（5）：77 – 82．

［128］王旭，葛显龙，林云．供应商选择的双层规划模型及求解分析［J］．计算机工程与应用，2009，45（23）：11 – 14．

［129］蒋长兵，代应．库存控制模型、技术与仿真［M］．北京：中国物资出版社，2010．

［130］梁军．仓储管理［M］．杭州：浙江大学出版社，2009．

［131］AXSATER S. INVENTOR CONTROL［M］．北京：清华大学出版社，2007．

［132］ZHENG Y – S. On Properties of Stochastic Inventory Systems［J］．Management Science，1992，38（1）：87 – 103．

［133］FRY M J，KAPUSCINSKI R，OLSEN T L．Coordinating Production and Delivery Under a（z，Z）– Type Vendor – Managed Inventory Contract［J］．MANUFACTURING and SERVICE OPERATIONS MANAGEMENT，3001，3（2）：1523 – 4614．

［134］PERSONA A，GRASSI M A，CATENA．Consignment stock of inventories in the presence of obsolescence［J］．International Journal of Production Research，2005，43（23）：4969 – 4988．

［135］陈兵兵．供应链管理——策略、技术与实务［M］．北京：电子工业出版社，2004．

［136］但斌，张旭梅．基于 CPFR 的供应链合作关系［J］．工业工程与管理，2000，6（1）：28 – 30．

［137］姜大立，姜玉宏，张军，等．供应链管理［M］．北京：中国石化出版社，2011．

基于智慧物流的同城配送平台构建与运营研究[*]

内容提要： 电商经济的不断发展，极大地促进了电商行业的壮大，与此同时"大数据"时代的到来，使得各行各业开始重视消费者行为的数据分析，而智慧物流的应用提高了物流的感知度，使"大数据"的实际应用有了很好的基础，本文在大数据、智慧物流以及 ITS 的基础上，通过对同城物流现状的分析，找出同城物流现今发展水平较低的原因以及现今区域物流一体化、城市同城化的环境下同城物流新的发展契机，并为同城物流设计出高效、智能的同城配送平台，提高区域物流资源整合率，促进物流企业的升级、转型。

一、绪论

（一）课题背景

随着我国经济的快速发展，物流规模也不断扩大。其中，我国大部分物流公司业务都是"将货物从一个城市发送到另外一个城市"，还尚未真正延伸到"末梢"，而事实上，国外不少的城市，这些物流"末梢"服务都是由一些专门的"同城配送"物流公司来承担。"同城配送这种物流服务，涵盖了配送、仓储、搬运、安装、代收货款、采购物流等多方面的集合体，通过资源整合，它除可以承接本城市商家的送货业务外，还承接其他物流公司的上门收货、送货上门的业务。"

20 世纪 80 年代以来，随着经济全球化与网络化进程的不断深化，区域经济一体化或城市群已经逐步取代单一型城市，从而形成了以城市集成资源、优势产业、文化底蕴等互动融合为纽带的新型城市体系，使得城市之间的资源得到整合，要素流动更加频繁。而同城配送物流尚处于发展初期阶段，随着城市与城市之间一体化的进一步加剧，会有越来越多的企业来分享这一块"蛋糕"。同时，电子商务的深入发展，人们网上购物的数量将会大幅增加，而同城配送企业必定会进行一番价格大战。这样，一个城市的同城配送物流企业将会处于小、散、弱的状态，难以形成规模化的社会服务，阻碍区域物流资源的优化配置。显然，这不利于物流企业的发展。

按照惯例，行业的发展需要以市场为导向，同城配送行业需要一个机制来不断了解市场对服务的需求，并能够很快做出应对。同城配送平台的构建不仅能够提高物流企业的信息化水平，而且能提高同城配送的协调能力，有力地支援资源节约型社会的建设。而这一平台的构建势必进一步提高现有区域物流的整合程度。

我国交通运输"十二五"发展规划中指出，科技进步和信息化发展势头迅猛，科技创新孕育新突破，物联网、云计算等新一代信息技术的出现，将极大地促进人类社会

---

[*] 本课题（2014CSLKT3－211）荣获 2014 年度中国物流学会课题优秀成果奖二等奖。

的发展进步。科技进步和创新是加快转变经济发展方式的重要支撑，交通运输加快转变发展方式、发展现代交通运输业，要继续实施"科技强交"战略，加强技术创新，推进现代信息技术在交通运输领域的集成应用，充分发挥科技的引领作用，极大地提升交通基础设施、运输装备的现代化水平。因此，交通运输行业要着力加强科技创新体系建设，提高自主创新能力，大力推进信息化建设，努力提高交通运输科技含量和信息化水平。同城配送物流企业是需要现代、高效、智能的物流信息平台，而发展基于智慧物流的同城配送平台正是顺应时代潮流，势在必行。

（二）研究意义

我国作为物流大国，依旧存在运费高、物流服务质量较低的问题，影响着物流行业的整体竞争力，由于在买方市场条件下顾客的需求灵活多变，消费特点是多品种，小批量。因此，单一的送货功能无法满足广大顾客对物流服务需求，因此需要更加专业的同城物流配送平台。

同城配送平台具有个性化，多样化的特点，能够合理利用社会资源，通过物联网、云计算等技术集合供应链资源，做到物流渠道畅通，节约企业成本，用大数据解决企业物流，使仓储配送合理分配。因为统一管理，统一配送，减少因人为因素导致的货品丢损，统一数据可使企业最大程度掌控配送渠道，做到时效性以及及时率，对国内物流行业解决"最后一公里"的难题有着重要的作用。

但与发达国家相比，我国物流总体发展水平较低，主要问题在于：第一，我国的物流企业缺乏良好的信息服务平台，无法实现信息共享；第二，同城配送平台缺乏认可和信任，使得平台使用价值不高。因此，要成功运作一个同城配送，必须要有一个良好的平台来支撑，这样才能高效地利用整个供应链和各个参与者的物流资源。

而当下我国的同城配送平台信息服务单一，自身价值不高，很多同城配送企业虽然有自己的计算机网络，其功能服务单一化。很多方面仍未能做到打破信息孤岛，达到企业内部的信息共享，更谈不上为用户提供随时随地全过程的跟踪查询等外部的信息处理共享，对于现代物流调度、库存、订单管理等应用系统更有待于开发和完善，离现代物流信息化要求仍有较大的差距，成为同城配送企业发展的瓶颈。

基于智慧物流的同城配送平台的构建与运营的研究是从智慧物流的角度去考虑信息平台对同城配送企业的信息服务。IBM 中国研究院结合美国总统奥巴马在 2007 年提出的"智慧的地球"的理念，提出了"智慧物流系统"的构想。智慧物流的应用将会把同城配送的各个环节都纳入到信息系统管理之下，实现系统的全面感知，提高信息的及时处理能力以及提高系统的自我调整能力，将同城配送平台做成一个高效、智能、开放的信息平台。

本文的意义在于，在同城化下，为我国的同城配送平台的建设与发展提供一个参考模式，为同城配送平台解决中小企业物流信息化需求提供一种新的商务应用模式，为同城配送平台的信息服务提供一个新的思考方向，为同城配送平台的后续发展起到参考作用。从而节省社会资源，降低配送成本，提高自身价值，在获得消费者满意的同时，也促进了物流业的发展。

（三）研究内容

一、绪论。本部分主要分析选题背景，阐述研究的目的和意义、研究的方法和思路以及主要内容，重点分析物流信息化以及同城配送信息平台在国内外的发展和应用状况。

二、基于智慧物流的同城配送平台构建与运营的相关理论概述。本部分概述研究智慧物流的基本概念，为构建和运营同城配送信息平台的构建路径等研究奠定理论基础。同时论述同城化的基本概念，对智慧物流下同城配送平台的研究可以有效促进本地企业以及本地经济的发展，加快城市产业升级，解决当地的就业问题，为加快同城化战略的进程提供便利。

三、同城配送信息平台现状。本部分通过分析同城配送信息平台现状与现阶段同城配送发展中所出现的问题，根据同城配送现状以及问题进行一个总结，既可以为下一步理论模型的构建奠定基础，也可以有针对性地建设相应的平台模块。

四、智慧物流下的同城配送平台的需求分析。本部分主要研究同城配送平台的需求分析，将通过社会物流的增长说明社会物流需求旺盛，通过需求主体分析，确定平台需求主体将会有哪些，之后将针对相应的需求主体的需求特点，提供相应的服务功能模块，加强信息针对性，提高平台交互有效性。将根据功能模块设置相应的逻辑架构，为下一部分的平台构建做准备。

五、基于智慧物流的同城配送平台的构建。本部分以同城配送信息平台的具体系统设计、模块设计、功能设计为主，全面而系统地构建同城配送信息平台，对平台中的功能模块进行设计，详细阐述其功能作用，并对数据层进行深入的分析。运用大数据技术为信息增值提供服务，提高平台价值与客户服务水平。

六、总结与展望。本部分主要对本文的研究做总结性陈述，提及部分不足之处，同时对于本文未考虑到的问题将进行展望，提出未来将会进行研究的大致方向。

（四）研究方法

本文的研究方法结合博弈论、数据分析、数据处理、价值链分析、系统建模、因子分析以及案例研究，切实地研究基于智慧物流的同城末端配送平台的构建与运营研究问题。

（五）小结

本部分主要是对于研究问题的背景描述，提出本文的大致研究方向以及研究方法，为下一步的研究做准备。

二、基于智慧物流的同城配送平台构建与运营研究基础理论

（一）智慧物流概念及发展

智慧物流概念的提出要追溯到2008年IBM公司提出的"智慧的地球"这一概念，在2009年中国物流技术协会信息中心、华夏物联网、《物流技术与应用》编辑部率先在行业提出"智慧物流"概念。

智慧物流的提出，是顺应事物发展规律的，为解决现代物流的问题提供了解决方式。随着互联网、物联网和电子技术的高速发展，在现代经济社会中，越来越多的物流企业需要通过信息化来不断提高自身的运营能力和管理能力。而智慧物流的特征之一便是智慧型，可以说智慧物流从运输、仓储、包装、装卸以及加工配送等整个物流的过程

实现自动化、网络化、可视化、实时化以及智能控制。

智慧物流的建设，符合物联网发展的趋势，对企业，整个物流行业乃至整个国民经济的发展具有至关重要的意义。

（1）智慧物流对企业的贡献

①集中体现在其物流供应链管理方面，借助智慧供应链管理帮助企业增加利润源。

②智慧物流系统帮助企业提高对风险的预测能力及掌控能力，降低各环节的不必要成本。

③智慧物流系统帮助企业提高服务客户的能力。

（2）智慧物流对国家的贡献

①智慧物流的发展有利于降低物流成本占GDP的比重，从而提高国民经济的运行效率。

②智慧物流符合科学发展观与可持续发展战略，节能环保，减轻环境污染。

（二）同城化理论的发展

随着我国城市近几十年的迅猛发展，经济实力不断增强，城市与城市之间的聚集效应增加，初步形成了一些城市圈与都市圈。相邻城市之间的交流与合作更加频繁，区域中心城市对周边城市的带动和辐射作用不断增强，周边城市接受中心城市辐射的愿望也更加强烈。尤其是随着快速重构、日益扁平化的城市网络体系的深入发展，相邻城市之间的同质化需求日益明显，"同城化"理念也日益引人注目。

目前，对同城化在理论上有不同认识，以下三种观点具有代表性：

一是战略论，认为"同城化是指在区域经济发展过程中，为打破传统的城市之间行政分割和保护主义限制，促进区域市场一体化，产业一体化，基础设施一体化，以达到资源共享，统筹协作，提高区域经济整体竞争力的一种城市发展战略。"

二是板块经济论，认为"所谓同城化，是指一个城市与另一个或几个相邻的城市，在经济、社会和自然生态环境等方面能够融为一体的发展条件，以相互融合、互动互利，促进共同发展，以存量资源，带动增量发展，增强整体竞争力；以优势互补，相互依托，完善城市功能'同城化'不是'同一化'，也不是简单的规模扩张，而是形成辐射力、扩散力与竞争力。越来越强的板块经济同城化将构成强有力的、高效率的板块经济，实现综合多维发展板块经济对未来中国经济发展至关重要，是地区经济发展的支撑点，是地区经济发展的增长极，对相邻地区或更大范围将会产生更重要的作用和联动效应。"

三是一体化现象论，认为"同城化是城市相互作用的一种新模式，是指相邻城市空间一体化、经济一体化和制度一体化的地域过程与现象。"本文所认为的同城化更倾向于一体化理论。

（三）信息平台理论的演进

物流信息服务平台的搭建为企业的信息化进程起着重要的推动作用。所谓平台，就是不同产权主体共同使用的一种基础设施，从信息技术的角度来说，就是提供不同产权的企业在一个共同的软件系统上进行商业行为的IT基础设施。城市物流信息平台应采取政府引导、行业约束、企业自主的市场化运营模式。公共物流信息平台应面向企业，通过政府相关政策和行业协会制度的制约，引入行业准入机制和会员制管理方式。物流公共信息平台是运用现代的信息技术、计算机技术、通信技术，整合行业内外、区域的信息资源，系统化地采集、加工、传送、存储、交换企业内外的物流信息，从而达到对供应链的计划、协同、执行、监控的有效和同步管理。

"平台"的特色是基础支撑性和服务性，要求信息传递、沟通、存储、分析的准确、快速、及时和能够提供多种社会化物流基础服务和配套增值服务。公共物流信息平台不仅支持物流企业发展的社会基础信息设施，更是物流客户、物流相关部门与物流企业沟通、业务往来的信息窗口，价值体现在通过优化区域的物流信息流来提升区域的经济运行质量，更加关注物流产业运行总体的效率和效益。物流公共信息服务平台是通过对公用数据的采集，为物流企业的信息系统提供基础支撑信息，满足企业信息系统对公用信息的需求，支撑企业信息系统各种功能的实现；同时，通过共享信息支撑政府部门之间行业管理与市场规范化管理方面的协同机制的建立。

（四）小结

本部分主要是对于本文的主题的研究做一个理论准备，并对本文所使用的理论进行重新定义，以免对主题的分析不够到位。

三、同城配送物流现状研究

（一）关于同城配送信息平台的文献回顾

物流信息平台建设、服务中的问题，已有许多相关的研究，许多专家学者提出了一些自己的观点。其中很多强调信息平台的搭建，对物流的发展起到了重要的作用。其中尚鸿雁、刘小东、白永江（2008）指出信息平台建设已成为物流发展的焦点，信息共享、数据公用和信息互通，提高物流信息化水平，使物流信息化平台成为必然。古贞、高兆亚（2014）认为信息平台的建设能有效整合物流资源，对于降低物流成本等方面都具有重要作用。李蒙龙（2012）指出信息平台的搭建可以大大提高工商之间的信息交互效率，进一步改善物流的配送效率，为企业节约了物流成本，提高了竞争力。

另一方面就是智慧物流的重要性。张毅、赵晓、朱娇丽、方云龙、徐家旺（2012）以义乌港物流信息平台构建为例，指出了智慧物流的未来发展会体现出物流智能化、物流一体化和物流层次化。曹立明、平先秉、谢姗（2014）指出物流的发展依赖信息化，随着云计算理论与技术应用的成熟，基于云计算的物流公共信息平台将具有广阔的发展前景。罗人述（2014）认为智慧物流信息平台是提供整合物流产业服务的协同平台，能够实现物流企业与上下游企业之间数据交换和信息共享以及与政府部门之间的协作。王维龙（2014）通过阐述云计算在物流行业的应用，认为云计算模式拥有压倒性的成本优势，有利于中小物流企业降低投资成本，更有效地付费使用所需的服务，迅速实现现代物流管理。

除此之外，关于同城化对同城物流的影响。李志清、王婷、吴继贵（2012）通过SWOT分析厦漳泉地区物流发展后指出，物流同城化离不开交通的同城化，与此同时要加快推进平台建设，加大人才培养和引进力度。刘维新（2012）在论述关于高铁同城化对区域经济的影响中指出高铁促进了城市之间经济联系频率的提高，有利于城市间的优势互补。同时拉近了大区域的空间距离，促进了经济来往和交换，有利于区域资本、技术、人才资源的快速流动，从而使城市间以及城市群之间的人流、物流效率和质量大幅度提高，带动区域经济的发展。

科技的发展，对物流配送平台起到重要的作用。李远远（2013）指出信息平台运用更先进的技术解决物流生态圈的发展问题，可以使宏观物流运作更加高效、便捷、和谐。同时各种物流资源能得到进一步的优化整合。李子豪（2011）综合运用各种先进技术，提高物流平台配送效率。

（二）同城物流配送平台现状

我国现在几乎没有同城信息配送平台，大部分的都是所谓的"落地配"公司。这些落地配公司是随着电子商务的迅猛发展，快递公司无法满足电商企业的需求配送而应运而生的。它具有区域性网络密集的优势，同时也有小、弱、散的不足。所以 2008 年，由福建飞远城市配送有限责任公司、武汉特能市场推广有限公司、山西红马甲报刊网络广告服务有限公司、上海陆上货运交易中心有限公司、郑州速捷快递服务有限责任公司五家单位共同发起创建了联盟，即"中国 COD 配送联盟"。通过发展，联盟已有 45 家成员单位，2000 多个站点。在全国覆盖了 31 个省、市、自治区。

目前，很多地区都在进行智慧物流信息平台的规划。这和智慧物流下的同城配送平台有异曲同工之处。智慧物流信息平台是中观层面的，而同城配送平台是可以说是微观层面的。只是由城市与城市之间的配送变为城市里街道与街道之间的配送。其目的都是提高配送效率，降低物流成本，通过提高配送相关信息共享程度，促进配送组织模式的创新和发展，缓解货运双方信息不对称的情况，优化运输路线，降低社会物流成本等。

虽然各方对同城配送信息平台很关注，但是缺少一个成熟的范例，上述情况在建设过程中，实际效果并不显著。随着科技的发展，物流信息程度普遍提高，如何解决"最后一公里"的众多问题，只能借助于更加专业的同城配送信息平台，而国内暂时并无较为专业的同城物流信息平台服务的存在，所以其发展还是大有可期的。

（三）同城物流配送平台的问题

上文说到的虽然是联盟，在全国各地都有站点，但是该联盟为了避免联盟成员相互竞争，基本上每个省市只有一家联盟成员。所以这也决定了联盟只是一定发展阶段的产物，内部竞争无法避免时就难以团结了。

（四）小结

本文主要对同城物流配送平台的现状进行分析，并分析出同城配送发展水平较低的原因，为下文对于智慧物流下的同城物流配送平台的需求分析做好铺垫。

四、基于智慧物流的同城配送平台构建与运营的需求分析

（一）总体需求分析

随着国内电子商务市场的蓬勃发展，电商物流也逐渐受到各方关注，而充分了解现阶段电商物流市场需求，有利于使用更加有效的方法促进电商物流的发展。

同时对基于智慧物流的同城配送平台构建与运营提供数据依靠。2013 年，中国网络购物市场交易规模达到 1.84 万亿元，增长 39.4%，与 2012 年相比，增速有所回落，但仍保持相对较快发展。2013 年，网络购物交易额占社会消费品零售总额的比重达到 7.9%，比上年提高 1.6 个百分点。2013 年中国移动网络购物交易额达 1696.3 亿元，增长 168.6%，远高于网络购物整体及 PC 端网络购物增长，在网络购物市场整体中渗透率达到 9.2%，较 2012 年提高 4.4 个百分点，未来增长潜力巨大。

图 1　2010—2017 年中国网络购物市场交易规模

注：网络购物市场规模为 C2C 交易额和 B2C 交易额之和。

资料来源：综合企业财报及专家访谈，根据艾瑞统计模型核算。

从年度数据来看，2013 年中国电子商务市场交易规模突破 10 万亿元，同比增长 24.9%。从季度数据来看，2014 年第二季度中国电子商务市场整体交易规模达到 2.82 万亿元，同比增长 19.7%，环比增长 6.9%，增速较上个季度均有提升。2014 年第二季度，世界经济继续缓慢复苏，中小企业国际环境逐渐好转，我国政府继续增强财政政策与金融政策对中小企业的扶持力度。国内外环境均利好于我国企业间电子商务的发展，进而推动电子商务整体市场增长。

据中国电子商务研究中心（100EC. CN）监测，国家邮政局公布：2014 年上半年，我国快递业务继续保持快速增长，业务量完成 59 亿件，同比增长 53.7%；业务收入完成 898 亿元，同比增长 42.5%，量收增幅间的差距有所减小。6 月当月快递业务量达到 11.3 亿件，创单月历史新高。

（二）需求主体分析

电子商务物流需求总体规模与我国交通运输、仓储和邮政业的发展规模存在高度正相关关系，通过对我国交通运输、仓储和邮政业景气值的变化趋势分析，可在一定程度上反映我国电子商务物流需求总体规模的发展变化情况。

景气值是对行业景气调查中的定性问题通过定量方法进行分析，综合反映一调查群体或某一经济现象所处状态或发展趋势的一种指标。景气值的数值范围介于 0～200，

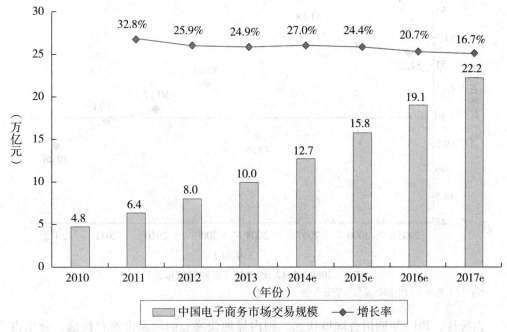

图2　2010—2017年中国电子商务交易规模

资料来源：综合企业财报及专家访谈，根据艾瑞统计模型核算。

中间值100为景气值的临界值。根据来自中国物流与采购联合会数据，我们分析发现近年来国内交通运输、仓储和邮政业景气值均在100以上，处于景气状态，呈现出稳步发展的良好势头，这从侧面证明，电子商务的发展扩大了社会对物流的需求，促进了电子商务物流的发展。

随着近些年电子商务市场的兴起，通过合理的物流配送以满足电子商务企业发展需要的重要性与日俱增。物流配送对于电子商务物流的影响不再仅仅表现为技术革新，而是表现为一种环境变革和电子商务物流企业的发展需要。

采购经理指数（Purchase Management Index，PMI），是一个综合的指数体系，用百分比来表示，一般以数值50%作为临界值。

从图3可知，2005—2012年，我国供应链配送时间PMI指数整体呈现波动下降的趋势，说明了我国的供应链配送时间在不断缩减，因此，电子商务物流配送所创造的经济总值正逐渐扩张。高质量的物流服务有助于提高人们对电子商务的满意度。当信息流、商流和资金流通过网络得以实现后，配送是否及时、质量是否有保障，将成为消费者选择网上企业的重要依据。就拿四川省来说，快递业仍然是去年物流运输中的一大亮点，整体发展非常快。统计表明，2013年全省快递业累计完成业务量24400.87万件，同比增长90.4%；完成业务收入304253.80万元，同比增长34.8%。

其中，快递业务量中的同城快递为5582.51万件，同比增长146.5%；国内异地快递18556.08万件，同比增长81.9%；另外，国际及港澳台快递262.28万件。随着快递业务量的增长，快递收入也相应大幅度增长。其中，2013年全省同城快递收入达4.8亿元，同比增长138.7%。

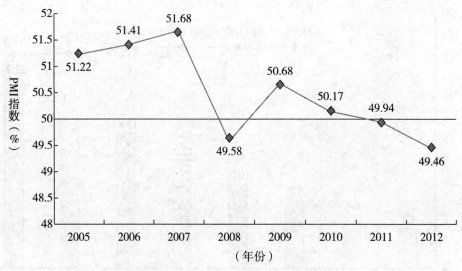

图3　2005—2012 年 PMI（采购经理指数）

注：以上数据来自中国物流与采购联合会。

据统计，2013 年四川省同城快递、国内异地快递、国际及港澳台快递，分别占全部业务量的比例为 23%、76%、1%。从收入看，国内异地业务占总收入的 73%，居重要地位；国际及同城业务、港澳台业务、其他业务分别占 16%、7%、4%。收入增长幅度从高到低依次为同城 138.7%、其他 58.7%、国内异地 27.4%、国际及港澳台 -6.6%。可见在各种业务中，同城快递的收入增长幅度巨大，其发展潜力不容忽视。

而其主要主体为四类：

（1）工商企业（落地配/同城配需求企业）；

（2）同城配企业；

（3）政府；

（4）利益相关者。

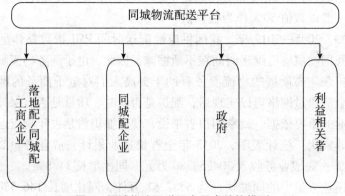

图4　同城物流配送平台用户结构模型

（三）信息需求分析

电子商务物流的核心是以客户为中心的客户服务，提供优质服务是电子商务物流企业的立足之本。同时，服务是电子商务物流企业占领物流市场、提升竞争力的关键因素，也是其获得利润的源泉。从发展情况看，每个客户都希望得到快速、优质的服务，需要服务的不是一处而是多处，而且会根据不同对象提出不同需求。

因此，现在越来越多的电子商务物流企业主动靠近顾客，以顾客的需求和利益为中心，最大限度地满足顾客的需求，从高效率、优质的顾客服务中谋求利润。我国的现代物流起步较晚，处于摸索的状态，在发展中存在着不少问题，有很多需要改进的地方，而物流服务的质量和效率是与商家的赢利和生存最为密切联系的。而电子商务的快速发展使得对为其服务的物流效率提出了更高的要求，配送中心要向所供应区域的各个地点进行小批量、大批次的送货，且数量、频率和方向具有不确定性。目前，电子商务每天产生的快件量已突破 500 万件，占我国日发送快件总量的一半左右，然而国内电商物流发展水平却远远不能满足电子商务发展的需求，因此频频"爆仓"，快递也变成了"慢递"。

之所以如此，首先是因为管理水平不高，信息流通的速度过慢，导致各阶段衔接时间过长。真正在途运输时间并不多，货物交接和管理等中间环节浪费了大量时间。因此，明确责任，建立智慧的物流信息平台十分重要。其次，物流服务的质量决定客户数量。而物流服务效率的提高同时也是电商物流企业降低成本的主要手段，不断的流程优化才能以优质的服务、较低的成本来获得最大收益。

1. 工商企业（落地配/同城配需求企业）

相应的信息需求主要为：

（1）提供物流供应商资料信息，如物流企业的服务范围、规模大小、技术水平、资质和信誉等级等详细资料，方便工商企业选择合适的物流商。

（2）物流信息处理和交易管理，如 EDI 数据管理、信息发布、交易、服务跟踪、合同违约赔偿等。

（3）信息需求包括物流供应商的资料、企业的资质、特色服务、信誉评估、规模、物流服务报价和服务范围、物流设备资源、企业文化、特色服务等信息；物流市场信息，主要是指供方市场信息，如物流市场竞争、物流总代理、客户物流系统和网络规划、客户集成服务的物流供应链管理，以及物流企业的货运配送能力、仓储加工、装卸搬运等。

（4）物流业务管理功能包括交易管理、物流业务交易方式、物流供应商辅助选择、物流合同公证和法律保护、合同执行质量跟踪、违约赔偿及补救处理等。

（5）专项及其他增值服务包括物流行业法律法规、物流合同公证和法律保护、合同执行跟踪、违约赔偿及补救处理、物流知识教育与咨询、政策指导、物流电子数据交换、物流知识普及、物流市场状况介绍等。

2. 同城配企业

其主要信息需求为：

（1）公共物流基础设施和社会物流资源信息，如各种运输方式的网络、场站设备、运输能力，仓储设施、堆场面积，搬运装卸设备，交通流状况等。

（2）物流市场需求信息，包括社会各类企业、机构甚至个人的物流服务需求信息。

（3）物流运作和协作的相关信息，包括交易、结算、报关、金融、税收等电子数据交换（EDI）、相关政策、行业标准、法律法规，以及物流信息的处理、核实、发布等。

（4）物流增值业务信息，有利于企业的战略规划、决策分析等。

3. 政府

其主要信息需求为：

从平台中获取物流发展总体概况信息，包括：物流产业的总体运作情况、物流企业的分布状况、物流业发展过程存在的主要问题、物流相关法律法规、政府优惠政策等，行业数据处理包括区域物流的市场需求、货运量、物流成交合同总金额、物流仓储量、物流设施保有量等。

4. 利益相关者

其中代表为银行，银行主要在信息平台需要信用管理、合同管理、客户管理、信息发布与查询、物流金融业务管理、结算管理等业务。使得银行可以根据同城物流配送平台提供的信用评级或是一季度的企业业绩状况等，对企业进行授信、评估、监督等活动。

（四）功能需求分析

在国内，由于尚不具备 UPS（联合包裹速递服务公司）、联邦快递这类真正具有规模优势的现代物流企业，所以，电子商务公司要突破物流瓶颈，根本途径不是全盘自建物流体系，而是用规模化的物流中心，聚合海量货物，进而培植规模化的物流企业，最终，通过规模效应的发挥降低物流成本。实际上，联合利华、宝洁等大型制造企业以及沃尔玛、亚马逊等大型商业企业的发展，已经推动了物流行业集中度的快速提升，包括物流中心的规模化和物流企业的规模化，即所谓的物流平台。有了规模化的物流中心，才能培植规模化的物流企业，物流业集中度的提高是同城配送平台发展的基础。国内现有模式未能突破物流困境，国内同城配送成长迅速，随着 B2C 模式的崛起，行业集中度也将快速提高。但瓶颈因素也开始显现，低集中度、非标准化的物流业，拖累了同城物流的整体发展。

目前，同城配送物流以民营快递公司为主力。但实际运营中，由于订单分散，为节约成本，大型快递公司通常采用外包加盟方式，致使行业真实集中度较低，现代物流技术的应用空间小。而低成本劳动力竞争的结果是，目前针对网络购物的投诉中，80% 都是针对快递环节的。目前，国内网络购物以 C2C 模式为主，即使是 B2C 模式，各家网站代销的第三方商品的卖家规模也较小，而阿里巴巴的 B2B 模式则主要是为中小企业服务。这就使得同城配送行业整体物流需求很大，但单一订单规模小，且地域分散，难以发挥规模经济效应。我们将这类需求称为"碎片需求"。"碎片需求"导致了"碎片供给"，即提供产品或服务的企业数量众多，规模小，竞争激烈。"碎片供给"的结果，通常是行业整体激烈的价格战。在成本难以压缩的情况下，价格的下降必然是以服务品质的下降为代价的。

所以同城配送企业构建了一个虚拟的网络销售平台，但这张网要"落地"还必须融合一张实体的物流中心网。虚拟网聚合了海量订单需求，而实体网则通过物流半径的分解，在每个区域中心聚合实体货物，为订单供给提供便利，最终借助两网的融合来实现规模效应。现金流模式上的缺陷，阻碍了同城配送、电子商务以及物流地产的融合。"同城配送企业"的"现金流模式"存在重大缺陷，先要以现款和担任物流实体运输工作的相关主体（如送货车辆和人员）进行结算，却往往要在两三个月以后，才能够和客户（如电子商务企业和跨国公司等）进行结算，大量的流动资金的占用和相对微薄的毛利率（大约10%），使得中国的同城物流很难通过行业整合，来提升行业集中度。产业整合的现实就在我们面前：通过战略联盟，培养行业内优秀的同城配送流企业；通过智慧信息平台的整合融汇，来加快同城配送企业与电子商务企业之间的应收账款结算和回收速度。

根据实际需求主要分为以下几类：

1. 信息发布与查询功能

信息发布和查询功能主要是以 Web 站点的形式实现，用户通过 Internet（因特网）连接到平台，可以获得站点上的有关信息，搜集和查询相关信息，也可以通过站点发布相关信息。

2. 费用结算功能

利用物流信息平台监督整个物流服务费用的产生和结算过程，通过平台进行票据的生成、传递、存档等财务信息化管理，也可以进行在线支付，使物流费用结算更加透明、规范。

3. 用户资源整合功能

物流金融平台应该整合平台上三大主体，快捷及时地传递信息，使得三方能够有效地进行合作，促使信息资源的合理共享，并整合相应的信息，解决信息供需不匹配的状况。

4. 权限设置、系统管理功能

参与的三方主体里面，每个主体都有自己的员工，但是他们在平台的角色不同，因此平台对于每一位主体以及是否是平台会员的管理权限都是不同的，而平台由于属于信息的整理、管理角色，需要对平台有着后台管理、监控的能力，因此需要相应的功能模块。

5. 在线交易功能

交易系统为物流企业和制造企业提供一个虚拟交易市场，双方可发布和查询供需信息，通过信息寻找合作伙伴，与信息发布者进一步洽谈，交易系统可为双方进行交易撮合。同时在线交易可以节约更多的时间。

6. 动态监管/风险管理功能

在平台进行或开展中的业务，平台需要向平台用户提供动态监管信息，比如接入物流公司的视频监控系统，将货物的实时监控分享到相应的参与主体上去，降低业务开展过程中的风险问题，降低平台的风险以及各主体的风险。

7. 物流保险

在物流金融模式中，物流保险算是一方参与主体，物流保险的存在可以有效地降低融资过程中某些因素所造成的损失，可以有效地管控风险，即使得各方主体降低融资业务运营中的风险，也能创造一个低风险、高可控的交易环境。

8. 融资方案咨询

在平台中的融资企业可能由于接触物流金融模式较少，对于各种融资模式了解较少，同时对于自身相适合的融资模式选择不清楚，可能会造成一些效率低下，融资额度受限等问题，平台提供相应的咨询模块，其中包括行业信息、政府关于物流金融的政策、法规，同时也会提供相应的物流咨询公司接入模块，解决融资企业的融资方案选择的问题。

9. 电子政务

对于一些企业物流金融业务开展涉及报关等问题的时候，接入平台的政府机构可以快捷地提供相应的服务，加快业务的处理速度，同时也促进平台业务效率的提高，政府也更加方便管理。

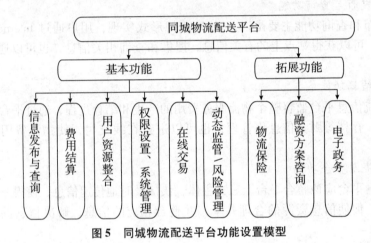

图5　同城物流配送平台功能设置模型

（五）小结

本部分主要对需求进行分析，明确需求主体，并分析出对应的信息需求，根据相应的需求确定需求主体需要的功能服务，并给出较为全面的功能模块，满足需求。

五、基于智慧物流的同城配送平台的构建

（一）智慧物流下同城配送信息平台总体构架

经过同城配送平台的现状以及问题的分析后，基于智慧物流的概念模型结合当前环境下同城配送信息平台的现状分析，提出同城配送信息服务平台的信息服务概念。具体概念模型如图6所示。

1. 感知层

感知层是物联网的皮肤和五官——用于识别物体，采集信息。感知层包括二维码标签和识读器、RFID（射频识别）标签和读写器、摄像头、GPS（全球定位系统）、传感器、M2M终端、传感器网关等，主要功能是识别物体、采集信息，与人体结构中皮肤和五官的作用类似。

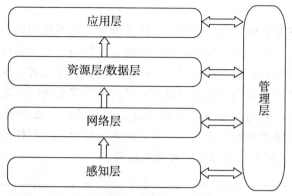

图 6 同层物流配送平台总体逻辑构架

感知层解决的是人类世界和物理世界的数据获取问题。它首先通过传感器、数码相机等设备，采集外部物理世界的数据，然后通过 RFID、条码、工业现场总线、蓝牙、红外等短距离传输技术传递数据。感知层所需要的关键技术包括检测技术、短距离无线通信技术等。

2. 网络层

主要通过通信模块将物理实体连接到平台，包括常见物流系统的接口、电子商务接口、消息服务、电子政务接口、门户服务、目录服务、日志服务、数据访问服务、WEB服务、CA 认证服务、邮件服务、FTP 服务等。

3. 资源层/数据层

这一层主要是将网络基础设施作为服务提供给用户，并对用户接入平台的信息进行管理维护，分析整理，以方便平台将其转化为有效的服务信息。资源池包括计算资源池、存储资源池、网络资源池、数据资源池和软件资源池，资源池对物理资源集成和管理。物理资源包括计算机、存储器、网络设施、数据库和软件，承载着信息平台的数据存储和管理、核心计算、核心业务运营支撑、信息资源管理、信息资源服务等功能。其中主要包括用户数据、交易数据、货物数据、企业数据、GIS（地理信息系统）空间数据和设备数据以及数据与数据的集成和整合流程。数据中心按照统一的、标准化的数据格式集成和整合各方面的数据，并引入大数据技术，进行需求预测、方案评估等，从而实现与外部平台数据交换和信息共享。

4. 应用层

应用层在物流金融平台的信息服务流程中处于前台，客户主体将在这里得到最直接的信息服务，经由用户登录后，根据管理层所得到的权限结合数据层的相应信息，应用层将给出相应权限级别的信息服务模块或功能模块，客户主体就可以直接在这一层选择自己所需要的具体业务，应用层主要分为四个模块：基础业务、会员业务、利益相关者、公共管理，在各个模块下将有具体的业务服务项目，例如在会员业务中就有着物流保险业务、在线融资方案设计、物流服务方案咨询、决策分析等具体的服务项目，并引入大数据技术，进行需求预测、方案评估等，客户按照自己的需求进行服务选择后，直接进行相应的服务，使客户享受到方便、快捷的信息服务。

5. 管理层

这一层包括四部分管理，即用户管理、任务管理、资源管理和安全管理。用户管理主要是识别用户身份、创建用户程序的执行环境、提供用户交互接口及对用户的使用计费等工作。任务管理主要是执行用户提交的任务，包括任务部署、调度、执行和生命期管理。资源管理主要是负责均衡地调配资源，对服务过程出现的故障进行检测并处理故障恢复系统正常运行，同时对资源的使用进行监视并统计。安全管理主要通过身份认证、访问授权、综合防护和安全审计等环节来保障云计算设施整体的安全。

（二）智慧物流下同城配送信息平台功能构架

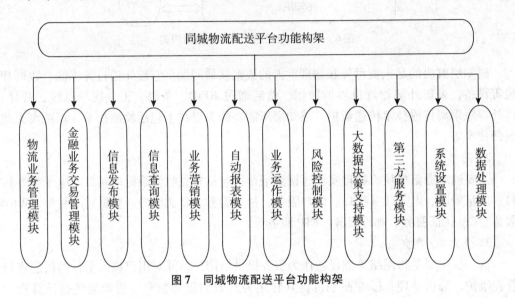

图7 同城物流配送平台功能构架

1. 物流业务管理模块

物流业务管理系统主要是对物流运作过程的管理。第三方物流企业的物流服务是以运输、仓储为主体，系统提供运输和仓储服务的信息化管理，同时还提供订单管理、合同管理、客户管理、资源管理、结算管理和异常管理等支持性功能。

2. 金融业务交易管理模块

金融业务交易系统主要是为三方主体提供在线交易服务。融资企业、物流企业、金融机构可以直接通过此模块进行业务的管理，既可实现交易前的管理，也可实现交易进行中以及交易后的管理，使整个交易过程在平台中变得可视化、规范化。

3. 信息发布模块

针对平台用户对物流信息的不同需求，物流信息发布系统主要进行物流金融商务信息和行业公共信息的发布以及政策、法规的发布。物流金融商务信息发布是为融资企业提供中长期融资业务需求的信息发布，使平台成为客户发布物流融资信息的窗口；为物流企业提供企业网站的自助定制和发布，使物流企业能够借助平台优势发布企业基本信息、物流服务项目和物流资源信息。行业公共物流信息、政策法规的发布是便于政府部门的监管和社会公众及时了解物流行情。

4. 信息查询模块

各参与方通过物流金融信息系统的不同设置权限完成相关的信息查询工作，同城业务企业可以查询到相关的同城配企业基本信息、同城配企业运营能力以及监管情况；同城配企业可以查询到物流金融业务信息、监管货物的相关信息以及同城业务企业对于物流运作的要求；银行等金融机构可以查询到贷款企业的基本情况，如财务情况、信用等级，还可以查询到物流企业的监管信息。

5. 业务营销模块

这一模块根据企业的需求提供相应的业务功能，企业可以根据需要进行交易。本地电商可以发布货运信息，拓展业务；同城配送企业可以通过该渠道向有需求企业发出邀约。同城配企业也可与银行、企业进行合作，对货物监管，获取利润。

6. 自动报表模块

用户可以根据自身需要在平台上自由制定报表以及对质押单、存货单等相关单据进行打印，真正实现无纸化办公，提高工作效率，降低企业成本。

7. 业务运作模块

主要包括资金运作管理和物流运作管理功能。其中资金运作管理可以实现计费、结算服务以及金融信息汇总功能；物流运作管理可以对在库货物的入库、在库管理进行实时的监控，对车辆可以进行指挥调度、路径选择和优化、货物跟踪功能。

8. 风险控制模块

同城配企业在运营过程中，可能会出现一系列不可控的风险，在这一模块，企业与银行共同开发出相应的风险评估、风险预测和风险控制系统，对于出现的宏观政策与行业变动，需要评估对于业务开展的影响，并制订相应的应急策略；要对同城配企业的信用数据、财务状况进行收集和分析，实时监控，对其信用进行全方位的管理；对于需求也要加强监管，使其内部操作程序规范化、可视化；对风险进行评估、预测和管理，可以有效地规避风险，促进同城配物流金融的发展。

9. 大数据决策支持模块

该模块提供决策支持模型，根据平台中提供的信息分析，引入大数据技术可以有效地实现风险的评估与控制、企业策略指导以及提供增值服务，有效地帮助企业决策。

10. 第三方服务模块

此模块提供法律咨询、融资方案设计、物流保险等业务，既可以提高物流平台的融资效率，也可以丰富平台的业务服务，同时也促进其他参与者的发展，使几方参与主体，互利共赢。

11. 系统设置模块

不同的企业给予不同的权限，各种不同的等级也会进行设置，此模块实现对整个系统的控制和管理。

12. 数据处理模块

这一模块包含了资金流和物流运作数据的收集整理、分析、处理功能，还实现数据的输入与输出功能。资金流和物流运作数据包括物流企业动态数据的收集、运营信息和金融动态的收集与处理，并且可以进行数据的分析与预测，为企业的决策与运作提供强大的支持。

这些基本模块在一起共同组成了同城物流配送平台的基本运作服务，这样一个跨行业的业务信息控制平台，可以有效地实现信息共享和资源的有效利用，真正实现了物流、资金流和信息流的统一。

（三）小结

本部分主要根据之前的需求分析以及各个主体的特点设立相应的逻辑设计以及功能设计，初步搭建了平台的基本框架。

六、总结与展望

（一）总结

随着物流行业的不断发展，本文结合大数据和智慧物流的概念，提出基于智慧物流的同城物流配送平台设计方案，根据此体系和功能模块设计方案，能够实现物流行业的智能化模式和自动化管理，实现智慧物流的信息化、智能化和系统自动化的运作模式，实现智慧物流过程中的数据智慧化、物流终端数据感知自动化、物流配送智能化。

在本文的研究中通过对同城物流现状调查，分析了同城物流发展速度较慢的原因，分析同城配送将会在电商社区化的趋势以及区域物流一体化的情形下迎来新的发展，并对同城配送应用大数据技术与智慧城市、智慧物流、ITS 等提高同城配送的效率以及为破解城市"最后一公里"的难题做出相应的努力，在此环境下，根据同城物流配送平台可能的用户主体进行分类，有针对性地提供相应功能服务，提高供需匹配、简化流程，提升客户满意度，并最终根据用户模型与功能需求，设计出同城物流配送平台。

（二）展望

智慧物流涉及的对象包括物流企业、工商企业、从业人员、政府部门、社会公众等，智慧物流建设应设法满足相关对象的以下具体需求：提高物流企业信息化水平的需求。尽管一些物流企业的信息化程度较高，但仍有很多中小型物流企业没有实现信息化，日常业务仍以手工操作为主，希望通过信息化改造，采用物流企业管理软件改善对物流业务流程的管理，提高运营效率。

在这个多屏融合移动为先的时代，各种移动端的接入加快了信息的感知与接收，也有利于充分发挥出信息流的导向作用，大数据时代的到来，使人感觉到商业将会出现变革，消费者行为可以较为准确地预测，同城物流配送平台是属于未来区域物流信息平台的重要组成部分，本文在研究过程中注重文献、资料，对于实际物流信息平台的调研较少，因实际操作的困难性，并没有进行合适的实证研究分析，作者将在以后的研究中注意当下各地城市共同配送的发展，寻找合适的城市做翔实的实证分析，使整个研究报告更符合应用要求。

课题组成员名单

课题主持人： 马常松　西南财经大学天府学院校长助理、副教授
课题组成员： 何　华　西南交通大学讲师

罗　钦　西南财经大学天府学院科研助理

徐心宇　西南财经大学天府学院科研助理

李俊松　西南财经大学天府学院讲师

蔡松伯　西南财经大学天府学院讲师

参 考 文 献

[1] 江瑜，龚卫恒．基于第四方物流平台的智慧物流运作模式［J］．中国物流与采购，2012
(5)：5 - 7

[2] 刘昱，肖潇，张真继，等．基于云计算的物流公共信息平台体系构建．Proceedings of Conference on Web Based Business Management（WBM 2012）．上海，2012.

[3] 韩志宏．基于电子商务的物流信息系统［J］．物流技术与应用，2007 (3) .

[4] 刘文茹，赵启兰，王耀球．论区域性物流中心的建设［J］．物流技术，2001 (6)：25 - 27.

[5] 董雷，刘凯．区域物流信息平台的构建、实施与运营研究［J］．物流技术，2006 (4)：86 - 88.

[6] 李子豪．智慧物流平台——公路运输管理系统的设计与实现［D］．北京：北京交通大学，2011.

[7] 罗人述．智慧物流信息平台的构建［J］．物流工程与管理，2014 (1)：81 - 82.

[8] 李建民．共同配送——物流配送的强大生力军［J］．集装箱化，2004 (8) .

[9] 周敏．共同配送的经济效益合理分配模型［J］．物流技术，2004 (3) .

[10] 唐小淳，刘泽强，张正．智能城市配送平台研究［D］．第十五届中国科协年会第11分会场：综合交通与物流发展研讨会．贵阳，2013.

[11] 时光，董岩．同城电子商务发展研究［J］．生产力研究，2009 (9)：93 - 95.

[12] 潘伟强．常州发展同城电子商务探析［J］．电子商务，2012 (3)：121 - 123.

[13] 徐世明．第三方物流模式下的同城物流配送问题分析［J］．现代经济信息，2011 (23)：349 - 350.

[14] 郭建华，刘新旺，黄卫．物流中心信息化建设分析［J］．东南大学学报，2001 (6) .

[15] 张国宝．安徽省茶叶物流配送体系构建对策研究［J］．安徽科技学院学报，2011 (3)：69 - 73.

[16] 肖定华，黄艳国．基于 GIS 区域内连锁超市物流配送系统的实现［J］．科技广场，2007 (11) .

[17] 杨金梁，翟泳，刘杰华，等．基于 MapInfo 的城市物流配送信息查询系统研究［J］．计算机工程与设计，2008 (20)：5351 - 5354.

[18] 范云兵．电商大战催化快递洗牌［J］．中国物流与采购，2012 (23)：44 - 46.

[19] 蒋永霞．电商无法承受物流成本之重［R］．中国商报，2012.

[20] 陈丹，边克实，黄菊，等．关于建立长春市同城网上购物平台的研究［J］．中国市场，2013 (42) .

[21] 安乔治，王艳红．基于城市公交系统的零售电子商务同城配送解决方案［J］．Proceedings of the 2011 International Conference on Information，Services and Management Engineering（ISME 2011）（Volume 4）．北京，2011.

[22] 中国电子商务研究中心．网上零售翻番电子商务升级物流战［EB/OL］．2011 - 09 - 29. ht-

tp：//www. chinawuliu. com. cn/zixun/201109/29/169016. shtml.

［23］郑刚. 中小城市邮政发展同城物流业务探析［J］. 邮政研究，2003（6）：13 – 14.

［24］郎师周. 基于城市公交系统的 B2C 电子商务物流配送解决方案［J］. 物流科技，2003（2）：32 – 35.

［25］蒲忠，刘险峰，李培德. 利用城市公交车系统解决 BtoC 电子商务物流配送初探［J］. 物流科技，2006（1）：46 – 48.

［26］李晓晖，肖荣波. 同城化下广佛区域发展的问题与规划对策探讨［J］. 城乡规划，2010（12）：77 – 83.

［27］邱汉周，金晓玲，胡希军. 合淮同城化的战略思考［J］. 安徽农业科学，2008（28）：12518，12540.

［28］徐海贤. 发展走廊沿线交通与城镇互动关系研究［J］. 城市交通规划的理论和实践，2008：17 – 20.

［29］高德君. 吉林烟草物流配送系统构建与设计［D］. 长春：吉林大学，2006（10）.

［30］李颖慧. 建设智慧城市背景下我国城市流通产业发展思路研究［J］. 商业时代，2013（36）：40 – 41.

［31］胜阻，王敏. 智慧城市建设的理论思考与战略选择［J］. 中国人口·资源与环境，2012（5）：74 – 80.

［32］张艳. 物流行业如何拥抱大数据［R］. 现代物流报，2013 – 11 – 26.

［33］李颐，于明. 辨析智慧城市的三大误区［J］. 中国经济和信息化，2011（14）：74.

［34］李晓钢. 智慧城市的信息资源规划研究［J］. 电子政务，2011（4）：33 – 37.

［35］李勇. 智慧城市建设对城市信息安全的强化与冲击分析［J］. 图书情报工作，2012（6）：20 – 24.

［36］李海俊. 智慧城市的理念探索［J］. 智能建筑与城市信息，2012（6）：11 – 16.

［37］宋刚，邬伦. 创新2.0视野下的智慧城市［J］. 北京邮电大学学报（社会科学版），2012（4）：7 – 8.

［38］袁文蔚，郑磊. 中国智慧城市战略规划比较研究［J］. 电子政务，2012（4）：54 – 63.

［39］HARRISON A, HOEK R V. Logistics Management［M］. 1992.

［40］CHRISTOPHER J CLARK. Strategic risk management：the new competitive edge.［J］. Long Range Planning, 1994, Vol. 132（4）.

［41］THOMAS M U. Supply chain reliability for contingency operations［C］. The Proceeding of Reliability and Maintainability Symposium, 2002：61 – 67.

［42］SAM ALLWINKLE, PETER CRUICKSHANK. Creating Smart – er Cities：An Overview［J］. Journal of Urban Technology. Volume：18, Issue：2, 2011（4）：1 – 16.

［43］RICHARD K, DOMINICA B, JOE R. Urban Regeneration in the Intelligent City：Proceedings of the 9th International Conference on Computers in Urban Planning and Urban Management［C］. London：University of London, 2005：27 – 29.

［44］KOMNINOS N. The Architecture of Intelligent Cities：Conference Proceedings Intelligent Environments 06［C］. London：Institution of Engineering and Technology, 2006：53 – 56.

［45］ABDOULLEAV, AZAMAT. A Smart World, A Development Model for Intelligent Cities［Z］. 2011.

附 录

关于授予"2014 年度中国物流学会课题优秀成果奖"的通告

物学字〔2014〕10 号

2014 年中国物流学会共收到参评课题报告 229 个。经专家评审、网上公示和重点查新、查重，最终评定 113 个课题报告获得优秀成果奖，其中：一等奖 7 个；二等奖 23 个；三等奖 83 个。

特此通告。

附件：课题优秀成果奖名单

二〇一四年十月十八日

附件：

课题优秀成果奖名单

（共 113 个）

一等奖课题（7 个）

1. 课题编号：2013CSLKT213

课题名称：基于寄售模式的战备物资储备研究

承担单位：解放军后勤工程学院后勤信息工程系

课题主持人：赵振华

课题组成员：姜大立、刘军、张立

2. 课题编号：2014CSLKT2－003

课题名称：物联网环境下供应链管理的创新模式与方法研究

承担单位：宁波工程学院、宁波智慧企业研究所、武汉理工大学

课题主持人：朱占峰

课题组成员：张晓东、朱耿、郭跃、郭春荣、王波、呼格吉勒、朱一青、俞峰、
        王云云

3. 课题编号：2013CSLKT105

课题名称：面向网购大数据任务的跨界多资源协同配送服务链构建研究

承担单位：重庆交通大学

课题主持人：葛显龙

课题组成员：陈军、李顺勇、邢青松、郭静、谭柏川、辜羽洁

4. 课题编号：2014CSLKT3 – 171

课题名称：基于托盘共用的供应链物流创新服务模式研究

承担单位：北京科技大学

课题主持人：王转

课题组成员：闫旭、张一凡、陈依可、王依莉

5. 课题编号：2014CSLKT3 – 115

课题名称：突发事件供应中断下三级供应链修复研究

承担单位：上海海事大学物流情报研究所

课题主持人：卢梦飞

课题组成员：陈伟炯、张善杰

6. 课题编号：2013CSLKT016

课题名称：应急物资军地联储研究

承担单位：军事交通学院

课题主持人：李士生

课题组成员：王海兰、刘士通、龙绵伟、吴磊明、朱峰、石红霞

7. 课题编号：2014CSLKT3 – 161

课题名称：国际陆港物流绩效评价及港城一体化研究

承担单位：昆明理工大学交通工程学院

课题主持人：杨扬

课题组成员：李杰梅、戢晓峰、伍景琼、车文、喻庆芳

二等奖课题（23 个）

1. 课题编号：2014CSLKT3 – 257

课题名称：节约型物流的理论与实践研究

承担单位：蚌埠汽车士官学校

课题主持人：张启义

课题组成员：吴刚、卜超、张忠义、赵勇、赵方庚、曹鹏、杜秋生、范从龙

2. 课题编号：2013CSLKT040

课题名称：基于物联网的食品供应链质量安全管控体系的研究

承担单位：金陵科技学院

课题主持人：姜方桃

课题组成员：郑庆华、张瑜、朱长宁、姚雨辰、徐刚、张莉、何宽

3. 课题编号：2014CSLKT2－006

课题名称：促进物流业发展的金融服务创新研究

承担单位：中央财经大学

课题主持人：刘晓红、周利国

课题组成员：韩晓楠、李俊荣、万溪博、杨雪梅

4. 课题编号：2014CSLKT3－090

课题名称：基于选址—库存—路径集成优化技术的电网企业物流研究

承担单位：广东电网公司物流服务中心、清华大学深圳研究生院

课题主持人：汤慧敏

课题组成员：肖广新、钟炯聪、张柏雄、张金金、何劲韬、缪立新、戚铭尧、
　　　　　　麦茵华、刘会强

5. 课题编号：2014CSLKT2－001

课题名称：高竞争环境下物流企业商业模式创新研究

承担单位：冀中能源国际物流集团有限公司

课题主持人：李建忠

课题组成员：张宏斌、孙晋响、范忠宽、何树芳、张岳华、孙春升、程蕾、史越瑶

6. 课题编号：2014CSLKT2－004－2

课题名称：企业物流成本核算方法研究：以在 A 公司的应用为例

承担单位：中国地质大学（武汉）经济管理学院

课题主持人：张琦

课题组成员：王洪成、周国华、高攀、刘云静、蔡福裕、李文惠、刘作梅、韦拥欧

7. 课题编号：2013CSLKT116

课题名称：网络嵌入性与物流企业服务创新绩效的关系研究

承担单位：北京物资学院物流学院

课题主持人：田雪

课题组成员：杨江龙、刘莹莹、司维鹏、塔阳、钱青

8. 课题编号：2013CSLKT003

课题名称：大中型城市电子商务与物流配送体系协调发展研究

承担单位：北京物资学院

课题主持人：杜志平

课题组成员：郑进科、胡贵彦、田雪、赵金娥、王天淼、齐凤至

9. 课题编号：2014CSLKT3－059

课题名称：面向电子商务的短生命周期产品供应链设计研究

承担单位：厦门大学嘉庚学院管理学院

课题主持人：吴锡川

课题组成员：曹光求、刘威、许舒婷、周丰捷、王蔚虹

10. 课题编号：2013CSLKT079

课题名称：环境污染减量化与低碳物流共生发展途径研究

承担单位：武汉工商学院

课题主持人：蔡丽华

课题组成员：肖惠萍、封孝华、刘君、刘文涛、龚志

11. 课题编号：2014CSLKT3－232

课题名称：军事物流网络结构复杂性问题研究

承担单位：中国人民解放军蚌埠汽车士官学校

课题主持人：徐海

课题组成员：张宇、王文涛、乔忠贵、顾勇、王鹏飞、何斌、孙佳佳

12. 课题编号：2014CSLKT2－005

课题名称：城镇化对物流业的影响和对策研究

承担单位：北京交通大学

课题主持人：施先亮

课题组成员：张菊亮、李伊松、田源、易华、周建勤

13. 课题编号：2014CSLKT3－098

课题名称："最后一公里"高校物流配送服务平台模式研究

承担单位：吉林大学珠海学院物流与信息管理系

课题主持人：刘小军

课题组成员：张滨、曾利明、陶章、樊娉、靳向宇

14. 课题编号：2014CSLKT3－211

课题名称：基于智慧物流的同城配送平台构建与运营研究

承担单位：西南财经大学天府学院

课题主持人：马常松

课题组成员：何华、罗钦、徐心宇、李俊松、蔡松伯

15. 课题编号：2014CSLKT3－058

课题名称：基于军民融合的救灾应急物流体系建设研究

承担单位：蚌埠汽车士官学校

课题主持人：施红星

课题组成员：闫彬、龚延成、顾晓星、李有东、黎才武、徐椿

16. 课题编号：2014CSLKT3－178

课题名称：军民融合视角下军队应急物流系统建模与仿真

承担单位：武警后勤学院军事经济系

课题主持人：刘俊

课题组成员：窦金社、李龙刚

17. 课题编号：2014CSLKT3－134

课题名称："农超对接"供应链实施模式及对策研究

承担单位：河南工业大学管理学院

课题主持人：刘威

课题组成员：王焰、程大友、肖开红、张红丽、李震、王伟、张艳

18. 课题编号：2013CSLKT163

课题名称：基于银行视角的家电行业供应链金融模式及风险防范

承担单位：北京师范大学珠海分校物流学院

课题主持人：彭磊

课题组成员：郑晗、赵嘉颖

19. 课题编号：2014CSLKT3－151

课题名称：我国物流园区发展中政府角色创新转型研究——以中国西部现代物流港
　　　　　为例

承担单位：广州市海珠区李芏巍企业物流策划工作室

课题主持人：许行

课题组成员：黄远新、周汉知、胡铭超、白辉龙、易海燕

20. 课题编号：2014CSLKT3－207

课题名称：汽车备件"收货—包装"作业动态均衡化模型构建

承担单位：广州风神物流有限公司

课题主持人：盖雪莹

课题组成员：章信开、罗春龙、陈超、苏水清、马道国、孔朝

21. 课题编号：2013CSLKT210

课题名称：荷兰花卉质量认证体系 MPS 在云南鲜切花市场的推广及应用

承担单位：昆明空港冷链物流产业股份有限公司

课题主持人：董剑翔

课题组成员：吴建烈、陈俊辉、陈玉婷、何韦东、曹佳琪

22. 课题编号：2014CSLKT3－247

课题名称：战区后勤物资区域配送问题研究

承担单位：军事交通学院

课题主持人：曹传景

课题组成员：魏爱国、张智军、朱峰、孟丽、熊晓雯、赵科

23. 课题编号：2014CSLKT3－227

课题名称：基于物流配送的空军航空附油保障

承担单位：空军勤务学院航空油料物资系

课题主持人：胡利明

课题组成员：欧阳晓东、黄永平、苏梦、董仕宝、校云鹏、程嘉兴

三等奖课题（83 个）

1. 课题编号：2014CSLKT2－004－1

课题名称：物流成本核算方法研究

承担单位：交通运输部公路科学研究院

课题主持人：顾敬岩

课题组成员：蔡翠、王珲、范文姬、殷庆武、张若梦

2. 课题编号：2014CSLKT2－009

课题名称：绿色物流实用方法研究

承担单位：南京理工大学泰州科技学院

课题主持人：吴晟

课题组成员：刘培、朱力

3. 课题编号：2014CSLKT3－060

课题名称：B2C 物流服务质量测量模型应用研究

承担单位：厦门理工学院管理学院

课题主持人：潘福斌

课题组成员：郭晓东、伊俊敏、杨名炎、张茹秀、宋达

4. 课题编号：2014CSLKT3－048

课题名称：集群供应视角下中小企业生鲜物流网络创新

承担单位：浙江水利水电学院经济与管理工程系

课题主持人：黄宾

课题组成员：陈雯卿、朱洁晶

5. 课题编号：2014CSLKT3－072

课题名称：组织网络环境下的物流企业协同服务模式研究

承担单位：武汉理工大学物流工程学院

课题主持人：张庆英

课题组成员：张英、辜勇、陈焰、张莹、曹菁菁、张鹏、朱凤娜、陈莺、谭永彬

6. 课题编号：2014CSLKT3－068

课题名称：我国工业物流发展模式研究

承担单位：山东现代物流供应链管理研究发展中心

课题主持人：段沛佑

课题组成员：李建伟、马晓宁、左正华、李美燕、王青青

7. 课题编号：2014CSLKT3－071

课题名称：国有施工建设企业集中采购能力生成和演化实证研究

承担单位：武汉理工大学管理学院、中交第二航务工程局有限公司物资管理部

课题主持人：刘明菲

课题组成员：肖继生、丁正辉、谢斌、邱德祥、向芬、周敏、陈威、胡悦、潘黎、
　　　　　　李玉婷

8. 课题编号：2014CSLKT3－095

课题名称：基于供应链管理的物流园区绩效综合评价研究——以珠海为例

承担单位：北京师范大学珠海分校物流学院

课题主持人：陈利民

课题组成员：缪兴锋、姚永松、王冬良

9. 课题编号：2013CSLKT072

课题名称：新型城镇化进程中物流成本控制研究

承担单位：驻马店职业技术学院

课题主持人：赵金中

课题组成员：吴永丽、齐丹、王贺丽、席蕊

10. 课题编号：2013CSLKT110

课题名称：城市物流配送与交通组织协同优化研究

承担单位：昆明理工大学交通工程学院

课题主持人：戢晓峰

课题组成员：陈方、张玲、郝京京、李杰梅、伍景琼、张雪、普永明

11. 课题编号：2014CSLKT3 - 065

课题名称：技术与商业模式协同创新对物流企业成长的关联性及实证研究

承担单位：临沂大学物流学院

课题主持人：孙朋杰

课题组成员：李晓东、张玉荣、李宗青

12. 课题编号：2013CSLKT019

课题名称：基于军队供应链系统的军用化学危险品安全性存储的定量研究

承担单位：军事交通学院基础部

课题主持人：杜金会

课题组成员：张娜、钟敏、卜建平、郭文刚、刘佳、徐筠

13. 课题编号：2014CSLKT3 - 006

课题名称：电商企业生鲜产品物流模式创新研究

承担单位：北京物资学院商学院

课题主持人：魏国辰

课题组成员：宋晓欣、王海鹏、李忠诚、赵明风、郄海拓

14. 课题编号：2014CSLKT3 - 213

课题名称：不对称信息下鲜活农产品低碳化供应链协调应对突发事件策略研究

承担单位：西南财经大学天府学院

课题主持人：吴忠和

课题组成员：何华、马常松、王东晖、赵旭、江涛

15. 课题编号：2014CSLKT3 - 116

课题名称：在信息共享下集群式供应链中成员的演化博弈模型研究

承担单位：上海海事大学物流情报研究所

课题主持人：杨昆

课题组成员：陈伟炯、李军华、张运鸿

16. 课题编号：2014CSLKT3 - 121

课题名称：中国战略性新兴产业与物流业融合发展模式及实现路径研究

承担单位：盐城工学院经济与管理学院

课题主持人：宋冬梅

课题组成员：卞继红、徐梁、王慧颖、陈艳、汤晓明

17. 课题编号：2014CSLKT3－186

课题名称：连锁超市生鲜品冷链物流运作模式研究

承担单位：苏州工业职业技术学院

课题主持人：姚卓顺

课题组成员：张译匀、马强

18. 课题编号：2014CSLKT3－139

课题名称：我国物流业态演进及创新研究

承担单位：湖北水利水电职业技术学院

课题主持人：吴理门

课题组成员：李方峻、陶君成、胡晓兰、陈大波、孟鑫

19. 课题编号：2014CSLKT3－146

课题名称：加快开福区现代物流产业发展的思考与建议

承担单位：中国人民政治协商会议湖南省长沙市开福区委员会

课题主持人：熊建伟

课题组成员：焦灿、张中文

20. 课题编号：2014CSLKT3－055

课题名称：物流类行业协会网站评价体系研究

承担单位：安徽大学商学院物流科学与工程系、安徽大学物流与供应链研究中心

课题主持人：汪传雷

课题组成员：吴海辉、王兰、王艳、胡梦文、周保昌、李东宇、孙华、汪涛

21. 课题编号：2014CSLKT3－093

课题名称：我国物流立法价值取向冲突与消解机制研究

承担单位：肇庆工商职业技术学院

课题主持人：文川

课题组成员：李燕松、尹凯、梁仁友

22. 课题编号：2014CSLKT3－113

课题名称：哈尔滨市商贸物流网络体系建设研究

承担单位：东北林业大学工程技术学院

课题主持人：王立海、马成林

课题组成员：吴金卓、李洋、董景峰、安立华、孙术发

23. 课题编号：2014CSLKT3－070

课题名称：基于食品冷链的食品安全管理体系的构建

承担单位：郑州成功财经学院

课题主持人：杨山峰

课题组成员：宋志刚、余娟、李瑞雪

24. 课题编号：2014CSLKT3－075

课题名称：云物流信息交易平台研究

承担单位：武汉商学院

课题主持人：易兵

课题组成员：周亚兵、韩洪保、熊文杰、陈琛、吕忠、石峰

25. 课题编号：2013CSLKT170

课题名称：建设新疆国际陆港助推区域经济跨越式发展

承担单位：新疆交通职业技术学院、新疆轻工职业技术学院

课题主持人：王巧英

课题组成员：王德璋、王烽峦、窦春妍、李昌林、韩花、赵亮、陶东升

26. 课题编号：2014CSLKT3－128

课题名称：城乡循环物流系统构建研究

承担单位：安徽大学

课题主持人：刘宏伟

课题组成员：叶春森、李晓翔、许荣斌

27. 课题编号：2014CSLKT3－051

课题名称：基于可持续发展的民营物流企业劳资关系及协调机制研究

承担单位：浙江东方职业技术学院

课题主持人：林丽卿

课题组成员：黄翼丹、姜茜、赵方芳

28. 课题编号：2014CSLKT3－167

课题名称：中国西部制造企业物流组织模式决策研究——基于经济学的分析

承担单位：云南大学

课题主持人：姚书杰

课题组成员：蒙丹、胡峰、薛凝、徐琰超、薛海波、郭利田

29. 课题编号：2014CSLKT3－031

课题名称：基于服务外包的汽保逆向物流管理机制研究

承担单位：上海第二工业大学

课题主持人：郝皓

课题组成员：杨涛、林慧丹、陈志刚、刘振超、邬星根

30. 课题编号：2014CSLKT3－063

课题名称：基于供应链管理视角的移动商务项目中用户接受行为研究

承担单位：九江学院

课题主持人：高阔

课题组成员：邵欣欣、胡凯、李仁量、周业付

31. 课题编号：2014CSLKT3－174

课题名称：中都物流智能化信息系统建设方案研究

承担单位：北京物资学院信息中心

课题主持人：王新

课题组成员：史亮、王玉泉、王兴民、张云、张焕鹏、杨保红

32. 课题编号：2013CSLKT073

课题名称：物流公共信息平台环境中的物流集约发展问题研究

承担单位：湖北省物流协会

课题主持人：伍如良

课题组成员：董海鹰、邓凯、伍从明、朱乐群

33. 课题编号：2014CSLKT3－044

课题名称：电子商务背景下的逆向供应链协调机制研究

承担单位：浙江工业职业技术学院

课题主持人：蔡小哩

课题组成员：丁志刚、蔡源、张仕军、周军、蒋炜君

34. 课题编号：2014CSLKT3－074

课题名称：湖北省城镇化建设中物流企业发展的机遇和问题及对策研究

承担单位：武昌职业学院

课题主持人：吴元佑

课题组成员：毛三艳、张诚、朱婧、王然、黄丹莉、史习兵

35. 课题编号：2014CSLKT3－173

课题名称：北京城市垃圾回收物流体系及关键技术研究

承担单位：北京物资学院物流学院

课题主持人：周三元

课题组成员：马向国、唐秀丽、赵力强

36. 课题编号：2014CSLKT3－212

课题名称：基于博弈论及 Multi－Agent 仿真的现代铁路物流园区系统协同运作研究

承担单位：西南财经大学天府学院

课题主持人：段华薇

课题组成员：马常松、何华、李俊松、邓亚

37. 课题编号：2014CSLKT3－127

课题名称：物流与产业结构升级协同发展研究——以宁波为例

承担单位：宁波市现代物流规划研究院

课题主持人：卢山

课题组成员：戴东生、龙建辉、姜巍

38. 课题编号：2014CSLKT3－131

课题名称：中部地区交通与物流体系建设比较研究

承担单位：九江学院

课题主持人：甘筱青

课题组成员：邵欣欣、胡凯、周业付、李仁量

39. 课题编号：2014CSLKT3 - 170

课题名称：基于货滚甩挂运输的绿色物流实用方法研究

承担单位：北京航空航天大学交通科学与工程学院

课题主持人：李红启

课题组成员：高洪涛、鹿应荣、李嫣然

40. 课题编号：2014CSLKT3 - 193

课题名称：军事逆向物流网络及其优化方法研究

承担单位：蚌埠汽车士官学校司训勤务系

课题主持人：赵方庚

课题组成员：尹旭日、梅冬、石晓燕、乔忠贵、张启义

41. 课题编号：2014CSLKT3 - 143

课题名称：依托区域批发市场的商贸物流园区物流金融业务模式研究

承担单位：湖南工业职业技术学院

课题主持人：王晋

课题组成员：周朕、李蜀湘、刘国莲、祝旭、刘念

42. 课题编号：2013CSLKT037

课题名称：供应链中物流企业的协同创新机制研究

承担单位：盐城工学院经济与管理学院

课题主持人：肖怀云

课题组成员：徐力、王玉娟、陆苏华

43. 课题编号：2014CSLKT3 - 029

课题名称：无车承运人法律制度研究

承担单位：辽宁昭明律师事务所

课题主持人：赵晓梅

课题组成员：温道猛、史延敏、瞿宁、罗文、王欣、谷浩、孙莹、张欣慰

44. 课题编号：2014CSLKT3 - 032

课题名称：物流网络中延误治理机制研究

承担单位：上海工程技术大学航空运输学院

课题主持人：姚红光

课题组成员：李智忠、朱丽萍、朱卫平、林彦、赵佳妮

45. 课题编号：2014CSLKT3 - 035

课题名称：物流企业社会资本和企业家精神对创新绩效的影响研究——知识管理
　　　　　视角

承担单位：江苏科技大学

课题主持人：王利

课题组成员：韩晶晶、黄颖、舒欣、张静

46. 课题编号：2014CSLKT3 - 061

课题名称：基于博弈分析的电子商务供应链成员信任机制研究

承担单位：福州海峡职业技术学院

课题主持人：魏洪茂

课题组成员：林勇、朱文娟

47. 课题编号：2014CSLKT3－064

课题名称：现代物流企业综合信息化人才培养研究

承担单位：青岛理工大学（临沂）、荣庆物流

课题主持人：陈博

课题组成员：郑全军、李翠、陈贞、刘西坤、苗志伟、隋京宴

48. 课题编号：2014CSLKT3－043

课题名称：智慧物流发展模式研究

承担单位：浙江工商职业技术学院

课题主持人：邵广利

课题组成员：花明、何玉华、周亚丽

49. 课题编号：2014CSLKT3－073

课题名称：典型电商物流体系优化研究

承担单位：湖北城市建设职业技术学院

课题主持人：杨爱明、曹爱萍

课题组成员：李方峻、高姝擘、吴林蔓、喻时运

50. 课题编号：2014CSLKT3－042

课题名称：民营物流企业员工满意度研究

承担单位：浙江工贸职业技术学院

课题主持人：刘锋

课题组成员：曹明、江素薇、林宗卿、周蓼蓼

51. 课题编号：2014CSLKT3－103

课题名称：物流园区赢利模式研究

承担单位：昆明空港冷链物流产业股份有限公司

课题主持人：米俊宇

课题组成员：吴建烈

52. 课题编号：2013CSLKT140

课题名称：安徽省承接产业转移背景下物流产业分析及战略研究

承担单位：安徽大学商学院物流管理系

课题主持人：刘兰凤

课题组成员：陈来、梁雯、李晓翔、叶春森

53. 课题编号：2014CSLKT3－057

课题名称：第三方物流企业核心竞争力评价研究

承担单位：蚌埠汽车士官学校基础部

课题主持人：曾金明

课题组成员：范群、张继、魏长虹、张铮、孙佳佳

54. 课题编号：2014CSLKT3－203

课题名称：基于冷链农产品物流网络优化的创新研究

承担单位：广州科技职业技术学院

课题主持人：李家华

课题组成员：谷斌、黄爱华、周静、李方敏、张振友、蒋庆飞、林广文、罗俊敏、
胡三根

55. 课题编号：2014CSLKT3－122

课题名称：基于成本管理的快速消费品供应链模式研究

承担单位：盐城市广播电视大学

课题主持人：葛劲松

课题组成员：崔琳琳、张祥、凌中林

56. 课题编号：2013CSLKT007

课题名称：军民融合式应急物流力量体系建设研究

承担单位：应急物流专业委员会、后勤学院军事物流系

课题主持人：王宗喜

课题组成员：黄剑炜、徐东、黄定政、龚卫锋、赵蕾

57. 课题编号：2013CSLKT199

课题名称：重大件运输中的路径选择问题研究

承担单位：湖南电气职业技术学院

课题主持人：黄成菊

课题组成员：谢雅琳、彭仁孚、段慧兰、覃波、谢灿、颜浩龙

58. 课题编号：2014CSLKT3－166

课题名称：基于物流信息化平台运营的物流园区赢利模式研究

承担单位：昆明空港冷链物流产业股份有限公司

课题主持人：张巍

课题组成员：陈俊辉、吴建烈、张进、贺湘军

59. 课题编号：2014CSLKT3－034

课题名称：考虑顾客消费心理的快递服务设计与质量优化

承担单位：江苏科技大学

课题主持人：孟庆良

课题组成员：孟宪磊、吴定龙、张玲、郭鑫鑫、邢志刚

60. 课题编号：2014CSLKT3－126

课题名称：运输量对国民经济贡献度研究——以宁波为例

承担单位：宁波市现代物流规划研究院

课题主持人：龙建辉

课题组成员：戴东生、卢山、郑建

61. 课题编号：2014CSLKT3－155

课题名称：珠中江交通运输一体化背景下坦洲物流企业发展策略研究

承担单位：北京师范大学珠海分校数量经济研究所

课题主持人：郑平

课题组成员：郑婷丹、钱东人、韩松

62. 课题编号：2014CSLKT3－022

课题名称：港口煤炭供应链管理模式研究

承担单位：河北港口集团有限公司

课题主持人：李敏

课题组成员：侯贵宾、石景山、袁继革、赵谐博、张芷璇、马丽

63. 课题编号：2014CSLKT3－169

课题名称：宁夏打造丝绸之路经济带航空物流枢纽战略研究

承担单位：宁夏职业技术学院

课题主持人：陈志新

课题组成员：杨伟宁、周桂香、尹爱军、李华、朱自民、顾海鸿

64. 课题编号：2014CSLKT3－145

课题名称：加快推进长沙跨境贸易电子商务发展的研究

承担单位：长沙金霞经济开发区管委会

课题主持人：张毅

课题组成员：荣爱华、张中文、刘方珍

65. 课题编号：2013CSLKT188

课题名称：供应链管理视角下高速公路养护企业物资流通信息化规划

承担单位：江苏高速公路工程养护有限公司

课题主持人：王晓明

课题组成员：薛继兵、徐伟、陈渭文

66. 课题编号：2013CSLKT224

课题名称：给予全球价值链的常州市物流产业集聚升级研究

承担单位：常州轻工职业技术学院

课题主持人：王利改

课题组成员：施新平、汪标、浃建红、黄野

67. 课题编号：2014CSLKT3－241

课题名称：北斗/GPS 技术在智慧物流监控领域中的研究

承担单位：广西科技大学

课题主持人：袁浩浩

课题组成员：潘冬青、邵铭、郭红霞、张红星、郜金梅、张联盟、张成安、周坚和

68. 课题编号：2014CSLKT3－229

课题名称：军用机场利用国家成品油管道输送油料问题研究

承担单位：空军勤务学院航空油料物资系

课题主持人：冯丹

课题组成员：陆朝荣、陈晰、潘路、校云鹏

69. 课题编号：2014CSLKT3－255

课题名称：电子商务环境下农产品的物流配送优化研究

承担单位：浙江长征职业技术学院

课题主持人：钟燕

课题组成员：李慧刚、方贝贝、李婷婷

70. 课题编号：2014CSLKT3－258

课题名称：物流企业品牌构建的路径与模式研究——基于荣庆物流公司的案例

承担单位：临沂大学物流学院

课题主持人：陈令军

课题组成员：刘国栋、王红娟、刘康伟

71. 课题编号：2013CSLKT216

课题名称：环渤海煤炭物流商贸一体化信息平台建设研究

承担单位：河北港口集团有限公司、河北省现代港口煤炭物流工程技术研究中心

课题主持人：李敏

课题组成员：侯贵宾、石景山、徐恒、王立峰、赵谞博、王林

72. 课题编号：2014CSLKT3－228

课题名称：基于铁路运输的石油装卸物流系统安全保障能力评价研究

承担单位：空军勤务学院航空油料物资系

课题主持人：周山丹

课题组成员：欧阳晓东、苏梦、陈丽、徐芸芸、王蓉、董仕宝

73. 课题编号：2014CSLKT3－237

课题名称：基于免疫优化算法的军事物流配送中心选址研究

承担单位：军事经济学院

课题主持人：陈军

课题组成员：尚立、王邦中、许可

74. 课题编号：2014CSLKT3－046

课题名称：高职物流专业学生职业素养构成与实施途径研究

承担单位：浙江经济职业技术学院、中物联物流产业发展与职业技能研究中心

课题主持人：罗振华

课题组成员：王自勤、吴海若、张芦军、林敏、周美华

75. 课题编号：2014CSLKT3－252

课题名称：基于虚拟工作环境的物流技术网络实训课程开发

承担单位：南京工业职业技术学院、北京络捷斯特科技发展有限公司

课题主持人：谈慧

课题组成员：邵清东、周立军、刘晓明、张慧、杜卫卫、胡进

76. 课题编号：2014CSLKT3－218

课题名称：基于绿色理念的辽宁港口与城市协调发展研究

承担单位：辽宁对外经贸学院

课题主持人：张馨

课题组成员：梁爽、孙立平、王树辉、董玉华

77. 课题编号：2013CSLKT249

课题名称：产业聚集区物流公共信息平台运营模式与风险管理研究

承担单位：沈阳工程学院

课题主持人：王庆喜

课题组成员：李虹、曹福毅、李化、田凤权、贲立欣、尹健

78. 课题编号：2014CSLKT3－245

课题名称：国内外物流人才培养模式比较研究

承担单位：天津中德职业技术学院

课题主持人：张志强

课题组成员：胡成琳、缠刚、薛立立、史建军、付云池、杨金勇、齐媛、赵晴晴、
王华夏

79. 课题编号：2013CSLKT017

课题名称：供应链管理发展分析与问题研究

承担单位：军事交通学院训练部

课题主持人：黄华飞

课题组成员：房京、苏畅、吴磊明、朱峰、徐君旗、崔莉莉

80. 课题编号：2013CSLKT250

课题名称：营口港吞吐量预测及影响因素分析

承担单位：营口理工学院

课题主持人：白秋颖

课题组成员：杜文龙、李桂芝、施宏远、王婧

81. 课题编号：2014CSLKT3－244

课题名称：高职院校物流专业校企合作人才培养模式探究

承担单位：天津商务职业学院

课题主持人：苏爽

课题组成员：蔡南珊、朱琴、张桂芝、阮雩、邢承剑

82. 课题编号：2013CSLKT262

课题名称：湖南物流产业人力资源建设现状、需求与对策研究

承担单位：湖南现代物流职业技术学院

课题主持人：张良

课题组成员：文振华、肖智清、肖和山、张中文、何建崎

83. 课题编号：2014CSLKT3－041

课题名称：军民融合式后勤保障资源发展研究

承担单位：解放军空军勤务学院航材系

课题主持人：王威、郑金忠

课题组成员：刘海洋、谢福哲、朱益多、周丽华、蒋斌